Fussgängerbereiche im Trend?

Strategien zur Einführung grossflächiger Fussgängerbereiche in der Schweiz und in Deutschland im Vergleich an Hand der Fallbeispiele Zürich, Bern, Aachen und Nürnberg

GEOGRAPHICA BERNENSIA

Herausgeber	Dozenten und Dozentinnen des Geographischen Institutes der Universität Bern

Reihe A	African Studies Series
Reihe B	Berichte über Exkursionen, Studienlager und Seminarveranstaltungen
Reihe E	Berichte zu Entwicklung und Umwelt
Reihe G	**Grundlagenforschung**
Reihe P	Geographie für die Praxis
Reihe S	Geographie für die Schule
Reihe U	Skripten für den Universitätsunterricht

G 65

Arbeitsgemeinschaft GEOGRAPHICA BERNENSIA in Zusammenarbeit mit der Geographischen Gesellschaft Bern
Hallerstrasse 12   CH - 3012 Bern

- Verlag des Geographischen Institutes der Universität Bern -

GEOGRAPHICA BERNENSIA   **G 65**

Ulrich Seewer

Fussgängerbereiche im Trend?

Strategien zur Einführung grossflächiger Fussgängerbereiche in der Schweiz und in Deutschland im Vergleich in den Innenstädten von Zürich, Bern, Aachen und Nürnberg

Geographisches Institut der Universität Bern 2000

Geographisches Institut der Universität Kiel

Diese Arbeit wurde am 15. Juni 2000 von der Philosophisch-naturwissenschaftlichen Fakultät der Universität Bern als Inauguraldissertation angenommen.

Der Druck der vorliegenden Arbeit wurde freundlicherweise unterstützt durch:

- Stiftung Marchese Francesco Medici del Vascello

© 2000   GEOGRAPHICA BERNENSIA, Universität Bern

ISBN 3-906151-51-4

Druck: Stämpfli AG, Bern

Inhaltsverzeichnis

INHALTSVERZEICHNIS 5

ABKÜRZUNGEN 8

VORWORT 10

ZUSAMMENFASSUNG 11
    GRUNDLAGEN 11
    ZÜRICH: HISTORISCHER KOMPROMISS 12
    BERN: VERKEHRSKOMPROMISS 13
    AACHEN: FUSSGÄNGERFREUNDLICHE INNENSTADT 15
    NÜRNBERG: SCHLEIFENLÖSUNG 17
    ERGEBNISSE 18

1 GRUNDLAGEN 20
    1.1 RAUM FÜR FUSSGÄNGER? 20
        1.1.1 Vom Fussgänger zum Auto und nun wieder zum Fussgänger? 20
        1.1.2 Unterschiedliche Interessen stehen einander gegenüber 27
    1.2 FRAGESTELLUNG UND ZIELSETZUNG 29
        1.2.1 Die Vergangenheit 29
        1.2.2 Die aktuelle Ebene 29
        1.2.3 Die Zukunft - der Handlungsspielraum 30
        1.2.4 Die Zielsetzung der Arbeit 30
    1.3 THEORETISCHER HINTERGRUND 31
        1.3.1 Theoretische Konzeption 31
        1.3.2 Politologische Grundlagen 32
        1.3.3 Planung: Vernetzen als Voraussetzung 35
    1.4 UNTERSUCHUNGSDESIGN 40
        1.4.1 Untersuchungsleitende Thesen 40
        1.4.2 Die verwendete Untersuchungsmethodik 41
        1.4.3 Strukturierung der Untersuchungsergebnisse 48

2 ZÜRICH: HISTORISCHER KOMPROMISS 50
    2.1 GRUNDLAGEN 50
        2.1.1 Porträt Zürichs 50
        2.1.2 1945 bis 1975: Das Auto erobert die Stadt? 52
        2.1.3 Nach der Krise auf neuen Wegen? 57
    2.2 DIE ERWEITERUNG DER ZÜRCHER FUSSGÄNGERZONE 64
        2.2.1 Die Zürcher Innenstadt 64
        2.2.2 Die Erweiterung der Fussgängerzone wird ab 1990 zum Thema 70
        2.2.3 Konzepte kommen auf den Tisch und werden diskutiert 73
    2.3 DIE WICHTIGEN AKTEURE UND IHRE ROLLE IM PLANUNGSPROZESS 90
        2.3.1 Eine Übersicht 90
        2.3.2 Der Stadtrat 90
        2.3.3 Die Verwaltung 92
        2.3.4 Der Gemeinderat 93
        2.3.5 Wirtschaftsvertreter und die Automobilverbände 94
        2.3.6 Die Umweltorganisationen 96
        2.3.7 Die weiteren Akteure 97
    2.4 BEURTEILUNG DES PLANUNGSPROZESSES 98
        2.4.1 Der Einfluss der Vergangenheit 98
        2.4.2 Die aktuelle Planung um die Erweiterung der Fussgängerzone 99
        2.4.3 Zukunft: Der Handlungsspielraum für Zürich 105

3	**BERN: VERKEHRSKOMPROMISS**	**107**
	3.1 GRUNDLAGEN	107
	3.1.1 Porträt Berns	*107*
	3.1.2 Das Auto tritt auf die Bühne	*108*
	3.1.3 Das Gutachten Walther/Leibbrand - die Expressstrassen	*109*
	3.1.4 Der Generalverkehrsplan 1964	*109*
	3.1.5 Eine erste Fussgängerzone entsteht	*110*
	3.1.6 Der Transportplan 1972	*112*
	3.1.7 Umwelt, Stadt und Verkehr	*113*
	3.1.8 „Bärn zum Läbe" – „Stopp den Autopendlern"	*114*
	3.2 DER BERNER VERKEHRSKOMPROMISS	117
	3.2.1 Das Umfeld: Berner S-Bahn, ESP, Masterplan und STEK	*117*
	3.2.2 Die Berner Altstadt	*121*
	3.2.3 Die Diskussion um den Verkehrskompromiss	*127*
	3.3 DIE AKTEURE UND DIE POSITION IM PLANUNGSPROZESS	135
	3.3.1 Die Akteure im Überblick	*135*
	3.3.2 Die Stadt	*135*
	3.3.3 Die Parteien	*142*
	3.3.4 Die Vertreter der Wirtschaft	*142*
	3.3.5 Die Umweltverbände	*144*
	3.3.6 Weitere Akteure	*145*
	3.4 BEURTEILUNG DES PLANUNGSPROZESSES	146
	3.4.1 Der Einfluss der Vergangenheit	*146*
	3.4.2 Die Diskussion um den Verkehrskompromiss	*146*
	3.4.3 Die Zukunft: Der Handlungsspielraum für Bern	*151*
4	**AACHEN: FUSSGÄNGERFREUNDLICHE INNENSTADT**	**156**
	4.1 GRUNDLAGEN	156
	4.1.1 Portrait Aachens	*156*
	4.1.2 Ab 1945: Der Wiederaufbau der Stadt	*158*
	4.1.3 Ideen für die Innenstadt	*158*
	4.1.4 Der Verkehr im Flächennutzungsplan 1980	*160*
	4.1.5 Massnahmenplan Verkehrskonzept Innenstadt 1986	*161*
	4.2 DIE „FUSSGÄNGERFREUNDLICHE INNENSTADT" ODER ...	162
	4.2.1 Die Aachener Innenstadt	*162*
	4.2.2 Die „Fussgängerfreundliche Innenstadt"	*169*
	4.3 DIE WICHTIGEN AKTEURE UND IHRE POSITION IM PLANUNGSPROZESS	185
	4.3.1 Die Akteure im Überblick	*185*
	4.3.2 Die Stadt	*185*
	4.3.3 Die Parteien	*189*
	4.3.4 Die wirtschaftlichen Interessenorganisationen	*195*
	4.3.5 Die Umweltverbände	*201*
	4.3.6 Weitere Akteure	*201*
	4.4 BEURTEILUNG DES PLANUNGSPROZESSES	206
	4.4.1 Der Einfluss der Vergangenheit	*206*
	4.4.2 Die Diskussion um die „Fussgängerfreundliche Innenstadt"	*207*
	4.4.3 Zukunft: Der Handlungsspielraum für Aachen	*217*
5	**NÜRNBERG: SCHLEIFENLÖSUNG**	**220**
	5.1 GRUNDLAGEN	220
	5.1.1 Porträt Nürnbergs	*220*
	5.1.2 Ab 1945: Der Wiederaufbau der Stadt	*222*
	5.1.3 Die Generalverkehrsplanung der Siebzigerjahre	*223*
	5.1.4 Stufenweise Befreiung der Altstadt vom Durchgangsverkehr	*225*
	5.1.5 Das Leitbild Verkehr und die weitere Stadtentwicklung	*228*
	5.2 DIE SCHLEIFENLÖSUNG	231
	5.2.1 Die Nürnberger Altstadt	*231*
	5.2.2 Die Diskussion um die Schleifenlösung	*239*
	5.3 DIE WICHTIGEN AKTEURE UND IHRE POSITION IM PLANUNGSPROZESS	253
	5.3.1 Die Akteure im Überblick	*253*

  5.3.2 Die Stadt *253*
  5.3.3 Die Parteien *258*
  5.3.4 Die Vertreter der Wirtschaft *261*
  5.3.5 Die Umweltverbände *263*
  5.3.6 Weitere Akteure *264*
 5.4 BEURTEILUNG DES PLANUNGSPROZESSES 266
  5.4.1 Der Einfluss der Vergangenheit *266*
  5.4.2 Die Diskussion um die Schleifenlösung *267*
  5.4.3 Die Zukunft: Der Handlungsspielraum für Nürnberg *274*

6 ERGEBNISSE 276

 6.1 VERGLEICH DER FALLBEISPIELE 276
  6.1.1 Vergangenheit *277*
  6.1.2 Aktuelle Ebene - Fallbeispiele aus den Neunzigerjahren *279*
  6.1.3 Zukunft - der Handlungsspielraum *282*
 6.2 SIND DIE ZIELE ERREICHT WORDEN? 284
 6.3 ERFOLGREICHE STÄDTISCHE VERKEHRSPLANUNG: AKTEURE EINBINDEN UND VERNETZEN 286
 6.4 OFFENE FRAGEN 288

7 QUELLEN 289

 7.1 GESPRÄCHSPARTNER 289
 7.2 INTERVIEWPARTNER 290
 7.3 INTERVIEWLEITFADEN (BEISPIEL) 292
 7.4 QUELLEN UND LITERATUR 294
 7.5 ABBILDUNGSVERZEICHNIS 315
 7.6 TABELLENVERZEICHNIS 315

Abkürzungen

A	Autobahn
ACS	Automobil-Club der Schweiz
AdA	Anmerkung des Autors
ADAC	Allgemeiner Deutscher Automobil-Club
ADFC	Allgemeiner Deutscher Fahrradclub
AN	Aachener Nachrichten
ARF	Arbeitsgemeinschaft Recht für Fussgänger (heute. Fussverkehr Schweiz)
ASEAG	Aachener Strassenbahn- und Energieversorgungsaktiengesellschaft
AVZ	Aachener Volkszeitung
AZ	Aachener Zeitung
BAF	Bern autofrei
BAG	Bundesarbeitsgemeinschaft der Mittel- und Grossbetriebe des Einzelhandels e. V.
BLS	Lötschbergbahn (Bern)
BSV	Büro für Stadt- und Verkehrsplanung Dr.-Ing. Reinhold Baier GmbH
BT	Berner Tagwacht
Bund	Der Bund (Bern)
BUND	Naturschutzorganisation (Deutschland)
BZ	Berner Zeitung
CDU	Christlich-demokratische Union
CSP	Christlich-soziale Partei
CSU	Christlich-soziale Union
CV	Cityverband (Bern)
CV	City-Verein (Zürich)
CVP	Christlich-demokratische Volkspartei
DGB	Deutscher Gewerkschaftsbund
DKP	Deutsche Kommunistische Partei
DM	Deutsche Mark
ESP	Entwicklungsschwerpunkte (Bern)
ETH	Eidgenössische Technische Hochschule (Zürich und Lausanne)
EVP	Evangelische Volkspartei
FDP	Freiheitlich Demokratische Partei (Deutschland)
FDP	Freisinnig-demokratische Partei (Schweiz)
FGB	Fussgängerbereich
FGZ	Fussgängerzone
FI	Fussgängerfreundliche Innenstadt (Aachen)
Fr.	Schweizer Franken
FWG	Bundesgesetz über Fuss- und Wanderwege
G	Gespräch
GB	Grünes Bündnis (Bern)
GIUA	Geografisches Institut RWTH Aachen
GIUB	Geografisches Institut der Universität Bern
GP	Grüne Partei (Zürich)
GR	Gemeinderat (Bern: Exekutive, Zürich: Legislative)
GVP	Generalverkehrsplan
HDE	Hauptverband des Deutschen Einzelhandels
HIV	Handels- und Industrieverein
HTL	Höher Technische Lehranstalt
I	Interview
ICE	Intercity Express
IG Velo	Interessengemeinschaft Velo (Schweiz)
IHK	Industrie- und Handelskammer
KÜL	Kurzfristige Übergangslösung (Bern)
LBE	Landesverband des Bayerischen Einzelhandels
LDU	Landesring der Unabhängige
LRV	Luftreinhalteverordnung
LSV	Lärmschutzverordnung
MAC	Märkte- und Aktionskreis City (Aachen)
MIV	Motorisierter Individualverkehr
N	Stichprobengrösse
N1 etc.	Nationalstrasse 1 (Autobahnen in der Schweiz; heute als A1 bezeichnet)
NFP	Nationales Forschungsprogramm (Schweiz)
NN	Nürnberger Nachrichten
NNA	Nürnberger Nachrichten Anzeiger
NO_x	Stickoxid
NZ	Nürnberger Zeitung
NZZ	Neue Zürcher Zeitung
OB	Oberbürgermeister
ÖPNV	Öffentlicher Personennahverkehr

ÖV	Öffentlicher Verkehr	SR	Stadtrat (Bern: Legislative, Zürich: Exekutive)
P+R	Park and Ride		
PKW	Personenkraftwagen	STEK	Stadtentwicklungskonzept (Bern)
PLS	Parkleitsystem	StVO	Strassenverkehrsverordnung
PVK	Planungs- und Verkehrskommission (Bern)	SVB	Städtische Verkehrsbetriebe (Bern)
PW	Personenwagen	SVP	Schweizerische Volkspartei
RBS	Regionalverkehr Bern Solothurn	TA	Tages-Anzeiger (Zürich)
RWTH	Rheinisch-Westfälische Technische Hochschule (Aachen)	TCS	Touring-Club der Schweiz
		VAG	Verkehrsakteingesellschaft (Nürnberg)
SBB	Schweizerische Bundesbahnen		
SD	Schweizer Demokraten	VBS	Vereinigung Berner Spezialgeschäfte
SL	Schleifenlösung (Nürnberg)		
SP	Sozialdemokratische Partei (Schweiz)	VBZ	Verkehrsbetriebe Zürich
		VCS	Verkehrs-Club der Schweiz
SPAB	Stadtplanungsamt Bern	VEP	Verkehrsentwicklungsplan
SPAN	Stadtplanungsamt Nürnberg	VK	Verkehrskommission
SPAZ	Stadtplanungsamt Zürich	VK	Verkehrskompromiss (Bern)
SPD	Sozialdemokratische Partei Deutschlands	Zaf!	Zürich autofrei
		ZAS	Zürcher Arbeitsgruppe für Städtebau
		ZBI	Zukunft Berner Innenstadt

Abkürzungen von Autoren, Herausgebern etc. s. Kapitel 7.

Vorwort

Die Bedeutung des Fussgängerverkehrs hat im vergangen Jahrzehnt in Forschung und Planungspraxis zugenommen. Die vorliegende Untersuchung möchte einen weiteren Beitrag dazu leisten.

Die Dissertation konnte nur entstehen, weil ich überzeugt bin, dass den Fussgängerinnen und Fussgängern eine bedeutende Stellung im Verkehrsgeschehen gebührt. Der Fussgängerverkehr ist in der Lage, wesentlich zu einer nachhaltigen Verkehrsentwicklung beizutragen.

Die Arbeit hätte ich nicht ohne mein verständnisvolles Umfeld schreiben können. Ich danke besonders folgenden Personen herzlich:

- Meiner Frau Heidi Münger für die Unterstützung, die Motivation und das Korrekturlesen;
- Meinen Eltern Kurt und Verena Seewer-Leuenberger;
- Prof. Dr. K. Aerni für die fachliche und menschliche Betreuung der Arbeit;
- PD Dr. H.-R. Egli für die Betreuung nach der Emeritierung von Prof. Dr. K. Aerni;
- Prof. Dr. R. Monheim für die Ideen in der Anfangsphase und die Vermittlung von Kontakten;
- Victor Bandi, Patrick Benoit, Pascal Lebet, Nico Lutz, Daniel Matti, Martin Perrez, Marc Pfander, Francis Racine, Michael Rytz, Niklaus Schranz, Lukas Stadtherr, Marc Trösch, Jérôme Vonarburg, Daniel von Burg, Thomas Wälti, die im Rahmen der Fussgängerforschung eine Seminar- oder Diplomarbeit geschrieben haben und allen übrigen Studierenden am Geografischen Insitut der Universität Bern, die sich für die Fussgängerforschung interessiert und engagiert haben;
- Meinen Kolleginnen und Kollegen am Geografischen Institut der Universität Bern für die inhaltliche und moralische Unterstützung;
- Meinen Interviewpartnerinnen und –partnern für viele aufschlussreiche Gespräche;
- Elisabeth Leuenberger für das Korrekturlesen;
- Den vielen hilfsbereiten Menschen in Bibliotheken, Archiven und bei Amtsstellen;
- Dem Schweizerischen Nationalfonds für die grosszügige finanzielle Unterstützung;
- Meiner verstorbenen Gotte Gertrud Mühlheim und meinem Onkel Walter Mühlheim für die Unterstützung beim Druck der Arbeit.
- Der Medici-Stiftung für ihre finanzielle Unterstützung zum Druck der Arbeit.
- Allen übrigen Personen, die zum Gelingen der Arbeit beigetragen haben.

Ich wünsche allen viel Spass bei der Lektüre.

Ulrich Seewer, Bern, November 2000

Zusammenfassung

Grundlagen

Raum für Fussgänger?

Das Zufussgehen war bis ins letzte Jahrhundert die stadtprägende Verkehrsform. Funktionen lagen in grosser Dichte beieinander, was zu kurzen Wegen zwischen den einzelnen Zielen führte. Neue Entwicklungen wie das Fahrrad, öffentliche Verkehrsmittel und schliesslich das Automobil ermöglichten einerseits ein Flächenwachstum der Städte und andererseits eine Trennung der Funktionen. Dies bedeutete gleichzeitig eine starke Reduktion der Dichte am Stadtrand und im Stadtumland verglichen mit der Kernstadt. Der Fussgängerverkehr hat dadurch viel von seiner Bedeutung verloren. Besonders die Entwicklung des Automobilverkehrs bedrängte ihn immer stärker: direkte Verbindungen gingen verloren, die Attraktivität des Zufussgehens verringerte sich, und sowohl die verkehrliche als auch die soziale Sicherheit wurden beeinträchtigt. Das Bedürfnis, dem Fussgänger wieder mehr von seiner ursprünglichen Bedeutung zurückzugeben, kam in der Umwelt- und Stadtentwicklungsdiskussion seit den Siebzigerjahren verstärkt zur Sprache. In jüngster Zeit entstanden theoretische Konzepte, die zeigen, wie europäische Stadtstrukturen wiederum fussgängergerecht werden könnten. Die Langsamverkehrsstadt ist ein solcher Ansatz. Dazu gehören auch Fussgängerbereiche in Stadtzentren. Die ersten Fussgängerzonen, die in den Sechzigerjahren entstanden sind, können als Teil der autogerechten, funktionsgetrennten Stadt betrachtet werden: Fussgängerinseln, die durch MIV und allenfalls ÖV hervorragend erschlossen sind. Neueste Trends weisen seit den Achtzigerjahren in Richtung grösserer Fussgängerbereiche, die ganze Stadtzentren umfassen oder gar darüber hinausreichen.

Wenn es allerdings um die konkrete Umsetzung geht, stossen verschiedenste Interessen aufeinander, die sich zuwiderlaufen können. Planungen, die zum Ziel haben, den Autoverkehr in Stadtzentren zu reduzieren, scheinen so zum Scheitern verurteilt.

Zielsetzung und Fragestellung: Fussgängerbereiche in Innenstädten

Die Studie will die Möglichkeiten und die Handlungsspielräume innenstädtischer Verkehrsplanung und -politik aufzeigen, die in Richtung eines autoarmen Zentrumsgebiets geht. Es geht um die erfolgreiche Entwicklung von Strategien, die zu grossflächigen Fussgängerbereichen führen können. Dazu stellt die Arbeit Fragen auf drei Ebenen. Hinsichtlich der Vergangenheit (1) interessiert, welche Elemente und Entscheidungen sich prägend auf die aktuelle Verkehrspolitik und -planung in der Innenstadt ausgewirkt haben. Auf der aktuellen Handlungsebene (2) steht die Frage im Zentrum, wie in verkehrsplanerischen und -politischen Prozessen im innenstädtischen Kontext Entscheidungen zu Stande kommen. Schliesslich stellt sich die Frage nach der Zukunft (3): Welches Vorgehen kann zu einer verträglichen, konsensorientierten Innenstadtverkehrspolitik führen?

Theoretischer Hintergrund: Netzwerke und neue Planungsphilosophie

Die Arbeit zeigt den Spielraum für die Veränderung bestehender Zustände in komplexen Systemen, wie sie Stadtzentren darstellen. Um politische Entscheidungsprozesse analysieren zu können, arbeiten die Politikwissenschaften u. a. mit der Policy-Analyse. Darin spielt das Netzwerk eine besondere Rolle. Es bildet die Basis, auf der gesellschaftliche und institutionelle Akteure zwischen Markt und Hierarchie zusammenarbeiten können. Einerseits ist das Erfassen von Netzwerkstrukturen ein hervorragendes Analyseinstrument, andererseits ist die Förderung von Netzwerkstrukturen Voraussetzung für konsensorientierte Entscheidungen. Dies hat auch das Planungsverständnis beeinflusst. Es hat sich im Laufe der Zeit immer wieder den Bedürfnissen angepasst. Heute sind Lösungen für komplexe Probleme vielfach nur noch in konsensorientierten Verfahren möglich. Moderation, Mediation, runde Tische sind neben anderen Kooperationsarten Vorgehensweisen dazu.

Untersuchungsdesign

Zum Erreichen der formulierten Zielsetzung und zur Beantwortung der gestellten Fragen dienten die Thesen, die durch die Untersuchung leiten (s. Kapitel 1.4.1). Mit Hilfe einer komplexen Untersuchungsmethodik wurden vier Fallbeispiele - Zürich und Bern in der Schweiz, Aachen und Nürnberg in Deutschland - näher betrachtet. Als Erstes ging es darum, die Situation in den Städten überhaupt kennen zu lernen. Dazu wurden erste Unterlagen analysiert, Gespräche geführt und den vier Städten Besuche abgestattet. Der zweite Schritt diente der gezielten Informationsbeschaffung mit Hilfe der Analyse von Sekundärliteratur, offiziellen Berichten, Sitzungsprotokollen, Zeitungsartikeln und weiteren Quellen. Damit war einerseits ein Blick in die Vergangenheit möglich, andererseits standen Beispiele für aktuelle Planungen im Zentrum - pro Stadt ein Planungsfall. Dies geschah wiederum mit Hilfe von Quellenanalysen. Um aber die Akteurpositionen überhaupt erfassen und gewichten zu können, fanden 24 problemzentrierte Interviews statt. Dieses methodische Vorgehen hat sich weitgehend bewährt. Damit standen die Grundlagen für einen Analyse- und einen Interpretationsraster als Voraussetzung für die Beschreibung der Prozesse und zum Verständnis der Fälle bereit.

Zürich: Historischer Kompromiss

Grundlagen

Bis in die Sechzigerjahre (abgelehnte Volksvorlage zur Tramtieferlegung) galt in Zürich gemäss der Generalverkehrsplanung die Maxime, die Stadt autogerecht um- und auszubauen. Danach folgte eine Phase der Umorientierung. Mit Grossprojekten im Bereich des privaten und des öffentlichen Verkehrs (Nationalstrassen, U-Bahn), aber auch mit zahlreichen lokalen Strassenausbauten (Cityring, Westtangente) stand immer noch die Ausbauplanung im Vordergrund. Dabei zeigte sich, dass die Stadt in vielen Bereichen an Handlungsspielraum verloren hat. So beim Nationalstrassenbau, bei dem die Behörden in der Frage der Verknüpfung von zwei Autobahnsträngen im Stadtzentrum (N1/N3; genannt Y) bis heute keine befriedigende Lösung finden konnten. Die Wirtschaftskrise einerseits und verschiedene abgelehnte Projekte andererseits (U-Bahn, Teile des Cityrings) führten zu einer Neubesinnung. In den Jürgensen-Berichten (1972/3) war von Stabilisierung die Rede. In der Folge bewegte sich die Verkehrsplanung im Spannungsfeld zwischen Ökonomie und Ökologie/Lebensqualität. Gerade in den Achtzigerjahren wuchs die Wirtschaft stark, der Stadtraum Zürich expandierte, der Verkehr nahm zu. Grosse Investitionen in den Öffentlichen Verkehr (Priorisierung der Trams, S-Bahn-Bau, Verkehrsberuhigungsmassnahmen in den Quartieren, Parkplatzpolitik) verhinderten, dass das Verkehrsaufkommen auf Zürichs Strassen zunahm. Die Stadt Zürich legte Grundsätze im Bereich Verkehrsplanung und -politik im Blaubuch 1987 sowie im Verkehrsplan 1990 (a,b) fest. Wichtig waren dabei auch die Umweltsensibilisierung und die neuen gesetzgeberischen Vorlagen des Bundes. Das alles kann aber nicht darüber hinwegtäuschen, dass Verkehrs- und Planungsfragen zu einer starken politischen Polarisierung zwischen Stadt und Kanton sowie zwischen Planungsbehörden und Wirtschaftsvertretern geführt hat. BLANC (1993) postuliert sogar, dass seit den Fünfzigerjahren grössere Umverteilungen nicht mehr durchsetzbar seien - nicht zuletzt, weil der Kanton immer häufiger in die städtische Verkehrspolitik eingreife, um Entscheide des Stadtrats aufzuheben. Es bestehe die Tendenz zur Einfrierung des Status Quo, Veränderungen sind weder in die eine noch in die andere Richtung durchsetzbar.

Fallbeispiel: Der „historische Kompromiss"

Die zentrale Zürcher Fussgänger- und Sperrzone ist in den späten Sechziger- und in den Siebzigerjahren entstanden. Seither hat sich ihre Grösse nicht wesentlich verändert. Nach einer Phase der verkehrspolitischen Konfrontation und eines damit verbundenen Stillstandes diskutierten die Akteure Ausbaupläne für die innerstädtischen Fussgängerbereiche intensiv erst seit Ende der Achtzigerjahre. Davon wurde bis heute nur ein sehr kleiner Teil realisiert. Die Erweiterung in den anderen Gebieten, die Auswirkungen auf die gesamte Innenstadt oder sogar auf die ganze Stadt haben könnte, wurde in der Folge Inhalt einer äusserst kontroversen Diskussion.

Bereits vor der geplanten Erweiterung der Fussgängerzone war die Zürcher Altstadt ein Einkaufs- und Dienstleistungsstandort von grosser Bedeutung. Ein grosser Teil der Besucher reiste mit dem Umweltverbund ins Zentrum und bewegte sich in der Altstadt zu Fuss oder allenfalls mit dem Velo. Die Organisationen des Detailhandels beklagten die zunehmend schlechte Erreichbarkeit und die ungenügende Parkplatzzahl sowie die hohen Gebühren. Der Ausbau des Fussgängerbereichs wurde über zwei Wege initiiert, einerseits durch die Forderung des Kantons, der Luftreinhalteverordnung Rechnung zu tragen, andererseits mit politischen Vorstössen aus dem Stadtparlament. In der Folge arbeitete die Stadtverwaltung zahlreiche Grundlagen und Variantenvorschläge aus, die eine etappenweise Realisierung möglich erscheinen liessen. Um den Vorschlägen der Stadtverwaltung entgegen treten zu können, lancierten Detailhandelskreise eine Volksinitiative „für attraktive Fussgängerzonen". Die Stadtverwaltung reagierte darauf mit einem Bausteinkonzept zur Erweiterung des Fussgängerbereichs und entwickelte verschiedene Szenarien. Am umstrittensten in diesem Paket war die Sperrung des Mittleren Limmatquais für den Durchgangsverkehr. Schliesslich brachte eine Initiative aus dem Gemeinderat, dem Stadtparlament, Bewegung in die ganze Sache. Der Präsident der Verkehrskommission entwickelte in langen Verhandlungen einen Kompromiss, der in den Medien als historisch gefeiert wurde. Die Vereinbarung bestand darin, den Fussgängerbereich etappenweise zu erweitern, die Parkplatzbilanz aber ausgeglichen zu halten, was den Neubau von zwei Parkhäusern bedeutet. Ein politischer Wechsel in der Stadtregierung entkrampfte zudem die verkehrspolitische Diskussion und rückte andere Themen in den Vordergrund. Bis heute sind einzelne Etappen verwirklicht worden, andere Element harren noch der Umsetzung, die sich als langwieriger erweist als eigentlich geplant.

Die zentralen Akteure in Zürich waren auf der einen Seite die Stadtverwaltung, die, angetrieben von einem ehrgeizigen Stadtrat und unterstützt durch linke und grüne Kreise, den Fussgängerbereich im Stadtzentrum erweitern wollte. Auf der anderen Seite standen v. a. die Verkehrsverbände ACS und TCS zusammen mit den Organisationen des Detailhandels. Als Vermittlerin trat die Verkehrskommission des Stadtparlaments unter der umsichtigen Führung ihres Präsidenten auf. Immer wieder griff auch die übergeordnete politische Ebene, der Kanton, ins Geschehen ein.

Ergebnisse für Zürich

Die Auseinandersetzungen um die Erweiterung des Fussgängerbereichs haben historische Wurzeln, die in die Siebzigerjahre zurückreichen, als der grundsätzliche Konflikt autogerechter Ausbau der Stadt versus Verkehrsberuhigung und Umlagerung auf den öffentlichen Verkehr sich zum ersten Mal deutlich manifestierte.

Fussgängerbereiche wurden zwar von allen Akteuren als etwas Positives wahrgenommen, inhaltlich stehen jedoch bei der Beurteilung nicht die gleichen Aspekte im Vordergrund. Unterschiedlich wurden Fragen zur Autoerreichbarkeit und zur Lage und Zahl von Parkplätzen gewichtet. Letztere blieb während der ganzen Diskussion zentral. Die Verwaltung erarbeitete zwar zahlreiche Projekte und Konzepte, ohne die Lösung dieser Kernfrage schien jedoch eine von einer Mehrheit getragene Erweiterung nicht realisierbar zu sein. Erst als im Parlament ein Kompromiss gefunden wurde, konnte die einvernehmliche Lösung in einem neuen Leitbild für die Innenstadt umgesetzt werden. Der zukünftige Handlungsspielraum für Zürich besteht hauptsächlich in einer dialogorientierten Weiterführung und Umsetzung des gefundenen Kompromisses. Die Akteure müssen weiterhin in die Entscheidungsprozesse eingebunden und ihre Anliegen müssen ernst genommen werden.

Bern: Verkehrskompromiss

Grundlagen

Die Berner Innenstadt lässt sich in drei Bereiche teilen: die obere Altstadt, die untere Altstadt und das Mattequartier. Während in der oberen Altstadt die Dienstleistungsnutzung (Einkaufen, Verwaltung) überwiegt, ist in der unteren Altstadt der Anteil des Wohnens am grössten, weil diese Nutzung planerisch geschützt ist. Die obere Altstadt, wo sich alle Linien des öffentlichen Verkehrs kreuzen, ist ausgezeichnet erschlossen. Entsprechend erreichten zu Beginn der Neunzigerjahre mehr als 80 % der Besucher die Innenstadt mit öffentlichen Verkehrsmitteln. Dort gab es damals nur eine kleine Fussgängerzone, die von den Besuchern in Befragungen kaum als solche wahrgenommen wurde. Eine Mehrheit wünschte eine Vergrösserung auf die ganze Altstadt. In der öffentlichen Diskussion wurden immer wieder Vorschläge gemacht, wie die gesamthaft unbefriedigende Situation verbessert werden könnte.

Die Verkehrsentwicklung nach dem Zweiten Weltkrieg war gekennzeichnet von der zunehmenden Bedeutung des Automobils. In den Fünfzigerjahren schlug das Gutachten von Walther/Leibbrand vor, um das Zentrum ein Tangentendreieck von Expressstrassen zu errichten, das bis heute realisiert worden ist, allerdings nicht im geplanten Ausbaustandard. Mit dem Generalverkehrsplan von 1964 legten die Behörden die Grundlage für den autogerechten Ausbau der Verkehrsinfrastruktur. Gleichzeitig wurde das Verkehrsgeschehen in der oberen Altstadt immer mehr geprägt durch enge Platzverhältnisse für Fussgänger und durch lange Staus und Wartezeiten für den öffentlichen und privaten Verkehr. In dieser Situation entstand am Ende der Sechzigerjahre die erste Berner Fussgängerzone im Bereich der oberen Altstadt, die in ihrer Grösse bis Ende der Neunzigerjahre Bestand hatte. Ein Wendepunkt in der Berner Verkehrsplanung war 1970 die Ablehnung der H-Lösung, die eine vierspurige Führung des Autoverkehrs über zwei Hauptplätze der oberen Altstadt vorsah. Während im Bereich der Altstadt in der Folge lange Zeit wenig geschah, befassten sich die offiziellen Stellen im Rahmen der Transportplanung 1972 mit der regionalen Verkehrsplanung. 1982 setzte das städtische Verkehrskonzept „Umwelt, Stadt und Verkehr" neue Akzente. „Kanalisieren, Plafonieren und Reduzieren" des motorisierten Individualverkehrs und Angebotsverbesserungen beim öffentlichen Verkehr waren als Hauptaktionsbereiche vorgesehen. In der Folge wurden auch zahlreiche Massnahmen, u. a. Tempobeschränkungen und Anwohnerparken, realisiert. 1985 wurde dann von links-grüner Seite die Volksinitiative „Bärn zum Läbe" eingereicht, die eine umfassende verkehrspolitische und -planerische Umorientierung vorsah – u. a. forderte die Initiative die Schaffung einer Fussgängerzone in der ganzen Altstadt. 1989 wurde vom Volk die „Pendlerinitiative" angenommen, die den Bau neuer Parkhäuser im Bereich der Altstadt untersagte und die Zahl der zu erstellenden Parkplätze bei Neubauten stark einschränkte. Als Gegenreaktion lancierten bürgerlich-gewerbliche Kreise die Initiative „Mehr Bern – weniger Verkehr". Die Behörden liessen sich sechs Jahre Zeit, bis sie „Bärn zum Läbe" 1991 zusammen mit einem Gegenvorschlag vors Volk brachten. Die Abstimmung endete in einer Pattsituation; der Regierungsstatthalter verfügte 1993 eine Wiederholung der Volksbefragung. Diese unklare politische Situation war der Anlass für die Berner Stadtregierung, Verhandlungen zwischen den verkehrspolitischen Kontrahenten zu veranlassen.

Fallbeispiel: Der Verkehrskompromiss

Um die Berner Innenstadt herum waren zu Beginn der Neunzigerjahre verschiedene Planungsverfahren hängig. Auf regionaler bzw. kantonaler Ebene wurde die Einführung der Berner S-Bahn vorbereitet. Drei Kreuzungspunkte auf Stadtberner Boden sollten zu Entwicklungsschwerpunkten ausgebaut werden. In diesem Zusammenhang arbeiteten die Behörden zusammen mit weiteren Partnern einen Masterplan für den Raum des Hauptbahnhofs aus; darin war auch ein Tunnel unter dem Bahnhofvorplatz vorgesehen, der allerdings in der Volksabstimmung 1997 scheiterte. Auf städtischer Ebene wurden die laufenden Planungen im Stadtentwicklungskonzept zusammengefasst, das auch zahlreiche Massnahmen für das Stadtzentrum vorsah. Die Frage um die Erweiterung der Fussgängerzone wurde auf Grund der unklaren Situation im Verkehrsbereich vorsichtig angegangen.

Alle Handlungsmöglichkeiten waren jedoch blockiert, solange nicht klar war, wie es mit den Initiativen „Bärn zum Läbe" und „Mehr Bern – weniger Verkehr" sowie den Parkplatzvorschriften der „Pendlerinitiative" weitergehen sollte. Der Gemeinderat organisierte unter Führung der Polizeidirektion Verhandlungen zwischen den Initiativkomitees. Kurz darauf kam es zu einem Wechsel von einer bürgerlichen zu einer rot-grünen Mehrheit sowohl im Gemeinderat als auch im Stadtrat. Die Verhandlungen wurden nach den Wahlen fortgesetzt, beide Seiten zeigten sich bereit, unter bestimmten Bedingungen ihre Initiativen zurückzuziehen. Die Diskussionen drehten sich v. a. um die Frage der Parkplätze in der Innenstadt, aber auch bei Neubauten im ganzen Stadtgebiet. Schliesslich konnten sich die Verhandlungspartner im Sommer 1993 darauf einigen, in der oberen Altstadt eine Fussgängerzone einzurichten. Die 154 Parkplätze, die dabei verloren gehen würden, sollten durch gleich viele neue unterirdische Parkplätze in den beiden Innenstadtparkhäusern ersetzt werden. Trotz dieser Vereinbarung, die in ihrer Substanz in der Folge bestehen blieb, dauerte es bis Herbst 1997 noch mehr als vier Jahre, bis dieser „Verkehrskompromiss" den Stimmbürgern vorgelegt und von ihnen deutlich angenommen wurde. Die hängigen Initiativen wurden danach zurückgezogen. Verfahrensfehler, neue Vorschläge und Störmanöver, aber auch der nicht allzu grosse Wille der Behörden, die Vorlage vornazutreiben, waren verantwortlich für die lange Dauer der Verhandlungen. Bis heute sind erste Elemente umgesetzt, allerdings wiederum mit Verzögerung auf den ursprünglich vorgesehenen Fahrplan. Es ist davon auszugehen, dass es noch einige Jahre dauern wird, bis es in der Berner Innenstadt einen gut gestalteten, grösseren Fussgängerbereich geben wird.

Ergebnisse für Bern

In Bern spielte sich die Auseinandersetzung um die Vergrösserung des Fussgängerbereichs in erster Linie zwischen den beiden Initiativkomitees ab. Darin vertreten waren auf der einen Seite die Wirtschaftsverbände und die Organisationen des Detailhandels und auf der anderen Seite links-grüne Gruppierungen und die Umweltverbände. Die Parteien waren erst in zweiter Linie beim Diskussionsprozess dabei, weil die meisten Vertreter in den Komitees auch in Parteien aktiv waren. Während sich die Bürgerlichen für „Mehr Bern – weniger Verkehr" einsetzten, waren die links-grünen Parteien auf der Seite von „Bärn zum Läbe" und der „Pendlerinitiative". Die für die innenstädtische Verkehrs- und Planungspolitik verantwortlichen Verwaltungsstellen verhielten sich eher passiv; in gewissen Fragen waren sie gar gespalten. Es gelang ihnen nicht, die Richtung der Verhandlungen zu bestimmen und Perspektiven für die Innenstadt zu entwickeln, die über die Anordnung verkehrsorganisatorischer Massnahmen hinausreichten.

Dass der Verkehrskompromiss zu Stande kam, kann als grosser Erfolg für die Berner Innenstadtplanung angesehen werden. Alle Beteiligten schienen die Auseinandersetzungen und die Blockaden satt zu haben. Allerdings sind die Behörden nun dafür verantwortlich, dass die Gespräche mit den beiden Lagern nicht abreissen. Die Innenstadt muss wieder zu einem Schwerpunkt der städtischen Verkehrs- und Entwicklungsplanung werden, damit das ehrgeizige und von der Bevölkerung gewünschte Projekt eines grossen Fussgängerbereichs in absehbarer Zeit verwirklicht werden kann.

Aachen: Fussgängerfreundliche Innenstadt

Grundlagen

Die Geschichte der Verkehrsplanung und -politik ist für Aachen verglichen mit den anderen betrachteten Fallbeispielen quellenmässig lückenhaft belegt. Entsprechend schwierig war es, einen Überblick über die historische Entwicklung aufzuarbeiten. So konnte im Rahmen der vorliegenden Untersuchung nur eine Skizze gemacht werden, die noch vieler Ergänzungen bedürfte. Dennoch ist es möglich, einige wichtige Leitlinien aufzuzeigen. Die Aachener Entwicklung verlief bis 1989 traditionell und ohne grosse Brüche. Die Stadt wurde nach dem Vorbild des Vorkriegszustandes wieder aufgebaut. Die Verantwortlichen trugen der erwarteten Zunahme des motorisierten Individualverkehrs Rechnung. Sie erweiterten die Strassenfluchten und planten Neuanlagen. Offensichtlich versuchten sie, bewährte Rezepte aus anderen Städten zu kopieren, und lagen so mit ihren Konzepten in manchen Bereichen immer etwas im Rückstand. Erstaunlich ist der Widerspruch zwischen der persönlichen Haltung des Stadtplaners und der tatsächlichen Entwicklung in Richtung autoorientierter Innenstadt. So entstand die erste Fussgängerzone erst 1972, verbunden mit einer Erweiterung des Angebots für den motorisierten Individualverkehr. Der Umbau zur autogerechten Stadt scheint offensichtlich zeitweise als unausweichliche Tatsache hingenommen worden zu sein. Bereits zu Beginn der Siebzigerjahre war es dann mit dem Konsens in verkehrspolitischen Fragen vorbei. Die stabile, politisch konservative Mehrheit machte es aber möglich, weiterhin die bestehenden verkehrsplanerischen Grundsätze zu verfolgen. In den Achtzigerjahren konnten in der Innenstadt gewisse verkehrsberuhigende Massnahmen ergriffen werden, wie z. B. das Anwohnerparken. Schliesslich erfuhren die bestehenden Fussgängerzonen eine Erweiterung und eine gestalterische Attraktivierung. Zur wirklichen Umorientierung in der Verkehrspolitik kam es aber erst nach den Wahlen von 1989.

Fallbeispiel: Fussgängerfreundliche Innenstadt

Aachen erhielt in den Achtzigerjahren eine grössere Fussgängerzone. Die autofreien Bereiche waren so angelegt, dass die Innenstadt mit dem Auto problemlos erreichbar blieb, zudem wurde sie von verschiedenen Achsen mit starkem Verkehrsaufkommen durchschnitten. Verkehrs- und Umweltpolitik waren bei den Kommunalwahlen von 1989 wichtige Themen und offensichtlich schien die Unzufriedenheit so gross zu sein, dass es zu einem Machtwechsel von der während 45 Jahren regierenden CDU zu einer rot-grünen Koalition kam. Der neuen Stadtregierung war Verkehrspolitik ein wichtiges Anliegen. Jedenfalls ergriff sie Massnahmen, die den Namen Aachen in Zusammenhang mit Verkehrsfragen im ganzen deutschen Sprachraum bekannt machten. Besonderes Aufsehen erregte das Projekt „Fussgängerfreundliche Innenstadt". Bald wurde Aachen neben Lübeck als Stadt mit autofreiem Zentrum genannt. Es war gar vom autofreien Aachen die Rede. Dieses Image der Stadt rief vielerlei Experten, Befürworter und Kritiker auf den Plan. Die Medien, die Politik, Interessenverbände und nicht zuletzt die Wissenschaft beschäftigten sich intensiv mit dem Fall der Stadt Aachen. Das äussert sich auch in einer grossen Materialfülle. Während zur unspektakulären Vergangenheit wenig vorliegt, häufen sich zur „Fussgängerfreundlichen Innenstadt" zahlreiche Berichte, Gutachten und Gegengutachten.

Die „Fussgängerfreundliche Innenstadt" wurde 1991 nach sehr kurzem Planungsverfahren eingeführt. Sie gründet auf der Idee eines autofreien Samstags, bestand aber zur Hauptsache aus einer Sperrung einer stark befahrenen Strassenachse in der Innenstadt an Samstagen. Die heftigen Reaktionen, die v. a. von Seiten der Einzelhändler und der CDU-Opposition kamen, mündeten in äusserst kontroversen Diskussionen. Obwohl die Versuchsanordnung mehrere Male leicht geändert wurde, blieb der Widerstand gross. Weder wissenschaftliche Studien, die beide Seiten in Auftrag gaben, noch Werbe- und PR-Kampagnen vermochten die Konfrontation zu beseitigen. Die Wahlen von 1994 standen ganz im Zeichen der Diskussion um die Verkehrspolitik. Als die Befürworter der „Fussgängerfreundlichen Innenstadt" gewannen, setzte sich auch bei den Gegnern die Einsicht durch, dass eine Weiterführung der wenig produktiven Diskussion dem Standort Aachen nur schaden würde. In eigentlichen Geheimverhandlungen, an denen sich Vertreter der einzelnen Parteien beteiligten, gelang es schliesslich, einen Kompromiss – den „Aachener Frieden" – zu finden. U. a. wurde die samstägliche Sperrung zu Gunsten einer jeden Tag gültigen Lösung aufgehoben und der betroffene Strassenabschnitt im Zentrum der Stadt umgebaut und gestalterisch aufgewertet. Dies bedeutete eine faktische Sperrung des vorher stark befahrenen Abschnitts für den Autoverkehr. Das Stadtzentrum konnte nun nicht mehr durchfahren werden, die meisten Punkte blieben aber, wie in Nürnberg, über Schleifen erreichbar. Die Verluste der Einzelhändler sollten durch die attraktivere Gestaltung des Strassenraums, ein besseres ÖV-Angebot und eine verbesserte Parkplatzsituation wettgemacht werden. Das Spezielle an diesem Kompromiss ist die Tatsache, dass es den Verhandlungspartnern gelang, die Lösung auch der Basis zu vermitteln. Nach dem Friedensschluss beruhigte sich die Diskussion zusehends, und es gelang der Stadtverwaltung, Zukunftsperspektiven für eine gesamtstädtische Verkehrspolitik zu entwickeln. Dies war in der Phase der heftigen Diskussionen zu kurz gekommen.

Ergebnisse für Aachen

Die Verkehrsplanungsbehörden waren die prägenden Akteure bei der Lancierung der neuen verkehrspolitischen Massnahmen. Nach dem Wahlsieg 1989 unterliessen es die Wahlsieger nicht, ihnen genehme Leute in der Stadtverwaltung einzusetzen. Die Leiterin des Amts für Verkehrsanlagen setzte sich in der Folge zusammen mit ihren Mitarbeitern mit voller Kraft für die „Fussgängerfreundliche Innenstadt" ein. Dabei legte sie sich mit den Akteuren an, die vorher die poltische Mehrheit stellten. Diese konnten sich v. a. auf die verschiedenen Organisationen des Einzelhandels stützen. Viel zum Konsens beigetragen hat neben dem Verhandlungsführer aus dem Stadtparlament, die nüchterne Sicht der Vertreter der Handelskammer und eines grossen Warenhauses. Ihm gelang es, seine Kollegen aus den anderen Wirtschaftsverbänden vom „Aachener Frieden" zu überzeugen. Wenig zu sagen während der ganzen Auseinandersetzung hatte die Bevölkerung. Auch die Vertreter der Parteien folgten meistens ihren Leuten in der Verwaltung bzw. bei den wirtschaftlichen Interessenorganisationen. Eine spezielle Komponente beim Aachener Fall ist die Tatsache, dass er auf bundesweites Interesse stiess und sich so an der Diskussion auch viele Aussenstehende beteiligten. Die verhältnismässig moderaten

Massnahmen wurden von beiden Seiten zum Modell hochstilisiert, das es entweder überall umzusetzen oder absolut zu bekämpfen galt.

Grundsätzlich hatte auch in Aachen niemand etwas gegen Fussgängerbereiche einzuwenden. Die Geister schieden sich aber an der Art und Weise der Umsetzung. Dabei stand die Frage der Autoerreichbarkeit im Zentrum der Diskussion. So geht denn der gefundene Kompromiss in die Richtung eines Gesamtkonzepts. Dieses wird sich am ehesten dann verwirklichen lassen, wenn es gelingt, alle wesentlichen Akteure in die Planungs- und Entscheidungsprozesse einzubeziehen. Aachen wird sich in Zukunft so intensive Auseinandersetzungen um einzelne Projekte nicht leisten können. Es wird nicht jedesmal möglich sein, Lösungen in Geheimverhandlungen zu finden.

Nürnberg: Schleifenlösung

Grundlagen

Die Geschichte der Verkehrsplanung und -politik Nürnbergs ist v. a. für die Altstadt aufgearbeitet worden. Es bestehen zahlreiche Grundlagen, Dokumente und Überblicksdarstellungen, die allerdings in den meisten Fällen aus der Perspektive der aktuellen Diskussion entstanden sind. Für das gesamte Stadtgebiet sind die Angaben lückenhafter. In einem ersten Schritt galt es, das stark kriegszerstörte Nürnberg wiederaufzubauen. Damit ging eine zunehmende Motorisierung einher, die neue Verkehrsinfrastrukturen nötig machte. Beim Aufbau der Altstadt legten die Verantwortlichen starkes Gewicht auf die Wiederherstellung des historischen Stadtbildes. Mitte der Sechzigerjahre entstand in der Innenstadt eine Fussgängerzone. In den Siebzigerjahren nahm die Stadt eine umfangreiche Generalverkehrsplanung in Angriff, in deren Zug sie die Grundlagen für zahlreiche Strassenausbauten, den U-Bahn-Bau sowie eine weitführende Innenstadtentwicklungsplanung legte. In der Folge wurde die Altstadt stufenweise vom Durchgangsverkehr befreit. Es entstand einer der grössten Fussgängerbereiche Deutschlands. Die Sperrung der Verbindung vor dem Rathaus sorgte für heftige politische Auseinandersetzungen. In der übrigen Stadt blieb die Verkehrspolitik eher traditionell orientiert. 1991 erhielt die Stadt ein neues Verkehrsleitbild und einige Kontroversen erzeugende Massnahmen wurden umgesetzt.

Das Fallbeispiel: „Schleifenlösung"

In verschiedenen Stufen ist in Nürnberg bis zu Beginn der Neunzigerjahre ein umfangreicher Fussgängerbereich entstanden. Neben den verkehrsplanerischen Aspekten standen auch immer Fragen der Stadtentwicklungspolitik im Zentrum der Überlegungen. Nach dem erneuten Wahlsieg der rot-grünen Koalition setzten die Behörden mit dem neuen Verkehrsleitbild ein Zeichen in Richtung einer stärker auf den Umweltverbund ausgerichteten Verkehrspolitik. Das neue Verkehrsleitbild mit der Maxime des stadtverträglichen Verkehrs strebte langfristig einen Modalsplit von 50 % ÖV zu 50 % MIV an. Dieses Ziel sollte mit einem Bündel von Massnahmen erreicht werden. In der Innenstadt führten die Behörden u. a. ein rigideres Parkraumregime ein und strebten eine Erweiterung des Fussgängerbereichs an. Dazu waren auch Massnahmen im Bereich der Altstadt vorgesehen. Mit gezielter Einrichtung von Fussgängerzonen wurde der innere Innenstadtring unterbrochen. So waren die einzelnen Bereiche der Altstadt nur noch durch Schleifen erschlossen, die untereinander über den Altstadtring verbunden waren. Diese als „Schleifenlösung" bezeichnete Massnahme löste wiederum starke Kontroversen aus, weil nun gewisse Verkehrsbeziehungen nicht mehr möglich waren und die direkte Erreichbarkeit gefährdet schien. Im gleichen Zeitraum diskutierten Behörden und Wirtschaftsvertreter über ein neues Konzept für die Altstadt, deren wirtschaftliche Entwicklung durch neue Einkaufszentren auf der grünen Wiese bedroht war. In diesen Diskussionen spielten Verkehrsfragen – hauptsächlich die Frage der Erreichbarkeit – eine zentrale Rolle. Die Auseinandersetzungen in Nürnberg stiessen kaum auf nationales Interesse, wie dies etwa in Aachen oder Lübeck der Fall war. In Stadt und Region bestimmten Verkehrs- und Stadtentwicklungsfragen die politische Diskussion. Nach einer Wende im März 1996 hin zu einem CSU-dominierten Stadtrat wurden einige der in der Altstadt getroffenen Verkehrsmassnahmen wieder rückgängig gemacht. Die Massnahmen im Verkehrsbereich waren jedoch kaum alleine verantwortlich für die politische Wende.

Ergebnisse für Nürnberg

Das Spezielle in Nürnberg ist die Tatsache, dass die Massnahmen, die umgesetzt werden sollten, in einer langen Tradition standen. Die Einführung der Schleifenlösung war nicht wie in den Achtzigerjahren die Sperre beim Rathausplatz eine Idee von unten, sondern ein Projekt aus der Verwaltung, das von der politischen Mehrheit Unterstützung erhielt. Allerdings verwendete kaum jemand dafür sein Herzblut. Vielmehr gab es sogar kritische Stimmen innerhalb der Verwaltung, v. a. aus dem Bereich der für die Wirtschaft verantwortlichen Amtsstellen. Entsprechend einfach war es für die Gegner aus Handel und Wirtschaft sowie aus den Oppositionsparteien, die Massnahmen zu kritisieren. Die Umweltverbände blieben in der ganzen Diskussion ziemlich stumm, weil sie nie in den Planungsprozess einbezogen waren und auch keine eigenen Ideen verfechten mussten.

Die lange Tradition der schrittweisen Erweiterung der Fussgängerzonen in Nürnberg wurde zwar gebremst. Es ist aber kaum davon auszugehen, dass grosse Rückschritte gemacht werden. Massnahmen, die noch in den Achtzigerjahren heiss umstritten waren, sind inzwischen etabliert. Alle Parteien sehen den Wert des grossen Fussgängerbereichs ein, gerade auch für einen attraktiven Einzelhandelsstandort Altstadt. Es stellt sich allerdings die wichtige Frage: Wie weiter? Es ist davon auszugehen, dass v. a. ein Schub im Bereich des Verkehrsmanagements und der Verkehrstechnik, aber auch beim Strassen- und U-Bahnbau ausserhalb des Stadtzentrums folgen wird. Solche Massnahmen können aber nur Früchte tragen, wenn sie in übergeordnete Konzepte eingebunden sind. Die zentrale Aufgabe der neuen politischen Mehrheit wird es sein, ihre Vorstellungen klar zu formulieren und gemeinsam mit allen betroffenen Akteuren umzusetzen. Gelingt ihr das, wird dies eine Neuheit für die Nürnberger Verkehrspolitik und -planung sein.

Ergebnisse

Die Fallbeispiele im Vergleich

Prägend auf die Innenstadtentwicklung und die Einführung von Fussgängerbereichen waren in allen vier Städten die zunehmende Bedeutung des Automobils und die damit verbundenen Folgen. Die historischen Altstädte wurden bald zu eng, in den Sechzigerjahren entstanden dort im Zuge des Versuchs, die Stadt autogerecht zu gestalten, als Restprodukte erste Fussgängerbereiche. Ab den Siebzigerjahren steckte die städtische Verkehrsplanung in der Krise, denn der Konsens um den weiteren Ausbau des Strassennetzes war nicht mehr da. Erste Versuche zur Verkehrsberuhigung in Wohnquartieren fallen in diese Zeit. Gleichzeitig wuchsen die innenstädtischen Fussgängerzonen bis in die Achtzigerjahre hinein weiter. Damals nahm der Einfluss der Umweltbewegung zu, welche die Erweiterung von Fussgängerbereichen und Verkehrsberuhigungsmassnahmen in ihren Forderungskatalog aufnahm. Allmählich schlug sich die Vorstellung eines stadtgerechteren Verkehrs auch in den Verkehrskonzeptionen nieder.

Der Anstoss zu Änderungen kam immer von ausserhalb der Verwaltung. Im Falle der Schweizer Beispiele geschah dies über Volksinitiativen von Seiten der Umweltorganisationen, während in den beiden deutschen Städten eher Mehrheitswechsel in der Stadtregierung für verkehrspolitische Änderungen verantwortlich waren. Dort übernahm die Verwaltung im Planungsprozess eine aktivere Rolle als in Bern oder Zürich. In der Diskussion eine zentrale Rolle spielten jeweils die Einzelhändler bzw. ihre politischen Vertreter, die sich in allen vier Fällen gegen eine für sie zu weit gehende Erweiterung des Fussgängerbereichs einsetzten. In der Argumentation standen sich folgende grundsätzliche Positionen gegenüber:

- Grösserer Fussgängerbereich, weniger Parkplätze bzw. schlechtere Erreichbarkeit, weniger Besucher, weniger Umsatz, deshalb Fussgängerzone nur dann, wenn mehr Parkplätze bzw. gleich gut erreichbare Parkplätze.
- Grösserer Fussgängerbereich, erhöhte Attraktivität (Einkaufen, Freizeit, Anwohner, Umweltqualität, Umfeld etc.) für alle, mehr Besucher, mehr Umsatz, deshalb muss der Autoverkehr in Richtung Stadtzentrum abnehmen.

In Aachen und Nürnberg stand die Frage der Erreichbarkeit des Stadtzentrums mit dem Auto im Vordergrund, während in den Schweizer Städten eher über die Anzahl der nötigen Parkplätze diskutiert wurde.

Generelle Erkenntnisse

- In allen vier Fallbeispielen kommt den verkehrspolitischen und -planerischen Konzepten und Entscheidungen seit dem Zweiten Weltkrieg eine grosse Bedeutung zu. Nicht überall sind jedoch die historischen Grundlagen so gut, dass ein umfassender Rückblick möglich wäre. Historische Arbeiten, die sich mit dem Fussgängerverkehr auseinander setzen, gibt es wenige.
- Fussgängerbereiche werden positiv bewertet und sind mehrheitsfähig. Allerdings haben die Akteure unterschiedliche Vorstellungen und Erwartungen bzw. Befürchtungen, die mit den Rahmenbedingungen und den Folgewirkungen von Fussgängerbereichen zusammenhängen. Es ist deshalb unerlässlich, dass die wichtigen Akteure aus Politik, Verwaltung, Interessenverbänden, Wirtschaft und die betroffene Bevölkerung bei der Planung von Fussgängerbereichen von Beginn weg berücksichtigt werden.
- An der Planung und Einführung von Verkehrsmassnahmen sind zahlreiche Akteure und Akteurgruppen beteiligt; ähnliche Gruppen – z. T. mit unterschiedlicher Bedeutung – können in allen untersuchten Fallbeispielen festgestellt werden. In allen Städten gibt es zudem Schlüsselpersonen, die eine zentrale Position im Planungsprozess einnehmen. Die Akteuranalyse erwies sich als geeignetes Instrument zum Erfassen solcher Strukturen und von erfolgreichen Argumentationslinien.
- Erfolgreiche Strategien zur Umsetzung von Verkehrsmassnahmen hängen immer sehr stark mit dem Einzelfall zusammen. Sollen Fussgängerbereiche erfolgreich umgesetzt werden können, müssen deshalb die spezifischen Voraussetzungen analysiert werden.

Handlungsmöglichkeiten

- Die Konsensebene muss nicht immer auf dem kleinsten gemeinsamen Nenner gefunden werden. Vielmehr ist es möglich, durch Aushandeln in einzelnen Punkten weiterzugehen und im Gegenzug auf bestimmte, eigentlich realisierbare Schritte zu verzichten. Idealerweise werden Win-win-Situationen geschaffen.
- Die städtische Verwaltung muss ihre traditionelle Rolle als vollziehende Behörde aufgeben und zur Lieferantin von Entscheidungsgrundlagen im Planungsprozess werden. Dabei muss sie die gesamtstädtischen Interessen vertreten, zwischen den verschiedenen Positionen vermitteln und zudem für diejenigen Akteure einstehen, die kein Sprachrohr haben. Allenfalls kann es sich als hilfreich oder notwendig erweisen, die eine oder andere Rolle an „neutrale" Dritte zu übergeben, z. B. an einen Moderator.
- Soll eine Langsamverkehrsstadt verwirklicht werden, muss dies Inhalt einer Gesamtkonzeption sein, auf die sich die wichtigen Akteure im Rahmen der städtischen Verkehrsplanung und -politik geeinigt haben. Darin müssen u. a. die Massnahmen für die Innenstadtgebiete festgelegt werden.
- Städtische Planungsbehörden haben Handlungsmöglichkeiten. Planungen, die allein von der Verwahltung ausgehen, gehören allerdings der Vergangenheit an. Planungen funktionieren dann, wenn die betroffenen Akteure von Anfang an in alle Schritte einbezogen und eingebunden werden und die Planung auf einem Gesamtkonzept aufbaut. Funktionierende Modelle sind beispielsweise Gespräche am runden Tisch oder Verkehrsforen.

1 Grundlagen

1.1 Raum für Fussgänger?

In diesem Kapitel soll aufgezeigt werden, welche Bedeutung der Fussgänger im städtischen Verkehr hat und welcher Raum er im Verlaufe der Zeit zugestanden erhielt. Anschliessend soll das Modell der Langsamverkehrsstadt vorgestellt werden, das mögliche Wege zu einer fussgängerfreundlichen Stadt- und Verkehrsplanung beinhaltet. Danach wird untersucht, wie Städte den Autoverkehr in ihren Zentren einschränken wollen, um so Lebens- und Umweltqualität sowie die ökonomische Situation des Einzelhandels in Stadtzentren zu fördern und welche Widerstände, Interessenkonflikte, Erwartungen entstehen, wenn grossflächige Fussgängerbereiche erweitert oder eingerichtet werden.

1.1.1 Vom Fussgänger zum Auto und nun wieder zum Fussgänger?

1.1.1.1 Stadtentwicklung: Vom Fussgänger zum Auto

Wenn sich Menschen fortbewegen, gehen sie zu Fuss. Das war in den entwickelten Ländern bis ins letzte Jahrhundert so. Nur Privilegierte konnten sich als individuelles Verkehrsmittel Pferde halten oder mit den ab dem 18. Jahrhundert funktionierenden Postkutschen reisen (KLÖTI 1990). Warentransporte erfolgten in erster Linie mit Schiffen und Fuhrwerken. Mit fortschreitender Industrialisierung, aber auch aus militärischen Gründen, stiegen die Ansprüche an das Verkehrsnetz. Der Kanton Bern beispielsweise baute nach französischem Vorbild im 18. Jahrhundert zunächst das Strassennetz aus (AERNI, HERZIG 1986). Ab Mitte des 19. Jahrhunderts entstand dann in verschiedenen Schüben ein sehr dichtes Eisenbahnnetz, das sehr bald als Massenverkehrsmittel zur Bewältigung längerer Distanzen diente (RÜFENACHT, SALIS GROSS 1993). Regionen und Städte rückten zeitlich näher zusammen. In den Städten und Dörfern gingen die Menschen weiterhin zu Fuss. Da Fussgänger sich relativ langsam fortbewegen, blieben die möglichen Einzugsbereiche beschränkt. Kompakte mittelalterliche Stadtanlagen, aber auch die sehr dicht bebauten ersten Stadterweiterungsgebiete jenseits der alten Mauern und Schanzen zeugen von diesem limitierenden Faktor. Entsprechend intensiv war die Nutzungsdurchmischung und -intensität in den Städten (s. dazu TORRES 1996:36-105). In den wachsenden europäischen Metropolen Paris, London und Berlin entstanden in der zweiten Hälfte des 19. Jahrhunderts Verkehrsbedürfnisse, die durch die neuen Verkehrsmittel gedeckt wurden: Pferdeomnibus, Strassenbahnen und Untergrundbahnen. Umgekehrt waren es diese neuen Fortbewegungsmittel, die das Flächenwachstum der grossen Siedlungen förderten. In der Schweiz verlief die Entwicklung kleinräumiger. Die grösseren Städte erhielten erst in den Achtzigerjahren des letzten Jahrhunderts Strassenbahnen, das Netz wuchs allerdings recht rasch. Ab der Jahrhundertwende gewann das Fahrrad zunehmend an Bedeutung. Bis zum Zweiten Weltkrieg entwickelte es sich zu einem eigentlichen Massenverkehrsmittel. Ein Phänomen, das bis heute nur unzulänglich erforscht ist (MERKI 1995:454). Hält man sich Bilder aus diesen Zeiten vor Augen, so fällt eine ausserordentlich vielgestaltige Nutzung des öffentlichen Raumes auf. Städtische Strassen und Plätze waren nicht - wie wir es heute kennen - v. a. Verkehrsräume. Verschiedenste Tätigkeiten wurden ausgeübt. Die Strasse war eine Erweiterung des Wohnraums und diente auch als Werkstatt und zum Verkauf. Daneben fanden spielende Kinder, Bettler und Kleinvieh ihren Platz.

Die grosse Dichte und Enge war Grund für das Bedürfnis und die Notwendigkeit nach mehr Licht, mehr Raum, mehr Luft und mehr Grün. Ab der Jahrhundertwende entwickelten Architekten und Planer Stadtutopien und propagierten neue Siedlungsformen (DETHIER, GUIHEUX 1994:121-199). In den Plänen dieser Stadtentwürfe erhielt der urbane Strassenraum erstmals eine reine Verkehrsfunktion. Die verschiedenen Verkehrsmittel waren klar voneinander getrenn; die Seitenflächen für die Fussgänger, richtungsgetrennte Fahrbahnen für private Fahrzeuge - darunter die ersten Autos. Auf einem breiten Mittelstreifen fanden Promeneure und die Strassenbahn Platz. Diese nach Funktionen getrennte Sichtweite kam nicht nur auf den grossen Avenuen und Boulevards zur Anwendung. HAEUSELMANN (1916) beschrieb erstmals im deutschsprachigen Raum ein System funktionsgetrennten Strassenbaus: *„Es ist aber kein Zweifel mehr, dass die alte Bahn des Strassenwesens dem Ende zugeht, ... Die alte Strasse wird damit zur reinen Verkehrsfläche für den Fahrverkehr herabgedrückt, während für den Fussgängerverkehr das Innenland der Bauflächen erschlossen wird."* (HAEUSELMANN 1916:54) Er entwickelte für die Stadt Stuttgart ein hierarchisches Strassensystem, das auf die städtebauliche Struktur und die Funktion der Verkehrswege Rücksicht nimmt. Dabei legte er klare Normen für die Ausmasse der verschiedenen Verkehrswege fest. Die Idee der funktionalen Trennung setzte sich durch. 1933 beschäftigten sich die CIAM-Mitglieder mit der *„funktionellen Stadt"*. Zehn Jahre später veröffentlichte Le Corbusier die Resultate in überarbeiteter Form als *„Charta von Athen"*, die verschiedene Autoren zitieren, wenn von funktionsgetrennten Siedlungen und von nach verschiedenen Verkehrsarten getrennten Verkehrswegen die Rede ist (KOCH 1992:160). Der Verkehr dominierte den Strassenraum zunehmend. Er drängte das übrige Leben von der Strasse weg (EISNER, GÜLLER 1993; HÜTTENMOSER, DEGEN-ZIMMERMANN 1995).

Wirklich durchschlagend wirkte sich diese funktionale Trennung erst aus, nachdem das Auto seinen Siegeszug angetreten hatte. Was sich bereits vor dem Zweiten Weltkrieg in den Vereinigten Staaten abgezeichnet hatte, trat nach 1945 in Westeuropa ein. Die Zahl der zugelassenen Fahrzeuge stieg exponenziell an, sodass Mitte der Neunzigerjahre annähernd jeder zweite Deutsche und Schweizer über ein Motorfahrzeug verfügten (BFS, GS EVED 1996a:60f.). Das Auto dominierte die Entwicklung. Planer konzipierten die autogerechte Stadt (REICHOW 1959), sie sahen die Stadt als Baum, als Organismus, der Verkehr, die Autos, waren Blut in seinen Adern, den Strassen (ALEXANDER 1967). In der Folge gab sich jede grössere Stadt ein Verkehrskonzept, das den Ausbau zur autogerechten Stadt postulierte. Was in Deutschland bereits in der Zwischenkriegszeit vorgespurt wurde (KRONRUMPF 1990), galt ab den Fünfzigerjahren auch für die Schweiz. Die Eidgenössischen Räte beschlossen 1960 ein engmaschiges Autobahnnetz für den nationalen Verkehr, nachdem das Volk 1958 die verfassungsmässige Grundlage mit einem Ja-Mehr von 85 % überaus deutlich gelegt hatte (KREBS 1996:233). Zur Geschichte des Autobahnbaus in der Schweiz liegen gute Grundlagen vor (ACKERMANN, 1992; KAMMANN 1990; SCHWEIZER 1988). Die ingenieurmässige Vorgehensweise beim Strassenbau prägte nicht nur das nationale Werk Autobahn, sondern wirkte sich bis auf die kleinste Quartier- und Dorfstrasse aus. Die Strassen wurden von nun an nach einheitlichen Normen der Vereinigung Schweizerischer Strassenfachmänner - seit 1975 Vereinigung Schweizerischer Strassenfachleute (VSS 1988:60) -, die auf wissenschaftlichen Grundlagen basierten, gebaut. Für Fussgänger blieben die Randflächen, die Trottoirs übrig, die z. T. noch als Parkflächen für Autos zu dienen hatten. Die Aussage eines langjährigen Verkehrsplaners illustriert dies: *„In den 50-er Jahren, mit dem Beginn der Autobahnplanung ist es darum gegangen, Strassenbaunormen aufzustellen, die es vorher noch nicht gegeben hat. Dabei haben nur noch die Geometrie der Fahrzeuge und die Fahrdynamik gezählt. Am Rand, für den Fussgänger, sind die Restflächen übrig geblieben. Die Optik aus dem Autobahnbau ist heruntertransferiert worden auf die Kantonsstrassen, die Sammelstrassen, bis auf die kleinsten Erschliessungsstrassen, die dadurch vom Denken her alle als kleine Autobahnen gebaut worden sind."* (I24)[1] Planung für Fussgänger, aber auch für Radfahrer, blieb ein Fremdwort (WABER 1992).

Zu Beginn der Siebzigerjahre keimten in stark verkehrsbelasteten Zentren neue Ideen zur Verkehrsberuhigung auf (KOCH 1992:244-266). In Quartieren entstanden aufwändig gestaltete Wohnstrassen. Diskussionen um Temporeduktionen und Tempo-30-Zonen setzten ein. Die Sensibilisierung für Umweltfragen sowie neue gesetzgeberische Grundlagen - die Luftreinhalteverordnung 1985 und die Lärmschutzverordnung 1987 mit den dazugehörigen Massnahmenplänen - weisen den Weg weg von der reinen Strassenausbauplanung zu umfassenderen Ansätzen. Vermehrt gewann damit auch die Strassenraumgestaltung und die Betrachtung der Strasse als multifunktional genutzter Raum an Bedeutung. Als einer der ersten Kantone der Schweiz rückte Bern offiziell ab von der nachfrageorientierten Verkehrsplanung und propagierte ab Mitte der Neunzigerjahre die angebotsorientierte Verkehrsplanung (DIETIKER, KOBI, KÜNZLER 1995). Konkret bedeutet dies, dass die Verkehrswege nicht

---

[1] Zitierweise der Interviews s. Kapitel 1.4.2

beliebig ausgebaut werden sollen. Vielmehr besteht nur ein bestimmtes Angebot, das einerseits von der bestehenden Strassenkapazität, andererseits aber auch von der Belastbarkeit abhängt. Diese nimmt Rücksicht auf den Einfluss auf die Umwelt und die Lebensqualität der Anwohner.

WABER (1992) hat die städtebaulichen und die Verkehrsleitbilder der wichtigsten Schweizer Städte untersucht und für die Zeit seit dem Zweiten Weltkrieg eine Unterteilung in drei Zeitabschnitte vorgenommen (s. Abbildung 1; s. dazu GRAF 1995). Diese Darstellung fasst die oben beschriebene Entwicklung zusammen.

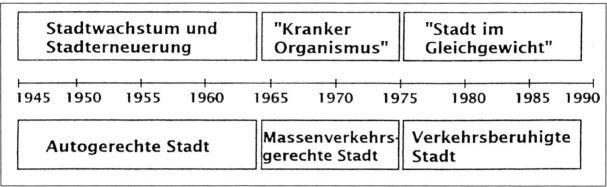

WABER 1992:78

Abbildung 1: Charakterisierung städtebaulicher Leitbilder (oben) und städtischer Verkehrsleitbilder (unten) in der Schweiz seit 1945

1.1.1.2 Die Auswirkungen für die Fussgänger

Die Bedeutung der Verkehrsentwicklung in den Städten lässt sich anschaulich mit Hilfe des Bergriffs der Erreichbarkeit illustrieren. BROCKELT (1995a:21-47, 1995b) gibt einen Überblick über die unterschiedliche Anwendung des Terminus Erreichbarkeit. Eine rein zeitliche Betrachtung vermag für die schnellen Verkehrsmittel Auto und Eisenbahn zuzutreffen. Der Raum ist hier auf verschiedenen Ebenen stark geschrumpft. Zentren sind dank Autobahn, Eisenbahn und Flugzeug nahe zusammengerückt. Das Automobil macht eine flächenhafte Erschliessung möglich. In Städten mit kompakter Siedlungsstruktur ist es dagegen bis heute möglich, dass sich Fussgänger und Radfahrer im bebauten Gebiet verhältnismässig rasch fortbewegen können. Gerade für sie steht aber nicht ausschliesslich die zeitliche Erreichbarkeit im Vordergrund. Vielmehr spielt die Qualität der Wege eine herausragende Rolle. Zu diesen qualitativen Aspekten eines Fusswegnetzes gehören drei Merkmale: Verbindungen, Sicherheit und Attraktivität (BFL 1988:18). Verbindungen meint gute Beziehungen zwischen verschiedenen Zielen, vom Quartier ins Zentrum, aber auch zwischen den Quartieren. Gute Beziehungen sind direkt, ohne Umwege und weisen möglichst keine Hindernisse, wie z. B. Unter- oder Überführungen, lange Wartezeiten an Ampeln oder starke Steigungen auf. Mit dem Begriff Sicherheit sind sowohl die Verkehrssicherheit als auch die soziale Sicherheit angesprochen. Konflikte und Gefahren die vom Autoverkehr ausgehen, beeinträchtigen die Verkehrssicherheit beim Überqueren stark befahrener Hauptachsen aber auch auf Quartierstrassen. Die soziale Sicherheit ist nachts, auf einsamen Wegen, in finsteren Unterführungen und weiteren unwirtlichen Stellen oft nicht gewährleistet. So entstehen Räume, die aus Angst vor Gewaltakten gemieden werden. Das führt dazu, dass v. a. Frauen abends und nachts darauf verzichten, auszugehen. Sie benützen ihr Auto, statt zu Fuss zu gehen oder die öffentlichen Verkehrsmittel zu benutzen (SEEWER, AERNI, HÄFLIGER 1994). Einflussfaktoren auf die Attraktivität sind einerseits die Strassenraumgestaltung und andererseits vorhandene Identifikationspunkte, die die Orientierung erleichtern. Aussenräume sind gerade dann fussgängerfreundlich, wenn sie kleinräumig und ansprechend gestaltet sind. Zahlreiche Untersuchungen haben gezeigt, dass ein attraktives Umfeld wesentlichen Einfluss auf die zurückgelegte Streckenlänge ausübt (BROCKELT 1995:33-38). Genau die drei entscheidenden Ansprüche der Fussgänger sind von der geschilderten Entwicklung des Automobils und der fortschreitenden Spezialisierung der Funktionen negativ tangiert. Die wichtigen Ziele liegen weiter auseinander - in ihrer jeweils zugeordneten Zone. Die Wege werden so länger. Hauptverkehrsachsen durchschneiden Ortschaften und Stadtteile, beeinträchtigen durch Lärm- und Schadstoffemissionen die unmittelbaren Anwohner und stellen ein Sicherheitsrisiko dar. Langweilig und monoton gestaltete Quartierstrassen verlocken nicht zum Zufussgehen. In monofunktional ausgerichteten Räumen wie Innenstadtbereichen oder Arbeitszonen fehlt abends und nachts die soziale Kontrolle.

1.1.1.3 Zurück zum Fussgänger: Die Langsamverkehrsstadt?

Verkehrsplanerische Konzepte richteten sich überwiegend und in verstärkter Tendenz auf den Motorisierten Individualverkehr (MIV) und den öffentlichen Verkehr (ÖV) aus. Dabei gingen wie oben gezeigt die „schwächeren" Verkehrsteilnehmer - Fussgänger und Radfahrer - vergessen. Erst in den letzten zwanzig bis dreissig Jahren gab es zahlreiche Versuche, den Verkehr zu beruhigen und im städtischen Verkehr neue Akzente zu setzen. Dabei standen aber immer wieder die rollenden Verkehrsmittel im Vordergrund, gerade die Bedeutung der Fussgänger wurde mit wenigen Ausnahmen (BUNDESMINISTER FÜR VERKEHR 1980) weiterhin vernachlässigt (GREUTER, HÄBERLI 1993).

Als eine der wenigen Organisationen hat sich die Arbeitsgemeinschaft Recht für Fussgänger (ARF)[2] mit dem Fussgängerverkehr auseinander gesetzt. Im Rahmen des NFP 25 „Stadt und Verkehr" entwickelte BOESCH (1992) ein Modell für eine am Langsamverkehr orientierte Stadtstruktur. Die Perspektive der *Langsamverkehrsstadt* soll die Ansprüche der Zukunft erfüllen. Er stellt drei Thesen ins Zentrum seiner Betrachtungen (BOESCH 1992:13):

- *„Die Förderung des Langsamverkehrs vermag das Verkehrsnetz zu entlasten und wirkt sich vorteilhaft auf die Stadtqualität aus.*
- *Die Entlastungen sind umso wahrscheinlicher und umso grösser, je grösser die Akzeptanz ist; entsprechend positiv sind die Auswirkungen auf die Stadt- und Wohnqualität.*
- *Die Akzeptanz ihrerseits ist umso grösser, je attraktiver der Langsamverkehr, sein Umfeld und die Teilnahme am Langsamverkehrsgeschehen erscheinen, je geringer die Hemmnisse sind und je unabdingbarer die Notwendigkeit ist, zu Fuss zu gehen oder per Fahrrad zu fahren."*

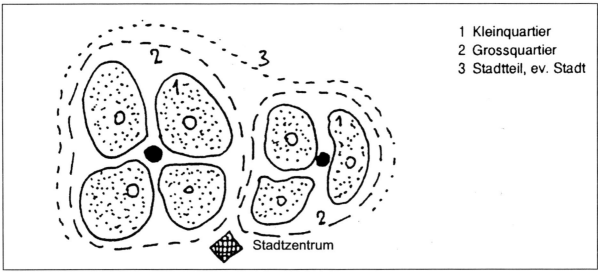

BOESCH 1992:15

Abbildung 2: Der Aufbau der Langsamverkehrsstadt

In einer Langsamverkehrsstadt ist die Gestaltung der Quartiere von zentraler Bedeutung. Es braucht Refugien und Rekreationsräume. Die Qualitätsanforderungen an die Anlagen sind hoch, um den Autofahrenden eine wirkliche Alternative anbieten zu können. Das Nahumfeld kommt mehr zur Geltung, da es stärkere Beachtung findet, je langsamer man verkehrt. Letztlich braucht es eine stärkere Mit-

---

[2] Heute „Fussverkehr Schweiz"

sprache und Mitwirkung der Bevölkerung. Das festigt die Identität mit der Umgebung und trägt dazu bei, weniger Aktivitäten in der Ferne zu suchen. In einer Modellskizze entwirft Boesch die ideale Langsamverkehrsstadt. Da den Langsamverkehrsnutzer keine zu weiten Wege zuzumuten sind, müssen die möglichen Ziele innerhalb eines kompakten Perimeters liegen, was die Einteilung in kleine Bereiche nötig macht. Auf verschiedenen Funktionsstufen sind in der Langsamverkehrsstadt Kleinquartiere, Grossquartiere und Stadtteile zu finden (Abbildung 2).

So ist sie kein neu erfundenes Stadtmodell, sondern basiert auf den heutigen Städten und ist deshalb auch in kleinen Schritten umsetzbar. Ihr Zentrum könnte ein autoverkehrsarmes Gebiet bilden, in dem sich an gut durch den öffentlichen Verkehr erschlossenen Lagen Arbeitsplätze, Detailhandelsgeschäfte mit Waren für den höheren Bedarf sowie Kultur- und Freizeiteinrichtungen, aber auch Wohnungen befinden. Eine solche, auf den Fussgänger- und Veloverkehr ausgerichtete Stadtstruktur bietet sich als Alternative zur heute unzulänglichen Situation in den urbanen Räumen an (s. dazu auch SCHLEGEL 1995). Im Rahmen des NFP 41 „Verkehr und Umwelt" konnte der Wissensstand über den Fussgänger- und Veloverkehr und seine möglichen Potenziale umfassend aufgearbeitet werden (NETZWERK LANGSAMVERKEHR 1999ab).

1.1.1.4 Megatrend? - Von der Fussgängerzone zum Fussgängerbereich

Fussgänger tauchten in den Planungen einzig in den Innenstädten auf. Fussgängerzonen sind im Verlaufe der Nachkriegszeit bis etwa in die Mitte der Siebzigerjahre entstanden. In einer ersten Phase beschränkten sie sich auf wenige Strassenzüge im detailhandelsorientierten Stadtzentrum (DIHT 1979). Allenfalls wuchsen sie im Verlaufe der Jahre langsam. Diese motorfahrzeugfreien Bereiche entstanden auf Initiative der städtischen Behörden. Sie gingen davon aus, dass die dicht genutzten historischen Stadtkerne nicht autogerecht umgebaut werden können, ohne Stadtbild und Stadtstruktur einschneidend zu verändern.[3] Die Geschäftswelt wehrte sich anfänglich gegen die Massnahmen. Sie änderte ihre Meinung, als sich dank höherer Besucherzahlen steigende Umsätze abzeichneten: „ ... Man erkennt daraus, dass in den Hauptgeschäftsstrassen Wiens umso mehr Umsätze gemacht wurden, je höher die Fussgängerfrequenzen waren." (KNOFLACHER 1995a:13; s. auch EIGENMANN 1991, KREBS 1996:219, SCHMITT 1989) Kritik gegen solche Fussgängerzonen bezog sich einerseits auf den durch die attraktivitätsbedingte Steigerung der Bodenpreise verursachten Nutzungswandel (MEIER 1990). Verdrängung von Wohnraum und traditionellen Geschäften durch Niederlassungen internationaler Ketten v. a. im Kleider- und Schuhbereich sind Stichworte dazu. Monofunktional gewordene Innenstadtgebiete sind zwar tagsüber - während der Ladenöffnungszeiten - ausserordentlich belebt, abends und an Wochenenden dagegen sehr wenig besucht. Andererseits gehört die traditionelle Fussgängerzone zum Konzept der autogerechten Stadt, in deren Zielkatalog die strikte Trennung der verschiedenen Verkehrsträger figuriert. Im Rahmen dieses Systems charakterisieren eine autofreie Innenstadt[4] ein mehrspuriger Cityring, zahlreiche direkt angeschlossene Parkhäuser und eine grosse Belastung der angrenzenden Wohnquartiere (ENDERLE 1993, GRUND 1995). Einen Überblick über die beschriebene Entwicklung geben MONHEIM (1980:22-75; 1987abc) sowie KERN (1990).

Die erwähnten Mängel, die durch die Öffentlichkeit verstärkt wahrgenommene Umweltgefährdung sowie die vermehrt manifest gewordenen Attraktivitätsprobleme zentraler Räume gaben seit den frühen Achtzigerjahren zu Kritik Anlass. Diese Kritik leitete eine zweite Phase ein. Planer propagierten als Lösungsansatz neuartige Fussgängerbereiche. Die verkehrsarmen Zonen umfassen nun ganze Innenstädte oder Innenstadtbereiche und oft auch Teile der angrenzenden Quartiere. Darin sind nun nicht nur Strassen mit vorwiegender Einkaufsnutzung sondern auch Wohn- und Gewerbegebiete oder gemischte Zonen enthalten. Bekannte Beispiele sind Bologna in Norditalien, aber auch Aachen, Lü-

---

[3] In vielen Fällen wurde die Infrastruktur für den Autoverkehr allerdings unterirdisch angelegt (Parkhäuser, Altstadttunnel).

[4] Der Begriff Innenstadt umfasst das (historische) Stadtzentrum, in dem überregional wichtige Funktionen konzentriert sind (Dienstleistungsarbeitsplätze; Einkaufs- und Versorgungsmöglichkeiten). In den einzelnen Fallbeispielen wird die jeweils lokal verwendete Abgrenzung der Innenstadt verwendet.

beck und Nürnberg in Deutschland und, in Ansätzen, Zürich in der Schweiz (FISCHER 1995; MÜLLER ET. AL. 1992). Tabelle 1 führt in die Begriffe Fussgängerzone und Fussgängerbereich ein.

Der Gebrauch der Begriffe „Fussgängerzone" und „Fussgängerbereich" in der Literatur ist sehr unterschiedlich. Unter „Fussgängerzone" wird in strikter Interpretation ein ausschliesslich für Fussgänger vorbehaltener Strassenbzw. Platzraum verstanden, während „Fussgängerbereich" ein weiträumig vom motorisierten Individualverkehr befreites Gebiet meint, das jedoch für notwendige Fahrten temporär oder ganztägig sowie für den öffentlichen Verkehr durchlässig bleibt. Fussgänger haben in einem solchen Gebiet eindeutig Priorität gegenüber den anderen Verkehrsteilnehmern (s. dazu MONHEIM 1980; ANDRÄ, KLINKER, LEHMANN 1981 und VSS 1980). Der Begriff „Fussgängerzone" ist hauptsächlich in der konkret planerischen, umsetzungsbezogenen und in der juristischen Literatur in Gebrauch. Der Begriff des Fussgängerbereichs taucht ab den Achtzigerjahren in Studien auf, die sich auf einer allgemeineren Ebene mit Fragen der Stadtplanung und -entwicklung auseinander setzen. In Deutschland sprechen die Planer eher von Bereich, während der Begriff der Zone häufiger in der Schweiz verwendet wird.

Juristisch eindeutige Definitionen betreffen Fussgängerzonen bzw. verkehrsberuhigte Bereiche. In der schweizerischen Signalisationsverordnung Art. 2a Abs. 1bis (Änderung vom 7. März 1994) ist die „Fussgängerzone" folgendermassen umschrieben: *„Das Signal 'Fussgängerzone' (2.59.3) zeigt den Beginn einer oder mehrerer Strassen eines Gebiets (z. B. Altstadtbereiche, Einkaufsstrassen, Wohnsiedlungen) an, die den Fussgängern vorbehalten sind. Wird auf einer Zusatztafel ausnahmsweise beschränkter Fahrzeugverkehr (z. B. „Fahrzeuge für Gehbehinderte gestattet") zugelassen, darf höchstens im Schritttempo gefahren werden; die Führer müssen den Fussgängern den Vortritt gewähren ...)."* (s. dazu auch PFANDER (1995:16)

Eine weitere Definition für „Fussgängerzone" (auch „Verkehrsberuhigung im weiteren Sinne") liefert auf Grund der deutschen Vorschriften die BAG (1988:11): *„Eine Anlage, die in der gesamten Breite dem Fussgängerverkehr dient, auch wenn eine zeitlich begrenzte Nutzung für den Anliegerverkehr möglich ist. Zumeist überwiegen in einer Fussgängerzone Ladengeschäfte oder Gaststätten im Erdgeschoss. In diesem Fall ist auch der Bergriff Fussgänger-Geschäftsstrasse üblich. In der Abweichung der Definition hat sich in der Praxis eine Reihe von Varianten bewährt: (1) Führung des ÖPNV durch Fussgängerzonen oder verkehrsberuhigte Bereiche zur Vermeidung von abgelegenen Haltestellen und unzumutbaren Wegelängen, (2) Führung von Taxen, (3) Zulassen von Fahrradverkehr. Diese Abweichungen setzen ausreichende Strassenbreiten oder schwächere Fussgängerfrequenzen voraus."* Am gleichen Ort ist *der verkehrsberuhigte Bereich* (Verkehrsberuhigung im engeren Sinne) umschrieben: *„Ein Verkehrsraum, in dem der fliessende Durchgangsverkehr verdrängt und die funktionale Aufteilung durch verkehrsberuhigende Massnahmen so gestaltet ist, dass die Verkehrsräume von allen Verkehrsteilnehmern im Sinne des § 42 Abs. 4a Strassenverkehrsordnung gleichberechtigt genutzt werden können. Verkehrsberuhigte Bereiche werden nach § 42 Abs. 4a StVO durch die Zeichen 325 und 326 (...) gekennzeichnet."* (BAG 1988:11)

In Deutschland gibt es auch die Signalisation eines *„Verkehrsberuhigten Geschäftsbereichs"*, in dem Tempo 20 gilt (s. dazu auch MONHEIM und MONHEIM-DANDORFER 1990:197-204). In des Schweiz soll die „Flanierzone" (juristisch „Geschäftszone"), wie sie in der Fussgänger- und Velomodellstadt Burgdorf getestet wird, gesetzlich verankert werden (EGLI, SEEWER 1997). In dieser Zone geniessen die Fussgänger im ganzen Strassenbereich Vortritt, der übrige Verkehr ist aber unter Einhaltung einer Höchstgeschwindigkeit von 20 km/h zugelassen.

In dieser Arbeit finden die beiden Begriffe folgendermassen Verwendung:

- **Fussgängerzone:** Eine Fussgängerzone ist ein beschränktes, klar abgegrenztes Stadtgebiet, das überwiegend den Fussgängern zur Verfügung steht. Der Strassenraum ist flächenhaft fussgängergerecht ausgestaltet. Die Fussgänger haben Vortritt. In zeitlich und räumlich klar definiertem Umfang kann die Fussgängerzone von Fahrzeugen des rollenden Verkehrs in Schritttempo befahren werden. Fussgängerzonen betreffen hauptsächlich Gebiete mit Geschäftsnutzung.

- **Fussgängerbereich:** Ein Fussgängerbereich ist ein grossflächiges Stadtgebiet, das vorwiegend den Fussgängern zur Verfügung steht. Fussgängerfreundliche Elemente prägen den Strassenraum. Die Fussgänger sind in den meisten Teilen vortrittsberechtigt. In begrenztem, klar definiertem Umfang kann der Fussgängerbereich von Fahrzeugen des rollenden Verkehrs in reduziertem Tempo (Tempo 30, Tempo 20, Schritttempo) befahren werden. Fussgängerbereiche gibt es in Gebieten mit Geschäfts-, Wohn-, Freizeit- und Mischnutzung.

Der Einbezug von Fahrradverkehr ist in beiden Fällen möglich und sinnvoll, hängt aber von verschiedenen Bedingungen wie Verkehrssituation, Verkehrsaufkommen und Topografie ab (s. dazu SCHRANZ 1996).

SEEWER 2000

Tabelle 1: Diskussion und Definition: Fussgängerzone und Fussgängerbereich

1.1.1.5 Megatrend als Chance für Fussgänger

Der starke Trend zur Verkehrsberuhigung mit Hilfe grossflächiger Fussgängerbereiche lässt sich zu Beginn der Neunzigerjahre in zahlreichen Publikationen feststellen. Vielerorts werden Umsetzungsversuche lanciert, Massnahmen für die lange Zeit verschmähten Fussgänger treten plötzlich in den Vordergrund (SCHAD, BRUNSING 1995). Stichworte wie „grossflächige Verkehrsberuhigung", „fussgängerfreundliche Gestaltung von Innenstädten" oder „autofreie Stadt"[5] werden aktuell. 1993 legt eine EU-Kommission einen Bericht vor, der zeigt, dass *„autofreie Städte"* ökologischer und ökonomischer sind als traditionelle Städte (COMMISSION OF THE EUROPEAN COMMUNITIES DG XI - B3 1993 und COMMISSION DES COMMUNAUTÉS EUROPÉENNES DG XI - B3 1993). In der Folge wird auf europäischer Ebene ein *„Car free cities Club"* gegründet, dem zahlreiche europäische Städte beitreten, so z. B. Athen, Bologna, Kopenhagen, Larissa, Köln, Amsterdam, Leeds, Nantes, Brünn und Granada (CAR FREE CITIES/VILLES SANS VOITURES 1994a und 1994b:20-23). Die Zusammenarbeit zwischen Städten soll zu einer Reduktion des Automobilgebrauchs führen: *„After the rise in popularity of the automobile in the sixties and seventies, the eighties saw a shift in demand towards other modes of transport. In the previous two decades, cities were planned to accommodate cars, but nowadays city-dwellers are no longer tolerating this. On one hand we see that the car is no longer the optimum mode for travelling around the city centre, while on the other we see the negative aspects of car use at the forefront of public discussion. ... The time has come to open up cities to the people who live there, to create places where people can meet and children can play in safety. ... If cities share their experience, the process will be more stimulating, and will take place faster. ... A joint effort in the field of research & development of known technology and new concepts will yield a rich harvest from which the inhabitants will profit. A Car Free Cities Club can develop and expand ideas like new vehicles, new technology and a revival of the bicycle, much faster than cities working in isolation."* (CAR FREE CITIES/VILLES SANS VOITURES 1994b:4,5) Erfahrungen aus ganz Europa helfen, Zielsetzungen zu einer neuen städtischen Verkehrspolitik zu formulieren (BOUMA, VAN WIJK 1994). Es fällt allerdings auf, dass Fragen des Fussgängerverkehrs und der Fussgängerverkehrspolitik kaum im Zentrum stehen. Diese Aktivitäten auf europäischer Ebene stehen in Zusammenhang mit der verstärkten umweltpolitischen Sensibilisierung im Gefolge der Konferenz von Rio de Janeiro im Jahre 1992. Supranationale Organisationen fühlten sich verpflichtet, Aktivitäten zu entwickeln. Ein ähnliches Beispiel ist das Klima-Bündnis. Auf lokaler Ebene sollen Massnahmen angewandt werden, um die Gefahren abzuwenden, die aus der Veränderung des Weltklimas drohen (KLIMA-BÜNDNIS/ALIANZA DEL CLIMA 1994ab und BEYER 1994).

Seit den Achtzigerjahren sind auf der Ebene der einzelnen Länder - in unterschiedlicher Intensitätsstufe - Bestrebungen im Gang, den motorisierten Verkehr zu beruhigen, einzuschränken und zu reduzieren. War es in einigen Städten die abnehmende Lebensqualität der Bewohner oder gar der erwartete Verkehrskollaps, so gilt im deutschen Sprachraum das „Waldsterben" als wichtigster Grund und unmittelbarer Auslöser für die zunehmende Umweltsensibilisierung (REY 1995, REICHERT, BÄTTIG, ZIERHOFER 1993). Jedenfalls wurden verkehrspolitische und planerische Massnahmen mit umweltschützerischen Argumenten begründet: *„Zu den Umweltproblemen unserer Städte trägt der Strassenverkehr wesentlich bei. ... Eine umweltschonende Verkehrsplanung muss daher für das Umweltbundesamt verbunden sein mit einem interdisziplinären Ansatz, der die verkehrlichen, städtebaulichen und ökologischen Belange in sich vereinigt"* (MÜLLER ET AL. 1992:V). Einen guten Überblick über diese Bestrebungen bietet der Bericht der Tagung „Mobilität und Verkehr" in Luzern (USSL 1995). Im Rahmen dieser grünen Welle erhält der Fussgängerverkehr allmählich wieder Beachtung. Umlagerungspotenziale und mögliche Massnahmenbündel sind das konkrete Ergebnis (NETZWERK LANGSAMVERKEHR 1999ab, T&E 1995, 1994ab).

Der Megatrend schlägt sich auch auf nationaler und lokaler Ebene nieder (s. dazu ETH ORL 1994). So wird die Einrichtung oder Erweiterung eines Fussgängerbereichs in einem Stadtzentrum zu einem akzeptierten und oft vorgeschlagenen Mittel zur Verbesserung der Luftqualität und Lärmsituation

---

[5] Im Modell der „autofreier Stadt" wird zwar stets von der ganzen Stadt gesprochen, die Autofreiheit bezieht sich jedoch gedanklich auf die Innenstadt.

über die Innenstadt hinaus: *„Die in den kantonalen, regionalen und kommunalen Radwegkonzepten und Verkehrsrichtplänen festgelegten Massnahmen sind möglichst rasch zu realisieren. Bei Projektierung und Realisierung von Neuanlagen, sowie bei Bau, Unterhalt und Betrieb der Verkehrsanlagen sind die Anliegen des Fussgängers und Zweiradfahrers konsequent zu berücksichtigen. Für den Fussgänger und Velofahrer sind zudem verkehrsarme Bereiche in der Innenstadt und in den Subzentren zu schaffen."* (VWD, KIGA 1992:P19) Gleichzeitig wird mit der Einrichtung von Fussgängerbereichen eine Attraktivierung der Innenstadt verbunden. Die Stadtzentren haben so Vorteile im Konkurrenzkampf mit Einkaufszentren auf der grünen Wiese. Verschiedene aktuelle Projekte anerkennen das Potenzial des Fussgängerverkehrs. So soll beispielsweise im Rahmen des Bundesprogrammes Energie 2000 in einer „Fussgänger- und Velomodellstadt" durch Förderung des Fussgänger- und Veloverkehrs der kommunale Energieverbrauch um 10 % reduziert werden (EGLI, SEEWER 1997). Auch in Deutschland sind zahlreiche Bestrebungen im Gang, den Fussgängerverkehr in Städten systematisch zu fördern (MINISTERIUM FÜR UMWELT UND VERKEHR BADEN-WÜRTTEMBERG 1996, 1997).

So gesehen könnte eine erfolgreiche (innen-)städtische Verkehrspolitik und -planung, die den Autoverkehr in Stadtzentren reduziert, eine Umweltinnovation darstellen (MINSCH ET AL. 1996:65-87). Allerdings gilt es neben dem allgemeinen Interesse einer Verbesserung der Umweltqualität in städtischen Räumen verschiedene weitere Interessen zu berücksichtigen. Diese gehen nicht zwangsläufig in die gleiche Richtung, sondern können sich durchaus widersprechen, was eine kohärente Planung und Politik erschwert. Das könnte ein Grund sein, dass es erst wenige Städte gibt, in denen grossflächige Fussgängerbereiche umgesetzt sind. Mögliche Interessengegensätze werden im nächsten Kapitel aufgezeigt.

1.1.2 Unterschiedliche Interessen stehen einander gegenüber

1.1.2.1 Fussgängerbereich – für wen?

Der Trend geht seit Beginn der Neunzigerjahre offensichtlich in Richtung grossflächiger Fussgängerbereiche in innerstädtischen Gebieten. Solche Bestrebungen stossen aber auch auf Widerstand. Das Problem liegt in der - eigentlich banalen - Frage, für wen Fussgängerbereiche eigentlich vorgesehen sind. „Für die Fussgänger, natürlich!", lautet die einfache Antwort. Doch wer sind die Fussgänger? Was wollen sie?

Abgesehen von der Tatsache, dass sich viele Verkehrsteilnehmer nicht bewusst sind, dass sie auch Fussgänger sind, erweist es sich als unmöglich *den* Fussgänger zu definieren. Die einzig verbindende Tatsache ist, dass sich Fussgänger mit ihren beiden Füssen fortbewegen.

Fussgänger lassen sich einerseits nach soziodemografischen und weiteren Kriterien gruppieren. Männliche, weibliche, alte, junge, schnelle, langsame Fussgänger haben unterschiedliche Ansprüche. Anderseits könnte man die Fussgänger ebenso nach dem Zweck ihres Unterwegsseins fragen, seien es der eilige Arbeitspendler, der geniesserische Flaneur oder der Einkäufer etc.

Ein Fussgängerbereich wird nicht im leeren Raum eingerichtet, sondern in unserem Fall in einer Innenstadt. In einer Innenstadt treffen verschiedenste Nutzer und Ansprüche aufeinander. Leute wohnen dort, wollen ihre Ware verkaufen oder möchten mit ihrem Verkehrsmittel dorthin gelangen. Dazu kommen verschiedene weitere Faktoren, die von aussen auf eine Innenstadt einwirken, wie etwa die Bodenpreisentwicklung oder übergeordnete städtische Planungskonzepte.

Weiter oben ist dargestellt, dass die Einrichtung und die Erweiterung bestehender Fussgängerbereiche im Trend sind, um den Fussgängerverkehr zu fördern, Innenstädte zu attraktivieren und die Umweltqualität zu verbessern. Kommt nun ein Prozess für die Einrichtung oder Vergrösserung eines Fussgängerbereichs in Gang, erwarten verschiedene Seiten Unterschiedliches. Die Erwartungen sind gleichzeitig mit Forderungen verbunden. Die Forderungen können gleichlaufen oder sich widersprechen. Gleichlaufende Ansprüche können einen planerischen und politischen Prozess fördern, sich widersprechende können ihn bremsen oder gar verhindern.

1.1.2.2 Auswirkungen bei der Einführung eines Fussgängerbereichs

Die Einrichtung und Erweiterung eines Fussgängerbereichs spielt sich nicht im luftleeren Raum ab. Vielmehr prallen verschiedenste Interessen aufeinander. Abbildung 3 zeigt mögliche Wirkungen, die sowohl in der Planungs- und in der Umsetzungsebene als auch in der Phase danach (Auswirkungen) auftreten können (s. dazu auch die Ausführungen zu den Politikzyklen in Kapitel 1.3.2.2).

Als Erstes stehen mögliche *Zielsetzungen*, die mit der Einführung oder Erweiterung eines Fussgängerbereichs erreicht werden sollen. Diese Zielsetzungen werden oft durch staatliche Instanzen formuliert, die den Auftrag haben, allgemein gültige Planungsrichtlinien festzulegen. Auch andere gesellschaftliche Akteure können sich aber in die Diskussion einbringen. Dabei können jeweils unterschiedliche Beteiligte unterschiedliche Zielsetzungen haben oder die gleiche Zielsetzung mit unterschiedlichen *Massnahmen* erreichen wollen. Eine Massnahme kann bei den - vermeintlich - *Betroffenen* verschiedene *Erwartungen* auslösen. Diese Erwartungen wirken sich dann auf die Beurteilung der Massnahmen durch die Betroffenen aus. Das kann wiederum zu Korrekturen auf der Ebene der Zielsetzungen oder Massnahmen führen. Im Idealfall stösst die Massnahme auf einhellige Zustimmung. Die Umsetzung ist möglich. Im schlechtesten Fall lehnen sie alle Betroffenen ab. Die Behörden können sie in der Folge nicht oder nur gegen deren Widerstand durchsetzen. Ähnliche Prozesse spielen sich wiederum während und nach der Umsetzung ab. So kann beispielsweise eine realisierte Massnahme von den Erwartungen der Betroffenen abweichen oder die Zielsetzung verfehlen.

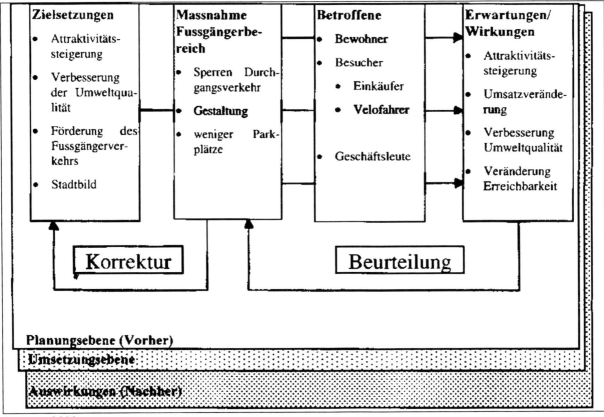

SEEWER 2000

Abbildung 3: Auswirkungen bei der Einführung eines Fussgängerbereichs

Im Zentrum dieser Arbeit steht der Massnahmenbereich der Einrichtung und Erweiterung eines Fussgängerbereichs. Die vorangehenden Kapitel haben bereits mögliche Zielsetzungen und Erwartungen angesprochen. Die Aufnahme durch die Betroffenen und deren Reaktionen - der eigentliche Umsetzungsprozess - sind Gegenstand der folgenden Untersuchung. Ideen, Konflikte, Handlungslinien, die Zusammenarbeit zwischen Akteuren stehen dabei im Vordergrund. Die nächsten beiden Kapitel zeigen Fragestellung sowie Zielsetzung der Arbeit.

1.2 Fragestellung und Zielsetzung

Angesichts der schwierigen Verkehrssituation in Innenstädten sind Lösungen gefragt. Zahlreiche Massnahmenvorschläge und -ideen liegen vor. Wie oben gezeigt, gibt es einen Trend in Richtung erweiterter Fussgängerbereiche, verkehrsberuhigter oder gar verkehrsfreier Zentren. Auf der anderen Seite sind Verkehrs- und Innenstadtfragen oft sehr umstritten. Verschiedenen Seiten bringen Lösungsansätze vor, deren Um- und Durchsetzung sich oft als schwierig erweist. Kontroversen sind angesagt. Dies kann in vielen schweizerischen und deutschen Städten beobachtet werden.

Die Kontroversen lassen sich mit dem in Kapitel 1.1.2.2 skizzierten Wirkungsmodell begründen. Es ist zu erwarten, dass Zielvorstellung und Erwartungen der beteiligten Akteure unterschiedlich sind. Fussgängerbereiche stossen zwar grösstenteils auf Akzeptanz, die Art und Weise der Massnahmen und der Grad der Einschränkung für den motorisierten Individualverkehr sind aber vielerorts Steine des Anstosses. Blockaden, gehässige Auseinandersetzungen, ein Hin- und Her in der Planung könnten die Folge sein. Dabei drohen die Innenstadt, die Besucher, die Geschäftsbesitzer und alle übrigen involvierten Akteure zu verlieren. Die Festschreibung eines unbefriedigenden Zustandes, einer permanenten Auseinandersetzung, auch auf einem nicht sachlichen Niveau, kann nicht das Ziel sein.

Hier will die Studie ansetzen. Welches sind die Möglichkeiten und Handlungsspielräume, die Planungsprozesse in verkehrspolitischen und -planerischen Fragen zu breit akzeptierten und funktionierenden Lösungen in Innenstädten führen? Dies zeigen aufgearbeitete praktische Beispiele besser als theoretische Konzepte.

Die Fragestellung lässt sich in drei Bereiche gliedern. Auf der ersten Ebene wird ein Blick in die Vergangenheit geworfen. Hier gilt es, die wichtigsten Entscheidungen und Marksteine zu isolieren, die die Verkehrsplanung und -politik einer Stadt charakterisieren. Erst darauf aufbauend können aktuelle Prozesse, die sich auf einer zweiten Ebene abspielen, beschrieben, verstanden und verglichen werden. Im Zentrum der dritten Ebene steht die Frage einer möglichen zukünftigen Entwicklung.

1.2.1 Die Vergangenheit

Aktuelle Prozesse sind nur verständlich, wenn auch die historischen Voraussetzungen bekannt sind. Deshalb ist es notwendig, einen Blick in die Vergangenheit zu werfen, um zu sehen, mit welchen Absichten und Mitteln seit dem Zweiten Weltkrieg geplant wurde. Die Hauptfragestellung lautet hier:

Welche Ereignisse und Entscheidungen in der Zeit seit dem Zweiten Weltkrieg[6] wirken sich prägend auf die aktuelle Verkehrspolitik und -planung in der Innenstadt aus?

Konkret stellen sich folgende Fragen:

- *Was gab es für Vorstellungen und Konzepte zur Verkehrsentwicklung in der Innenstadt? Was wurde davon realisiert? Welche Auswirkungen hatte ihre Realisierung bzw. Nichtrealisierung?*
- *Welche Absichten standen hinter den Vorstellungen und Konzepten? Welche Gruppen und Personen waren dahinter?*
- *Welche generellen Entwicklungslinien und Abschnitte lassen sich festhalten? Gibt es einen Trend, der in Richtung Langsamverkehrsstadt führt?*

1.2.2 Die aktuelle Ebene

Neben der Vergangenheit spielen zahlreiche weitere Faktoren eine bedeutende Rolle bei der Erstellung und Umsetzung konkreter verkehrspolitischer und –planerischer Projekte:

---

[6] Als Zeitschnitt wird bewusst der Zweite Weltkrieg gewählt. Der Witschaftsaufschwung nach dem Krieg hatte eine beispiellose Motorisierungswelle zur Folge, die die Stadt- und Verkehrsplanung vor grundsätzlich neue Aufgaben stellte. In Deutschland galt es zudem, die durch Bombardierungen zerstörten Städte neu aufzubauen.

Wie kommen Entscheidungen in verkehrsplanerischen und -politischen Prozessen im innenstädtischen Kontext zu Stande?

- *Welche Vorschläge zur innenstädtischen Verkehrspolitik und -planung werden ausgearbeitet? Welche Grundlagen stecken dahinter? Was soll erreicht werden, was sind die Ziele und Absichten?*
- *Wer betätigt sich in der innenstädtischen Verkehrsplanung und -politik? Welche Interessenvertreter gibt es? Wer sind die Betroffenen? Wie reagieren die Betroffenen?*
- *Welche Interessens- und Argumentationslinien sind zu beobachten? Welche Bedeutung haben autofreie Stadtzentren?*

1.2.3 Die Zukunft - der Handlungsspielraum

Ausgehend von der Analyse der Vergangenheit und der gegenwärtigen Prozesse soll die Analyse einen Blick in die Zukunft werfen. Konkret sind Wege gesucht, die zu einer breit akzeptierten Innenstadtverkehrsplanung und -politik führen.

Welche Strategien führen zu einer verträglichen, konsensorientierten Innenstadtverkehrspolitik?

- *Welche verkehrsplanerischen und -politischen Handlungsmöglichkeiten haben städtische Planungsbehörden in Stadtzentren?*
- *Welche erfolgversprechenden verkehrsplanerischen und –politischen Massnahmen dienen der Verwirklichung der Ziele der Langsamverkehrsstadt?*
- *Was gibt es für Konsensebenen und wo liegen die Differenzen zwischen den einzelnen Akteurpositionen?*

1.2.4 Die Zielsetzung der Arbeit

Aufbauend auf der Fragestellung kann die Zielsetzung der Arbeit folgendermassen charakterisiert werden:

- *Erarbeiten der wichtigsten Entwicklungsschritte und der damit verbundenen Leitideen in der Verkehrsplanung und -politik für Innenstädte seit dem Zweiten Weltkrieg. Dabei soll der Fussgängerverkehr im Zentrum stehen.*
- *Aufzeigen der Argumente für oder gegen Fussgängerbereiche in Innenstädten.*
- *Bezeichnen der wichtigen am Planungsprozess beteiligten Interessenvertreter und Institutionen.*
- *Akteuranalyse: Bestimmen der Ziele, der Strategien, der Handlungen und Koalitionen von Interessenvertretern und Institutionen.*
- *Erkennen der erfolgreichen Argumentationslinien, Vorgehensweisen und Zusammenarbeitsstrukturen.*
- *Aufzeigen erfolgreicher Strategien zur Verwirklichung grossflächiger Fussgängerbereiche in Innenstädten.*
- *Darstellen von Möglichkeiten und Handlungsspielräumen einer innenstädtischen Verkehrsplanung und -politik, die auf die Einrichtung eines grossflächigen Fussgängerbereichs (autofreies, verkehrsberuhigtes Zentrumsgebiet) abzielt.*

In der Arbeit steht das Aufzeigen von Handlungsspielräumen und -möglichkeiten im Vordergrund. Wenn die Ziele der Untersuchung bekannt sind, so ist gleichzeitig eine Abgrenzung von den Bereichen möglich, die nicht im Zentrum stehen sollen. Die Frage, ob die Einführung und Erweiterung von Fussgängerbereichen eine sinnvolle Massnahme ist, steht nicht im Vordergrund. Es wird auch nicht untersucht, welche ökonomischen, stadtgestalterischen, verkehrstechnischen Effekte Fussgängerbereiche haben. Dazu sind bereits zahlreiche Untersuchungen vorhanden, und es bestehen von Stadt zu Stadt Unterschiede, die nicht umfassend darstellbar sind. Kein Ziel dieser Arbeit ist es zudem, irgendeine Musterfussgängerzone als Vorbild oder Massstab zu kreieren oder eine kochbuchartige Anleitung zu geben, wie eine bestimmte Stadt zu einem verkehrsberuhigten Zentrum kommen kann.

Bevor nun die Fragen beantwortet werden können, geht es darum, einen theoretischen Hintergrund aufzuspannen, vor dem sich die Analyse abspielt. Anschliessend kommt das konkrete methodische Vorgehen zur Sprache.

1.3 Theoretischer Hintergrund

Der theoretische Hintergrund wird an drei Eckpunkten aufgespannt, um darauf aufbauend die Analyse der Fallbeispiele vornehmen zu können. Als Erstes wird die übergeordnete Ebene der Arbeit, die Makroebene dargestellt (s. Kapitel 1.3.1). Anschliessend kommt die Frage der Bildung politischer Netzwerke zur Sprache. Dazu gehört einerseits das notwendige politikwissenschaftliche Fundament. Andererseits bilden Überlegungen zu Netzwerken und den involvierten Akteuren einen Schwerpunkt (s. Kapitel 1.3.2). Schliesslich geht es darum, die Auffassung von Planung im zeitlichen Wandel darzustellen (s. Kapitel 1.3.3).

1.3.1 Theoretische Konzeption

Wissenschaftliches Arbeiten basiert immer auf einem theoretischen Fundament. Gerade in der Geografie war man sich dies lange Zeit zu wenig bewusst. Entsprechend schweben viele Arbeiten in einer Art luftleerem Raum, machen Aussagen, ohne dass eine übergeordnete Vernetzung vorhanden wäre. Das Ziel der (nachfrageorientierten) Verkehrsplanung war es lange Zeit, Gefässe bereitzustellen, um damit das erwartete Wachstum auffangen zu können. Das war der Konsens, der gleichzeitig als übergeordnete gesellschaftliche Legitimation diente. Es würde den zeitlich und inhaltlich vorgegebenen Rahmen der Arbeit sprengen, vor diesem Hintergrund für die vorliegende Arbeit mit ihren Zielsetzungen ein konsistentes theoretisches Gebäude aufbauen zu wollen. Einen weiteren rein deskriptiven Beitrag zu liefern, der die heute bestehende Informations- und Datenflut bloss um ein weiteres vermehrt, kann jedoch nicht das Ziel mehrjähriger Forschungsanstrengungen sein.

Seit BECK (1986) vor mehr als zehn Jahren in seiner Analyse gezeigt hat, dass die Entwicklung im 20. Jahrhundert zu einer Risikogesellschaft geführt hat, ist es ins Bewusstsein gedrungen, dass auch die Wissenschaft zum Handeln aufgerufen ist und sich nicht hinter irgendeinem Datengebäude verstecken kann. Zahlreiche theoretische Arbeiten begründen dieses Handeln (GIDDENS 1995, WERLEN 1987, REICHERT, BÄTTIG, ZIERHOFER 1993). So ist die vorliegende Arbeit ein Beitrag dazu, eine komplexe Gesellschaft besser zu verstehen. Gleichzeitig stehen Handlungsperspektiven und -möglichkeiten im Zentrum, die in Richtung einer - alle Facetten des Begriffs beinhaltende - nachhaltigeren Entwicklung weisen (BÄTZING, WANNER 1994). Dies allerdings ohne mit Sicherheit zu wissen, ob die Vorschläge in die beabsichtigte Richtung gehen oder schliesslich doch am Ziel vorbeischiessen. Was letztlich bleibt, ist einerseits der Versuch einer nachvollziehbaren Beschreibung gesellschaftlicher Zustände und Entwicklungen. Die deduktive Vorgehensweise kann andererseits daraus Handlungsspielräume ableiten, was gleichzeitig zur Konstituierung eines theoretischen Gebäudes beitragen kann. So gesehen ist diese Arbeit höchstens der Backstein einer Mauer eines Hauses, von dem nur vage bekannt ist, wie es aussehen könnte. Entsprechend sollen die Ergebnisse eher als Annahmen zu verstehen sein, die es weiter zu überprüfen gilt. Die in Kapitel 1.4.1 formulierten Thesen sind deshalb als Leitlinien zu sehen. Sie sollen mithelfen, die Untersuchung einzugrenzen und gemäss der Zielsetzung und der Fragestellung voranzutreiben.

Im Folgenden sind einige, bereits von anderen Wissenschaftsbereichen erarbeitete, theoretische Grundlagen dargestellt, um das empirische Vorgehen und die spätere Analyse vor einen verständlichen Hintergrund rücken zu können.

1.3.2 Politologische Grundlagen

1.3.2.1 Neue Konzept für die Verkehrsplanung

In der Verkehrsplanung und -politik herrschte unter den Akteuren lange Zeit breite Einigkeit über die Zielsetzung. Diese Einigkeit manifestierte sich als es um den Ausbau von Verkehrsinfrastrukturanlagen ging (Kapitel 1.1.1.1). Hier sind heute generelle Tendenzen erkennbar. Ein Trend geht beispielsweise in Richtung Verkehrsberuhigung allgemein und in Richtung autoarme Innenstädte (s. Kapitel 1.1.1.4). Oft ist es schwierig die auseinanderklaffenden Vorstellungen der Akteure über die konkreten Ziele und die zu beschreitenden Wege zu fassen und zu beschreiben. Da es gerade im Bereich der Verkehrsplanung und -politik lange Zeit einen breiter Konsens gab, fehlen in dieser Disziplin ein Bewusstsein und Analyseinstrumente, um die Einschätzungen und Handlungsweisen verschiedener Akteure zu erfassen, mit ihnen umzugehen und allenfalls auf sie Einfluss zu nehmen. Die Politologie hat genau dafür die Politikanalyse (Policy-Analyse) entwickelt (Kapitel 1.3.2.2). In jüngster Zeit befassen sich Politikwissenschafter zudem mit den Politik-Netzwerken (Policy-Networks). Mit deren Hilfe können sie Entscheidfindungen erklären und Strategien für zukünftige Entwicklungen deduzieren (s. Kapitel 1.3.2.3)

Innenstädte sind komplexe Systeme. Es ist schwierig, in komplexen Systemen Veränderungen vorzunehmen und die Auswirkungen genau voraussagen zu können. Zahlreiche Voraussetzungen sowie Interessen stehen einander gegenüber. Lautet das Ziel, in einer Innenstadt Verbesserungen für Fussgänger zu verwirklichen, müssen Strategien zur Anwendung kommen, die vielfältige Anforderungen erfüllen. Sollen die Veränderungen zielgerichtet und nutzergerecht sein, bedarf es einer breit abgestützten Vorgehensweise. Der traditionelle Weg, in staatlichen Strukturen Ziele zu verwirklichen - durch eine gewählte Exekutive und deren Verwaltungsapparat -, funktioniert in vielen Fällen nicht mehr. Diese Problematik ist anerkannt. So entstanden Verhandlungsstrategien, mit denen eine zielgerichtete Planung und Politik auch bei komplexer Fragestellung möglich bleibt. Kooperative, projektorientierte Planungen, an denen sich alle Akteure beteiligen, sind eine solche Möglichkeit (Kapitel 1.3.3).

1.3.2.2 Die Politikwissenschaft für Verkehrsplanung und -politik

Wie in der Einleitung geschildert, kommen in der Verkehrsplanung selten Instrumente zur Anwendung, mit denen einerseits Entscheidungsprozesse und andererseits auch Auswirkungen getroffener Massnahmen erfasst werden können. Die Untersuchungen von BRÖG illustrieren diesen Sachverhalt einleuchtend. Er hat nachgewiesen, dass sich die Einschätzung der Meinung der Bevölkerung in verkehrlichen Fragen durch die Planer deutlich von der wirklichen Haltung der Bevölkerung unterscheidet (s. z. B. USSL 1995:45-65).

Die Politologie stellt ein breites Feld möglicher Analyseinstrumente zur Verfügung. Die Forschungen bewegen sich auf breitester Ebene und mit verschiedenem theoretischem Hintergrund. Es wäre anmassend, im vorliegenden Rahmen den theoretischen Überbau einer ganzen geisteswissenschaftlichen Disziplin umfassend darzustellen oder gar zu bewerten. Vielmehr wurde versucht, eine für die Fragestellung adäquate Auswahl zu treffen. Bildlich gesprochen ist es darum gegangen, aus einem bestehenden Werkzeugkasten Instrumente auszuwählen und anzuwenden, ohne den Anspruch zu erheben, nach dem Gebrauch der Instrumente, Vorschläge zu deren Verbesserung oder gar zur Neueinrichtung des Werkzeugkastens vorzubringen. Selbstverständlich wird aber am Schluss der Arbeit darüber Rechenschaft abgelegt, ob sich die gewählten Instrumente in dieser spezifischen Untersuchung bewährt haben.

BENOIT (1995) hat wichtige Grundlagen zur Politikwissenschaft aufgearbeitet: *„Politikwissenschaft ist, wie ihr Name sagt, die wissenschaftliche Beschäftigung mit der Politik."* (BENOIT 1995:3) Der Begriff der Politik ist vielschichtig. Die unten stehende Tabelle 2 zeigt einen Überblick über seine Bedeutung und Verwendung in dieser Arbeit.

- *„Politik ist jenes menschliche Handeln, das auf die Herstellung allgemein verbindlicher Regelungen und Entscheidungen in und zwischen Gruppen von Menschen abzielt."* (PATZELT 1992:321 in BENOIT 1995:5)

- Der Politikbegriff kann dreigeteilt werden in *polity, politics und policy* (nach BENOIT 1995:4):

  - Bei der *„polity"* geht es um Fragen des *„politisch-institutionellen Systems"*, über dessen Regeln, Normen und Funktionen.

  - *„Politics"* kann als die Dimension des *„politischen Prozesses"* übersetzt werden. Hier geht es um Fragen der Macht, der Machtanteile und der Machtkonflikte.

  - Unter *„policy"* ist das *„öffentliche Handeln"* zu verstehen, z. B. der Inhalt eines Politikbereichs wie die Sozialpolitik, die Aufgaben und Ziele eines Politikbereichs oder die Art und Weise der Problemlösung.

  Die Begriffe stehen sich oftmals getrennt gegenüber. Erst in ihrem wechselseitigen Zusammenspiel können politische Prozesse dargestellt werden.

- In dieser Arbeit wird der Begriff **Politik** umfassend verstanden - als ein Zusammenspiel von polity, politics und policy, denn auf der Analyseebene spielen die einzelnen Teilelemente und das Zusammenspiel zwischen den drei Bereichen eine zentrale Rolle.

SEEWER 2000 nach BENOIT 1995
Tabelle 2: Der Begriff „Politik"

Die Politikwissenschaft befasst sich mit drei Teilbereichen: politische Systeme, internationale Politik und politische Theorie. Bei der vorliegenden Fragestellung geht es darum, die Entscheidungsprozesse in einem politischen System zu analysieren. Im zentralen politischen Entscheidungssystem - dem Regierungssystem - erfolgt die Steuerung der allgemein verbindlichen Beschlüsse. Das Regierungssystem ist aufgeteilt in die verschiedenen Ebenen und Institutionen. Direkt oder über Verwaltung und Massenmedien bestehen Austauschbeziehungen zu verschiedenen Subsystemen, wie Parteien, Verbänden oder Bürgergruppen und Bürgerinitiativen. Im Rahmen dieses Systems und der verschiedenen Subsysteme handeln verschiedene Akteure (s. Tabelle 3 und KISSLING-NÄF, KNÖPFEL 1995:115).

Unter *Akteuren* werden Träger von Interessen verstanden, die im Rahmen eines politischen Systems handeln. Dazu gehören sowohl ganze Subsysteme (öffentliche und private Institutionen und Organisationen) als auch Einzelpersonen.

SEEWER 2000 nach BENOIT 1995
Tabelle 3: Der Begriff Akteur

Politische Systeme werden aus verschiedensten Blickwinkeln in sich überlappenden Forschungsfeldern untersucht. Dazu gehören einerseits Unterdisziplinen wie beispielsweise die Parlamentarismusforschung, die politische Verwaltungsforschung, die lokale Politikforschung, die politische Geografie etc. und andererseits die vergleichende Politikforschung sowie die *Politikfeldanalyse* (BENOIT 1995:9,10).

Die Politikfeldanalyse ist geeignet, verkehrspolitische Fragestellungen zu untersuchen. Im deutschen Sprachraum ist sie eine junge Forschungsrichtung. Sie entspricht den im angloamerikanischen Raum entwickelten *„policy studies"*, auch *„policy analysis"* oder *„policy science"* genannt. Sie beschäftigt sich mit der inhaltlichen Dimension von Politik, den einzelnen Politikfeldern. Die Verkehrspolitik ist ein solches Politikfeld. Die zentralen drei Merkmale der Politikfeldanalyse sind die Art und Weise der staatlichen Aktivitäten, der Problembewältigung und der benötigten Instrumente. Ihre generelle Fragestellung lautet, auf welche Weise die Politik (im Sinne von polity und politics) die Politik (im Sinne von policy) bestimmt und umgekehrt (nach BENOIT 1995:11,12).

Die Aufschlüsselung der Politikfelder in einzelne *Politikzyklen* dient dazu, den Forschungsgegenstand genauer zu betrachten. Der Zyklus beginnt meistens mit der Festlegung der Problemstellung („agenda setting"). In dieser Phase wird ein Problem zum ersten Mal wahrgenommen und definiert. Es gelangt danach als „Input" in das politische System. Anschliessend folgt die Phase der Politikformulierung, während der politische Programme und Vorhaben („output") ausgearbeitet und danach durchgeführt werden (Implementierung). Dies erzeugt spezifische Reaktionen, Folgen und Wirkungen („impact", „outcome"). Diese werden mit Hilfe einer Evaluation mit den ursprünglich beabsichtigten Zielen verglichen. Die Politik („policy") erfährt darauf hin entweder eine Korrektur im Sinne einer Reformulierung oder sie gelangt zum Abschluss („Terminierung") (nach BENOIT 1995:12).

Um festzustellen, wie sich Politikinhalte im politischen Prozess verändern und welche Auswirkungen sie hervorrufen, gibt es zwei schwerpunktmässige Forschungsrichtungen: die Implementationsforschung und die Evaluationsforschung. Die *Implementationsforschung* bezieht sich auf die Phase der Durchführung. Es geht konkret darum, inwieweit politische Absichten erreicht, und wie Zielvorstellungen (bzw. Planungen) in konkrete administrative Massnahmen umgesetzt wurden. Die *Evaluationsforschung* hat zum Ziel, die Effektivität (Zielerreichungsgrad) und Effizienz (Kosten-Nutzen-Verhältnis) von politischen Programmen zu ermitteln (s. dazu BENOIT 1995:13-15).

Implementations- und Evaluationsforschung haben in den letzten Jahren zunehmend an Bedeutung gewonnen. Politische Institutionen und Verwaltungen sind vermehrt verpflichtet, über Wirkung und Erfolg ihrer Tätigkeit Rechenschaft abzulegen und so die knappen Mittel sinnvoll einzusetzen (BUSSMANN 1995b). Arbeiten zu Fragen städtischer Verkehrspolitik und -planung sind allerdings noch nicht häufig. BENOIT (1995:29-38) hat eine Übersicht zusammengestellt.

Für die vorliegende Arbeit fand der Werkzeugkasten der Politikwissenschaft Verwendung. Das Verhalten von Akteuren in einem politischen Prozess - der Einführung grossflächiger Fussgängerbereiche in Innenstädten - wurde mit Methoden der Implementations- und Evaluationsforschung untersucht. Dazu waren auch Kenntnisse der im nächsten Kapitel vorgestellten Netzwerkstrukturen notwendig.

1.3.2.3 Eine neue Dimension: die Netzwerke

Die Policy-Analyse (beschreibend-erklärende und praktisch-beraterische Policy-Forschung) sucht seit den Achtzigerjahren nach neuen Erklärungsmustern für politische Prozesse und allfällige Einflussmöglichkeiten, die über das traditionelle Schema der gesellschaftlichen Institutionen hinausreicht (HÉRITIER 1993:1,2). Politische Entscheidungen sind nicht als einmaliger Akt zu verstehen, bei dem Entscheidungen von oben nach unten durchgesetzt werden, sondern als Prozess, der sich zwischen verschiedenen Akteuren abspielt. Dieses Zusammenwirken zwischen Akteuren geht in *Netzwerken* vor sich. Solche Netzwerke sind Gegenstand verschiedener Forschungsarbeiten. HÉRITIER (1993) gibt einen Überblick über die aktuelle Diskussion. Netzwerke stellen einerseits eine Metapher für neue Formen von Zusammenarbeit (*Kooperation*) zwischen den als Extreme bezeichneten Kooperationsformen *Markt* und *Hierarchie* dar (MAREK 1995:3 und MINSCH ET AL. 1996:130). Anderseits bilden Netzwerke den Handlungsrahmen für einzelne Akteure. *„Ein Politik-Netzwerk ist durch die Akteure und die Beziehungen untereinander gekennzeichnet. Die Ausstattung mit Ressourcen und die Beziehungen zu anderen Akteuren wirken sich auf die Position und den Einfluss im Netzwerk aus. Das Netzwerk ist folglich eine Struktur, in der die Handlungen der einzelnen Akteure eingebettet sind."* (MAREK 1995:3) Verschiedene Autoren verwenden Präfixe, um Netzwerke zu charakterisieren: Policy-Netzwerke (HÉRITIER 1993, MAYNTZ 1993, PAPPI 1993, MARIN, MAYNTZ 1991), Politik-Netzwerke (MAREK 1995), Akteurnetze oder -netzwerke (MINSCH 1996:130). In der vorliegenden Untersuchung wird der Begriff „Netzwerk" verwendet (s. Tabelle 4).

Netzwerke werden als aussichtsreichste Kooperationsform angesehen, um in einem als komplex empfundenen Umfeld zwischen staatlichen und den übrigen gesellschaftlichen Akteuren zu Lösungen und Entscheidungen zu kommen, so beispielsweise bei der Suche nach Umweltinnovationen (MINSCH 1996).

> Ein *Netzwerk* setzt sich aus mehreren institutionellen und gesellschaftlichen Akteuren zusammen. Es verfügt über eine Struktur und Kooperationsmechanismen, die eine Interaktion zwischen den Akteuren ermöglichen. Entscheide werden gemeinsam gefällt. Die Koordination läuft über das Medium Verhandlung. Gleichzeitig entsteht durch Austauschbeziehungen eine gegenseitige Abhängigkeit der Akteure.

SEEWER 2000 nach KISSLING-NÄF, KNÖPFEL 1995:99
Tabelle 4: Der Begriff Netzwerk

Die Netzwerkanalyse hat sich als probates Mittel zur Erfassung komplexer gesellschaftlicher und politischer Strukturen und deren Funktion erwiesen. Es geht dabei darum, durch Kenntnis der Akteurpositionen, die Entscheidungsstrukturen und -mechanismen zu erkennen und Möglichkeiten zur Steuerung abzuschätzen.

KISSLING-NÄF und KNÖPFEL (1994:119) haben Faktoren zusammengestellt, die für die Entstehung und die Stabilität von Netzwerken von Bedeutung sind:

- *„Netzwerkbildung ist immer verbunden mit der Ausgrenzung potenzieller Akteure.*
- *Für die Herausbildung und die Stabilität von Netzwerken sind Schlüsselpersonen eine Voraussetzung.*
- *Die Bildung eines Netzwerkes dürfte ihren Grund auch darin haben, dass man vereint in politischen Auseinandersetzungen stärker ist.*
- *Voretablierte Beziehungen zwischen Akteuren, die auf Vertrauen beruhen, halten das Beziehungsgefüge zusammen.*
- *Die Netzwerkakteure teilen gemeinsame Zielsetzungen, wobei der gemeinsame Nenner von Organisationen grösser sein dürfte.*
- *Netzwerke funktionieren nach dem Prinzip des Gebens und Nehmens. Dabei können temporale Verschiebungen auftreten.*
- *Die Rücksichtnahme auf Grund von besonders wertvollen Beziehungen dürfte das Handeln in Netzwerken beeinflussen. Bei dieser negativen Koordination werden antizipierte Widerstände und Vetopositionen bei der Suche von Lösungen in Netzwerken berücksichtigt.*
- *Die Kooperations- und Koordinationsmechanismen dürfen auch durch die Machtpositionen der einzelnen Akteure und deren Ausstattung mit Ressourcen bestimmt werden."*

Komplexe politische und gesellschaftliche Strukturen können mit Hilfe von Netzwerken abgebildet werden, was Prozesse und Entscheidfindungen analysierbar und verständlich macht. Damit ist es möglich, Anregungen für Änderungen vorzubringen. Gleichzeitig gilt, dass durch die Bildung und Förderung von Netzwerkstrukturen unter Akteuren Entscheidfindungsprozesse in Gang gesetzt oder gefördert werden können.

1.3.3 Planung: Vernetzen als Voraussetzung

Die Vorstellung von Planung hat sich im Laufe der Zeit immer wieder verändert. Diese Entwicklungslinien hat ALBERS (1996:3-12) dargestellt. Das Planungsverständnis hat sich seit 1860 in vier Schritten gewandelt: Anpassungsplanung, Auffangplanung, Entwicklungsplanung und Perspektivplanung (s. Tabelle 5).

	Anpassungsplanung	Auffangplanung	Entwicklungsplanung	«Perspektivplanung»
Zeitliche Einordnung	1860 bis 1900	1900 bis 1960	1960 bis 1980	ab 1980
Sicht der sozioökonomischen Entwicklung	weder prognostizierbar noch steuerbar	prognostizierbar nicht steuerbar	steuerbar, deshalb nur bedingt prognostizierbar	bedingt steuerbar, deshalb Szenario statt Prognose
Aufgabe der Planung	Marktkorrektur in Teilbereichen, Behebung von Missständen	Setzung eines Rahmens für Koordination der Entwicklungskräfte	Präzises Zielsystem, Auswahl aus Handlungsalternativen	Aufgreifen von Chancen unter Wahrung allgemeiner Ziele
Rolle der Verwaltung und Hauptziel	Eingriffsverwaltung: Gefahrenabwehr	Leistungsverwaltung: Daseinsvorsorge	Planende Verwaltung Gesellschaftspolitik	«Urban Management» mit tagespolitischem Einschlag
Umgriff und Werkzeuge	– öffentlich-rechtliche Fluchtlinienpläne	«Angebots»pläne – räuml. Gesamtplanung, Bodenordnung, Nutzungsordnung	In Politik integrierte Entw.-Planung; öffentl.-rechtl. Durchsetzungsmittel	Schwerpunktsetzung; informelle Planung; public-private partnership
Wesen der Planung aus der Sicht des Planers	Technik und Kunst, jeweils aufgabenbezogen	Schöpferische Leistung aus der Gesamtschau des Planungsraums	Ergebnis rationaler Denk- u. Abwägungsprozesse	Rationalität überlagert durch politische und wirtschaftliche Opportunität
Selbstverständnis des Planers	Experte für technische Verbesserung und für Verschönerung der Stadt	«Arzt» der kranken Stadt, missionarischer Anwalt des Allgemeinwohls	fachlich kompetenter und sozial engagierter Politikberater; zunehmend mit Parteibindung, um im politischen Entscheidungsprozess mehr Gewicht zu gewinnen.	
Beziehung zur Politik	rudimentär	Politik bestätigt den «richtigen» Plan	Entscheidungsfunktion	Entscheidungsfunktion
Beziehung zur Wissenschaft	Einzelkontakte (z.B. Hygiene)	Erkenntnishilfe	Entscheidungshilfe (verlässlich)	Entscheidungshilfe (nicht immer verlässlich)
Schlüsselbegriffe der Zeit	fortschrittlich	gesund, organisch, «Ordnung»	urban, dynamisch, «Zukunft im Griff»	human, sanft, ökologisch, «sustainable»

ALBERS 1996:11

Tabelle 5: Der Wandel des Planungsverständnisses

Im Grunde geht es bei der Planung immer darum, Vorstellungen für die Zukunft zu entwickeln und Wege aufzuzeigen, wie diese Vorstellungen verwirklichbar sind. SELLE (1994:55) stellt ebenfalls fest, dass sich die Planung und ihr Instrumentarium schrittweise verändert haben während die Grundelemente ihre Grundelemente seit der Jahrhundertwende die gleichen geblieben sind. Ähnliches gilt für das Rollenverständis der Planung (s. Abbildung 4).

Nach und nach ergänzten die Planer, was bisher gefehlt hatte und wo ein Bedürfnis bestand. Die neueste Entwicklung deutet generell in Richtung Zusammenarbeit: *„Konsens, Kooperation und Kompromiss werden mit einem Mal etwas zugeschrieben, was man früher vom Konflikt erwartete: schöpferische Kraft. Offenbar weil in der atomisierten Gesellschaft nur der an Gestaltungsmacht gewinnt, dem es gelingt, neue soziale Moleküle, antagonistische Verbindungen und Experimente für Gemeinsinn zu schaffen. Die Überraschung: es klappt offensichtlich ... Die Gesellschaft hat in den vergangenen 25 Jahren immer wieder mühsam lernen müssen wie sich mit Konflikten und Ausstieg, Protest und Konfrontation umgehen lässt. Heute muss sich zeigen, ob sie auch das Gegenteil kann, ohne in die formierte Gesellschaft der 60-er Jahre zurückzufallen. Vielleicht benötigen wir eine gesellschaftsweite Experimentierbaustelle der Kooperation ...."* (SELLE 1994:59) Zwei wesentliche Begriffe und Merkmale stehen im Vordergrund: *„... das partnerschaftliche Zusammenwirken öffentlicher Planer mit anderen Trägern räumlicher Entwicklung (**Kooperation**) und die Aufhebung der Trennung von Planung und Handeln - auch dort, wo das Handeln bislang privaten Akteuren allein vorbehalten blieb (**Projekt**). Planung befindet sich also - in bestimmten Bereichen - auf dem Weg zum kooperativen Handeln. Die Experimentierbaustellen der Kooperation sind eingerichtet."* (SELLE 1994:59)

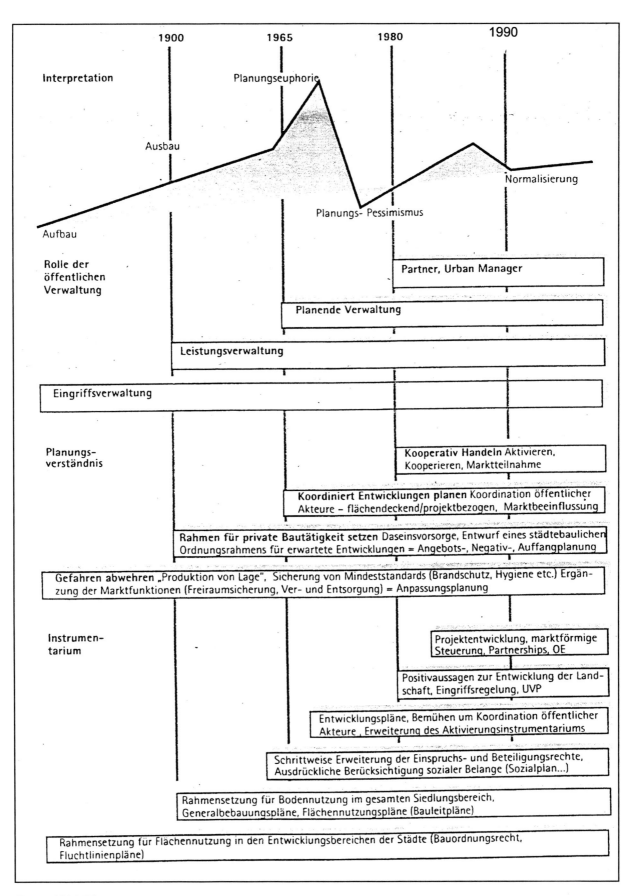

SELLE 1994:56

Abbildung 4: Stufen und Linien des Wandels im Planungsverständnis

Um überhaupt kooperativ planen zu können, müssen mögliche Kooperationspartner erkannt werden. Kooperationen finden an einem *bestimmten Ort der Handlung* statt, im intermediären Bereich. Spezifisch ist auch der *Handlungsverlauf*, die Problemlösung geht in offenen Prozessen vor sich. Dazu hat SELLE (1994:61-89) die wichtigen Überlegungen zusammengestellt. Zu den Akteuren sei auch auf das vorangehende Kapitel (1.3.2) hingewiesen. Was den intermediären Bereich der Handlung anbelangt gibt es zahlreiche Möglichkeiten einer Eingrenzung und Bezeichnung. Grundsätzlich kann darunter eine Art von Organisation, Brücke oder Struktur zwischen den Polen Staat, privater Haushalt und Markt in einem bestimmten Raum verstanden werden. Eine andere Interpretation sieht eine Art „öffentlicher Raum" (public domain) umgeben von Staat, ziviler Gesellschaft bzw. politischer Gemeinschaft und Wirtschaft. Der Handlungsverlauf spielt sich in einem offenen Prozess ab: *„Wer vermitteln, wer kooperieren will, muss austauschen. Dialog ist also eine der ersten Voraussetzungen der Kooperation."* (SELLE 1994:70) An Stelle segmentierter, bürokratischer Entscheidungsverläufe gibt es pragmatische, auf Problemzusammenhänge gerichtete, dialogische Prozesse. Diese Prozesse müssen offen sein, was bedeutet, dass die Akteure das Problemverständnis und mögliche Problemlösungen gemeinsam entwickeln. Weder das Ergebnis noch der Weg dorthin liegen fest. Das bedingt Verhandlungen zwischen verschiedenen Akteuren. Zwischen den verschiedenen Verhandlungspartnern können allerdings *Macht*-Unterschiede bestehen, weil die Akteure unterschiedlich mit Ressourcen ausgestattet sind. Solche Ressourcen können sein: die Möglichkeit der Rechtsetzung, Konsens (Verzicht auf die Ergreifung von Rechtsmitteln), Legitimation (breite Abstützung in der Öffentlichkeit), Geld, Information und Zeit (nach KISSLING-NÄF, MAREK, GENTILE 1994:20ff).

Diese Machtelemente sind durchaus unterschiedlich verteilt. Es kommt zu Ungleichgewichten in den Aushandlungsprozessen. Eine Möglichkeit diese Ungleichgewichte auszugleichen ist die Beteiligung einer neutralen Person als Moderator: *„Mit Moderation wird also die Gestaltung von Kooperationsprozessen durch Dritte bezeichnet. Die Aufgabe besteht darin, Kommunikationsprozesse zwischen Beteiligten, Interessierten und Betroffenen in Gang zu setzen und so zu stabilisieren, dass kooperative Problemlösungen ermöglicht werden."* (SELLE 1994:75) Eine aus den Vereinigten Staaten stammende Spezialform der Moderation ist die *Mediation*. Hier geht es konkret darum, durch den Einsatz neutraler Vermittlungsverfahren die Auflösung schwieriger Konfliktsituationen zu erreichen. Solche Verfahren haben sich nicht zuletzt im Bereich der Umweltpolitik bewährt. Die Vielfalt verschiedener Mediationsverfahren zeigen DALLY, WEIDNER, FIETKAU (1995).

Moderation und Mediation werden in verkehrspolitischen und -planerischen Fragen angewandt. Beispiele sind der Verkehrsentwicklungsplan Heidelberg, die Ausarbeitung eines Verkehrsentwicklungsplans in Hannover und die Arbeiten zum Stadtentwicklungskonzept (STEK) Bern:

- Der Verkehrsentwicklungsplan Heidelberg ist in einem musterhaften Verfahren entstanden, das auf den drei Säulen Gemeinderat (mit seinen Ausschüssen), Gutachter (Planer) und Bürger (Verkehrsforum und Bürgerversammlung) aufbaut. Als besonders innovativ erwies sich die Beteiligung von Körperschaften, Initiativen, Gruppen und Vereinen im Verkehrsforum (STADT HEIDELBERG 1993, 1994). Ähnliche Foren gibt und gab es in Salzburg und Stuttgart (BÜRGERBÜRO STADTENTWICKLUNG HANNOVER 1996:1).
- In Hannover ist seit 1989 ein Verkehrsentwicklungsplan in Arbeit. Zahlreiche Planungsvorschläge, Ideen und Konzepte sind auch unter Beteiligung von Bürgerinitiativen und Interessenvertretungen entstanden (NEDDERMANN-KLATTE 1992; GÜNDEL, MAZUR 1996). Danach diskutierten die dort Beteiligten die Einrichtung eines Verkehrsforums (BÜRGERBÜRO STADTENTWICKLUNG HANNOVER 1996).
- In Bern herrschte bei der Ausarbeitung eines neuen STEK innerhalb der Verwaltung im Bereich Verkehr Uneinigkeit über die gemeinsame Zielsetzung und Vorgehensweise. Erst der Beizug des emeritierten ETH-Professors Martin Rotach als aussenstehender Experte in der Funktion eines Mediators konnte die blockierte Situation auflösen (I2; STEK 1995).

Es gibt verschiedene Arten von Kooperationen, die jede in ihrer Form spezifische Vor- und Nachteile hat und bei unterschiedlichen Problemstellungen bzw. Projekten zur Anwendung kommen kann (s. Abbildung 5).

In jedem einzelnen Fall muss entschieden werden, welche Art von Kooperation der Problemstellung angemessen ist und zur Anwendung kommen soll (BÜRGERBÜRO STADTENTWICKLUNG HANNOVER 1996:12-20,26-35). Die Kooperation lässt sich anhand von zwölf Merkmalen beschreiben (nach SELLE 1994:80):

- Nicht-hierarchische *Struktur* (Heterarchie, Netzwerk);
- Tauschförmige, auf Verhandlungen basierende, dialogische *Beziehungen;*
- *Formenvielfalt* (s. Abbildung 5);
- Ortsbezug: vom Ort ausgehend, auf endogene Potenziale gerichtet;
- Handlungs- und projektorientiert, auf das *Ergebnis* ausgerichtet;
- pragmatisch-integratives *Aufgabenverständnis* (Alltagsbezug);
- Das *Ziel* wird in einem offenen, multivaliden Prozess erreicht;
- Der *Akteurbezug* ist (teil)offen; Akteure werden (selektiv) einbezogen;
- Der *Kommunikationsprozess* ist auf gemeinsame Erörterung am runden Tisch ausgerichtet;
- Der *Entscheidungsprozess* ist konsensorientiert;
- *Planung* und *Handlung* verlaufen parallel, gleichzeitig;
- Zeitlich ist eine Dynamik und Instabilität auszumachen (*Veränderbarkeit*).

Organisatorische Komplexität und Verbindlichkeit, Formalisierung	Kooperationsart	Flexibilität und Offenheit für weitere Kooperanden
	Kooperationsnetze: Horizontale und vertikale Verknüpfung von kooperativen Projekten und kooperativ getragenen Institutionen	
	Kooperativ getragene Institutionen (z. B. Public-private-Partnerships)	
	Kooperativ realisierte Projekte (joint ventures)	
	Koordination in der Projektrealisierung (formell/informell)	
	Kooperative Strategien und Programme	
	Koordination von Strategien und Programmen	
	Vereinbarung gemeinsamer Leitbilder, Ziele und Kriterien	
	Erzeugung eines kooperativen Klimas	
	Erfahrungs- und Informationsaustausch	

Hinweis: Je dunkler, desto stärker ausgeprägt bzw. je heller, desto schwächer ausgeprägt
SEEWER 2000 nach SELLE 1994:76

Abbildung 5: Kooperationsarten

Die Kooperation ist immer in den grösseren Zusammenhang der *Kommunikation* eingebettet. Kooperation ersetzt die Bürgerbeteiligung oder die Mitwirkung nicht: „*Viele Kooperationen sind ... in ein ‚kommunikatives Umfeld‘ eingebettet. Öffentlichkeitsarbeit, Informations- und Beteiligungsangebote sollen auch jene einbinden, die nicht in der Kooperation selbst aktiv werden (können).*" (SELLE 1994:83)

Die Planung führt über die Kooperation und das Handeln schliesslich zu einem Projekt. Planung und Handlung oder Umsetzung sind vielfach so weit voneinander entfernt, dass beispielsweise die Inhalte eines Planes auf dem Weg zur Realität verloren gehen. Oft schreibt die Gesetzgebung diesen Unterschied vor: der Staat plant, und der Grundeigentümer baut. Um diesen Graben zu überbrücken, hat es verschiedene Versuche gegeben (z. B. Public-private-Partnership). SELLE (1994:86) hält deutlich fest, dass die öffentliche Planung nur vorankommt, wenn sie als Kooperand mit Privaten auftritt: *„Diese Selbstbeschränkung der öffentlichen Akteure im intermediären Bereich ist nicht Verzicht, sondern notwendige Voraussetzung für ihr Wirksamwerden im Prozess der Entwicklung und Umsetzung von Projekten mit anderen."* Solche Planungen sind im Rahmen von Projekten an Stelle von Gesamtplanungen erfolgreich. Sie haben sich in de Regel als angepasstes Vehikel für Innovationen bewährt (nach SELLE 1994:87ff.):

- Projekte erlauben es, den Energieaufwand für Planungen zu beschränken (bei neuen Planungsverfahren ist der Einsatz von Personal, Ideen, Mitteln und Zeit sehr gross).
- In einem Projekt entsteht ein der Aufgabe angemessenes innovatives Milieu, das neben Sachkreativität auch Verfahrenskreativität entstehen lässt.
- In einem Projekt können Bewusstseinsveränderungen stattfinden und beispielsweise resignierte Zyniker zu neuem überraschendem Engagement führen.

Trotz der Projektbezogenheit der neuen Planungsverfahren müssen die Planer die äusseren Einflüsse jeweils mit berücksichtigen. Eine Gefahr besteht auch darin, dass neue, innovative Projekte bloss Vorzeigebeispiele bleiben und sie Aussenstehende als Aktionismus interpretieren. Dies kann verhindert werden, wenn in den Projekten die Schlüsselprobleme einer Stadt im Zentrum stehen. Räumliche Zusammenhänge sind notwendig für erfolgreiche Projektplanungen, sowohl als Vorbedingung als auch als Ergebnis: *„Die Gleichzeitigkeit von Planen (in der Fläche) und Handeln (im Projekt) stellt wiederum besondere Anforderungen an die kooperative Organisation solcher Prozesse."* (SELLE 1994:89) Ein Vernetzen und eine bewusste Positionierung von Akteuren ist die beste Strategie, solchen Schwierigkeiten entgegenzutreten, da so Erwartungen und Handlungsabsichten am besten zu erkennen sind.

Das Verständnis von Planung hat sich immer wieder gewandelt und erweitert. Erfolgreiche Lösungen scheinen in einem komplex gewordenen Umfeld nur noch über Kooperation möglich zu sein. Kooperation ist in Projekten möglich, die den Rahmen bieten, den Graben zwischen Planung - wie etwas werden soll - und der Handlung - wie etwas wird – zu überbrücken. Ein Vernetzen von Akteuren ist eine unabdingbare Voraussetzung für die neuen Wege.

1.4 Untersuchungsdesign

1.4.1 Untersuchungsleitende Thesen

Basierend auf Fragestellung und Zielsetzung (Kapitel 1.2) und dem theoretischen Hintergrund (Kapitel 1.3) werden die folgenden Thesen generiert. Wie bereits Kapitel 1.3.1 zeigt, basieren diese nicht auf einem fertig gestellten theoretischen Grundlagengebäude und darauf aufbauenden Hypothesen. Die hier dargestellten Thesen dienen vielmehr dazu, durch die Untersuchung zu führen und die Erkenntnisse, die wiederum in hypothetischer Form vorliegen werden, zu strukturieren.

- Die Verkehrspolitik und -planung der Vergangenheit sowie die spezifischen städtischen Rahmenbedingungen beeinflussen die aktuellen Prozesse.
- Fussgängerbereiche und verkehrsberuhigte Innenstädte liegen im Trend und werden in zahlreichen städtischen Verkehrskonzepten angestrebt.
- In der innenstädtischen Verkehrsplanung und -politik wirken zahlreiche Akteure, die verschiedene Zielvorstellungen verfolgen und unterschiedliche Erwartungen haben.
- Innenstädtische Verkehrsplanung und -politik ist umstritten, oft blockieren sich die gegensätzlichen Zielvorstellungen und Erwartungen.
- Neue Lösungen können in traditionellen Entscheidungsstrukturen nicht oder nur gegen grossen Widerstand umgesetzt werden.
- Das Bewusstsein über die Art des Funktionierens von Entscheidungsprozessen fehlt bei einigen Akteuren.

- Netzwerke eignen sich, um Zusammenarbeitsstrukturen zwischen verschiedenen Akteuren zu beschreiben.
- Es besteht ein Bedarf nach neuen, konsensorientierten Problemlösungsstrategien.
- Kooperative Planungsprozesse, Moderation und Mediation vermögen auch im Falle innenstädtischer Verkehrsprobleme und v. a. bei der Umsetzung grossflächiger Fussgängerbereiche gute Dienste zu leisten. Die Umsetzung innovativer Ideen ist nur mit projektbezogenem Denken möglich.

1.4.2 Die verwendete Untersuchungsmethodik

1.4.2.1 Eine komplexe Fragestellung in vier Städten und zwei Ländern

Dieses Kapitel legt die *methodische Vorgehensweise* knapp und klar dar. So kann der Weg der Erkenntnisfindung dargestellt und begründet werden. Die Individualität und Komplexität der Fragestellung machte die Anwendung eines individuellen Methodensets notwendig. Um auf nachvollziehbare Weise zu zeigen, wie die Ergebnisse der Untersuchung zu Stande gekommen sind, werden die verwendeten Methoden mit Hilfe einer einheitlichen Begrifflichkeit auf Grundlage der Übersicht von LAMNEK (1988, 1989) beschrieben.

Basis der Untersuchung bildet die Analyse von Fallbeispielen. In einem Vergleich verschiedener Städte kann der Fragestellung am besten Rechnung getragen werden. Vergleichende Politikforschung und die Analyse von Fallbeispielen bilden eine wichtige Basis politikwissenschaftlichen Arbeitens (BENOIT 1995:16-19). Für diese Arbeit sind Entwicklungen in Städten aus der deutschsprachigen Schweiz und Deutschland einander gegenübergestellt. Dies lässt sich damit begründen, dass zwischen beiden Gebieten ein Austausch stattfindet. Während sich schweizerische Verkehrsplaner bei Massnahmevorschlägen oft auf deutsche Erfahrungen berufen, gilt die Schweiz in Deutschland als Vorbild v. a. im Bereich der Förderung des öffentlichen Verkehrs. Zudem verfügt fast jede mittlere bis grössere deutsche Stadt über einen Fussgängerbereich (MONHEIM 1980). Zwar entstehen auch in der Schweiz seit den Sechzigerjahren Fussgängerbereiche (VSS 1980; PFANDER 1995:131-147). Deutsche Städte dienen aber oft als Vorbilder, so etwa Freiburg i. B. oder München. Ein weiterer grosser Vorteil ist die gemeinsame Sprache, die das Beschaffen und die Analyse der Quellen stark erleichtert.

Vier Beispiele - zwei pro Land - sind mit adäquatem Arbeitsaufwand im Rahmen einer Dissertation bewältigbar. Die Auswahl der Städte war zwar zielgerichtet, aber letztendlich doch subjektiv. *Bern* war durch die Vorarbeiten (AERNI ET AL. 1993) und den hier festgestellten Handlungsdruck gesetzt. Als zweites deutschschweizerisches Beispiel kamen auf Grund der Stadtgrösse entweder Basel oder Zürich in Frage. *Zürich* wurde schliesslich ausgewählt, ist die Stadt doch wegen ihrer ÖV-Förderungspolitik bis weit über die Landesgrenzen bekannt. Zusätzlich bestanden bei Untersuchungsbeginn Projekte zur Erweiterung der Fussgängerzone. Basel fiel weg, weil die Stadt in ihrer Grenzlage einen Sonderfall darstellt. Zudem wurde die städtische Verkehrspolitik bereits im Rahmen einer Dissertation untersucht (KLEMM 1996). Für die deutschen Beispiele bestand eine grössere Auswahl. Hier machte Prof. R. Monheim (Bayreuth) Vorschläge- Er steuerte auch zur Themenfindung Ideen bei. Grossstädte oder Metropolen wie Berlin, Hamburg oder München kamen wegen der fehlenden Vergleichbarkeit mit den schweizerischen Städten nicht in Frage. *Aachen* war neben Lübeck diejenige Stadt, die wegen ihrer Verkehrspolitik stark in den Medien präsent war. Für Aachen sprachen zudem die guten wissenschaftlichen Grundlagen sowie gute Kontaktmöglichkeiten anlässlich einer Tagung im Januar 1993, bei der die Behörden die Verkehrspolitik der Stadt vorstellten und alle wichtigen Akteure zugegen waren (STADT AACHEN 1993). *Nürnberg* wurde als zweites deutsches Beispiel ausgewählt, weil dort über lange Jahre eine kontinuierliche Verkehrspolitik betrieben und der Ausbau der Fussgängerzonen gefördert wurde. Zudem waren auch hier die wissenschaftlichen Grundlagen viel versprechend.

Bei der Untersuchung ging es darum, von den vier Fallbeispielen zielgerichtet möglichst viel zu erfahren. Aachen, Bern, Nürnberg und Zürich zeichnen sich alle durch Eigenheiten aus, die den geplanten Vergleich ermöglichen. Dabei galt es zu berücksichtigen, dass die vier Städte alle in einem individuellen Kontext stehen. Jede Stadt hat andere Voraussetzungen, die politische Prozesse unterschiedlich beeinflussen können. Dies gilt z. B. für die rechtliche Situation. Die vier Städte liegen in zwei Ländern mit unterschiedlichen rechtlichen Grundlagen auf allen staatlichen Ebenen. Gleiche Verfahren haben andere Namen, Behörden heissen gleich, haben aber andere Funktionen. So war es eine erste Notwendigkeit, die einzelnen Beispiele - im wahrsten Sinne des Wortes - *kennen zu lernen*. Erst danach war es möglich, die notwendige Informationen versprechenden *Dokumente* zusammenzustellen und systematisch auszuwerten. Schliesslich konnten auf Grund dieser Wissensbasis mit ausgewählten Akteuren *Interviews* durchgeführt werden.

1.4.2.2 Vier Fallbeispiele: Vier Einzelfallstudien

Die Untersuchungskonzeption diente dazu, auf Grund eines Vergleichs von vier Fallbeispielen allgemeinere Erkenntnisse abzuleiten. LAMNEK (1989:4) erwähnt, dass die *Einzelfallstudie* in methodischen Lehrbüchern nur am Rande Beachtung findet: *„Tatsächlich ist die Einzelfallstudie zwischen konkreter Erhebungstechnik und methodologischem Paradigma angesiedelt: bei der Einzelfallstudie handelt es sich um einen aproach, einen Forschungsansatz."* Vier Einzelfallstudien bilden die Grundlage der vorliegenden Untersuchung. Die Beispiele wurden alle in ihrer Individualität als Einzelfälle analysiert. Um die Begrifflichkeit von LAMNEK (1989:32) zu gebrauchen, handelt es sich um eine Untersuchung der *„Binnenstruktur von sozialen Aggregaten"*[7] in vier verschiedenen Städten. Auf je einer vor- und nachgelagerten Ebene kam ein generalisiertes *Analyse-* bzw. *Interpretationsraster* zur Anwendung.

	Hintergrundinformation	Dokumentenanalyse	Interviews	Analyseraster	Interpretationsraster
Erarbeitung der Fragestellung					
Gewinnung der Informationen					
Auswertung der Informationen					

Hinweis: Die Intensität der verschiedenen Graustufen zeigt die Bedeutung der Elemente in zeitlicher Abfolge.
SEEWER 2000
Abbildung 6: Gewichtung der einzelnen Elemente des Erkenntnisprozesses

Die Entwicklung des Analyserasters beruhte auf einer Literaturanalyse, die das bestehende Wissen zur Fragestellung aufzeigt. Bildlich gesprochen braucht es zuerst geschliffene Brillengläser, bevor die Untersuchungsgegenstände betrachtet werden können. Der Prozess ging nicht linear voran, sondern vielmehr in Kreisen. Bei dieser hermeneutischen Vorgehensweise beeinflussten neue Informationen sowohl die Fragestellung als auch die Inwertsetzung des vorhandenen Wissens. Die Untersuchung ist, so gesehen, nie abgeschlossen. Der vorliegende Text stellt lediglich einen weit fortgeschrittenen Zwischenbericht dar. Der Raster, der zur Interpretation der erarbeiteten Informationen diente, konnte ebenfalls nicht von Beginn weg definitiv festgelegt werden. Zwar vermochten die anfänglichen theoretischen Gedanken, die Stossrichtung vorzugeben, aber schliesslich ermöglichten es erst die mit dem Analyseraster erhobenen Informationen, Themen aufzuzeigen, die einen Vergleich zulassen.

Der Anspruch, einen quantitativen Vergleich anstellen zu wollen, verlangt im mathematischen Sinne nach Variablen, um sie rechnerisch gegeneinander abzuwägen. Das stand in dieser Untersuchung nicht im Vordergrund. Stattdessen sollten Themenbereiche einander gegenüberstehen. Der Anspruch an die Untersuchung war es deshalb, trotz aller Verschiedenheiten und trotz des zirkulären Erkenntnisprozesses, alle Beispiele mit dem gleichen methodischen Instrumentarium anzugehen. So erhielt jede Fallstudie einen einheitlichen Rahmen. Die einzelnen Elemente des Erkenntnisprozesses sind in

---
[7] Analyse des politischen Systems innerhalb einer Stadt.

einer chronologischen Abfolge dargestellt, im Bewusstsein, dass sich die einzelnen Phasen zeitlich überlappen (s. Abbildung 6).

Die folgenden Kapitel beschreiben die einzelnen analytischen Bausteine. So entsprechen sie einerseits dem Anspruch der Nachvollziehbarkeit der Informationen und bilden andererseits die Grundlage für eine allfällige Analyse weiterer Fallbeispiele.

1.4.2.3 Kennenlernen der Situation: Analyse von Dokumenten, Gespräche und Besuche

Zu Beginn der Untersuchung standen die offenen Fragen. Als Erstes wurde eine *Literaturanalyse* durchgeführt, um die Erkenntnisse für die Schnittmenge der Bereiche Fussgängerverkehr, Innenstadt, Politik auf möglichst breiter Ebene aufzuarbeiten. Im Vordergrund standen immer die als Fallbeispiele betrachteten Städte. Möglichst umfassend abgedeckt ist der deutsche Sprachraum. Dazu kamen die wichtigsten Publikationen aus Grossbritannien, den Vereinigten Staaten und aus Frankreich. Resultat ist eine umfangreiche, etwa 1'500 Titel umfassende, teilweise kommentierte Literaturzusammenstellung. Diese wurde während der ganzen Projektdauer laufend ergänzt. Sie stellt die wichtigste Informationsbasis für das Projekt dar und ist Grundlage für die im nächsten Kapitel beschriebene Dokumentenanalyse.

Zweiter Pfeiler der Hintergrundinformation stellen explorative Gespräche mit verschiedenen, viele Informationen versprechenden Einzelpersonen dar. Die Gespräche können in der Terminologie von LAMNEK (1989:70-73) als *narrative Interviews* bezeichnet werden. Ohne spezifische Vorkenntnisse zum Fallbeispiel fanden die Interviews nach einer kurzen Schilderung der Fragestellung der Untersuchung statt. Die Gespräche wurden möglichst offen geführt und nicht auf Tonband aufgenommen. Stichwortartige Notizen ermöglichten es, die Gesprächsinhalte und -umstände zu protokollieren. Resultat der Untersuchung waren einerseits eine Konkretisierung der Fragestellung, Information zu möglichen weiteren Quellen und ein Grundlagenwissen zur Analyse der einzelnen Fallbeispiele. Eine Liste aller Gespräche findet sich im Anhang.

Exkurs - die Zitierweise von Gesprächen und Interviews (s. a. Kapitel 7)

Die behandelte Fragestellung bewegt sich teilweise in politisch brisanten Bereichen. Die Gesprächs- und Interviewpartner gaben in fast allen Fällen offen Auskunft, verlangten aber teilweise Diskretion. Um den vollen Inhalt ausschöpfen zu können, kommt eine verschlüsselte Zitierweise für alle Gespräche und Interviews zur Anwendung. Im Anhang sind alle Gesprächs- und Interviewpartner aufgeführt. Die Gespräche und Interviews wurden von G1 bis G20 bzw. I1 bis I24 durchnummeriert und im folgenden Text mit der jeweiligen Nummer zitiert. Um die Anonymität der Aussagen gewährleisten zu können, wird die Zuordnung der Nummern zu den Interviewpartnern nicht abgedruckt. Damit die Nachvollziehbarkeit im Falle späterer wissenschaftlicher Untersuchungen gewährleistet ist, stellt der Autor auf Anfrage eine Liste der den Nummern zugeordneten Gespräche zur Verfügung, wenn wiederum die gleichen Zitierregeln eingehalten werden. Aus denselben Anonymitätsgründen sind die Protokolle der Gespräche im Anhang ebenfalls nicht abgedruckt. Für eine weitere wissenschaftliche Bearbeitung kann der Autor die Protokolle unter Absprache mit dem jeweiligen Gesprächs- oder Interviewpartner zur Verfügung stellen.

Eine nicht unwesentliche, aber schwierig zu definierende Art der Informationsgewinnung findet ihre Umschreibung im Stichwort „Besuche". Darunter zu verstehen sind Vorgehensweisen, die LAMNEK (1989:233-311) als *„teilnehmende Beobachtung"* bezeichnet. Beispiele sind Begehungen, Exkursionen, Stadtführungen, Besuch von lokalen Veranstaltungen, Gespräche mit Bewohnern oder die Mitarbeit in Projekten. Nur so war es möglich, sich in Ansätzen in die einzelnen Fallbeispiele einzuleben, zu verstehen, welche Probleme in einer Stadt anstehen, was im Zentrum der Diskussion steht, zwischen den Zeilen zu lesen. Und nur so war ein Bild der untersuchten Stadt möglich, in das die mit den übrigen Methoden gewonnenen Erkenntnisse eingeordnet werden konnten.

1.4.2.4 Gezielte Information – Dokumentenanlayse

Nach einer Phase der breiten Informationsgewinnung ging es darum, vermehrt in die Tiefe vorzustossen und die in der Literaturanalyse erfassten Dokumente aufzuarbeiten. Zudem mussten Informationen zu zeitlichem Ablauf von Ereignissen, zu Inhalten von Entscheiden, zu wichtigen Akteuren und zu deren Argumentationsweise erfasst werden. Alle Texte wurden einer qualitativen Inhaltsanalyse[8] unterzogen (s. dazu LAMNEK 1989: 193-232 und MAYRING 1990 und 1993) und ebenfalls quellenkritisch analysiert, um die Ansprüche der historischen Forschungsmethodologie zu erfüllen.

Mögliche Themen:			Mögliche Artikelarten		
E:	Entwicklung Altstadt		A:	Mitteilung Amt, Verwaltung	
F:	Fussgängerbereich Fahrradfahren im FGB		B:	Bericht über Sitzung, Veranstaltung, …	
L:	Lieferverkehr/City-Logistik		I:	Interview	
P:	Parken		K:	Kommentar	
R:	Rathausplatzsperre		L:	Leserbrief	
S:	Schleifenlösung		M:	Mitteilung/Information	
V:	Verkehr allgemein		R:	Reportage	
			S:	Stellungnahme Interessengruppe(n)	

Thema	Datum	Titel des Artikels	Inhalt	Bemerkungen	Art
F	23.08.95	Das Vorurteil vom flegelhaften Radfahrer	Allgemeine Infos zur Radwegplanung in Nürnberg. Radfahrer sind an FG-Unfällen relativ wenig beteiligt. Das Radwegnetz in Nürnberg wächst nur langsam und ist - verglichen mit anderen Städten – dünn. Die Diskussion um das Fahren in der FGZ gehe an der Sache vorbei (Zulassung nur 18.30 - 10.30). Mehr Rücksicht, mehr Abstellflächen als Lösung.	Fahrradbeauftragter der Stadt Nürnberg: Hugo Walser	AS
P	16.07.95	Erste Änderung	Da das Altstadtparkdeck Plantersgasse/Martin-Treu-Strasse wegen der Beschränkung auf 60 Minuten und dem Tarif von 5 DM sehr schlecht ausgelastet ist, werden je 1/3 Parkplätze für Handwerker und für Anwohner geöffnet. Weitere Parkplatzumnutzungen sollen diskutiert werden.		A
E	08.07.95	Augustinerhof soll eine Ausnahme bleiben	Der historische Charakter der Sebalder Altstadt soll erhalten bleiben und das Augustinerhofprojekt eine Ausnahme bilden (Festlegung in einem Bebauungsplan).	Szene XY zum Augustinerhofprojekt	ABS
E	05.07.95	Sorgen um die Citygeschäfte	IHK-Brief an OB, Angst vor Umsatzeinbussen wegen Verkehrsmassnahmen.		S
F	18.06.95	Streit um die Radler	In einem Zwischenbericht wird vom Versuch, das Radfahren in der FGZ während der Lieferzeiten zuzulassen, durch die Stadt eine positive Bilanz gezogen (Keine Nachzieheffekte, nicht mehr Unfälle). Über eine endgültige Weiterführung wird nach einer Verkehrszählung im Juli entschieden. Positiv eingestellt sind ADFC und VCD. Dagegen ist die Polizei, die moniert, dass ihre Einwände nicht beachtet würden (Konflikte, hohe Dunkelziffer bei Unfällen, …). Weitere Gegner SIN (Senioren-Initiative-Nürnberg) mit eigener Befragung (Mehrheit dagegen) und der Bund der Fussgänger.	Stellvertretender Leiter der Polizeidirektion: Wilfried Dietsch; SIN-Chefin: Ursula Wolfring.	BAS
V	15.06.95	Etappe auf dem Weg zum verträglichen Verkehr	Zahlen zum Nürnberger Verkehrsverhalten werden im jährlichen Report zum Leitbild Verkehr vorgestellt. Dabei konnte eine leichte Verschiebung zu Gunsten des ÖV festgestellt werden. Stellungnahme zu den vorliegenden Problemen und den weiteren Massnahmen (Baureferent Anderle).	Alljährliche Berichte: beschaffen.	A

SEEWER 2000

Tabelle 6: Beispiel - Auswertung der Presseartikel der Nürnberger Nachrichten (NN)

Drei Typen von Quellen bearbeitet die Analyse: (1) Berichte, Publikationen von Amtsstellen und Interessenorganisationen, (2) Zeitungsartikel in lokalen Medien und (3) Protokolle von Parlamentssessionen, Kommissions- und Arbeitsgruppensitzungen. Während beim ersten Typ das Ziel war, eine möglichst umfassende Zusammenstellung der Dokumente zu erreichen, musste bei den beiden ande-

---

[8] Auswertung der Interviewprotokolle auf Grund eines auf die Fragestellung abgestimmten Rasters.

ren aus Gründen der Arbeitseffizienz eine Auswahl getroffen werden. In jeder Stadt wurden jeweils die für die lokale Berichterstattung wichtigen Tageszeitungen ausgewählt und systematisch nach relevanten Artikeln durchsucht. Der Zeitraum wurde so gewählt, dass die wichtigen, das Fallbeispiel betreffenden Artikel erfasst wurden. Um die nationalen Rahmenbedingungen einbeziehen zu können, wurde eine bedeutende politische Wochenzeitung durchgearbeitet: für die Schweiz „Die Weltwoche" und für Deutschland „Der Spiegel". Protokolle von Sitzungen wurden dann näher analysiert, wenn wichtige Entscheide anstanden, nicht öffentliche Diskussionen stattfanden und zentrale Akteure bestimmt werden sollten. Resultate der Quellenanalysen sind im Falle der Analyse der Berichte und Quellen systematische Zusammenfassungen, die in die Beschreibung und Analyse der Prozesse der Fallbeispiele eingeflossen sind. Über die Zeitungsartikel liegt eine Übersicht über Titel, Untertitel, wichtige Inhalte, Personen und eine Kategorisierung nach inhaltlichen Schwerpunkten vor (s. Tabelle 6). Diese Zusammenstellung ist aus Platzgründen in der Arbeit nicht abgedruckt, sie steht aber Interessierten für weitere Auswertungen zur Verfügung.

Besondere Bedeutung kommt der *Analyse der Zeitungsartikel* aus den lokalen Medien zu. In den vier Städten wurden je eine „Hauptzeitung" bestimmt, die umfassend untersucht wurde, während weitere Zeitungen nur noch selektiv, z. B. bei wichtigen Entscheiden, Beachtung fanden. Kriterien für die Auswahl der Hauptzeitung waren die lokale Auflagenzahl, die erwartete Informationstiefe - seriöses Blatt vs. Boulevardzeitung - sowie die Verfügbarkeit der Informationen (s. Tabelle 7).

Beachtung fand der Zeitraum zwischen 1990 und 1995, in speziellen Fällen wurden auch weiter zurückliegende bzw. neuere Artikel berücksichtigt. Für die schweizerische Vergangenheit zwischen 1978 - 1989 erwies sich die Zusammenstellung von ZWICKY (1993) als hilfreich. Daraus konnten 567 relevante Zeitungsartikel zu den Stichworten „Wanderwege, Fusswege, Velorouten", „Strassen und Plätze in Ortschaften", „Parkingmeter, Parkhäuser, Parkiergebühren, Parkplätze allg.", „autofreie Zonen in Städten", „Gesamtverkehrsstudie, Strassenpläne, Ortsplanungen" sowie „Fussgänger, Velofahrer: Rad- und Fusswege" ermittelt werden. Die Artikel betrafen allerdings nur teilweise die untersuchten Fallbeispiele.

Ort	Zeitungstitel; Abkürzung; Zeitraum	Politische Ausrichtung[9]; Auflage	Zugang zu den Daten	Bemerkungen
Aachen	Aachener Zeitung (AZ); 1990 - 6.1996 (auswahlsweise früher)	Mitte-rechts (CDU-orientiert); ca. 200'000 Expl.	Mikrofichenarchiv (seit 3.1990) nach Stichworten geordnet. Archiv AZ: Dresdenerstrasse 3, D-2068 Aachen. Tel. 0241/51010.	Bis zum 8.3.96 hiess die Aachener Zeitung Aachener Volkszeitung (AVZ). Bis 1995 wurde die AVZ mit der AN produziert (gleicher Sport- und Werbeteil; unabhängige Redaktionen). Heute stehen die beiden Zeitungen in einem Konkurrenzverhältnis.
	Aachener Nachrichten (AN); 1990 - 6.1996 (auswahlsweise früher)	Mitte-links (SPD-orientiert); ca. 70'000 Expl.	Artikel sind unter verschiedenen Stichworten abgelegt. Adresse wie oben, Tel.: 0241/5101409 (Herr Rosewig)	s. AZ
Bern	Der Bund (Bund); 1990 - 1996 (auswahlsweise früher)	Unabhängig; 62'460	eigene Recherche	
	Berner Tagwacht (BT)1990 - 1996 (auswahlsweise früher)	Links-grün-orientiert; ca. 10'000	eigene Recherche	
	Berner Zeitung (BZ)	Unabhängig; 131'525 (Ausgabe Stadt und Region Bern: 83'670)	eigene Recherche	
Nürnberg	Nürnberger Nachrichten (NN) 1990 - 1995 (auswahlsweise früher: Rathausplatzsperre)	SPD-orientiert; ca. 250'000	Artikel ab 1990 auf Datenbank in Volltextrecherche abfragbar (ohne Bilder). Archiv NN, Zi 511, Marienstrasse 9, 90327 Nürnberg; Tel. 0911/2160	NN und NZ erscheinen in gleichem Haus mit unabhängigen Redaktionen unter Werbegemeinschaft; zusätzlich: „Anzeiger", wöchentlich erscheinendes Gratisblatt mit vier Stadtteilausgaben und redaktionellem Teil, das der NN beigelegt ist und an alle Haushalte geht.
	Nürnberger Zeitung (NZ) 1990 - 1995 (auswahlsweise früher)	CDU-orientiert; ca. 30'000	Stichwortkartei; Archiv NZ, Marienstrasse 9, 90016 Nürnberg; Tel. 0911/23510	
Zürich	Tages-Anzeiger (TA) 1990 - 1996 (auswahlsweise früher)	Unabhängig; 282'222	Artikel nach Stichworten abgelegt; Ab 1996 Datenbank mit elektronischer Volltextrecherche (Internet: http://www.tages-anzeiger.ch); Adresse: TA, Dokumentation, Werdstr. 21, 8021 Zürich; Tel.: 01/248 44 78 (Herr Dudle)	
	Neue Zürcher Zeitung (NZZ) 1990 - 1996 (nur auszugsweise)	Unabhängig-bürgerlich; 158'167	Recherche in TA-Archiv; s. auch im Internet unter http://nzz.ch/	

SEEWER 2000 nach Angaben zu den Auflagenzahlen: CH: WEMF (1996); D: mündliche Angaben Herausgeber

Tabelle 7: Übersicht über die ausgewerteten Tageszeitungen

---

[9] Selbstdeklaration der Redaktion bzw. Herausgeber

1.4.2.5 Informationen zu den Akteuren - qualitative Interviews

Im Zentrum der empirischen Untersuchungen standen qualitative Interviews mit Akteuren in den untersuchten Städten. Die Interviews zeigten vertiefte Informationen, besonders zur Situation und Entwicklung in den Städten und zur Zusammenarbeit bzw. zu Konflikten zwischen verschiedenen, am Prozess beteiligten Personen und Institutionen.

Dazu fanden *problemzentrierte Interviews* statt (LAMNEK 1989:74-78). Pro Stadt galt als Zielsetzung die Durchführung von fünf bis sechs Interviews. Schliesslich zeigte es sich, dass mit fünf Interviews nicht in jedem Fall die nötige Informationsbreite und -tiefe erreicht war. Deshalb wurden z. T. ein bis zwei zusätzliche Interviews durchgeführt. Die Interviewpartner wurden auf Grund der vorangehenden Dokumentenanalyse ausgewählt. Im Zentrum standen möglichst exponierte und gegensätzliche Vertreter von Organisationen, Parteien und Verwaltungseinheiten. Die Auswahl war abgesichert. Die Interviewpartner mussten die Frage beantworten, welche Personen sie befragen würden, wenn sie die gleiche Untersuchungsaufgabe hätten. In den meisten Fällen bestätigte sich die getroffene Auswahl klar. Einzelne Hinweise führten zu den erwähnten zusätzlichen Interviews.

Die potenziellen Interviewpartner erhielten einen Brief, der sie kurz mit dem Forschungsvorhaben vertraut machte. Darin konnten sie die Begründung lesen, weshalb die Auswahl gerade auf sie fiel, um in einem 60- bis 90-minütigen Gespräch Red- und Antwort zu stehen. Ungefähr eine Woche später wurden die Angeschriebenen telefonisch kontaktiert, um einen Gesprächstermin zu fixieren. Das Verfahren hat sich so bewährt. Mit einer Ausnahme waren alle angefragten Personen zu einem Interview bereit. In dem einen Ausnahmefall stand ein kompetenter Ersatzinterviewpartner zur Verfügung (Interviewpartner s. Kapitel 7.2).

Das Interview verlief auf der Basis eines *Leitfadens*. Der Leitfaden war so konzipiert, dass er bereits das grobe Auswertungsschema für die qualitative Inhaltsanalyse einschloss, ohne allerdings die Interviewpartner zu stark zu beeinflussen. Der Leitfaden bestand aus acht Blöcken, mit allgemeinen Fragen und mit spezifischen Fragen zum Fallbeispiel. Ein erster Teil erklärte den Projektinhalt und das Vorgehen beim Interview, in einem zweiten Teil stand die Stellung und Funktion des Interviewpartners im Vordergrund. Der dritte Block bestand aus Fragen zu Verkehrspolitik und Planung allgemein. Der vierte, längere Block beinhaltete einen stark strukturierten, detaillierten Rückblick auf den politischen Prozess in einem für jede Stadt speziellen Planungsfall. Der fünfte Teil durchleuchtete das ganze Akteurspektrum aus der Sicht der Befragten. Im sechsten Teil ging es um eine allgemeine Beurteilung des ganzen Planungsprozesses. Hier konnten die Interviewpartner ihre Ansichten breit und frei äussern. Gleiches gilt für den siebten Teil, in dem eine Vision für die betreffende Innenstadt gefragt war. Im achten und letzten Teil ging es schliesslich darum, offene Punkte anzusprechen und administrative und organisatorische Fragen anzugehen. Im Grundaufbau war jeder Leitfaden gleich, pro Stadt und Gesprächspartner wurden aber in einzelnen Frageblöcken Anpassungen vorgenommen. Eine Übersicht über den Leitfaden gibt Kapitel 7.3.

Es war nicht immer einfach, die Termine so festzulegen, dass sie innerhalb eines relativ kurzen Zeitraums zu liegen kamen, damit gerade im Falle der ausländischen Beispiele ein effizienter Zeit- und Mitteleinsatz möglich war. Die Gesprächspartner zeigten sich in der Regel sehr motiviert und interessiert. Die Interviews waren auf eine Zeitdauer von maximal 90 Minuten ausgelegt. Die Gespräche fanden fast immer in den Büros oder in Sitzungszimmern der Interviewpartner statt. In einem Fall war der vorgesehene Interviewpartner infolge eines Arbeitskampfes unabkömmlich. Für das Gespräch stand ein kompetenter Vertreter zur Verfügung. Im Übrigen verliefen die Interviews nach Plan. Sie wurden auf Tonband aufgezeichnet und schriftlich protokolliert. Am Ende erhielten die Interviewpartner einen Schokoladebären als kleines Präsent. Diese Geste lohnte sich sehr, vermochte sie doch den Goodwill für das Forschungsanliegen zu erhöhen.

Inhalt und Umstände der Interviews wurden anschliessend möglichst rasch protokolliert. Das Protokoll fiel jeweils sehr ausführlich aus, die Aussagen flossen jedoch in den meisten Fällen nicht vollständig wörtlich ein. Pro Interview ergaben sich durchschnittlich zehn Seiten lange Protokolle (ca. 3'000 bis 3'500 Zeichen pro Seite). Die Interviewpartner erhielten dieses dann zugeschickt, mit der Bitte den Text durchzulesen und mit ihrer Unterschrift zu autorisieren. Gleichzeitig erhielten sie die Zusicherung, dass die Informationen vertraulich behandelt und in der Arbeit nur in anonymisierter

Form verwendet würden. Aus diesem Grund sind die Interviewprotokolle im Anhang nicht abgedruckt. Es gelten die gleichen Zitierregeln wie für die Gespräche (s. Kapitel 1.4.2.3: Exkurs - die Zitierweise von Gesprächen und Interviews).

Vor der Autorisierung hatten die Interviewpartner die Gelegenheit, Änderungen und Präsisierungen anzubringen. In den meisten Fällen beschränkten sich die Änderungswünsche auf formale Einzelheiten wie z. B. die korrekte Schreibweise von Namen oder die genaue Datierung eines Ereignisses. In wenigen Ausnahmefällen nahmen die Interviewpartner auch weit gehende inhaltliche Korrekturen vor, meistens in der Richtung, dass die Aussagen abgeschwächt oder abgeändert wurden. Die meisten Interviewten autorisierten ihre Protokolle mit der Unterschrift, ein Interviewpartner wollte seine Aussagen nicht unterzeichnen, gab aber mündlich sein Einverständnis zum Verwenden der Informationen. Zwei Personen drückten ihre Zustimmung stillschweigend aus.

1.4.2.6 Bemerkungen zur Untersuchungsmethodik

Die vorgestellte Untersuchungsmethodik hat sich zur Beantwortung der gestellten Fragen bewährt. Die Kombination von Dokumentenanalyse und Interviewtechniken erwies sich als sehr fruchtbar. Während sich aus den Dokumenten ein klarer Rahmen aus Fakten und Daten ergab, lieferten die Gespräche und Interviews Hintergründe zu Prozessen, Einschätzungen und Meinungen. Bei den Gesprächen zeigte es sich sehr deutlich, dass die Interviewpartner stark von der aktuellen, tagespolitischen Entwicklung geprägt werden. Blicke in die Vergangenheit waren schwieriger als erwartet. Die Interpretation von Prozessen und Entwicklungen bezog sich stark auf die Situation zur Zeit der Interviews.

Einschränkungen der Untersuchungstiefe waren notwendig, um den Aufwand in Grenzen zu halten. Einerseits konnten nicht alle Protokolle von Rats- und Kommissionssitzungen ausgewertet werden, andererseits war es nicht möglich mit allen Wunschpartnern Interviews durchzuführen. Ab und zu kam es zu Schwierigkeiten, weil einzelne Gesprächspartner den Sinn der detaillierten Protokolle nicht einsahen. Die Texte liegen sehr nahe bei der mündlichen Sprache, sind wenig strukturiert und stringent und enthalten Wiederholungen. Die Aufgabe, die Protokolle zu überarbeiten, überforderte einige Gesprächspartner, sodass Sie sich trotz gegenteiliger Anweisungen nur mit sprachlichen und stilistischen und nicht mit inhaltlichen Punkten auseinander setzten. In den meisten Fällen ergaben sich aus den überarbeiteten Protokollen interessante Hinweise und Ergänzungen. Dennoch ist für nächste Untersuchungen zu überprüfen, ob nicht auf eine generelle Autorisierung der Protokolle verzichtet und nur bei Unklarheiten nachgefragt werden sollte.

1.4.3 Strukturierung der Untersuchungsergebnisse

Die Untersuchungsergebnisse sind städteweise dargestellt. Als Einleitung wird jede Stadt kurz vorgestellt. Die Gegenüberstellung verschiedener Indikatoren ermöglicht einen Vergleich auf allgemeiner Ebene. Dabei sollten die Angaben möglichst homogenisiert zur Darstellung kommen, was allerdings auf Grund der unterschiedlichen Datenlage nicht immer möglich war. Zu jedem Städteporträt gehören Pläne mit den wichtigsten Orientierungspunkten, die im Text vorkommen.

In einem ersten Schritt erfolgt dann jeweils der Blick zurück. Dargestellt ist die Entwicklung von Verkehrsplanung und -politik seit etwa dem zweiten Weltkrieg. Die Ausführungen stützen sich hauptsächlich auf bereits vorgenommene Untersuchungen. Eigene Quellenanalysen stehen nicht im Vordergrund. Gerade im Bereich der aktuellen Verkehrs- und Stadtplanungsgeschichte besteht in den einzelnen Städten eine mehr oder weniger grosse Lücke. Entsprechend ist die Tiefe der einzelnen Städtedarstellungen unterschiedlich. Die Ergebnisse erlauben dennoch eine Gegenüberstellung der Entwicklung der Verkehrsplanung und -politik in den vier Städten.

Daneben bildet der Rückblick eine wichtige Grundlage und Interpretationshilfe für den zweiten wichtigen Schritt. In jeder Stadt wird ein aktueller Planungsfall aufgegriffen und eingehend durchleuchtet. Auf Grund der Analyse der Zeitungsartikel und weiterer Quellen sowie der durchgeführten Interviews mit Akteuren sind Entscheidungsabläufe und Entscheidungsgrundlagen aufgearbeitet und dargestellt. Besonderes Interesse gilt dem Aufspüren von Akteurpositionen und Netzwerkstrukturen. In jeder

Stadt steht jedenfalls ein aufschlussreicher Fall im Mittelpunkt, der trotz seiner Einmaligkeit Vergleiche und Schlüsse zulässt.

Darauf basieren schliesslich in einem dritten Schritt die gezogenen Schlüsse. Hier stellt sich die Frage, welche Planungs- und Politikstrategien sich bewährt haben, wo ein Misserfolg eingetreten ist und welcher Handlungsspielraum für die städtische Verkehrsplanung besteht.

2 Zürich: Historischer Kompromiss

Im den Kapitel 2 soll das erste Fallbeispiel, Zürich, näher unter die Lupe genommen werden. Zuerst sollen die nötigen Grundlagen zusammengestellt werden (Kapitel 2.1), um anschliessend auf die eigentliche Fallstudie einzugehen, in der das Zustandekommen des historischen Kompromisses für die Erweiterung der Zürcher Fussgängerzone analysiert werden soll (Kapitel 2.2). In Kapitel 2.1.1 wird der Leser kurz mit der Stadt Zürich vertraut gemacht. Ebenfalls vorgestellt werden die wichtigsten Grundlagen zur geografischen Lage und zur gesamtstädtischen Verkehrssituation. In den Kapiteln 2.1.2 und 2.1.3 soll auf die Verkehrsgeschichte der Stadt Zürich seit dem Zweiten Weltkrieg eingegangen werden. Dabei wird besonders auf eine Unterteilung in verschiedene Phasen Wert gelegt. In Kapitel 2.2.1 soll zuerst die Analyse der Situation der Zürcher Innenstadt im Vordergrund stehen. Dazu werden die wichtigsten Angaben zur Bevölkerungs- und Wirtschaftsstruktur und zur Verkehrserschliessung dargestellt. Dann soll in Kapitel 2.2.2 aufgezeigt werden, wie die Erweiterung der Fussgängerzone zu einem Thema wird. Anschliessend soll in Kapitel 2.2.3 die ganze Diskussion von den einzelnen Vorschlägen zur Erweiterung der Fussgängerzone hin zu einem historischen Kompromiss anhand der Quellen nachgezeichnet werden. Schliesslich stellt sich in Kapitel 2.3 die Frage der Akteure und ihrer Position im Planungsprozess. Zum Schluss soll in Kapitel 2.4 der Planungsprozesses auf Grund der in der Einleitung gestellten Fragen betrachtet werden. Daraus wird für den Fall Zürich der mögliche Handlungsspielraum abgeleitet.

2.1 Grundlagen

2.1.1 Porträt Zürichs

Zürich ist die grösste Stadt der Schweiz. Sie liegt am nördlichen Ende des Zürichsees an der Limmat und an der Sihl. Die Stadt ist das wichtigste Handels- und Industriezentrum des Landes und eine der führenden europäischen Finanz- und Handelsmetropolen und Sitz zahlreicher Grossbanken. Bereits zur Zeit der Römer war Turicum Brücken-, Zoll- und Schifferstation. 1218 wurde Zürich zur freien Reichsstadt erklärt. 1351 trat Zürich der Schweizer Eidgenossenschaft bei. Die Schweizer Reformation wurde 1519 hier unter der Führung Ulrich Zwinglis eingeleitet.

Heute hat die Stadtgemeinde Zürich etwa 340'000 Einwohner. In der gesamten Agglomeration, die sich auch in die Nachbarkantone ausdehnt, leben gegen eine Million Personen. Zürich ist Kongress- und Messestadt sowie Verkehrsknotenpunkt der nördlichen Schweiz, mit internationalen Bahnverbindungen und als Kreuzungspunkt im schweizerischen Autobahnnetz (Abbildung 7). Letzteres weist aber gerade im Raum Zürich noch wichtige Lücken auf, die sich auf des Verkehrsgeschehen innerhalb der Stadt auswirken. In Kloten hat die Stadt einen internationalen Flughafen. Zürich ist bekannt durch seine Verkehrspolitik. Die Stadt gilt als Muster-ÖV-Stadt. Dazu beigetragen haben das dichte Strassenbahnnetz und die in den letzten zwei Jahrzehnten neu geschaffene S-Bahn. In internationalen Fachkreisen bekannt sind die Anstrengungen, die Wohnbevölkerung der Stadtquartiere mittels einschränkenden Verkehrsberuhigungsmassnahmen wie Schwellen und Barrieren zu schützen.

http://www.stadtplan.zhol.ch; 2.3.99

Abbildung 7: Die Stadt Zürich

Die gute Qualität der ÖV-Erschliessung lässt sich auch aus dem Modalsplit ablesen (Abbildung 8). Die Abbildung zeigt die Verkehrsleistung, die in der Stadt Zürich erbracht wird. Dabei wird der Anteil der Verkehrsmittel an den zurückgelegten Personenkilometern nach Herkunft der befragten Verkehrsteilnehmer unterschieden.

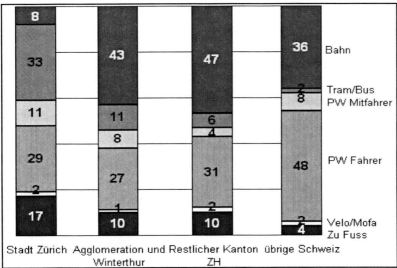

Quelle: http://www.stzh.ch/kap08/stadtverkehr/index.htm, 2.3.99; nach Mikrozensus Verkehr 1994

Abbildung 8: Verkehrsleistung (Anzahl Pers. km) in Zürich nach Verkehrsart und Wohnort (in%)

Deutlich zeigt sich, dass in Zürich dem ÖV grosse Bedeutung zukommt. Leute aus Zürich und der Umgebung brauchen in der Stadt mehrheitlich Tram, Bus oder Bahn. Je grösser die Distanz zur Stadt Zürich ist, desto mehr wird das Auto benutzt. Im Gegensatz dazu, legen die Zürcher in ihrer Stadt verhältnismässig viele Wege zu Fuss oder mit den Velo zurück. Noch besser für den Umweltverbund sieht diese Bilanz aus, wenn der Modalsplit nach Anzahl Wegen betrachtet wird. Angaben dazu sind in Kapitel 2.2.1.3 zu finden.

2.1.2 1945 bis 1975: Das Auto erobert die Stadt?

2.1.2.1 „Die grosse Hoffnung auf eine Verkehrssanierung"

Nach dem Krieg nahm auch in Zürich der Personenwagenbestand massiv - viel stärker als von den Planern erwartet - zu. Bald waren Stimmen zu hören, die Abhilfe verlangten. Bereits in den Fünfzigerjahren lamentierte man vielfach über das Verkehrschaos. Selbst die grundlegendsten Regeln zum Verhalten im Strassenverkehr schienen zu fehlen. Ein erster Schritt zur „Verkehrsverflüssigung" war die Einführung polizeilicher Massnahmen (Einbahnstrassen, Abbiegeverbote, erste Lichtsignalanlagen). Breite Kreise forderten neue Strassen. Die Behörden beseitigten im Bereich des Hauptbahnhofs verschiedene Engstellen rasch und mit verhältnismässig grossem Aufwand, mit dem Ergebnis, dass sich der Automobilverkehr am nächsten Hindernis staute.

Mit Hilfe eines Generalverkehrsplanes versuchten die Behörden, die Entwicklung in geordnete Bahnen zu lenken und den Verkehr dabei auf rein technisch-wirtschaftliche Weise zu optimieren. Man rechnete mit einer Vervierfachung des Autobestandes und einer Zunahme der Bevölkerung im Raum Zürich auf gut eine halbe Million Einwohner. Zwei in Auftrag gegebene Gutachten erschienen 1953 und 1954: *„Sie unterschieden sich in ihren Empfehlungen zwar beträchtlich, soweit es um die Ausgestaltung konkreter Projekte ging, doch sie bauten auf den gleichen Grundvorstellungen auf. Sowohl **Kremer/Leibbrand**, wie auch **Pirath/Feuchtinger** schlugen vor, das Tramnetz im Bereich der Innenstadt unter den Boden zu verlegen und das Strassennetz mit neuen grossen Hauptachsen auszustatten"* (BLANC 1993:52). Inhalt und Stossrichtung der beiden Generalverkehrspläne zeigt KAMMANN (1990:71-77) auf. Die Planer betrachteten die Stadt als Wirtschaftszentrum - mit der City, dem Stadtkern, im Mittelpunkt. Er bringt die Vorstellungen des an der Generalverkehrsplanung beteiligten Verkehrsplaners und ETH-Professors Kurt Leibbrand auf folgenden Punkt: *„Mittelpunkt der wirtschaftlichen Tätigkeit ist der Stadtkern, gewohnt wird draussen in den Aussenquartieren oder in den Vororten, von wo jeden Tag in die City gependelt wird. Gelöst werden muss in den meisten Städten noch das Verkehrs- oder auch Pendlerproblem, sonst verkommt das Zentrum zum Museum oder Slum."* (KAMMANN 1990:70) Entsprechend sollte der Verkehr möglichst nahe an das Zentrum herankommen. Kern der beiden Gutachten sind zwei Forderungen. Die unterirdische Führung der Strassenbahn sollte im Bereich der Innenstadt die Kapazität für der MIV auf den oberirdischen Strassenachsen erhöhen. Dazu sollten neue Hauptachsen für den MIV geschaffen werden, so u. a. ein Cityring mit dazugehörigen Parkhäusern zur Erschliessung der Innenstadt. Die beiden Gutachten lösten eine breite politische Diskussion aus. Über die Grundideen „Tramtieferlegung" und „neue Hauptachsen/Cityring" war man sich in einer breiten Öffentlichkeit weitgehend einig. Umstritten waren Details und politische Verfahrensfragen. Für den weiteren Ablauf der Entwicklungen entscheidend war nach BLANC (1993:55) die Tatsache, dass für die Frage des lokalen öffentlichen Verkehrs weiterhin die Stadt zuständig blieb. Jedes Vorhaben erforderte eine demokratische Legitimation, während bei den neuen Hauptachsen sich übergeordnete politische Instanzen äusserten, die ihre klaren Vorstellungen rasch umsetzen wollten.

Auf Bundesebene setzte kurz nach dem Zweiten Weltkrieg die Nationalstrassenplanung ein. Relativ rasch und ohne grosse Widerstände arbeiteten die Behörden ein nationales Netz aus (siehe dazu KAMMANN 1990, ACKERMANN 1992). Es sollte die höherenzentralen Orte der Schweiz untereinander verbinden. In den grossen Städten war vorgesehen, die Verbindungen zu den Überlandautobahnen mittels „Expressstrassen" herzustellen. Diese Expressstrassen hatten als Vorbild die amerikanischen Stadtautobahnen. Die Planer wollten den Verkehr möglichst nahe ans Stadtzentrum heranführen, wie dies auch in den Entwürfen zu den städtischen Generalverkehrsplänen vorgesehen war: *„Es wurde argumentiert, der grösste Teil des zukünftigen Autobahnverkehrs habe Ursprung oder Ziel in der Stadt selbst und nur ein kleiner Teil würde ohne anzuhalten durch sie hindurchfahren."* (BLANC 1993:56) In Zürich ging es darum, drei Nationalstrassen mittels Expressstrassen zu verbinden. Auf Grund von Berechnungen ging man davon aus, dass der Durchgangsverkehr nur einen geringen Anteil des Gesamtverkehrsaufkommens ausmachte. Die Planer zogen eine Umfahrung erst für einen späteren Zeitpunkt in Betracht. Sie wollten die Autobahnäste aus Westen, Süden und Osten in einem Karussell (s. BLANC 1993:54; KAMMANN 1990:75,76) im Zentrum der Stadt - beim Zusammenfluss von Limmat und Sihl - verbinden. Dazu schien nur eine einzige Lösung in Frage zu kommen, die in einem Bericht der „Arbeitsgruppe Zürich" 1956 vorgelegt und unter dem Kürzel „Y" bekannt wurde (KAMMANN

1990:155-158). Bis 1960 erwuchs diesen Plänen keine bedeutsame Opposition, und über eine allfällige Mitsprachemöglichkeit bei der Nationalstrassenplanung kam erst nach 1960 eine Diskussion auf, als die Entscheide bereits gefallen waren (s. dazu ACKERMANN 1992:255-257;299-304).

Bei den städtischen Planungen zeigte sich kein deutlicher Fortschritt. Nach der ausführlichen Diskussion der beiden Generalverkehrsgutachten verzögerte sich die Ausarbeitung von konkreten Planungen. An Stelle einer Langzeitstrategie, die Zweck der Generalverkehrsplanung darstellte, wollte man rasche Resultate sehen. KAMMANN (1990:77) begründet dies auch mit der Tatsache, dass zwei Generalverkehrspläne vorhanden waren: *„Es verleitet dazu, aus jedem Vorschlag das herauszupicken, was einem am besten passt"*. Der Ruf nach Sofortmassnahmen war unüberhörbar, besonderes Engagement zeigten die Autoverbände ACS und TCS. Sie griffen v. a. den Stadtrat (städtische Exekutive) an, an dessen gutem Willen zu raschem Handeln sie zweifelten. 1960 nahmen die Ideen zur Tieferlegung des Trams konkrete Formen an. Bald entstand aber Widerstand von zwei Seiten. Eine Forderung lautete, das Tram ganz abzuschaffen und durch eine U-Bahn zu ersetzen. Es gab jedoch Gruppen, die sich gegen die Vorstellung wehrten, die Passagiere unter den Boden in Maulwurfstunnel zu verbannen. Kritik fand auch die geplante Bauweise - die Tramtunnel sollten im Tagbau entstehen. Die betroffenen Ladenbesitzer befürchteten eine Verunstaltung der Innenstadt und damit verbundene Umsatzeinbussen. Das Volk verwarf das Projekt „Tiefbahn" am 1. April 1962 überraschenderweise - alle Parteien standen dahinter - relativ deutlich (58'393 Nein- gegen 34'307 Ja-Stimmen). BLANC (1993:63) schreibt dazu: *„Die ganze Planungsarbeit von 10 Jahren lag unter den Trümmern dieses Abstimmungsresultates begraben - soweit sie nicht in der Nationalstrassenplanung aufgegangen war."*

Die Fussgänger und die Velofahrer - deren Rolle im Verkehrsgeschehen recht dominant war - fanden in den Planungen der Fünfzigerjahre kaum Beachtung (s. dazu WABER 1992:67-70). BLANC (1993:86, 87) beschreibt die veränderte Rolle des Fussgängers in der Stadt Zürich eingehend:

„Die individuellen Opfer, welche die Motorisierung forderte, sind zweifellos stark empfunden worden, doch waren sie kaum ein öffentliches Thema, weil die Betroffenen weder in der Politik noch in den Massenmedien repräsentiert waren. Jene, denen die Option eines früheren oder späteren Autokaufs nicht offen stand, sind von der Umverteilung des öffentlichen Raumes besonders betroffen worden, sie hatten aber zugleich am wenigsten Möglichkeiten, sich dagegen zu wehren. Als Fussgänger oder Velofahrer mussten sie sich an die omnipräsente Lebensgefahr gewöhnen und sich entsprechend verhalten. ... Eine eigene Interessenvertretung hatten Fussgängerinnen und Fussgänger kaum. Dies ist wohl darauf zurückzuführen, dass nur wenige sich primär als Fussgänger betrachteten und sich als solche für ihre Interessen einsetzen mochten. Bemerkenswert ist dennoch, wie widerspruchslos sich die überwiegende Zahl der Nichtmotorisierten den durch die Automobilisierung erwachsenden Anforderungen unterwarf. ... Ein Reservat für FussgängerInnen wurde bereits 1954 inmitten der Stadt geschaffen, als ein Teil der Altstadt für den Motorverkehr, und vor allem für den Durchgangsverkehr, gesperrt wurde."

Die Schaffung eines ersten, den Fussgängern vorbehaltenen Bereichs ist die Verwertung einer Restfläche. Keinesfalls ist davon auszugehen, dass die Behörden mit dieser Massnahme den Fussgängerverkehr in irgendeiner Form fördern wollten.

2.1.2.2 Die Grenzen der autogerechten Stadt

Planung und Bau der Expressstrassen standen nun voll im Zentrum der städtischen Verkehrsplanung in Zürich. 1960 meldeten sich trotz bereits abgeschlossener Planung Kritiker zum Thema der Expressstrassen. Die „Zürcher Arbeitsgruppe für Städtebau" (ZAS) - eine Gruppe junger Architekten - meldete ihre Bedenken an, v. a. was die Strassenführung im Bereich des Sihlraums angeht. Sie monierten, dass viel zu viel Verkehr in die Stadt ein- und hindurchfahren würde. Sie verwendeten dabei sowohl städtebauliche als auch wirtschaftliche Argumente, um die vorgesehene Hochstrasse zu kritisieren, sie schlugen eine alternative Erschliessung des Zentrums vor (KAMMANN 1990:161,162; BLANC 1993:92). Die Bedenken der ZAS veranlassten den SR beim Bund zu intervenieren. Schliesslich stellte der Bundesrat das ganze Expressstrassensystem für Zürich zurück; der SR erteilte den Auftrag für eine Vergleichsstudie. Diese kam 1962 zum Schluss, dass beide Varianten machbar seien. Schliesslich zogen die Behörden aber doch die ursprünglichen Planungsideen vor, was zu einiger Kritik Anlass gab. Auch auf nationaler Ebene, in anderen Städten, fand die Expressstrassenidee zunehmend Kritik v. a. bei Architekten, nicht aber bei Verkehrsplanern. Sie schlugen alternative Konzepte vor (KAMMANN 1990:169-173). In Bern und Lausanne konnten sie Expressstrassen durch die Stadtmitte verhindern, in Luzern und St. Gallen dagegen nicht. In Zürich planten die Behörden im Laufe der Sechzigerjahre weiter und wogen Varianten ab. Dem Bund kamen diese Verzögerungen nicht ungelegen, da die Finanzierung des Nationalstrassenbaus in einer Krise steckte, was zu einer zeitlichen Zurückversetzung der unsicheren Teilstücke führte. Damit verringerte sich der Planungsdruck für die Stadt Zürich. Der „Arbeitsausschuss Sihlraum" plante weiter, hatte aber nur einen beschränkten Spielraum zur Verfügung, so durften keine Mehrkosten entstehen. Bis 1968 arbeiteten die Behörden vier Varianten aus, schliesslich setzte sich die Überzeugung durch, dass im Bereich des Stadtzentrums keine Hochstrasse entstehen dürfe. Fortan sprach man nur noch von der Sihltiefstrasse (BLANC 1993:99).

Im Bereich der übrigen Verkehrsplanung versuchte die Stadt, den Scherbenhaufen der Tiefbahnabstimmung zusammenzuwischen. U. a. wollte sie die mit Planungs- und Verkehrsfragen betrauten Teile der Stadtverwaltung reorganisieren. So wurde innert kürzester Zeit das Stadtplanungsamt gegründet - vorher gab es nur ein Bebauungs- und Quartierplanbüro -, das die langfristig ausgerichteten Planungen des Tiefbauamtes zugeteilt erhielt. Die genaue Aufgabenteilung beschreibt KAMMERER (1986:55): *„In der Folge werden in Zürich das Stadtplanungsamt und die beratende Stadtentwicklungskommission geschaffen. Um der Stadtplanung nicht zu viel Einflussmöglichkeiten zu überlassen, wird sie dreigeteilt: das Stadtplanungsamt wird dem Tiefbauamt angegliedert und ist für Strassen- und Baulinienplanung zuständig; Zonenplan und Bauordnung bleiben im Aufgabenbereich des Hochbauamtes; die Stadtplanungskommission wird der Präsidialabteilung zugeteilt."* Der Wille war offensichtlich da, die Verkehrsplanung wiederum der Stadtplanung unterzuordnen und nicht umgekehrt. Für den neuen Posten des „Delegierten des Zürcher SR für Stadtplanung" engagierten die Behörden den Architekten Hans Marti, der sich bereits in den Fünfzigerjahren kritisch zur Expressstrassenidee geäussert hatte (KAMMANN 1990:65,66). Er machte klar, dass Zürich nicht umgehend zur autogerechten Stadt umgebaut und die Verkehrssituation nicht sofort verbessert werden könne. Die NZZ 1964 sprach in Zusammenhang mit dieser Aussage von einer heilsamen Desillusionierung (BLANC 1993:103).

Die neue Planungsidee ging davon aus, langfristig flexibel bleiben zu können - ohne mit Grossprojekten ein Präjudiz zu schaffen. Kurzfristig wurde versucht, die Situation mit zahlreichen Einzelmassnahmen zu verbessern. Erwähnenswert ist beispielsweise die Aufwertung der Strassenbahn, als sich abzeichnete, dass die Stadt mit einer U-Bahn während längerer Zeit nicht rechnen könnte. Im Zentrum erhielt der öffentliche Verkehr Priorität, damit war 1966 die Schaffung einer Fussgängerzone im Bereich der Bahnhofstrasse und eine neue Verkehrsführung des MIV verbunden. An zahlreichen Stellen nahm die Stadt punktuelle Verbesserungen im Strassennetz vor, so den Bau des Ulmbergtunnels - des einzigen verwirklichten Teils des Cityrings, wie er in den Generalverkehrsplänen vorgesehen war (KAMMANN 1990:165) - oder den Umbau des Bahnhofplatzes. Hier nahmen die Stimmenden die im Projekt vorgesehene unterirdische Führung der Fussgänger 1964 mit einer Drei-Viertel-Mehrheit an (BLANC 1993:103,104). Kritische Stimmen waren erst kurz nach der Abstimmung zu vernehmen – ohne Ergebnis. Im gleichen Jahr konstituierten sich die „City-Vereinigungen", die sich 1967 unter dem Namen „City-Verein" (CV) endgültig etablierten und einen wichtigen Einfluss auf die städtische Planungs- und Verkehrspolitik nahm (GINSBURG 1986:12; BLANC, GANZ 1986:86-93).

Die Idee der *„Westtangente"* - der Verbindung zwischen der Autobahn von Chur (A3) und der von Bern (A1) durch die Stadt entstand aus der Tatsache, dass die Expressstrassen auf längere Sicht nicht zu verwirklichen waren. Der Verkehr sollte über provisorisch auszubauende Strassenzüge fahren, um so die Autobahnen miteinander zu verbinden (KAMMANN 1990:164). BLANC (1993:104) schreibt dazu: *„Aus dem ‚Provisorium' wurde das grösste Verkehrsprojekt, das Zürich bisher gesehen hatte. Der stadtquerende Strassenzug entstand als Flickwerk einerseits aus aufwendigen Neubauten von Brücken und Unterführungen andererseits."* Im Rahmen der längerfristigen Planungen liessen sich die Zürcher Verkehrsexperten zur Bewältigung der erwarteten Verkehrszunahme vom System der konzentrischen Ringe leiten. Die City sollte zwar erschlossen, jedoch von allzu viel Privatverkehr verschont bleiben. So war der Bau eines City-, eines Tangenten- und eines Autobahnrings vorgesehen.

Für unsere Fragestellung am interessantesten ist der Cityring, der ausschliesslich der Erschliessung der Innenstadt dienen sollte und einer Idee aus der Generalverkehrsplanung entspringt. Die Fahrer sollten ihre Autos in Grossparkhäusern am Cityring abstellen und die Geschäfte in der Innenstadt zu Fuss erreichen. Den Cityring betrachtete man als stadtverträglich, ja, man sprach sogar von einer Abkehr von der Idee der „autogerechten Stadt". Mit heutigen Augen betrachtet BLANC (1993:106) das Projekt: „..., *denn auch das Cityring-Projekt der ausgehenden Sechzigerjahre wies Dimensionen auf, wie sie heute nicht mehr vorstellbar sind. Der Cityring sollte als mehrspurige Hochleistungsstrasse um die Innenstadt führen, ...*".

Allgemein stiessen die Strassenplanungen auf wenig Widerstand und diejenigen Projekte, die zur Abstimmung kamen, erzielten in den Volksabstimmungen grosse Mehrheiten. Meistens standen nur kleine Etappen zur Diskussion, die einerseits den Blick auf die grossen Linien verschleierten und andererseits klare Sachzwänge schufen. Der Kampf um den Bau der N3 im Bereich Wollishofen und um die Westtangente in den Stadtkreisen 3 und 4 blieben wirkungslose Ausnahmen BLANC (1993:108 ff.).

Trotz zahlreich verwirklichter Projekten und neuer Planungen erkannten die Planer in den Sechzigerjahren die Grenzen ihrer Möglichkeiten. Herrschte zuvor noch uneingeschränkter Machbarkeitsglaube, sah man nun ein, nie die gesamte Verkehrsnachfrage befriedigen zu können. Ob Zürich die Idee der autogerechten Stadt bereits in den Sechzigerjahren wirklich fallen gelassen hatte, ist umstritten. Neu kam jedenfalls die Erkenntnis zum Tragen, dass der ÖV zu fördern und priorisieren sei, um das zusätzliche Verkehrswachstum bewältigen zu können. In diesem Rahmen steht das ab 1963 von Bund, Kanton und Stadt Zürich diskutierte Untergrund- und Schnellbahnsystem. Zur Legitimation von verkehrsplanerischen Projekten zogen die Planer neben den bisher prägenden verkehrstechnischen verstärkt auch *wirtschaftliche Argumente* heran: Wirtschaftswachstum und das Wachstum des Privatverkehrs betrachteten sie als eng miteinander verknüpft. Dabei differenzierten sie erstmals zwischen erwünschtem und unerwünschtem Verkehr. Im Bereich der Innenstadt sollte der Wirtschafts- und Besucherverkehr den begrenzten Verkehrsraum beanspruchen dürfen, während die Planer den privaten Berufsverkehr verlagern wollten. Die City sollte einerseits von aussen gut erreichbar sein - dazu war ein Cityring nötig - während man in der Schaffung „geeigneter, fahrverkehrsfreier Fussgängerbezirke" die Möglichkeit sah, eine Vermehrung und Konzentration hochzentraler Sevice-Einrichtungen einzuleiten (nach BLANC 1993:122). Umweltschützerische Argumente (Lärm, Luftverschmutzung) oder Anliegen des Fussgängerverkehrs waren im Rahmen der Verkehrsplanung kaum ein Thema (WABER 1992:67).

Ende der Sechzigerjahre war man nach langen Jahren der Planung bereit, die vorhanden Projekte endlich zu verwirklichen. Wachstumsprognosen bestimmten die politische Zukunftsplanung. 1965 bis 1969 arbeitete Zürich einen „Transportplan" aus (KAMMANN 1990:165; KAMMERER 1986:56). 1971 erschien schliesslich der „Transportplan weitere Region Zürich". Darin ging man von einer Verdoppelung der Verkehrsmenge bis 1990 und einer Verdreifachung bis ins Jahr 2040 aus. Grundlage dieser Annahmen war ein Wachstum der Bevölkerung des Kantons Zürich auf 2,1 Millionen Einwohner. Die Behörden erwarteten keinen Widerstand von Seiten der Bevölkerung gegen einzelne Projekte, den Ausbau der Verkehrsinfrastrukturen - Strassenbau, U- und S-Bahn - betrachteten sie als Notwendigkeit. BLANC (1993:134) schreibt dazu: „*Die Planer pflegten deshalb mit Vorliebe den Dialog mit den Vertretern der Wirtschaft, um sich über deren Bedürfnisse zu informieren. Diese einseitige Ausrichtung sollte nicht ohne Folgen bleiben.*"

2.1.2.3 Wendepunkt der Verkehrspolitik

Für BLANC (1993:137ff.) herrscht am Ende der Sechzigerjahre Ruhe vor dem Sturm. Die allermeisten städtischen Verkehrsprojekte passierten die Volksabstimmung ohne grosse Widerstände. Kritiker meldeten sich erst vereinzelt. Ende 1969 und 1970 setzte ein plötzlicher Stimmungsumschwung ein. Am Projekt für den Umbau eines Platzes beim Kunsthaus (Heimplatz) - einem Teil des vorgesehenen Cityrings - setzte harsche Kritik ein, v. a. an den Zielen der eigentlich konsensorientierten Planung. Bald erweiterte sich die Kritik auf den gesamten vorgesehenen Cityring. Als Alternativen standen der Bau einer U-Bahn oder die Autobahnumfahrung zur Diskussion. Das Projekt „Heimplatz" - über das nie abgestimmt und das schliesslich 1974 begraben wurde - stand plötzlich für einen immer stärker in

Verruf geratenen Cityring. Die Diskussion spitzte sich zu, als es Ende 1970 um ein unterirdisches Parking am Limmatquai ging (Hechtplatz-Garage - heute als privates Projekt Limmat-Parking bekannt) (KAMMERER 1986:57). Die Opposition bekämpfte das Parkhausprojekt hart und grundsätzlich, auch hier stand die Idee Cityring im Vordergrund. Die Gegner kritisierten die lufthygienischen Auswirkungen und die durch die Parkhauszufahrten bedingte Verdrängung der Fussgänger vom Limmatquai. Das Ergebnis der Abstimmung fiel sehr klar aus: 74 % der Abstimmenden verwarfen die Vorlage (BLANC 1993:140). Bereits zu diesem Zeitpunkt war der Cityring nach vorliegendem Konzept gestorben. BLANC (1993:141) schildert dies folgendermassen: *„Der Cityring war schon deshalb kaum durchzusetzen, weil er nicht als Gesamtpaket beschlossen werden konnte, sondern jedes Teilprojekt einzeln zur Abstimmung gebracht werden musste. Das Ende des Cityrings wurde nie offiziell besiegelt, man scheint das Projekt ganz einfach vergessen zu haben."* Interessant scheint in diesem Zusammenhang auch die Forderung nach einer teilweise autofreien Innenstadt, die die SP 1970 mittels einer Volksinitiative vorbrachte. Über diese Initiative, die u. a. den Bau von Anlieferstollen vorsah, fand bis heute keine Abstimmung statt.[10] Offensichtlich stand die Innenstadt zu diesem Zeitpunkt eher im Zentrum des Interesses, während die Verhältnisse in den Wohnquartieren noch kaum ein Thema waren. Dies änderte sich schon wenige Jahre später.

Mit der einsetzenden wirtschaftlichen Krise begann man sich Sorgen zu machen, wie es mit Zürich weitergehen sollte; dies nicht zuletzt auf Grund des festgestellten Bevölkerungsrückgangs. Der Hamburger Stadtökonom *Jürgensen* erhielt den Auftrag, eine Gesamtplanung für die Stadt Zürich auszuarbeiten (JÜRGENSEN 1972/3).

Die verkehrspolitische Diskussion drehte sich auch wieder um das „Y" der Stadtautobahnen (BLANC 1993:142-148). Ausgelöst durch eine Petition der „Arbeitsgruppe Umwelt", die sich aus Studenten und Assistenten der ETHZ bildete, entstand eine breite Opposition gegen das Projekt. Die Gegner reichten eine Standesinitiative ein, die die Kantonsbehörden mit allen juristischen Mitteln bekämpften und die deshalb erst 1974 zur Abstimmung kam. Die offizielle Seite wollte versuchen, das Y-Projekt mit Verbesserungen aufzulegen. Während der Kanton v. a. technische Verbesserungen (Bsp. Lärmschutz) vorsah, gingen die Ideen des Stadtplanungsamtes weiter, weil sie auch flankierende Massnahmen vorsahen. Die Planer wollten den Verkehr mit neuen Mitteln von den Wohngebieten fernhalten und auf die Expressstrassen verweisen und so den Verkehr umlagern. Die Gegner brachten ebenfalls ein alternatives Projekt, das sich „Lawinenverbauungen" nannte, ins Spiel. Sie wollten auf die Expressstrassen ganz verzichten. Der Verkehr sollte am Autobahnring abgefangen und mit Hilfe von „Umformerstationen" auf den ÖV umgelagert werden.

Die kritische Einstellung der städtischen Bevölkerung gegenüber Verkehrsprojekten kam 1972 erneut zum Ausdruck. Mit dem Anschluss der Hardbrücke im Bereich des Hardplatzes stand ein weiteres Teilstück der Westtangente zur Diskussion. Die Opposition in den betroffenen Quartieren war gross, schliesslich lehnte das Volk die Vorlage in der städtischen Volksabstimmung klar ab. Damit verschlechterte sich das Image der Westtangente deutlich (BLANC 1993:150,151).

Starke Abnahme der Bevölkerung und der Wandel der Sozialstruktur bereiteten den Behörden Sorgen und liessen negative Zukunftserwartungen aufkeimen. Plötzlich standen neue Ziele im Vordergrund. So hiess es in einer Standortbestimmung des SR: *„Förderung des Wohnwertes in der gesamten Stadt, das heisst Eindämmung der Ansprüche des Autos und Massnahmen gegen die Umwandlung von preiswertem Altwohnraum in Büroflächen."* (STADTRAT DER STADT ZÜRICH 1972:9, zitiert nach BLANC 1993:151) Neu war auch von der Stabilisierung der Entwicklung die Rede, was das allerdings genau heissen sollte, formulierte niemand eindeutig.

1973 wurde der Bau eines U- und S-Bahn-Netzes im Rahmen eines Pakets diskutiert - die Planung dazu war bereits seit 1971 im Gang (KAMMERER 1986:57). Vorgesehen waren der Bau zweier U-

---

[10] Wortlaut der Volksinitiative (SP) vom 27.5.70: *„Der Stadtrat wird beauftragt, (...) die notwendigen Strassenbauvorlagen zur Verwirklichung einer teilweise autofreien Innenstadt zu unterbreiten. Als Innenstadt (...) ist das Gebiet zwischen Limmat, Talacker und Löwenstrasse zu betrachten. Die Strassenbauvorlagen, die eine Umleitung des Verkehrs herbeiführen, müssen ausserdem die unterirdische Anlieferung für die grossen Handels- und Bankgeschäfte ermöglichen"* (BAUR 1995:11).

Bahn-Linien und der Ausbau des bestehenden Bahnnetzes zu einer S-Bahn. Die Gegner der Strassenbauprojekte stellten die Planung ursprünglich als Alternative dar, und sie genoss in der Bevölkerung - wie Umfragen zeigten - breite Zustimmung (BLANC 1993:152). Die städtischen Behörden zeigten sich jedoch skeptisch und fürchteten sich vor einer weiteren verkehrspolitischen Schlappe. Schliesslich wandten sich die SP und weitere linke Gruppierungen gegen das Vorhaben. In den Argumentationslinien stand nicht mehr die ÖV-Förderung im Vordergrund. U- und S-Bahn stellten einen Teil der unter Kritik stehenden wachstumsorientierten Stadtentwicklungspolitik dar. In innerstädtischen Gebieten - dort wo die Pläne vorsahen, Tramlinien aufzuheben - würde sich das ÖV-Angebot sogar verschlechtern. Das Wachstum würde weiter in die Vororte getragen, was den Bedarf an neuen Verkehrsinfrastrukturen zur Folge hätte. Die Bodenpreise würden steigen, weiterer Wohnraum zweckentfremdet, deshalb forderten die Kritiker die Abschöpfung der zu erwartenden Planungsgewinne entlang der neuen Linien. Dazu schreibt FRITZSCHE (1986a:77): *„Auf den einfachsten Nenner gebracht: Jedes neue Verkehrsmittel vertreibt die Bevölkerung im Zentrum, verteilt sie neu entlang seiner Achsen und wertet den Boden in seinem Einzugsbereich auf. Nutzniesser sind die Grundstücksbesitzer."* Die Behörden konnten die Argumente der Gegner nicht glaubhaft entkräften, was nach BLANC (1993:154) einen Vertrauensverlust zur Folge hatte. Das Resultat der Abstimmung am 20. Mai 1973 fiel deutlich aus, sowohl die städtische als auch die kantonale Stimmbevölkerung lehnten das Projekt ab (KAMMERER 1996:58).

Der SR war nach dieser Niederlage nun endgültig gezwungen, seine wachstumsorientierte Stadtentwicklungspolitik zu revidieren. Die Stadt verpflichtete den Stadtentwickler Jürgensen auf neue Ziele (JÜRGENSEN 1972/3). Sein Team hatte zwei Grössen definiert, die in den stadtplanerischen Auseinandersetzungen eine zentrale Rolle spielen sollten: Einwohnerzahl und Zahl der Arbeitsplätze. Man wollte das Arbeitsplatzwachstum weiter fördern und die Einwohnerzahl mit gezielten Massnahmen stabilisieren. Neu sollte Jürgensen Szenarien und Strategien entwickeln, die eine Wende herbeiführen könnten. Dazu waren verschiedene Massnahmenpakete vorgesehen. Das Paket „Verkehr" beinhaltete eine Abschirmung der Innenstadt vom Privatverkehr sowie einen Ausbau der öffentlichen Verkehrsmittel (BLANC 1993:155). 1976 legte man folgendes Ziel fest: „Bevölkerungszunahme bis mindestens 410'000 Einwohner zur Verbesserung der Bevölkerungsstruktur (Zuzug vor allem von jungen Familien mit Kindern) und zur Reduktion der Pendlerzahl; Stabilisierung der Arbeitsplatzzahl auf dem heutigen Niveau (ca. 300'000), unter Sicherung der Versorgung der Bevölkerung und eines gesamtwirtschaftlich ausgewogenen Arbeitsplatzangebotes in den verschiedenen Wirtschaftssektoren (KAMMERER 1986:58).

1974 stand die Abstimmung über die Standesinitiative zum Expressstrassen-Y auf der politischen Traktandenliste. BLANC (1993:156) beklagt das tiefe Niveau der Auseinandersetzungen - beiden Seiten führten eine eigentliche Propagandaschlacht. Die Bevölkerung zeigt sich wenig interessiert, bei einer Stimmbeteiligung von 38 % hatten sowohl die Standesinitiative als auch ein Gegenvorschlag der Kantonsregierung keine Chance. Die Stadtbevölkerung nahm allerdings die Initiative gegen das Y an und lehnte den Gegenvorschlag ab. Das Resultat bedeutete, dass die früheren, nicht verbesserten Expressstrassenpläne wieder im Vordergrund der Planung standen. Damit konnte eigentlich niemand so recht zufrieden sein. Kurz nach der Abstimmung wurde die Sihlhochstrasse eröffnet und vier Monate danach mit dem Bau des Milchbucktunnels - einem Teil des „Y" - begonnen, nicht zuletzt unter dem Druck der einsetzenden Rezession in der Bauwirtschaft. Der Bau des Milchbucktunnels stellt den einzigen bis heute realisierten Teil des „Y" dar.

2.1.3 Nach der Krise auf neuen Wegen?

2.1.3.1 Grundsätzliche Überlegungen zur Zürcher Stadtentwicklung

Nachdem die wirtschaftlich Krise infolge des Ölschocks voll eingesetzt hatte, war angelehnt an die allgemein schlechte Grundstimmung, auch in der Stadtplanung wenig Optimismus zu verspüren. Der Tenor lautete in den offiziellen Papieren: Beschränkung, nicht mehr Wachstum. In einem Kommentar zum Jürgensen-Bericht schreibt KAMMERER (1986:60): *„Auf die Phase der Wachstums-Euphorie folgt die Zeit der Besinnung. Das quantitative Wachstum Zürichs wird als abgeschlossen betrachtet.*

Die ‚Stabilisierung' der Stadt wird zum übergeordneten Entwicklungsziel erhoben. Förderung der Lebensqualität heisst das neue Programm." KAMMERER (1986:60) stellt aber weiter fest, dass sich diese Ideen der Beschränkung kaum durchsetzen konnten und dass die gesamte Stadtentwicklung, nicht zuletzt infolge des in den 80-er Jahren wieder einsetzenden Booms einen ganz anderen Verlauf nahm: *„Die veränderten Eigentumsverhältnisse und das Fehlen politischer Instrumente lassen der öffentlichen Planung kaum eine Chance. Mit der Weigerung der politischen Mehrheit, das erforderliche Stabilisierungsprogramm zu realisieren, erstarrt auch dieses Planungskonzept in einer illustrierten Broschüre."* Zu einem ähnlichen Schluss kommt SCHILLING (1986:51-53) und meint, dass sich die Jürgensen-Studie relativ fortschrittlich ausgenommen habe: *„Was da herauskam, damals, ist besser als sein Ruf, war erstaunlich, war offenbar so gut, dass es nicht mehr zu gebrauchen war."* Im Zentrum der Diskussion standen die Varianten „Trendumkehr" und „Trenddrosselung", Entlastung der Kernstadt und Dezentralisierung. Mit konkreten Massnahmenkatalogen wollten die Planer die Ziele erreichen. So forderten die Kritiker beispielsweise, im Zentrum den weiteren Ausbau von Parkhäusern und -flächen nach und nach einzustellen und die Verwaltung und Politik so zu organisieren, damit eine Koordination aller Massnahmen möglich war: *„Völlig treffend höhnte die NZZ letztes und dieses Jahr (1985 und 1986; AdA), dass die Stadtentwicklung im Eiltempo an den Jürgensen-Zielen vorbeigelaufen ist."* (SCHILLING 1986:53).

Grundsätzlich setzte sich ein Trend fort, wie er in vielen westeuropäischen Städten zu beobachten war, folgende Stichwörter vermögen eine grobe Skizze zu zeichnen: Abnehmende Einwohnerzahl in der Zentrumsgemeinde, Bevölkerungszunahme in den Agglomerationsgemeinden, steigende Arbeitsplatzzahl im Zentrum und zunehmend auch in den Aussengemeinden, Nutzungsentmischung, Cityerweiterung in den angrenzenden Wohnquartieren, Tertiärisierung und Verlust industrieller Arbeitsplätze. Der Staat kann die Entwicklung einzig durch den Zonenplan und die Bauordnung lenken.[11] Die in den Siebzigerjahren definierten Ziele sind nie erreicht worden; in der Stadt Zürich hat die Wohnbevölkerung weiter ab- und die Zahl der Arbeitsplätze zugenommen. Und so wuchs, wo die Kapazität frei war, der Strassenverkehr unvermindert weiter. Die 1992 nach 17-jährigem Ringen vom Stadtzürcher Stimmvolk angenommene Bau- und Zonenordnung weist in Richtung einer Stabilisierung. Dieses neue Regelwerk blieb allerdings durch eine grosse Zahl von Rekursen blockiert. Noch im gleichen Jahr ersetzte es der Zürcher Regierungsrat (Kantonsregierung) durch eine neue Ordnung (s. dazu HARTMANN 1995).

Der Gemeinderat (Stadtregierung) und die Bevölkerung lehnten die regionale Richtplanung im Verlaufe der Achtzigerjahre mehrmals ab, bevor der Regierungsrat schliesslich die letzte Version in seiner Kompetenz in Kraft setzte (KAMMERER 1986:56). 1990 beschloss der Gemeinderat den kommunalen Verkehrsplan. Mit Ausnahme des Radwegnetzes genehmigte ihn auch der Regierungsrat (Kantonsregierung) (VERKEHRSPLAN 1990a,b; VERKEHRSPOLITIK 1994:16). Dieser Richtplan stellte in der Folge ein zentrales, behördenverbindliches Koordinationsinstrument dar und basiert auf vier verkehrspolitischen Grundsätzen:

- Fördern und Erhalten eines leistungsfähigen und attraktiven ÖV;
- Unterstützten der umweltverträglichen Verkehrsarten Zu-Fuss-Gehen und Velofahren;
- Beruhigen der Wohngebiete und Kanalisieren des Motorfahrzeugverkehrs auf Hauptachsen;
- Reduktion des Verkehrsvolumens durch Beschränkung des Parkplatzangebotes.

Gesamthaft betrachtet ist der Einflusses der öffentlichen Planung als eher gering einzustufen, zudem manifestierte sich in der Öffentlichkeit eine Planungsfeindlichkeit, die beispielsweise 1975 im Abstimmungskampf um das neue Planungs- und Baugesetz zum Ausdruck kam (KAMMERER 1986: 60,61). Trotzdem sollen die offiziellen Planungsschwerpunkte im Zentrum der folgenden Betrachtungen stehen. Nur so ist es möglich, schliesslich zum Kern der Untersuchungen, zu den Planungen für eine Vergrösserung des Zürcher Fussgängerbereichs vorzustossen.

---

[11] Auf die generellen Stadtentwicklungstrends geht der folgende Text nur ein, wenn es sich als notwendig erweist. Wer sich eingehender mit dieser Fragestellung beschäftigen will, dem seien die Werke von DÜRRENBERGER ET AL. (1992), GINSBURG ET AL. (1986) und auch KOCH (1992) empfohlen.

2.1.3.2 Ausbauplanungen für das übergeordnete Strassennetz

Bei den Planungen für die Nationalstrassen in den Fünfziger und Sechzigerjahren war man davon ausgegangen, zuerst die innerstädtischen Verbindungen („Expressstrassen-Y") herzustellen und erst nachher eine Umfahrung zu bauen. Der Ablauf war gerade umgekehrt: Es war einfacher, die Umgehungsautobahnen zu realisieren, als im sensiblen Innenstadtgebiet die übergeordneten Verkehrsachsen miteinander zu verknüpfen. So wurde 1985 die Umfahrung Nord (A 20) eröffnet.

Die innerstädtische Verbindung ist bis heute mit Ausnahme eines Tunnels (Milchbuck) nicht vollendet. 1977 lehnte das Volk nach 1974 eine weitere Initiative ab, die einen Verzicht auf das „Y" forderte. Die nationalrätliche „Kommission zur Überprüfung von Nationalstrassenteilstrecken, NUP" lehnte hingegen anfänglich den Ausbau der Verbindung ab, ein Entscheid, den jedoch der Bundesrat korrigiert hat. Die Landesregierung bekräftigte 1984 diesen Entscheid, der 1986 auch vom National- und Ständerat guthiessen wurde (s. dazu BLANC 1993:193). Als „provisorischer" Ersatz zur Verbindung der Nationalstrassen auf Stadtgebiet baute die Stadt kontinuierlich die Westtangente aus (BLANC 1993:194).

Schwierigkeiten zeichneten sich dann ab, wenn die Behörden an einem Y-Teilprojekt zu arbeiten begannen. So formierte sich 1981 anlässlich eines Ideenwettbewerbes für den Bau einer Limmatbrücke (Milchbuck - Industriequartier) Widerstand. Eine Autobahnbrücke im Stadtraum erwies sich als nicht tragbar (BLANC 1993:193). Man verlegte sich darauf, nach unterirdischen Lösungen zu suchen, die jedoch alle als technisch schwierig und sehr kostspielig zu gelten haben (SCHWEINGRUBER 1986:36). Bis zum heutigen Zeitpunkt ist man in der Realisierung nicht weiter fortgeschritten. Trotzdem setzt die Stadt Zürich weiterhin auf die Verwirklichung dieser Nationalstrassenprojekte.

Mit dem Sihltiefstrassen-Projekt ist der Bau von unterirdischen Parkplätzen - 1'500 im Bereich Sihlquai, 4'000 im Kasernenparking - verbunden, deren Erschliessung nur von der Autobahn her erfolgen soll. SCHWEINGRUBER (1986:37,38) geht davon aus, dass der durch diese Parkplätze erzeugte Verkehr die neue Strasse bereits stark belasten würde und deshalb die Erschliessung über das übrige Strassennetz erfolgen müsste. Die Stadt Zürich hat in jüngster Zeit festgehalten, dass die öffentliche Hand keine neuen Parkplätze erstellen will: *„Sollten trotzdem auf private Initiative hin noch Projekte für neue Parkhäuser zur Diskussion gestellt werden, so darf dies nicht zu einem grösseren Gesamtangebot an Abstellplätzen führen; zumindest gleich viele öffentlich zugängliche, oberirdische Parkplätze wären aufzuheben."* (VERKEHRSPOLITIK 1994:32)

2.1.3.3 Verkehrsberuhigung auf Quartierstrassen

Bereits in den Siebzigerjahren realisierte die Stadt in verschiedenen Quartieren Wohnstrassen, die meist auf Initiative von Bürgergruppen zu Stande kamen und in Zürich auf der Idee der Wohnschutzzonen beruhten (BLANC 1993:195). Dabei kam es zu etwelchen Problemen bei der Realisierung, da die Projekte zu Verkehrsverlagerungen führten. Die Idee der Verkehrsberuhigung und der Reduktion des MIV begann sich durchzusetzen. 1982 nahm der neu von einer bürgerlichen Mehrheit dominierte Stadtrat die Verkehrsberuhigung in die Zielsetzungen seiner Politik auf - federführend war dabei der EVP-Stadtrat Rudolf Aeschbacher. Verbesserung der städtischen Lebensbedingungen durch eine Begrenzung der Verkehrsimmissionen waren nun ein Ziel seiner Verkehrspolitik (BLANC 1993:195). Im Bericht zur Verkehrspolitik der Stadt Zürich aus dem Jahr 1983 formulieren die Autoren als Zielsetzung: *„Kanalisierung des Motorfahrzeugverkehrs auf Hauptachsen, Verkehrsberuhigung in Wohnquartieren und damit Fernhalten des quartierfremden Verkehrs."* (VERKEHRSPOLITIK 1994:10) Bei der konkreten Umsetzung in den Quartieren kam es oft zu heftigen Auseinandersetzungen mit ansässigen Gewerblern. Dabei zeigte sich in einigen bürgerlichen Parteien eine Spaltung zwischen der Parteispitze und der Basis ab. KAMMERER (1986:59,60) berichtet, dass in einem Fall die übergeordneten Behörden entschieden, die Einrichtungen wieder abzubauen.

1985 bzw. 1987 traten als Folge der „Waldsterben-Debatte" auf Bundesebene die Luftreinhalte- und die Lärmschutzverordnung - gestützt auf das Umweltschutzgesetz von 1983 - in Kraft. Der Bund verpflichtete Kantone und Gemeinden Massnahmenpläne auszuarbeiten und aufzuzeigen, wie die Luftqualität der Fünfziger- und frühen Sechzigerjahre zu erreichen wäre. Beide Verordnungen legen einzuhaltende Grenzwerte fest und bilden so verpflichtende Grundlagen für eine Reduktion des Motorfahrzeugverkehrs. Der Zürcher Stadtrat veröffentlichte ein Jahr später mit dem BLAUBUCH (1987) ein Grundsatzpapier, in dem er klar zu erkennen gab, dass er eine neu ausgerichtete Verkehrspolitik anstrebt. Dieses Papier hat nach leichten Änderungen und Ergänzungen bis heute seine Gültigkeit (VERKEHRSPOLITIK 1994).

In der Bevölkerung machten sich aber auch Widerstände und eine zunehmende Polarisierung bemerkbar, wenn es darum ging, Geldmittel für harte Verkehrsberuhigungsmassnahmen (Sperren, Fahrverbote, Einbahnstrassen) zur Verfügung zu stellen oder den Privatverkehr einzuschränken. 1988 konnte die Vorlage „Rahmenkredit für Massnahmen zur Hebung der Lebensqualität und zur Senkung der Belastungen aus dem individuellen Motorfahrzeugverkehr, vorab durch die Förderung des Umsteigens auf den öffentlichen Verkehr" in der Höhe von 42 Millionen Franken - sie war als flankierende Massnahme zur S-Bahn gedacht - nur 43,5 % Ja-Stimmen auf sich vereinen (BLANC 1993:196). Dieses Abstimmungsresultat ist ein weiterer Wendepunkt in der Zürcher Verkehrspolitik. Seither haben die Planer keine harten Massnahmen mehr umgesetzt, stattdessen versuchen sie, mit weichen Massnahmen (Aufpflästerungen, Strassenverengungen, wechselseitig angeordnete Parkierung, Tempo 30) den quartierfremden Durchgangsverkehr von den Wohngebieten und Quartierstrassen fernzuhalten und den quartierbezogenen Verkehr langsamer und damit weniger belastend und gefährdend zirkulieren zu lassen (VERKEHRSPOLITIK 1994:24,25).

2.1.3.4 Parkraumpolitik

1983 halten die Behörden in einem Papier zur Verkehrspolitik der Stadt Zürich fest, die Zahl der Parkplätze für Pendler zu beschränken (VERKEHRSPOLITIK 1994:10). Ausführlicher geht ein Bericht 1984 auf die Zürcher Parkraumplanung ein (PARKRAUMPLANUNG 1984). Darin anerkennen die Behörden das Potenzial zur Lenkung des Verkehrsaufkommens, das in der Parkraumpolitik liegt und konkretisieren es anhand von Massnahmen. Die Stadt wollte den Berufsverkehr zurück binden und dagegen die Parkmöglichkeiten für Gewerbetreibende, Anwohner, Kunden und Besucher verbessern. Damit verbunden war eine Bewirtschaftung der öffentlichen Parkplätze. In der Innenstadt war vorgesehen, neue Parkhäuser zu bauen, so z. B. im Bereich der Expressstrassen, beim Hauptbahnhof (Parkdeck) und unter der Limmat (PARKRAUMPLANUNG 1984:18,19). Zum bestehenden öffentlichen und privaten Parkplatzangebot und zu möglichen Politikstrategien führte das Stadtplanungsamt in den letzen Jahren zahlreiche Untersuchungen durch. Einen Überblick dazu geben: SPAZ-INFO 5 1986, SPAZ-INFO 6 1987, SPAZ-INFO 11 1990, SPAZ-INFO 12 1990, SPAZ-INFO 13 1990 und PARKSUCHVERKEHR (1990). Auch das neueste verkehrspolitische Papier setzt bei Parkplatzplanung an (VERKEHRSPOLITIK 1994:25,26).

Als konkrete Massnahme regelte die Stadt 1986 die Erstellungspflicht für Parkplätze neu. Auf Grund geänderter Ansätze sind weniger Abstellplätze zu schaffen, zusätzlich gelten Reduktionsfaktoren, die die Erschliessung mit öffentlichen Verkehrsmitteln, die lufthygienischen Sanierungsbedürfnisse und die (fehlenden) Kapazitätsreserven des Strassennetzes berücksichtigen. In den folgenden Jahren verschärften die Behörden die Vorschriften verschiedentlich. Zusätzliche Anreize sollten mithelfen, die Zahl der privaten Parkplätze zu reduzieren. Bereits in den Siebzigerjahren reduzierte sich das Angebot an öffentlichen Parkplätzen um 10'000. Grundsätzlich gilt die Absicht, den Parkraum zu bewirtschaften (VERKEHRSPOLITIK 1994:30,31). Die Stimmbürger bewilligten ein Reglement, das massiv höhere Parkgebühren für die Zentrumsgebiete vorsieht. Seine Umsetzung war längere Zeit nicht möglich, da die Geschäftsvereinigungen und Automobilverbände (u. a. ACS, TCS) gegen den Entscheid beim Bundesgericht Beschwerde eingereicht hatten. Das oberste Schweizer Gericht hat in seinem Urteil den Entscheid der Zürcher Stimmberechtigten geschützt (Urteil 2 P. 438/95 vom 11.10.96). Im Bereich der Wohnquartiere gibt es bereits bzw. sollen noch blaue Zonen eingerichtet und mit Hilfe von Parkkarten die Anwohner privilegiert werden. Im kommunalen Verkehrsplan sind in der Innenstadt keine neuen öffentlichen Parkhäuser vorgesehen (VERKEHRSPOLITIK 1994:32).

2.1.3.5 Vorbildlicher Öffentlicher Verkehr

Das Zürcher ÖV-System ist zum internationalen Vorzeigeobjekt geworden. 1973, dem Jahr, in dem die Bevölkerung den Bau eines U- und S-Bahn-Systems ablehnte, reichte die SP eine Initiative zur

Förderung des ÖV mittels eines 200 Millionenkredits ein, die 1977 vor dem Volk Zustimmung fand. Die Förderung des ÖV erfreute sich folglich unverminderter Zustimmung; ab 1980 sind steigende Passagierzahlen zu verzeichnen. Die Stadt baute das Tram- und Busnetz weiter aus. Es entstanden zwei neue Tramlinien (Tram Schwamendingen), und schlecht erschlossene Gebiete erhielten kleine Quartierbuslinien (POOL 1990: VERKEHRSPOLITIK 1994:14). 1981 stiess das Grossprojekt S-Bahn beim Stimmvolk auf positive Resonanz; der Opposition von links schenkte kaum jemand Gehör - 1986 lehnte die Bevölkerung allerdings den Bau einer zusätzlichen S-Bahn-Station „Seilergraben" im Bereich von Universität und ETH ab (GINSBURG 1986:12; KAMMERER 1986:58,59). Im Verlaufe der Achtzigerjahre installierte die Stadt ein Verkehrsleitsystem, das Busse und Trams an Kreuzungen konsequent priorisiert, eine Massnahme, die nach BLANC (1993:196) wesentlich zur starken internationalen Beachtung der Stadtzürcher Verkehrspolitik beitrug. Die „Regenbogenkarte" und ein integraler Tarifverbund sind weitere innovative Massnahmen im Bereich des öffentlichen Verkehrs.

Die Zürcher S-Bahn nahm schliesslich im Mai 1990 ihren Betrieb auf. Insgesamt investierte die öffentliche Hand rund zwei Milliarden Schweizer Franken in das Projekt, sodass seither der Zürcher ÖV neue Qualitäten verzeichnen kann: *„Im Regionalverkehr, aber auch für innerstädtische Fahrten werden völlig neue Fahrbeziehungen angeboten, zum Teil wesentlich kürzere Reisezeiten, Taktfahrplan, Tarifverbund und höhere Kapazitäten."* (VERKEHRSPOLITIK 1994:14) Zusätzliche Massnahmen erhöhen die Attraktivität des neuen Verkehrssystems: grossräumiger Verkehrsverbund, Ortsbusse, Park-and-ride, verbesserte Zugänglichkeit von Stationen, zusätzliche Haltestellen, Verknüpfung der S-Bahn mit dem übrigen ÖV. So war beabsichtigt, mit der S-Bahn allen in Zürich Arbeitenden eine Alternative zum Auto zur Verfügung zu stellen. Gleichzeitig wurde aber darauf verzichtet, mittels flankierender, strassenseitiger Massnahmen Anreize zum Umsteigen zu bieten. Die Frequenzen auf allen Linien haben zwar - zum Teil - massiv zugenommen, resigniert stellten die Autoren jedoch fest: *„Ernüchterndes Resultat: Es gab auf den Stadtzürcher Strassen keine Verkehrsreduktion auf Grund der Inbetriebnahme der S-Bahn. ... Die S-Bahn befriedigt also primär jene Nachfrage, die sie durch bessere Erreichbarkeit der Stadt Zürich für einen grösser gewordenen Radius und Benützerkreis selbst erzeugt hat. An den prekären Verhältnissen auf Zürichs Strassen und in seinen Wohnquartieren hat sich aber nichts geändert."* (VERKEHRSPOLITIK 1994:15) Der grössere Radius bedeutet eine Zunahme der Pendlerdistanzen und damit verbunden eine Steigerung der Bodenpreise in den von der S-Bahn erschlossenen Gebieten. Die S-Bahn stellt heute ein gut funktionierendes, leistungsfähiges, auf die Grossregion Zürich bezogenes öffentliches Verkehrssystem dar, das aber das Hauptziel - eine Veränderung des Modalsplits zu Gunsten des ÖV und zu Lasten des MIV - verfehlt hat. Auch AESCHBACHER (1995:512-513) stellt fest, dass die S-Bahn ohne flankierende, strassenseitige Massnahmen nicht zur Verkehrsumlagerung beitragen könne; diese Tatsache sei bereits im Voraus bekannt gewesen: *„Deshalb genügt es einfach nicht, dass man den öffentlichen Verkehr ausbaut, Schienen dazu baut oder noch weitere Angebote macht. Man muss - und das ist wirklich die entscheidende Erkenntnis - gleichzeitig entsprechend bei der Strasse zurückbauen."*

1991 hat der Stadtrat einem „*Beschleunigungsprogramm 2000*" zugestimmt und darin ein Grundangebot für den ÖV definiert. Das Ziel ist es, eine aufenthaltsfreie Fahrt zwischen den Haltestellen mit der betrieblich höchstmöglichen Fahrgeschwindigkeit zu ermöglichen. Massnahmen dazu sind Trameigentrassees, Busspuren sowie elektronische Leitung und Steuerung (VERKEHRSPOLITIK 1994)

2.1.3.6 Fussgänger- und Veloverkehr im Stadtgebiet

Bewusste Wahrnehmung und Förderung von Fussgänger- und Veloverkehr ist erst seit den Siebzigerjahren aktuell. Während der Fussgänger zwar immer - allerdings auf bescheidenem Raum - vorkam, erwähnten die Planer 1975 in Zürich das Fahrrad in einem Verkehrskonzept erstmals seit dem Zweiten Weltkrieg (!) (WABER 1992:63;73). Letzteres mag doch erstaunen. Die Planung ignorierte die Velofahrer zur Zeit ihrer grössten Bedeutung für den Alltagsverkehr - in den Fünfzigerjahren - völlig.

1984 nahm das Stimmvolk mit grossem Mehr eine Veloinitiative an, die Geldmittel zur Förderung des Fahrrads frei machte. Der Stadtrat erhielt den Auftrag, mit dem Kredit von 25 Millionen Franken bis Ende 1992 ein zusammenhängendes Veloroutennetz zu errichten (VERKEHRSPOLITIK 1994:21, SPAZ 1985). Verschiedentlich haben die Behörden auch Kampagnen lanciert, die dem Veloverkehr zu mehr Popularität verhelfen und Verständnis schaffen sollten. 1990 hiess das Motto „Züri faahrt Velo"

(HOFER 1995), 1995 „LOVELO" (s. LOVELO 1995). Nach BLANC (1993:196) waren Massnahmen allerdings nur dort durchsetzbar, wo sie am wenigsten nützen. Dies bestätigte auch der Stadtrat in seinen Stellungnahmen. Er monierte, dass es beim Vollzug hapere: *„Der Hauptgrund liegt im engen städtischen Verkehrsraum, wo der Platz oder die bevorzugte Verkehrsregelung für den Fussgänger- und Veloverkehr nur noch zu Lasten des Autos gehen kann. Dagegen hat aber der Kanton in den letzten Jahren auf den betroffenen überkommunalen Strassen meistens sein Veto eingelegt."* (VERKEHRSPOLITIK 1994:22) Auch die Interessenvertreter der Velofahrer waren deshalb unzufrieden (BAUR 1995).[12]

Im Bereich des Fussgängerverkehrs ging es ausserhalb der Innenstadt lange Zeit v. a. darum, verkehrstechnisch saubere und sichere Lösungen zu gewährleisten, oft war der Fussgänger auch einfach nur Restgrösse. Die Bedeutung der Fussgänger erkannte die Planung - wie beim Fahrrad - erst ab den 70-er Jahren allmählich. Damals wurden erste zaghafte Förderungsmassnahmen ergriffen.[13] 1987 reichte ein Zürcher Gemeinderat einen verbindlichen parlamentarischen Vorstoss (Motion) ein, der einen Planungskredit in der Höhe von vier Millionen Franken für die Verbesserung des Fusswegnetzes forderte. Schliesslich änderte der Gemeinderat die Motion ab und bewilligte bloss 1,85 Millionen für eine auf fünf Jahren beschränkte Überprüfung aller Wege und Plätze. Daraus entstand die Aktion „Zu Fuss in Zürich", deren Aufgabe BRUNNER (1994:27) folgendermassen beschrieben hat: *„Unter Leitung des Stadtplanungsamtes und in Zusammenarbeit mit den zuständigen Dienstabteilungen und den 25 Quartiervereinen wurden auf dem ganzen Stadtgebiet die Mängel und Verbesserungs-Vorschläge zusammengetragen und geprüft."* Seit 1990 stand zudem der bewilligte Fusswegrichtplan nach FWG zur Verfügung (VERKEHRSPOLITIK 1994:16). Zwischen 1988 und 1992 sammelte das Stadtplanungsamt 1'357 Vorschläge, davon konnten 383 bereits realisiert werden, 501 standen 1993 noch an und 473 erwiesen sich als nicht realisierbar. Genaues Vorgehen und die Resultate der Aktion sind im Bericht ZU FUSS IN ZÜRICH (1993) dargelegt. Nüchtern hielten die Autoren dort fest: *„Von dem bis 1992 für Planung und Projektierung zur Verfügung gestellten Kredit von Fr. 1'850'000 sind rund 26 % unbenutzt geblieben, weil sich zurzeit bei zahlreichen Projekten mangels in Aussicht stehender Ausführungskredite eine Projektierung ‚auf Vorrat' nicht als sinnvoll erweist."* (ZU FUSS IN ZÜRICH 1993:10) Begleitend führte das Stadtplanungsamt einige Untersuchungen durch, die die Bedeutung des Fussgängers im Stadtzürcherischen Verkehr aufzeigen (SPAZ-INFO 14 1991, SPAZ-INFO 15 1992, SPAZ-INFO 16 1992).

Die offizielle Verkehrsplanung misst in Zukunft der Erweiterung und Verbesserung des Fuss- und Radwegnetzes einiges Gewicht bei: *„... sind trotz schöner Teilerfolge weitere Anstrengungen nötig, um das stadtverträgliche und zudem auch noch gesunde Zu-Fuss-Gehen und Velofahren sicherer und attraktiver zu machen bzw. das erreichte Niveau zu behalten. Dies ist eine Daueraufgabe, deren Lösung keineswegs im Spektakulären zu suchen ist, sondern in der geduldigen Summierung von kleinen und kleinsten Massnahmen in der Praxis."* (VERKEHRSPOLITIK 1994:28) Im Bereich der Fusswege sind also keine „grossen Würfe" zu erwarten. Der 1990 nicht bewilligte Teilrichtplan für die Radwege fand Ersatz in einer Lösung auf regionaler Ebene.

Massnahmen für den Fuss- und Veloverkehr machte die Zürcher Verkehrsplanung zu einem Thema. Sie erkannte die Bedeutung dieser umweltfreundlichen Verkehrsarten. Die Grenzen sind aber klar gesetzt, wie folgende Stellungnahme deutlich macht: *„Die Schwierigkeiten bei der Fertigstellung des Velowegnetzes zeigen auch, dass zwischen den Trägern der verschiedenen zu fördernden Prioritäten - öffentlicher Verkehr, Zu-Fuss-Gehen und Velofahren - flexiblere Lösungen als bisher anzustreben sind. Das gilt insbesondere für Hauptstrassen, wo der Kanton die Prioritäten setzt und für fördernde und sichernde Massnahmen zu Gunsten der stadtverträglichen Verkehrsarten in jedem Einzelfall gewonnen werden muss"* (VERKEHRSPOLITIK 1994:28).

---

[12] Zur Zürcher Velopolitik siehe auch SCHRANZ (1996).

[13] Kurz vor Publikation dieser Arbeit hat AMMANN (1999) einen umfassenden Abriss über die Planungen für den Fussgängerverkehr in Zürich veröffentlicht. Der Autorin stand auch das vorliegende Kapitel zu Zürich als Grundlage zur Verfügung.

Im folgenden Kapitel geht es nun darum, an Stelle einer sektoralen Betrachtung der einzelnen Verkehrsmittel, die Entwicklungen in der Zürcher Innenstadt und dort hauptsächlich den Fussgängerverkehr unter die Lupe zu nehmen.

2.1.3.7 Entwicklung der Fussgängerzonen in der Innenstadt

1980 stellte der VSS eine Übersicht über die schweizerischen Fussgängerbereiche zusammen (VSS 1980). In Zürich wurden die Bereiche „Bahnhofstrasse", „Altstadt rechts der Limmat", „Hechtplatz" sowie „Örlikon" dargestellt. Der nördlich gelegene Stadtteil Örlikon wurde aös ein Subzentrum der Innenstadt mit Bahnhof und vielfältigen Einkaufsmöglichkeiten betrachtet. Seit der Bilanzierung durch den VSS 1980 haben sich die Zürcher Fussgängerbereiche in Ausdehnung und Regime nicht verändert (PFANDER 1995:140).

Nachdem bereits ab den 50-er Jahren in verschiedenen Altstadtgassen ein Fahrverbot galt, nahmen die Behörden 1966 die fortlaufende Planung zur Einrichtung einer Fussgängerzone im Bereich der Bahnhofstrasse auf, ab 1969 schieden die Behörden einzelne Teile in Etappen aus. An der Planung waren sowohl die öffentliche Verwaltung als auch die Geschäftsleute, vertreten durch die Vereinigung Zürcher Bahnhofstrasse, beteiligt. Den grössten Teil der Finanzierung leistete die Stadt. Gründe dafür sind: *„Die Verdrängung des Fussgängers durch die allgemeine Verkehrsübersättigung, Konflikte zwischen öffentlichem und privatem Verkehr, Behinderung der Tramlinien untereinander im Bereich Bahnhofplatz sowie Parkierungs- und Anlieferungsprobleme waren ausschlaggebend für die Schaffung eines FG-Bereichs."* (VSS 1980:99) Eigentliche Fussgängerzone sind die Bahnhofstrasse und einige Seitenstrassen (Abbildung 9). Verkehrsstrassen unterbrechen die Hauptachse an mehreren Stellen. Gegen den Lindenhof hin schliesst eine Sperrzone an, die zur Belieferung morgens zugänglich ist (zur genauen Regelung s. PFANDER 1995:157 sowie SCHRANZ 1996). Die Zulieferung erfolgt rückwärtig, seitlich oder unterirdisch und funktioniert ohne grössere Schwierigkeiten. Verschiedene Tramlinien und der nahe Hauptbahnhof erschliessen das Gebiet mit dem ÖV. Als Ersatz für die etappenweise aufgehobenen Strassenparkplätze schuf die Stadt in unmittelbarer Nähe - in 150 bis 350 m Fusswegdistanz - neue Parkgaragen mit einem Angebot von 1'300 Parkplätzen, so u. a. auf dem Parkdeck über der Limmat. Mit Hilfe gestalterischer Massnahmen wertete man das Gebiet auf. Die Sperrung des Gebietes hatte keine erkennbaren Auswirkungen auf das umliegende Strassennetz zur Folge.

Vom Gebiet der Bahnhofstrasse getrennt durch die Limmat und den stark befahrenen Limmatquai liegen die Fussgänger- und Sperrzone des Nieder- und Oberdorfs. Die Sperrzone existiert bereits seit 1954, 1972 schied die Stadt kurzfristig, nach Kanalisationsarbeiten, verschiedene Bereiche als Fussgängerzone aus und gestaltete sie nach und nach um. Als Gründe für die Einführung gaben die Behörden an: *„Das alte System, allgemeines Fahrverbot mit erlaubtem Zubringerdienst, wurde infolge zunehmender Motorisierung, Parkplatzmangel, Mannschaftsmangel der Stadtpolizei etc. schwer kontrollierbar."* (VSS 1980:105) Die Kosten für die Einführung übernahm die Stadt. Durch die Massnahmen gingen keine Parkplätze verloren, für die Anwohner bestehen neu aber keine Dauerparkplätze mehr. Die Zulieferung erfolgt zeitlich geregelt, Haltestellen des ÖV befinden sich rund um das Gebiet herum (PFANDER 1995:157). Im Gegensatz zur Bahnhofstrasse, in der hauptsächlich Läden und Büros angesiedelt sind, ist die Nutzung hier vielfältiger: Einkaufen tagsüber, Vergnügung abends, Wohnen in den ruhigeren Bereichen.

Nachdem 1970 in einer Volksabstimmung das Limmatparking keine Zustimmung gefunden hatte, schieden die Behörden das Gebiet des Hechtplatzes 1974 in einem ersten Anlauf - bei ersatzloser Aufhebung von Parkplätzen - provisorisch als Fussgängerzone aus, sie brachen den Versuch jedoch nach wenigen Wochen wieder ab. Die definitive Umgestaltung erfolgte vier Jahre später unter Einbezug der betroffenen Bevölkerung und Geschäftsleute. Das Gebiet ist heute in den Fussgänger- und Sperrzonenkomplex rechts der Limmat eingebettet.

2.2 Die Erweiterung der Zürcher Fussgängerzone

2.2.1 Die Zürcher Innenstadt

2.2.1.1 Abgrenzung

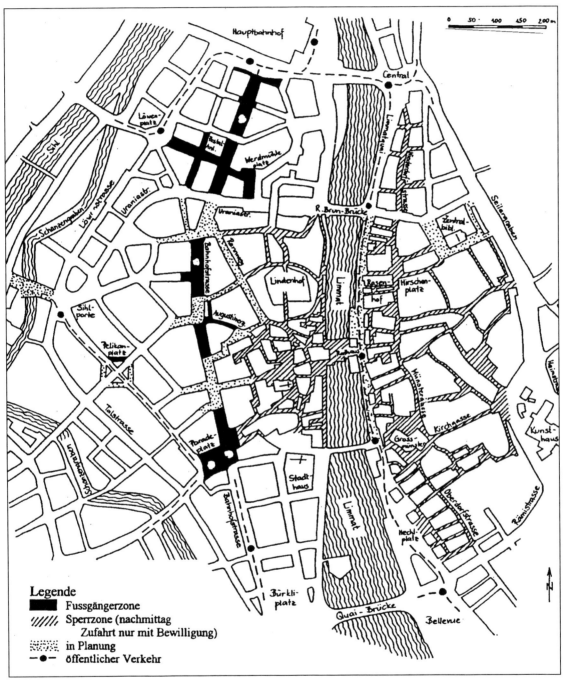

PFANDER 1995:141

Abbildung 9: Die Zürcher Innenstadt

Zur Innenstadt gehören die Quartiere Rathaus, Lindenhof und City, die zusammen den Zürcher Stadtkreis 1 bilden (Abbildung 9 sowie INNENSTADT DETAILHANDEL 1991:6; JUD 1992:3; VONESCH 1989:2). Diese Abgrenzung verwendeten sowohl die öffentliche Planung als auch zahlreiche Untersuchungen.

2.2.1.2 Bevölkerung und Wirtschaft

Wichtige Daten zu Bevölkerung und Wirtschaft in der Innenstadt Ende der Achtzigerjahre sind in Tabelle 8 zusammengestellt. Die Zahlen zeigen, dass die Innenstadt wichtiger Arbeitsplatzstandort v.a. im Dienstleistungsbereich ist, während der Anteil des Wohnens verglichen mit der gesamten Stadt gering ist.

Indikator	Innenstadt	Anteil an der Gesamtstadt
Bevölkerung (12.88)	5'000	1 %
Betriebe (1985)	3'600	14 %
Beschäftigte (1988)	51'600	15 %
Nutzflächen (1988, in m^2)		
• Lager	90'000	5 %
• Produktion	100'000	4 %
• Büro	880'000	12 %
• Verkauf	530'000	27 %
• Wohnen	360'000	2 %

SEEWER 2000 nach INNENSTADT STANDORTQUALITÄT 1991:20

Tabelle 8: Bevölkerung und Wirtschaft in der Zürcher Innenstadt Ende der Achtzigerjahre

2.2.1.3 Verkehrserschliessung

Knotenpunkt des öffentlichen Verkehrs ist der Zürcher Hauptbahnhof. Von hier aus bestehen zahlreiche nationale und internationale Verbindungen. Den Anschluss in die Agglomeration und in die weitere Region Zürich stellen elf S-Bahn-Linien sicher. Am Rand der Innenstadt liegen zudem die S-Bahn-Haltestellen Selnau und Stadelhofen. Der Hauptbahnhof ist neben „Central" und Bellevue-Platz Kreuzungspunkt der lokalen VBZ-Tram- und -Buslinien, die zahlreiche weitere Haltestellen im Innenstadtbereich bedienen (Abbildung 9).

Die Innenstadt ist für den motorisierten Individualverkehr gut erschlossen. Zwar ist der Anschluss der City an das Nationalstrassennetz bis heute nicht befriedigend gelöst. Es bestehen aber aus allen Richtungen gut ausgebaute Zufahrten in die Innenstadt. Faktisch existiert ein Innenstadtring und zusätzlich eine Nord-Süd- sowie eine West-Ostverbindung durch die Innenstadt hindurch. Nach Auseinandersetzungen zwischen Stadt und Kanton ist das Netz der Durchgangsstrassen, die für den allgemeinen Fahrzeugverkehr offen zu halten sind, gerade auch im Bereich der Innenstadt wesentlich enger geknüpft worden, als dies von der Stadt gewünscht worden ist (NZZ 27.5.94).

Das Parkplatzangebot ist in Tabelle 9 dargestellt. Erhebungen des Stadtplanungsamt haben gezeigt, dass es relativ einfach ist, einen freien Parkplatz zu finden, 1987 waren bei einer Erhebung durchschnittlich 13 % der Parkplätze frei, weshalb die Suchzeit für die meisten Automobilisten gering ausfiel (SPAZ INFO 6 1987:2). Bei den Parkhäusern erwies sich die Situation als besonders günstig: *„Sehr aussagekräftig sind die Resultate der Umfrage von 1989, wonach in den Parkhäusern ... über zwei Drittel aller Besucher bei höchstens 5 Minuten Wartezeit einen freien Parkplatz gefunden haben."* (INNENSTADT STANDORTQUALITÄT 1991:7) Im Parkhaus an der Gessnerallee waren sogar zu jeder Zeit freie Parkplätze verfügbar. Eine neuere Untersuchung zeigt keine wesentliche Veränderung, eine deutliche Mehrheit der Automobilisten fand einen freien Parkplatz in der Nähe ihres Ziels (PARKIEREN 1990). Die Beurteilung des Parkraumangebots durch die Innenstadtbesucher fiel differenziert aus. Nur 6 % aller Befragten nannten spontan die fehlenden Parkmöglichkeiten als grössten Nachteil der Zürcher Innenstadt (WEHRLI-SCHINDLER 1996:8). Die Frage, ob in der Innenstadt genügend Parkplätze vorhanden sind, scheint allerdings umstritten zu sein. In der gleichen Untersuchung äusserten 42 % der Befragten die Meinung, es seien zu wenig Parkplätze vorhanden, 26 % finden das Angebot gerade richtig und 16 % äusserten, es seien zu viele Parkplätze vorhanden (17 % gaben keine Antwort; WEHRLI-SCHINDLER 1996:27,28). Gerade die Geschäftsleute messen dem Parkraumangebot grossen Stellenwert bei (FORUM DES DETAILHANDELS 1995a-d, PORTMANN 1995, LUTZ 1996:36,37). Die Parkplätze in der Zürcher Innenstadt sind allesamt bewirtschaftet. In den letzten Jahren prägte ein

Streit um die Höhe der Parkgebühren für die öffentlichen Strassenparkplätze die verkehrspolitische Diskussion. So war Mitte der Neunzigerjahre geplant, dass ein Parkplatz in Zürichs Stadtzentrum demnächst Fr. -.50 für eine halbe Stunde, Fr. 2.- für eine Stunde und Fr. 5.- für zwei Stunden kosten sollte.[14] Die Tarife in den zentralen Parkhäusern sind z. T. wesentlich höher.

Parkhäuser	Anzahl verfügbare Kundenparkplätze
Gessnerallee	347
Urania	450
Hohe Promenade	410
Escher-Wiese	354
Bleicherweg	266
Globus[15]	154
Jelmoli	229
Total Parkhäuser	2'210
Strassenparkplätze	
120 Min. Parkdauer	447
60 Min. Parkdauer	594
30 Min. Parkdauer	103
Total Strassenparkplätze	1'144
Total Kundenparkplätze Innenstadt	3'354

SEEWER 2000 nach INNENSTADT STANDORTQUALITÄT 1991:19

Tabelle 9: Verfügbare öffentliche Parkplätze im Innenstadtbereich 1991

Für den Fahrradverkehr bestehen markierte Routen. Die Diskussion um die Zulassung bzw. Ausschliessung des Fahrradverkehrs im Bereich der Fussgängerzonen stand während längerer Zeit im Vordergrund (SCHRANZ 1996). Stark für die Interessen der Velofahrer setzt sich die IG Velo ein (BAUR 1995).

Der Fussgängerverkehr stand nie im Zentrum der Zürcher Verkehrsplanung und -politik. Eine gesamthafte Untersuchung zu dieser Verkehrsart liegt ebenfalls nicht vor. Im Rahmen der Aktion „Zu Fuss in Zürich" versuchte das Stadtplanungsamt zu Beginn der Neunzigerjahre, heikle Punkte im Zürcher Fusswegnetz systematisch zu verbessern.

Die Verkehrsmittelwahl auf dem Weg zur Zürcher Innenstadt wurde in den Neunzigerjahren im Rahmen von drei Untersuchungen untersucht. Im Auftrag der City Vereinigung Zürich ermittelte zu Beginn der Neunzigerjahre ein Planungsbüro das Verkehrs- und Einkaufsverhalten der Zürcher Innenstadtbesucher (JUD 1992). Im Jahr danach erhob Socialdata im Auftrag des Bauamtes I Grundlagendaten zur Mobilität in der Stadt (MOBILITÄT 1,2,3 1993/4). Neue Zahlen liefert eine Passantenbefragung, die im Rahmen des „Leitbildes Zürcher Innenstadt" entstanden ist (WEHRLI-SCHINDLER 1996). Die Erhebungen stimmen relativ gut überein. Mit dem öffentlichen Verkehr werden zwei Drittel bis drei Viertel aller Wege in die Innenstadt bewältigt, während der Anteil des MIV 10 bis 20 % ausmacht. Unter der Woche ist sein Anteil geringer als am Samstag. Ähnlich viele Wege legen Fussgänger und Velofahrer zurück. Die Differenzen zwischen den Untersuchungen sind eher auf die Erhebungstechnik zurückzuführen, als auf wirkliche Veränderungen in den letzten fünf Jahren (Tabelle 10).[16]

---

[14] Nach dem rechtskräftigen Bundesgerichtsentscheid vom Oktober 1996 und bei Abschluss der Redaktionsarbeiten war der Termin für die Einführung der erhöhten Parkgebühren nicht klar.

[15] Globus und Jelmoli sind grosse Schweizer Warenhäuser

[16] Socialdata (MOBILITÄT 1992, 1993) hat in einer schriftlichen Haushaltsbefragung eine repräsentative Stichprobe der Stadtzürcher Bevölkerung ab 6 Jahren erhoben, während JUD (1992) in einer Strassenbefragung einen Querschnitt der erwachsenen Innenstadtbesucher erfasst hat. Die Resultate von WEHRLI-SCHINDLER (1996) basieren auf einer kombinierten Befragung (Strasse, Telefon). Die Daten von Socialdata erlauben keine Aussagen für die Besucher von ausserhalb der Stadt Zürich und diejenigen von JUD keine Angaben zu Kindern. Beim Veloverkehr, dessen Anteil bei JUD sehr klein ist, spielt das Wetter eine wichtige Rolle. Bei Strassenbefragungen

Verkehrsmittel	Jud 1991 (November)	Socialdata 1992 (Okt./Nov.)	Wehrli-Schindler 1996 (Juni)
Öffentlicher Verkehr	75 % Dienstag 74 % Donnerstag 66 % Samstag	67 % alle Wege 74 % Einkauf	63 % (72 % Di, 66 % Do, 55 % Sa)
nur S-Bahn	16 % Dienstag 15 % Donnerstag 15 % Samstag	-	-
nur VBZ	34 % Dienstag 36 % Donnerstag 33 % Samstag	-	-
nur anderer ÖV	16 % Dienstag 13 % Donnerstag 11 % Samstag	-	-
Kombination ÖV	9 % Dienstag 10 % Donnerstag 7 % Samstag	-	-
Kombination ÖV/PW	2 % Dienstag 3 % Donnerstag 4 % Samstag	-	-
Motorisierter Individualverkehr	11 % Dienstag 12 % Donnerstag 19 % Samstag	11 % alle Wege 6 % Einkauf	19 % (13 % Di, 14 % Do, 26 % Sa)
PW als Fahrer	-	8 % alle Wege 4 % Einkauf	-
PW als Mitfahrer	-	3 % alle Wege 1 % Einkauf	-
Motorisiertes Zweirad	-	0 % alle Wege 1 % Einkauf	2 % (Motorrad und Mofa)
Velo	3 % Dienstag 2 % Donnerstag 3 % Samstag	7 % alle Wege 6 % Einkauf	4 %
Zu Fuss	6 % Dienstag 7 % Donnerstag 5 % Samstag	15 % alle Wege 14 % Einkauf	12 %
übriges	3 % Dienstag 2 % Donnerstag 3 % Samstag	-	-

SEEWER 2000 nach JUD 1992:10, MOBILITÄT 2 1993:13, WEHRLI-SCHINDLER 1996:14

Tabelle 10: Verkehrsmittelwahl auf dem Weg zur Zürcher Innenstadt

Fast 60 % der ÖV-Benutzer bewerten das ÖV-Angebot als gut, für 40 % ist der ÖV die einzige Möglichkeit in die Innenstadt zu kommen, 21 % benutzen den ÖV auf Grund des Parkplatzmangels in der Innenstadt und 20 % aus Umweltschutzgründen. Bei den Einkäufern mit Personenwagen gaben 40 % die Unabhängigkeit als Grund für ihre Verkehrsmittelwahl an. 30 % der Innenstadtbesucher bewerten den ÖV als schlecht, je etwa 10 % begründen die PW-Nutzung mit schwerem und grossem Einkaufsgut sowie mit der geschäftlichen Nutzung ihres Fahrzeugs. Weiterführende Zahlen zum Einkaufsverkehr, aber auch zum Verhalten, im ganzen Kanton und in der Stadt Zürich sind einer Studie des Stadtplanungsamts (GÜTERVERKEHR 1,2 1992) zu entnehmen. Neuere Erkenntnisse zeigt auch WEHRLI-SCHINDLER (1996).

werden die Velofahrer oft nicht erfasst, weil sie genau bis zum Ziel fahren und deshalb an den Querschnitten nicht befragt werden.

Der Veloanteil im Verkehr zur Innenstadt ist v. a. auf Grund der Stadtgrösse verhältnismässig bescheiden. Für den Veloverkehr sind einige Zählungen im Bereich der Innenstadt durchgeführt worden (SPAZ INFO 3 1985, 7 1987).

Systematische Angaben zum Fussgängeraufkommen fehlen ebenfalls, sodass die einzigen Abschätzungen zur Dichte der Passantenströme auf wenigen punktuellen Zählungen im März 1991 beruhen (INNENSTADT STANDORTQUALITÄT 1991:6;18). Grundsätzlich nehmen mit zunehmender Nutzungsdichte die Passantenströme zu (SEEWER 1992b:16). Grösste Quellen und wichtigste Ziele der Fussgänger stellen der Hauptbahnhof und die weiteren ÖV-Haltestellen dar. Stark frequentiert sind links der Limmat die Bahnhofstrasse - mit abnehmender Tendenz Richtung See - und rechts der Limmat die Achse Niederdorfstrasse-Münstergasse. Verbindende Funktion haben die verschiedenen Limmatbrücken, am stärksten begangen sind die Bahnhofbrücke und die als reiner Fussgängerübergang konzipierte Rathausbrücke.

2.2.1.4 Die Situation des Detailhandels

Der Detailhandel ist der wichtigste Nutzungsfaktor in der Innenstadt. Bei der Diskussion um Einrichtung und Vergrösserung des Fussgängerbereichs stehen die Argumente seiner Vertreter oft im Vordergrund. Weniger zu reden geben die Gebiete mit hohem Wohnanteil im Bereich rechts der Limmat, die schon lange zur Fussgängerzone gehören, sowie die Teile des Quartiers City mit einer starken Konzentration von Dienstleistungsarbeitsplätzen. Grundlage für folgende Hinweise zum Detailhandel sind verschiedene Studien, die im Rahmen der Erweiterungsplanung für die Fussgängerzone in Auftrag gegeben worden sind (INNENSTADT STANDORTQUALITÄT 1991, INNENSTADT DETAILHANDEL 1991, JUD 1992, WEHRLI-SCHINDLER 1996). Eine Übersicht über die Detailhandelsstruktur gibt Abbildung 10.

	Rathaus	Lindenhof	City	Innenstadt	Anteil Gesamtstadt
Betriebe 1985	350	330	350	1'030	26 %
Beschäftigte	1'680	4'010	7'000	12'690	36 %
Betriebsgr. (Anz. Besch.)	5	12	20	12	-
Verkaufsfläche in m²	60'000	80'000	160'000	300'000	32 %
Verkaufsfl./ Betr. in m²	160	240	440	280	-

SEEWER 2000 nach Innenstadt Detailhandel 1991:20

Abbildung 10: Der Detailhandel in der Zürcher Innenstadt in Zahlen 1988

Die für den Detailhandel relevanten gesamtwirtschaftlichen Rahmenbedingungen haben sich in den Siebziger- und Achtzigerjahren eher ungünstig entwickelt (INNENSTADT DETAILHANDEL 1991:7-16). Innerhalb der letzten zwei Jahrzehnte ist der reale Detailhandelsumsatz viermal langsamer gewachsen als die Gesamtwirtschaft. Das Kundenpotenzial und die Kaufkraft der Stadt nahmen ab oder wuchsen weniger stark als im übrigen Kanton Zürich. Die Konkurrenz durch die Einkaufszentren auf der grünen Wiese, in den Aussenquartieren und in den Vororten hat sich verstärkt. Zur zusätzlichen Verschärfung der Situation trugen die hohen Mietpreise in der Innenstadt bei: 50 % der Ladeninhaber zahlen mehr als 900 Fr./m², 22 % mehr als 1'500 Fr./m² (INNENSTADT DETAILHANDEL 1991:31). *„Dem Detailhandel in der Innenstadt geht es nicht gut. Bereits in den Achtzigerjahren verringerten sich die jährlichen Umsatzzuwächse von 9 auf 3 %, seit Beginn der Neunzigerjahre nähern sie sich der Nullgrenze."* (NZZ 20.10.96) Die Situation verschärfte sich mit der zunehmenden wirtschaftlichen Krise im Laufe der Neunzigerjahre.

Auf die veränderten Bedingungen reagierte der innerstädtische Detailhandel mit der Reduktion des Personals und der nicht für den Verkauf genutzten Flächen sowie einer Verlagerung eines Teils des Verkaufs in die Untergeschosse. Betriebe aus Branchen mit geringem Flächenumsatz zogen weg, was eine einseitigere Detailhandelsstruktur zur Folge hatte. Die gesamte Verkaufsfläche nahm zwischen

1970 - 1988 um 22,7 % zu, was in absoluten Zahlen 55'000 m² entspricht (INNENSTADT DETAILHANDEL 1991:11). Branchen die zulegen konnten, sind v. a. im Bereich der Oberbekleidung zu suchen - auch für Zürich gilt das Schlagort der Textilisierung. Neben den Bekleidungsgeschäften gewannen Boutiquen, Parfümerien, Optikfachgeschäfte und Buchhandlungen an Bedeutung. Verdrängt wurden jene Betriebe und Branchen, die keinen hohen Quadratmeterumsatz erbringen und z. T auf den MIV für die Warenabholung angewiesen sind: Möbel, Teppiche, Mercerie, Haushalt, Papeterien.

Interessant für unsere Fragestellung ist die Tatsache, dass die Verkehrsbeschränkungen den Detailhandel eher gefördert haben. Verglichen mit den übrigen Bereichen in der Innenstadt, hat die Verkaufsfläche in der Sperr- und Fussgängerzone stärker zu genommen. Die Branchengruppe Bekleidung hat sich dort überdurchschnittlich stark ausdehnen können.

Die Detailhandelsstruktur in der Fussgängerzone unterscheidet sich von den übrigen Quartieren. Die Studie des Stadtplanungsamts Zürich nennt fünf Punkte (nach INNENSTADT DETAILHANDEL 1991:32,33):

- Der Detailhandel kann sich gegenüber den Raumansprüchen des Dienstleistungssektors besser behaupten als in den anderen Zonen.
- Die Zahl der grösseren Betriebe mit mehr als neun Beschäftigen ist klar höher. Die Durchnittsverkaufsflächen sind jedoch nicht deutlich grösser, was einen besseren Quadratmeterumsatz bedeutet.
- Die Zahl der Filialbetriebe und der Geschäfte mit teurem Angebot ist überdurchschnittlich gross.
- Die Mieten sind durchschnittlich am höchsten.
- Passanten, Berufspendler und Touristen haben einen wichtigen Anteil am Umsatz.
- Die Branchen „Bekleidung + Textilien" und „Lebensmittel" stellen zusammen über 50 % der Betriebe.

Die Attraktivität des innerstädtischen Detailhandels untersuchte das Stadtplanungsamt mit Hilfe verschiedener Indikatoren - Erreichbarkeit mit ÖV und MIV, kleinräumige Zugänglichkeit, Verkehrsbelastung, Einkaufsattraktivität, Umfeldattraktivität, Standortgunst (INNENSTADT STANDORTQUALITÄT 1991). Als Resultat sind zwei Karten entstanden, die die attraktiven und unattraktiven Geschäftslagen zeigen. Grösste Attraktivität weisen die Bahnhofstrasse, Bereiche ihrer Seitenstrassen sowie die Niederdorfstrasse auf. Besonders unattraktive Gebiete sind v. a. in Innenstadt-Randlagen zu finden, wo der Verkehr dominiert.

Interessant ist das Zusammenspielen zwischen den verschiedenen Indikatoren: *„Deutlich positive Zusammenhänge können zwischen der Passantendichte und der Attraktivität der Auslagen und Zugehörigkeit zur Fussgängerzone, sowie zwischen der Nähe zu einer Haltestelle der öffentlichen Verkehrsmittel und dem Bodenpreis festgestellt werden. Kein Zusammenhang ist jedoch zwischen dem verfügbaren Parkraumangebot und den Bodenpreisen auszumachen und derjenige zwischen verkehrsbelasteten Strassen und den Bodenpreisen ist negativer Art."* (INNENSTADT DETAILHANDEL 1991:28)

Die Struktur der Detailhandelsgeschäfte, die Qualität des Standorts Innenstadt, die Geschäftssituation und die Umsatzentwicklung erhob das Stadtplanungsamt mittels einer Befragung aller Betriebe in der Innenstadt. Die Aussagen gelten jeweils für die gesamte Innenstadt bzw. die drei Quartiere City, Lindenhof und Rathaus (INNENSTADT DETAILHANDEL 1991:17-25).

Der Detailhandel weist eine kleinbetriebliche, filialisierte Struktur auf. Die Bekleidungsbranche, zu der über 30 % aller Innenstadtgeschäfte gehören, setzt sich dagegen mehrheitlich aus grossen Betrieben zusammen. Im innenstädtischen Detailhandel ist eine überdurchschnittlich grosse Anzahl von Fachkräften beschäftigt, die hauptsächlich Güter der oberen Preisklasse verkaufen. Wichtig für die Geschäftsleute sind die Stammkunden und die Passanten, während den Touristen und den Kunden aus dem Quartier selber weniger Bedeutung zugemessen wird. Die Befragten sind mit ihrem Standort nur bedingt zufrieden. Gesamthaft erhielt die Innenstadt die Note vier auf einer Skala von eins bis sechs, folgende Verbesserungen stehen im Vordergrund:

- *"Eine bessere Durchmischung der Strassen mit verschiedenen Geschäften, aber auch mit Betrieben der Unterhaltungsbranche und Restaurants wird im Quartier City besonders häufig erwähnt. Die Befragten dieses Stadtquartiers wünschen sich auch mehr attraktive Geschäfte.*
- *Die Geschäfte des Rathausquartiers sind mit der Attraktivität ihrer Strassen und Passagen für Fussgänger eher unzufrieden und sehen hier Ansatzpunkte zur Erhöhung der Standortattraktivität.*
- *Am weitaus häufigsten wird in allen Quartieren die Verbesserung des Parkplatzangebots gewünscht: Drei Viertel aller Befragten nennen diese Massnahme, während die anderen Vorschläge jeweils von höchstens einem Viertel genannt wird."* (INNENSTADT DETAILHANDEL 1991:20,21)

Beliebtester Standort ist die Fussgängerzone, unbeliebtester die Sperrzone. Hier wünschen sich am meisten Geschäftsleute einen Wechsel, entweder in die Fussgängerzone oder in die Verkehrszone, wo keine Zufahrtsbeschränkungen bestehen. In der Fussgängerzone sind die Mietpreise am höchsten, Sperrzone und Verkehrszone sind billiger. Grundsätzlich beurteilten die befragten Geschäfte ihre wirtschaftliche Situation als zufrieden stellend; Geschäftsaufgabe oder Wegzug sind kaum ein Thema. Probleme haben v. a. die kleineren, wenig innovativen Betriebe, während die grossen Betriebe mit hohen Umsätzen eher zu den Gewinnern gehören.

Dem Detailhandel in der Zürcher Innenstadt geht es gesamthaft betrachtet nicht schlecht. 1990 betrug der in der Zürcher Innenstadt erzielte Gesamtumsatz 3,5 Milliarden Schweizer Franken, was einen Umsatz von Fr. 12'000.- pro Quadratmeter Verkaufsfläche bedeutet - mehr als in grossen Einkaufszentren. Nicht zu übersehen ist ein Umstrukturierungsprozess, wie er auch in anderen Städten ähnlicher Grössenordnung im Gang ist: Textilisierung, Filialisierung, Tendenz hin zu grösseren Geschäften, stärkerer Nutzungs- und Rationalisierungsdruck, mangelnde Fähigkeit zu Neuerungen sind nur einige Stichworte. Es gibt keine Anzeichen, dass sich dieser Trend in den Neunzigerjahren in eine andere Richtung verändert hätte. Die wirtschaftliche Rezession und die damit verbundene Stagnation der Detailhandelsumsätze der letzten Jahre hat allerdings zu einem verstärkten Wettbewerb geführt, was die Umstrukturierungsprozesse eher noch verstärkt hat.

Auffallend ist die Widersprüchlichkeit der Anforderungen der Geschäftsleute im Bereich Verkehr. Die Wünsche nach einem Standort in der Fussgängerzone einerseits und nach einem verbesserten Parkplatzangebot andererseits, stehen einander diametral gegenüber: *„Mehr Parkplätze bringen mehr Individualverkehr, die Betriebe wünschen aber gleichzeitig einen verkehrsfreien Standort. Der Widerspruch ist auf der individuellen Ebene nur scheinbarer Natur: Die Betriebe möchten mehr Verkehr, denn davon versprechen sie sich mehr Kunden, aber sie möchten den Verkehr nicht bei sich, da sie den Vorteil eines verkehrsfreien Standortes erkannt haben. Die beiden Wünsche werden erst bei einer gesamtheitlichen Betrachtung widersprüchlich und damit nicht gleichzeitig erfüllbar: Ihre Realisierung für den einen Betrieb bedeutet gleichzeitig eine Verschlechterung der Situation für den anderen Betrieb."* (INNENSTADT DETAILHANDEL 1991:31)

Dieser Widerspruch zeigt sich deutlich auf einer anderen Ebene, bei der Auseinandersetzung um die Erweiterung der Fussgängerzone.

2.2.2 Die Erweiterung der Fussgängerzone wird ab 1990 zum Thema

2.2.2.1 Die Vorgeschichte: Rien ne vas plus

Die Zürcher Verkehrspolitik und -planung war in den Achtzigerjahren geprägt durch verhärtete Fronten. Auf regionaler Ebene war die S-Bahn im Bau, auf lokaler Ebene fanden intensive Diskussionen um Verkehrsberuhigungsmassnahmen statt. Die Auseinandersetzungen waren sehr stark ideologisch geprägt. Ab 1982 waren sowohl der Stadtrat, als auch der Gemeinderat bürgerlich dominiert. Die realen Verhältnisse erwiesen sich jedoch nicht so eindeutig, wie auf dem Papier. V. a. die „grüne Wende" des für die Verkehrspolitik zuständigen EVP-Stadtrat Ruedi Aeschbacher sorgte für eine grosse Unsicherheit. Im Bereich der Innenstadt wurde seit der Einrichtung der ersten Fussgängerzonen zu Beginn der Siebzigerjahre keine grösseren Verkehrsberuhigungsprojekte verwirklicht. Zwar gab es Bestrebungen, den Limmatquai vom Autoverkehr zu befreien, dieses Vorhaben lehnte das Stimmvolk 1987 jedoch ab (TA 30.4.87; BOESCH, SCHMID 1995:47-51). In den Jahren 1987 und 1988 wurde die

Einrichtung einer FGZ auf dem Münsterhof, der als Parkplatz dient, diskutiert. Die grosse Zahl zu ersetzender Parkplätze erwies sich aber als allzu grosses Hindernis (TA 7.1.88, 31.1.91). Auf städtischer Ebene erlitt 1988 der Kredit für harte flankierende Verkehrsberuhigungsmassnahmen zur S-Bahn Schiffbruch. Im Bereich der Innenstadt nahmen die Behörden einzig einige kleinere Massnahmen vor, wie beispielsweise die Umgestaltung der Löwenstrasse (TA 19.1.89). So scheint die Zürcher Verkehrspolitik weitgehend in einer Sackgasse gewesen zu sein (Sonntags Zeitung 8.2.90). Ebenfalls wenig erfolgreich war eine verkehrliche Umgestaltung des Bellevues, wo ein Kompromiss im September 1993 scheiterte (TA 22.10.96). So stiess ein Projekt für ein Opernhausparking auf Widerstand, und die Idee eines Parkhauses unter der Limmat (Limmatparking) verwarf das Verwaltungsgericht durch einen Entscheid definitiv (TA 20.8.90, 20.10.90).

Mit der Verabschiedung des Verkehrsrichtplans am 20.2.90 schien wieder Bewegung in die verhärteten Fronten gekommen zu sein (VERKEHRSPLAN 1990a,b). In den Wahlen von 1990 löste eine rot-grüne Mehrheit in Stadt- und Gemeinderat die bürgerliche ab. Mehrheitsentscheide im neuen Gemeinderat brachten VCS und Gewerbeverband im November 1990 dazu, ihre Initiativen zurückzuziehen. Die VCS-Initiative „für umweltgerechten Stadtverkehr" forderte eine Änderung der Gemeindeordnung hinsichtlich einer Bevorzugung von Fussgängern und Velofahrern, einer Förderung des ÖV so wie einer flächendeckenden Verkehrsberuhigung. Der Gewerbeverband wollte in seinem Vorstoss „für eine umweltgerechte, fussgängerfreundliche und stadtgerechte Parkraumpolitik" u. a. den unterirdischen Ersatz oberirdischer Parkplätze und einen Bestandeserhalt bei Parkplätzen in der City sicherstellen (TA 7.11.90). Als Gegenleistung sollte der ÖV weiter gefördert werden. Zudem sollte der regionale Verkehrsrichtplan Ziele des städtischen Verkehrsrichtplans übernehmen.

Über zwei Wege wurde schliesslich die Vergrösserung des Fussgängerbereichs in der Innenstadt wieder zu einem Thema. Einerseits mit der Verpflichtung durch den Kanton und damit letztlich durch den Bund, die Ziele der Luftreinhalteverordnung zu erreichen und andererseits mit politischen Vorstössen aus dem Stadtparlament hinsichtlich einer fussgängerfreundlicheren Innenstadt (ERWEITERUNG FGZ GRUNDLAGEN 1991:1, ERWEITERUNG FGZ 1996:1,2). Die beiden Wege - der eine von oben, der andere von unten - werden im Folgenden beschrieben, bevor dann die eigentliche Planung zur Erweiterung der Fussgängerzone im Zentrum steht.

2.2.2.2 Der Weg von oben

„Waldsterben", bzw. die „neuartigen Waldschäden" prägten zu Beginn der Achtzigerjahre die umweltpolitische Diskussion. In den Wahlen erzielten Grüne Politiker auf allen Ebenen politische Erfolge, und auch etablierte Parteien setzten sich mit den Stimmen versprechenden Umweltthemen auseinander. Auf Grund des Umweltschutzgesetzes vom 7. Oktober 1983 setzte der Bund am 1. März 1986 die Luftreinhalteverordnung (LRV) in Kraft.[17] Er verpflichtete darin die Kantone, bis Ende Februar 1989 Massnahmenpläne auszuarbeiten und darin zu zeigen, wie sie die gesetzlich vorgegebenen Belastungsgrenzwerte einhalten können. Die Massnahmen sollten sie schliesslich bis Ende Februar 1994 umsetzen. Im Fahrplan kam es zu zahlreichen Verzögerungen, sowohl bei der Ausarbeitung der Massnahmenpläne, als auch bei der Umsetzung der Massnahmen.[18] Einführungen in das Thema LRV und die Problematik ihrer Umsetzung ist BUWAL (1989), KNOEPFEL ET AL. (1994) sowie KROPF ET AL. (1994) zu entnehmen.

Der Regierungsrat des Kantons Zürich beschloss am 25. April 1990 den Massnahmenplan Lufthygiene. Darin empfahl er der Stadt Zürich unter anderem, die Fussgängerzonen in den Zentrumsgebieten zu vergrössern:

---

[17] Kurz zuvor, am 15.12.1985, ist ebenfalls die Lärmschutzverordnung (LSV) in Kraft gesetzt worden. LSV und LRV sind bis heute effektive legislatorische Grundlagen des Bundesrechts, um auch restriktive Massnahmen im Verkehrsbereich zu legitimieren. Mehr zum Zusammenhang LSV - Tempo 30 ist der Arbeit von KUHN (1995) zu entnehmen.

[18] So war am Stichtag, am 28.2.89, kein einziger kantonaler Massnahmenplan rechtskräftig verabschiedet. Viele der vorgesehenen Massnahmen sind auch heute noch weit davon entfernt, realisiert zu werden.

"I. Vom Bericht Massnahmenplan Lufthygiene vom 12. April 1990, mit welchem aufgezeigt wird, wie die übermässigen Immissionen beseitigt werden sollen (Art. 31 LRV), wird in zustimmendem Sinn Kenntnis genommen, und es werden die in Disp. II und III aufgeführten Massnamen angeordnet: (...)
II. Sofort realisierbare Massnahmen im Handlungsspielraum des Kantons Zürich: (...)
6. Den Gemeinden im Massnahmengebiet wird empfohlen, folgende Massnahmen zu treffen: (...)
h) Die Städte Zürich und Winterthur sollen die Fussgängerzonen in den Zentrumsgebieten erweitern." (ERWEITERUNG FGZ GRUNDLAGEN 1991:1)

Der Regierungsrat ging davon aus, dass eine solche Fussgängerzone das gesamte Citygebiet umfasst und damit eine Reduktion der NO_x-Fracht bis zu 50 Tonnen pro Jahr zu erreichen sei. Nebeneffekte seien eine gesteigerte Attraktivität für den Einkaufsverkehr und eine Lärmreduktion.

Im Frühjahr 1991 begannen sich die politischen Behörden öffentlich Gedanken darüber zu machen, wie sie die Vorschriften der LRV einhalten könnten. Im Zentrum der Überlegungen stand der Sommersmog (Ozonproblematik). Die Stadtbehörden diskutierten zwei Vorschläge, ein Fahrverbot für Nichtkatalysatorfahrzeuge sowie ein nummernbezogenes Fahrverbot. Der Regierungsrat lehnte die Massnahmen wegen Bedenken bezüglich der Wirksamkeit und Durchführbarkeit ab (TA 17.5.91, 15.6.91). Stattdessen schlug die kantonale Regierung u. a. erneut ausdrücklich die Erweiterung der FGZ in den Zentrumsgebieten vor. Kurzfristig änderte der Stadtrat seine Massnahmenstrategie und schlug nun eine Sperrung der Innenstadt für Motorfahrzeuge während der Sommermonate vor. Der Regierungsrat stimmte diesem Vorschlag zwar zu, machte aber Auflagen (TA 28.6.91). Der Stadtrat hielt darauf fest, dass diese Forderungen nicht in realistischer Zeit umsetzbar seien und beklagte zudem, dass den bereits deponierten Einsprachen die aufschiebende Wirkung nicht entzogen worden sei. Schliesslich lehnte der Regierungsrat am 11. Juli 1991 eine Innenstadtsperrung ab, mit der Begründung, dass notwendige Unterlagen gefehlt hätten (TA 12.7.96). In einer ersten Stellungnahme hielt der Stadtrat fest, eine Sperre für den kommenden Sommer vorzusehen. Schon im August war aber davon nicht mehr die Rede. Die Stadtregierung setzte eine Arbeitsgruppe mit Vertretern aller Akteurgruppen ein, die statt dessen eine schrittweise Ausdehnung der Fussgängerzone vorbereiten sollte. Die offizielle Seite sah eine erste Erweiterung bereits für den Sommer 1992 vor (TA 27.8.91). Ferner stellte der Polizeivorstand Robert Neukomm (SP) eine Sperrung des Limmatquais in Zusammenhang mit Gleisbauarbeiten ab 1993 in Aussicht (TA 28.8.91). Der Anlass für eine besser vorbereitete Erweiterungsplanung des Fussgängerbereichs war gegeben.

2.2.2.3 Der Weg von unten

Am 17. April 1991 überwies der Gemeinderat, das Stadtparlament, zwei politische Vorstösse. Eine Motion von Anita Thanei (SP) und acht Mitunterzeichnenden vom 31. Oktober 1990 forderte eine Fussgängerzone am Limmatquai: *„Der Stadtrat wird beauftragt, das Limmatquai zwischen Münster- und Rudolf-Brun-Brücke als motorfahrzeugfreie Fussgängerzone zu gestalten und gleichzeitig mit flankierenden Massnahmen dafür zu sorgen, dass die angrenzenden Quartiere vor zusätzlichem Motorfahrzeugverkehr geschützt werden können"* (ERWEITERUNG FGZ GRUNDLAGEN 1991:1). Die Motion griff frühere Ideen zur Sperrung des Limmatquais wieder auf. Unmittelbarer Anlass war eine bevorstehende Sanierung der Tramgleise, bei der der Limmatquai während mehrerer Monate gesperrt werden müsste.

Ein unverbindlicheres Postulat der Gemeinderäte Toni Baur und Hans Schoch (beide GP) forderte die etappenweise Schaffung einer autofreien Innenstadt.[19] Mit diesem Vorstoss, der ursprünglich als verbindlichere Motion vorgesehen war, wollte die Grüne Partei einerseits Wahlversprechen einlösen und andererseits die verkehrspolitische Pattsituation aufweichen (TA 8.1.91): *„Unser Vorstoss war nicht prägend. Es war aber ein Auslöser, ein Impuls für die Verwaltung, die Planung für Fussgängerzonen zu intensivieren. Der Vorstoss wäre prägend gewesen, wenn er als Motion durchgegangen wäre. Dies ist aber realistisch nicht möglich gewesen, da eine Motion innerhalb von 2½ Jahren realisiert werden muss. Deshalb ist das Anliegen als Postulat, als Auftrag des Gemeinderat an den Stadtrat überwiesen*

---

[19] Wortlaut Postulat Baur/Schoch vom 4.4.90: *„Der Stadtrat wird eingeladen, etappenweise eine autofreie Innenstadt zu realisieren."* (BAUR 1995:11)

worden. ... Die Motion Thanei hat eine halb offene Türe um einige Zentimeter mehr geöffnet. Sie ist auch ein Gegenvorstoss von SP-Seite gewesen, damit sich die Partei ebenfalls im Themenbereich ‚autofreie Innenstadt' hat profilieren können." (I4)

2.2.3 Konzepte kommen auf den Tisch und werden diskutiert

2.2.3.1 Zwei Wege - ein Planungsziel - Überlegungen des Stadtplanungsamts

Der Anspruch der übergeordneten politischen Instanzen zur Verbesserung der Luftqualität und die politischen Forderungen im Stadtparlament sowie die unmittelbar vorangehende Diskussion um die ozonbedingte Innenstadtsperre bildeten den Anlass für konkrete Überlegungen zur Erweiterung der Zürcher Fussgängerzone.

In einem ersten Schritt legte das SPAZ im Auftrag der stadträtlichen Arbeitsgruppe im Oktober 1991 ein Papier vor, in dem die Ziele der Erweiterung der Fussgängerzone, mögliche Konzepte und ihre Bewertung sowie eine Übersicht über alle hängigen Verkehrsprojekte in Bereich der Innenstadt dargestellt waren (ERWEITERUNG FGZ GRUNDLAGEN 1991).

Das SPAZ formulierte bereits einen umfassenden Zielkatalog, der einerseits in verkehrliche und nutzungsbedingte Aspekte und andererseits hinsichtlich der verschiedenen Akteure bzw. Funktionen unterteilt ist. Tabelle 11 zeigt den Zielkatalog in leicht geraffter Form.

Die Verwaltung entwickelte diese Ziele nicht einfach aus dem Leeren hinaus. In den vorangehenden Jahren führte das Stadtplanungsamt eine umfassende Analyse des innerstädtischen Detailhandels durch (INNENSTADT DETAILHANDEL 1991, INNENSTADT STANDORTQUALITÄT 1991). Dabei war man u. a. zum Schluss gekommen, dass die Fussgängerzone in der Innenstadt auszuweiten sei, um die Situation des innerstädtischen Detailhandels zu verbessern (Tabelle 12).

Dank dieser Vorarbeiten war es einfacher, einen breit abgestützten Vorschlag für eine Erweiterung der Fussgängerzone auszuarbeiten. Gleichzeitig bestand bereits hier ein von den Akteuren wahrgenommenes Dilemma zwischen dem Wunsch nach einer grösseren Fussgängerzone und einer verbesserten Autoerreichbarkeit dank (mehr) Parkierungsmöglichkeiten.

Das Stadtplanungsamt kam zum Schluss, dass das Oberziel, eine möglichst autoverkehrsfreie Innenstadt zu erreichen, mit Hilfe von vier Konzepten erreicht werden könnte (ERWEITERUNG FGZ GRUNDLAGEN 1991:4-7; Pläne dazu: ERWEITERUNG FGZ A, B, C, D, 1992):

- Konzept A, Fussgängerzone Innenstadt: Das Fussgängerzonenregime wird auf einen grossen Teil der Innenstadt (Quartiere Rathaus, Lindenhof, City und Enge) ausgedehnt.
- Konzept B, Verkehrstaschen: Das Innenstadtgebiet wird in Verkehrstaschen aufgeteilt. Diese Verkehrstaschen sind nur über einzelne Zufahrten vom „Cityring" her zu erreichen. Die Verbindungen zwischen den Verkehrstaschen sind für den MIV gesperrt.
- Konzept C, Schrittweise Erweiterung der Fussgängerzone: Die bestehende Fussgängerzone wird schrittweise erweitert.
- Konzept D, Pförtneranlagen: Auf den Zufahrten zur Innenstadt wird die Verkehrsmenge mit Pförtneranlagen dosiert. Nur eine bestimmte Verkehrsmenge wird zugelassen.

Das SPAZ stellte die vier Konzepte einander gegenüber. Betrachtet wurden die möglichen Massnahmen, die notwendige Mittel, die Wirkung, der Einfluss auf die Parkierung sowie die allgemeinen Vor- und Nachteilen. Das Konzept D „Pförtneranlagen" wurde bereits von Beginn weg ausgeschlossen, da seine Nachteile zu stark ins Gewicht fallen und auch der Nutzen in Frage gestellt würden: *„Im Bereich um die Innenstadt ist kein Platz für den Rückstau auf den Zufahrten vorhanden. Der zu erwartende Fahrzeugstau würde auch den öffentlichen Verkehr behindern. Auch der für die Innenstadt nötige motorisierte Individualverkehr (z. B. Zulieferungen) wird durch die Pförtneranlagen behindert. Der Durchgangsverkehr wird nach wie vor durch die Innenstadt verkehren"* (ERWEITERUNG FGZ GRUNDLAGEN 1991:7). Die Verwaltung bezeichnete weitere Möglichkeiten aus verschiedenen Gründen als nicht sinnvoll anwendbar. Für ein Road-Pricing[20] fehlte die Rechtsgrundlage, *ein Teilfahrverbot für Motorfahrzeuge ohne Katalysator* würde mit zunehmendem Anteil von Autos mit Katalysator obsolet, und ein *Teilfahrverbot nach Nummer oder Tag* ergebe Probleme bei der Zulassung der Bewohner und der Lieferanten.

Allgemeine Ziele:	• Verbesserung der Luftqualität
	• Hebung der Lebensqualität in der Innenstadt
	• Entwicklung der Urbanität
Verkehr:	
Einkaufsverkehr	• Zufahrts- und Parkierungsmöglichkeiten für den nötigen Güterumschlag
	• Erleichtern der Orientierung auf den Zufahrtsstrassen zu den umliegenden Parkierungsmöglichkeiten für den Einkaufsverkehr
	• Ermöglichen der nötigen Zufahrten für das Abholen von Waren
	• Förderung des Hauslieferdienstes für Geschäfte in der Innenstadt
	• Förderung des Einkaufes mit umweltschonenden Verkehrsmitteln
Güterverkehr, Anwohner	• Ermöglichen der notwendigen Zu- und Wegfahrten
Besucherverkehr	• Förderung der ÖV-Benutzung zum Veranstaltungsbesuch
	• Gute Orientierungsmöglichkeit des Besucherverkehrs zu den Parkmöglichkeiten
Pendlerverkehr	Attraktive Verbindungen mit den Umweltverbund in die Fussgängerzone:
	• Einbinden der Fussgängerzone in das regionale und kommunale Fusswegnetz
	• Schaffung von Veloverbindungen in den Fussgängerzonen
	• Minimierung der Konfliktstellen zwischen Zweirad- und Fussgängerverkehr
	• Schaffung von sicheren Abstellplätzen für den Zweiradverkehr
	• Sichere und direkte Fusswegverbindungen von den S-Bahn-Stationen
	• Gute Verteilung der ÖV-Haltestellen
	• Schaffung eines ÖV-Angebots für Spätschichtarbeitnehmer
	Reduktion der Autopendler:
	• Beschränkung der Zufahrt in die Innenstadt
	• Beschränkung der Parkmöglichkeiten in Innenstadt und umliegenden Quartieren
	• Orientierungshilfen auf P+R ausrichten
Durchgangsverkehr	• Kanalisierung des Duchgangsverkehrs auf Achsen
	• Verhindern von Schleichwegen durch die Fussgängerbereiche
	• Verhindern von Schleichwegen durch die angrenzenden Wohngebiete
Nutzungen	
Einzelhandel	Schaffung eines attraktiven Umfelds
	• Gestaltung einer ansprechenden Umgebung
	• Förderung des Einkaufens mit umweltschonenden Verkehrsmitteln
	• Ermöglichen des nötigen motorisierten Einkaufsverkehrs
	• Bewahrung der Vielfalt der Branchen
	• Möglichkeiten zur Mitbenützung des öffentlichen Raumes für den Einzelhandel
	• Verminderung der Attraktivität der auf den motorisierten Individualverkehr orientierten Einkaufsmöglichkeiten im Grossraum Zürich.
Gastgewerbe	• Ermöglichen der Zufahrt zu den Hotels
	• Autoabstellplätze für Hotelgäste in zumutbarer Fusswegdistanz zu den Hotels
	• Einbezug des öffentlichen Raums für das Gastgewerbe (Strassencafés, ...)
Wohnen	• Schaffung eines angenehmen Wohnumfelds
	• Bewahren der Einkaufsmöglichkeiten für den täglichen Bedarf
	• Ruhe und Sicherheit als Voraussetzung für das Wohnen von Familien
Arbeiten	• Verbessern der Aufenthaltsqualität in der Innenstadt
	• Erhalten der Vielfalt der Innenstadt
Erholen	• Aufwerten der Limmatufer als Ort der Begegnung
	• Vermehren und Gestalten des verkehrsfreien öffentlichen Raumes

SEEWER 2000 nach Erweiterung FGZ Grundlagen 1991

Tabelle 11: Ziele der Erweiterung der Fussgängerzone 1991

---

[20] Am 4. März 1996 hat der Bundesrat bei den eidgenössischen Räten beantragt, versuchsweise Ausnahmegenehmigungen für die Einführung von Tunnelbenutzungsgebühren in den Städten Bern (Schanzentunnel) und Genf (Taversée de la Rade) zu bewilligen (BUND 5.3.96). Beide Projekte wurden jedoch in den lokalen Volksabstimmungen verworfen.

Forderung	Probleme und Verknüpfungen
Erweiterung der Fussgängerzone	Der Wunsch vieler Geschäfte nach einem Standort in der Fussgängerzone kommt in der Untersuchung klar zum Ausdruck. Eine solche Ausdehnung bedeutet eine Aufhebung öffentlicher Parkplätze - eine Kompensation müsste gemäss dem Wunsch der Befragten in unterirdischen Parkhäusern erfolgen. Einerseits würde die Standortattraktivität aufgewertet und sich die Mietpreise damit erhöhen, was den Strukturwandel beschleunigte, und andererseits könnten die Geschäfte dank attraktiverem Standort der Konkurrenz durch die übrigen Dienstleistungsunternehmen besser entgegentreten. Es ist aber durchaus auch so, dass in einer grossen Fussgängerzone nicht alle Standorte gleichwertig sind. Abseits der grossen Passantenströme entstehen Nischenstandorte für umsatz- und ertragsschwächere Betriebe.
Wunsch nach zusätzlichen Parkmöglichkeiten für Kunden	Eine Erhöhung der Parkplatzzahl wird zwar häufig gefordert, kann aber kaum realisiert werden, da damit den Interessen eines Teils des Detailhandels und der vom Verkehr betroffenen Bevölkerung zuwidergehandelt würde. Gerade dort, wo Parkplätze am meisten gewünscht werden, geht es den Betrieben vergleichsweise am besten - Massnahmen aus wirtschaftlichen Gründen lassen sich also nicht rechtfertigen.

SEEWER 2000 nach INNENSTADT DETAILHANDEL 1991:35-39

Tabelle 12: Verbesserungen für den innerstädtischen Detailhandel (Auswahl)

In der anschliessenden Bewertung zeigte es sich, dass sowohl Konzept A als auch Konzept C sehr gut geeignet wären, die formulierten Ziele zu erreichen. Auch Konzept B schloss nicht allzu schlecht ab, wobei gerade im verkehrlichen Bereich gewisse Einschränkungen gemacht werden müssten, da im Prinzip an fast jeden Ort in der Innenstadt gefahren werden könnte (ERWEITERUNG FGZ GRUNDLAGEN 1991:9,10).

Der Stadtrat und die Presse wurden vom zuständigen Vorstand des Bauamtes I Ruedi Aeschbacher am 16. Dezember 1991 über den Stand der Planung informiert (TA 17.12.91). Dabei ging er auf die Motivation für die Planung und die aufgestellten Zielsetzungen ein. Spezifisch betonte er, dass der Begriff „Fussgängerzone" nicht als strenge Sperrzone verstanden werden dürfe: *„Vielmehr ist das Stadtplanungsamt davon ausgegangen, dass unter dem Begriff ‚Fussgängerzone' erstens eine markante Reduktion des motorisierten Individualverkehrs und zweitens das Rückgewinnen von Fläche für Fussgänger und für städtebauliche Gestaltung zu verstehen ist."* (ERWEITERUNG FGZ 1991:1,2)

Die Behörden beabsichtigen nun, die drei zur Auswahl stehenden Konzepte in einen projektierungsreifen Zustand zu bringen. MIV-Erhebungen sollten Auskunft über Ziele, Quellen sowie Fahrtzwecke der Verkehrsbewegungen geben. Daraus erhoffte man sich Aufschluss über eine allfällige Sperrung bzw. einen Rückbau von Strassenabschnitten. Weitere Erhebungen plante man zur Nutzung, Bewirtschaftung und Auslastung der Parkplätze auf privatem Grund (VERKEHRSPOLITIK 1994:26).

Die Verwaltung fasste als weiteres Vorgehen die Orientierung der betroffenen Kreise ins Auge. Konkret angesprochen waren die Verkehrsverbände, die Quartiervereine der Stadt, die Nachbargemeinden und -regionen. Zudem ging es darum, erste Gespräche mit den betroffenen Ämtern des Kantons zu führen. Zu berücksichtigen waren die Kantonspolizei, das Tiefbauamt, das Amt für technische Anlagen und Lufthygiene sowie der Zürcher Verkehrsverbund. Das Stadtplanungsamt erhielt den Auftrag die drei Konzepte A, B und C zu verfeinern und kündigte schliesslich im Dezember 1991 ein projektierungsreifes Konzept auf den Zeitraum 1992/93 an (INNENSTADT DETAILHANDEL 1991, INNENSTADT STANDORTQUALITÄT 1991).

2.2.3.2 Die Volksinitiative „für attraktive Fussgängerzonen"

Am 21. Februar 1992 lancierte das Gewerbe (CV, Zürich-Transport, Gewerbeverband) eine Volksinitiative „für attraktive Fussgängerzonen" (TA 21.2.92). Es reichte sie am 24. Juli gleichen Jahres ein. Ein neuer Artikel 2 Absatz 2 sowie ein neuer Artikel 49ter sollen die Gemeindeordnung der Stadt Zürich ergänzen. Artikel 2 Absatz 2 verlangt nach einer umwelt- und wirtschaftsverträglichen Verkehrspolitik für das gesamte Stadtgebiet, Artikel 49ter eine fussgängerfreundliche Verkehrsorganisation in den traditionellen Detailhandelsgebieten. Die Zugänglichkeit für den Nutzverkehr und zu den Parkhäusern und bestehenden Parkplätzen auf privatem Grund sei wichtig. Es sollte erst möglich sein oberirdische Parkplätze aufzuheben, wenn am Rande der Fussgängerzone Ersatz sichergestellt ist.[21]

Die Initianten brachten ihre Forderungen in verschiedenen Argumentationssträngen vor. Als Erstes verwiesen sie auf die in zahlreichen Städten Europas funktionierenden schönen und beliebten Fussgängerzonen - mit grosszügigen am Cityrand zur Verfügung stehenden Parkierungsanlagen. Der Stadtrat sehe diese Rahmenbedingung nicht ein, was zu einer Konfliktsituation und damit zu einer Blockierung der Erweiterung der Fussgängerzone geführt habe. Als Zweites vereinnahmten die Initianten für sich, diese Konfliktsituation - in der sie sich offensichtlich als Akteur sahen - zu durchbrechen und eine Ausdehnung der Fussgängerzone unter Erhaltung der für die Existenz der Wirtschaft notwendigen Rahmenbedingungen anzustreben. Als dritter Punkt hoben sie schliesslich die Bedeutung einer Fussgängerzone für eine attraktive Innenstadt nicht zuletzt im Konkurrenzkampf mit den Einkaufszentren auf der grünen Wiese hervor.

Im Frühjahr gab der Stadtrat dann bekannt, dass im kommenden Sommer keine Ozonsperre gelten solle. Er begründete dies mit mangelnder fachlicher Unterstützung durch den Regierungsrat. Er wies allerdings darauf hin, dass der Regierungsrat die langfristige Erweiterung der Fussgängerzone unterstütze (TA 18.4.92). Im Juli wurde dann anlässlich eines durch das Bauamt I veranstalteten Forums bekannt gegeben, dass eine etappenweise Erweiterung der Fussgängerzone in sieben Bausteinen vorgesehen sei. Hohe Priorität habe dabei der mittlere Limmatquai, der im nächsten Jahr wegen Bauarbeiten gesperrt werden solle. Das Gewerbe äusserte sich zurückhaltend zu diesen Vorschlägen (TA 14.7.92).

Der Gemeinderat überwies dem Stadtrat am 20. September 1992 die Initiative „für attraktive Fussgängerzonen" zu Bericht und Antrag. Der Stadtrat lehnte sie in seiner Stellungnahme ab. Er führte vordergründig v. a. rechtliche Argumente an: *„Der Initiative ist schon aus rechtlichen Gründen die Unterstützung zu versagen. Sie will nämlich nicht nur eine ‚umwelt- und wirtschaftsverträgliche Verkehrspolitik' in der Gemeindeordnung verankern, obwohl dies als Daueraufgabe ohnehin vom übergeordneten Recht her verlangt und vom Stadtrat bereits nach Kräften angestrebt wird. Sie verlangt zudem in sehr detaillierter Art und Weise eine ganz bestimmte inhaltliche Ausgestaltung. Von den materiellen Vorbehalten abgesehen (...), sprengt sie damit die Struktur der bestehenden Gemeindeordnung. Offen ist deshalb, ob der Regierungsrat den vorgeschlagenen Ergänzungen die Genehmigung erteilen würde."* (VOLKSINITIATIVE „FÜR ATTRAKTIVE FUSSGÄNGERZONEN" 1992:2) Der Stadtrat postulierte also einerseits, dass der ersten Forderung der Initianten bereits mit der bestehenden Gemeindeordnung Rechnung getragen worden sei,[22] und andererseits die Änderungen vom Regierungsrat nicht bewilligt würden, da die Ergebnisse von sich laufend verändernden Willensbildungs-

---

[21] Der Wortlaut der Volksinitiative „für attraktive Fussgängerzonen" heisst wie folgt (VOLKSINITIATIVE „FÜR ATTRAKTIVE FUSSGÄNGERZONEN" 1992):"
Artikel 2 Absatz 2 (neu)
Die Gemeinde fördert eine umwelt- und wirtschaftsverträgliche Verkehrspolitik, welche das Zusammenspiel der verschiedenen städtischen Funktionen wie Wohnen, Arbeiten, Wirtschaft, Ausbildung, Kultur und Freizeit im Sinne einer lebendigen Stadt ermöglicht.
Artikel 49ter
1 Der Stadtrat sorgt für eine fussgängerfreundliche Verkehrsorganisation in den traditionellen Detailhandelsgebieten.
2 Es werden unter Beachtung der folgenden Rahmenbedingungen weitere Fussgängerzonen geschaffen:
a) der Betriebs- und Handwerkerverkehr, der Taxi- und Hotelbusverkehr, die Zufahrt zu den öffentlich zugänglichen Parkhäusern und zu bestehenden Parkplätzen auf Privatgrund bleiben gewährleistet;
b) eine Aufhebung von öffentlich zugänglichen oberirdischen Parkplätzen darf erst erfolgen, wenn Ersatz in unter- oder oberirdischen Anlagen am Rande der Fussgängerzone sichergestellt ist;
c) die Schaffung von Fussgängerzonen darf nicht zu Verkehrsverlagerungen in Wohnquartiere führen."
[22] Der Wortlaut des bestehenden Artikels 2 der Gemeindeordnung lautet: „*Die Gemeinde fördert die Wohlfahrt und das harmonische Zusammenleben ihrer Bewohner. Sie wahrt das Ansehen und die Interessen des Gemeinwesens."*

und Gesetzgebungsprozessen zu Einzelfragen nicht in die Gemeindeordnung gehörten (VOLKSINITIATIVE „FÜR ATTRAKTIVE FUSSGÄNGERZONEN" 1992:2). Der in Artikel 49ter geforderte Ersatz der aufgehobenen oberirdischen Parkplätze stehe laut der Stadtregierung im Widerspruch zu den eidgenössischen und kantonalen Erfordernissen der Luftreinhaltegesetzgebung. Er verwies auch auf den kommunalen Verkehrsplan, der eine Stabilisierung des Parkplatzangebots in den zentralen Bereichen verlangt.

In der materiellen Würdigung der Initiative machte der Stadtrat darauf aufmerksam, dass er die Forderungen der Initiative bereits seit längerer Zeit zu erfüllen bestrebt sei und der Erweiterung der bestehenden und der Schaffung von neuen Fussgängerzonen hohen Stellenwert einräume (VOLKSINITIATIVE „FÜR ATTRAKTIVE FUSSGÄNGERZONEN" 1992:3). Er warf den Initianten vor, unpräzise Forderungen zu stellen und wies auf Unstimmigkeiten hin.[23]

- Die Altstadt innerhalb der mittelalterlichen Stadtmauern soll weitgehend zu einer zusammenhängenden Fussgängerzone werden.
- Der nötige Anstösser-, Anliefer- und Gewerbeverkehr bleibt in einem zeitlich beschränkten Rahmen möglich. Auch die Taxizufahrten sollen gewährleistet bleiben. Ob Taxidurchfahrten auf gewissen Strecken möglich sind, muss im Einzelfall näher geprüft werden.
- Im bisher wenig belebten Teil der Innenstadt, dem Gebiet zwischen Bahnhofstrasse und oberem Schanzengraben, werden mit dem Pelikanplatz und der Sihlporte zwei für Fussgänger attraktive Plätze geschaffen, was zu einer Belebung des ganzen Gebiets führen soll.
- Der bisher die Innenstadt querende Durchgangsverkehr soll auf eine „Innenstadtumfahrung" (Seiler-/Hirschengraben/Central/Bahnhofplatz/Uferstrassen längs der Sihl/Tunnelstrasse/General Guisan-Quai/Bellevue/Rämistrasse) geleitet werden.
- Die Hauptsammelfunktion des motorisierten Individualverkehrs in der Innenstadt übernimmt ein „City-Erschliessungsbügel" (Mühlegasse/Urania-/Talstrasse). Die übrigen Strassenzüge dienen hauptsächlich der lokalen Erschliessung.
- Die Parkhauszufahrten bleiben erhalten. Strassenparkplätze gehen nur in bescheidenem Umfange verloren; ihr allfälliger Ersatz in einem Parkhaus am Cityrand soll geprüft werden.
- Die umliegenden Wohnquartiere müssen vor zusätzlichem Verkehr geschützt werden.

SEEWER 2000 nach VOLKSINITIATIVE „FÜR ATTRAKTIVE FUSSGÄNGERZONEN" 1992:8,9
Tabelle 13: Konzept des Stadtrates für eine Fussgängerzone in der Innenstadt

Als Alternative schlug er seine Politik hinsichtlich der Erweiterung der Fussgängerzonen vor und postulierte, dass wesentliche Eingriffe in das Gefüge der Innenstadt nach einem umfassenden Blickwinkel verlangten; zu berücksichtigen seien u. a. Aspekte der Luftreinhaltung und die Interessen das Detailhandels, aber auch die Urbanität und Attraktivität der Stadt Zürich: *„Um entsprechende Erkenntnisse an den jeweiligen Realisierungsstand anpassen zu können, will der Stadtrat die bestehenden Fussgängerzonen etappenweise erweitern. Das langfristige Ziel ist eine motorfahrzeugarme Innenstadt im Perimeter Schanzengraben-Bahnhofplatz-Bahnhofbrücke-Central-Seilergraben-Hirschengraben-Rämistrasse-Bellevue-Quaibrücke-Bürkliplatz"* (VOLKSINITIATIVE „FÜR ATTRAKTIVE FUSSGÄNGERZONEN" 1992:5,6). Der Stadtrat stellte die konkreten Elemente der ersten Etappe der Erweiterung erstmals vor und beschrieb sie in detaillierter. Er verwies auch darauf, dass die Bearbeitung im Gange sei (VOLKSINITIATIVE „FÜR ATTRAKTIVE FUSSGÄNGERZONEN" 1992:6-8). Der Stadtrat stellte für die etappenweise Erweiterung der Fussgängerzone ein Konzept vor (Tabelle 13).

---

[23] Fussgängerzonen seien nur attraktiv, wenn das Verkehrsaufkommen tatsächlich stark eingeschränkt werde (Anlieferung, Handwerker, Taxis, Zufahrten zu privaten Parkplätzen). Hier gingen die Forderungen der Initianten eindeutig zuwenig weit. Zu den Parkplätzen bemerkte der SR, dass der kantonale Richtplan immerhin ein Expressstrassen-Parkhaus Kaserne sowie eine neue Parkierungsanlage beim Hauptbahnhof vorsehe. Zudem habe Zürich - im Vergleich mit anderen europäischen Städten - einen vorzüglich ausgebauten öffentlichen Verkehr, der die City hervorragend erschliesse. Auch der Anspruch, keine zusätzliche Belastung der Wohnquartiere zu verursachen, sei widersprüchlich (nach VOLKSINITIATIVE „FÜR ATTRAKTIVE FUSSGÄNGERZONEN" 1992:4,5).

Die Erläuterungen gingen vertieft auf die Parkplatzfrage ein. Mit der ersten Etappe gingen ca. 110 Strassenparkplätze verloren, die aber zu 60 % anderenorts kompensiert würden. Der Stadtrat verzichtete auf die Verknüpfung mit Parkhausneubauten, obwohl er sich für neue Projekte als offen bezeichnete. Er begründete diesen Verzicht mit der Tatsache, dass der nötige Konsens zur Frage der Parkhausneubauten fehle. Mit Hilfe eines Verkehrsmodells sollten die Auswirkungen auf das Funktionieren des Verkehrssystems und die Umweltbelastung berechnet werden. Im Herbst 1992 versprach man sich konkrete Erkenntnisse aus der baubedingten temporären Sperrung des Limmatquais die - entgegen der Aussagen vom Juni 1992 - damals für den Sommer 1994 vorgesehen war.

Der Stadtrat wies darauf hin, dass mit den betroffenen Kreisen intensive Gesprächsrunden stattgefunden hätten und in keinem der Gespräche die Ziele in ihrem Grundsatz in Frage gestellt worden seien (VOLKSINITIATIVE „FÜR ATTRAKTIVE FUSSGÄNGERZONEN" 1992:9).

Aus diesen Überlegungen heraus kam der Stadtrat zum Schluss, die Volksinitiative dem Gemeinderat zur Ablehnung zu empfehlen und einen Gegenvorschlag zu präsentieren. Er wollte den Stimmberechtigten folgenden Gemeindebeschluss unterbreiten: *„Der Stadtrat wird nach Massgabe der vom Gemeinderat im Voranschlag eingesetzten Mittel ermächtigt und verpflichtet, die Schaffung neuer Fussgängerzonen voranzutreiben und bestehende Fussgängerzonen zu erweitern"* (VOLKSINITIATIVE „FÜR ATTRAKTIVE FUSSGÄNGERZONEN" 1992:10).[24]

2.2.3.3 Konkretisierung in der zweiten Runde

Zum Konzept des Stadtrat wurde nun die Erweiterung der Fussgängerzone in Etappen. In den Unterlagen für die Teilnehmer an den Informationsgesprächen führte er diese Lösung - wie sie bereits in der stadträtlichen Stellungnahme zur Initiative „Für attraktive Fussgängerzonen" ansatzweise präsentiert worden ist - detaillierter aus. Schliesslich stellte er sie Ende Februar 1992 zur Diskussion (ERWEITERUNG FGZ INFORMATIONSGESRÄCHE 1993). Sieben Bausteine, wie sie bereits im Sommer 1992 angekündigt worden waren, standen im Vordergrund (Tabelle 14; Karte der Bausteine s. Abbildung 11).

Die erste Etappe sah eine Erweiterung im Rahmen der Bausteine 1, 2, 3, 4 (reduziert auf den Pelikanplatz) und 5 vor. Bausteine 6 und 7 wurden infolge des grossen Parkplatzverlustes zurückgestellt. So würden nur 40 Parkplätze verloren gehen - 100 abgebauten ständen 60 neu geschaffene gegenüber. Die Stadtverwaltung erwartete in ihrem Papier ein spürbares Plus an Urbanität im Kreis 1, hielt aber fest, dass die verkehrlichen Auswirkungen noch im Modell zu prüfen seien.

Der Vorschlag unterschied sich nicht wesentlich vom 1992 vom Stadtrat unterbreiteten Grundsatzpapier (VOLKSINITIATIVE „FÜR ATTRAKTIVE FUSSGÄNGERZONEN" 1992). Für die Umsetzung der ersten Etappe ist noch kein Zeitrahmen vorgesehen. Das Gleiche gilt für die übrigen Etappen, deren genauer Inhalt nicht umschrieben wurde.

Im Mai 1993 - nach Abschluss der Informationsgespräche - liess das Bauamt I dem Stadtrat eine Vormerknahme zukommen, in der er das etappenweise Vorgehen nochmals skizzierte und die einzelnen Bausteine vorstellt (ERWEITERUNG FGZ 1993). Er wies darauf hin, dass er die einzelnen Bausteine mit den betroffenen Ämtern diskutiert und wo nötig näher konkretisiert hatte. Er bezog konkret folgende städtische Stellen in den Planungsprozess ein: Abteilung für Verkehr der Stadtpolizei, Sicherheitspolizei, Umweltschutzfachstelle, Tiefbauamt, Gartenbauamt, Hochbauamt und Verkehrsbetriebe. Die Stimmung an den Gesprächen mit den betroffenen Interessenvertretern werteten die städti-

---

[24] Der Gemeindebeschluss stellt eine informelle Änderung der Gemeindeordnung dar. Sie bedarf ebenfalls einer Genehmigung durch den Regierungsrat. Nach der Auffassung des SR bestanden keine Bedenken, dass eine solche Genehmigung nicht erteilt würde. Der SR ging in seiner Stellungnahme auch darauf ein, ob allenfalls ein Gegenvorschlag in Form eines Kreditantrages für bauliche Massnahmen in Frage gekommen wäre. Er hielt fest, dass dies aus terminlichen Gründen nicht möglich gewesen wäre, da die Initiative innerhalb von maximal 2 Jahren behandelt werden müsse. Die Ausarbeitung eines Kreditantrages und der planungsrechtlichen Vorbedingungen hätten innerhalb dieses Zeitraums nicht erfüllt werden können (nach VOLKSINITIATIVE „FÜR ATTRAKTIVE FUSSGÄNGERZONEN" 1992:10).

schen Verantwortlichen als positiv, sie berichteten allerdings nicht über konkrete Inhalte oder Meinungen: *„Dieses Jahr [1993, AdA] fand eine neue Runde solcher Gespräche statt, in denen das Stadtplanungsamt über seine konkreten Vorstellungen informierte. Erfreulicherweise war bei all diesen Gesprächen das Klima sehr offen; alle Beteiligten scheinen bereit zu sein, die Vorlage einer Erweiterung der Fussgängerzone unvoreingenommen und nüchtern zu beurteilen und zu diskutieren."* (ERWEITERUNG FGZ 1993:2) Die einzelnen Bausteine haben in den Informationsgesprächen *keine Änderungen* erfahren. Im Rahmen des weiteren Vorgehens sollten nun Berechnungen mit Hilfe eines Verkehrsmodells Auskunft geben über die Realisierbarkeit der ersten Etappe und allenfalls notwendige Anpassungen.

BAUSTEIN 1: RENNWEG	
Beschreibung	Rennweg: Abschnitte der noch offenen Bahnhofstrasse als Fussgängerzone.
Wirkung	Attraktivierung der heute stark durch parkierte Autos beeinträchtigten Ladenstrasse mit vielen alteingesessenen Geschäften, die weit über das betroffene Gebiet ausstrahlt.
Probleme	Die Strasse hat keine verkehrliche Funktion, es müssen 62 Strassenparkplätze aufgehoben werden.
BAUSTEIN 2: MITTLERER LIMMATQUAI	
Beschreibung	Limmatquai zwischen der Münster- und der Rudolf-Brun-Brücke.
Wirkung	Attraktiveren eines heute durch den fahrenden und ruhenden MIV beeinträchtigten Gebiets mit vielen Einkaufs- und Freizeitmöglichkeiten und hoher städtebaulicher Qualität.
Probleme	Der Limmatquai weist eine verbindende Funktion auf zwischen den beiden Fussgängerbereichen links und rechts des Flusses und ist so von zentraler Bedeutung. Eine Studie aus den Jahr 1976 zeigt, dass die Sperrung verkehrstechnisch bewältigbar ist.
BAUSTEIN 3: GEGENVERKEHR URANIASTRASSE	
Beschreibung	Neue Fussgängerzone auf der Bahnhofstrasse zwischen Sihl- und Uraniastrasse sowie auf der Sihlstrasse (bis Steinmühleplatz) und der Seidengasse (bis Uraniastrasse).
Wirkung	Schaffung einer durchgehenden Fussgängerzone zwischen Paradeplatz und Hauptbahnhof; Attraktivitätsgewinn durch die Möglichkeit von Platzgestaltungen, ansprechendere Fusswegverbindung Richtung Sihlporte. In gewissen Bereichen besteht die Möglichkeit, neue Strassenrandparkplätze anzubieten.
Probleme	Reduktion der Leistungsfähigkeit für den MIV auf der verbleibenden Achse der Uraniastrasse um 20 - 25 %. Abklassierung der Sihl- und Bahnhofstrasse im regionalen Verkehrsplan (Richtplanung).
BAUSTEIN 4: PELIKANPLATZ	
Beschreibung	Fussgängerzone im Bereich des barocken Pelikanplatzes und zusätzlich ev. von zwei Zufahrtsstrassen.
Wirkung	Erhöhung der Aufenthaltsqualität im Bereich verschiedener Veranstaltungsorte, Potenzial für ein attraktives Kulturzentrum. Schaffung einer weiteren attraktiven Verbindung zur Sihlporte.
Probleme	Grosse Kapazitätseinbussen für den MIV (Ziel-/Quell- und Durchgangsverkehr) auf dem Weg zur Innenstadt hin und von ihr weg. Verlust von 62 Parkplätzen; bei einer Etappierung (nur Pelikanplatz) könnten allenfalls neue Parkplätze geschaffen werden. Die Etappierung drängt sich auf, wenn Baustein 3 realisiert werden kann; sonst stehen sich zwei Verbindungen Richtung Sihlporte gegenüber.
BAUSTEIN 5: SIHLPORTE	
Beschreibung	Fussgängerzone im Bereich der Sihlporte, Sihlstrasse, Sihlbrücke und der Badenerstrasse.
Wirkung	Aufwertung eines stark vom MIV geprägten Platzes und einer wichtigen Fussgängerachse aus Aussenquartieren (Kreis 3, 4) von und zur Innenstadt. Bessere Verknüpfung des ÖV in diesem Bereich. Möglichkeiten zur Kompensation von Parkplatzverlusten.
Probleme	Kapazitätsabbau für den MIV im Bereich der Sihlbrücken, was eine Reduktion des Verkehrsaufkommens um 15 % in den Spitzenstunden bedingt. Umgestaltung der Alternativrouten notwendig. Änderungen des regionalen Verkehrsplanes sind notwendig.
BAUSTEIN 6: MÜNSTERHOF	
Beschreibung	Fussgängerzone auf dem Münsterhof
Wirkung	Wiederherstellung der Aufenthaltsattraktivität
Probleme	Verlust von 125 Parkfeldern (4 % der Parkfelder im Kreis 1)
BAUSTEIN 7: VERBINDUNG ZUM SEE	
Beschreibung	Verbindung zum See via Bahnhofstrasse, Fraumünsterstrasse, Stadthausquai, oberer Limmatquai.
Probleme	Erhöhung der Aufenthaltsqualität im heute von Parkplätzen dominierten Renommierquartier des 19. Jahrhunderts für Stadtbewohner und Touristen.
Wirkung	319 Parkfelder müssten ersetzt werden, was nur im Rahmen einer unterirdischen Anlage möglich wäre. Baustein 2 ist Vorbedingung für rechte Limmatseite.

SEEWER 2000 nach ERWEITERUNG FGZ INFORMATIONSGESPRÄCHE 1993

Tabelle 14: Die sieben Bausteine für die Erweiterung der Fussgängerzone Stand 3.2.93

2.2.3.4 Planungsarbeiten und verkehrspolitische Diskussionen

Die Verwaltung trieb im Folgenden die Arbeiten zur Erweiterung der Fussgängerzonen voran. Die Koordination lag weiterhin beim Stadtplanungsamt, beteiligt waren auch weitere Ämter, v. a. die Verkehrsabteilung der Stadtpolizei, die die Auswertung der Verkehrsmodellberechnungen durchführte. Verschiedene Pläne illustrierten das Vorhaben (ERWEITERUNG FGZ ATTRAKTIVITÄTSGEWINNE, BAUSTEINE, SPURENPLAN, VERKEHRSSYSTEM 1993).

Im März 1993 drangen erstmals Gerüchte an die Öffentlichkeit, die besagten, dass die Stadt die *Parkgebühren* in der Innenstadt stark erhöhen wolle (TA 15.3.93). Die Diskussion verlief polemisch, die Gemüter erhitzten sich an Parkgebühren von bis zu Fr. 5.- pro Stunde, wie dies eine VCS-Studie und z. T. auch städtische Amtsstellen vorschlugen.

Die *Sperrung des Limmatquais* für den Durchgangsverkehr kam nicht nur im Rahmen der Planungen zur Erweiterung der Fussgängerzone zur Sprache (TA 15.1.93). Die Polizeidirektion unternahm zusätzliche Anstrengungen. Sperren wollte sie den mittleren Limmatquai zwischen Münster- und Rudolf-Brun-Brücke. Damit nahm sie das Projekt von 1987 wieder auf. Es zeigte sich allerdings, dass dazu eine Änderung des kommunalen Verkehrsplanes notwendig wäre. Heute ist die Verbindung als durchgängige Verkehrsstrasse gekennzeichnet, was nur eine Verkehrsberuhigung, nicht aber eine Sperre ermöglicht. Eine solche Änderung unterliegt dem fakultativen Referendum und Einsprachen können sie weiter blockieren. Die bürgerlichen Parteien und Interessenorganisationen wie der TCS wandten sich gegen eine Sperrung und plädierten dafür, zuerst die Erfahrungen mit den geplanten Sanierungsarbeiten im Sommer 1994 abzuwarten. Die linken und grünen Parteien wollten die Sperre möglichst rasch durchsetzen. Im Juni tauchte erstmals auch die Idee einer partiellen Sperrung auf. Der MIV könnte die Strasse nur zwischen 6 bis 17 Uhr befahren (TA 15.1.93, 15.3.93, 10.5.93, 16.6.93). Verschiedene Stimmen äusserten die Furcht vor einer allfälligen Volksabstimmung kurz vor den Wahlen. Der Stadtrat selber lavierte zwischen den Positionen und äusserte sich wenig klar, bis er schliesslich die Vorlage unter Protest der Linken und Grünen zurückzog. Zuerst wollte er die Erfahrungen aus der baubedingten Sperrung abwarten. Angst hatte man hauptsächlich vor dem Ausweichverkehr in die Quartiere (TA 17.6.93).

1993 formierten sich auf der linken und grünen Seite neue Initiativen, die mit ihren Ideen auch die innenstädtische Verkehrspolitik beeinflussen sollten. Anfang April 1993 beschlossen die Grünen an ihrer Mitgliederversammlung die Lancierung der *Piazza-Initiative*. Auf dem gesamten Stadtgebiet sollen mindestens zwölf autofreie Plätze entstehen, zudem sind alle Vorschriften aufzuheben, die das urbane und kulturelle Leben auf diesen Plätzen verhindern oder behindern. Die Initiative strebte bewusst auch eine weit gehende Verkehrsberuhigung ausserhalb des Stadtzentrums, in den Wohnquartieren an (TA 3.4.93). Die Initiative kam zu Stande, wurde aber ursprünglich nicht mit der Erweiterung der Fussgängerzone in Zusammenhang gebracht. Später spielte sie aber wieder eine Rolle. Im Oktober 1993 gründeten Aktivisten die Gruppe *Zürich autofrei! (Zaf!)*, die sich zum Ziel setzte, eine Initiative zu lancieren, die eine Stadt ohne motorisierten Individualverkehr anstrebt (TA 14.10.93)[25]. Zaf! reichte die Initiative schliesslich im Oktober 1995 ein (TA 14.10.95). Der Stadtrat lehnte sie ab, mit der Begründung, dass sie nur auf den Quartierstrassen, nicht aber auf dem übergeordneten Strassennetz anwendbar sei. Die Umsetzung wäre mit einem unverhältnismässigen Kontrollaufwand verbunden (TA 18.4.96). Der Gemeinderat verwarf den Vorstoss mit 65 gegen 39 Stimmen trotz fantasievoller Kampagne (TA 31.10.96).[26]

Stadtrat Ruedi Aeschbacher wurde am 6. März 1994 überraschend abgewählt. Zwar blieb die linksgrüne politische Mehrheit sowohl im Stadtrat als auch im Gemeinderat erhalten. Der seit 16 Jahren amtierende Aeschbacher, der wie immer nur mit der kleinen Hausmacht EVP antrat, wurde eigentlich gewählt, musste aber als überzähliger Kandidat über die Klinge springen. Verkehrsfragen standen im Wahlkampf nicht im Vordergrund. Kommentatoren deuteten die Abwahl nicht eigentlich als Miss-

---

[25] Analoge Gruppen wurden vorher schon in Basel, St. Gallen, Luzern und Bern gegründet.

[26] Das Vorhaben wurde in der Volksabstimmung im März 1997 mit 32 zu 68 % abgelehnt. Allerdings stimmten einige besonders vom Verkehr betroffene Stadtkreise zu.

trauensvotum gegen Aeschbacher oder seine Verkehrspolitik, sondern stellten fest, dass der früher oft polarisierende Aeschbacher beim Zürcher Wahlvolk schlicht vergessen ging. Jedenfalls zeigt eine Befragung des Stadtplanungsamts, dass zum Zeitpunkt der Wahlen eine Mehrheit der Bevölkerung mit den Zielen der Zürcher Verkehrspolitik einverstanden war (SPAZ 1994). Zur Nachfolgerin von Aeschbacher wurde die der bürgerlichen Minderheit in der Stadtregierung angehörende Kathrin Martelli (FDP) gewählt. Sie äusserte sich im Juni 1994 als Stadtrat erstmals öffentlich zu ihrer verkehrspolitischen Linie. Dabei kam zum Ausdruck, dass sie an der etappenweisen Erweiterung der Fussgängerzone festhalten wollte, dass sie aber auch neue Parkhäuser im Innenstadtbereich errichten möchte (TA 28.6.94).

In diesem verkehrspolitisch turbulenten Jahr, war es um die Frage der Erweiterung der Fussgängerzone eher ruhig. Im nächsten Kapitel stehen nun die nächsten wichtigen Schritte der Planungsarbeiten im Vordergrund.

2.2.3.5 Die Verkehrsmodellrechnung als Basis für das weitere Vorgehen

Im November 1993 fand eine Informationsveranstaltung statt, an der das Stadtplanungsamt den Planungsstand bekannt gab. Gegenüber den Vorschlägen von Anfang Jahr hatte sich allerdings nichts verändert. Die Behörden betonten, dass die ganze Innenstadt eine Einheit sei, so würden ältere Begehren wie die Umwandlung des Münsterplatzes in eine Fussgängerzone ebenfalls in den Planungsprozess einbezogen (TA 18.11.96). Im Dezember 1993 reagierte der Stadtrat erneut auf die bürgerliche Initiative „für attraktive Fussgängerzonen". Er wies darauf hin, dass er den Vorstoss ablehne. Neben der in Frage stehenden rechtlichen Gültigkeit kritisierte der Stadtrat den Begriff „traditionelle Detailhandelsgebiete" sowie die zu wenig restriktiven Ein- und Durchfahrtsrechte für Motorfahrzeuge. Die Regierung möchte der Initiative deshalb als Gegenvorschlag einen Gemeindebeschluss entgegenstellen: *„Der SR wird nach Massgabe der vom Gemeinderat im Voranschlag eingesetzten Mittel ermächtigt und verpflichtet, die Schaffung neuer FGZ voranzutreiben und bestehende FGZ zu erweitern."* (TA 16.12.96) So könne das Ziel einer etappenweisen Verdichtung autoarmer Stadtbereiche innerhalb der barocken Stadtbefestigung am besten erreicht werden. Die Öffentlichkeit nahm den Gegenvorschlag in diesem Moment ohne grosse Kommentare auf.

Einen Tag später gab die Stadt bekannt, dass der Limmatquai wegen Bauarbeiten ab April 1994 bis Dezember 1994 ganz oder teilweise gesperrt werden würde. Die Planer könnten die Auswirkungen einer Sperrung auf das Verkehrsgeschehen überprüfen (TA 17.12.93). Im Frühsommer 1994 war der Limmatquai dann während sieben Wochen teilweise gesperrt, während zwei Tagen im Juni sogar ganz. Die Stadtpolizei erfasste das Verkehrsgeschehen mit Hilfe von Messungen. An gewissen Stellen waren starke zusätzliche Belastungen festzustellen, ein Verkehrskollaps trat aber nirgends ein. Die Grünen lobten und die Automobilverbände kritisierten den Versuch (TA 14.6.94, 18.6.94).

Die Ergebnisse dieser Untersuchungen sowie Verkehrsmodellberechnungen bildeten dann die Basis für eine weitere Runde von Informationsgesprächen.

Im Sommer 1994 hielt das Stadtplanungsamt auf Grund der Verkehrsmodellberechnungen eine weitere Runde von Informationsgesprächen ab. Bei den Berechnungen nahmen die Behörden den „worst case" an - keine einzige Autofahrt würde substituiert werden. Sie betrachteten die konkreten Auswirkungen auf die drei Elemente *Innenstadt-Umfahrung,*[27] *City-Erschliessungsbügel*[28] und den *Zu- und Wegfahrten.*[29]

---

[27] Rämistr., Hirschen-, Seilergraben, Bahnhofplatz, Strassen entlang der Sihl, Ulmbergtunnel, A.-Escher-Str., General-Wille-Str., General-Guisan-Str.

[28] Mühlegasse, Uraniastr., Talstr. sowie Stockerstr., Selnaustr.

[29] Uto-Quai, Zeltweg, Hottingerstr., Rämistr., Zürichbergstr., Weinbergstr., Stampfenbachstr., Neumühlequai, Bahnhofquai, Lagerstr., Militärstr., Werdstr., Stauffacherstr., Schimmelstr., Brandschenkstr., Bederstr., Seestr., A.-Escher-Str., Mythenquai

Die Berechnungen zeigten verschiedene heikle Punkte (ERWEITERUNG FGZ INFORMATIONSGESPRÄCHE 1994:2):

- Bei den Zu- und Wegfahrten käme es zu relativ starken Mehrbelastungen anderer Zufahrtstrassen, die z. T. durch Wohnquartiere führen.
- Im Falle einer Sperrung des Limmatquais käme es auf der Innenstadtumfahrung zu Mehrbelastungen bis zu 40 %.[30] Hier erhoffte man sich 1994 Erkenntnisse auf die für 1995 vorgesehene Sperrung des Strassennetzes auf Grund von Tramgleissanierungsarbeiten.
- Im Bereich des City-Erschliessungs-Bügels käme es zu einer starken Überlastung, wenn Baustein 3 und 5 nicht zusammen verwirklicht würden.

Die Berechnungen zeigten deutlich, dass bei einer Reduktion der Verkehrsmenge in der Innenstadt um 15 - 20 % die vorgesehene Erweiterung der Fussgängerzone verkehrlich auch ohne spezielle Massnahmen funktionieren würde. Es würden einzig einige – lösbare – Schwierigkeiten an Knoten entstehen. Die Berechnungen mit Hilfe des Verkehrsmodells haben schliesslich nur sehr geringfügige Fahrzeitverlängerungen ergeben.[31]

Die Stadtbehörden hielten fest, dass sie sich mit dem gewählten Vorgehen auf dem richtigen Weg befinden: *„Zusammenfassend kann festgestellt werden, dass sich aus den bisherigen Resultaten der Verkehrsberechnungen keine Änderungen am Konzept aufdrängen. Sie zwingen aber eindeutig, dass die beiden Bausteine ‚Gegenverkehr Uraniastrasse‘ und ‚Sihlporte‘ eng miteinander verknüpft sind. Für den Baustein Limmatquai werfen sie einige Fragen auf; hier werden zweifellos die Messungen und Zählungen im nächsten Sommer genauer Aufschluss geben. Auf Grund der für die Verkehrsberechnungen nötigen genauen Abklärungen lässt sich für die verschiedenen Szenarien auch eine Parkplatzbilanz ziehen: Beim favorisierten Szenario 3000 beliefe sich der Parkplatzabbau auf gut 40 Parkplätze (...); bei anderen Szenarien stiege der Nettoverlust an Parkplätzen über 80."* (ERWEITERUNG FGZ INFORMATIONSGESPRÄCHE 1994:3)

Die Behörden versprachen neuen Bericht und Abklärungen auf Anfang 1995. Der Bericht erschien allerdings erst im Oktober 1995.

2.2.3.6 Initiative aus dem Gemeinderat

Die bestimmenden verkehrspolitischen Themen waren im Folgenden die geplante Verteuerung der zentralen Parkplätze sowie die baubedingte Sperrung des Limmatquais, die nun endlich im Sommer 1995 stattfinden sollte.

Die Vorlage zur Verteuerung der zentralen Parkplätze nahmen die Stimmbürger im Herbst 1994 an (TA 26.9.94). Die Parkplatzfrage wurde anfangs 1995 erneut aktuell, als es um den Umbau des Theaterhauses Gessnerallee ging. Darunter wollte v. a. der Kanton ein Parkhaus bauen, damit die Parkplätze auf dem provisorischen Parkdeck über der Sihl, die nur bis 1999 konzessioniert sind, ersetzt werden können (TA 25.1.95). Im Sommer nahm dann der Gemeinderat ein Postulat an, das den sofortigen Abbau des Parkdecks forderte. Auch die zuständige Stadträtin Martelli unterstützte den Vorschlag (TA 15.7.95). Entscheide aus dem November 1995 verhinderten den Bau in der geplanten Form (NZZ, 11.11.95). Die Stadt war aber in ihrem Handlungsspielraum eingeschränkt, weil der Kanton die Konzession an die private City Parkhaus AG erteilt hatte. Währenddem Gemeinde- und Stadtrat sich eher gegen neue Parkierungsanlagen aussprachen, oder sie in Zusammenhang mit dem Ausbau der Fussgängerzone sahen (TA 14.7.95), forderten Vertreter des Gewerbes und der Automobilverbände auf vehemente Weise neuen Parkraum, so z. B. unter dem Münsterplatz (TA 26.10.95). Mit einer Studie wollte das Forum für den Detailhandel den hohen Wert von Cityparkplätzen nachweisen und forderte zur Attraktivierung des Einkaufs in der Innenstadt und zur Existenzsicherung im Konkurrenzkampf mit den Einkaufszentren auf der grünen Wiese zusätzliche 1'000 Parkplätze für die Innenstadt.

---

[30] Betroffen wären v. a. Rämistrasse, Hirschengraben und Seilergraben

[31] Fahrten von und zur Innenstadt: geringfügige Veränderungen; Fahrten in der näheren Umgebung der City: maximal drei Minuten; Fahrten bis zur Stadtgrenze: maximal sechs Minuten (SPAZ 1994:3)

Der Wunschbedarf belief sich gar auf 5'000 Parkplätze. Die Einzelhändler sahen aber selber ein, dass eine so grosse Anzahl politisch nicht realisierbar wäre (TA 14.7.95; FORUM DES DETAILHANDELS 1995a-d).[32]

Ende April 1995 wurde der Limmatquai für sechs Monate für den MIV gesperrt, Anlieferung und ÖV konnten weiterhin verkehren (TA 26.4.95, 16.5.95). Die Behörden wollten während der Bauarbeiten den Verkehr auf den Ausweichrouten genau untersuchen. Erste Resultate zeigten, dass sich die 22'000 Fahrzeuge, die sonst dort täglich verkehren entweder weiträumig verlagert haben oder substituiert worden sind. An einzelnen Strassenabschnitten seien Staus aufgetreten und gewisse Fahrzeiten hätten leicht zugenommen. Das Gewerbe konnte keine negativen Auswirkungen feststellen (TA 3.6.95). Die Mehrheit der Anlieger sprach sich gar für eine dauerhafte Sperrung aus. 90 % der Mitglieder der lokalen Geschäftsvereinigung Limmatquai-Dörfli waren jedoch dagegen, weil sie den Verlust der Autokunden befürchteten. Bemerkenswert ist allerdings, dass am Limmatquai überhaupt keine Parkierungsmöglichkeiten zur Verfügung stehen, die Autokunden benutzen könnten (Tagblatt der Stadt Zürich 8.6.95).

Nach der erfolgten Sanierung wurde der Limmatquai für den MIV geöffnet. Die Sperrung wurde aber schon bald wieder zum Thema. In der Frage der Erweiterung der Fussgängerzone trat nun ein bisher eher stiller Akteur auf die Bühne.

Im Mai 1995 erfuhr die Öffentlichkeit, dass die Verkehrskommission des Gemeinderat die Initiative „für attraktive Fussgängerzonen" berate. Die Verkehrskommission wollte einen weiteren Gegenvorschlag zu demjenigen des Stadtrats entwickeln. Sie sah die zentrale Problematik in der Frage der zu ersetzenden Parkplätze. Der Grundsatz fand Anerkennung, die oberirdisch aufgehobenen Parkplätze unterirdisch zu ersetzen. Zu diesem Zeitpunkt aber postulierte die Mehrheit der Verkehrskommission, dass dies nicht unbedingt gleichzeitig erfolgen müsse. Dieser Verzicht auf einen Parkplatzabbau erschien für die linken und grünen Parteien kaum annehmbar zu sein (TA 12.5.95). Den Weg zur Verwirklichung ihrer Ziele sah die Verkehrskommission darin, die Fussgängerzonen im Sinne politischer Leitlinien in die Richtplanung aufzunehmen und den Fussgängerbereich im regionalen Verkehrsplan zu verankern. Bewusst war hier ein erstes Mal von *Fussgängerbereich* an Stelle von Fussgängerzone die Rede.

Der in den Grundzügen entwickelte Gegenvorschlag sollte weiter verfeinert, Mitte September 1995 der Verkehrskommission vorgestellt und Ende Jahr im Gemeinderat beraten werden. Anschliessend hätte dann die hängige Initiative zurückgezogen werden können (TA 12.5.95). Dieser Zeitplan war nicht einzuhalten. Im Oktober 1995 unternahm die stadträtliche Verkehrskommission zusammen mit Stadträtin Martelli und Mitgliedern der Verwaltung eine Reise nach Barcelona und Madrid, um die dortigen Verhältnisse zu studieren (TA 9.10.95, 14.10.95). Reisen in andere Städte sind ein Mittel, das der Präsident der Verkehrskommission Bruno Kammerer (SP) verschiedentlich angewendet hat, um bei heiklen Fragen neue Ideen und Lösungsansätze kennen zu lernen (VK GR 1991). Offensichtlich schien die Zeit für einen Kompromiss in der Zürcher Innenstadtverkehrspolitik reif zu sein (TA 8.1.96). Und auch aus Verwaltung kamen neue Zeichen.

Im Oktober 1995 legte das Stadtplanungsamt Rechenschaft ab über den Stand der Diskussion zur Erweiterung der FGZ (ERWEITERUNG FGZ 1995). Diese Diskussionsgrundlage hätte bereits anfangs des Jahres erscheinen sollen, erlebte aber Verzögerungen auf Grund der langwierigen Arbeiten an den Verkehrsmodellrechnungen (I1). Ein weiterer Bericht gleichen Inhalts, ergänzt mit den Ergebnissen der Vernehmlassung, erschien im März 1996 (ERWEITERUNG FGZ 1996). Hier zeichnete als Autor allerdings nicht mehr das Stadtplanungsamt, sondern die Abteilung Verkehrsplanung des Tiefbau- und Entsorgungsdepartements. Das Stadtplanungsamt war auf Ende 1995 aufgelöst worden. Das Fussgängerzonendossier war für drei Monate von der unabhängigen Abteilung Verkehrsplanung übernommen worden, bevor es dann am 1. April 1996 zur Hauptabteilung Verkehrsplanung beim Tiefbauamt kam. (I1)

---

[32] LUTZ (1996:36) hat nachgewiesen, dass die Berechnungen des Forums für den Detailhandel wissenschaftlich nicht haltbar sind.

Beide Berichte zeigen noch einmal auf, wie es zur Erweiterungsplanung gekommen war. Sie nehmen Bezug auf Aspekte der Luftreinhaltung und auf die Vorstösse aus dem Gemeinderat und rekapitulieren das planerische Vorgehen. Die vorgebrachten Zielsetzungen entsprechen den bereits 1991 formulierten Ansprüchen.. Die Stadt postulierte klar: „*Da grosse Eingriffe in die Stadt, wie sie Konzept A [Fussgängerzone Innenstadt, AdA] bedingen würde, nur sehr schwer zu kontrollieren sind, **wurde im Einvernehmen mit den Gesprächspartnern beschlossen, nach Konzept C [schrittweise Erweiterung, AdA] vorzugehen***" (ERWEITERUNG FGZ 1995, 1996:13).

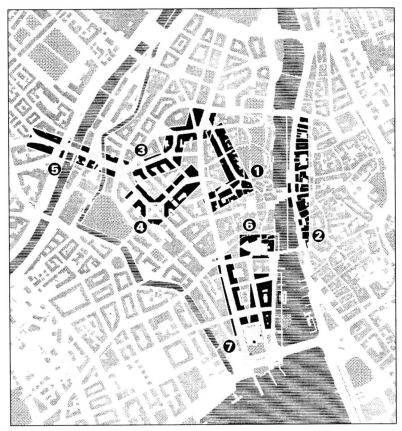

Bausteine: 1. Rennweg, 2. Mittlerer Limmatquai, 3. Trülleplatz, 4. Pelikanplatz, 5. Sihlporte, 6. Münsterhof, 7. Verbindung zum See
ERWEITERUNG FGZ 1995, 1996:14

Abbildung 11: Bausteine der ersten Erweiterungsetappe

Das Stadtplanungsamt stellte die sieben Elemente der etappenweisen Erweiterung vor und illustrierte das Umgestaltungspotenzial mit Hilfe von Skizzen. Die Bausteine sind dabei gleich geblieben, Baustein 3 erhielt allerdings den neuen Namen „Trülleplatz" statt „Gegenverkehr Uraniastrasse". Zur ersten Etappe gehören fünf Bausteine, die Bausteine „Münsterhof" und die „Verbindung zum See" stellten die Planer zurück. Die Behörden begründeten dies einerseits damit, dass viele Parkplätze verloren gingen, die weder ober- noch unterirdisch ersetzt werden können. Andererseits habe eine Befragung gezeigt, dass die dortigen Geschäftsleute dem Fussgängerbereich nicht angehören möchten. Den Perimeter der verschiedenen Elemente zeigt Abbildung 11.

Die Verfasser des Berichts schätzten die Auswirkungen des Projekts im Rahmen der ersten Etappe ab. Als Erstes könnte eine grosse, zusammenhängende und damit attraktive Fussgängerzone im Perimeter Bahnhofstrasse - Uraniastrasse - Mühlegasse - Seilergraben - Hirschengraben - Rämistrasse - Limmatquai - Münsterbrücke - Poststrasse entstehen. Damit würde der Ziel- und Quellverkehr von und zur Innenstadt, aber auch der Durchgangsverkehr abnehmen.

Der zu erwartende *Parkplatzverlust* von 40 bis 50 Stück war ebenfalls ein Thema. Die Realisierung weiterer Parkhäuser in der Innenstadt war nicht vorgesehen. Man zeigt sich aber bestrebt, zumindest zu versuchen, die Parkhäuser Theaterhaus Gessnerallee mit 500 und Opernhaus mit 200 Plätzen zu bauen, was eine ausgeglichene Parkplatzbilanz garantiere. Zusätzlich war es ein Ziel, die bestehenden Parkplätze besser zu nutzen. Die langfristige Perspektive hielten die Stadtplaner in einer - eher subtil zurückhaltenden - Vision fest (Tabelle 15).

Langfristig soll die Innenstadt innerhalb der barocken Stadtbefestigungen zum Fussgängerbereich werden. Dabei sollen einzelne Achsen, insbesondere die Parkhauszufahrten nach wie vor für den motorisierten Individualverkehr offen bleiben. Dieser Fussgängerbereich wird nicht im strengen Sinne autofrei sein: Fahrten für Zulieferung, Entsorgung und zum Güterumschlag, Zufahrten von Handwerkerinnen und Handwerkern sowie Serviceleuten, von Taxis und Anwohnenden werden nach wie vor nötig sein. Aber auch diese Fahrten sollten sich reduzieren lassen. So könnte eine koordinierte Zulieferung ab einem Güterverteilzentrum die nötigen Zufahrten stark reduzieren.

Die Umwandlung des ganzen Gebietes in einen Fussgängerbereich wird aber Zeit brauchen. So wäre es nicht nur nutzlos, sondern gar gefährlich (Kriminalität), wenig belebte Strassenzüge zu Fussgängerzonen zu machen. Erst wenn solche Bereiche durch die Nachbarschaft zu neuen, attraktiven Fussgängerflächen an Frequenzen gewonnen haben, kann hier die Umwandlung ins Auge gefasst werden.

Für das Funktionieren der ganzen Innenstadt als Fussgängerbereich werden auch Verhaltensänderungen nötig sein. Auch diese benötigen Zeit. Mit den jetzt vorgesehenen moderaten Umstellungen können solche Änderungen gefördert werden, ohne das Funktionieren der Innenstadt zu gefährden.

Der Entwurf für eine erste Etappe dieser Erweiterung ist so ein kleiner Schritt in Richtung autoarme Innenstadt.

SEEWER 2000 nach ERWEITERUNG FGZ 1995, 1996:22

Tabelle 15: Vision der zukünftigen Innenstadt

Die Einflüsse der Erweiterung der Fussgängerzone auf die Wirtschaft waren Thema der abschliessenden Betrachtungen. Die dabei zu Tage gelegte Haltung war sehr differenziert. Allerdings spielte die Chance für den Detailhandel, die mit der Erweiterung der Fussgängerzone verbunden wäre, eine grosse Rolle. Nicht einzig die Erreichbarkeit mit dem Personenwagen sei ausschlaggebend für die Attraktivität eines Standortes. Es gelte auch die Erschliessung mit öffentlichen Verkehrsmitteln zu berücksichtigen und v. a. auch die Passantenfrequenz.

Im Bereich der verkehrlichen Erschliessung wiederholte der Bericht die Erkenntnisse: *„Insgesamt zeigt sich, dass bei einer Reduktion der Verkehrsmenge in der Innenstadt um 15 % die vorgesehene Erweiterung der Fussgängerzone verkehrlich auch ohne spezielle Massnahmen funktionieren wird."* (ERWEITERUNG FGZ 1995, 1996:26,27) Die Planer dokumentierten neu die Erfahrungen aus der baubedingten Sperrung des Limmatquais im Sommer 1995. Die Resultate der Verkehrsmodellrechnungen konnten sie im Wesentlichen bestätigen. Im Verkehr aus dem Norden in den Süden der Stadt kam es kaum zu Problemen, während in umgekehrter Richtung Behinderungen spürbar waren. Hervorzuheben sind die aufgetretenen Fahrzeitverbesserungen für den öffentlichen Verkehr. Diese Fahrzeitgewinne würden nach der Umsetzung der ersten Etappe noch zunehmen. Schliesslich erwähnten die Behörden in diesem Zusammenhang auch, dass das öffentliche Verkehrssystem genügend Kapazitäten aufweist, um zusätzlichen Verkehr von allfälligen Umsteigern zu bewältigen. Mit der Erweiterung der Fussgängerzone gäbe es sowohl für den rollenden als auch den ruhenden Veloverkehr Verbesserungen.

Für das weitere Vorgehen schlug das Stadtplanungsamt folgende Schritte vor (nach ERWEITERUNG FGZ 1995, 1996:28):

- *Die betroffenen Kreise sollen Gelegenheit erhalten, zum vorliegenden Konzept Stellung zu nehmen.*
- *Anschliessend fasst der Stadtrat dazu Beschluss.*
- *Danach leiten die Behörden die notwendigen Richtplanänderungen ein - d. h. die Revision des kommunalen Verkehrsplans. Diese Änderung braucht eine öffentliche Auflage. Im Rahmen dieser Auflage kommt das ganze Konzept der ersten Etappe zur Präsentation.*

- *Nach den erfolgten Richtplanänderungen kann die Detailprojektierung der einzelnen Elemente vorgenommen werden.*
- *Die Realisierung soll möglichst gemeinsam mit sowieso anstehenden Bauarbeiten an die Hand genommen werden.*
- *Die Planung beeinflussen können noch die Beratungen der gemeinderätlichen Verkehrskommission und die Abstimmung über die Volksinitiative „für attraktive Fussgängerzonen."*

Nachdem an den Informationsgesprächen das Konzept vorgestellt worden war, erhielten die Gesprächspartner die Gelegenheit, ihre Meinung schriftlich mitzuteilen. Diese begrüssten Zielsetzung und Vorgehen. „Umweltorientierte Kreise" zogen dem Konzept C eher das Konzept A vor. Auf der anderen Seite gab es auch Wünsche nach einer Aufnahme des Anliegens „flüssiger Durchgangsverkehr durch die Innenstadt" in den Zielkatalog. Die Bausteine „Rennweg" und „Pelikanplatz" fanden grundsätzlich Zustimmung. Differenzen zeigten sich bei der Frage nach dem Parkplatzersatz. Anwohner- und Umweltkreise bejahten „Limmatquai", „Trülleplatz" und „Sihlporte", Wirtschaft- und Automobilorganisationen kritisierten die Verminderung der Zugänglichkeit der Innenstadt. Im Falle des Limmatquais schlugen sie eine temporäre Sperrung vor.

Bei der Parkplatzfrage standen sich die Wirtschafts- und Automobilverbände sowie die Anwohner- und Umweltkreise gegenüber. Die Wirtschaft forderte einen 1:1-Ersatz, bei dem auch qualitative Argumente zu berücksichtigen sind. Die Gegenseite sprach sich für die Realisierung der ersten Etappe ohne Parkplatzkompensation und einen Abbau von 20 bis 25 % der Innenstadtparkplätze aus. Zu reden gaben auch die Zufahrtsvorschriften für den Lieferverkehr und den Veloverkehr. Eine neu vorgebrachte Idee war die „Wirtschaftsverträglichkeitsprüfung" verkehrsplanerischer Massnahmen. Die Stellungnahmen sind im Bericht ERWEITERUNG FGZ (1996:32,33) zusammengefasst. Die Autoren des Berichts kamen zum mässig zuversichtlichen Schluss: *„Zusammenfassend kann festgestellt werden, dass die Bausteine Rennweg und Pelikanplatz mit einer breiten Unterstützung rechnen können, sofern der nötige Parkplatzersatz geschaffen wird. Bei den übrigen drei Bausteinen werden von Seiten der Wirtschaft und der Automobilverbände eher Bedenken angemeldet, während andere Stellungnahmen eher positiv sind."* (ERWEITERUNG FGZ 1996:31)

Die Öffentlichkeit beachtete den Bericht und die Vernehmlassung dazu wenig. Aufmerksamkeit erzielten jedoch im März 1996 die neuen Vorschläge der gemeinderätlichen Verkehrskommisson. Ende März 1996 wurde bekannt, dass die Mitglieder der Verkehrskommission die Blockade im Bereich der Verkehrspolitik offensichtlich überwinden konnten. Unter Präsident Bruno Kammerer (SP) hatten sie ein Kompromisspapier ausgearbeitet, das auf eine Änderung des Verkehrsplanes aus dem Jahr 1990 abzielte. Darin stellte sie einen Gegenvorschlag zu den Initiativen „für attraktive Fussgängerzonen" und neu auch zur „Piazza-Initiative" dar. Den Initianten sollte es so möglich sein, ihre Vorstösse zurückzuziehen. Die geplante Ergänzung fixierte die Zahl der 3'560 Kunden- und Besucherparkplätze in der Innenstadt auf dem Stand von 1990 und schrieb vor, wegfallende oberirdische Parkplätze durch unterirdische zu ersetzen. Der Betrieb einer Fussgängerzone wäre dann möglich, wenn der Parkplatzersatz sichergestellt wäre. Im Gegensatz dazu würden neue (private) Parkierungsanlagen erst in Betrieb kommen, wenn eine Fussgängerzone eingerichtet ist. Fussgängerzonen sollten für Anwohner-, Anlieferverkehr und Taxis durchlässig bleiben. Die *Wiedergewinnung urbaner Qualität* erhielt viel Gewicht. Erste Stellungnahmen sprachen entweder von einem historischen Kompromiss oder aber von einer blossen Absichtserklärung. Die grossen Parteien SP, FDP und CVP standen jedenfalls dahinter, während die Grünen wegen der Parkhausfrage Mühe bekundeten. Die Wirtschaftsvertreter erklärten, den Parkhausbau vorantreiben zu wollen (TA 20.3.96, 21.5.96).

Einige Tage später gab dann der Stadtrat sein Konzept zur Erweiterung der Fussgängerzone bekannt. Von den sieben vorgesehenen Bausteinen wollte er in einer ersten Etappe zwei verwirklichen:

1. Am Rennweg sind Kanalisationsarbeiten notwendig, danach soll das Gebiet in eine FGZ ohne Parkplätze umgewandelt werden. Dabei gehen vierzig Parkplätze verloren. Beschränkte Zufahrtsmöglichkeiten sollen bestehen bleiben (Anlieferung 5 bis 12 Uhr; Taxis, Hotelgäste und Notfalldienste immer; Neuregelung für den Veloverkehr).

2. Der Limmatquai soll zwischen Münster- und Rudolf-Brun-Brücke für den Durchgangsverkehr gesperrt werden.

Gerade die vorgesehene Sperrung des Limmatquais hatte auf kontroverse Reaktionen zur Folge. Die notwendige Änderung des kommunalen Verkehrsplanes unterlag dem fakultativen Referendum, weiter konnten gegen beide Vorhaben Rechtsmittel ergriffen werden, sodass bis zu einer Umsetzung mindestens zwei Jahre verstreichen würden. Bei der Frage der Sperrung des Limmatquais herrschte im Stadtrat Uneinigkeit. Die zuständige Stadträtin Martelli sprach sich für eine temporäre Sperrung (nach Tageszeiten) aus, während eine Mehrheit ihrer Kolleginnen und Kollegen eine vollständige Schliessung befürwortete. Wichtiger Exponent für die Sperrung war der Polizeidirektor Robert Neukomm, der an die verkehrliche Machbarkeit glaubte (TA, NZZ 29.3.96). Zeitungskommentatoren begrüssten die Vorschläge verhalten. Sie stellten aber auch die Frage, was vom angekündigten Kompromiss noch zu halten sei (NZZ 29.3.96).

Mitte April stimmte die Verkehrskommission einstimmig der geplanten Ergänzung des kommunalen Verkehrsplanes zu (15 Ja-Stimmen, 2 Enthaltungen von links-grüner Seite, 2 abwesende) (TA 18.4.96, 21.5.96). Während das Gewerbe die Initiative „für attraktive Fussgängerzonen" zurückziehen wollte, sobald der Gegenvorschlag rechtsgültig sein würde, hielten die Grünen an ihrer Piazza-Initiative fest.

Trotzdem begann sich eine euphorische Stimmung breit zu machen, ein *Verkehrskompromiss* schien gefunden worden zu sein. Der Gemeinderat nahm am 22. Mai 1996 mit einer Mehrheit von 95 gegen 11 Stimmen die Ergänzung des kommunalen Verkehrsplanes an (KOMPROMISS 1996, TA 23.5.96, NZZ 23.6.96). Dagegen sprachen sich die Grünen aus, da die Stabilisierung der Parkplatzzahl grüner Politik widerspreche. In der Debatte bezeichnete einer ihrer Vertreter die Vorlage gar als „Kuhhandel". Zentral für das Zustandekommen des Entscheides war sicher das Verhalten der übrigen Parteien, die von ihren langjährigen Positionen abrückten. Die SP sprach sich erstmals nicht gegen neue Parkplätze aus, die Bürgerlichen stimmten dem Rückzug der Initiative „für attraktive Fussgängerzonen" zu. Der Stadtrat verzichtete auf seinen Gegenvorschlag zu dieser Initiative (TA 23.5.96). Die Presse begrüsste den Vorschlag zurückhaltend positiv bis euphorisch.

„Die Ergänzung des Verkehrsplanes, die der Gemeinderat gestern mit deutlichem Mehr beschlossen hat, wirkt nicht spektakulär: Weder wurde ein Parkhaus bachab geschickt noch eine Umfahrungsstrasse oder ein Kredit bewilligt. Dennoch fand im Rathaus etwas statt, das es seit Jahren oder gar Jahrzehnten nicht mehr gegeben hat: Konstruktive Verkehrspolitik, in der - mit Ausnahme der Grünen, Alternativen und Feministinnen - alle Parteien im Hinblick auf ein gemeinsames Ziel zu Abstrichen bereit waren. ... Was die Übereinkunft wert ist, muss sich erst noch weisen. Eine Bewährungsprobe wird schon bald das Limmatquai bilden, wo der Stadtrat die Sperrung für den Durchgangsverkehr beantragt. Der eigentliche Tatbeweis sind die geplanten Parkhäuser Gessnerallee und Opernhaus, welche die Voraussetzung für den Ausbau der Fussgängerzone bilden." (TA 23.5.96)

„ ... Die politischen Parteien und Interessenvertreter haben nicht nur gelernt, aufeinander zu hören, Konzessionen zu machen und gemeinsam Wege zu finden, sondern einander zu vertrauen - vertrauen, dass niemand den anderen heimlich austrickst, indem entweder zusätzliche Parkplätze geschaffen oder abgebaut werden. ... Die Gemeinderatssitzung hat aber auch einen deutlichen Verlierer zu Tage gebracht. Die Grünen versuchen den ‚historischen Kompromiss' mit einem unmotivierten Querschuss im letzen Moment zu torpedieren. Die fundamentalistische Verachtung der Autos und die schwachen Argumente hatten jedoch zu wenig Gewicht, um das Blatt zu wenden." (NZZ 23.5.96)

Von einem historischen Kompromiss sprachen auch das „Tagblatt der Stadt Zürich" und die „Züri Woche". Die „DAZ" postulierte eine Wende in der Verkehrspolitik. Immer wieder stand die Person des Präsidenten der Zürcher Verkehrskommission, Bruno Kammerer, im Zentrum des Lobes. In der grössten Schweizer Zeitschrift erhielt er sogar die Rose der Woche: *„Was in der Stadt Zürich seit Jahrzehnten unmöglich schien, wurde Tatsache: eine konstruktive Verkehrspolitik. in einem ‚historischen Kompromiss' hat sich der Gemeinderat für die Erweiterung der Fussgängerzonen in der Innenstadt und die Verbannung der oberirdischen Parkplätze in unterirdische Parkhäuser ausgesprochen. Die Ergänzung des kommunalen Verkehrsplanes wurde von der gemeinderätlichen Verkehrskommission zwei Jahre lang vorbereitet. Dass der Kompromiss - wegweisend auch für andere Schweizer Städte - aber tatsächlich zu Stande gekommen ist, verdanken die Zürcher dem Kommissionspräsidenten und SP-Gemeinderat Bruno Kammerer: Er brachte mit viel Geduld, Geschick und Glaubwürdig-*

keit die Vertreter von Parteien, Gewerbe und Verwaltung an einen Tisch und zu einem Konsens." (Schweizer Illustrierte 27.5.96)

Nach diesem Kompromiss schien nun also der Weg geebnet zu sein, für die Vergrösserung der Zürcher Fussgängerzone bzw. des Fussgängerbereichs. Was aus dem „historischen Kompromiss" bis heute geworden ist, zeigt das folgende Kapitel.

2.2.3.7 „Historischer Kompromiss" - Wie geht es weiter?

Was in der Zeit seit dem Gemeinderatsentscheid gegangen ist, lässt noch keine abschliessende Beurteilung des Erfolgs zu.

In der Folge der neuen Konsenspolitik im Verkehrsbereich korrigierte die SP der Stadt Zürich ihre eigenen verkehrspolitischen Leitlinien. Die Partei will den Autoverkehr nicht mehr verdammen. Neu heisst das Ziel, eine „Kultur der Langsamkeit", des Nebeneinanders der Verkehrsteilnehmer auch auf den Hauptverkehrsstrassen zu fördern. Diese Anpassung stiess parteiintern auf z. T. heftigen Widerspruch. Die Delegiertenversammlung nahm das Grundsatzpapier aber deutlich an (TA 19.3.96, 29.6.96, 16.7.96). Die Grünen schlossen sich der Konsenspolitik auch später nicht an. Sie bleiben skeptisch eingestellt gegenüber dem Verkehrskompromiss: *„Das neue Verkehrskonzept der SP ist nichts Revolutionäres, bei weitem nicht. Es tönt nur etwas freundlicher. Es wird nicht lange dauern, bis die SP einsehen muss, dass sie auf diesem Weg ihre verkehrspolitischen Ziele nicht erreichen kann. ... Dieser Kompromiss verdient seinen Namen erst dann, wenn er zum ersten Mal zum tragen kommt. Dieser Tag liegt noch in weiter Ferne. Der Konsens über das stadträtliche Konzept für erweiterte Fussgängerzonen in der Innenstadt ist noch lange nicht hergestellt. Der Stadtrat hat eine erste Etappe vorgelegt, und schon hier gehen die Meinungen der Parteien sehr auseinander. Die Bürgerlichen werden den Stadtrat im Stich lassen, das ist schon jetzt absehbar."* (TA 5.7.96)

Thema der nächsten Diskussion war der Limmatquai. Der Gesamt-Stadtrat wollte ihn vollständig sperren, allerdings gegen die - neben Polizeivorstand Neukomm - zuständige Vorsteherin des Tiefbau- und Entsorgungsdepartements Martelli. Sie erhielt im Mai Unterstützung vom TCS Sektion Zürich, der eine Teilsperrung in einer Richtung oder eine temporäre Sperre forderte (TCS-Revue Sektion Zürich 5/95). Der TCS liess diese Variante prüfen. Die Studie des Ingenieurbüros Jenni und Gottardi kam zum Schluss, dass eine temporäre Sperre am wenigsten Vorteile brächte. Hingegen sei eine Teilsperrung in Richtung Central wünschenswert und mit nur wenigen Nachteilen verbunden. Deshalb forderte der TCS, diese Lösungsvariante in die Diskussion einzubeziehen (TA 19.9.96). Eine FDP-Motion nahm den Vorschlag der Teilsperrung auf, während die SVP eine Sperrung des Limmatquais grundsätzlich ablehnte. In seiner Antwort hielt der Stadtrat im Oktober 1996 schliesslich fest, dass der Limmatquai wenn gesperrt, dann ganz gesperrt werden soll. Der Sperrung stimmten die Bürger erst im Juni 1999 mit einer Mehrheit von knapp 60 % zu (TA 14.6.99). Diesem Entscheid waren nochmals heftige Auseinandersetzungen vorausgegangen,

Ebenfalls im Oktober 1996 legte der Stadtrat dem Gemeinderat ein Gesamtkonzept für das Bellevue vor, für das ein Kompromissvorschlag 1993 gescheitert war. Mit einer Umgestaltung des Platzes und einer Verlegung des Trams, wollen die Planer diesen stark befahrenen und begangenen Knotenpunkt attraktiver gestalten. Zudem ist auch der Bau eines Parkhauses mit 200 bis 250 Plätzen vorgesehen, um 220 oberirdische Parkplätze - 150 davon auf dem Theaterplatz - abbauen zu können. Der Zielhorizont ist das Jahr 2015, die Kosten belaufen sich auf 32 Millionen Franken. Die Verkehrskommission des Gemeinderats muss auch diese Vorlage zuerst beraten.

Neben diesen konkreten umsetzungsorientierten Schritten setzten die Planungsbehörden 1996 die längerfristig-konzeptionellen Arbeiten fort.

Bereits anfangs April 1996 hatte der Stadtrat beschlossen, ein Leitbild für die Innenstadt ausarbeiten zu lassen. Daran sollten sich Vertreter der Stadtverwaltung, der Privatwirtschaft und der Bevölkerung beteiligen (TA 4.4.96). Die Initiative ging dabei von Wirtschaftsseite aus. Anschliessend nahm ein Projektstab unter der Leitung der Präsidialabteilung der Stadt Zürich und der Vereinigung Zürcher Bahnhofstrasse die Arbeit auf (TA 6.5.9; TA, NZZ 30.10.96). In diesem Zusammenhang ist mit Hilfe einer Passantenbefragung die Meinung der Besucherinnen und Besucher der Innenstadt erfragt worden (WEHRLI-SCHINDLER 1996).

Die weitere Entwicklung ist offen. Zwar ist mit dem „Verkehrskompromiss" im Mai 1996 ein Grundstein gesetzt worden. Seither ist aber erstaunlich wenig geschehen. Offensichtlich arbeiten die Planer im Augenblick im Hintergrund. Stark positiv zu werten ist, dass die Beteiligten jetzt miteinander reden und sich nicht gegenseitig mit Extremforderungen bekämpfen. Wenn die Konsenspolitik allerdings mittelfristig keine Ergebnisse zeitigen wird, könnte das Konfrontationspotenzial wieder zunehmen. Neu dazugekommener Faktor ist die wirtschaftliche Krise, die sich auf alle Akteure auswirkt. Der innenstädtische Detailhandel verliert an Umsatz, was den Ruf nach den „guten Autokunden" und damit nach neuem Parkraum verstärken könnte. Andererseits werden die Einzelhändler das Potenzial erkennen, das in einer Attraktivierung der Innenstadt durch eine Erweiterung der Fussgängerzone besteht. Der öffentlichen Hand stehen jedoch weniger Mittel zur Verfügung, um die allenfalls vom MIV zurückgenommenen öffentlichen Räume angepasst umzugestalten. Bei den politischen Parteien schliesslich, figurieren nun soziale und wirtschaftliche Fragen zuoberst auf der Pendenzenliste. Umwelt- und verkehrspolitische Aspekte dagegen treten in den Hintergrund.

In den Interviews im Frühjahr 1996 wurde die Akteure nach ihren Erwartungen an die innenstädtische Verkehrspolitik befragt. Im Folgenden seien einige Antwort wiedergegeben.

Grüner Politiker: *„Ich habe bewusst nie versucht, mir eine Vision von der Innenstadt zu machen. Ich versuche mehr in Prozessen zu denken. Was ich möchte, ist eine relativ grosse autofreie Zone in der Innenstadt. Ich nehme an, dass die wirtschaftliche und ökologische Krise in 15 Jahren weit fortgeschritten und das Thema Fussgängerzone, wie es heute diskutiert wird, kein so grosses Thema sein wird. Das Thema Velo wird einen anderen, höheren Stellenwert erhalten, der ÖV wird kaum mehr in der heutigen Form finanzierbar sein. Grosse Diskussionen werden Fussgängerzonen nicht mehr auslösen, weil sie selbstverständlich sein werden. Andere Diskussionen werden in Zukunft im Vordergrund stehen. Diskussionen um Fussgängerzonen kann man sich heute leisten, weil es wirtschaftlich noch relativ gut geht. Andere, wirtschaftliche Gründe werden in Zukunft auch für FGZ beispielsweise im Stauffacherquartier, im Seefeld und an der Langstrasse sprechen."* (I4)

Verkehrsverband (TCS): *„Ich stelle mir für das Jahr 2010 eine Innenstadt vor, in der kein Verkehr mehr vorhanden sein wird, der nicht in die Stadt gehört; d. h. keinen Transitverkehr mehr. Zusätzlich werden zwei bis drei neue City-Rand-Parkhäuser erstellt sein. Der Innenstadtring (Seilergraben, Hirschengraben, Central, ...) wird optimiert sein. Als zweiter Schritt wird der Limmatquai vom Verkehr befreit sein, der Münsterhof und der Bereich Opernhaus werden autofrei sein."* (I3)

Verwaltung: *„In zehn Jahren werden etwa Limmatquai und Rennweg umgesetzt sein. Fernziel ist ein Fussgängerbereich im Bereich der barocken Stadtbefestigung. Es ist fraglich, ob ich dies noch erleben werde; Alternativen gibt es keine. Rekursmöglichkeiten sind gerade im Vergleich mit dem Ausland ein grosses Hindernis, sogar Volksentscheide können von Einzelpersonen während zehn Jahren blockiert werden. Weiteres Hindernis sind auch die Kosten der Ausgestaltung. Am Rennweg ist dies kein Problem, am Limmatquai dagegen schon, da dort die Fahrbahnplatte abgebrochen werden müsste, etwas, was auf Grund der Kosten in den nächsten Jahren nicht realistisch ist."* (I1)

SP Politiker: *„Für die Zukunft in zehn Jahren hoffe ich, dass analog Barcelona der Verkehr am Bellevue tiefgelegt sein wird. Der Bellevueplatz wird umgestaltet werden können, und das Parkhaus Gessnerallee wird ebenfalls gebaut sein. Der Rennweg wird autofrei sein, für den Münsterhof wird die Zeit dagegen noch nicht reichen. Der Zürcher ist zu ängstlich, um grössere Schritte zu wagen. Der Limmatquai wird in zehn Jahren ebenfalls autofrei sein, die ‚Bock-Haltung‘[33] der Gegner kann nicht von Dauer sein. Wenn es jetzt natürlich Gruppen gibt, die ‚auf Kampf machen‘, dann wird es Probleme geben und der Limmatquai vielleicht doch nicht autofrei sein. Als Vision schwebt mir vor, dass die Stadt im Bereich des Bellevues an den See herankommen wird; ... Das kann nicht eine Gemeinderats-Kommission mit dem Stadtplanungsamt alleine machen. Die Wirtschaft gehört hier auch dazu und muss auch mitmachen. Die Wirtschaft soll nicht immer nur ‚bocken‘ sondern muss auch einbezogen*

---

[33] Verhinderungshaltung

werden. ... Werden Entscheide in die Breite ausgelagert, steigt einerseits ihre Qualität, andererseits kann der demokratische Anspruch besser erfüllt werden." (I5)

Die weitere Entwicklung scheint also offen zu sein, tendenziell geht der Trend aber Richtung eines grösseren Fussgängerbereichs. Nach der chronologischen Darstellung der Fakten und einem Blick in die Zukunft geht es nun darum, die Rolle und Position der Akteure einzuschätzen und dann den Planungsprozess auf Grund der Akteuranalyse und der formulierten Hypothesen zu beurteilen.

2.3 Die wichtigen Akteure und ihre Rolle im Planungsprozess

2.3.1 Eine Übersicht

Am Planungsprozess um die Erweiterung der Fussgängerzone in der Innenstadt haben sich zahlreiche Institutionen und Personen beteiligt. Es lassen sich folgende Akteurgruppen ausmachen:

- Die Stadtregierung (Stadtrat) mit ihren einzelnen Mitgliedern; besonders wichtig sind der Vorsteher/die Vorsteherin des Bauamts I (bis 1996), des Tiefbau- und Entsorgungsdepartements sowie der Polizeivorstand;
- Die Verwaltung, besonders das Stadtplanungsamt sowie die Stadtpolizei;
- Das Stadtparlament (Gemeinderat), besonders die Verkehrskommission;
- Die Vertreter der Wirtschaft, besonders des innenstädtischen Detailhandels sowie die Automobilverbände;
- Die Umweltorganisationen;
- weitere Akteure (übergeordnete politische Behörden, Anwohner, Presse/Medien, Bevölkerung).

Die politischen Parteien tauchen in dieser Übersicht nicht auf, da sie entweder in der Gruppe der Interessenvertreter oder in den politischen Institutionen ihre Meinung äussern. Eine klare Trennung der Akteurgruppen ist hier nicht möglich. In verschiedenen Fragen kann es unterschiedliche Koalitionen geben, oder die Haltung von Einzelpersonen kann von der Meinung ihrer Akteurgruppe abweichen.

2.3.2 Der Stadtrat

Im Stadtrat dominiert seit 1990 eine gemässigt links-grüne Mehrheit (5:4) das politische Geschehen.[34] Für Planung zuständig sind die beiden Bauämter I und II. Im Bauamt I (ab 1996 Tiefbau- und Entsorgungsdepartement) ist u. a. die Verkehrsplanung angegliedert, während das Bauamt II siedlungsplanerische Fragen bearbeitet. Für verkehrsorganisatorische Fragen ist die Polizeidirektion (Robert Neukomm, SP) verantwortlich. Ruedi Aeschbacher (EVP) leitete das Bauamt von 1978 bis 1994, seine Nachfolgerin ist Kathrin Martelli (FDP). Einfluss auf Innenstadtfragen hat zudem die Präsidialdirektion (Stadtpräsident Josef Estermann, SP). Sie zeichnet beispielsweise für die Erarbeitung des Innenstadtleitbildes verantwortlich. Die einzelnen Stadträte unterbreiten dem Plenum Anträge über die es dann abstimmt. Die Regierung funktioniert in der Regel als Kollegialbehörde. So hat der einzelne Stadtrat gegen aussen die Meinung des Gesamt-Stadtrat zu vertreten. Abstimmungsresultate aus dem neun-köpfigen Gremium bleiben geheim.

Der Stadtrat hat sich immer für eine Erweiterung des Fussgängerbereichs eingesetzt. Allerdings hat er erst relativ wenige Entscheide gefällt. Diese sind von den knappen Mehrheitsverhältnissen geprägt und müssen in harten Auseinandersetzungen zu Stande gekommen sein. Grundsätzlich steht der Stadtrat hinter der Fussgängerzonenplanung.

Die verantwortlichen Stadträte haben viel Einfluss. Gegen aussen lange Zeit bestimmend für die Zürcher Verkehrspolitik war Ruedi Aeschbacher. Er leitete die Geschicke des Bauamts I während 16

---

[34] Sitzverteilung 1990 bis 1994: SP 3, EVP 1, Unabh. 1 (Ex-SP); FDP 2, CVP 2 (SSV 1993:90); 1994 bis 1998: SP 3, GP 1, CSP 1, FDP 3, CVP 1 (SSV 1995:80)

Jahren bis zu seiner überraschenden Abwahl 1994. Seine Person polarisierte sehr stark, was in manchen Bereichen Konsenslösungen verhinderte. Die Bürgerlichen und die Interessenvertreter hatten ihm seinen Seitenwechsel nie verzeihen: *"Er ist als politisch rechts stehender Bezirksanwalt in den Stadtrat gewählt worden, er war auch Autofan - ist aber als einer der wenigen Bürgerlichen gegen das Expressstrassennetz gewesen. Er hat sich dann zum grünen Fundi gemausert. Mit Schwellen und Sperren ist er bekannt geworden. Er ist nicht eigentlich ein Politiker gewesen, in der Verkehrskommission hat er mit den SVP-Vertretern oft Glaubenskriege ausgefochten. Die Bürgerlichen haben ihn nicht mehr akzeptiert, weil sie ihn als Verräter betrachteten, er ist für sie ein ‚rotes Tuch' gewesen. Bei der SP hat man ihm auch nicht ganz getraut, deshalb ist er zwischen Stuhl und Bank gefallen und schliesslich auch nicht mehr wieder gewählt worden."* (I5) Andererseits attestieren ihm auch die Kritiker, ein Macher gewesen zu sein und etwas erreicht zu haben: *"Stadtrat Aeschbacher ist eine Vorwärtsnatur gewesen, der etwas ändern wollte, mit allen Möglichkeiten. Er hat auch relativ viel realisieren können. ... Die Fussgängerzone in der Innenstadt ist kein zentraler Punkt in seiner Politik gewesen, bei ihm ging es darum, den Verkehr zu reduzieren und umweltfreundlicher zu gestalten, die autoarme Innenstadt ist eines unter vielen Mitteln dazu gewesen."* (I4) Diese Aussage zeigt auch, dass für Aeschbacher die Erweiterung der Fussgängerzone nicht ein Hauptanliegen war. Ihm sei es einzig darum gegangen, den Autoverkehr zu reduzieren, Schwellen zu bauen. Ein allgemeines planerisches Verhältnis habe ihm gefehlt. Dieses, im Grundton eher negative Urteil sollte aber nicht darüber hinwegtäuschen, dass Aeschbacher in seiner langjährigen Tätigkeit sehr viel erreicht hat. Zürich ist nicht zuletzt dank seiner Politik zum verkehrspolitischen Vorbild vieler europäischer Städte geworden (TA 26.9.91).

Einig sind sich allerdings alle Interviewpartner, dass sich das verkehrspolitische Klima in Zürich nach dem Amtsantritt von Kathrin Martelli (FDP) verbessert hat: *"Im Vergleich von Stadtrat Aeschbacher und Stadträtin Martelli fällt auf, dass sie als Fussgängerin eher die Fussgängerperspektive vertreten kann, während Aeschbacher doch Autofahrer war. Das merkt man bei vielen Entscheiden. Aeschbacher hat sehr plakativ politisiert und dadurch auch polemisiert und dabei auch gewissen Erfolg gehabt. Irgendwann ist dann eine Lähmung eingetreten. Dies hat er gemerkt und auch zu ändern begonnen. Stadträtin Martelli sucht nun viel mehr den Konsens. Mit der Amtsübergabe hat sich inhaltlich im Grundsatz nichts verändert. Hingegen ist die Art des Umgangs eine andere geworden. Der Einbezug der Betroffenen ist bei beiden wichtig, der Umgang mit den Leuten jedoch anders."* (I1) Sie betreibt ihre Verkehrspolitik unabhängig, und eine Erweiterung der Fussgängerzone scheint ihr ein wichtiges Anliegen zu sein. Ihre Nähe zu bürgerlichen Interessenvertretern hat es ihr erleichtert, das Gespräch mit ihnen zu finden. So hat sie das Terrain ebnen können für konsensorientierte Lösungen. In der Frage des Limmatquais begab sie sich allerdings auf eine heikle Gratwanderung. Sie vertrat als Stadträtin einen Kompromiss, den sie mit dem Automobilverband TCS gefunden hatte, den aber ihre Stadtrat-Kolleginnen und -kollegen nicht mittrugen. Die konsensorientierte Haltung trägt ihr aber auch Kritik ein: *"Stadträtin Martelli hat lange nichts entschieden und alles offen gelassen, das hat die sachpolitische Diskussion erschwert, da hat man nie so richtig gewusst, woran man ist. Je nachdem in welche Lobby man sie hat einbinden können, hat man ein Erfolgserlebnis verspürt, ... Sie kommt zwar mit allen aus, kann aber nicht regieren oder lenken."* (I4) Ihre Stellung innerhalb der Stadtregierung ist sicher schwächer, als die von Aeschbacher.

Ein weiterer Kopf, der in der Verkehrspolitik mitarbeitet, ist der Polizeivorstand Robert Neukomm (SP). Er betreibe einen eigenwilligen, wenig konsensorientierten Politikstil. So ist beispielsweise die geplante Ozonsperre im Jahr 1991 von der Polizeidirektion ausgegangen. Gleichzeitig hat er mit relativ konservativen Beamten innerhalb seiner eigenen Direktion zu kämpfen: *"Stadtrat Neukomm hat im Prinzip die Hoheit über alle polizeilichen Massnahmen im Bereich Verkehr (Ausschreibungen, Verkehrslenkung, ...), ausser Verkehrsplanung. Er muss theoretisch ausführen, was die Verkehrsplanung vorschreibt. Er hat z. T. sehr gute Leute als Untergebene, z. T. aber auch ‚Flaschen'[35] oder solche die gegen ihn arbeiteten. Seine Meinung zielt grundsätzlich in eine Richtung, die besagt, dass Velofahren und Verkehrsberuhigung gut sind, aber er trägt selber wenig dazu bei. Dafür sind sicher auch ‚Altlasten' in der Verwaltung verantwortlich, er kann sich aber allgemein schlecht durchsetzen*

---

[35] unfähige Leute

gegenüber seinen Untergebenen." (I4) Neukomm ist nicht der Typ, der nur ausführt, sondern einer, der seine Handlungen auch vor einen längerfristigen Hintergrund stellt. Unterschiedliche Seiten kritisieren seine eher ablehnende Haltung in der Frage der Velozulassung im Fussgängerbereich sowie sein harter Wille, den Limmatquai zu sperren.

Zusammengefasst ist der Stadtrat mit seinen Einzelmitgliedern einer der treibenden Akteure zur Erweiterung des Fussgängerbereichs, obwohl sich seine Mitglieder in einzelnen Sachfragen differenziert äussern. Die Abwahl von Aeschbacher erlaubte es, die Polarisierung zu verringern, Gespräche und ein Konsens mit Wirtschaftskreisen sind möglich geworden. Andererseits kritisiert nun vermehrt die grüne Seite die Verkehrspolitik. Im Stadtrat dominieren aber eher die Einzelkämpferinnen und -kämpfer, als dass das Gremium als Ganzes gestaltend wirken würde.

2.3.3 Die Verwaltung

Zentral für die Planung der Fussgängerzone war das Stadtplanungsamt (SPAZ) verantwortlich. Es entstand in den Sechzigerjahren. Nachdem verschiedene planerische Vorlagen vom Stimmvolk abgelehnt worden waren, zeigte sich ein Bedarf an Koordination und planerischen Grundlagen. Das Amt konnte aber im Spannungsfeld zwischen Bauamt II, das für die Bau- und Zonenordnung verantwortlich zeichnete, und dem Bauamt I, dem Tiefbauamt, nie wirklich eine bestimmende Position einnehmen. So erstaunt es wenig, dass das Amt im Jahre 1996 ohne viel Aufhebens einer Ämterreform zum Opfer fiel. Die Abteilung Verkehrsplanung, die die konzeptionellen Arbeiten zur Erweiterung der Fussgängerzone durchgeführt hatte, verblieb beim Bauamt I, das neu Tiefbau- und Entsorgungsdepartement heisst. Ein Teil der Angestellten wechselte in die Präsidialabteilung und ist für die Entwicklung des Leitbilds für die Innenstadt zuständig.

Das Stadtplanungsamt und seine Nachfolgeinstitutionen haben fundierte Grundlagen geliefert, entsprechend anerkennen die übrigen Akteure seine Rolle. Teilweise bedauern sie auch seine Aufteilung. *„Die Rolle des Stadtplanungsamts ist zentral gewesen, dort sind die Leute gewesen, die die Vorschläge ausgearbeitet haben. Das aktuelle Problem ist die Auflösung des Stadtplanungsamts und die Aufteilung der Leute ins Tiefbauamt, ins Hochbauamt und zum Stadtpräsidenten. Zusätzliches Problem für die Realisierung ist die auf Grund der Teilung fehlende Power"* (I4). *„In der Verwaltung waren die Leute im Tiefbauamt (Ex-Stadtplanungsamt) wesentlich an der Ausgestaltung der Lösungsvorschläge für die Erweiterung der Fussgängerzone beteiligt. Ihre Rolle ist sicher gerade in der Übergangsphase von Aeschbacher zu Martelli ausschlaggebend gewesen."* (I3)

Besondere Bedeutung kam dem Stadtplanungsamt offensichtlich in der Zusammenarbeit zwischen Gemeinderat bzw. gemeinderätlicher Verkehrskommission und Verwaltung zu: *„Das nun aufgelöste Stadtplanungsamt war für mich ein vertrauter Ort, hier bin ich ein- und ausgegangen, fast wie in einem Zuhause. Dadurch habe ich die Grenzen zwischen Verwaltung/Exekutive und Legislative aufgebrochen. Man arbeitete zusammen, wie in einer Werkstatt. ... Dies ist auch die Ursache des Erfolgs (‚Historischer Kompromiss', AdA). Die Profis, die Stadtplaner, konnten direkt Ihre Ansichten einbringen, die Politiker konnten ihre ‚ideologischen Wünsche' verbreiten, anschliessend wurde zusammengearbeitet."* (I5) Ein Mangel sei die ambivalente Position der Zürcher Stadtplanung: *„Das Stadtplanungsamt ist politisch nie richtig vertreten worden. Und von der Wirtschaft und von den Bürgerlichen ist es mit Skepsis betrachtet worden (Stichworte: Planung, Dirigismus, Osten, ...), obwohl der Chef des Stadtplanungsamts ein Freisinniger war, ... Auch der Gemeinderat hat das Stadtplanungsamt nie für voll genommen, deshalb ist es jetzt auch so sang- und klanglos verschwunden. Ich hätte eigentlich grössere Auseinandersetzungen erwartet. Ich bin der Einzige gewesen, der sich gewehrt hat. ... Das Stadtplanungsamt hat nie durchschlagende Kraft erhalten, was auch etwas im Wesen der Stadtplanung liegt."* (I5)

Die Verwaltungsseite selber postuliert eine zentrale Stellung des generell eher schwachen Stadtplanungsamts bei der Planung zur Erweiterung der Fussgängerzone: *„Das Stadtplanungsamt war das federführende Amt. Am Schluss haben alle Ämter mitgezogen, anfänglich waren Ämter wie die Abteilung für Verkehr der Polizei und das Tiefbauamt, die die konkreten Lösungen umsetzen müssen, eher reserviert, dies ist ganz natürlich. Einbezogen waren: Tiefbauamt, Abteilung für Verkehr, Hochbauamt, Umweltschutzfachstelle, VBZ, Sicherheitspolizei und Gartenbauamt. ... Da ist noch das Gremi-*

um ‚Stadtverkehr', in dem die zuständigen Stadträte mit den Chefbeamten sitzen. Dieses Gremium habe die Erweiterung der Fussgängerzone ebenfalls beraten. Der Wille, etwas zu machen ist bei allen da gewesen, einige wären lieber vorsichtiger gewesen, andere fortschrittlicher (Bsp.: Umweltschutzfachstelle). In der Stadt ist das Klima auf Verwaltungsebene generell kooperativ." (I1)

Neben dem Stadtplanungsamt spielten auch Verwaltungsabteilungen der Polizei eine wichtige Rolle. Allerdings eher eine zudienende, so bei den Auswertungen der Verkehrszählungen, die als Grundlage für die Sperrung des Limmatquais dienten. Nicht zu unterschätzen sind allerdings autofreundliche Kräfte, die Vorbehalte gegen eine Erweiterung der Fussgängerzone haben, v. a. im Fall der Sperrung des Limmatquais. Eine eher konservative Rolle spielt die Polizei bei der Frage der Zulassung des Veloverkehrs in Fussgängerzonen (SCHRANZ 1996).

Zusammenfassend kommt der Verwaltung und hier besonders dem Stadtplanungsamt eine zentrale Rolle bei der Planung zur Erweiterung der Fussgängerzone zu. Sie hat die wichtigsten Grundlagen zusammengetragen und die Konzepte für die Erweiterung entwickelt. Über das Planerische hinaus blieb allerdings die Innovationskraft beschränkt. Die Behörden informierten zwar breite Kreise in- und ausserhalb der Verwaltung über die Planung, und sie bezogen auch verschiedene Meinungen ein. Allerdings gelang es der Verwaltung nicht, in der Planungsfrage „Erweiterung der Fussgängerzone" ein wirkliches Konsensklima zwischen den Akteuren zu schaffen. Einerseits fehlte dazu der Auftrag der Exekutive. Andererseits ist in der Verwaltung auch keine markante Persönlichkeit - etwa ein in weiten Kreisen anerkannter Stadtplaner - auszumachen, der als Integrationsfigur hätte wirken können. Nach der Verwaltungsreorganisation 1996 ist noch zu wenig geschehen, als dass schon ein Urteil über die neue Struktur möglich ist.

2.3.4 Der Gemeinderat

Der Gemeinderat,[36] das Stadtparlament, hat in verschiedenen Phasen auf den Planungsprozess eingewirkt. Zuerst waren die parlamentarischen Vorstösse Schoch/Baur und Thanei unmittelbarer Auslöser für die Planungen. Zweitens stellt das Parlament die Bühne für die politische Meinungsäusserung einzelner Interessenvertreter dar. Drittens hat die parlamentarische Verkehrskommission und besonders ihr Präsident, Bruno Kammerer (SP), eine zentrale Rolle bei der Konsensfindung gespielt. Und schliesslich entscheidet das Parlament über die stadträtlichen Vorlagen.

Das Parteienspektrum und die wichtigen Köpfe im Gemeinderat zeigt folgende Aussage: *„Im Gemeinderat gibt es verschiedene Gruppen:*

- *Die Grünen, die Alternativen und die FraP wollen die autofreie Stadt*
- *Die SP ist weniger radikal in ihren Forderungen gegenüber dem Auto*
- *Der Gegenpol wird durch die Wirtschaftsparteien, die FDP und die SVP gebildet. ...*
- *In der CVP gibt es eine starke Gruppe, die für ein autofreies Limmatquai eintritt.*

Die Politik wird von einzelnen Köpfen gemacht. Eine Parteigebundenheit gibt es heute nicht mehr. Heute wird die Politik quer durch die Fraktionen gemacht. Deshalb suche ich die offenen Köpfe. Kultur- und Stadtentwicklungspolitik kann nur mit einer breiten Mehrheit erfolgreich sein, mit knappen Mehrheiten geht nichts." (I5)

Markantestes Ereignis war die Annahme des Verkehrskompromisses im Mai 1996. Die Arbeit dazu in der Verkehrskommission war wichtig. Deshalb steht sie im Folgenden im Vordergrund.

„Die Verkehrskommission ist eine ganz normale, vorberatende Kommission des Gemeinderats. Zu jedem Geschäft kommt ein Antrag des Stadtrats. Der Gemeinderat wird - mit Ausnahme der Verkehrskommission - nicht von sich aus aktiv. In einer Kommission sitzen 15 bis 19 Gemeinderäte, in der die Vorschläge zuhanden des Plenums vorbereitet werden. Die Zusammensetzung der Kommis-

---

[36] Zusammensetzung des GR:1990 bis 1994: SP 47, GP 10, LDU 7, EVP 4, Alternative Liste Züri 1990 4, Frauen macht Politik 3 (75), FDP 25, CVP 12, SVP 8, SD 3 (48), parteilos 2. Ab 1994: SP 43, Alternative Liste Züri/Frauen macht Politik 7, LDU 7, GP 5, EVP 2 (64); FDP 28, SVP 19, CVP 10, SD 4 (61) (SSV 1995:76).

sionen ist rein zufällig, je nach dem wen die Fraktionen delegieren, es sind jedenfalls keine Fachleute. In den zehn Jahren des Bestehens - v. a. in den letzten sechs Jahren intensiver Arbeit - ist ein Fachwissen entstanden. Es gibt aber immer wieder Wechsel, und die neuen Leute müssen angelernt werden." (I5)

Diese lockerere Organisationsform gab dem Präsidenten den Rahmen, aus der Verkehrskommission ein konsensorientiertes Forum zu machen. Jedenfalls scheint sie ein Forum zu sein, in dem die Exponenten aller Parteien miteinander diskutieren können: *„Die Verkehrskommission des Gemeinderats hat mit der Verwaltung zusammengearbeitet. Die Verwaltung hat relativ viel aufgenommen und gute Inputs in die Diskussion eingegeben. Ich war gerne in der Verkehrskommission, weil ein offenes Verhältnis zwischen Verwaltung und Gemeinderat geherrscht hat, eine gute, offene Stimmung. Dies ist einerseits mit der notwendigen Zusammenarbeit und anderseits auch mit prägenden Persönlichkeiten verbunden. .... Der SVP-Politiker Grabherr, der normalerweise dezidiert seine Meinung vorbringt, ist in der Verkehrskommission eingebunden gewesen."* (I4)

Eine parlamentarische Kommission als gestaltender Akteur scheint offensichtlich nicht selbstverständlich zu sein. Dies zeigt ein Blick zurück in die späten Achtzigerjahre. Im Falle der Verkehrskommission sind es die Mitglieder, die Willen zur Zusammenarbeit an den Tag gelegt und es so möglich gemacht haben, in einer heiklen Frage einen Konsens zu finden. Die Rolle des Präsidenten war allerdings zentral. Er war der Diskussionskatalysator, der Vermittler.

Zusammengefasst sind aus dem Gemeinderat einerseits wichtige Anstösse zur Aufnahme der Planungsarbeiten gekommen. Anderseits kommt der Verkehrskommission unter Bruno Kammerer eine zentrale Rolle beim Finden des „historischen Verkehrskompromisses" zu. Schliesslich ist es der Gemeinderat als Plenum, der über alle wichtigen Vorlagen entscheidet, bevor sie allenfalls noch vors Volk kommen.

2.3.5 Wirtschaftsvertreter und die Automobilverbände

Die Wirtschaft scheint in Zürich in Verkehrs- und Innenstadtfragen ausserordentlich gut und effizient organisiert zu sein. Zusammen mit den politischen Parteien des rechten Spektrums (FDP, SVP, z. T. CVP) sowie verschiedenen Interessenverbänden verfügt sie über ein Netzwerk, innerhalb dem sie eine gemeinsame politische Linie bildet. Das gelingt allerdings nicht immer. Der Exkurs am Ende des Kapitels zeigt eine ausführliche Übersicht über die Organisationsstruktur des innenstädtischen Detailhandels und seine Einbindung in die gesamte Wirtschaft. Zentrales Gremium ist das „Forum Zürich", in dem sich Vertreter der verschiedenen Organisationen regelmässig treffen und ihre Handlungslinien absprechen. Dieses Forum entstand, nachdem sich verschiedene Einzelgruppierungen in die Quere geraten waren. Am Forum beteiligen sich u. a. die CV, der Gewerbeverband, Vertreter der Warenhäuser und Banken, die Automobilverbände ACS und TCS. Das Forum selber tritt allerdings nicht an die Öffentlichkeit. Je nach Problemstellung übernimmt diese Aufgabe eine der beteiligten Organisationen. So gelingt es den Interessenvertretern der Wirtschaft, in konzertierter, angepasster Form ihre Anliegen in der Öffentlichkeit und bei den Behörden einzubringen. Eine weitere ähnliche Organisation für Verkehrsfragen, ist der Verein „Zürich Transport", der sich u. a. für den Bau der U- und S-Bahn eingesetzt hat. Er hat allerdings in den letzten Jahren wegen personeller Veränderungen etwas von seiner Bedeutung verloren.

Neben vielen Einzelvorstössen hat die Wirtschaft mit der Initiative „für attraktive Fussgängerzonen" entscheidend in den Planungsprozess eingegriffen und sich zum unentbehrlichen Gesprächspartner gemacht. Allerdings erweist sich ihre Rolle nicht immer als ganz klar: *„Die Wirtschaftsverbände haben mit ihrer Initiative die Arbeit der Verkehrskommission ins Rollen gebracht. Generell sind es die Gruppierungen, die blocken und hinter den Rekursen stecken. Die Leute kennen sich untereinander und vertreten gegenseitig ihre Interessen. Der Block tritt nicht immer einheitlich auf, es kommt oft sehr auf den jeweiligen Vertreter an."* (I5) *„Die Rolle der City Vereinigung und des Gewerbeverbandes ist schwierig einzustufen. Sie führen zwar ein grosses Maul, das effektive Gewicht und der Einfluss auf die stadträtliche Politik sind nicht so klar. ... ACS und TCS haben in der Frage des Limmatquais am meisten Einfluss genommen und lobbyiert. Das Gewerbe dagegen ist eher bivalent. Einige Geschäftsleute vom Limmatquai wünschen eigentlich eine Sperrung, weil sie mehr Leute erwarten; es* *gibt auch eine fundamentale Gruppe, die daran festhält, auf die Autokunden angewiesen zu sein. Auf Grund dieser Widersprüche ist das Gewicht von Gewerbe und Detailhandel nicht allzu gross gewesen."* (I4)

Exkurs: Die City Vereinigung (CV) und andere - Die Organisation des Detailhandels in der Zürcher Innenstadt

Schlagkräftige Vertreterin der innenstädtischen Wirtschaft ist die City Vereinigung. Sie ist Dachorganisation verschiedener Verbände mit insgesamt 1'300 Betrieben als Einzelmitgliedern (CV 1993: Einlageblatt). Die CV in der heutigen Form wurde 1970 gegründet, als Vorläuferin existierte schon seit 1964 der lockere Bund der „City-Vereinigungen" (BLANC, GANZ 1986:86). 1967 wurde dann ein Verein unter dem Namen „City-Vereinigung Zürich" gegründet. Die Organisation hatte anfänglich zwanzig Mitgliederorganisationen; ihre Zahl wuchs bis 1986 auf 25: Strassen- und Quartiervereinigungen (9), Branchen- und Berufsorganisationen (5), Warenhäuser und Grossverteiler (8), Finanzinstitute (3). 1996 zählte sie noch 17 Mitglieder, die Warenhäuser und die Finanzinstitute wurden nicht mehr in der Mitgliederliste aufgeführt. Die konstituierende Instanz bildet die jährliche Mitgliederversammlung, für spezielle Projekte werden Kommissionen gebildet. Die CV funktioniert mit verhältnismässig kleinem Budget (Fr. 100'000.-- (1986)), mit dem ein ständiges Sekretariat betrieben wird. Der Verein finanziert sich durch Mitgliederbeiträge und die Einnahmen aus der City Parkhaus AG.

Langjähriger, politisch prägender Geschäftsführer war von 1967 bis 1983 Dr. Robert Allemann. 1983 löste ihn der FDP-Nationalrat Hans-Georg Lüchinger ab, der auch Präsident wurde. 1992 ersetzte der Detailhändler Gabriel Marinello den Politiker Lüchinger. Als Geschäftsführer fungiert seit 1987 der Jurist Andreas Zürcher, der gleichzeitig die Geschicke der City Parkhaus AG leitet.

Die CV setzte sich von Anfang an zum Ziel, die Konkurrenzfähigkeit des Standorts Innenstadt gegenüber den Shoppingcenters auf der grünen Wiese zu sichern (s. BLANC, GANZ 1986:91). Pendler sollen auf den ÖV umsteigen (S-Bahn), während für Kunden, Besucher und Touristen möglichst gute Parkmöglichkeiten zur Verfügung stehen sollen. 1993 legte sie im Zuge der Diskussion um die Erweiterung der Fussgängerzone wiederum ein *„Leitbild für eine attraktive und lebenswerte Innenstadt"* vor (CV 1993:4-6):"

- *Wir sind bestrebt, die City von Zürich als Einkaufs- , Wirtschafts- und Kulturzentrum zu erhalten und zu fördern (...);*
- *Wir sind bestrebt, unsere Ziele mit allen interessierten Kreisen abzustimmen und gemeinsam zu realisieren (...);*
- *Wir wollen in der City wirtschaftliche Rahmenbedingungen schaffen, die unternehmerische Initiative und Leistungsbereitschaft belohnen und Umsatz- und Ertragsentwicklungen ermöglichen (...);*
- *Wir vertreten eine Politik, die auf die Interessen der Wirtschaft und der Einwohner gleichermassen Rücksicht nimmt. ... Die Zugänglichkeit der City muss für alle Stadtbesucher offen bleiben. Priorität kommt dem öffentlichen Verkehr zu. ... Im Individualverkehr sollen vor allem der auswärtige Besucher und Tourist begünstigt werden. Neu zu schaffende Parkierungsanlagen am Cityrand sollen die Voraussetzungen für eine schrittweise Erweiterung der Fussgängerzonen schaffen. Die City von Zürich soll umfahren werden können. Bis zur Fertigstellung eines entsprechenden City Ringes müssen die notwendigen Querverbindungen über die Limmatbrücken offen bleiben ...;*
- *Wir wollen die City zum attraktivsten Ort in der Region machen. ...;*
- *Wir wollen unsere Anliegen in der Öffentlichkeit verständlich machen und demokratisch umsetzen."*

BLANC und GANZ (1986:93) attestieren der CV, erfolgreiche Lobby-Arbeit zu leisten. Dank des grossen Mitgliederspektrums sei die Organisation gezwungen, Konsense in Sachfragen zu finden. Dies ermögliche es den bürgerlichen Interessenvertretern, mit gemeinsamer Stimme zu reden. In Detailfragen habe die CV Einfluss auf die Arbeit der Stadtverwaltung, da gute Kontakte zu Beamten gepflegt würden.

In Innenstadtfragen äussern sich neben der CV, die einzelnen Mitgliederorganisationen. Das Vorgehen wird in den meisten Fällen abgesprochen. Zu Spezialthemen äussern sich die jeweiligen Spezialorganisationen. Die Koordination, auch mit den Autoverbänden, findet im „Forum Zürich" statt: *„Die ‚Wirtschaftsvertreter' (CV, Gewerbeverband, ACS, TCS, ...) treten durchaus gemeinsam auf. Das ist nicht zuletzt ein Verdienst der CV. Es hat sich gezeigt, dass man bei den verschiedenen Verbänden klar abgrenzen muss, wer für was zuständig ist. Die Verbände mit verschiedenen Zielsetzungen müssen koordiniert werden. Es gibt in der Stadt Zürich dazu je nach Bedarf vier bis fünf Konferenzen pro Jahr. Dabei werden die aktuellen Fragen diskutiert, ohne Protokoll. In diesem ‚Forum Zürich' können Ideen präsentiert und diskutiert werden, mit dem Ziel, letztlich am gleichen Strick zu ziehen. ... Dieses Forum hat sich gut bewährt. Früher haben die einzelnen Verbände oft nicht gewusst, was die anderen machen, so ist man sich manchmal in die Quere geraten. Das Forum ist zu Beginn der 90-er Jahre installiert worden und hat meinem Wunsch entsprochen."* (I6)

Die Warenhäuser und grossen Dienstleistungsbetriebe äussern sich jeweils separat, koordinieren ihre Meinung jedoch mit der CV. Verschiedentlich in Fragen der Zürcher Innenstadt aktiv geworden ist das *Forum des Detailhandels*, in dem verschiedene Schweizer Warenhauskonzerne vereint sind (FORUM DES DETAILHANDELS 1995e).

In der Parkierung herrschte allerdings während des ganzen Planungsprozesses Einigkeit durch alle Linien. Schliesslich wurde auch die Frage der Wirtschaftlichkeit und der Wirtschaftsverträglichkeitsprüfung in einer gemeinsamen Aktion aufgeworfen: *„In den Kernfragen (Parkierung) sind die Wirtschaftsorganisationen ein einheitlicher Block gewesen. In Detailfragen haben beispielsweise die verschiedenen Strassenvereinigungen unterschiedliche Interessen vertreten. Neben dem Bereich der Parkierung, wo viel grössere Sicherheiten verlangt worden sind, ist die Frage der wirtschaftlichen*

Auswirkungen zentral. Die Frage ist erst vor kurzem, in der letzten Vernehmlassung, neu aufgekommen." (I1)

Im Augenblick scheint es keine herausragende Persönlichkeit zu geben, die innerhalb der Wirtschafts- und Automobilverbände eine Führungsrolle einnehmen konnte, wie dies in den siebziger und Achtzigerjahren der Präsident der CV Allemann war. Stattdessen treten immer wieder verschiedene Personen an die Öffentlichkeit. Beim CV sind es der Präsident Gabriel Marinello und der Geschäftsführer Andreas Zürcher, beim Gewerbeverband der Präsident Ernst Cincera (FDP) und sein Nachfolger Hans Diem, der auch CVP-Gemeinderat ist, und beim TCS ist es der Geschäftsführer Reto Cavegn. Von Seiten der Warenhäuser liessen sich verschiedentlich die beiden Jelmoli-Führungsleute Rico Bisagno und Carlo Magri vernehmen. Ausgesprochene Wirtschaftsvertreter im Gemeinderat, die sich für Verkehrsfragen einsetzen, sind: Jean Bollier (FDP), Emil Grabherr (SVP), Walter Blöchlinger und Romeo Steiner (CVP).

Zusammengefasst wirkte sich die Stellung der Wirtschaft im Planungsprozess prägend aus. Schwerpunkte, die die Wirtschaft vertritt, sind der Erhalt, bzw. Ausbau des Parkraumangebots sowie die Aufrechterhaltung oder Verbesserung der Erreichbarkeit mit dem MIV. So nehmen sich viele ihrer Aktionen als Abwehrkampf aus. Sie tritt im Prozess um die Erweiterung des Fussgängerbereichs, dem sie grundsätzlich zustimmt, eher als Bewahrer oder Verhinderer auf als als Innovator. Trotz der guten Vernetzung der einzelnen Organisationen untereinander fehlt ihr aber eine wirklich führende Persönlichkeit.

2.3.6 Die Umweltorganisationen

Der Begriff „Umweltorganisationen" umfasst v. a. linke und grüne Gruppierungen, die sich für eine Verbesserung der städtischen Lebensqualität einsetzen. Für diese Untersuchung sind diejenigen Organisationen von Bedeutung, die sich für Veränderung im Verkehrsbereich auf lokaler Ebene einsetzen, z. B. mit Hilfe von stadtgestalterischen und verkehrsberuhigenden Massnahmen, oder die sich speziell für ein umweltfreundliches Verkehrsmittel stark machen. Die Vielfalt ist gross, viele Gruppierungen sind noch jung oder unbeständig, oft sind sie auf ein Thema oder einen politischen Vorstoss fixiert. Gross ist auch die personelle Fluktuation. Politische Verbindungen bestehen zur GP, teilweise zur SP und weiteren Parteien des linken Spektrums. Die Zusammenarbeit zwischen den verschiedenen Organisationen findet nur auf bescheidenem Niveau und relativ unkoordiniert statt. Es gibt keine eigentlich führende Organisation. *„Die IG Velo gilt als Verkehrsverband in der Stadt Zürich, sie ist nicht auf der gleichen Stufe wie TCS, ACS und VCS, aber gleichrangig mit Taxiverband etc. ... Mit verwandten Organisationen wie VCS oder ARF hat es im Rahmen der Planung zur Erweiterung der FGZ keine Absprachen gegeben, entsprechend sind die Organisationen einzeln aufgetreten. Mit der ARF hat es einmal eine Aktion ‚Fussgänger und Velo' gegeben. Mit dem VCS besteht eine Vereinbarung über die zu bearbeitende Thematik. Der VCS Zürich bearbeitet Veloaspekte im Kanton, die IG Velo in der Stadt. ... Im Themenbereich autofreie Innenstadt allgemein ist der VCS eigentlich nicht aktiv gewesen, ja sogar enttäuschend schwach"* (I4). *„Die IG Velo setze sich v. a. für die Velofahrer ein. Die Gruppe hat Einfluss im Bauamt I, auf die Abteilung für Velo. Die IG Velo macht auch aufbauende Vorschläge, die haben gemerkt, dass, wenn sie taktisch überlegt vorgehen, sie auch weiter kommen. Der VCS macht eher ‚Stunk', sein Vertreter ist etwas aggressiv. Fussgängerorganisationen treten keine in Erscheinung, obwohl es einmal welche gegeben hat."* (I5)

Die beiden parlamentarischen Vorstösse Thanei (SP) und Baur/Schoch (GP) kamen aus diesem Kreis. Wichtige Organisationen sind der VCS, der v. a. in der Sache Limmatquai Ende der Achtzigerjahre aktiv war, und die IG Velo unter dem Präsidenten Toni Baur (bis 1996). Aus Kreisen der GP kam die Piazza-Initiative. Engagierte junge Leute, die vorher nicht an die politische Öffentlichkeit getreten sind, riefen die Gruppe Zaf! ins Leben. Die Aktionen zur Promotion ihres Vorstosses findet ausserhalb des traditionellen politischen Rahmens statt. Die Personenabhängigkeit dieser Politik unterstreicht folgende Aussage eines zurückgetretenen Gemeinderats der GP: *„Die Grüne Partei ist sehr klein und die Politik machen v. a. die einzelnen Mitglieder. Ich habe das Thema Verkehr/Umwelt/Velo bearbeitet und geprägt und bin in diesem Bereich der ‚Rädelsführer' und der Sprecher gewesen. ...*

Wie es weitergehen wird, ob Leute vorhanden sind, die auch im Gemeinderat so prägnant weiter arbeiten, kann ich nicht sagen." (I4)

Die Umweltorganisationen sind zwar personell und strukturell eher schwach dotiert, es gelingt ihnen aber dennoch und trotz mangelnder Zusammenarbeit untereinander, ihre Anliegen einzubringen und mit Anregungen den Planungsprozess zu beeinflussen.

2.3.7 Die weiteren Akteure

2.3.7.1 Die übergeordneten staatlichen Instanzen

Die Rolle der übergeordneten staatlichen Instanzen darf nicht unterschätzt werden. Allerdings besteht in der Schweiz eine relativ weit gehende Gemeindeautonomie, die den Kommunen einen grossen Handlungsspielraum gibt. Eine genaue Analyse aller übergeordneten Behörden hätte den Rahmen der Untersuchung gesprengt. Eine Auswahl beleuchtet die wichtigsten Aspekte.

Zwischen der Stadt Zürich und dem Kanton besteht in Bau- und Planungsfragen ein angespanntes Verhältnis. In Erinnerung gerufen sei die Frage der Bau- und Zonenordnung sowie des Hauptstrassen- und Nationalstrassenetzes auf Stadtgebiet, bei der auch lange Zeit ein Konflikt mit dem Bund bestand, oder die Auseinandersetzungen um die Ozonsperre. In verschiedenen Fragen sind die beiden Kontrahenten bis zur obersten Instanz, dem Bundesrat[37] oder dem Bundesgericht[38] gelangt. Es besteht offensichtlich ein schwer wiegendes Kommunikationsproblem: *„Die Kommunikation zwischen Stadt und Kanton ist schwer gestört, seit es im Stadtrat die neuen Mehrheiten gibt (1990, AdA). So fordert beispielsweise der Kanton auf Grund der Luftreinhalteverordnung eine Verkehrsreduktion auf gewissen Plätzen, die Stadtpolizei arbeitet dann am Central ein Regime zur Verkehrsreduktion aus, und der gleiche Kanton lehnt schliesslich dieses Vorhaben ab. ... Der Stadtrat schimpft auch immer über den Regierungsrat im Zusammenhang mit der Bau- und Zonenordnung. So ist der Regierungsrat halt eher bereit, dem Stadtrat eins auszuwischen. Dies ist eigentlich ein richtiges Kinderspiel."* (I5)

Im Fall der Erweiterung der Fussgängerzone war der vom Kanton und den zuständigen Ämtern erlassene Massnahmenplan Lufthygiene ein Anlass für die Planung. Bis heute hat der Kanton keine Gelegenheit gehabt, sich offiziell zu den Planungsarbeiten zu äussern: *„Mit dem Kanton gab es Gespräche mit den beteiligten Ämtern; dort sind die Reaktionen nicht gerade positiv, aber auch nicht negativ gewesen. Das ATAL (Amt für technische Anlagen und Lufthygiene, AdA) möchte eher, dass etwas läuft, während andere Ämter (Strassenbau) eher mit dem Autofahren verbunden sind. Das alles läuft unter dem gleichen Regierungsrat. Vieles ist jedenfalls noch offen."* (I1)

Die kantonalen Behörden wollen sich offensichtlich nicht mehr fundamental gegen eine Erweiterung des Fussgängerbereichs wehren. *„Der Kanton zeichnet sich durch vorsichtiges Abwarten aus. Direkte Einflussnahme ist bisher nicht vorgekommen, einzig das Verlangen nach bestimmten Unterlagen. Nächstens gibt es Gespräche mit Kantonspolizei und Tiefbauamt des Kantons zur Sperrung des Limmatquais. Im Vergleich mit den Zeiten anfangs der 90-er Jahre ist eine Änderung festzustellen, damals haben die Leute vom Kanton noch total abgewehrt. Ein grundsätzlicher Wandel hat noch nicht stattgefunden, die Fronten beginnen sich aber aufzuweichen. Für den Kanton ist es heute auch schwieriger, sich zu exponieren. Als es in der Stadt noch zwei etwa gleich starke Blöcke gab, ist es für den Kanton relativ einfach gewesen, sich auf eine Seite zu schlagen. Wenn sich die wichtigen Leute in der Stadt grundsätzlich einig sind, kann sich der Kanton kaum mehr dafürhalten, Steine in den Weg zu legen"* (I1) *„Wenn der Kanton auf eine einheitliche Meinung aus Zürich trifft, dann wird er sicher mitmachen. ... Es ist die Aufgabe des Kantons, die übergeordneten Interessen im Auge zu behalten. So muss der Verkehr auf den übergeordneten Strassen fliessen können. Der Kanton befindet sich aber auch im Clinch, weil er so viele Male Nein gesagt hat, dass es fraglich ist, ob er am Limmatquai wieder eine harte Linie fahren wird."* (I3)

---

[37] schweizerische Regierung

[38] höchstes schweizerisches Gericht

Der Einfluss weiterer staatlicher Körperschaften ist als gering einzustufen. So sind die Nachbargemeinden im Planungsverfahren zwar angehört worden, ihren Meinungen kommt im Planungsprozess geringe Bedeutung zu.

Bis jetzt ist der Kanton als Planungsauslöser aufgetreten, Erfahrungen aus anderen Projekten geben aber zu Befürchtungen Anlass, dass es gerade bei der Umsetzung noch zu Auseinandersetzungen kommen könnte.

2.3.7.2 Presse/Medien

Die Medien allgemein und die Presse im Speziellen haben eine Informationsaufgabe. Dadurch verfügen sie über Macht. Sie können über ein Ereignis berichten oder nicht. Entsprechend hört man oft, die Zeitungen berichteten tendenziös, in eine Richtung und seien verantwortlich für das Scheitern von Vorhaben. Die Meinungen dazu gehen auseinander:

- *„Die Presse hat aus der Thematik wenig gemacht und nur dann reagiert, wenn die Stadt etwas veröffentlicht hat oder im Gemeinderat etwas gelaufen ist."* (I4)
- *„Presse und Medien haben in einzelnen Fällen eine aktivere Rolle gespielt. So ist das ‚Tagblatt' aktiv geworden und hat berichtet, aber auch der ‚Tages-Anzeiger'. In letzter Zeit ist allgemein relativ viel berichtet worden (...). Die ‚NZZ' ist eher etwas reservierter, der ‚Tages-Anzeiger' eher etwas progressiver. Das 'Tagblatt' kann nicht klar eingeordnet werden."* (I1)
- *„Heute ist der ‚Tages-Anzeiger' eher wohlwollend, die ‚NZZ' gibt sich eher skeptisch bis negativ."* (I5)
- *„Die Presse/Medien haben für die Meinungsbildung eine wichtige Rolle gespielt."* (I6)

Die Aussagen zeigen deutlich, dass der Presse nicht der Vorwurf gemacht wird, nicht objektiv zu berichten. Die noch relativ intakte Pressevielfalt in der Stadt Zürich würde dies auch gar nicht erlauben. Negative Zeitungsberichte müssen auch nicht als Sündenbock für gescheiterte Vorlagen hinhalten. Allerdings übernimmt die Zürcher Presse auch keine sonderlich konstruktive Rolle bei der Problemlösung ein. Eine Ausnahme war der Kommentar im „Tages-Anzeiger" vom 8.1.96, wo die Beteiligten an der Innenstadtplanung aufgerufen wurden, endlich zu einem Kompromiss zu kommen. Bei der Analyse der Presseartikel hat sich gezeigt, dass es oft seit mehreren Jahren die gleichen Journalisten sind, die sich mit dem Verkehrsthema auseinander setzen, was eine fundierte Sachkenntnis erwarten lässt.

2.3.7.3 Anwohner, Nutzer, Bevölkerung

Die Anwohner und Nutzer der Innenstadt oder der angrenzenden Quartiere und die Bevölkerung allgemein hatten bisher beschränkte Möglichkeiten, auf den Planungsprozess Einfluss zu nehmen. Die Anwohnerlobby ist schwach und z. T. von den Interessen der lokalen Gewerbetreibenden überlagert, die Fussgängerlobby hat ebenfalls kaum Gewicht. Die Meinung der Nutzer der Innenstadt ist mit verschiedenen Befragungen eingefangen worden, so wie auch die Meinung der Bevölkerung aus der Stadt und der Region. Schliesslich entscheidet die Stadtzürcher Bevölkerung über einzelne Elemente der Erweiterung der Innenstadt in Volksabstimmungen. Da wird sich zeigen, ob es den Interessen- und Volksvertretern und der Verwaltung gelingt, das ausgearbeitete Planungsresultat zu vermitteln.

2.4 Beurteilung des Planungsprozesses

2.4.1 Der Einfluss der Vergangenheit

In der Zeit nach dem Zweiten Weltkriegs war der Machbarkeitsglaube gross - auch in Zürich. Planer hatten zahlreiche Ideen, um die Stadt den Erfordernissen der modernen Zeit anzupassen. Es herrschte Optimismus, ein Konsens war da. Und doch kam ein erster Rückschlag verhältnismässig früh. Anfangs der Sechzigerjahre verwarf das Volk das Tiefbahnprojekt - die teilweise unterirdische Führung der Trams im Bereich der Innenstadt. Dieser unerwartete Entscheid ist Grundlage für das heute vorbildliche öffentliche Verkehrsnetz. Nachdem auch ein U-Bahn-Netz in den Siebzigerjahren vor dem Souverän keine Chance hatte, baute die Stadt auf konsequente Weise das bestehende Netz aus und priorisierte den ÖV. Zusammen mit der 1990 eröffneten S-Bahn bilden Tram- und Buslinien die Basis für eine ausgezeichnete Erschliessung der Grossregion Zürich mit dem öffentlichen Verkehr. Dadurch ist auch der Anschluss der Innenstadt auf hervorragende Weise gewährleistet, was alle Akteure anerkennen.

Bei der Strassenplanung hielt der Ausbauwille länger an. Die Arbeiten am Nationalstrassennetz überlagerten die städtischen Planungen. Beide Elemente betreffen die Innenstadt. Während die Stadt vorsah, das Zentrum mit einem leistungsfähigen City-Ring zu umfahren, wollte die schweizerische Strassenplanung zwei Nationalstrassen im Herzen der Stadt Y-förmig miteinander verknüpfen. Während das städtische Projekt eines City-Rings - bis heute nur in Bruchstücken realisiert - wohl gestorben ist, hält die offizielle Seite am Nationalstrassenkonzept fest, obwohl die Realisierung kaum absehbar ist. Hier besteht latenter Konfliktstoff. Während sich die Stadt, linke und grüne Parteien sowie die Umweltorganisationen gegen jeden weiteren Ausbau des Strassennetzes wehren, sehen v. a. Wirtschaftsvertreter eine Fertigstellung bestehender Projekte als notwendig an: *„Die Stadt Zürich hat es - im Gegensatz zu allen anderen grossen Städten des Landes - nicht fertig gebracht, ein sinnvolles System entlastender Hochleistungsstrassen rund um die Stadt zu erstellen."* (NZZ 6.1.97) Ähnlich sieht es bei der Parkraumplanung aus. Bis Mitte der Siebzigerjahre war es möglich neue öffentliche Parkhäuser zu erstellen, nach den ersten Disputen um ein Limmatparking sind keine grösseren Parkierungsanlagen ohne politische Auseinandersetzungen mehr verwirklicht worden. Diese Lähmung blieb aber nicht nur auf die Verkehrsplanung beschränkt, sondern eskalierte in den Achtzigerjahren zu einem eigentlichen Grabenkrieg um Fragen der gesamten Stadtplanung. In dieser Situation Vorhaben zu verwirklichen, scheint ausserordentlich schwierig zu sein. Wichtige Streitpunkte sind beispielsweise die neue Bau- und Zonenordnung oder die höheren Parkierungsgebühren.

Die Stadt trug die Förderung des Fussgängerverkehrs kaum systematisch voran. Fussgänger standen auch nie im Zentrum der Planung. Es wäre wohl nicht angebracht zu behaupten, dass sich Zürich schon auf dem Weg zu einer Langsamverkehrsstadt befindet. *„Fusswegplanung ist in der Stadt Zürich kein zentrales Thema. Im Richtplan ist ein Fusswegnetz festgehalten, das - wenn ich ehrlich bin - nicht ganz ernst genommen wird. ... Es gibt im ... beschlossenen Fusswegnetz gravierende Lücken (Beispiel im Sihlfeld)."* (I5)

Einzig im Stadtzentrum sind ab den Fünfziger- und v. a. anfangs der Siebzigerjahre grössere Fussgängerzonen entstanden, die bereits eine grössere Fläche umfassen. Sie sind nicht Element einer eigentlichen Fussgängerförderung. Diese Gebiete blieben aber bruchstückhaft, da sie einige - offensichtlich unerlässliche - Durchgangsverkehrsachsen zerschnitten. Ab den Siebzigerjahren ist im Bereich der Innenstadt nur noch wenig gegangen. Zuerst bildeten v. a. die Wohnquartiere einen Schwerpunkt, dann lähmte die beschriebene verkehrspolitische Blockade jeglichen Fortschritt. Und so setzte die Diskussion anfangs der Neunzigerjahre unter schwierigsten Bedingungen ein. Während zehn Jahren konnte kaum ein Verkehrsprojekt verwirklicht werden, die harten Verkehrsberuhigungsmassnahmen in den Quartieren waren ausserordentlich umstritten, und im Bereich der Innenstadt war gerade erst eine Initiative abgelehnt worden, die die Sperrung des Limmatquais forderte. Eine Beruhigung trat erst ein, nachdem der kommunale Verkehrsplan vom Gemeinderat verabschiedet worden war. Neue links-grüne Mehrheiten in Stadt- und Gemeinderat sowie der allgemeine Trend in Richtung Ökologie liessen eine Neuorientierung zu.

2.4.2 Die aktuelle Planung um die Erweiterung der Fussgängerzone

2.4.2.1 Wahrnehmung von Verkehrsproblemen

Die Einschätzungen der Interviewpartner zeigen, dass die Planung um die Erweiterung der Fussgängerzone nicht nur ein Nebenschauplatz der verkehrspolitischen Diskussion zu sein scheint (Tabelle 16).

- *Verkehrsbelastung:* Der Kanton verhindert eine Kapazitätsreduktion auf dem Hauptstrassennetz; Unvollendetes Y, Westtangente; zu grosses Verkehrsvolumen, obwohl im Umfeld der Innenstadt kein Verkehrswachstum mehr stattfindet; Lärm- und Luftbelastung, Innenstadt wird durch Verkehrsachsen zerschnitten; Quai-Brücke als „Brett vor dem Kopf Zürichs" (I1, I4, I5);
- *MIV-Zugänglichkeit:* Streit um Parkgebühren, mangelnde City-Erreichbarkeit mit dem MIV, Fehlende Umfahrung des Stadtgebiets (I3, I6);
- *Verkehrsablauf:* Allgemeine Verkehrshektik, gegenseitige Rücksichtslosigkeit der Verkehrsteilnehmer, mangelnde Verkehrskultur (I3, I4);
- *Umsetzung:* Uneinigkeit zwischen Kanton und Stadt, schleppende Verwirklichung beschlossener Massnahmen (I4).

SEEWER 2000 auf Grund von I1, I3-I6

Tabelle 16: Zürichs wichtigste Verkehrsprobleme aus Sicht der Interviepartner

Die Situation erhält die Prädikate unproblematisch bis belastend. Belastend wirken sowohl der MIV als auch der ÖV (in der Bahnhofstrasse) und der Veloverkehr. Die Problemwahrnehmung der befragten Akteure zeigt jedenfalls, dass die Verkehrsbelastung durch den MIV - gerade auch in der Innenstadt - eine grosse, zu lösende Aufgabe sei. Gleichzeitig fallen Argumente ins Gewicht, die eine mangelhafte Erreichbarkeit mit dem MIV beklagen. Diese widersprüchliche Problemwahrnehmung kommt auch in der neuesten Passantenbefragung zum Ausdruck. Weitere Kritikpunkte beziehen sich auf den Verkehrsablauf sowie auf Umsetzungsfragen. Der Wunsch nach einer Verbesserung der verkehrlichen Situation im Zentrum nimmt in der Prioritätenliste der interviewten Akteure einen oberen Platz ein.

2.4.2.2 Erwartungen an eine Fussgängerzone

Um die Handlungen der Akteure zu verstehen, müssen ihre Erwartungen eingeschätzt werden können. Fussgängerzonen, Fussgängerbereiche, lösen verschiedene Assoziationen aus (Tabelle 17).

- *Attraktivierung der Innenstadt:* Urbanität, weniger Hektik, Lärm- und Luftbelastung (I1, I3, I4, I5);
- *Verkehrspolitisches Instrument* (I1); Missbrauch für restriktive Verkehrspolitik möglich (I3); Fussgängerzone in der Innenstadt ist erster Schritt für eine autoarme Stadt (I4);
- *Gefahr von Folgewirkungen:* „Insel der Seligen", lieber Fussgängerbereich als Fussgängerzone; Durchlässigkeit, Durchmischung sind wichtig (I4, I5).

SEEWER 2000 auf Grund von I1, I3-I6

Tabelle 17: Erwartungen der Interviewpartner an eine Fussgängerzone

Alle Akteure bezeichnen die Fussgängerzone als etwas Positives. Sie anerkennen sie als Mittel zur Attraktivierung der Innenstadt. Argumente sind erhöhte Urbanität sowie eine verminderte Umweltbelastung. Einige Befragte sehen allerdings auch Gefahren und legen deshalb ein Schwergewicht auf Durchmischung. Für die meisten ist die Fussgängerzone auch ein verkehrspolitisches Instrument, ein Mittel, um übergeordnete verkehrspolitische Ziele umzusetzen. Die Fussgängerzone sei ein erster Schritt zur autoarmen oder autofreien Stadt. Hier liegt wiederum ein kritischer Punkt. Ein Teil der Akteure strebt das weiterführende Ziel an, ein anderer lehnt es ab.

Die Vorstellung einer strikten Verkehrstrennung, wie sie der Begriff „Fussgängerzone" beinhaltet, wandelte sich im Verlauf des Planungsprozesses. Die offizielle Bezeichnung lautet zwar bis heute Fussgängerzone, vermehrt heisst es aber auch Fussgängerbereich. Damit wird eine grössere Durchlässigkeit für den „notwendigen" Verkehr postuliert, was wiederum eine grössere räumliche Ausdehnung ermöglicht. Das Stadtzentrum wird allerdings weitgehend ein isoliertes Element betrachtet. Es sind kaum Argumente zu hören, die von der gesamten Stadt ausgehen und Überlegungen hinsichtlich einer Langsamverkehrs-Stadt einbeziehen. Einzig die Piazza- und die Zaf!-Initiativen stehen in einem gesamtstädtischen Kontext, in dem sie Platzumgestaltungen bzw. weiterführende Massnahmen im ganzen Stadtgebiet fordern, während sich die Initiative „für attraktive Fussgängerzonen" explizit auf detailhandelsorientierte Zentrumsgebiete beschränkt. Zwar postulierte die Mehrheit der Verkehrskommission und des Gemeinderats, die Ideen der „Piazza-Initiative" ebenfalls in den Gegenvorschlag aufgenommen zu haben. Die Initianten sahen dies aber offensichtlich anders und liessen sich nicht zu einem Rückzug bewegen.

Sowohl die Wahrnehmung der Verkehrsprobleme als auch die Erwartungen an eine Fussgängerzone zeigen einen Widerspruch der Akteurpositionen. Es ist deshalb nicht erstaunlich, dass sich diese Argumentationslinien und Handlungsmuster im Planungsprozess immer wieder finden lassen.

2.4.2.3 Der Planungsablauf

Der Planungsauftakt

Anlass für die Erweiterung der Fussgängerzone waren einerseits die Forderung nach Verbesserung der Luftqualität, die in den kantonalen Massnahmenplänen enthalten waren und andererseits zwei parlamentarische Vorstösse von linker und grüner Seite. Beide lagen in der Linie der Interessenvertreter im linken und grünen Spektrum, währenddem sich die Vertreter der Wirtschaft und die bürgerlichen Parteien eher in die Defensive gedrängt sehen mussten. Die Stadt ging anschliessend schon sehr rasch daran, ein umfassendes Papier auszuarbeiten, das neben einer vielfältigen Zielsetzung auch bereits vier mögliche Erweiterungskonzepte enthielt. Im gleichen Zeitraum präsentierte die Stadt Grundlagen zum innenstädtischen Detailhandel. Das deutet darauf hin, dass die Forderung nach einer Fussgängerzone für die städtischen Behörden nicht unerwartet kam. Offensichtlich hatten sie den Trend, der in dieser Zeit in Richtung autoarme Stadtzentren ging, wahrgenommen. Inspirationen dazu sind aus Deutschland übernommen worden. *„Die Idee einer Fussgängerzone ist im Stadtplanungsamt immer am Köcheln gewesen, seit Beginn der Siebzigerjahre. Es sind zahlreiche Papiere und Planungen entstanden; die Lobby hat aber gefehlt, um etwas umzusetzen."* (I5)

Die Interessenvertreter auf der anderen Seite sahen offensichtlich ein, einer solch geballten Ladung an Forderungen nicht ohne weiteres entgegentreten zu können. Sie wählten deshalb eine offensive Taktik und stiegen mit ihrer Initiative „für attraktive Fussgängerzonen" auf den fahrenden Zug auf.

Ein Impuls und ein Eingeständnis von Wirtschaftsseite

Die Initiative wollte offensichtlich festschreiben, was die Wirtschaftsvertreter zu verlieren befürchteten: den Parkplatzbestand. Gleichzeitig räumten sie ein, dass Fussgängerbereiche für „traditionelle Detailhandelsgebiete" eine angepasste Form der Verkehrsorganisation sind. Die Initiative war eine Reaktion auf die bisherigen Planungen. *„Die Volksinitiative ‚für attraktive Fussgängerzonen' ist gekommen, als die beiden Stadträte Neukomm und Aeschbacher dort und da einzelne Parkplätze verschwinden liessen. ... Im Zentrum der Initiative steht die Sicherung des Parkplatzangebots in der Gemeindeordnung und nicht die Fussgängerzone und ist so als Reaktion auf den schleichenden Parkplatzabbau zu sehen."* (I5) Sie wird aber als klare Willenskundgebung interpretiert. *„Die Initiative ‚für attraktive Fussgängerzonen' ist durchaus nicht eine taktische Massnahme. Den Leuten, die die Initiative lanciert und unterschrieben haben, ist eine Fussgängerzone am Herzen gelegen. Der Haken ist die Beibehaltung der Attraktivität für den Autoverkehr, mit den zusätzlichen ‚randlichen' Parkhäusern. Das Anliegen ist durchaus legitim."* (I4)

Dies hat gerade bei den Automobilverbänden nicht nur Freude ausgelöst. Sie haben sich an der Initiative nicht beteiligt. *„Die Initiative ‚für attraktive Fussgängerzonen' ist vom TCS nicht unterstützt worden. Sie ist etwas eine taktisch bedingte Alibiinitiative, die v. a. darauf abzielt, zuerst die Parkplatzsituation zu regeln, bevor die Fussgängerzone erweitert wird. Dazu hätte es in den Augen des TCS keine Initiative gebraucht."* (I3)

Der Stadtrat nahm die Initiative zwar auf, war ihr gegenüber aber ablehnend eingestellt. Deshalb verfolgte er eine Doppeltaktik. Einerseits stellte er die Rechtmässigkeit in Frage, andererseits entwarf er einen Gegenvorschlag. *„Die Volksinitiative ... ist Ausdruck des Misstrauens. Sie hat zur Absicherung der Forderungen gedient. Die Parkplatzzahl ist schon bald als zentral erachtet worden, und man hat in der Arbeitsgruppe (zur Erweiterung der Fussgängerzone, AdA) eingesehen, dass sie nicht zu stark zurückgehen darf ... Als Haupteinwand gilt: die Gemeindeordnung darf keine inhaltlichen Bestimmungen beinhalten. Weiter gibt es Widersprüche zwischen der Initiative und dem kantonalen Stras-*

sengesetz. Inhaltlich bringt die Initiative keine Lösung sondern weiteren Diskussionsstoff mit viel Interpretationsspielraum." (I1)

Mit der Initiative ist es dem Innenstadtgewerbe jedenfalls gelungen, dem Anliegen der Fixierung der Parkplatzzahl in der Erweiterungsdiskussion einen hohen Stellenwert zu geben. Gleichzeitig hat sich das Gewerbe auch verpflichtet, sich an der Planung für eine Fussgängerzone zu beteiligen. Daneben sind die ursprünglichen Ziele, die Verbesserung der Umweltsituation und der Stadtattraktivität, in den Hintergrund getreten.

Viele Vorschläge - wenig Fortschritt: Parkplätze sind zentral

Zahlreiche konkrete Planungsvorschläge begleiteten den Gegenvorschlag des Stadtrats, die das Stadtplanungsamt unter Einbezug „breiter Kreise" ausgearbeitet hatte. Betrachtet man die verschiedenen Entwürfe, so sind zwischen den einzelnen Stufen wenig substanzielle Veränderungen zu erkennen. Zwar zog das Stadtplanungsamt „breite Kreise" ein, offensichtlich aber v. a. zur Information und nicht im Sinne eines wirklichen Gedankenaustausches. Jedenfalls äusserte sich der Stadtrat in der entscheidenden Frage der Parkierung nicht direkt. Ein 1:1-Ersatz oder ähnliche Lösungen sind nicht vorgesehen - stattdessen sah das Papier einen Abbau von 110 Parkplätzen bei der ersten Erweiterungsetappe vor. Parkhausneubauten seien nicht durchzusetzen. Entsprechend zeigten sich die Initianten wenig zufrieden gestellt. Im nächsten öffentlichen Informationspapier sah die offizielle Seite eine Erweiterung in sieben Bausteinen vor. Die einzelnen Bausteine sind auch ausführlich beschrieben worden. Der Parkplatzverlust war Grund für die Zurückstellung von zwei Etappen. Bei der ersten Erweiterungsetappe, die aus fünf Bausteinen bestand, rechneten die Planer mit einem Verlust von vierzig Parkplätzen.

Die Erweiterungsvorschläge standen nun im Raum, eine öffentliche Diskussion fand aber nicht wirklich statt. Andere verkehrspolitische Themen standen im Vordergrund und beschäftigten die Akteure, so v. a. der Streit um die Parkgebühren oder die überraschende Abwahl Aeschbachers. Zu einem wichtigen Thema entwickelte sich wiederum die schon alte Diskussion um die Sperrung des Limmatquais. Die grösste Aktivität legten in dieser Periode die Planungsbehörden an den Tag, die die Grundlagen zur Erweiterungsplanung vertieften. Die detaillierteren Abklärungen brachten allerdings nur wenig Veränderungen, sodass sich die einzelnen Akteure nicht veranlasst sahen, von ihren Positionen abzurücken.

Die Parkierungsfrage stand jedenfalls im Vordergrund: *„Neuerdings ist die Haltung der Stadtverwaltung umgekippt, weil die Parkierungsfrage ins Zentrum gerückt worden ist, nachdem Kathrin Martelli das Amt übernommen hat. Das ist vorher explizit nicht der Fall gewesen, das Parkierungsproblem sollte separat bearbeitet werden. ... Dieser Wechsel ist sicher bewusst vollzogen worden. Frau Martelli kommt aus einer anderen Ecke (FDP, AdA), und sie hat enge Verbindungen mit Leuten, die die andere Initiative („für attraktive Fussgängerzonen', AdA) initiiert haben. Sie hat enge Verbindungen zu den Leuten, die aktiv für die Parkhäuser kämpfen."* (I4)

Die Verkehrskommission des Gemeinderates arbeitet an einer Lösung

Der Gemeinderat kam ins Spiel, als es darum ging, die Initiative „für attraktive Fussgängerzonen" sowie den Gegenvorschlag des Stadtrats zu prüfen. Die Vorbereitung des Geschäfts wurde der Verkehrskommission unter dem Präsidenten Bruno Kammerer übertragen. In einem gut einjährigen Prozess versuchte er, eine einvernehmliche Lösung zu finden. Kammerer war bestrebt, die Akteure einander näher zu bringen. Das gelang ihm in zahlreichen Verhandlungsrunden und Studienreisen zu in- und ausländischen Beispielen. *„Mit dem Kompromiss sollten auf beiden Seiten die Ängste genommen werden. Die Bürgerlichen hatten Angst vor dem Parkplatzabbau, die links-grüne Seite hatte Angst vor Parkhausneubauten mit mehr Parkplätzen."* (I4)

Bei dem Kompromiss mussten beide Seiten Abstriche machen. Dabei manifestierte sich allerdings eine Spaltung auf der links-grünen Seite. Während die SP erstmals einräumte, dass sie den Ausbau von Parkraum nicht mehr grundsätzlich bekämpfen wolle, blieben die Grünen und ein Teil der Umweltorganisationen hart. Neue Parkhäuser sollten auch weiterhin nicht entstehen. Zwar versuchte die Kommission, diese Opposition durch den Einbezug der nicht nur die Innenstadt betreffende Piazza-

Initiative einzubinden; dies ist allerdings nicht gelungen. Entsprechend zeigt sich heute - trotz „historischem Kompromiss" - ein gespaltenes Bild. Es gibt immer noch Widerstand gegen Parkhausneubauten.

Es gibt aber auch Opposition auf der anderen Seite. Diese manifestiert sich v. a. in der Diskussion um die Sperrung des Limmatquais. *„Der Limmatquai ist eine Durchfahrtsstrasse, die das rechte Zürichseeufer auf dem schnellsten Weg mit der Region Flughafen verbindet. Eine Sperrung würde eine Umleitung des Verkehrs bedeuten, die die Wohnquartiere belasten würde. Das haben Studien von Verkehrsingenieuren ergeben. Als Folge müssten in den Wohnquartieren verkehrsberuhigende Massnahmen ergriffen werden. Das ist ein Grund, weshalb sich die CV momentan noch gegen eine Sperrung ausspricht. Der Limmatquai ist, so wie er sich heute präsentiert, nicht als FGZ geeignet."* (I6)

Ein Leitbild für die Innenstadt als Perspektive

In dieser Situation nahm die Stadt nun erneut übergeordnete Planungsarbeiten auf, die zu einem Innenstadt-Leitbild führen sollten. Dies ist nicht zuletzt der Ausdruck einer Schwergewichtsverlagerung. Während zu Beginn der Neunzigerjahre die Frage der Umweltqualität im Vordergrund stand, gewannen mit der sich verschlechternden Lage und der Intervention der Wirtschaftskräfte ökonomische Aspekte zusehends an Bedeutung. „Wirtschaftlichkeitsprüfung" hiess eine in Zusammenhang mit der Vernehmlassung zur Fussgängerzonenerweiterung vorgebrachte Forderung. *„Die ‚Wirtschaftsverträglichkeitsprüfung' soll eine Art Pendant sein zur Umweltverträglichkeitsprüfung. Dies hängt auch mit der Erfolgskontrolle zusammen. Jeder Eingriff in einer FGZ hat grossen Einfluss auf den Branchenmix. Wenn eine FGZ gut realisiert wird, steigen die Liegenschaftspreise, das hat eine Verdrängung gewisser Mieter zur Folge. Es ist eine grosse Gefahr, wenn der Branchenmix nicht mehr gewährleistet ist - ich habe dies in Stuttgart beobachten können."* (I6)

Diese neue Voraussetzung lässt zum heutigen Zeitpunkt die zukünftige Entwicklung offen. Trotz des „historischen Kompromisses", der in der Planung vorgesehenen Erweiterungsetappen für den Fussgängerbereich und den konzeptionellen Überlegungen zur weiteren Entwicklung in der Innenstadt scheint vieles noch unklar zu sein.

2.4.2.4 Kooperation und Beteiligung von Akteuren

Es zeigt sich, dass innerhalb der einzelnen Gruppen die Vernetzung unterschiedlich ausgeprägt ist. So weisen beispielsweise die Wirtschaftsverbände untereinander eine hohe Vernetzung auf, während bei den Umweltorganisationen grössere Differenzen bestehen. Grössere Projekte sind ohne Kooperation zwischen Akteuren nicht realisierbar. Diese grundsätzliche Erkenntnis ist auch in Zürich in den Planeralltag gedrungen. Verwaltungsintern funktionierte die Kommunikation gut, während sich in den Beziehungen zu den aussenstehenden Akteuren Schwierigkeiten ergaben. Die offizielle Seite versuchte bewusst, die Betroffenen zu informieren und einzubeziehen. Eine Gesprächsrunde leitete jede Planungsstufe ein. Sie fand Abschluss in einem Bericht, über den das Stadtplanungsamt wiederum orientierte. Diese Berichte vermitteln die Planungsinhalte auf anschauliche Weise. An den eher podiumsartigen Veranstaltungen sind die Informationen allerdings nur in einer Richtung geflossen, die offiziellen Planungsabsichten wurden vermittelt, aber nicht wirklich diskutiert. Die Betroffenen hatten zwar die Möglichkeit zu reagieren, allerdings nur in generellen Statements, oder in Form einer Vernehmlassung. Die Leute vom Stadtplanungsamt nahmen die Argumente auf und versuchten sie in die Planung einzubringen. In den heiklen Fragen fällten sie - bzw. der Stadtrat - Entscheide, die sie wiederum erst an der nächsten Versammlung kommunizierten. Diese lagen oft zeitlich weit auseinander. Dazwischen gab es kaum Möglichkeiten zum Austausch. Als öffentliches Forum blieb die Presse, in der sich die eine oder andere Akteurgruppe vernehmen liess. Selten fanden Podiumsveranstaltungen statt, oder es wurden harte Anschuldigungen in Briefen vorgetragen. Auch dort blieb es bei einer Interessenkonfrontation. Gemeinschaftliche Lösungen suchte niemand.

Im Vergleich der verschiedenen Planungsschritte fällt die Bilanz nach mehr als fünf Jahren nüchtern aus. Die offiziellen Vorschläge sind zwar fundiert und gut dargestellt, haben sich in ihrem Inhalt aber kaum verändert. Die entscheidenden Anstösse kamen von ausserhalb des eigentlichen Planungsprozesses, von Interessengruppen, die Vorstösse lancierten, und aus dem Stadtparlament. Entsprechend hatten die Planungsbehörden zwar guten Willen, der Erfolg erwies sich jedoch als zweifelhaft.

„Der Planungsprozess zur Erweiterung der FGZ ist durchaus etwas Neues. Ich habe so etwas noch nie erlebt ... Problem ist einzig, dass mit dem Planungsprozess nichts erreicht worden ist. Die Stadt Zürich, die Leute aus der Verwaltung haben nichts aus den Gesprächen, an denen ich beteiligt war, aufgenommen und zwar von keiner Seite. Dadurch hat in der Mitwirkung gar nicht so viel bewirkt werden können. Was viel besser hätte gemacht werden können, ist die Einbindung der gesamten Öffentlichkeit. Die Leute sollten über die Projekte informiert und mit der Presse eine aktive Zusammenarbeit gesucht werden (Medienarbeit). Dies ist unterlassen worden und wirkt sich jetzt als Handicap aus, weil sich nur Fachverbände/-leute an der Diskussion beteiligen. Die Stadt ist zu einem solchen Vorgehen (noch) nicht in der Lage. Es ist wichtig, dass die öffentliche Verwaltung ihre Ziele mittels PR der Öffentlichkeit bekannt macht." (I4)

„Der Planungsprozess ist überhaupt nicht linear gelaufen, schon der Beginn ist stümperhaft gewesen. Ich spreche gerne von kommunikativer und kooperativer Planungspolitik. Dies bedingt, dass den anderen das Gefühl gegeben wird, ernst genommen zu werden. Der Kontakt zu den Leuten ist zwar gesucht worden, aber das Resultat, ... , zeugt von einem stümperhaften Vorgehen. Es fehlt das Feuer, die Vision, die Lust etwas zu verwirklichen. Die Verwaltung geht aus einer Verteidigungsposition an die Wirtschaft heran, dies ist z. T. auch politisch bedingt. ... Die richtige Taktik wäre es, die Leute an den Tisch zu bringen und die Probleme und Nöte aller zur Sprache zu bringen. ... Die Bedürfnisse und Wünsche der Akteure müssen angehört und einbezogen werden. Visionen, Vorstellungen, unternehmerisches Denken sind vom Stadtrat und von der Verwaltung gefragt. Den Leuten im Stadtrat fehlt es an praktischer Erfahrung. Dazu kommt, das die Verwaltung gegen aussen, gegenüber dem Gemeinderat nur dann auftreten kann, wenn dies vom Stadtrat abgesegnet worden ist. Auch die Zusammenarbeit zwischen den Ämtern ist schlecht: Jeder hockt nur auf seinem Zeugs. ... Es braucht eine neue Politik, die vom einzelnen Objekt ausgeht. In jedem einzelnen Fall ist es nötig, alle Interessen einzubeziehen." (I5)

„Der TCS hat sich im Rahmen der Erweiterungsplanung Fussgängerzone äussern können, hat aber erwartet, dass man mehr auf seine Argumente eingeht. Ich bin mir bewusst, dass jeder, der an einer Vernehmlassung teilnimmt, anschliessend enttäuscht ist über das Resultat. Dies ist eine Feststellung und kein Vorwurf. Wenn ich allerdings die Vernehmlassungen zum Limmatquai ansehe, die alle eher negativ zur Sperrung Limmatquai ausgefallen sind, hätte ich einen Schritt der Stadt in Richtung Teilmassnahmen ausserordentlich begrüsst." (I3)

Während die erarbeiteten Planungsunterlagen eine sinnvolle Grundlage bilden, ist bezüglich der Kommunikation mit allen Akteuren die Rolle der Verwaltung und damit auch der Exekutive eher negativ zu beurteilen. Die Beziehung des Stadtplanungsamts zur Verkehrskommission des Gemeinderats war dagegen gut. Und innerhalb der Kommission fand ein intensiver Austausch zwischen den Akteuren statt. Dort ist es dem Kommissionspräsidenten Bruno Kammerer (SP) gelungen, eine Kommunikationsstruktur herzustellen und die unterschiedlichen Positionen einander anzunähern. Dabei gab es Kontakte über die Grenzen der Kommission heraus, neben dem Stadtplanungsamt v. a. zu Vertretern der Wirtschaftsverbände. In einem langen Prozess schlossen die Parlamentarier schliesslich den „historischen Kompromiss". Ein wichtiger Faktor, der dabei eine Rolle gespielt hat, war sicher die Person Kammerers und sein Vorgehen. Er hat eine langjährige Erfahrung in der Zürcher (Verkehrs-)Politik vorzuweisen, die bis in den Anfang der Siebzigerjahre zurück reicht. Dank seiner gemässigten Haltung scheint seine Person wenig zu polarisieren, und er konnte die Position eines Mediators oder Diskussionskatalysators einnehmen. Es ist ihm gelungen, mit den entscheidenden Personen Kontakte zu knüpfen und so Brücken zu bauen. Gleichzeitig konnte er dazu beitragen, seine Partei auf eine gemässigte Linie zu verpflichten. Er hat durch gezielte Inputs dafür gesorgt, dass sich die Kommissionsmitglieder untereinander besser kennen lernten und Ideen aus anderen Städten aufgenommen werden konnten. Durch seinen Zugang zu vielen Personen und Institutionen - nicht zuletzt zur Verwaltung - hat er stets über die notwendigen Informationen verfügt. Kammerer ist deshalb eine eigentliche Schlüsselperson. Schliesslich ist es ihm gelungen, dass alle Mitglieder der Verkehrskommission - mit Ausnahme der Grünen - ihre Fraktionen von den Kommissionsbeschlüssen überzeugen konnten.

"In der Verkehrskommission ist die Arbeit der Planer in Zusammenhang mit der Diskussion um die Initiative und den Gegenvorschlag gut aufgenommen worden. Alle vertretenen Parteien zeigten sich kooperativ und haben versucht, eine Lösung zu finden. Der Gegenvorschlag des Stadtrats hat die Initianten nicht zum Rückzug bewegt. Bruno Kammerer kommt dabei die Rolle des Vermittlers zu. Schon vorher unter Aeschbacher und auch unter Martelli ist sehr eng mit der Gemeinderatskommission zusammengearbeitet worden; ...." (I1)

Die neuesten Entwicklungen zeigen, dass mit der Planung zur Erweiterung der Fussgängerzonen auch ein Lernprozess verbunden war. Planungsvorstellungen, die in Richtung einer auf Kooperation ausgelegten Vorgehensweise gehen, setzen sich in Zürich vermehrt durch. Die Behörden richteten so für verschiedene Quartiere ein Forum ein, um darin Aspekte der Stadtentwicklung zu diskutieren. In diesem Stadtforum ist das gesamte Akteurspektrum vertreten (NZZ 19.4.96). Für die Innenstadt ist unter Einbezug der Betroffenen ein Leitbild in Arbeit. *"Parallel zu den beiden Befragungen wurden in fünf aus VerterterInnen der Wirtschaft, der Bewohnerschaft und der Stadtverwaltung zusammengesetzten Arbeitsgruppen Stärken und Schwächen der Zürcher Innenstadt diskutiert und Vorschläge zu attraktivitätssteigernden Sofortmassnahmen gemacht. Im Vordergrund standen dabei die Themen ,Öffentlicher Raum', ,Wirtschaft', ,Verkehr', ,Wohnen', und ,Image der Zürcher Innenstadt'."* (WEHRLI-SCHINDLER 1996:2)

Der Erfolg des Planungsprozesses um die Erweiterung der Fussgängerzone ist zum heutigen Zeitpunkt noch nicht definitiv bestimmt. Im Laufe des Planungsverfahren ist das Verständnis für ein kooperatives Vorgehen gewachsen. So ist eine Annäherung zu erwarten. Kurzfristig könnte sie allerdings gefährdet sein durch das Abseitsstehen der Grünen und erste Meinungsverschiedenheiten um die Sperrung des Limmatquais.

2.4.3 Zukunft: Der Handlungsspielraum für Zürich

Für eine Erweiterung der Fussgängerzone in der Zürcher Altstadt sprechen sich alle relevanten Akteure aus. So sehen alle Interviewpartner in ihrer Vision eine Fussgängerzone verwirklicht, die Erwartungen daran sind jedoch unterschiedlich. Das hat die vorangehende Analyse deutlich gezeigt. Ein wichtiger Schritt zur Umsetzung einer Fussgängerzone wäre es, die Beteiligten auf den gemeinsamen Nenner zu verpflichten und ein Planungsziel festzulegen, das sich in ein übergeordnetes Ganzes einfügen lässt. Die Grundlagen dazu sind mit den Arbeiten des Stadtplanungsamts und dem Gemeinderatsbeschluss („historischer Kompromiss") bereits gelegt.

Bei der heikelsten Frage, der Parkplatzfrage, ist ein mehrheitsfähiger Kompromiss vorhanden. Es ist vorgesehen, die verloren gegangenen Parkplätze 1:1 zu ersetzen. Trotzdem werden neue Parkhäuser weiterhin auf Widerstand, v. a. von Seiten der Grünen stossen. Und Forderungen nach mehr Parkraum sind ebenfalls nicht verstummt. Die Diskussion wird emotional sein. Es wäre kaum sinnvoll, die aktuelle Parkplatzzahl für immer und ewig als sakrosankt festzuschreiben. Um eine Versachlichung zu ermöglichen, sind breit abgestützte Grundlagen zu den Parkplätzen in der Innenstadt notwendig. Dabei sind alle privaten und öffentlichen Stellplätze zu berücksichtigen. So könnten spezielle LEM-Parkplätze in naher Zukunft einem Bedürfnis entsprechen oder der Veloverkehr stark zunehmen. Grundsätzlich sollte auf die wichtigen Bedürfnissen eingegangen werde können, um flexibel agieren zu können. Dabei sollte nichts unversucht bleiben, um den heute knappen Parkraum effizient zu nutzen. Finanzielle und organisatorische Massnahmen stehen im Vordergrund, bevor auf teurem Boden wirtschaftlich wenig ertragsbringender Parkraum erstellt wird.

Fussgängerzone ist immer noch ein stark besetzter Begriff, der mit totaler Aussperrung des MIV verbunden ist. In manchen zentralen Zonen mag dies sinnvoll sein. In randlicheren Zonen mit weniger starken Fussgängerströmen und anderer Nutzungsstruktur überzeugt eine solche Lösung oft nicht. Der Gedanke einer Mischung der Verkehrsmittel sollte in der Planung Gewicht erhalten. Wenn eine klare Vortrittsregelung für Fussgänger und Velofahrer besteht, dann ist eine beschränkte Fahrzeugmenge, die auf niedrigem Geschwindigkeitsniveau zirkuliert, durchaus tragbar. Solche Fussgängerbereiche können deutlich grösser sein, als die eigentlichen Kern-Fussgängerzonen und auch Verbindungen in die angrenzenden Quartiere ermöglichen. Gleichzeitig können die Ängste vor einer Verschlechterung der Autoerreichbarkeit abgebaut werden.

In Zürich ist um die Erweiterung der Fussgängerzone in den letzten Jahren sehr viel diskutiert und sehr wenig umgesetzt worden. Eine Planung sollte immer auch zum Ziel haben, Veränderungen zu bewirken - zu einer Realisierung von Massnahmen zu kommen. Also sollte der Mut da sein, neue Ideen auszuprobieren und auf die Auswirkungen flexibel zu reagieren. So hat beispielsweise die baulich bedingte Sperrung des Limmatquais gezeigt, dass die verkehrlichen Effekte durchaus nicht so gravierend waren, wie sie von manchen Kritikern erwartet worden waren. Wenn stets nur auf hypothetischer Ebene über Massnahmen diskutiert wird, bauen sich Vorurteile mehr und mehr auf, und die Gefahr besteht, dass eine Umsetzung nur noch mit einem Kraftakt möglich ist. Dabei besteht immer das Spannungsfeld zwischen schrittweisem Vorgehen oder der sofortigen Einführung grossflächiger Massnahmen. Zürich hat sich für einzelne Schritte entschieden. Wenn allerdings nach mehr als fünf Jahren Planung keine Veränderungen sichtbar sind, stellt sich die Frage, ob das gewählte Vorgehen richtig war. Wichtig sind bei einer an der Realisierung orientierten Planung die übergeordneten konzeptionellen Grundlagen. Entsprechend braucht es planerische Vorstellungen sowohl für die ganze Stadt als auch für das Zentrum. Es macht beispielsweise wenig Sinn, wenn die Fussgängerzone eine „Insel der Seligen" bleibt.

Der gesamte Handlungsspielraum kann heute nur ausgeschöpft werden, wenn der Planungsprozess kooperativ verläuft. Während der gesamten Achtzigerjahre standen sich die Akteure in verkehrspolitischen Fragen in scheinbar unverrückbaren Standpunkten gegenüber. Auch heute besitzt kein Akteur so viel Macht, seine eigenen Vorstellungen unverändert umzusetzen. Zwar sind die Fronten heute aufgeweicht, und erstmals scheinen Lösungen möglich zu sein. Dennoch braucht es viel mehr konsens- und projektorientierte Planungsformen. Ansätze sind vorhanden. So könnte sich aus der Erarbeitung des Leitbildes für die Innenstadt eine Gruppe herausbilden, die Ideen zur Attraktivierung der Innenstadt umzusetzen hilft. Von zentraler Wichtigkeit sind dabei die angestrebten Ziele jedes einzelnen Akteurs. Erst daraus kann eine Argumentationslinie erkannt und darauf reagiert werden. Trotz Gemeinsamkeiten bestehen beispielsweise Unterschiede, ob eine Fussgängerzone die Attraktivierung des Innenstadtdetailhandels oder die Verbesserung der Luftqualität zum Ziel hat. Nur wenn die Akteure die Argumente kennen, ist eine Konsens überhaupt möglich. In diesem Sinne ist eine Vernetzung der Akteure, ein gegenseitiges Kennenlernen eine wichtige Voraussetzung für kooperative Planung. Dabei darf die Planung nie in sich abgeschlossen bleiben. Neue Ideen, veränderte Realitäten sollten aufgenommen werden, Flexibilität muss möglich sein.

Der Handlungsspielraum, die nötigen Grundlagen und Voraussetzungen sind in Zürich ist durchaus vorhanden, um in absehbarer Zeit zu einer sinnvollen Lösung zu kommen. Wenn die Exekutive und die Verwaltung die positiven Zeichen aus dem Gemeinderat aufnehmen, dann könnte ein erweiterter Fussgängerbereich in der Innenstadt nicht mehr in allzu weiter Ferne liegen.

3 Bern: Verkehrskompromiss

Im folgenden Kapitel soll das Fallbeispiel Bern untersucht werden. In Kapitel 3.1 werden die nötigen Grundlagen dargestellt, in Kapitel 0 folgt die eigentliche Fallstudie, in der das Zustandekommen des Berner Verkehrskompromiss analysiert werden soll.

In Kapitel 3.1.1 wird der nicht ortskundige Leser kurz mit der Geschichte und Entwicklung der Stadt Bern vertraut gemacht. Ebenfalls vorgestellt werden sollen die wichtigsten Grundlagen zur geografischen Lage und zur gesamtstädtischen Verkehrssituation. In den folgenden Kapiteln 3.1.2 bis 3.1.8 soll in einzelnen Schritten die Verkehrsgeschichte der Stadt Bern seit dem Zweiten Weltkrieg aufgerollt werden. Auf dieser Grundlage soll dann der Fall des Berner Verkehrskompromiss näher analysiert werden. Zuerst geht es in Kapitel 3.2.1 darum, das Fallbeispiel in das Umfeld der laufenden Planungen, die das Berner Stadtzentrum betreffen, einzuordnen. In Kapitel 0 soll dann die Analyse der Situation der Berner Altstadt im Vordergrund stehen. Dazu werden die wichtigsten Angaben zur Bevölkerungs- und Wirtschaftsstruktur, zur Verkehrserschliessung und zu aktuellen Verkehrsprojekten dargestellt. Anschliessend stellt sich in Kapitel 3.2.3 die Frage, wie die ganze Diskussion um den Verkehrskompromiss abgelaufen ist. In Kapitel 3.3 stehen die Akteure und ihre Position im Planungsprozess im Zentrum einer eingehenden Analyse. Schliesslich folgt in Kapitel 3.4 die Beurteilung des Planungsprozesses auf Grund der in der Einleitung gestellten Fragen. Daraus soll für den Fall Bern der mögliche Handlungsspielraum abgeleitet werden.

3.1 Grundlagen

3.1.1 Porträt Berns

Die Stadt Bern wurde im Jahr Ende des 12. Jahrhunderts durch die Grafen von Zähringen gegründet. Sie wuchs in drei Etappen bis 1346. Ihre Ausdehnung beschränkte bis Mitte des letzten Jahrhunderts auf die von der Aare umgebene Halbinsel (zur Stadtentwicklung s. DIVORNE 1991). Ab 1353 ist Bern Mitglied der Schweizerischen Eidgenossenschaft. Die Stadt führte im 15. und 16. Jahrhundert verschiedene Expansionskriege und wurde zeitweise zum mächtigsten Stadtstaat nördlich der Alpen. Das alte politische System brach im Gefolge der französischen Revolution 1798 und der napoleonischen Kriege zusammen. Bern erhielt in der neuen Verfassung der Schweizerischen Eidgenossenschaft von 1848 die Rolle der Bundesstadt zugestanden. Die neue Zeit kündigte sich durch die Schleifung der Stadtbefestigung an. Der Bau verschiedener Hochbrücken über die Aare ermöglichte eine Expansion in neue Aussenquartiere. Damit konnte den Raumansprüchen der wachsenden Bevölkerung sowie von Industrie und Gewerbe entsprochen werden. Der Anschluss an die Eisenbahn erfolgte im Jahre 1857. In der Folge wuchs die Stadt sowohl flächen- als auch bevölkerungsmässig. Die Geschichte der Stadterweiterung Berns bis in die aktuelle Zeit beschreiben GROSJEAN (1973), SULZER (1989) und EGLI, PFISTER (1998). Ab den Vierzigerjahren erfasste das Wachstum die Aussengemeinden in verschiedenen Phasen. 1963 hatte die Stadt das Einwohnermaximum von 168'600 Einwohnerinnen und Einwohnern erreicht. Von nun an verlagerte sich das Wachstum in die Aussengemeinden, während die Kernstadtbevölkerung abnahm (Einwohnerzahl 1997 Stadt Bern: 129'123, gesamte Agglomeration 1990: 332'494. Gleichzeitig stieg die Zahl der Arbeitsplätze in der Stadt, sodass heute mehr Menschen in Bern arbeiten als wohnen: 1991 arbeiteten hier 149'356 Voll- und Teilzeitbeschäftigte. Die Agglomeration Bern bildet zwar heute einen funktionalen Stadtraum, der jedoch über keine adäquaten politischen Strukturen verfügt. Zahlreiche Aspekte der Stadt- und Agglomerationsentwicklungsgeschichte sind LÜTHI, MEIER (1998) zu entnehmen.

In Bern konnte sich nie eine wirklich bedeutungsvolle Industrie ansiedeln. Prägend wirkt sich die Funktion als Bundesstadt und als Kantonshauptstadt aus. So bilden die Verwaltung und verwandte Betriebe den wichtigsten Wirtschaftsfaktor der Stadt. Die Stadt und besonders die Innenstadt ist Versorgungszentrum für ein Einzugsgebiet mit etwa 500'000 Personen, sowie ein Anziehungspunkt für zahlreiche Touristen. Entsprechend prägt der Dienstleistungssektor die städtische Wirtschaft. 0,4 % der Stadtberner Erwerbstätigen sind im primären, 18,6 % im sekundären und 81,0 % im tertiären Sektor beschäftigt. Die Strukturen des Wirtschaftsraums Bern wurden im Rahmen eines Forschungsprojekts am Geografischen Institut der Universität Bern untersucht [TREINA 1998; Die oben zitierten Zahlenwerte sind diversen Jahrgängen des Statistischen Jahrbuchs der Stadt Bern (STADT BERN, AMT FÜR STATISTIK) entnommen].

Bern ist zentraler Knotenpunkt im schweizerischen Autobahn- und Eisenbahnnetz. Während die wichtigsten Strassenverbindungen um die Stadt herumführen, treffen die öffentlichen Verkehrsmittel – nationale und regionale Bahnverbindungen, Postautos, lokale Strassenbahn-, Tolleybus- und Buslinien – am Bahnhof aufeinander. Das auf des Zentrum angelegte ÖV-Netz, die gute Erschliessungsqualität sowie die Konzentration vieler Arbeitsplätze und der Versorgungsfunktionen im Innenstadtbereich sind für einen hohen Anteil des ÖV am Modalsplit verantwortlich (Abbildung 12 und KAUFMANN 1998).

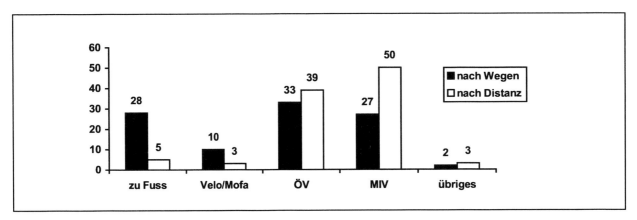

SEEWER 2000 nach MIKROZENSUS 1991:42,43

Abbildung 12: Verkehrsmittelwahl in Bern nach Wegen und Distanz 1989 in Prozent

Seit Beginn der Neunzigerjahre versuchen Stadt und Kanton die wirtschaftliche Siedlungsentwicklung auf gut vom ÖV enrschlossene Entwicklungsschwerpunkte (ESP) zu konzentrieren (ESP 1992). Damit sollen die grüne Wiese und der Wohnraum vom Umnutzungsdruck entlastet werden. In der Stadt Bern gibt es drei kantonale Entwicklungsschwerpunkte: Ausserholligen, Wankdorf sowie das Gebiet um den Hauptbahnhof, für das ein Masterplan aufgestellt wurde (MASTERPLAN 1993).

3.1.2 Das Auto tritt auf die Bühne

1902 verkehrten in der Stadt Bern neun Automobile. Deren Zahl stieg bis 1920 auf 290 Personenwagen und 140 Motorräder (STEINER 1989:61). Im Folgenden nahm die Motorisierung bis zum Zweiten Weltkrieg kontinuiertlich zu. Die Strassenverkehrsplanung beschränkte sich auf das übergeordnete Strassennetz und wurde primär im Zusammenhang mit den Stadterweiterungs- und Bebauungsplänen getätigt. Eine selbstständige Strassenverkehrsplanung war keine Dringlichkeit und nur einzelne Strassenausbauprojekte wurden realisiert. Im Verkehrsalltag machte sich die zunehmende Fahrzeugzahl durch eine starken Anstieg der Unfälle bemerkbar (s. STEINER 1998:52,53). Davon besonders stark betroffen, waren die Fussgänger, deren Freiräume schwanden. Als Planungsmaxime galt es, dem neuen Verkehrsmittel Auto Raum zu geben. Nach der kriegsbedingten „Pause" stieg die Zahl der Autos wieder an. Die zunehmend verstopften Strassen und die von Experten aufgestellten Wachstumsprognosen liessen Utopien für eine mögliche Verkehrsentwicklung und Stadtgestaltung entstehen.

3.1.3 Das Gutachten Walther/Leibbrand - die Expressstrassen

Die Entwicklung des Autoverkehrs, die sich in den Vereinigten Staaten bereits vor dem Zweiten Weltkrieg abzeichnete, fand nun auch in den europäischen Städten statt. In Bern gab der Gemeinderat 1952 bei den beiden Professoren Walther und Leibbrand sowie beim Architekten Jaussi ein Gutachten über die Strassenverkehrsplanung in Auftrag, das in Zusammenhang stand mit dem geplanten Bahnhofneubau (WALTHER, LEIBBRAND, JAUSSI 1954). Kurt Leibbrand lehrte an der ETH in Zürich und prägte zahlreiche Verkehrsplanungen von den Vierziger- bis in die Sechzigerjahre in Deutschland und der Schweiz (zu Leibbrand s. FORSTER 1995:5-7). Das Gutachten war anfangs 1954 fertig gestellt, erschien aber erst im November zusammen mit einer Stellungnahme des Gemeinderates.

Oberstes Ziel war es, die Störfaktoren für privaten Verkehr aus dem Weg zu schaffen und die Strasseninfrastruktur auszubauen. Ein Tangentendreieck leistungsfähiger Strassen sollte den Verkehr möglichst nahe ans Stadtzentrum heranführen. *„Für Bern ist es viel wichtiger, das Strassennetz für den Stadtverkehr und den Verkehr zwischen den Quartieren auszubauen, als weitere periphere Umfahrungs- und Ringstrassen anzulegen. Letztere mögen wohl von einigen durchfahrenden Motorfahrzeugen benützt werden, eine spürbare Entlastung der Innenstadt werden sie aber nicht bringen."* (WALTHER, LEIBBRAND, JAUSSI 1954:25) Dazu galt es, die immer dringendere Parkplatzknappheit zu bekämpfen (s. dazu LUTZ 1996:61-63).

Für den öffentlichen Verkehr brachten die Gutachter Lösungsvorschläge vor, wie sie noch zum Teil heute zu hören sind: Einsatz grösserer Fahrzeuge, der Ersatz von schwach frequentierten Tramlinien durch Busse sowie die Einrichtung von Radiallinien. Die zentrale innerstädtische Hauptachse Spital- und Marktgasse war als „öffentliche Verkehrsachse" vorgesehen. Der Verkehr in der übrigen Altstadt sollte hauptsächlich durch ein System von Einbahnstrassen zirkulieren. In Diskussion war ebenfalls eine unterirdische Führung in den zentralen Bereichen. Während das Gutachten den Fahrradverkehr nicht ansprach, schenkten die Planer dem Fussgänger dort Aufmerksamkeit, wo er den Verkehrsfluss störte. Dies war besonders beim Bahnhof der Fall. Die Autoren rieten damals von der Einrichtung von Fussgängerunterführungen noch ab.

Einige Projekte des Gutachtens Walther/Leibbrand wurden im Gefolge – v. a. im Zusammenhang mit dem Neubau des Bahnhofs – verwirklicht. Zu erwähnen sind die Umstellungen im ÖV, die Verwirklichung des Tangentendreiecks: Monbijoubrücke 1962 (s. dazu VON BERGEN 1998), Ausbau der Schüttestrasse als Altstadttangente etc. Das ganze Konzept wurde aber nie voll umgesetzt.

Die nationale Planung des Autobahnnetzes überlagerte die städtische Diskussion. Wie in Zürich sollten die neuartigen Strassen als Expessstrassen auch in Bern möglichst nahe ans Zentrum herangeführt werden. Dabei griffen die Verantwortlichen die Idee des Tangentendreiecks aus dem Gutachten Walther/Leibbrand auf. Der Widerstand in betroffenen Wohnquartieren liess die Verwirklichung der Expressstrassenidee scheitern. 1960 verhinderte das Stimmvolk den Bau der Innenstadttangente. Um das Nationalstrassennetz rechtzeitig bauen zu können, realisierte man eine Umfahrung nordwestlich der Stadt, in der Absicht die Verbindung durch die Innenstadt später zu bauen (s. dazu HEHL 1998, KAMMANN 1990).

In der Folge ging es in den Sechzigerjahren darum, das städtischen Verkehrssystem an das übergeordnete Netz anzuschliessen und Kapazitäten für das weiterhin wachsende (Strassen-) Verkehrsaufkommen zu schaffen.

3.1.4 Der Generalverkehrsplan 1964

Der Generalverkehrsplanung von 1964 gingen umfangreiche Studien zur Verkehrs- und Bevölkerungsentwicklung voran (GENERALVERKEHRSPLAN 1963, 1964). Auf allen Ebenen waren grosszügige Verkehrsführungen und Strassenquerschitte vorgesehen. Die Planer vertieften die Idee der Innenstadttangenten (s. dazu STEINER 1998:57,58). So wurde beispielsweise südlich der Innenstadt die Aarstrasse ausgebaut (VCS 1996). Für jede heikle und stark belastete Stelle im Strassennetz waren grosszügige Ausbauten vorgesehen, die weitgehend auf der Philosophie der Verkehrstrennung beruhten.

Die Verkehrsplanung begann sich als selbstständiger Teil von der Stadtplanung zu lösen, mit einem ungeheuren Machbarkeitsglauben versuchte man die Verkehrsprobleme zu lösen (STEINER 1998:57). Aufschlussreich ist die Tatsache, dass einige der damals verantwortlichen Leute bis heute für die Verkehrsplanung in Bern zuständig sind. Im Bereich der Innenstadt und an stark befahrenen Knoten sollte eine zweite Verkehrsebene Abhilfe schaffen. In den meisten Fällen war vorgesehen, den öffentlichen Verkehr in den Untergrund zu verbannen. Zweifelte das Gutachten Walther/Leibbrand noch an der Realisierbarkeit von Fussgängerunterführungen, waren nun diese an zahlreichen Stellen geplant. Um die Innenstadt herum sollten zahlreiche neue Parkhäuser entstehen (LUTZ 1996:63-66). Erstmals machte man sich auch Gedanken um die Ausgestaltung des regionalen Strassennetzes und der öffentlichen Verkehrsverbindungen. Fahrradfahrer und Fussgänger waren kein Thema: *"Wenn die Stadt blühen soll, muss der Verkehr pulsieren können. Wir wollen keine reine Fussgängerstadt! Im Rahmen der Gesamtverkehrsplanung wird ein leistungsfähiges Verkehrsnetz entwickelt werden müssen, das der Innenstadt keine stärkere Belastung bringt, sondern sie im Gegenteil wesentlich entlastet. Dabei muss das öffentliche Verkehrsnetz ausgebaut und um die Innenstadt ein Gürtel von grossräumigen Einstellhallen gelegt werden."* (SPAB 1962:o.S.)

Das Verkehrsvolumen nahm in den Sechzigerjahren stark zu. Verschiedene Stadterweiterungsprojekte wurden verwirklicht (GROSJEAN 1973, SULZER 1989), Bern erreichte die höchste Einwohnerzahl. In der Innenstadt kam es zu eigentlichen Verkehrszusammenbrüchen (HOHL 1964). *"1962 ist die ganze Altstadt voller Autos gewesen. Es hat keine Strasse mit Restriktionen gegeben, die Markt- und die Spitalgasse sind in beiden Richtungen von Autos befahren worden. Auch vom Bundes- zum Waisenhausplatz hat es eine Verkehrsachse gegeben, am Käfigturm hat es eine der damals vier Lichtsignalanlagen gegeben. Zu Fuss hat man in den Lauben im Gänsemarsch hinter den Leuten hergehen müssen, die Bewegungsfreiheit ist eingeschränkt gewesen. Das habe ich fast nicht ertragen, da schnelles Zufussgehen nicht möglich gewesen ist."* (I7)

3.1.5 Eine erste Fussgängerzone entsteht

Die kritische Situation veranlasste die Stadtbehörden ein Gutachten zum Fussgängerverkehr in der Innenstadt in Auftrag zu geben. Der Autor warnte vor der Gefahr des langsamen Aussterbens. *"Krankheitssymptome ... sind: Verstopfung der Verkehrsachsen und Ersticken des Kerns im eigenen Verkehr, Mangel an Parkplätzen, Mangel an Fussgängerverbindungen und –wegen, ungenügende Erschliessung durch öffentliche Verkehrsmittel."* (SPAB 1965:o.S) Er beschrieb die damalige Situation drastisch: *"..., die Lauben sind so eng geworden, dass das Einkaufen kein Vergnügen mehr macht, ja dass sogar in der Weihnachtszeit der private Verkehr in der Hauptgeschäftsstrasse gesperrt werden muss, für den Fussgänger wird es immer zeitraubender und gefährlicher, die Fahrbahnen in der Innerstadt zu überschreiten."* (SPAB 1965:o.S)

Die Abhandlung beschrieb treffend den Nutzungs- und Anspruchsdruck in der City und mögliche Handlungsoptionen. Der Autor plädierte für eine gemässigte Anpassung in der oberen Altstadt und eine integrale Erhaltung der unteren Altstadt mit ihrer wertvollen Bausubstanz. *"Die bisher angeführten Überlegungen über den Schutz und Sinnerfüllung wie über den verkehrlichen Ausbau der Altstadt zu ihrer Erhaltung haben sich in der Idee kristallisiert, in der Markt- und Spitalgasse einen reinen, von jedem Fahrzeugverkehr befreiten Fussgängerbezirk zu schaffen. Zeitigte der Verkehr bisher meist Zerstörung, Verschandelung und Behinderung, bietet er uns in diesen Fall die Möglichkeit an, sozusagen auf seine Kosten eine Lösung zu planen, die unübersehbar viele Probleme wegschaffen und die Vitalität unserer Altstadt auf Jahrzehnte hinaus sichern könnte."* (SPAB 1965:o.S.)

Die vorgeschlagene Fussgängerachse basiert allerdings auf der Vorstellung einer strikten Verkehrstrennung und einer aufwändigen technischen Lösung. *"Ein Tiefbahnsystem im 2. Untergeschoss, ein System von Anlieferungsstollen sowie Fussgängerunterführungen an den Tiefbahnhaltestellen im 1. Untergeschoss und ein vom privaten Verkehr umflossener, relativ grosser Fussgängerbereich auf der Oberfläche würde in diesem Sinne der Verkehrsentflechtung eine optimale Sanierungslösung des heutigen Verkehrschaos darstellen."* (SPAB 1965:o.S.) Der Autor wies anschliessend auf den Handlungsspielraum zur Ausgestaltung des neuen Freiraumes hin.

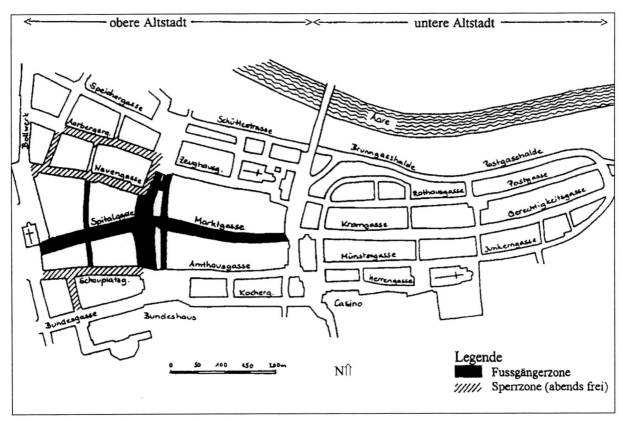

PFANDER 1995:19

Abbildung 13: Die Berner Fussgängerzone ab 1968/1970

Die „Überfüllung" der Altstadt prägte nun auch das Handeln der städtischen Behörden. *„1964 wurde mit den Arbeiten am ‚Verkehrsversuch Innenstadt' begonnen worden. ... Viele haben sich damals überhaupt nicht vorstellen können, den Verkehr aus der Altstadt raus zu nehmen. ... Die Arbeit mit Verkehrsversuchen hat sich aber bewährt, da man gegen den Widerstand der Ladenbesitzer kämpfen musste. Anfänglich ist niemand gross dafür gewesen."* (I7) Die beiden Hauptachsen, die durch die Altstadt führten, wurden für den Durchgangsverkehr gesperrt, während die Verbindung für den Anlieferverkehr, drei Tramlinien und die Trolleybuslinie weiterhin offen blieb. Durch die Einrichtung von Einbahnstrassen, die Umstellung von Ampelschaltungen und weiteren Massnahmen wurde die Durchfahrt durch die Innenstadt erschwert. Baulich fand keinerlei Umgestaltung statt. 1968 erhielt Bern dann definitiv die erste – es sei bereits jetzt vorweggenommen – und bis in die Neunzigerjahre die einzige Fussgängerzone (AEBI, HOPPE, 1968). Die Behörden schränkten schliesslich 1970 den Zugang für den motorisierten Individualverkehr auch in der Neuen- und Aarbergergasse ein (Abbildung 13).

1970 wird gemeinhin als Schicksalsjahr in der Berner Verkehrspolitik hingestellt. Im Zuge des Bahnhofneubaus sollte während der Bauarbeiten der Verkehr provisorisch vierspurig über die zwei zentralen Plätze der oberen Altstadt, dem Bären- und dem Waisenhausplatz, geführt werden. Damit sollte die Erreichbarkeit des Wirtschaftsstandorts Innenstadt und damit die wirtschaftliche Attraktivität erhalten bleiben. Gegen das Vorhaben wurde das Referendum ergriffen, v. a. weil – berechtigterweise – am provisorischen Charakter dieser Verkehrsführung gezweifelt wurde. 54 % der Stimmenden lehnten schliesslich die so genannte H-Lösung ab. Damit war ein weiteres Zeichen gesetzt gegen den autoorientierten Ausbau des Berner Stadtzentrums (HEHL 1998:78-82). Gleichzeitig war eine feindliche Stimmung gegen die technik-orientierte Verkehrsplanung von oben zu verspüren (HEHL 1998:78-82, SLG 1997:22,23).

In der Folge wurden die beiden Plätze 1972 für den Verkehr gesperrt und mit einigen wenigen Sofortmassnahmen umgestaltet. Während die Behörden nicht so recht weiter wussten, was in der Innenstadt geschehen sollte, versuchten sie das Verkehrsproblem nun erstmals intensiv auf übergeordneter, regionaler Ebene anzugehen.

3.1.6 Der Transportplan 1972

In zahlreichen Untersuchungen wurde ab 1969 das System des öffentlichen und des privaten Verkehrs in der Region Bern untersucht, sowie Szenarien und Prognosen erarbeitet (TRANSPORTPLAN 1969, 1970, 1971, 1972). Dabei versuchten die Planer erstmals Zusammenhänge zwischen Siedlungs- und Verkehrsentwicklung aufzuzeigen und die Massnahmen darauf abzustützen. Der Schwerpunkt für die Ausbauten lag nun nicht mehr im Bereich der Innenstadt sondern in den Verbindungen zwischen dem Zentrum und den Aussengemeinden sowie zwischen den Aussengemeinden untereinander. Ziel war es, ein leistungsfähiges und komfortables Verkehrsnetz zu bauen. Ausgehend von Bevölkerungs- und Arbeitsplatzwachstumsprognosen sollten sowohl das ÖV- als auch das MIV-Angebot ausgebaut werden. In der Innenstadt, die als gut mit dem ÖV erschlossen betrachtet wurde, zeichneten sich v. a. Probleme mit der Überlastung der Hauptachse (Spital- und Marktgasse) und des Bereichs Bahnhof-Bubenbergplatz ab. Von einer Tieferlegung des ÖV wurde abgesehen. Um aber dem leistungsfähigeren ÖV Platz zu machen, sollte der private Verkehr eingeschränkt werden: *„Der Verkehrsraum auf diesen Radialen (AdA: zur Innenstadt) kann nicht beliebig erweitert werden. Der zu knappe Verkehrsraum muss derjenigen Verkehrsart reserviert werden, die bei geringster Beanspruchung der Verkehrsfläche am meisten Verkehrswünsche auf wirtschaftliche Weise befriedigen kann. Die Entscheidung fällt hierbei eindeutig zu Gunsten des öffentlichen Verkehrs. Damit der öffentliche Verkehr die ihm zugedachten Aufgaben in der Innenstadt möglichst reibungslos bewältigen kann, müssen die Störungen durch den Privatverkehr möglichst ausgeschaltet werden. Wir kommen damit zum Konzept der verkehrsarmen Innenstadt. Für den privaten Verkehr muss die Zulieferung zu den Geschäften möglich bleiben, auch die Anwohner in der Innenstadt müssen gelegentlich ihr Fahrzeug benutzen können. Wir wollen und können daher den Privatverkehr in der Innenstadt nicht ganz unterdrücken. Hingegen lassen wir ihn nur dort zu, wo er den öffentlichen Verkehr möglichst nicht behindert."* (TRANSPORTPLAN 1972, Zusammenfassung 28,29) Um die Zugänglichkeit der Innenstadt trotzdem zu gewährleisten, war der Bau zahlreicher zusätzlicher unterirdischer Parkplätze vorgesehen (s. a. LUTZ 1996:66-70). Am Rand der Innenstadt geschah in den späten Sechzigerjahren und in den Siebzigerjahren eine umfassende Flurbereinigung. Im Zusammenhang mit dem seit den Fünfzigerjahren diskutierten und geplanten Bahnhofneubau ab 1967 wurde eine klare Verkehrstrennung vorgenommen. Die Fussgänger konnten nur mehr durch eine unterirdische Einkaufspassage unter einer vierspurigen Autostrasse hindurch zu den Zügen gelangen, im Norden der Altstadt sorgte die neu angelegte Schüttestrasse für eine Umfahrungsmöglichkeit.

Die Innenstadt blieb in der Folge ein Thema. 1972 liess die Stadt ein Gutachten zu den „Planungsproblemen in der Innerstadt" in Auftrag geben. Bei der Diskussion des Papiers zeigten sich die verschiedenen Argumentationslinien, wie sie in der Folge immer wieder zu beobachten sind (SPAB 1972):

- Nutzungsdruck, Nutzungswandel, Stadterweiterung Richtung Westen;
- Erhaltung der Wirtschaftskraft gegenüber den neu entstehenden Einkaufszentren;
- Die Erreichbarkeit mit dem Auto muss sichergestellt sein, damit die Konkurrenzfähigkeit der Innenstadt gegenüber Aussenstandorten gewährleistet bleibt. Dazu müssen gute Zufahrten bestehen und v. a. ausreichend Parkplätze vorhanden sein;
- Ein grosser Teil der Einkaufenden kommt mit dem Auto, nur Autokunden sind gute Kunden;
- Verkehrsüberlastung in der Altstadt führt zu Behinderungen für den öffentlichen Verkehr;
- Auf lange Sicht ist es notwendig, den ÖV in der Altstadt tieferzulegen.

Auffallend ist, dass die Aussagen eher auf Meinungen und Eindrücken basieren und weniger auf Tatsachen. Entsprechend stellte man auch ein Wissensdefizit fest. Nichtsdestotrotz beruhte die Verkehrspolitik weiterhin auf Annahmen, ohne dass wirkliche Grundlagen vorhanden gewesen wären.

Die Stadtplanung setzte sich eher mit gestalterischen Aspekten auseinander und studierte die Frage, wie man die modernen Nutzungen in den alten Gebäuden unterbringen kann, ohne dem Stadtbild zu grossen Schaden zuzufügen (SPAB 1975a; SPAB 1982a) und wie der öffentliche Verkehr besser durch die stark belasteten Hauptgassen geführt werden könnte (BELLWALD 1979). Breit diskutiert wurde die Frage, ob mittels Ladenpassagen neuer Verkaufsraum zwischen den längsorientierten Gassen geschaffen werden sollte (SPAB 1975b). In der Folge suchte man aber auch nach Lösung zur Unterbindung des Durchgangsverkehrs durch die Innenstadt im Bereich der Aarehalbinsel. Nach langer

Vorbereitung ist auf Grund der Vorbilder Lübeck, Gøteborg und Bremen 1980 ein Zellensystem eingeführt worden, das auf kontroverse Reaktionen stiess: *„Auch bei der Einführung der Zellenlösung 1980 sind ähnliche Erfolge erzielt worden. Damals hat die Presse geschrieben, dass die Einführung der Zellenlösung nur Nachteile bringt: ... Sieben Jahre ist es gegangen bis man die Zellenlösung rechtlich abgesichert einführen konnte."* (I7) Nach anfänglichen Schwierigkeiten zeitigte die neue Verkehrsregelung Erfolge. So konnte beispielsweise die Fahrzeit des öffentlichen Verkehrs im Bereich der Altstadt merklich verbessert werden (HOPPE o.J., o.S.)

Bereits 1977 machte sich das Stadtplanungsamt Überlegungen zu einer gesamtstädtischen Fusswegplanung (SPAB 1977). *„Die zunehmende Motorisierung und die intensive Bautätigkeit der letzten zwanzig Jahre führten dazu, dass verschiedene beliebte Spazier- und Wanderwege an Attraktivität einbüssten oder zum Teil unterbrochen wurden."* (SPAB 1977:2) Ausführlich wurden die Bedürfnisse der Fussgänger analysiert und ein erster Entwurf für einen Richtplan der Fussgängerverbindungen erstellt.

Mitte der Siebzigerjahre erteilte der Gemeinderat den Auftrag für eine gesamtstädtische Verkehrsplanung, die auf dem bestehenden Netz beruhen sollte. 1982 wurde schliesslich die neue Konzeption präsentiert.

3.1.7 Umwelt, Stadt und Verkehr

Zu Beginn der Siebzigerjahre brachte die Ölkrise eine Denkpause. In der Bevölkerung machte sich offensichtlich ein Stimmungswandel bemerkbar. Verschiedene ÖV-Projekte fanden an der Urne den Segen der Bevölkerung (STEINER 1989: 260,261). Die Behörden nahmen diesen Stimmungswandel auf und formulierten als erste Stadt in der Schweiz eine gesamtheitlich, umweltorientierte Verkehrskonzeption (WABER 1996). Schon der Titel des Konzepts „Umwelt, Stadt und Verkehr" signalisierte einen Wandel (UMWELT, STADT UND VERKEHR, 1982, 1983ab). Die nachfrageorientierte Verkehrsplanung sollte der Vergangenheit angehören. Drei Schlagworte umschreiben die Zielsetzung und die Vorgehensweise: Kanalisieren, Plafonieren, Reduzieren. Die Zahl der Hauptachsen sollte vermindert und der motorisierte Individualverkehr darauf kanalisert werden, um dadurch die Wohnquartiere zu entlasten. Dort war zuerst eine Begrenzung (Plafonieren) vorgesehen und schliesslich eine Reduktion der Verkehrsmenge. Die Ziele sollten mit verschiedenen Massnahmenbündeln erreicht werden, die v. a. beim Pendlerverkehr einsetzten. Geschäfts-, Einkaufs- und Freizeitverkehr waren dagegen nicht angesprochen. Kernelement war eine Parkplatzpolitik, die Parkraumbewirtschaftung und die Einrichtung von Park-and-Ride-Anlagen am Stadtrand vorsah. Am Innenstadtrand sollten rund 1'000 bis 1'700 neue Abstellplätze im Bereich der Schützenmatte und durch den Ausbau des Casino-Parkings entstehen. Auf weitere Ausbauprojekte aus den Siebzigerjahren wurde verzichtet (LUTZ 1996:74,75). Diese Vorhaben waren auch der Anfang zur Einführung der Anwohnerbevorrechtigung mit Hilfe von Parkkarten und der Markierung Blauer Zonen in den Wohnquartieren. Auf diese Entwicklung und die parallele Einführung von Tempo 30 in den gleichen Gebieten wird hier nicht weiter eingegangen (s. dazu HOPPE 1989, 1993). Die Frage der Parkplatzzahl v. a. im Bereich der Innenstadt sollte die weitere Diskussion um die Berner Verkehrspolitik mitbestimmen. Als weitere Massnahmen waren ein leichter Ausbau des Netzes des öffentlichen Verkehrs sowie Verbesserungen der Sicherheit für Velofahrer und Fussgänger vorgesehen (WENIGER VERKEHR, MEHR BERN 1983).

Das Konzept kann als Pardigmawechsel in der Berner Verkehrspolitik gesehen werden. Dass besonders das letzte Ziel, die Reduktion des Verkehrs, umstritten war, zeigt ein genauer Blick in die Teilkonzepte. Schrieb der Gemeinderat in einem Kurzbericht noch: *„Die an der Nachfrage orientierte Verkehrsplanung gehört der Vergangenheit an"* und *„Verkehrsbeeinflussung erfordert Zwang, erfordert Massnahmen und erfordert Verständnis für die Massnahmen"* (UMWELT, STADT UND VERKEHR 1982:13), tönten die Formulierungen in den Detailkonzepten weniger radikal: *„Der Individualverkehr ist in den Spitzenzeiten zu plafonieren, wo möglich zu reduzieren."* (UMWELT, STADT UND VERKEHR 1983b:4) Später war dann sogar nur noch von einer Plafonierung die Rede (nach LUTZ 1996:76). Neben der Parkplatzfrage sollte sich die Frage nach einer Verkehrsreduktion die weitere verkehrspolitische Diskussion beherrschen.

Im Bereich der Innenstadt sah das Konzept kaum Neuerungen vor. Seit dem der „Verkehrsversuch Innenstadt" 1981 definitiv gewordern war (SULZER 1989:79), standen mit Ausnahme der Planungen für neue Parkhäuser keine grossen Änderungen an. Zudem wurden einige wenig aussagekräftige Untersuchungen zum Detailhandel (VONESCH 1981, 1984, 1986) gemacht und Gestaltungsrichtlinien für die Altstadtstrassen und –plätze festgelegt (SPAB 1982a). Sowohl die Stadtplanung – die viele Planungsprojekte nicht durchsetzen konnte (s. dazu SULZER 1989:70-81) – als auch die Verkehrsplanung widmeten sich vorwiegend der gesamtstädtischen Planung oder den Aussenquartieren. In der AGGLOMERATIONSVERKEHRSPLANUNG (1986, 1987) war der Blick gar auf die ganze Agglomeration gerichtet, weil man erkannte, dass die städtischen Verkehrsprobleme nicht auf lokaler Ebene lösen konnte.

Offensichtlich schien nach der Beendigung des Bahnhofumbaus und der „neuen" Verkehrsregelung in der Innenstadt ein Optimum erreicht worden zu sein (HOPPE 1984). Auch den Interviewpartnern fiel zu dieser Zeit nichts Besonderes ein. Bereits 1979 stimmte das Schweizer Volk mit 78 % Mehrheit dem neuen Verfassungsartikel über Fuss- und Wanderwege zu. 1985 trat das dazugehörige Gesetz und 1987 die entsprechende Verordnung in Kraft. Die Gemeinden wurden darin verpflichtet bis 1989, für ihre Gemeindegebiete Fusswegrichtpläne zu erstellen (s. dazu BUWAL 1998). Die Stadt Bern hat bis heute noch immer keinen gültigen Fusswegrichtplan. In den verschiedenen Entwürfen wurde die Innenstadt immer wieder ausgeklammert, da dort zu viele Konflikte mit anderen Planungen drohten (Hinweise dazu: SEEWER 1998a, VCS 1996). Zwar blieb es von offizieller Seite her ruhig um die Innenstadt, zwei politische Vorstösse, die die verkehrspolitische Diskussion nicht nur in der Innenstadt in den kommenden zehn Jahren prägen sollten, haben ihre Wurzeln in der Mitte der Achtzigerjahre.

3.1.8 „Bärn zum Läbe" – „Stopp den Autopendlern"

Im Frühjahr 1985 lancierten links-grüne Kreise[39] die Doppel-Initiative „Bärn zum Läbe". Relativ rasch kamen genügend Unterschriften zusammen, denn bereits im August 1985 wurden die Unterschriften eingereicht und die beiden Initiativen als formell gültig erklärt (s. dazu auch LUTZ 1996:79-82). Die erste Initiative wollte die Kompetenz zur Anordnung von Verkehrsmassnahmen auf Gemeindestrassen den Stimmbürgern übertragen. Sie war damit eine Voraussetzung für die zweite Initiative, die ein gesamtes Paket zur Veränderung der Stadtberner Verkehrspolitik beinhaltete. In einem Gemeindereglement sollten die Grundsätze formuliert werden, welche bei der Anordnung von Verkehrsmassnahmen zu beachten wären. Folgende Grundsätze waren enthalten (nach BÄRN ZUM LÄBE 1987):

- Verkehrsflächenbeschränkung;
- Priorisierung des ÖV;
- Schaffung eines engmaschigen Fusswegnetzes und eines attraktiven Veloroutennetzes in der ganzen Stadt;
- Beschränkung des MIV auf ein reduziertes Basisnetz;
- Langzeitparkplätze nur für Anwohnern und den Nutz- und Dienstleistungsverkehr mit Ausnahme von Park-and-Ride-Anlagen am Stadtrand. Plafonierung der Zahl der öffentlichen Kurzzeitparkfelder (auf öffentlichem Grund und in Parkhäusern) auf dem Stand von 1980;
- Verkehrsberuhigung im ganzen Stadtgebiet;
- Fussgängerzone in der gesamten Altstadt.[40]

Die Innenstadt wäre durch diese Initiative in doppelter Hinsicht betroffen gewesen. Einerseits durch die Einrichtung einer grossflächigen Fussgängerzone, anderseits durch die Beschränkung der Park-

---

[39] Partei der Arbeit (PdA), Sozialistische Arbeiterpartei (SAP), Jungsozialisten (JUSO), IG Velo, VCS

[40] Der genaue Wortlaut von Art. 4 der Initiative lautete: *„Die Altstadtgassen zwischen Nydeggbrücke und Hauptbahnhof sind als Fussgängerzone auszugestalten und für den privaten Motorfahrzeugverkehr grundsätzlich zu sperren. Vorbehalten bleiben die Anlieferung zu den Innenstadt-Geschäften während beschränkter Zeiten sowie Fahrten aufgrund von Ausnahmebewilligungen bei ausgewiesenen Sonderbedürfnissen"* (BÄRN ZUM LÄBE 1987)

platzzahl. Nach einem unüblich langen Vorprüfungsverfahren durch die Gemeinde und übergeordnete kantonale Instanzen wurde die Initiative mit Ausnahme eines Artikels für materiell gültig befunden. Dagegen erhob der Gewerbeverband der Stadt Bern Einspruch. Regierungsstatthalter und Regierungsrat lehnten die Beschwerde ab, bzw. traten nicht darauf ein. Erst im Mai 1989 wurde die materielle Gültigkeit schliesslich rechtskräftig. Fünf Monate später entschied der Gemeinderat der Stadt Bern, die Initiativen zusammen mit einem Gegenvorschlag zur Abstimmung zu bringen (BT 14.12.90).

In der Zwischenzeit wurde 1987 von den Sozialdemokraten die Initiative „Stopp den Autopendlern" lanciert. Sie war in der Unterschriftensammlung erfolgreich und wurde am 1. Februar 1988 mit 6711 gültigen Unterschriften eingereicht. Ziel der Initiative war es – wie der Titel sagt –, die Zahl der Autopendler mit Hilfe einer restriktiven Parkplatzpolitik zu reduzieren. Folgende Punkte sollten in die städtische Bauordnung aufgenommen werden (ABSTIMMUNG 1989):

- Neue selbstständige Parkierungsanlagen sollen nur am Rand des Siedlungsgebietes gebaut werden dürfen;
- Neue City-Parkhäuser sind nicht mehr möglich;
- Abweichung von den Parkplatznormen der kantonalen Bauverordnung bei Wohnbauten und bei Bauten von Industrie-, Gewerbe- und Dienstleistungsbetrieben (1 Parkplatz pro zwei Wohnungen, 1 Parkplatz pro 10 Arbeitsplätze, 1 Parkplatz pro 300 m^2 Verkaufsfläche);
- Keine Zweckentfremdung von bewilligten Abstellplätzen bei Bauvorhaben.

Über die Initiative wurde am 26. November 1989 abgestimmt. Sie wurde nach einer heftigen Diskussion deutlich angenommen (31'419 zu 25'978 Stimmen). Am gleichen Abstimmungssonntag stand eine weitere verkehrspolitische Initiative an, die Tempo 30 in der ganzen Stadt Bern forderte. Sie wurde allerdings recht deutlich abgelehnt. Das Wahlwochenende zeichnete sich durch eine hohe Stimmbeteiligung (66,28 %) aus, da auf nationaler Ebene über die Armeeabschaffungsinitiative abgestimmt wurde (Bund 27.11.88).

Materiell konnten die Inhalte der Initiative noch längere Zeit nicht umgesetzt werden. Die Gegner der Initiative kämpften sowohl auf dem Rechtsweg als auch auf der politischen Bühne weiter. Schliesslich erklärte das Bundesgericht am 21. September 1993 die Initiative rückwirkend auf den 4. Oktober 1991 für rechtsgültig, (LUTZ 1996:80). Damit war ein Eckpunkt gesetzt für die Diskussion um die Berner Verkehrspolitik der Neunzigerjahre. Der zweite Eckpunkt war die Initiative „Mehr Bern – weniger Verkehr,[41] Volksinitiative zur Bewältigung des Verkehrs in Innenstadt und Quartieren", die im Volksmund auch „Praliné-Initiative"[42] genannt wurde. Diese Initiative war faktisch darauf ausgelegt, die Inhalte der Pendlerinitiative abzuschwächen oder gar wieder rückgängig zu machen. Unter der Federführung des Gewerbeverbandes verlangten 1990 verschiedene bürgerlich-gewerbliche Organisationen eine Abänderung bzw. Ergänzung der Bauordnung. Neue Parkhäuser in der Innenstadt sollten wieder möglich werden, wenn kein neuer Parkraum für Pendler entstehen würde. Im Übrigen sollten die strengen Vorschriften zur Parkplatzerstellungspflicht, wie sie die Pendlerinitiative vorsah, wieder rückgängig gemacht werden (MEHR BERN, WENIGER VERKEHR 1990). Mit 5'327 beglaubigten Unterschriften wurde die Initiative am 30. Oktober 1990 eingereicht (Bund 31.10.90) und später durch Gemeinde- und Regierungsrat materiell für gültig erklärt (Bund 29.9.92).

Der dritte Eckpunkt war schliesslich das Abstimmungsresultat zur überfälligen Doppelinitiative „Bärn zum Läbe", über die am 6. Juni 1991 abgestimmt wurde. Der Gemeinderat stellte den beiden Initiativen Gegenvorschläge gegenüber. Im Falle der ersten, allgemeinen Initiative, wurde vorgeschlagen, statt die Kompetenz, alle Beschlüsse zur Anordnung von Verkehrsmassnahmen dem Volk zu übertra-

---

[41] Den gleichen Titel tragen pikanterweise auch Publikationen der Stadt, die das Verkehrskonzept von 1982 unter die Bevölkerung bringen wollten (WENIGER VERKEHR, MEHR BERN 1983).

[42] Der Name „Praliné-Initiative" rührt daher, dass ein bekannter Stadtberner Confiseur, der damals im Stadtrat sass, in der Diskussion um die Initiative verlauten liess, dass es einer Kundin aus Muri (steuergünstige Agglomerationsgemeinde und deshalb beliebter Wohnsitz Bessergestellter) nicht zuzumuten sei, mit dem öffentlichen Verkehr in die Stadt zu fahren, um Pralinés einzukaufen (Bund 3.5.90).

gen, die Gemeinde nur bei den Grundsätzen für Verkehrsmassnahmen auf Gemeindestrassen mitbestimmen zu lassen. Der zweiten Initiative wurde ein Reglement über die Grundsätze für Verkehrsmassnahmen auf Gemeindestrassen gegenübergestellt. Darin wurde u. a. vorgeschlagen, die Sperrung der Innenstadt für den MIV zu lockern und oberirdisch wegfallenden Parkraum in der Innenstadt unterirdisch, in Parkhäusern zu ersetzen (LUTZ 1996:81). Pikant am Gegenvorschlag war, dass der Gemeinderat damit versuchte, eben vom Volk in der Pendlerinitiative angenommene Parkplatzvorschriften wieder rückgängig zu machen (Bund, BZ 3.5.90; Bund 14.12.90, 15.2.91).

Entsprechend heftig und auch polemisch wurde der Abstimmungskampf geführt. Die Gegner der Initiative „Bärn zum Läbe" nannten die Initiative „Bärn zum Stärbe" (BERNER SPEZIALGESCHÄFTE 1991:7) (Zur Diskussion s. a.: BT 4.5.91, 8.5.91, 15.5.91, 21.5.91; Bund 14.5.91, 17.5.91, 22.5.91, 23.5.91, 27.5.91; BZ 18.5.91, 25.5.91). Hauptdiskussionspunkt der Initiative war die Frage, ob und wie viel Parkplätze es in einer attraktiven Innenstadt braucht.

Abbildung 14 zeigt die Argumentationslinien der Initiativgegner deutlich. Während die Befürworter der Initiativen alle obererirdischen öffentlichen Parkplätze in der Altstadt aufheben wollten, war es das Ziel der Gegner, unterirdischen Ersatz zu schaffen. Die Tatsache überhaupt eine Fussgängerzone einzurichten, war explizit nie umstritten.

Bund, 29.5.91

Abbildung 14: Inserat der Gegner der Initiative „Bärn zum Läbe"

Das Resultat der Volksabstimmung vom 2. Juni 1991 vermochte die Situation nicht richtig zu klären. Trotz der leidenschaftlichen Auseinandersetzung im Vorfeld betrug die Stimmbeteiligung bloss 31 %. Die beiden Gegenvorschläge des Gemeinderates wurden abgelehnt. Die erste Initiative, die Kompetenzen dem Volk übertragen wollte wurde ebenfalls – äusserst knapp – abgelehnt.[43] Die zweite Initiative dagegen wurde mit einer Differenz von 186 Stimmen knapp angenommen. Dieses Ergebnis war Ausgangspunkt für eine lange und sehr kontroverse Diskussion um die Verkehrspolitik in der Berner Innenstadt, ja in der ganzen Stadt Bern (Bund, BZ 3.6.91).[44] In einer ersten Reaktion hielt der Gemeinderat zwar fest, er werde versuchen, den Willen der Bevölkerung zu verwirklichen. In der Folge hatten die juristischen Instanzen das letzte Wort darüber, wie das Abstimmungsresultat zu interpretieren sei (Bund 4.6.91). Der Entscheid fiel schliesslich dahingehend aus, dass das Abstimmungsergebnis zu annullieren sei, dass also die Abstimmung wiederholt werden müsse (BZ 17.12.91).

Die Fronten, die sich im Vorfeld der Abstimmung gebildet hatten, blieben für die nachfolgenden Jahre unverändert bestehen. Immerhin konnte aber bereits drei Monate nach der Abstimmung ein runder Tisch gebildet werden, an dem die verworrene Situation geklärt werden sollte (BT 10.9.91). Diskussion ist Gegenstand der Untersuchungen in den folgenden Kapiteln.

3.2 Der Berner Verkehrskompromiss

3.2.1 Das Umfeld: Berner S-Bahn, ESP, Masterplan und STEK

Ausgangspunkt für die Auseinandersetzung um die innenstädtische Verkehrspolitik in Bern während der Neunzigerjahre waren ohne Zweifel die beiden, sich widersprechenden Initiativen „Bärn zum Läbe" und „Stopp den Autopendlern" (Pendlerinitiative), wie sie in Kapitel 3.1 dargestellt sind. Im gleichen Zeitraum hatten aber auch andere Planungsvorhaben direkt und indirekt Einfluss auf Verkehrsplanung und -politik in der Berner Innenstadt. Von der nationalen Ebene aus wirkten die Verordnungen zur Luftreinhaltung und zum Lärmschutz. Kantone und Kommunen wurden verpflichtet, Massnahmenpläne zu erstellen und diese auch umzusetzen (s. dazu KNOEPFEL, IMHOF, ZIMMERMANN, 1994; KROPF, GLOOR, SOMMER, ZUBERBÜHLER 1994).

Die Anforderungen an eine umweltverträglichere Verkehrs-, Raumordnungs- und Wirtschaftspolitik fanden ihren Niederschlag in konkreten Planungsvorhaben. Auf kantonaler Ebene wurde Ende der 80-er-Jahre die Idee einer S-Bahn für die Region Bern entwickelt. Heute ist die S-Bahn zum grossen Teil verwirklicht. Anders als bei der Zürcher S-Bahn, die in den Siebziger- und Achtzigerjahren geplant und gebaut worden war, sollte die S-Bahn in Bern hauptsächlich auf dem bestehenden Netz verkehren. Statt Verbesserungen mit teuren Infrastrukturausbauten zu erreichen, soll in Bern ein höheres Angebotsniveau u. a. dank betrieblicher Massnahmen wie neuer Durchmesserlinien, der Zusammenarbeit verschiedener Bahngesellschaften und höherer Taktfrequenzen erreicht werden (s. dazu AMT FÜR ÖFFENTLICHEN VERKEHR DES KANTONS BERN 1990). Auf dem Gebiet der Stadt Bern war vorgesehen, neben dem Hauptbahnhof an zwei weiteren Orten, wo sich alle geplanten S-Bahn-Linien überschneiden, neue Haltestellen zu bauen: Im Westen der Stadt Bern in Ausserholligen und im Osten im Wankdorf.

Fast gleichzeitig mit der S-Bahn-Idee entstand auf der Ebene der Raumplanung das ESP-Projekt (ESP = Entwicklungsschwerpunkt). Hauptidee war es, die künftige räumliche Entwicklung auf gut durch den öffentlichen Verkehr erschlossene Zentrumsgebiete zu konzentrieren, v. a. in der unmittelbaren Nähe von S-Bahnhaltestellen. Im Gegenzug sollten Flächen für Entlastungsstandorte für Lagerhaltung oder industrielle Produktionsbetriebe ausgeschieden werden. Die Projektidee entstand zu Beginn der Neunzigerjahre, als die Nachfrage nach Büroraum besonders gross war und darum ein dispers über die ganze Agglomeration verteiltes Büroflächenwachstum zu erwarten war. Die Idee der ESP hat sich

---

[43] Rechtlich Abklärungen zeigten später, dass diese Initiative gar nicht nötig gewesen wäre, um den inhaltlichen Teil, die zweite Initiative, vors Volk zu bringen.

[44] Abstimmungsergebnis: Initiative 1 (Ergänzung der Gemeindeordnung). Ja 13'950, Nein 14'037; Gegenentwurf Initiative 1: Ja 12'718, Nein 14'642; Initiative 2 (Reglement über Verkehrsmassnahmen auf Gemeindestrassen) Ja 14'062, Nein 13'876; Gegenentwurf Initiative 2: 12'702 Ja, 14'632 Nein.

mittlerweile konkretisiert, zahlreiche Vorhaben (z. B. S-Bahnstation Ausserholligen) sind umgesetzt worden (s. dazu ESP 1992; BAUDIREKTION DES KANTONS BERN, RAUMPLANUNGSAMT 1992; BVED 1993, KANTON BERN 1998a,b). Zwar konnten nicht alle Ziele erreicht werden – Grund dafür ist v. a. die gedämpfte wirtschaftliche Entwicklung in der ersten Hälfte der Neunzigerjahre –, die ESP-Idee wird aber als raumplanerische Innovation und auch international als Erfolg gewertet (APEL ET. AL. 1997, APEL 1998, NETZWERK LANGSAMVERKEHR 1999a, RUPP, STAUB 1998).

Die Stadt Bern steht sowohl im S-Bahn- als auch im ESP-Projekt in zentraler Position. Dies und enge personelle Verflechtungen sind verantwortlich dafür, dass in der Stadt Bern ein kompatibles Entwicklungskonzept erarbeitet worden ist. Im Entwurf zu einem neuen Stadtentwicklungskonzept stand erstmals die Idee der Cityschiene im Zentrum (STEK Entwurf 1992). Die „S-Bahn-Cityschiene" verbindet die beiden Entwicklungsschwerpunkte Wankdorf und Ausserholligen, wo je eine neue S-Bahn-Station geplant war, mit dem Hauptbahnhof Bern. An diesen drei Standorten sollte sich die Büroflächenentwicklung konzentrieren und so die Wohnquartiere der Stadt vom (Um-)Nutzungsdruck entlasten.

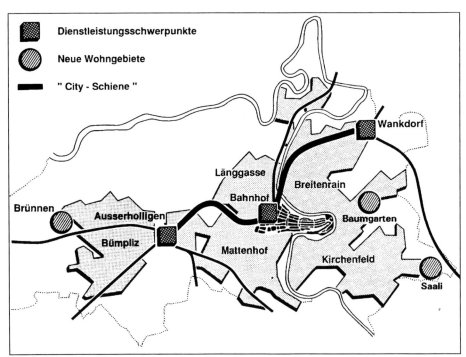

STEK Entwurf 1992:14

Abbildung 15: Die Cityschiene Bern

Sowohl in Ausserholligen als auch im Wankdorf schreitet die Planung und Realisierung voran, in abgeschwächtem Tempo und mit zahlreichen Modifikationen allerdings. So konnte beispielsweise in Ausserholligen die neue S-Bahn-Station gebaut und in Betrieb genommen werden.

Von grosser Bedeutung für die Innenstadt erwiesen sich die Entwicklungsvorstellungen für das Gebiet des Hauptbahnhofes, das unmittelbar an die Innenstadt grenzt (s. Kapitel 15.2). In einer aufwändigen Spezialplanung mit allen beteiligten Akteuren (Stadt, Grundeigentümer, Verkehrsunternehmungen) wurden Zukunftsperspektiven für das hoch zentrale Gebiet entwickelt. Im Masterplan wurden schliesslich verschiedene, aufeinander abgestimmte Bausteine präsentiert, auf denen die Entwicklung aufbauen sollte (MASTERPLAN 1993: TECHNISCHER BERICHT, MITWIRKUNG, KOORDINATIONSBLÄTTER). Dazu sind einzelne Überbauungsordnungen in verschiedenen Volksabstimmungen bereits angenommen worden.

Die heftigsten Diskussionen im Rahmen der Masterplanung drehten sich um das Thema Verkehr. Diese hängen in vielen Bereichen eng mit den Auseinandersetzungen um die Verkehrsplanung und -politik in der Berner Innenstadt zusammen und werden deshalb immer wieder angesprochen. Einen

Überblick über die wichtigsten verkehrlichen Aspekte des Masterplans Bahnhof Bern gibt der nachfolgende Exkurs. Der Masterplan hat nach der Ablehnung des Schanzentunnels für die innerstädtische Verkehrspolitik vorübergehend an Bedeutung verloren (s. Exkurs).

Exkurs: Masterplan Bahnhof Bern - Verkehr

Neben einer Nutzungsintensivierung ist es Ziel der Masterplanung, die Verkehrsverhältnisse im und um den Bahnhof Bern zu verbessern. Die Bahnen (SBB, BLS-Gruppe, RBS) waren darauf bedacht, die Kapazität des Bahnhofs zu erhöhen, um die zunehmende Zahl und die zeitliche Konzentration von Reisenden aufnehmen zu können, die auf Grund von Bahnausbauprojekten wie Bahn 2000 zu erwarten waren. Innerhalb des Bahnhofs galt es v. a. den Fusssgängerfluss sicherzustellen (BAHNHOF BERN 1990). Ein weiteres Problem, das erst mit dem Neubau des Bahnhof Berns in den Sechzigerjahren entstand, ist die Tatsache, dass das Bahnhofsgebäude nur durch Fussgängerunterführungen mit dem Stadtzentrum verbunden war. Es war nicht möglich, den Bahnhof ebenerdig zu verlassen, da eine vierspurige Hauptverkehrsstrasse den Bahnhof von der Innenstadt trennte. Dem „Bund" vom 26.5.67 war diese Situation folgende Meldung Wert: *„Der Fussgänger ist König – Dem Fussgänger soll inskünftig ... ein unterirdisches Reich zur Verfügung stehen, das ihm erlaubt, unter den Autoströmen hindurch auf die ‚andere Seite' zu gelangen. ...".* Schon wenige Jahre später wurde aber diese unterirdische Fussgängerführung als sehr ungeeignet angesehen.

Ein wichtiges Ziel des Masterplans war es deshalb, eine attraktive oberirdische Verbindung zwischen Bahnhof und Innenstadt zu schaffen. Dazu war vorgesehen, den Bahnhofplatz (Bahnhofplatz – Bubenbergplatz, Bereich der Schanzenbrücke) gestalterisch aufzuwerten und von einem grossen Teil des Verkehrs zu entlasten. Zahlreiche Abklärungen der Planungsverantwortlichen ergaben, dass die angestrebte Entlastung nur mit Hilfe des Schanzentunnels möglich gewesen wäre. Das mehr als 100 Millionen Franken teure Bauwerk hätte das Bahnhofsgebiet unterirdisch umfahren und einen vom Durchgangsverkehr befreiten Bahnhofplatz ermöglicht. Im Masterplan war der Baustein Schanzentunnel als unabdingbares Element enthalten, das nicht zuletzt ein attraktives Umfeld für mögliche Investitionen schaffen sollte. In einem heftig geführten Abstimmungskampf prallten Gegner und Befürworter des Tunnels aufeinander. Schliesslich wurde das Projekt in der Abstimmung vom 28. September 1997 mit einem hohen Neinstimmenanteil von 63 % abgelehnt. Welche Gründe schliesslich für die Ablehnung verantwortlich waren, ist nicht untersucht worden. Es ist zu vermuten, dass einerseits die ungesicherte Finanzierung des teuren Bauwerks und andererseits die befürchtete Verkehrszunahme in den an die Tunnelportale angrenzenden Quartieren den Ausschlag für den Entscheid gegeben haben. Nach der Abstimmung ist der Planungsprozess um den Bahnhof Bern stark ins Stocken geraten. Geplant und realisiert wurden weniger spektakuläre Einzelelemente. So haben die SBB ihren Bahnhofbereich kürzlich baulich aufgewertet, die Stadt Bern Ähnliches mit ihrer Unterführung vor. Der Umbau des Bahnhofs soll im Jahr 2003 abgeschlossen sein.

Einige wichtige Verbesserungen für die Fussgänger sind jedoch umgesetzt worden. Bereits im November 1991 konnte ein – neben weiteren Massnahmen – ampelgesicherter Fussgängerstreifen über die vierspurige „Stadtautobahn" eröffnet werden. Die BZ schrieb dazu: *„Jetzt dürfen Fussgänger den Bahnhofplatz überqueren - ...".* Mehr als 500 Personen pro Stunde haben dies in Spitzenzeiten auch bereits vorher getan. Ein zweiter Streifen ist nach der Abstimmung 1998 eröffnet worden. Es liegen auch Projekte für eine Umgestaltung des Bahnhofplatzes ohne Schanzentunnel vor. Im weiteren soll versucht werden, mit der so genannten Übergangslösung (ÜL) und der kurzfristige Übergangslösung (KÜL), den Durchgangsverkehr auf der Achse vor dem Bahnhof zu verringern, indem er auf die Autobahn gelenkt oder ganz unterbunden wird. Die Umsetzung der KÜL- und ÜL-Massnahmen erwies sich bisher allerdings auf Grund zahlreicher Widerstände nicht als einfach.

Literatur zum Masterplan: Die vorangehenden Angaben stützen sich auf eine Auswertung folgender Dokumente: BAHNHOF BERN 1990; MASTERPLAN 1993: TECHNISCHER BERICHT, KOORDINATIONSBLÄTTER, MITWIRKUNG; MASTERPLAN INVSTORENGESPRÄCH 1994; SEEWER 1993b; VCS 1995, 1996, 1997 (Alternativen zum Schanzentunnel); SEEWER 1998a.

Den Rahmen der gesamtstädtischen Entwicklung sollte das neue Stadtentwicklungskonzept bieten. Nachdem der Entwurf (STEK Entwurf 1992) in der Öffentlichkeit heftig diskutiert worden war, blieb es nach der Publikation der definitiven Fassung eher ruhig. Im dreibändigen Konzept – Gesamtkonzept, Siedlungskonzept, Verkehrskonzept - präsentierte der Gemeinderat der Stadt Bern (GR; Exekutive) die Entwicklung *„auf dem Weg zur wirtschaftlichen Ökostadt"* (STEK 1995:3, GEMEINDERAT DER STADT BERN 1995).

Ziele	Projekte (Auswahl)	Bemerkungen
Quartierzellen im ganzen Stadtgebiet ausscheiden und ihnen ein eindeutiges Verkehrsregime zuordnen.	Verkehrsberuhigung (Tempo 30) und Parkplatzbewirtschaftung (Anwohnerbevorzugung). Altstadt von motorisiertem Verkehr entlasten, Fahrverbote, Fussgängerbevorzugung.	In den Wohnquartieren sind die Massnahmen weitgehend realisiert. In Bereich der Altstadt ist jede Massnahme vom Verkehrskompromiss abhängig.
Substanzieller Ausbau des öffentlichen Verkehrs, Verbesserung des Angebots, der Attraktivität und der Leistungsfähigkeit. Optimierung und Koordination der Netze und des Betriebs, Bevorzugung von Tram und Bus auf dem Strassennetz.	Bau einer S-Bahn-Station in Ausserholligen und im Wankdorf. Neue Tramlinien (Bern-West).	Ausserhollingen konnte gebaut werden. Die Realisierung neuer Linien wird durch die knappe Finanzlage in Frage gestellt. Ein integraler Tarifverbund ist nach wie vor ausstehend.
Definition hierarchisch gegliederter Strassennetze mit klarem Verkehrsregime zur Reduktion des MIV. Einführung eines integralen Verkehrssystem-Managements. Verstetigung des Verkehrsablaufs zur Reduktion der Luftbelastung und des Energieverbrauchs.	Reduktion des Basisnetzes. Schanzentunnel. Quartierumfahrung Länggasse (Neufeldzubringer).	Das Basisnetz ist nicht verringert worden, beim Umbau von Strassen des Basisnetzes wird immer noch nach der veralteten Philosophie der strengen Verkehrstrennung vorgegangen. Der Schanzentunnel wurde vom Volk abgelehnt. Die Quartierumfahrung Länggasse (unterirdischer Autobahnzubringer) ist in Planung. Ein Parkleitsystem konnte auf Grund privater Initiative eingerichtet werden.
Sicherstellung, Ergänzung und attraktive Ausgestaltung von Flächen und Achsen für den Fussgängerverkehr und deren Zusammenschluss zu Netzen.	Fertigstellung des Richtplans Fuss- und Wanderwege (für 1995 vorgesehen; bis heut pendent). Einrichtung einer Fussgängerfachstelle.	Keines der Projekte ist abgeschlossen.
Sicherstellung, Ergänzung und Gestaltung des bestehenden Netzes für den Veloverkehr sowie Integration in das Verkehrsmanagement.	Erarbeiten eines Velorichtplans.	Die Arbeiten am Velorichtplan sind im Gang.
Örtliche Festlegung und Begrenzung des öffentlichen und privaten Parkplatzangebots um die Benutzung des Autos selektiv einzuschränken. Bewirtschaftung von Parkplätzen und Parkierungsanlagen.	Verschiedene Parkhausausbauten in der Innenstadt zum Ersatz oberirdischer Parkplätze. Anwohnerparken ist in den meisten Quartieren eingeführt.	Parkplatzfrage ist wichtiges Element bei der Diskussion um den Verkehrskompromiss (s. LUTZ 1996).
Bildung durchgehender Wegeketten durch Verknüpfung verschiedener Teile des Verkehrssystems. Optimierung des Güterverkehrs durch Bildung von Transportketten mit logistischen und infrastrukturellen Massnahmen. Dosierung des MIV bei Spitzenbelastungen mit Staumanagement an geeigneten Übergangsorten.	Elektronische Verkehrssteuerung in und um die Stadt Bern. City-Logistik für die Innenstadt.	Der Kredit für die für ein Verkehrssystem-Management nötige Hardware wurde vom Stadtrat abgelehnt. Ein City-Logistik-Projekt ist gescheitert (s. PFANDER 1995).

SEEWER 2000 nach STEK, Verkehrskonzept 1995

Tabelle 18: Die Ziele des STEK Verkehrskonzept, konkrete Projekte (Auswahl)

Die wichtigsten Elemente des STEK für den Bereich Verkehr sind geprägt von grossen Divergenzen innerhalb der Verwaltung. Aus dem Papier ist eindeutig der Wille erkennbar, die Verkehrsprobleme ganzheitlich anzugehen und alle Verkehrsarten einzubeziehen: *"Die Zukunft der Verkehrspolitik liegt im Betrieb eines Verkehrssystems, das alle Bewegungsarten umfasst und auf der Angebotsplanung und der Nachfrage-Lenkung basiert."* (STEK, Verkehrskonzept 1995:5) Die Zielvorstellungen konnten nur nach einem langwierigen Abstimmungsprozess innerhalb der Verwaltung festgelegt werden. Dazu war der Beizug eines externen Moderators notwendig. Die offensichtlich grossen Divergenzen zwischen den verschiedenen Partnern in der Verwaltung kommen in der Einleitung deutlich zum Ausdruck: *"Mit der ämterübergreifenden Koordination und der Vorlage des Berichts hat die Arbeit am Verkehrskonzept einen Konsens erreicht. Die Weiterarbeit ist unerlässlich und muss zu Konkretisierungen und Realisierungen führen."* (STEK, Verkehrskonzept 1995:6) Dem als „Verkehrskonzept 2005" bezeichneten Entwurf sind denn auch in dem durch den Gemeinderat angenommenen Konzept viele Zähne gezogen worden (VERKEHRSKONZEPT 2005 1993). Folgende Richtung wurde eingeschlagen (STEK, Verkehrskonzept 1995:15): *"Für das VK 95 stehen, unter Berücksichtigung der notwendigen Mobilität, folgende Hauptziele fest:*

- *Verbesserung der Lebens- und Umweltqualität;*
- *Erhaltung der betrieblichen Funktionalität des Verkehrssystems;*
- *Erhöhung der Sicherheit und Sparsamkeit;*
- *Bewahrung der Urbanität."*

Diese Hauptziele wurden für die verschiedenen Verkehrsmittel und einzelne weitere Bereiche spezifiziert. Um einen Überblick zu geben, werden die Ziele in Tabelle 18 konkreten Projekten gegenübergestellt.

Die stadtbernische Verkehrsplanung der Neunzigerjahre kann durchaus als fortschrittlich betrachtet werden, besonders weil die Ziele mit klaren Aufträgen und Folgearbeiten verbunden und ein Monitoring sowie eine Fortschreibung vorgesehen sind. Dass viele der ehrgeizigen Ziele bis heute nicht verwirklicht werden konnten, mag mit der verkehrspolitischen Konfrontation zusammenhängen, wie sie in den folgenden Kapiteln beschrieben wird. Die Innenstadt wird im Verkehrskonzept kaum speziell angesprochen, das und weitere Anhaltspunkte deuten darauf hin, dass das heisse Eisen nicht angerührt werden soll.[45]

3.2.2 Die Berner Altstadt

3.2.2.1 Abgrenzung

Die Aareschlaufe grenzt die Berner Innenstadt auf drei Seiten klar vom übrigen Stadtgebiet ab: *„Unter ‚Innenstadt' wird das ökonomische, soziale, kulturelle und sehr gut erschlossene Zentrum der Stadt verstanden. Der Begriff ‚Innenstadt' umfasst die Altstadt nach Bauklassenplan 1955 sowie das westlich angrenzende ... Zentrumsgebiet sowie den Perimeter des Masterplans Bahnhof Bern. Die Innenstadt ist gegliedert in das ‚Citygebiet', die ‚untere Altstadt' und das ‚Wohn- und Gewerbegebiet Matte'"* (STEK, Siedlungskonzept 1995:28).

---

[45] So ist beispielsweise die Sanierung der zentralen Hauptachse der Berner Innenstadt, der Marktgasse, vom Gas-, Wasser- und Fernwärmeversorgung der Stadt Bern (GWB) und dem Tiefbauamt durchgeführt worden; verkehrs- oder städteplanerische Elemente sind kaum diskutiert oder berücksichtigt worden. Die Idee, der Realisierung unterirdischer Anlieferstollen ist von dritter Seite eingebracht worden und konnte aus Zeitgründen nicht mehr in die Planung einbezogen werden. Die Strasse wurde aufgerissen, die Leitungen im Untergrund saniert und der alte Zustand mit Ausnahme weniger kosmetischer Korrekturen wieder hergestellt (s. dazu: MARKTGASSE 1995)

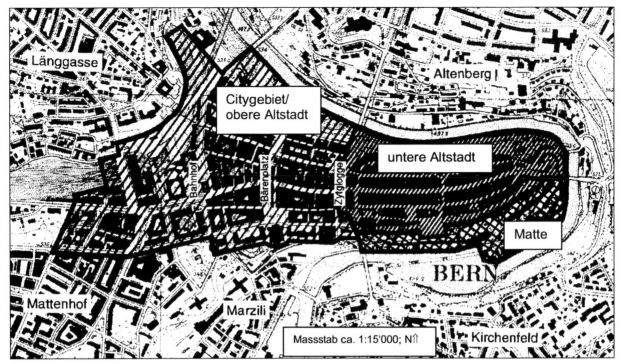

SEEWER 2000 nach STEK, Siedlungskonzept 1995:28
Abbildung 16: Einteilung der Berner Innenstadt nach STEK

In dieser Untersuchung wird nicht die ganze Innenstadt betrachtet. Ausgeschlossen sind diejenigen Teile des Citygebiets, die ausserhalb der eigentlichen historischen Altstadt liegen (City-West-Quartier, Bahnhofsgebiet: in Abbildung 16 Gebiete westlich der Beschriftung „Bahnhof"; s. a. Abbildung 13) und die Matte. In der Diskussion um die Fussgängerzone sind die obere Altstadt und die untere Altstadt von Relevanz (Abbildung 16). Wenn im Folgenden von Altstadt oder auch Innenstadt die Rede ist, so ist immer dieser engere Bereich gemeint – ist dies nicht der Fall, wird darauf hingewiesen.

3.2.2.2 Bevölkerung und Wirtschaft

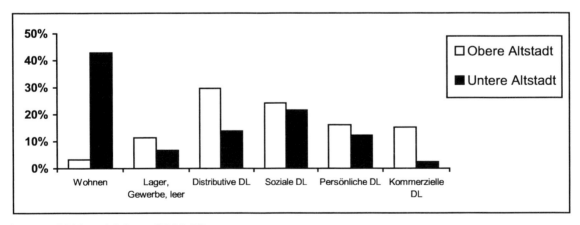

SEEWER 2000 nach MEIER (1998:88)
Abbildung 17: Die Nutzungsstruktur der Berner Innenstadt 1989

Zu den sozio-ökonomischen Verhältnissen in der Berner Innenstadt liegen umfangreiche Untersuchungen vor, sodass hier nur ein Überblick über die wichtigsten Punkte gegeben wird (s. MEIER 1998 und 1990). In der Altstadt leben etwa 4'000 Menschen. Diese Zahl blieb in den vergangenen Jahren relativ stabil (STADT BERN, Statistisches Jahrbuch 1997:52). Der Grossteil davon konzentriert sich auf die untere Altstadt, wo die Wohnnutzung durch die Bauvorschriften geschützt ist – ab dem 2. Stockwerk ist dort im Prinzip nur das Wohnen zonenkonform.

In der gesamten Innenstadt arbeiten ungefähr 32'000 Menschen in 2'600 Arbeitsstätten. Das entspricht 22 % aller Arbeitsplätze bzw. 29 % aller Betriebe der Stadt Bern (STADT BERN, Statistisches Jahrbuch 1997:136). Insgesamt wurden 1989 1,486 Millionen m^2 Bruttogeschossfläche genutzt. Durch innere Verdichtung hatte diese Zahl seit 1975 um 8 % zugenommen (MEIER 1998:88; Zahlen inkl. Matte). In der oberen Altstadt dominieren die Dienstleistungsnutzungen (Einkaufen, Verwaltung, Banken, Arzt- und Anwaltspraxen) (Abbildung 17).

In der Spital- und Marktgasse – den zentralen Hauptgassen in der oberen Altstadt – befindet sich das Haupteinkaufsgebiet mit fast allen wichtigen Warenhäusern. In den Seitengassen und auch in der unteren Altstadt befinden sich kleinere und weniger publikumsintensive Geschäfte. Die Detailhandelsentwicklung in der Berner Altstadt verlief wie in vielen anderen grösseren Stadtzentren. Traditionelle Geschäfte sind verschwunden, stattdessen haben sich internationale Ketten und Filialen grösserer Betriebe angesiedelt. Die Angebotspalette ist dabei eher kleiner geworden. Während Betriebe der Kleider- und Schuhbranche zugenommen haben (Textilisierung), ist die Zahl der weniger ertragsintensiven Geschäfte (z. B. Lebensmittel des täglichen Bedarfs) zurückgegangen. In der unteren Altstadt haben sich vermehrt teure Boutiquen und Antiquitätengeschäfte angesiedelt. Die wirtschaftliche Lage des innenstädtischen Detailhandels kann als gut bezeichnet werden (VONESCH 1981, 1984, 1986). In den Siebzigerjahren ging die Konkurrenz hauptsächlich von Shoppingcentern auf der grünen Wiese aus, in den Neunzigerjahren v. a. von Fachmärkten aber auch von aufstrebenden Quartier- und Ortszentren. Verschiedene Vorhaben in der Umgebung von Bern sind verwirklicht (Lyssach) oder in Planung (Brünnen, Von-Roll-Areal). Eine nicht zu unterschätzende Konkurrenz für die Innenstadt ist auch die intensivere Detailhandelsnutzung im Bereich des Berner Bahnhofs, wie sie mit dem Masterplan vorgesehen und z. T. auch umgesetzt ist. Trotz der guten Datenlage zur sozio-ökonomischen Entwicklung fehlen fundierte Untersuchungen zur Attraktivität der Innenstadt und Entwicklungskonzepte. Das mag einerseits mit der wenig einheitlichen Organisation des Detailhandels und andererseits mit der planerischen Nichtbeachtung der Innenstadt in Zusammenhang stehen. Zur Verkehrserschliessung und zur Besucherstruktur liegt dagegen gut aufbereitetes Datenmaterial vor.

3.2.2.3 Verkehrserschliessung – Besucherstruktur - Besucherwünsche

Die meisten Innenstadtbesucherinnen und -besucher erreichen ihr Ziel auf umweltfreundliche Weise. Von den werktäglich durchschnittlich 46'000 Personen kommen 24 % zu Fuss, 4 % nehmen Velo oder Mofa, 52 % benutzen den öffentlichen Verkehr und bloss 17 % fahren mit dem Auto ins Zentrum – 3 % gaben in der Untersuchung keine Anwort (MIKROZENSUS 1991:4,7).

1991 fanden in der Berner Innenstadt – in der Fussgängerzone, aber auch ausserhalb - erstmals grossflächig und systematisch Fussgängerzählungen statt. Die Fussgängerzone, die sich in ihrer Grösse seit den Sechzigerjahren kaum verändert hat, liegt zum grossen Teil in den Haupteinkaufsgassen der oberen Altstadt. Sie besteht aus einer eigentlichen Fussgängerzone und einer Sperrzone (Abbildung 13).

Betrachtet man die Altstadt im Überblick, so ergeben sich aus den Fussgängerzählungen grundsätzlich zwei Gefälle. Je weiter ein Punkt vom Bahnhof entfernt und je grösser die Distanz von der zentralen Hauptachse Spitalgasse-Gerechtigkeitsgasse ist, desto kleiner ist die Fussgängermenge. Das grösste Aufkommen ist in der Spitalgasse zu verzeichnen. Auch in den anderen Einkaufsgassen der oberen Altstadt bis zum Zytglogge sind die Frequenzen hoch. Weit weniger Personen sind in der unteren Altstadt unterwegs. In der westlichen Marktgasse, kurz vor dem Käfigturm, konnten während eines Tages auf dem ganzen Querschnitt und in beiden Richtungen 102'369 Personen gezählt werden (Abbildung 18). Besonders viele Menschen sind zur Mittagszeit, am späten Nachmittag und frühen Abend unterwegs. Nach Ladenschluss versiegen die Fussgängerströme. Probleme resultieren tagsüber aus der grossen Zahl der Passanten. Da es in den Lauben zu eng wird, weichen viele in den Strassenraum aus, wo es zu Konflikten mit anderen Verkehrsteilnehmern kommt. Fussgänger, Trams, Trolleybusse und Motorfahrzeuge behindern sich gegenseitig. Nachts besteht ein Defizit im Bereich der sozialen Sicherheit. Unter sozialer Sicherheit ist nicht die materielle Absicherung, sondern der Schutz vor tatsächlicher oder vermeintlicher physischer Gewalt gemeint. Die monofunktionale Nutzung führt dazu, dass viele Gebiete nachts fast menschenleer sind. Hauptsächlich Frauen meiden zu diesen Zeiten deshalb ganze Bereiche der Innenstadt.

Die stark auf den rollenden Verkehr ausgerichtete Gestaltung gibt den Passanten wenig Raum. Es kann von einem eigentlichen Gestaltungsdefizit gesprochen werden, eine vielfältige Nutzungen erlaubende stadträumliche Atmosphäre fehlt in der Berner Innenstadt, stattdessen wurde die Strassen- und Verkehrsfunktion konserviert (s. dazu AERNI ET AL. 1993a,b,c; SEEWER, AERNI, HÄFLIGER 1994; HÄFLIGER 1992, HÄFLIGER ET AL. 1992, KAUFMANN 1992, KALBERMATTEN RIEDER 1992, SEEWER 1992a,b).

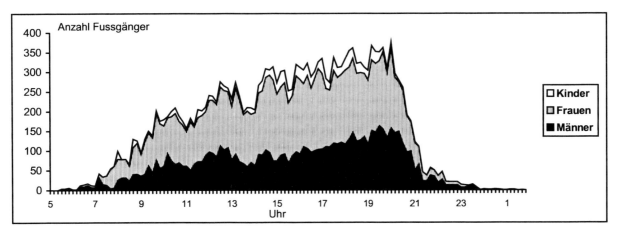

SEEWER 2000 nach AERNI ET AL. 1993a

Abbildung 18: Tagesgang des Fussgängeraufkommens in der Berner Marktgasse am 25. April 1991 (Nordseite in Richtung Zytglogge)

Der Anteil des Fahrradverkehrs in der Innenstadt ist relativ bescheiden. Die Innenstadt stellt für viele Velofahrende, die auf direktem Weg von einem Quartier ins andere gelangen wollen, ein Hindernis dar. Die Verbindungen sind unterbrochen und unübersichtlich. In einigen Gassen, so auch in der Marktgasse, ist das Velofahren verboten. Teilweise wurde die Erweiterung der Sperrzone diskutiert. In den einzelnen Gassen verkehren unterschiedlich viele Velos: In der Zeughausgasse bis zu siebzig Fahrräder pro Stunde und in der Marktgasse - trotz Verbot - maximal vierzig. Konflikte zwischen Velofahrern und Fussgängern sind äusserst selten. Eine beim Käfigturm durchgeführte Beobachtungsstudie hat ergeben, dass sich die allermeisten Velofahrenden korrekt verhalten und in Gefahrensituationen die Geschwindigkeit verlangsamen oder gar absteigen. Zahlreiche Studien aus anderen Städten zeigen deutlich, dass sich Fussgänger und Velofahrende objektiv betrachtet kaum gefährden, dass aber gewisse subjektive Ängste v. a. bei älteren Menschen bestehen (SCHRANZ, UTIGER 1995, SCHRANZ 1996).

Durch die beiden Hauptgassen der oberen Altstadt - der Markt- und der Spitalgasse - führen vier Linien des öffentlichen Verkehrs. Das bedeutet, dass dort in Spitzenstunden gegen hundert Trams und Busse verkehren, die Belastung auf Kornhaus-, Theater- und Casinoplatz ist ebenfalls beachtlich, während eine Trolleybuslinie in der unteren Altstadt kaum stört. Es erstaunt deshalb wenig, dass sich gut ein Drittel aller Besucher der Berner Innenstadt durch den öffentlichen Verkehr gestört fühlt. 36 % wünschen sich gar die Verlegung gewisser Linien aus dem Fussgängerbereich hinaus. Andererseits scheint eine klare Mehrheit, die von der guten Erschliessung mit öffentlichen Verkehrsmitteln profitiert, zu erkennen, dass jegliche Verlagerung oder Tieferlegung der Tram- und Buslinien die heute fast optimale Erschliessungsqualität vermindern würde. Entsprechend schwierig und heikel wäre es deshalb, das heutige System zu verändern.

Für den ruhenden Verkehr standen 1996 im Bereich der oberen Altstadt 461 oberirdische und 1'148 unterirdische öffentlich zugängliche Parkplätze zur Verfügung. In der unteren Altstadt gab es 286 oberirdische und 484 unterirdische öffentlich zugängliche Parkplätze.[46] Die Parkplätze waren gut ausgelastet, fast zu jedem Zeitpunkt sind jedoch freie Abstellmöglichkeiten zu finden (LUTZ 1996). In der Fussgängerzone war die Zufahrt für den motorisierten Individualverkehr so geregelt, dass sich die Passanten immerhin während der Mittagszeit, am späten Nachmittag und abends relativ frei bewegen konnten. In der Sperrzone galt ein Fahrverbot für Motorwagen und Motorräder, der Güterumschlag war von 4 bis 19 Uhr durchgehend gestattet. Zu den übrigen Zeiten war zusätzlich die Zufahrt zum Parkieren erlaubt. Von diesen Möglichkeiten wurde rege Gebrauch gemacht. Die Kontrollen gestalteten sich schwierig. Deshalb und auf Grund der niedrigen Parkbussen (Parkbusse Fr. 20.-, Missachten des Fahrverbots Fr. 50.-)[47] wurde die geltende Regelung äusserst schlecht eingehalten. In der Neuengasse konnte während des ganzen Tages eine bedeutende Belastung durch parkierende Fahrzeuge festgestellt werden. Zu Spitzenzeiten wurden 60 % aller Überquerungsmöglichkeiten durch Autos oder Baustellen blockiert. Ein grosser Teil der Fahrzeuge war - obwohl grosszügig Ausnahmegenehmigungen erteilt wurden - illegal abgestellt.

Ähnliche Verhältnisse herrschen bis heute auch in den anderen Gassen des Berner Fussgängerbereichs vor. War man ursprünglich davon ausgegangen, dass die Verkehrsbelastung in der Innenstadt hauptsächlich von Lieferwagen verursacht wird, musste diese Sichtweise nach der Analyse der Resultate gründlich revidiert werden. In der Spital- und Marktgasse dominieren die Handwerker mit einem Anteil von 42 % deutlich vor der Kategorie „Zu-/Auslieferung", die 30 % ausmacht. Der Rest teilt sich in die übrigen Verkehrsarten, wovon der Anteil des Privatverkehrs 13 % beträgt. In der Neuengasse präsentieren sich die Verhältnisse vollständig anders. 40 % des ruhenden Verkehrs sind private Fahrzeuge, 31 % Handwerkerfahrzeuge und blosse 10 % Zu- und Auslieferverkehr. Frappierend ist - trotz der eigentlich klaren Zufahrtsregelungen und der zahlreichen Möglichkeiten für Sonderbewilligungen - die Zahl der illegal parkierten Fahrzeuge. Eine zurückhaltende Interpretation der Daten lässt davon ausgehen, dass in Spital- und Marktgasse morgens 46 bis 88 % und in der Neuengasse im Tagestotal 39 % aller Fahrzeuge illegal abgestellt sind (PFANDER 1995).

46 % der Innenstadtbesucher stammen aus Bern selber – 6 % davon aus der Innenstadt. Aus der Region Bern kommen zusätzlich 26 % und 23 % von ausserhalb – 5 % gaben keine Antwort. Einkaufen, das Verbringen der Freizeit und blosses Durchgehen sind die wichtigsten Tätigkeiten. Morgens und vormittags erledigen die Besucherinnen und Besucher der Berner Innenstadt hauptsächlich ihre Einkäufe. Mittags sind Einkaufen und das Verbringen der Freizeit gleich wichtig, während nachmittags wiederum mehr Leute einkaufen. Zur Zeit das Abendverkaufs, am Donnerstag, haben die Befragten Einkaufen und das Verbringen der Freizeit gleich oft genannt. Diese beiden Tätigkeiten werden oft kombiniert. Hier zeigt sich die Bedeutung des Innenstadteinkaufs als Freizeitaktivität. Nach Ladenschluss, abends und am Wochenende, ist das Verbringen der Freizeit die wichtigste Tätigkeit. Bei ihren Einkäufen geben die Besucher der Innenstadt unterschiedlich viel Geld aus. Autokunden sind in der Berner Innenstadt nicht die besseren Kunden, obwohl dies vielfach behauptet wird. Eine aktuelle Vergleichsstudie aus Deutschland bestätigt diese Aussage (ABEL, HATZFELD, JUNKER 1995). Von hundert ausgegebenen Franken stammten am Untersuchungstag 1991 in Bern siebzig von Bus- und Trambenutzern, fünfzehn von Fussgängern, zwölf von Automobilisten und drei von Velofahrern.

Die Wünsche und Raumansprüche der Fussgängerinnen und Fussgänger sind 1991 durch eine schriftliche Befragung für den Bereich der Markt- und Zeughausgasse erhoben worden. Die in den beiden Gassen vorherrschende Atmosphäre wurde von den Befragten als laut, hektisch, überfüllt und nicht kinderfreundlich beurteilt. Die zentrale Marktgasse verfügt mit ihren charakteristischen Lauben über ein eher attraktives und abwechslungsreiches Erscheinungsbild. Die Zeughausgasse dagegen - geprägt durch Gehsteige und viel motorisierten Individualverkehr - wurde vermehrt als abstossend, nüchtern und monoton empfunden. Nach Meinung der Innenstadtbesucher sollte sich dies ändern. Gefragt nach Möglichkeiten zur Verbesserung der Situation in der Marktgasse, wurden vorab verkehrsberuhigende

---

[46] Die in diesem Text beschriebenen Verhältnisse gelten für die Zeit der Untersuchung Mitte der Neunzigerjahre; seither wurden verschiedne Regelungen angepasst so z. B. die Anlieferzeiten eingeschränkt.

[47] Bussenhöhe zum Zeitpunkt der Untersuchung im Jahre 1994. Ab 1.9.1996 gelten höhere Bussensätze: Fr. 40.- bzw. Fr. 100.-.

Massnahmen gewünscht. An erster Stelle stand der Wunsch nach der Einrichtung einer Fussgängerzone. Vermutlich wurde der eigentlich bestehende Fussgängerbereich nicht als solcher wahrgenommen, weil die Raumverhältnisse nicht entsprechend angepasst worden sind. An zweiter Stelle wünschten sich die Berner Fussgänger gestalterische Verbesserungen. Eine Mehrheit der Befragten begrüsste Massnahmen, welche die Verkehrsbelastung verkleinern und zu einer vermehrten Gassenbelebung beitragen, beispielsweise durch Cafés oder Märkte.

Für die Zeughausgasse gehen die Wünsche in eine ähnliche Richtung. Es ist logisch, dass dort für eine Fussgängerzone zuerst der Parkverkehr eingeschränkt werden muss - diese Massnahme fand bei 72 % der Befragten Zustimmung. Überhaupt wünschten sich die Innenstadtbesucher weniger oder gar keine Abstellplätze in der Innenstadt, nur 10 % wollten dagegen zusätzliche Parkplätze. Ganz deutlich zum Ausdruck kan schliesslich der Wunsch nach einem grösseren Fussgängerbereich in der Berner Innenstadt (Abbildung 19).

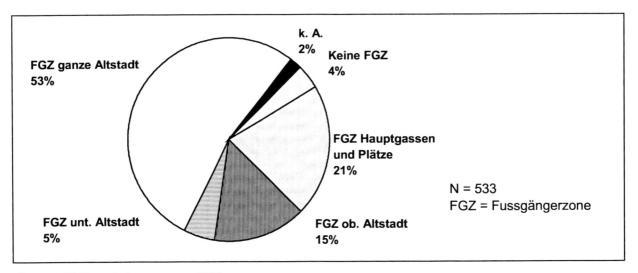

SEEWER 2000 nach AERNI ET AL. 1993a
Abbildung 19: Die Besucherinnen und Besucher wünschen eine grössere Fussgängerzone

3.2.2.4 Projekte für die Innenstadt

Die Äusserungen der befragten Besucherinnen und Besucher zeigen, dass die Situation in der Berner Innenstadt zu Beginn der Neunzigerjahre zu wünschen übrig liess. Kapitel 3.1 zeigt, welche Projekte für die Innenstadt in den Siebziger- und Achtzigerjahren ausgearbeitet worden sind. Es wird dort auch bereits auf die unvereinbaren Volksbegehren „Bärn zum Läbe" und „Pendlerinitiative" verwiesen, die einen möglichen Entwicklungsprozess blockierten. Dennoch wurden von verschiedenen Seiten Ideen geäussert, die vorgestellt werden, bevor dann die Auseinandersetzung um den Verkehrskompromiss näher analysiert wird.

Im Entwurf zum STEK blieb die Innenstadt mit dem Hinweis auf die laufenden Diskussionen weitgehend ausgeklammert: *„Für die Innenstadt werden zurzeit verschiedene grössere Projekte bearbeitet, z. B. Masterplan Bahnhof Bern, Netzoptimierungsstudie SVB, Sanierung Markt- und Bundesgasse, Umgestaltung Kornhaus-, Waisenhaus-, Bären- und Bundesplatz, Erweiterung Metro- und Casino-Parkhaus etc. Damit verbunden sind Entscheide, die das Verkehrssystem und das Erscheinungsbild der Innenstadt stark prägen werden."* (STEK Entwurf 1992:60) An gleicher Stelle wurde der Bedarf nach einem übergeordneten Konzept geäussert. Ein solches Konzept wurde dann allerdings nur grob entworfen, für die Altstadt sind nach einer Bestandsaufnahme drei Strategien skizziert: „Weiter wie bisher", „verkehrsfreie obere Altstadt", „ganze Altstadt verkehrsfrei".

Das verabschiedete STEK bleibt dann, was die Innenstadt anbetrifft, noch unverbindlicher. Im Verkehrsteil geht kein Kapitel spezifisch auf die Innenstadt ein. In einzelnen Bereichen betreffen die vorgeschlagenen Strategien allerdings auch die Innenstadt. Bei den Massnahmen wird u. a. festgehalten:

„*Die Quartierzellen der Altstadt vom Individualverkehr entlasten; Fussgänger mit Vortritt; Fahrverbote (mit Ausnahmen) flächendeckend anordnen.*" (STEK, Verkehrskonzept 1995:18) Auf der Ebene des Gesamtkonzepts wird die „*Errichtung eines fussgängerfreundlichen Verkehrsregimes in der Altstadt*" festgeschrieben (STEK, Gesamtkonzept 1995:27), ohne es allerdings näher zu spezifizieren. Ohne Zweifel hat man sich im STEK nicht verbindlich äussern wollen, bevor eine politische Lösung in den umstrittenen Fragen gefunden worden wäre: „*Die noch ausstehende Einigung auf ein zukunftsweisendes Verkehrskonzept für die Innenstadt und die mangelnde Gestaltungsqualität verschiedener Gassen und Plätze sind die beiden Hauptprobleme des Citygebiets.*" (STEK Siedlungskonzept 1995:29) Im STEK Siedlungskonzept (1995) bestehen konkrete Vorstellungen, wie sich die Innenstadt weiter entwickeln soll. Der Verkehr bleibt aber ausgeklammert. Die offizielle Seite gab also in ihren Vorstellungen zur Stadtentwicklung keine klare, konkrete Antwort darauf, wie in der Berner Innenstadt in Zukunft mit dem Verkehr umgegangen werden sollte.

Auf Grund fehlender „offizieller" Visionen für die Entwicklung der Innenstadt gelangten nun verschiedene private Personen mit ihren Vorstellungen an die Öffentlichkeit. Im Zuge der Vorbereitung der Marktagass-Sanierung schlug ein Architektenteam 1995 vor, unter die Gasse einen von LKW befahrbaren Anlieferungsstollen zu bauen. Das Projekt nannten sie LIS[48]. Dies hätte es ermöglicht, die Hauptgassen der oberen Altstadt weitgehend verkehrsfrei zu halten. Trotz zusätzlichem Lager- und Geschäftsraum, der ebenfalls unter dem Boden entstanden wäre, ist des Projekt an den hohen Kosten von geschätzten 100 Millionen Franken gescheitert (SLG 1997:22,24).

Ein eigentliches verkehrspolitisches Leitbild ist die „Vision Berner Innenstadt 2020". Unter der Federführung des Politikers und HIV-Präsidenten Rolf Portmann entstand eine Vision, welche die Altstadt als Fussgängerstadt darstellt. Als wichtigste Massnahme ist vorgesehen, den öffentlichen Verkehr in der oberen Altstadt unterirdisch zu führen, was die Realisierung einer wirklichen Fussgängerzone ermöglichte. Die oberirdischen Parkplätze sollen aufgehoben werden und durch neuen unterirdischen Parkraum am Innenstadtrand ersetzt werden. Der Anlieferverkehr würde ebenfalls zum Teil unterirdisch erfolgen. Das Verkehrskonzept ist begleitet von Massnahmen und Vorschlägen in den Bereichen Stadtentwicklung und Stadtmarketing. Die Vision 2020 kann als eigentliche Gegenkonzeption zum STEK angesehen werden und gibt im Grossen und Ganzen die Vorstellungen der innenstädtischen Wirtschaftsverbände wieder, welche die Studie finanziert haben. Hervorzuheben ist auch die Tatsache, dass in der Projektbegleitgruppe auch städtische Beamte sassen, so u. a. der Verkehrsinspektor, der Direktor der Verkehrsbetriebe und der Vorsteher des Wirtschaftsamtes. Die Kosten für die Verwirklichung wurden 1995 auf insgesamt 370 Millionen CHF geschätzt. Der Vorschlag wurde von offizieller Seite mit Interesse aufgenommen, aber auf Grund der hohen Kosten und städtebaulicher Bedenken als wenig realistisch bezeichnet. Das Projekt Vision 2020 wird bis heute weiter getrieben, obwohl einige kurzfristige Ziele nicht verwirklicht werden konnten. Immer wieder bringen sich die Verantwortlichen ins Gespräch, so z. B. mit dem Vorschlag, in der unteren Altstadt eine Flanierzone einzurichten und den Trolleybus in eine Seitengasse zu verlegen (VISION 2020, SLG 1997:24-28, Bund 11.10.96).

Auf der einen Seite hatten die Vertreter von Handel und Wirtschaft mit der Vision 2020 ihre Vorstellungen über die Entwicklung in der Berner Innenstadt klar dargelegt. Auf der anderen Seite lancierte die Organisation „Bern autofrei" (BAF) die Initiative „Läbigi Stadt", sie wurde 1994 eingereicht und nicht in die Verhandlungen um den Verkehrskompromiss einbezogen. Die Initiative fordert einen grundlegenden Wandel in der Verkehrspolitik und sieht u. a. vor, den Autoverkehr auf Quartierstrassen zu unterbinden und auf den Hauptverkehrsstrassen nur eine Spur pro Richtung für den MIV zur Verfügung zu stellen (Bund 5.11.98).

3.2.3 Die Diskussion um den Verkehrskompromiss

Kapitel 3.1 zeigt die Auseinandersetzungen um die Berner Innenstadtverkehrspolitik bis zur Abstimmung über die Initiative „Bärn zum Läbe" anfangs Juni 1991 auf. Die Abstimmung brachte keine

---

[48] „di **LIS**ligi Innenstadt" (die leise Innenstadt)

Klärung, in zwei Fronten standen sich die Befürworter der Initiative „Mehr Bern – weniger Verkehr" sowie der Initiative „Bärn zum Läbe" weiterhin gegenüber. Noch bevor der juristische Entschied zum unklaren Abstimmungsentscheid gefällt wurde, ergriff der Gemeinderat, namentlich der für die Verkehrsorganisation zuständige Polizeidirektor Marco Albisetti, die Initiative: *„Nach den Herbstferien werden nun die InitiantInnen zusammen mit den städtischen Sektionen des VCS, TCS, Handels- und Industrievereins (HIV), mit dem Gewerbeverband und dem Cityverband nach Lösungen für die Realisierung einer Fussgängerzone in der Innenstadt suchen müssen und dabei kein leichtes Spiel haben, ihre ursprünglichen Ideen durchzusetzen."* (BT 10.9.91) In die Diskussion ebenfalls einbezogen wurde die Pendlerinitiative, die nach längeren juristischen Auseinandersetzungen im Oktober 1991 für rechtsgültig erklärt wurde. Dieser Entscheid wurde allerdings wieder angefochten (BT, 19.10.91). Im Dezember fällte der zuständige Regierungsstatthalter den Entscheid, dass die Abstimmung zu „Bärn zum Läbe" wiederholt werden müsse (Bund, BZ 17.12.91). Kurz vorher hatten die Wirtschaftsverbände den Verein „Zukunft Berner Innenstadt" (ZBI) etabliert und so Einheit in die heterogene Verbandslandschaft gebracht. Die ZBI sollte sich klar auch zu Fragen der Innenstadtentwicklungspolitik äussern (BZ 7.12.91). Die Gespräche zwischen den Parteien waren wenig Erfolg versprechend verlaufen, die Perspektive, die Abstimmung zu wiederholen, schien aber auch wenig verlockend zu sein. So setzten die Vertreter der Initianten von „Bärn zum Läbe" ihre Hoffnungen ganz in die 1992 bevorstehenden Gemeinde- und Stadtratswahlen, von denen sie sich einen Wechsel zu einer rot-grünen Mehrheit versprachen (BT 18.12.91).

In der Folge kamen die Verhandlungen kaum voran. Neues Material für Diskussion lieferten die auf die Stadt Bern bezogenen Ergebnisse des Mikrozensus Verkehr 1989 (BZ 7.3.91; MIKROZENSUS 1991) und die Ergebnisse der Fussgängeruntersuchung des Geografischen Instituts der Universität Bern (AERNI K. ET AL. 1993a). Die Untersuchungen, die sich kaum widersprechen, lösten unterschiedliche Reaktionen aus. Während die offiziellen Mikrozensusergebnisse unbestritten blieben, kam es nach der Vorstellung der Untersuchungen der Universität zu heftigen Auseinandersetzungen bezüglich der Glaubwürdigkeit und Wissenschaftlichkeit der Ergebnisse. Die Befragungsergebnisse, zeigten deutlich, dass eine grosse Mehrheit in der Berner Innenstadt eine grössere Fussgängerzone wünscht, ohne mehr Parkraum zu schaffen (BZ 7.3.92, Bund 1.7.92, BT 6.7.92). Die Studie wurde von Seiten der Wirtschaftsverbände vermutlich mit der Absicht schlecht gemacht, die für die eigene Position vermeintlich abträglichen Ergebnisse für unglaubwürdig erscheinen zu lassen.[49] Den Befürwortern einer grossen Fussgängerzone lieferten die Untersuchungen dagegen willkommene Argumentationshilfe.

In einem Gespräch im „Bund" (17.7.92) legten die beiden Kontrahenten FDP-Stadtrat und HIV-Sekretär Adrian Haas und SP-Grossrat und BT-Redaktor Michael Kaufmann ihre Positionen punkto Stadtberner Verkehrspolitik klar da. Dabei zeigte es sich, dass keiner einer Fussgängerzone in der Innenstadt grundsätzlich abgeneigt ist. Vielmehr scheint die Frage der Parkplätze zentral zu sein. Während Haas zusätzlichen unterirdischem Parkraum am Innenstadtrand forderte, möchte Kaufmann oberirdische Parkplätze in der Altstadt ersatzlos aufheben. Auf Grund des einsetzenden Wahlkampfes blieben die unvereinbaren Positionen bestehen, ja, sie akzentuierten sich sogar. Die Wahlen brachten dann schliesslich eine politische Wende: Die Parteien des „Rot-Grün-Mitte"-Wahlbündnisses erhielten eine Mehrheit der Sitze im Gemeinderat (Exekutive) und im Stadtrat (Legislative). Verkehr war durchaus ein Thema im Wahlkampf, aber sicher nicht alleine ausschlaggebend für das Wahlergebnis. Neuer Stadtpräsident wurde der SP-Mann Klaus Baumgartner. Die beiden direkt für Verkehrsentwicklungsfragen zuständigen Direktionen blieben aber weiterhin in bürgerlicher Hand. Kurt Wasserfallen (FDP) löste Marco Albisetti (FDP) als Polizeidirektor ab, Therese Giger (FDP) ersetzte den abgewählten Planungs- und Baudirektor Marc Roland Peter (SVP).[50]

---

[49] Da der Autor selber an der Studie beteiligt war, erscheint es aus wissenschaftlicher Sicht wenig sinnvoll, die Untersuchungen zum Fussgängerverkehr in der Berner Innenstadt hier zu diskutieren. Es wäre bestimmt sehr aufschlussreich, die Auseinandersetzungen um die Studie näher zu durchleuchten.

[50] Die Schweiz kennt in den meisten Fällen Konkordanzregierungen, d.h., dass die grossen Oppositionsparteien jeweils in der Regierung vertreten sind und dort durchaus auch eine gewisse Macht haben.

Nach dem Wahlsieg musste sich die neue politische Mehrheit erst konsolidieren, bevor sie eine eigenständige Verkehrspolitik entwickeln und durchsetzen konnte. Zudem blieben die verantwortlichen Personen in der Verwaltung die gleichen. Im Frühjahr 1993 gingen die Gespräche dann wieder weiter. Unter der Federführung des Polizeidirektors und des Stadtpräsidenten wurden getrennte Verhandlungen mit den verantwortlichen Komitees der sich widersprechenden Initiativen geführt. Dabei zeigten beide Parteien unter gewissen Bedingungen ihre Bereitschaft, die Initiativen zu Gunsten eines Reglements zum Verkehrsregime in der Stadt Bern zurückzuziehen. Einigkeit herrschte in der Frage, ob eine Fussgängerzone eingerichtet werden solle, umstritten war immer noch die Parkplatzfrage (BZ 8.4.93). Schon bald konkretisierte sich die Idee, auch schien gewisse Bereitschaft auf Seiten der Rot-Grünen zu erkennen, vom absoluten Ausbaustopp der Parkhäuser abzurücken. So wurde vorgeschlagen das Metro-Parking auszubauen (Bund 21.4.93). Wenig später diskutierten die beiden Parteien dann unter der Leitung des Polizeidirektors am gleichen Tisch; ein Konsens sollte dabei vorbereitet werden. Auch hier stand die Frage im Vordergrund, ob die bestehenden Parkhäuser ausgebaut werden sollen. Für eine solche Lösung setzten sich offensichtlich auch Vertreter der Stadtverwaltung ein (BT 11.6.93). Dagegen war man sich in der Frage der Verkehrsberuhigungsmassnahmen in den Quartieren weitgehend einig. Weiterer Diskussionspunkt war der Artikel 61 der Bauordnung, der die Parkplatzerstellungspflicht regelt und Gegenstand der damals vor Bundesgericht immer noch hängigen Pendlerinitiative war. Hier signalisierten zu diesem Zeitpunkt beide Parteien Kompromissbereitschaft. An den Gesprächen beteiligten sich auf Seiten der Innenstadtverbände Adrian Haas und auf der anderen Seite Michael Kaufmann: *„Die grösste Knacknuss ist die Frage, ob die oberirdischen Parkplätze, die im Zuge der angestrebten Einführung der Fussgängerzone in der Innenstadt aufgehoben werden sollen, durch die Erweiterung der Innenstadtparkhäuser ersetzt werden sollen. Während für Haas feststeht, dass allein für Anwohner und Gewerbetreibende ein Manko von 600 unterirdischen Parkplätzen besteht, setzt Kaufmann hier ein Fragezeichen."* (Bund 11.6.93) Als gross wurde auch die Schwierigkeit erachtet, ein allfälliges Verhandlungsergebnis der eigenen Seite schmackhaft zu machen.

In einem zweite Gespräch kurz darauf kamen sich die Parteien näher, eine Lösung wurde aber keine gefunden. Diskutiert wurde v. a. die Frage der Parkplatzerstellungspflicht bei Neu- und Umbauten. Die Pendlerinitiative schreibt 0,5 Parkplätze pro Wohnung vor, während die Verkehrsplaner der Stadtpolizei und die Gegner meinten, dies sei zu wenig. Die Vertreter der rot-grünen Seite schlugen einen Wert von 0,8 als Kompromiss vor. Das eigentliche Kernproblem, die Frage der Innenstadtparkhäuser und der Fussgängerzone, konnte aus Zeitgründen gar nicht in Angriff genommen werden (Bund 29.6.93).

Aus der dritten Gesprächsrunde ergab sich schliesslich ein Kompromiss unter den am Gespräch Beteiligten, der folgende Punkte umfasst (Bund, BT 10.8.93):

- In der oberen Altstadt soll eine Fussgängerzone entstehen. Die Gesamtzahl der Parkplätze und das Verhältnis Kurzzeit- und Langzeitparkplätze wird eingefroren. Die 154 oberirdischen Parkplätze werden durch gleich viele unterirdische ersetzt. Im Sinne einer ersten Etappe soll die untere Altstadt noch nicht einbezogen werden.
- Die Parkplatzerstellungspflicht soll flexibel gehandhabt werden. Die städtischen Vorschriften sollen sich an den kantonalen orientieren, die Erschliessung mit öffentlichen Verkehrsmitteln und die räumlich jeweils spezifische Situation berücksichtigen. Für die Arbeitsplätze bedeutet dies ein Parkplatz pro 150 bis 300 m^2 Bruttogeschossfläche, für das Wohnen wären nun 0,5 bis 1 Parkplatz pro Wohnung möglich gewesen.

Kommentatoren begrüssten den Entscheid, wiesen aber auf die Schwierigkeit hin, den Kompromiss bei der eigenen Basis beliebt zu machen. Besonders kritisch erschien, ob das Abrücken vom Ausbaustopp bei den Innenstadtparkhäusern von der rot-grünen Basis akzeptiert würde. Nun war jedenfalls die Verwaltung gefragt, welche die Beschlüsse in die juristisch korrekte Form bringen musste. Für die Fussgängerzone in der Altstadt sollte ein Reglement ausgearbeitet werden, für die Lösung der Parkplatzfrage war eine Änderung der Bauordnung notwendig.

In der Folge zogen sich die Stadtbehörden zurück, jedenfalls blieb es an der offiziellen Front längere Zeit ruhig. Man war wohl auch sehr intensiv mit dem Masterplan beschäftigt. Die Wirtschaftsverbände taten sich in jener Zeit schwer mit der rot-grünen Stadtregierung. Sie drohten gar, sie würden zum

Standortboykott aufrufen (Bund 7.9.93). Die Innenstadtdetailhändler dagegen waren bemüht, einheitlich an die Öffentlichkeit zu treten und sich mit einem gemeinsamen Hauslieferdienst zu positionieren (Bund 30.10.93). Die Entente Bernoise, Interessenvereinigung der Geschäftsleute, stellte eine Vision für das Jahr 2010 vor. Darin griff sie hauptsächlich die Aspekte Verkehr und Sicherheit auf (BT 11.1.94, ENTENTE BERNOISE 1993). Die „Verwahrlosung" der Innenstadt wurde von der Presse verschiedentlich aufgegriffen. Vermehrt versammelten sich Drogensüchtige in Innenstadtpassagen und Ladenvorräumen, nächtigten z. T. dort und hinterliessen eine Unordnung. Kritisiert wurde auch, dass immer mehr Abfall auf die Gassen geworfen werde und die öffentliche Sicherheit nachgelassen habe. Folge davon war, dass immer mehr öffentliche oder halböffentliche Durchgänge geschlossen wurden und die Bewachung intensiviert wurde (BZ 16.11.93, Bund 18.11.93, BT 23.11.93). Der City-Verband reichte zur Unterstützung seiner Forderung zusammen mit anderen Innenstadtorganisationen eine Petition unter dem Titel „Saubere Berner Innenstadt" ein (Bund 16.2.94, BT 17.2.94).

Im November fiel schliesslich mehr als fünfeinhalb Jahre nach dem Volksentscheid das endgültige Urteil des Bundesgerichts zur Pendlerinitiative. Die Vorschriften wurden rückwirkend auf den 4.10.91 für rechtsgültig erklärt (Bund 12.11.93, BT 12.11.93). Der Entscheid hatte keinen direkten Einfluss auf den Kompromiss, da die Vorschriften der Initiative in den Verhandlungen mitdiskutiert wurden. Er stärkte aber ohne Zweifel die Position der rot-grünen Seite, die mit den gültigen, in der Bauordnung festgehaltenen Vorschriften über ein gewichtiges Pfand verfügten.

Weiter im Gespräch blieb der mögliche Ausbau des Casino-Parkings, der aber vom Kanton aus archäologischen Gründen in Frage gestellt wurde.[51] Da das Baugesuch dazu aus dem Jahr 1986, aus der „Vor-Pendlerinitiativen-Zeit" also, stammte, war bisher nie ganz klar, ob dieses Parkhaus auch in der Kompromissdiskussion einbezogen war. Ohne die neuen Regelungen, die der Kompromiss bringen würde, wäre der Ausbau des Casino-Parkings die einzige Möglichkeit, die Zahl der unterirdischen Parkplätze in der Innenstadt zu erhöhen (Bund 20.12.93). Die Stadtbehörden stellten kurz darauf ihre Vorstellungen zur Neugestaltung des Bären- und Waisenhausplatzes vor. Das Projekt ging auf eine im Jahr 1988 vom Volk angenommene Initiative zurück, die eine Umgestaltung der beiden Plätze verlangt (Bund, BT 7.1.94). Bis heute ist diese Umgestaltung nicht realisiert worden.

Nachdem sich beispielsweise auch der VCS versöhnlich gezeigt und in den geheimen Verhandlungsrunden, die länger dauerten als erwartet, Bereitschaft für eine einvernehmliche Lösung der Innenstadtverkehrsproblematik signalisierte (Bund 2.2.95, BT 15.2.94, BZ 16.2.94), konnte der „Bund" am 18.5.94 titeln: *„Verkehr/Konsens – Einigung erzielt"*. In einer letzten Gesprächsrunde wurden offensichtlich nun die letzten Hindernisse aus dem Weg geräumt. In den materiellen Punkten ergaben sich nur geringfügige Veränderungen. Die 154 oberirdischen Parkplätze sollten neu in der Casino-Garage ersetzt werden. Das Metro-Projekt hat sich als kaum realisierbar erwiesen. Festgehalten wurde auch, dass die Parkplätze dem Kundenverkehr zur Verfügung gestellt werden sollten; im Gegensatz dazu sollten keine weiteren oberirdischen Parkplätze unterirdisch ersetzt werden. Neu wurde auch die untere Altstadt einbezogen, hier sollte ein neues Parkierungsregime ausgearbeitet werden, das v. a. den Anwohnern und Geschäftsleuten dienen sollte. In der Frage der Parkplätze für Neubauten wurden folgende Werte festgehalten:

- 0,5 bis 1 Parkplatz pro Wohnung;
- Ein Parkplatz pro 300 bis 100 m^2 Bruttogeschossfläche für Industrie und Gewerbe;
- Ein Parkplatz pro 20 bis 80 m^2 Verkaufsfläche.

Bei den Parkplatzvorschriften wollte man sich an die in Ausarbeitung stehenden kantonalen Vorgaben halten. Die Verwaltung erhielt nun bis zu den Sommerferien Zeit, eine Grundlage für die Vernehmlassung auszuarbeiten. Dazu gehört ein Strategiepapier für eine fussgängerfreundliche Innenstadt und ein Vorschlag eines revidierten Art. 61 der Bauordnung. Die beiden Verhandlungsführer Kaufmann und Haas zeigten sich optimistisch und glaubten, dass der Kompromiss Bestand haben würde (Bund 18.5.94). In der Folge blieb es längere Zeit ruhig. Im Sommer 1994 kam es auch in Bern zu einem „Ozontheater". Da die gültigen Ozongrenzwerte fast täglich überschritten wurden, forderte die für die

---

[51] Beim Ausbau würden u. a. die Reste einer alten Stadtmauer beeinträchtigt.

Gesundheitsdirektion zuständige Gemeinderätin Ursula Begert eine Sperrung der Innenstadt (BT 28.7.94). Die Forderung wirbelte viel Staub auf, verschwand aber schon bald wieder aus der politischen Diskussion. Nach den Sommerferien bewilligte der Stadtrat einen Kredit für die Projektierung der Platzneugestaltung von Bären- und Waisenhausplatz. Der Kredit wurde nach heftigen Diskussionen angenommen, gleichzeitig wurde bekannt, dass der Bundesplatz aus finanziellen Gründen vorderhand nicht umgestaltet werden sollte (Bund 28.10.94). Dieses Beispiel zeigt, wie schwierig es Umgestaltungsmassnahmen in der Innenstadt hatten und bis heute haben. Bis heute hat sich an dieser Tatsache wenig geändert und die beiden Plätze sehen immer noch gleich aus wie 1994.

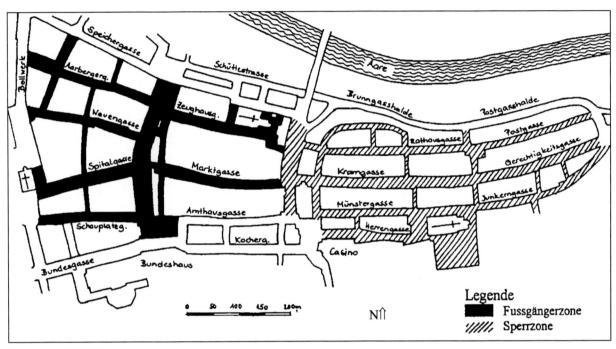

PFANDER 1995:35

Abbildung 20: Die Fussgängerzone nach dem Verkehrskompromiss

Im November 1994 legte der Gemeinderat das versprochene Grundlagenpapier zum *Verkehrskompromiss* vor. Die Wichtigkeit wurde sowohl von den Behörden als auch von der Presse betont: *„Polizeidirektor Kurt Wasserfallen räumt dem Geschäft einen sehr grossen Stellenwert ein: ‚Es ist eines der wichtigsten Geschäfte unserer Legislaturperiode.' Und er ist stolz auf die erarbeiteten Lösungen: Die obere Innenstadt soll verkehrsfrei werden, die oberirdischen Parkplätze durch unterirdische (in den bestehenden Parkhäusern) ersetzt werden. Nur noch für den Verkehr der Anwohner und der Geschäfte soll die untere Altstadt geöffnet bleiben. Zweites Kernstück ist die Regelung zur Parkraumbewirtschaftung."* (Bund 18.11.94) Abbildung 20 zeigt den Umfang des nun vorgesehenen und möglichen Fussgängerbereichs. Eine Abstimmung über die Regelung wurde für Frühjahr 1996 vorgesehen. Davor musste nun noch mit den Vertretern der verschiedenen Initiativkomitees über den Rückzug ihrer Vorstösse verhandelt werden. Als nächster Schritt waren eine breite Vernehmlassung bei allen Interessierten und eine anschliessende Überarbeitung der Vorlage vorgesehen (BT, Bund 18.11.94). Das vorgesehene Fahrverbot für Velos in Teilen der oberen Altstadt sorgte für heftige Kritik von Seiten der linken und grünen Organisationen. Es wurde gar von einem „Unterzug der Polizei" gesprochen, die diese umstrittene Regelung in die Vorlage aufgenommen hätte, ohne dass sie vorher bei den Verhandlungen diskutiert worden wäre (BT, 19.11.94).

In der Folge traten verschiedene Gruppierungen mit ihren Stellungnahmen zum Verkehrskompromiss an die Öffentlichkeit. Mit Ausnahme der Velofrage stiess aber der Verkehrskompromiss v. a. auf Seite der innenstädtischen Wirtschaft auf grosse Zustimmung (Bund 1.12.94). Der HIV sprach allerdings von einer *„Kröte der niedrigen Parkplatzzahl, die er zu schlucken bereit sei"*, im Sinne eines Beitrags zu einer positiven Innenstadtentwicklung (Bund 27.1.95).

Die SP begrüsste den eingeschlagenen Kurs, kritisierte aber das Veloverbot und die Tatsache, dass neu der Stadtrat und nicht die Stimmberechtigten für das Parkplatzreglement zuständig sein sollten. Als nicht akzeptabel wurde auch die Tatsache bezeichnet, dass die Aufhebung der oberirdischen Parkplätze mit dem unterirdischen Ersatz gekoppelt wäre (Bund 18.1.95). Heftig kritisiert wurde von linker Seite immer wieder Polizeidirektor Kurt Wasserfallen, der den Kompromiss nachträglich verwässert haben soll (Bund 25.1.95): Auch der bürgerliche Verhandlungsführer räumte ein, dass das Veloverbot nachträglich eingefügt worden sei, meinte aber, dass ein solches Vorgehen legitim sei (Bund 27.1.95). Hauptkritikpunkt war bei weiteren links-grünen Organisationen v. a. das Veloverbot (BT 21.2.95).[52] Radikale Kritik äussert die Organisation BAF, deren Initiative „Läbigi Stadt" ebenfalls hängig war, in den Verkehrskompromiss aber nicht einbezogen wurde. Sie kritisierte den Ersatz der oberirdischen Parkplätze und forderte, auf Parkhausausbau in der Innenstadt gänzlich zu verzichten. Parkplätze sollten einzig den Anwohnern, dem ansässigen Gewerbe und den Behinderten zur Verfügung stehen. Weiter wurde ein restriktiveres Parkplatzreglement und eine Beschränkung der Spurzahl auf eine pro Richtung auf städtischen Strassen gefordert. Die Organisation beschwerte sich auch, dass ihre Initiative in den Verhandlungen nicht berücksichtigt worden war (Bund 25.2.95).

Im August wurde die Vision 2020 der Öffentlichkeit präsentiert (Bund 15.9.95). Die Resonanz blieb aber verhältnismässig klein. Einige Publizität erhielt der rechte Verhandlungsführer beim Verkehrskompromiss, Adrian Haas, der sich als Leader der Opposition im Stadtrat zu platzieren versuchte (Bund 12.5.95, 29.5.95). Im Sommer wurde erfolgreich, im Resultat aber wenig innovativ, die Marktgasse saniert (Bund 21.6.95, 8.7.95, 9.8.95, 10.8.95). Kurzfristig versuchten die Stadtbehörden vor der Öffnung der Marktgasse, die Anlieferzeiten in den beiden Hauptgassen auf den Morgen zu beschränken. Damit wäre ein wenig umstrittener Bestandteil des Verkehrskompromisses vorweggenommen worden. Die betroffenen Geschäftsleute wehrten sich jedoch gegen das Vorhaben (Bund 12.9.95). Im September konnte die sanierte Marktgasse dem Verkehr wieder übergeben werden (Bund 16.9.95)

Im Oktober brachte die BT (18.10.95) Internes an die Öffentlichkeit. Die links-grüne Kritik am Verkehrskompromiss wurde wiederholt, da die nach der Vernehmlassung nun überarbeitete Vorlage dem Gemeinderat Ende Oktober präsentiert werden sollte. Darin wurde auch über die „Verschwörungstheorie" des Polizeidirektors berichtet: *„Wasserfallens Coup gegen die VelofahrerInnen wertet er als geschickten taktischen Zug: ‚Er hat der Menge einen Schinken vorgeworfen, an dem sich alle verköstigen sollten, anstatt die anderen toten Hunde auszulochen, die in der Vorlage noch begraben sind'"* (BT 18.10.95). Als tote Hunde wurden u. a. das ungenügende Parkplatzregelement und die Tatsache, dass auch oberirdische Parkplätze der unteren Altstadt in Parkhäusern ersetzt werden könnten, bezeichnet. Nicht einverstanden war man auch damit, dass vor der Erweiterung der Fussgängerzone in der oberen Altstadt unterirdischer Parkplatzersatz geschaffen werden sollte. Der Vorstoss aus links-grüner Seite ist v. a. als Druck auf die eigenen Gemeinderatsvertreter zu sehen, dem Polizeidirektor und der Planungsdirektorin, beide bürgerlich, „besser auf die Hände zu schauen."

Die Kritik am Vorgehen des Gemeinderates zeigte jedenfalls Wirkung. Gewisse Änderungen wurden vorgenommen, das umstrittene Veloverbot fiel weg. Neu würde das Velofahren verboten, wenn es zu gewichtigen Konflikten mit den Fussgängern käme. Ungemach schien nun der Vorlage von Seiten des Kantons zu drohen. Dieser forderte für den geplanten Parkhausausbau ein zusätzliches Mitwirkungsverfahren, was neue Verzögerungen zur Folge gehabt hätte (Bund 21.2.96). Die Verkehrssituation in der oberen Altstadt – u. a. beim Anlieferverkehr – bot weiterhin zu Kritik Anlass (Bund 28.3.96, 7.5.96). Die Parteien begannen, sich auf den Wahlkampf vorzubereiten, denn Ende Jahr sollten sowohl Parlament als auch Gemeinderat neu gewählt werden. In diesem Sinne war wohl das kantonal verordnete Mitwirkungsverfahren nicht nur unwillkommen (Bund 24.5.96), da nun der Kanton für die Verzögerung verantwortlich war. In November 1996 konnte die überarbeitete Vorlage nach Abschluss der öffentlichen Auflage vom Stadtpräsidenten und dem Polizeidirektor der Öffentlichkeit vorgestellt werden (GEMEINDERAT DER STADT BERN 1996, Bund 27.6.96). Damals blieb die Resonanz verhältnismässig klein (Bund, BT 5.11.96). Wiederum sorgte ein angebliches Veloverbot für Aufregung.

---

[52] Die Frage, ob Velofahrer in der Innenstadt stören, wurde auch in der Diplomarbeit von SCHRANZ 1996 untersucht. Für Bern führte das Geografische Institut eine Fallstudie durch (SCHRANZ, UTIGER 1995; Bund 8.6.95).

Dabei ging es v. a. darum, dass es nicht ausgeschlossen blieb, Teile der Innenstadt für den Fahrradverkehr zu sperren. Links-grüne Kreise hielten aber nach wie vor fest, dass es sich um einen „gutbürgerlichen Kompromiss" handle, und viele ihrer Forderungen unberücksichtigt blieben (12.3.97). Allgemein wurde der neuerliche Schritt von der Presse positiv kommentiert.

Die Wahlen brachten keine grundsätzlichen Veränderungen. Die Rot-Grün-Mitte-Koalition konnte ihre Mehrheit im Stadtrat sogar leicht ausbauen. Im Gemeinderat kam es ebenfalls zu keiner politischen Gewichtsverschiebung. Allerdings wurde die amtierende Planungs- und Baudirektorin abgewählt und durch einen ebenfalls bürgerlichen Kollegen ersetzt. Dabei haben Verkehrsfragen kaum eine Rolle gespielt. Der für Verkehr zuständige, bürgerliche Polizeidirektor wurde mit einem guten Resultat wieder gewählt. Nach der Wahl kam auf Seiten der Mehrheitsparteien der Wunsch und die Forderung auf, gerade weil im Verkehrsbereich bisher wenig gegangen sei, den Polizeidirektor in ein anderes Ressort zu versetzen. Obwohl dies möglich gewesen wäre, konnte Wasserfallen sein Amt behalten. Der Regierungsfrieden, der für die in Bern praktizierte Konkordanzpolitik von grosser Bedeutung ist, wurde höher gewichtet. Der Preis, den die links-grünen Parteien dafür zahlten, ist die Tatsache, dass beide für den Verkehr zuständige Direktionen auch weiterhin nicht unmittelbar beeinflusst werden konnten.

Zu den nächsten Disputen um den Verkehrskompromiss nach den Wahlen kam es, als die Planungs- und Verkehrskommission des Stadtrates (PVK) die Vorlage diskutieren sollte. Zwar war noch immer Konfliktstoff vorhanden, aber beide Seiten glaubten, zu einem relativ raschen Resultat zu kommen (BT 12.3.97). Bei der Frage, ob die Entscheidungskompetenz in Verkehrsfragen beim Stadtrat oder beim Volk liegen solle, herrschte allerdings auch auf der links-grünen Seite Uneinigkeit. Es wurde gefordert, dass die im Verkehrskompromiss festgelegten Sätze für die Zahl der zu erstellenden Parkplätze ebenfalls bei neuen Überbauungsordnungen gelten sollten. Gefordert wurde, eine Frist zur Einrichtung einer Fussgängerzone festzulegen und diese auch einzuführen, wenn noch nicht alle oberirdischen Parkplätze unterirdisch ersetzt sind (BT 12.3.97). Als weiterer umstrittener Punkt erwies sich die Frage nach der Zahl der in den Parkhäusern neu zu erstellenden Parkplätze. Die links-grüne Seite monierte, dass in Parkhäusern mehr Parkraum erstellt werden könnte, als die 154 zu ersetzenden oberirdischen Parkplätze. Sie schlug deshalb vor, eine Obergrenze festzulegen. Die Stadt und auch die Wirtschaftsvertreter kritisierten die „Störmanöver" und taten die Befürchtungen als unbegründet ab. Ein Ausbau würde durch die Umweltschutz- und Denkmalpflegevorschriften verhindert, zudem sei der Bau von unterirdischem Parkraum unwirtschaftlich. Das zeige die Tatsache, dass auch bisher kein neuer unterirdischer Parkraum erstellt worden sei, obwohl dies eigentlich möglich wäre (Bund 24.4.97).

In dieser Diskussion kam zum Ausdruck, dass es neben den 154 im Verkehrskompromiss festgehaltenen Parkplätzen noch weiteren oberirdischen Parkraum im Bereich der oberen Altstadt gibt. Dabei handelt es sich neben den nicht beeinflussbaren privaten Parkplätzen v. a. um Parkraum in Randlagen oder um nur zeitweise verfügbare Flächen. So konnte 1995 beispielsweise in der Neuen- und Aarbergergasse abends und nachts parkiert werden. Dieser Parkraum müsste bei der Einführung einer Fussgängerzone wohl aufgegeben werden und könnte entsprechend ein Konfliktpotenzial beinhalten.

Die PVK schlug nach längeren Verhandlungen eine Lösung vor, die sich in verschiedenen Punkten vom Vorschlag des Gemeinderates unterschied. Zum einen ging es um die Frage der Zahl der Parkplätze in gut durch den ÖV erschlossenen Gebieten, zum anderen wurde neu eine Frist gefordert:

- Die 154 oberirdischen Parkplätze werden 36 Monate nach Inkrafttreten des Reglements aufgehoben, auch wenn (noch) kein unterirdischer Ersatz vorhanden ist. So könnte eine Fussgängerzone relativ rasch eingerichtet werden.

Hinter dieser neuen Regelung standen neben der PVK v. a. die Parlamentarier aus dem grün-linken Lager, während die SP-Leute eher dazu neigten, den Verkehrskompromiss nicht abzuändern. Die Vertreter der Bürgerlichen wehrten sich gegen dieses neue Element und drohten, ihre Initiativen nicht zurückzuziehen (BT 20.9.97).

In der Stadtratsdebatte fielen dann klare Entscheidungen. Der Verkehrskompromiss wurde grossmehrheitlich angenommen. In den einzelnen strittigen Punkten fand man Lösungen:

- Die Zahl der Parkplätze in der Innenstadt soll plafoniert werden.
- 154 oberirdische Parkplätze in der oberen Altstadt werden unterirdisch ersetzt und in der oberen Altstadt entsteht eine fussgängerfreundliche Zone. Beides soll nach Inkrafttreten des Reglements Zug um Zug innerhalb von drei Jahren geschehen.
- In der unteren Altstadt werden die oberirdischen Parkplätze nicht aufgehoben, sie bleiben Anwohnern, Geschäftsleuten sowie für kurzzeitig parkierende Kunden vorbehalten. In einer Übergangszone können diese Parkplätze sowohl in der oberen als auch in der unteren Altstadt unterirdisch ersetzt werden.[53] Gleichzeitig soll das Verkehrsaufkommen in der unteren Altstadt stark reduziert werden.
- Die Zahl der bei Neubauten zu erstellenden Parkplätze wird auf 0,5 bis 1 pro Wohnung festgelegt (je nach Erschliessungsgrad).

In der Debatte wurde nochmals mit den bereits bekannten Argumenten über einzelne Punkte diskutiert. Einige bürgerliche Vertreter beklagten den Parkplatzmangel, der sich auf den Geschäftsgang auswirke. Grün-linke Parlamentarier forderten, auch die Speicher- und Nägeligasse in die fussgängerfreundliche Zone der oberen Altstadt einzubeziehen. Am heftigsten umstritten war die Frage, ob die Kompetenz, über verkehrspolitische Massnahmen zu entscheiden, beim Volk oder beim Stadtrat liegen solle. Die grün-linken Vertreter unterlagen schliesslich mit ihrer Forderung, die Kompetenz dem Volk zu geben. In der Schlussabstimmung wurden die Änderung der Bauordnung mit 69 Stimmen zu einer Stimme bei zwei Enthaltungen und das dazugehörige Reglement mit 63 Stimmen ohne Gegenstimme angenommen (Bund, BT 22.8.97).

Nicht autofeindlich

Haare lassen mussten sie alle: die Bürgerlichen und mit ihnen die Gewerbetreibenden, die die Zahl der Parkplätze in der Innenstadt gerne erhöht hätten, die Links-Grünen, die sie am liebsten noch weiter beschränkt sähen. Der Kompromiss in Sachen Verkehrspolitik ist das Werk beider Seiten, die über ihren Schatten springen konnten - in der Stadtberner Politik nicht gerade ein alltäglicher Vorgang.

Mit dem zur Abstimmung vorliegenden Verkehrskompromiss wird die verfahrene Verkehrspolitik der Stadt endlich entspannt. Jahrelang war sie blockiert durch drei sich widersprechende Initiativen. Und auch hier siegte die Vernunft über Sturheit: Die Initianten von «Mehr Bern - weniger Verkehr» und «Bärn zum Läbe» zogen ihre Initiativen zurück, obwohl ihren Forderungen nur teilweise Rechnung getragen wird.

Denn der Verkehrskompromiss ist weder autofeindlich noch autofreundlich. Die Innenstadt wird nicht autofrei, aber frei von abgestellten Autos. Es gibt künftig nicht weniger Parkplätze, sondern gleich viele wie heute, aber sie werden unter das Altstadtpflaster verbannt. Fazit: Die Gewerbetreibenden brauchen nicht um ihre Kundschaft zu fürchten, zumindest nicht wegen fehlender Parkplätze; die Fussgänger werden von Parkplatzsuchenden und Anlieferern nicht länger aufs Trottoir abgedrängt.

Das Argument, der Kompromiss in Sachen Verkehr bringe allen etwas und - wie in solchen Fällen üblich - den meisten nicht allzu viel, greift zu kurz. Zwar werden vor allem Altstadtgassen verkehrsberuhigt, die es eigentlich heute schon sein sollten. Doch immerhin: Bundesplatz und Waisenhausplatz werden in absehbarer Zukunft endlich autofrei.

Die Innenstadt wird auch künftig allen gehören, nur haben die Fussgänger und die Velofahrer Vortritt - und das ist doch immerhin etwas.

Bund, 10.11.97
Tabelle 19: Kommentar zur Abstimmung über den Verkehrskompromiss

In der Folge zeigten sich die Initiativkomitees auf beiden Seiten rasch bereit, ihre Vorstösse zurückzuziehen (Bund, BT 23.8.97). Mit einer knappen Mehrheit beschloss das Komitee, Mitte September die Initiative „Bärn zum Läbe" zurückzuziehen. Ebenfalls zurückgezogen wurde die Initiative „Mehr Bern – weniger Verkehr" (Bund 19.9.97).

---

[53] Dies bedeutet konkret, dass die Parkhäuser der oberen Altstadt um mehr als 154 Parkplätze ausgebaut werden könnten.

Im Hinblick auf die Volksabstimmung über den Verkehrskompromiss, die am 23. November 1997 stattgefunden hat, bildete sich ein Pro-Komitee seitens der Innenstadtverbände. Erneut wurden viele Bedenken geäussert, um schliesslich mit dem Argument „lieber den Spatz in der Hand als die Taube auf dem Dach" in den Abstimmungskampf zu gehen. Es kam zum Ausdruck, dass eine Fussgängerzone eigentlich gewünscht wäre, dass es aber genügend Parkplätze brauche (Bund 29.10.97). Alle wichtigen Parteien empfahlen schliesslich, die Vorlage anzunehmen (BT 5.11.97, Bund 19.11.97). Der Abstimmungskampf um die Vorlage verlief ohne grössere Emotionen. Die Stimmung vor dem Urnengang gibt der Bund-Kommentar wieder (Tabelle 19).

So lau der Abstimmungskampf war, so deutlich fiel das Ergebnis aus: Die Vorlage wurde von den Stimmbürgern mit einer Mehrheit von 73 % angenommen (GEMEINDERAT DER STADT BERN 1997; Bund 24.11.97). Damit schienen nach mehr als zehnjährigen Auseinandersetzungen wieder klare Grundlagen für die Berner Verkehrspolitik, besonders für die Realisierung einer Fussgängerzone in der oberen Altstadt, vorhanden zu sein.

3.3 Die Akteure und die Position im Planungsprozess[54]

3.3.1 Die Akteure im Überblick

An den Auseinandersetzungen um den Verkehrskompromiss haben sich zahlreiche Institutionen und Personen beteiligt. Folgende Akteurgruppen lassen sich unterscheiden:

- Die Stadt: Der Gemeinderat, der Stadtrat und die Verwaltung;
- Die Parteien: die RGM-Parteien, die Bürgerlichen und die übrigen Gruppierungen;
- Die Vertreter der Wirtschaft, besonders der HIV (Handels- und Industrieverein), die ZBI (Zukunft Berner Innenstadt), der VBS (Vereinigung Berner Spezialgeschäfte) und der City Verband;
- Die Umweltverbände;
- Die weiteren Akteure: übergeordnete politische Instanzen, Anwohner, Presse und Medien, Wissenschaft und Bevölkerung.

3.3.2 Die Stadt

3.3.2.1 Überblick

Die Stadt Bern verfügt über ein Milizparlament, den Stadtrat, und eine vollamtliche, siebenköpfige Exekutive, den Gemeinderat. Zum Gemeinderat gehört ebenfalls der Stadtpräsident, der separat gewählt wird. Der Gemeinderat regiert die Stadt nach dem Konkordanzprinzip und tritt in der Regel mit einer einheitlichen Meinung an die Öffentlichkeit. Alle vier Jahre werden die Mitglieder der beiden Gremien zum gleichen Zeitpunkt gewählt. Seit 1993 halten die Rot-Grün-Mitte-Parteien die Mehrheit in beiden Gremien. Stadtpräsident ist der Sozialdemokrat Klaus Baumgartner. In den vier Jahren vor 1993 regierte eine bürgerliche Mehrheit. Tendenziell stimmen und wählen die Stadtberner eher linker als die Bewohner des Umlands. Im Stadtrat gibt es verschiedene Kommissionen, die sich mit dem Thema Verkehr beschäftigen.

Die Stadtverwaltung ist in sieben Direktionen unterteilt, die von je einem Gemeinderat geführt werden. Diese wiederum bestehen aus verschiedenen Ämtern. Die Chefbeamten werden nicht durch das Volk gewählt. Bei einem politischen Mehrheitswechsel kommt es also nicht automatisch zu einem personellen Wechsel in der Verwaltung. Die Exekutivmitglieder haben jedoch einen Einfluss auf die Wahl der Chefbeamten. Ein personeller Entscheid kann sich so noch lange über die Amtszeit eines Gemeinderats hinaus auswirken.

---

[54] Die Interviews, auf deren Inhalt sich das folgende Kapitel bezieht, fanden in der ersten Hälfte das Jahres 1996 statt, also vor der Annahme des Verkehrskompromisses.

3.3.2.2 Gemeinderat

Der Gemeinderat funktioniert als Kollegialbehörde. Jedes der Mitglieder führt ein bestimmtes Ressort. Dort ist sein Einfluss naturgemäss am grössten. Für Fragen des Verkehrs und der Stadtentwicklung sind die in Tabelle 20 dargestellten Direktionen zuständig.

Die Präsidialdirektion ist deshalb von Bedeutung, weil von dort die Wirtschafts- und ein Teil der Stadtentwicklungspolitik gesteuert wird. So hat sich beispielsweise der Stadtpräsident sehr stark für den Masterplan Bahnhof Bern eingesetzt. Direkte verkehrspolitische Entscheide werden dort nicht getroffen.

Direktion	1989 bis 1993	1993 bis 1997	Ab 1997
Präsidialdirektion	Werner Bircher (FDP)	Klaus Baumgartner (SP)	Klaus Baumgartner (SP)
Planungs- und Baudirektion	Marc Roland Peter (SVP)	Therese Giger (FDP)	Adrian Guggisberg (CVP)
Polizeidirektion	Marco Albisetti (FDP)	Kurt Wasserfallen (FDP)	Kurt Wasserfallen (FDP)
Direktion der Stadtbetriebe	Alfred Neukomm (SP)	Alfred Neukomm (SP)	Alfred Neukomm (SP)
Fürsorge- und Gesundheitsdirektion	Klaus Baumgartner (SP)	Ursula Begert (SVP)	Ursula Begert (SVP)

SEEWER 2000

Tabelle 20: Gemeinderat Bern: Verkehrsrelevante Direktionen

Während der alte Stadtpräsident in Fragen der Innenstadtverkehrspolitik wenig in Erscheinung trat, hat sich Klaus Baumgartner stark für den Verkehrskompromiss eingesetzt und eine eigene Linie vertreten: *„Gemeinderat Wasserfallen hat zusammen mit Baumgartner den Verkehrskompromiss angestrebt."* (I8) *„Im Gemeinderat hat sich der Stadtpräsident verschiedentlich geäussert, dass er einen Konsens in der Innenstadtfrage will, die restlichen Gemeinderäte haben mit Ausnahme des Polizeidirektors - der selber die Konsensverhandlungen an die Hand nahm - keine aktive Rolle eingenommen, sowohl im alten als auch im neuen Gemeinderat."* (I2) Obwohl Wasserfallen die Verhandlungen geleitet hat, war der Einfluss des Stadtpräsidenten wichtig. Dies war ihm v. a. deshalb ein Anliegen, um einen Beitrag zur Attraktivität der Stadt zu leisten: *„Also der Stadtpräsident ist noch sehr stark engagiert und sieht natürlich fast eine Signalwirkung für die ganze Stadt, wenn man diese Fussgängerzone Innenstadt realisieren könnte. Das hätte eine sehr grosse positive Signalwirkung auf die ganze Stadtentwicklung. Von da her, aus dieser Optik heraus unterstützt er es sehr, er meint, dass das für die Stadt sehr viel bedeuten würde. Auch der Name der Stadt Bern, die Attraktivität, die Anziehungskraft, das würde stark verbessert."* (I9) Er hat durchaus auch eine klare Linie vertreten und an auf beiden Seiten umstrittenen Punkten festgehalten: *„Baumgartner hat mit sich auch einen Kompromiss ausgemacht und hat dadurch eine spezielle Rolle gespielt, um gegenüber der Polizeidirektion nicht zu 100 % auf der ‚bösen' rot-grünen Linie zu liegen. Sein Kompromiss ist gewesen, dass er alles akzeptiert hat, was von der rot-grünen Seite gebracht wurde, dass er aber relativ hart geblieben ist beim Casinoparking. Dort ist man sich bis zum Schluss, bis heute nicht einig. Er hat das mit sich so ausgejasst gegenüber der Innenstadtlobby, dass bei einer verkehrsfreien Innenstadt das Casino ausgebaut wird, das ist einfach seine Haltung. Die hat er relativ hart auch durchgezogen, auch in den Diskussionen, sodass man manchmal auch gegen den Stadtpräsidenten angerannt ist. Im Übrigen hat er als Gegenstück bei allen anderen Fragen mitgemacht."* (I10) Es hat ihn offensichtlich einige Mühe gekostet, seine klare Haltung bei der Parteibasis durchzusetzen: *„Der Stadtpräsident spielt eine grosse Rolle, er hilft, er hat aber oft einen schweren Stand in seiner Partei."* (I7)

Eine zentrale Rolle spielte der 1993 neu gewählte Polizeidirektor Kurt Wasserfallen (FDP). Seine Direktion übernahm nach seiner Wahl die Führung in der Suche nach einem Verkehrskompromiss. Zwar sind erste Schritte bereits unter seinem Vorgänger Marco Albisetti (FDP) in Angriff genommen worden. Die Person Albisetti haftete auf der links-grünen Seite damals sehr stark ein Hardliner-Image an. Dieser war zum einen Teil bedingt durch seine Rolle im Abstimmungskampf zur Initiative „Bärn zum Läbe" und zum anderen Teil durch verschiedene harte, kontrovers diskutierte Polizeieinsätze anlässlich von Demonstrationen. *„Albisetti hat sich sehr bemüht. Es ist sein Interesse gewesen, dort etwas zu machen, wobei er v. a. durch die anstehenden Initiativen bewegt worden ist."* (I8) *„Bereits für Gemeinderat Marco Albisetti ist die Innenstadt ein grosses Thema gewesen. Bereits er hat versucht, einen Verkehrskompromiss zu ermöglichen."* (I7) *„Herr Albisetti ist natürlich ein Mensch gewesen, der nicht die Konfrontation gesucht hat, sondern versucht hat, den Ausgleich zu finden. ... Und er hat ja eigentlich die ganze Sache, das hat damals noch nicht Verkehrskompromiss geheissen, er hat die Sache etwas ausgelöst, indem er - schon vor dem Hintergrund der verschiedenen Initiativen, die damals hängig gewesen sind - mit diesen Wirtschaftsleuten zusammengesessen ist. Und das sind ja die möglichen Opponenten einer fussgängerfreundlichen Zone. Man hat Besichtigungen gemacht im Ausland und in der Schweiz. Und man hat eigentlich die Leute überzeugt."* (I9)

Wasserfallen hat die Vorarbeiten Albisettis weitergeführt und auch davon profitiert, dass er unbelastet ins Amt kam. *„Kurt Wasserfallen hat die gleiche Politik weitergeführt. ... Er hat sehr viel investiert, und er hat es sehr gut gemacht."* (I7) *„Dies (die Vorarbeiten Albisettis; AdA) hat den Polizeidirektor Wasserfallen dazu angehalten, die verschiedenen Leute zusammenzuführen und dafür zu sorgen, dass binnen kürzester Frist ein Konsens herangeführt werden kann."* (I2) Allerdings musste er sich zuerst ins Thema einarbeiten: *„Es ist auch so gewesen, dass Wasserfallen in den ersten Sitzungen ‚ziemlich Bahnhof verstanden hat' von den ganzen Vorlagen ... Dadurch, dass er noch gar keine eigene Meinung entwickeln konnte, weil er die Dossier nicht beherrschte, ist er seinen Verwaltungsleuten ausgeliefert gewesen."* (I10) Er trat dann auf, wenn der Verkehrskompromiss der Öffentlichkeit vorgestellt wurde. Zu starken Kontroversen kam es, als er starke Einschränkungen für den Veloverkehr propagierte. Auch sonst hat er immer wieder versucht neue Ansätze in die Diskussion einzubringen, was im z. T. übel genommen wurde. Dabei vertrat er gegen aussen oft die Anliegen seiner Chefbeamten, die den Verkehrskompromiss nicht nur positiv sahen. Das Erreichen einer einvernehmlichen Lösung war ihm stets ein wichtiges Anliegen. *„Also, ich muss sagen, dass er sehr Anhänger des Verkehrskompromiss ist. Er unterstützt das sehr, steht voll dahinter, auch mit allen Einschränkungen des Autoverkehrs. Aber man spürt bei ihm eine gewisse Reserviertheit, ein gewisses Misstrauen auch, dass man nachher den ersten Schritt Aufhebung der Parkplätze machen will und den Ersatz nicht realisieren will. Dort hat er kompromisslos gesagt, zuerst müssen die Plätze realisiert werden, bevor sie aufgehoben werden. Das ist eine Haltung, die bei vielen Leuten nicht Anklang findet, weil sie sagen, es geht viel zu lang."* (I9) Seine Haltung stiess aber auch auf Kritik: *„Das ist fast bis zum Schluss so gewesen (AdA: Das Einbringen nicht diskutierter Ideen). Am Schluss, als er gemerkt hat, dass es hart auf hart geht, hat er eine integristische Rolle gespielt und probiert, die Positionen einigermassen zusammenzuhalten und einen Kompromiss herbeizuführen. In den Kompromissverhandlungen selber hat er dies am Schluss recht gut gemacht. Er hat aber dann den Kompromiss hintertrieben, und das ist nicht verzeihbar. Er hat versucht, dem Gemeinderat gewisse Punkte unterzujubeln, die gar nicht dem entsprochen haben, was in den Verhandlungen abgemacht worden ist. Das ist total unfair gewesen. Das hat man dann auch bekämpft und der Gesamtgemeinderat hat entsprechend die Vorlagen zurückgewiesen. Auch die Vernehmlassungsvorlage hat nicht den Abmachungen entsprochen. ... Es ist unfair gewesen, einen Kompromiss, den man geschlossen hat, nachher einfach schnell, schnell hintendurch zu verändern."* (I10) Die harte Kritik wurde aber auch relativiert: *„Es ist auch gut gelaufen. Natürlich hat es am Schluss ein Geplänkel darüber gegeben, ob man, ob Wasserfallen den Kompromiss eingehalten hat. Das ist klar und mit diesem Risiko hat man auch rechnen müssen."* (I10)

Die politische Spitze war in der betrachteten Zeit durch einen häufigen Wechsel gekennzeichnet. In den Wahlen 1993 wurde der SVP-Mann Marc-Roland Peter abgewählt. Das hing einerseits damit zusammen, dass das bürgerliche Lager insgesamt einen Sitz im Gemeinderat verlor. Andererseits wurden ihm im Wahlkampf seine mangelnden Führungsqualitäten vorgeworfen. Dieser Eindruck bestätigten z. T. auch die Interviewpartner. *„Die Rolle von Gemeinderat Peter ist mir nie so klar gewesen, ich habe sehr stark das Gefühl gehabt, dass er seine Planer fuhrwerken liess."* (I8) *„Gemeinderat Marc Roland Peter ist besser gewesen, als man ihn beurteilt hat. Er hat viel machen wollen. Es hat ja mal den Slogan gegeben ‚jedes Jahr einen Platz' und dann ist daraus geworden ‚jedes Jahr platzt ein Platz' ... Er hat aber wenig Glück gehabt mit der Realisierung."* (I7)

Seine FDP-Nachfolgerin Therese Giger konnte sich besser profilieren. In den Verhandlungen um den Verkehrskompromiss hielt sie sich allerdings eher zurück und liess ihren Chefbeamten den Vorrang. *"Die Planungsdirektorin, Frau Giger, ist nicht vertreten gewesen, fürs Stadtplanungsamt ist der Stadtplaner gekommen."* (I10) *"Frau Giger ist bis jetzt nicht sehr stark beteiligt gewesen ... Sie selber steht dahinter, das ist mir klar."* (I8) Ihr Einfluss darf aber offensichtlich auch nicht unterschätzt werden: *"Frau Giger versucht zusammen mit dem Stapi planerisch möglichst viel zu bewegen. Sie geht geschickt vor, sie arbeitet sehr politisch, mit Lobbying."* (I7) Der politische Erfolg blieb aber Giger versagt. Sie wurde 1997 aus dem Amt abgewählt und durch Adrian Guggisberg (CVP) ersetzt. Gründe für die Abwahl Gigers sind wohl weniger ihre politische Arbeit als Kontroversen um ihre Persönlichkeit. Über den Gewerbler Guggisberg liegen keine Interviewaussagen vor, da die Wahlen nach den Interviewterminen stattgefunden haben. Verfolgt man die Presseberichte und die politische Entwicklung, wird klar, dass Guggisberg eher ein stiller Schaffer als ein politischer Hardliner ist.

Der Direktor der Stadtbetriebe, Neukomm, der unter anderem oberster Chef der Verkehrsbetriebe ist, setzte sich immer sehr stark für die Förderung des öffentlichen Verkehrs ein. In den Diskussionen um die Innenstadt hielt er sich zurück oder vertrat die offizielle Linie des Gemeinderates (I7).

Die Gesundheitsdirektorin Begert, die unter anderem für die Überwachung der Luftqualität verantwortlich ist, wurde aktiv, als es um die Einhaltung der Ozongrenzwerte ging. Sie forderte u. a. die Sperrung der Innenstadt für den Verkehr während der Sommermonate. Ihre klare Stellungnahme blieb ein Einzelfall und wurde v. a. von den bürgerlichen Regierungskollegen kritisiert: *"Frau Begert hat sich einmal in der Ozonfrage exponiert. Das ist auch kritisch. Ich will nicht Frau Begert kritisieren, aber wenn der zuständige Mann beim AfUL (AdA: Amt für Umweltschutz und Lufthygiene der Stadt Bern) sagt, dass die Massnahmen nichts bringen und nur eine Alibi-Übung seien, dann ist es schon fragwürdig und dann macht halt der Polizeidirektor, der die Ausführung übernehmen sollte, nicht mit. Man diskutiert nun wieder solche Massnahmen, die beschlossen werden sollen. Diese laufen unter dem Titel ‚Zeichen setzen'. Gleichzeitig ist wissenschaftlich belegt und alle sind sich einig, dass dies fürs Ozon null und nichts bringt, also nichts als ‚Zeichen setzt.'"* (I7)

3.3.2.3 Stadtrat

Bis 1993 verfügten die Bürgerlichen im Stadtrat, der Legislative, über eine knappe Mehrheit, nachher wurden die Bürgerlichen von den Rot-grün-Mitte-Parteien abgelöst. Der Stadtrat ist neben dem Volk sicher der unberechenbarste Akteur. Auf dem Papier sind die Kräfte klar geteilt. Es kommt aber öfters vor, dass einzelne Stadträte anders als ihre Partei stimmen und sich die Mehrheitsverhältnisse ändern. Zudem ist die Parteienlandschaft recht vielfältig, sodass das Meinungsspektrum vielfältig sein kann. *"Im Stadtrat hat es schon Vorstösse gegeben, die indirekt auf das ‚Bodigen' des Verkehrskompromisses abgezielt haben. Die sind knapp abgelehnt worden ... Im Stadtrat sind die Verhältnisse recht labil. In persönlichen Gesprächen habe ich den Eindruck gewonnen, dass die Bürgerlichen klar dafür sind, von der linken Seite her könnten die Gewerkschafter den Vorschlag eigentlich auch unterstützen. Die Gewerkschaftsseite ist - auf alle Fälle im persönlichen Gespräch - nicht fundamental gegen den Privatverkehr. Aber bei den Fundis wird man auf Granit beissen."* (I8)

Als besonderes Problem des Stadtrates wird die relativ grosse Fluktuation der Stadträte gesehen. Damit scheint die Kontinuität von Entscheidungsprozessen in Frage gestellt. *"Dem Stadtrat fehlen Persönlichkeiten, die für die Stadt - nicht nur heute - etwas machen wollen, sondern weitsichtig denken. Es hat so viele Gruppen, dass man gar nicht mehr weiss, was, wie, wann und wo. Wenn man Kontakte aufbaut und Schulungen durchführt - wie dies immer geschieht - sind kurz darauf die Hälfte der Leute nicht mehr da und die neuen wissen wieder alles besser, das ist sehr schwierig."* (I7)

Es gibt aber während des ganzen Zeitraums auch Stadtrats-Persönlichkeiten, die am Entscheidungsprozess um den Verkehrskompromiss massgeblich beteiligt waren. *"Auf der politischen Seite ist Adrian Haas (FDP) eine Schlüsselfigur auch auf der Stadtratsebene, auf der rot-grünen Seite kann man jemanden aus der Planungskommission nennen: Res Hofmann (SP), der an den Verhandlungen teilweise dabei war oder jemand von den Grünen, z. B. Eva von Ballmoos oder Nico Lutz."* (I10) Als weitere Persönlichkeit ist der Verhandlungsführer der SP, Michael Kaufmann, zu nennen, der allerdings später ins Kantonsparlament wechselte.

Wichtige Entscheide werden in Spezialkommissionen vorbereitet, im Falle des Verkehrskompromisses in der Planungs- und Verkehrskommission. Dort finden auch die grundlegenden Diskussionen statt. Der Stadtrat ist aber letztlich der wichtigste Ort der politischen Auseinandersetzungen um den Verkehrskompromiss gewesen. *„Im Stadtrat hat man schliesslich letztlich ein Korrektiv. Im Stadtrat haben wir vorderhand noch eine Mehrheit. Das ist auch ein Problem. Das ist natürlich auch genau das Kalkül der anderen Seite, die versucht möglichst lange zu verzögern und darauf zu spekulieren, dass sie die Mehrheit nach den Wahlen wieder haben werden, um dann die ganze Sache wieder anders zu legen."* (I10)

Der Stadtrat schien aber in diesem Fall eher ein reaktives als ein innovatives Gremium gewesen zu sein. *„Wirklich für eine Fussgängerzone hat sich keine Gruppe eingesetzt. Einzig die ‚velosensiblen' Stadträte haben sich dafür stark gemacht, das Velo nicht aus der FGZ auszugrenzen. Gesamthaft ist der Druck für eine Fussgängerzone seitens des Stadtrats jedenfalls nicht gross gewesen."* (I2)

3.3.2.4 Verwaltung

Die Rolle der Verwaltung bei der Suche nach dem Verkehrskompromiss ist nicht zu unterschätzen. Einerseits weisen verschiedene Ämter eine langjährige personelle Konstanz aus, andererseits war die Verwaltung massgeblich verantwortlich für die Führung des Verhandlungsprozesses und die Ausarbeitung der konkreten gesetzlichen und reglementarischen Vorschriften. Tabelle 21 zeigt einen Überblick über die beteiligten Amtsstellen.

Die Übersicht macht deutlich, dass aus der Verwaltung verschiedene Akteure an der Auseinandersetzung um den Verkehrskompromiss beteiligt waren. Das Hauptgewicht kam aber eindeutig der Polizeidirektion zu. Die Interviewpartner sind sich nicht darüber einig darüber, ob im Verlaufe des gesamten Prozesses innerhalb der Verwaltung Einigkeit bestand oder ob Differenzen vorlagen, die zu einer Verzögerung führten. Es wird aber anerkannt, dass es Geschäfte gab, die innerhalb der Verwaltung unterschiedlich beurteilt wurden. Der Verwaltung wurde aber generell grosse Bedeutung beigemessen.

„Das Verkehrsinspektorat, die Verkehrsabteilung bei der Stadtpolizei und die Verkehrsplanung beim Stadtplanungsamt waren an den Verkehrskompromissverhandlungen beteiligt. Die Ämter haben alle in Richtung des Verkehrskompromisses gezogen. Sie sind z. T. dafür verantwortlich, dass so etwas überhaupt zu Stande gekommen ist. ... Es hat ab und zu umstrittene Geschäfte gegeben. Das war früher, als Verkehrsplanung und Verkehrsinspektorat nicht gleicher Meinung gewesen sind. ... Ich habe mich auch schon gefragt, ob die Aufteilung der Verkehrsplanung in verschiedene Ämter überhaupt sinnvoll ist. Im Prinzip ist die Schnittstelle zwischen Verkehrsplanung (SPA) und Verkehrsinspektorat nicht ganz klar. Man muss sich fragen, ob man nicht auf eine Verkehrsplanung verzichten sollte, und diese Aufgaben auch vom Verkehrsinspektorat machen lassen sollte. Dort ist man praxisnäher, weil man bei der Polizei ist, die die ganze Sache auch umsetzen muss mit der Verkehrsabteilung." (I8)

Die Spannungen zwischen Stadtplanung und Verkehrsinspektorat sind in der Zeit vor der Abtrennung des Verkehrsinspektorates vom Stadtplanungsamt entstanden. *„Seit man das Verkehrsinspektorat geschaffen und sich dies eingespielt hat, funktioniert die Zusammenarbeit mit den anderen Direktionen und Ämtern sehr gut, tadellos. ... Ein einziges Verkehrsamt wäre wahrscheinlich von der Arbeit her die optimalste Lösung. ... Heute hat man verschiedene Stellen. Und wenn man alles konzentriert hat, und die Arbeit zwar einfacher geht, und sich der Koordinationsaufwand verringert, wenn dann etwas nicht geht, dann ist alles ‚im Eimer' und alles blockiert. ... Vorher haben sich die Auseinandersetzungen innerhalb des Stadtplanungsamts abgespielt und sind oft gar nie gegen aussen gedrungen und deshalb auch nicht ausgetragen worden. Und jetzt müssen die vorhandenen Konflikte ausgetragen werden."* (I7)

Direktion	Amtsstelle	Bemerkung
Polizeidirektion	Verkehrsabteilung der Stadtpolizei	Verantwortlich für die Um- und Durchsetzung von Verkehrsmassnahmen; Federführung bei den Verhandlungen zum Verkehrskompromiss; Leitung: Major Eric Stadtmann.
		Stadtmann ist Verkehrsingenieur und seit den Sechzigerjahren mit Aufgaben im Rahmen der Berner Verkehrspolitik betraut, so hat er u. a. am Generalverkehrsplan 1964 mitgearbeitet. Nach einem längeren Unterbruch in der Privatwirtschaft übernahm Stadtmann 1983 die Leitung der Verkehrsabteilung.
	Verkehrsinspektorat	Zuständig für verkehrsorganisatorische Massnahmen wie Ampelsteuerung, Spuraufteilung, Parkleitsystem, Verkehrsmanagement; Leitung: Kurt Hoppe.
		Hoppe ist Verkehrsingenieur und seit 1962 in der Berner Verkehrsplanung aktiv. Er hat u. a. an der Konzeptionierung und Umsetzung der ersten Berner Fussgängerzone mitgearbeitet. Ab 1968 war er in leitender Funktion für die Berner Verkehrsplanung verantwortlich. Zudem war er massgeblich an der Entwicklung des Verkehrskonzeptes 1983 „Umwelt, Stadt, Verkehr" beteiligt. International geniesst Hoppe einen sehr guten Ruf. Hoppe leitet den Verkehrsausschuss in dem alle verkehrsrelevanten Amtsstellen vertreten sind (Stadtplaner, Direktor SVB, Stadtingenieur, Strasseninspektor, Stadtgärtner, Chef Amt für Umweltschutz, Chef Verkehrsabteilung der Stadtpolizei, Chef Rohrnetzabteilung, Verkehrsinspektor).
		Das Verkehrsinspektorat ist 1991 auf Grund einer Verwaltungsreorganisation entstanden. Kompetenzen und Personal wurden vom Stadtplanungsamt in die Polizeidirektion verlegt.
	Strasseninspektorat	U. a. zuständig für die Ausführung von Signalisationsarbeiten etc.
Planungs- und Baudirektion	Stadtplanungsamt	Seit der Reorganisation von 1991 ist im Stadtplanungsamt die Abteilung Verkehrsplanung v. a. für längerfristige, strategische Aspekte verantwortlich.
		Leiter der Abteilung Verkehrsplanung war bis 1996 Peter U. Leuthardt danach Urs Gloor. Stadtplaner ist Jürg Sulzer.
	Tiefbauamt	Das Tiefbauamt war verantwortlich für die Sanierung der Marktgasse.
Direktion der Stadtbetriebe	Städtische Verkehrsbetriebe	Verantwortlich für den Öffentlichen Verkehr; wehrte sich immer gegen eine Verlagerung des ÖV aus den Hauptgassen; Direktor: Peter Kamber
Fürsorge- und Gesundheitsdirektion	Amt für Umweltschutz und Lebensmittelkontrolle	Aktiv in den Bereichen Luftreinhaltung und Lärmschutz; Zusammenhang zwischen angestrebter Parkplatzpolitik und der Luftreinhaltung her.
Präsidialdirektion		Federführung bei der Masterplanung.

SEEWER 2000

Tabelle 21: Verkehrsrelevante Amtsstellen in der Berner Stadtverwaltung

Als es um die Initiative „Bärn zum Läbe" ging, hatte die Verwaltung klar Stellung bezogen und den Gemeinderat entsprechend beraten. Nur langsam und vermutlich widerwillig rückten gewisse Exponenten von ihren Positionen ab. „Die Diskussion ist sehr parkplatzlastig geführt worden. *„Die Verwaltung hat relativ früh und dezidiert das Junktim Parkplätze und FGZ postuliert, was die ganze Diskussion nicht vereinfacht hat. Die Verwaltung war mehrheitlich nicht glücklich über das Resultat der Abstimmung ‚Bärn zum Läbe' gewesen. So ist die eine Initiative als zu restriktiv (AdA: „Bärn zum Läbe"), die andere als zu liberal (AdA: „Mehr Bern - weniger Verkehr") eingeschätzt worden."* (I2) Dazu kam, dass das Stadtplanungsamt offensichtlich einer Fussgängerzone nicht erste Priorität einräumte (I2).

Die Verhandlungen um den Verkehrskompromiss wurden ganz klar von der Polizeidirektion bestimmt, da weitestgehend verkehrsorganisatorische Aspekte im Vordergrund standen und weniger städtebauliche oder wirtschaftliche Fragen. *„Bei den Verhandlungen um den Verkehrskompromiss* *war das SPA Mitläufer und hat Grundlagen und Argumente geliefert. Treibende Kraft ist die Polizeidirektion gewesen. ... Die Geschäftsführung der Verkehrskompromissverhandlungen lag bei der Verkehrsabteilung der Stadtpolizei ... Der verantwortliche Verhandlungsführer Eric Stadtmann ist offen, moderat und kommunikativ, er hat sich redlich bemüht, zu einem Konsens zu kommen. Er hat nicht von Anfang an eine festgefahrene Haltung gehabt. Das Verkehrsinspektorat (VI) hat sich eigentlich auch mitschleppen lassen ... Klar ist jedenfalls, dass das VI die Initiative ‚Bärn zum Läbe' bekämpft hat, der Initiative ‚Mehr Bern - weniger Verkehr' hingegen ist das VI wohlwollend gegenübergestanden."* (I2)

In eine ähnliche Richtung stösst ein weiterer Interviewausschnitt, der zeigt, dass in Teilen der Verwaltung grundsätzlicher Widerstand gegen den Inhalt des Verkehrskompromisses aufkam. *„Es ist eine merkwürdige Situation gewesen, weil man im Grunde genommen eine Verwaltungseinheit (Verkehrsinspektorat) in den Verhandlungen hatte, die ... eine Verkehrspolitik aus dem Anfang der Achtzigerjahre verfochten hat. Teilweise sind auch Leute des Stadtplanungsamts dabei gewesen, die von Seiten der Stadtplanung relativ gute neue Ansätze der Verkehrspolitik (flächendeckende Sichtweise, andere Prioritätensetzung als früher, Rausnehmen des motorisierten Verkehrs wo immer möglich) vertreten haben. Trotzdem muss man sagen, dass die Verwaltung mehrheitlich auf dem Stand 1985 argumentiert hat und die Seite, die eigentlich die politische Mehrheit vertreten hat, mehr oder weniger als Autogegner abgestempelt hat."* (I10) Entsprechend war die Verwaltung in den Verhandlungen eher auf Seite des Gewerbes. *„Die Mehrheitsverhältnisse in der Verhandlungsrunde haben damit zu tun, dass die Stadt auch bei politischem Wechsel die gleichen Beamten behält. Das ist ein Problem. Es hat dazu geführt, dass es in wesentlichen Fragen eine klare Allianz gegeben hat: 2 (Verwaltung, Gewerbe) zu 1 (links-grün)."* (I10)

Schliesslich konnte eine Lösung, ein Kompromiss ausgearbeitet werden, weil beide Seiten nachgegeben hatten. *„Man ist sogar auch bereit gewesen, gewisse Tabus auf den Tisch zu legen und auszujassen. ... Die Verhandlungen sind relativ hart gewesen, und trotzdem hat man auf der linken Seite die eigenen Positionen im Grundsatz aufrechterhalten können, um dann bei Details (Innenstadt-Verkehr, Parkplätze unter den Boden) Spielraum zu geben. Das hat im ganzen Verhandlungsschachspiel dazu geführt, dass nachher auch die Bürgerlichen bereit gewesen sind, auf eine mildere Fassung ihrer ursprünglichen Forderungen einzugehen. Dort ist es massgeblich um die Frage gegangen, wie viele Parkplätze unter den Boden kommen sollen, wenn man eine verkehrsfreie Innenstadt macht. Meine Seite (AdA: die links-grüne Seite) ist einerseits bereit gewesen, ... ein Minimalkontingent von neuen Parkplätzen unter dem Boden zuzulassen. Das ist der eigentliche Kompromiss."* (I10)

Die Verwaltung, v. a. die zuständigen Stellen bei der Polizeidirektion, haben dann durch die autonome Abänderung der Verhandlungslösung und das lange Hinauszögern des Geschäfts wiederum Stellung genommen. *„Nachdem der Kompromiss geschnürt gewesen war, ist es plötzlich nicht mehr möglich gewesen, in der Polizeidirektion das Geschäft voranzutreiben. Und die Polizeidirektion hat dort eine sehr gravierende Rolle gespielt. Der Gesamtgemeinderat hätte die Polizeidirektion härter in die Pflicht nehmen sollen. Die Polizeidirektion hat wesentliche Punkte der Kompromissvorlage, ... verändert. ... Und das hat logischerweise jedesmal dazu geführt, dass die RGM-Gemeinderäte gesagt haben, so nicht, und die Vorlage wieder an die Polizeidirektion zurückgewiesen haben. Das ist drei- oder viermal so hin- und hergegangen. Und damit hat die Polizeidirektion die Verantwortung dafür, dass das Geschäft im Grunde genommen eineinhalb Jahre verschlampt worden ist. Dass sie noch formelle Mängel gemacht hat, erstaunt mich nicht."* (I10)

Das Stadtplanungsamt hat offensichtlich auch weiter gehende Lösungen vorgeschlagen, die allerdings nicht verfolgt worden sind. *„Die Stadtplaner hatten sehr gute Ansätze, auch was die Innenstadt anbelangt. ... Ich muss sagen, dass das Stadtplanungsamt sehr viel weiter ist. Man merkt auch den Willen zur Verknüpfung zwischen Siedlungs- und Verkehrsplanung, wie er im STEK postuliert wird. ... Es ist aber natürlich ein Faktum, dass in der Stadt Bern die Verkehrsplanung vor einigen Jahren von der Planungs- in die Polizeidirektion versetzt worden ist. Das ist ein totaler Fehler gewesen."* (I10)

Aus der betroffenen Verwaltungseinheit hinaus wird dieser Verhandlungsprozess etwas differenzierter beurteilt. *„Es ist natürlich immer so, dass eine Verwaltung sehr komplex ist. Jeder hat seine Bereiche, die er realisieren können muss, ... Und im Sinne der Gesamtheit, der gesamthaften Verbesse-*

rung für die Stadt, geht es darum, hinter einer Idee zu stehen. Das ist eine ‚tolle' Erfahrung, die wir auch gemacht haben im Rahmen des Verkehrskompromisses, dass trotz der Verschiedenartigkeit der Leute, die mitgewirkt haben, ... dass die doch nachher so zueinander gefunden haben, dass sie ein Papier formuliert haben und sagen, das ist die Strategie für die Innenstadt. Das hat den Gemeinderat so überzeugt, dass er das Papier übernommen hat und gesagt hat, das ist das Strategiepapier des Gemeinderats. Und das ist natürlich ein gewaltiger Schritt, ... Wobei das auch in das Stadtentwicklungskonzept eingeflossen ist. Das ist dort ja auch zum Ausdruck gekommen. Es ist ja der Verkehrskompromiss nicht etwas ganz anderes als das Stadtentwicklungskonzept. Es ist vielleicht mehr auf gesetzliche Grundlagen ausgerichtet, während dem das Stadtentwicklungskonzept mehr eine verwaltungsanweisende Idee ist, wie innerhalb der Verwaltung die einzelnen Projekte angegangen werden sollen, in deren Rahmen dann Lösungen entwickelt werden sollen." (I9)

Zusammenfassend kann festgestellt werden, dass die Verwaltung (und die dahinter stehenden Politiker) in erster Linie auf Grund des politischen Drucks gehandelt. Dabei hat die Polizeidirektion eher reaktiv agiert, während die übrigen Ämter durchaus Vorschläge gemacht haben, die sich aber kaum durchsetzen konnten. Dank einer umsichtigen Verhandlungsführung durch den Leiter der Verkehrsabteilung der Stadtpolizei ist es aber nach langen Verzögerungen gelungen, einen Kompromiss auszuarbeiten und dann auch weiterzuziehen. Die Volksabstimmung musste immer wieder verschoben werden, nicht zuletzt auch auf Grund von Unterlassungen auf Seiten der Verwaltung, so musste beispielsweise der Kanton anordnen, dass gewisse Regelungen einer Vernehmlassung unterzogen werden müssen.

3.3.3 Die Parteien

Die Parteien spielten in Bern in der ganzen Diskussion eine untergeordnete Rolle. Sie werden hier deshalb nicht näher betrachtet. Prägend waren vielmehr die einzelnen Exponenten, die an den Verhandlungen teilnahmen. *„Die Parteien sind relativ einfach in zwei Lager einzuteilen. Die bürgerlichen wollen Parkplätze und Fussgängerzone, die Linken und Grünen nur Fussgängerzonen. Im Rahmen des Verkehrskompromisses sind nun gewisse Aufweichtendenzen festzustellen."* (I2)

3.3.4 Die Vertreter der Wirtschaft

Die innenstädtische Wirtschaft wird in Bern durch eine stattliche Anzahl von Organisationen vertreten, zwischen denen allerdings zum Teil sehr enge Verflechtungen bestehen. Die Aktivität der einzelnen Organisationen in der Frage des Verkehrskompromisses war oft geprägt durch die jeweilige Präsidentschaft. In zentraler Position stand die Sektion Bern des Handels- und Industrievereins (HIV), deren Geschäftsführer Adrian Haas als FDP-Stadtrat und als Verhandlungsführer der Wirtschaft in den Diskussionen um den Verkehrskompromiss wirkte. Die Sektion Bern ist mit 1'300 Mitgliedern die grösste von acht Sektionen im Kanton Bern und hat zum Ziel, das Interesse der Wirtschaft in der gesamten Region Bern zu vertreten. Haas war weiter Geschäftsführer des City Verbands (CV) und der Vereinigung „Zukunft Berner Innenstadt" (ZBI). Der City Verband setzt sich für *„die Interessen der in der Innenstadt lebenden und arbeitenden Leute ein."* (I8) Der City Verband ist Dachverband der Innenstadtleiste. In diesen Quartierorganisationen, die es z. T. für jede grössere Gasse der Altstadt, aber auch für die Aussenquartiere gibt, sind in erster Linie die lokalen Handels- und Gewerbebetriebe aber auch ein Teil der Einwohnerschaft organisiert. Mit „Zukunft Berner Innenstadt" wurde im Verlaufe der Neunzigerjahre versucht, der unübersichtlichen Wirtschafts- und Interessenverbandsszene ein Dach zu geben und die Anliegen bezüglich der Innenstadt zu koordinieren. Haas war schliesslich auch (nicht gewählter) Beisitzer im Vorstand der letzten wichtigen Organisation, der Vereinigung Berner Spezialgeschäfte (VBS). In der VBS ist ein grosser Teil der unabhängigen Detailhandelsgeschäfte der Innenstadt organisiert. Nicht dabei sind die grossen Warenhäuser und die meisten Niederlassungen internationaler Ketten. Die Vereinigung Berner Spezialgeschäfte ist sowohl eine Marketingorganisation (gemeinsame Einkaufsgutscheine, Hauslieferdienst) als auch eine politische Stimme, wenn es um Fragen der Innenstadt geht. Während der Verhandlungen um den Verkehrskompromiss war Ruedi Gygax Präsident dieser Organisation. *„Ich muss schon festhalten, dass dies eine etwas* *komische Struktur ist, aber sie ist so gewachsen. Vielleicht wird es einmal einen Verband geben. Aber das ist im Moment noch nicht so weit."* (I8)

Es scheint aber doch so zu sein, dass die Wirtschaftsverteter einheitlich auftreten. Jedenfalls sind beispielsweise die Vernehmlassungsbeiträge der Organisationen jeweils identisch. *"Der HIV, die CV, ZBI, der VBS haben ein grosses Interesse daran, dass die Innenstadt nichts verliert. Und zwar gegenüber Einkaufszentren ausserhalb und auch gegenüber Quartierzentren und Zentren in den Agglomerationen. ... Die verschiedenen Interessengruppen arbeiteten zusammen. Es kann schon Differenzierungen geben. Der CV hat auch Leiste als Mitglieder und die Leiste haben nicht nur die Interessen von Geschäftsleuten oder Wirtschaftsinteressen zu verfolgen, sondern viel mehr die Interessen von Anwohnern. ... Bis jetzt konnte ich keine grundsätzlichen Meinungsunterschiede feststellen, man liegt sich nicht in den Haaren."* (I8)

Das politische Gewicht der Organisationen und v. a. die bedeutende Stellung von Adrian Haas wurden anerkannt. *"Der HIV hat massgebend mitgeholfen bei der Ausarbeitung des Verkehrskompromisses. Haas ist ein äusserst fähiger Mann, der auch sehr flexibel und tolerant ist und ein enormes Wissen hat. Er hat da super mitgearbeitet, mit dem HIV ist das Verhältnis bestens. Und der Einfluss des HIV ist schon gross. Es gibt dann noch verschiedene Organisationen, z. B. der City Verband. Mit denen versucht man immer wieder, Lösungen zu finden. ... In der Innenstadt hat es dies (AdA: ein einheitliches Management wie in einem Shoppingcenter) nicht gegeben, aber viele unkoordinierte Einzelkämpfer. Das ist schwierig. ... Und die Gewerbler sind aber oft Kleinkrämerseelen, die es schwer haben."* (I7)

Die Position der Wirtschaftsverbände wird in der Verwaltung als klar, einheitlich und kooperativ wahrgenommen. *"Bei diesen (AdA: Wirtschaftsverbänden) gilt nach wie vor der Grundsatz Auto = Umsatz und Parkplatz = Umsatz. Diese Gruppierungen hat auch die Vision Berner Innenstadt 2020 ausgearbeitet. Sie ist aktiv, wenn auch teilweise in die falsche Richtung. ... In den Verhandlungen ist die Rolle der HIV-Vertreter kooperativ gewesen, und sie haben sich auch sach- und fachkundig gezeigt. Bei gewissen Fragen sind sie sehr beharrlich gewesen."* (I2)

Auf der anderen Seite werden die Vertreter der Wirtschaft zwar als starke Gegnerschaft wahrgenommen, aber auch als Verhandlungspartner empfunden, mit denen geredet werden kann. *"Zur Position der Akteure der anderen Seite, zum Gewerbe finde ich es eigentlich etwas bedauerlich, habe aber auch ein gewisses Verständnis dafür, dass das Gewerbe in der Innenstadt den Zugang zu seinen Geschäften möglichst erleichtern will, auch die Zufahrt mit dem Auto. Bedauerlich ist, dass man weiss, was die Folgen verkehrsfreier Innenstädte in anderen europäischen Innenstädten sind, auch in grösseren Städten mit grösseren Flächen. Wenn man weiss, wie erfolgreich - auch kommerziell erfolgreich - solche Lösungen sind, ist es bedauerlich, wie die städtischen Gewerbler nach wie vor eigentlich davon ausgehen, Umsatz = Autozufahrt. ... Die Berner Wirtschaft, und das muss ich als Linker sagen, handelt für mich in absolut unbegreiflicher Weise, weil sie nicht sieht ..., dass sie eine Chance verpasst hat, indem sie während zehn, fünfzehn Jahren Ideen abgeklemmt hat, die ihr etwas bringen würden, nämlich viel attraktivere kommerzielle Möglichkeiten. ... Auf der anderen Seite muss ich sagen, dass es gewisse Leute gegeben hat - es sind ja nicht immer die gleichen Leute in den Verhandlungen gewesen -, die das durchaus gesehen haben. Das hat dann dazu geführt, das man schlussendlich ein Päckchen schnüren konnte."* (I10)

Diese unterschiedliche Haltung kann auch bei den verschiedenen Verhandlungsteilnehmern auf Seiten der Wirtschaft festgestellt werden. *"Adrian Haas hat als Politiker und möglicherweise als HIV-Vertreter, aber v. a. als Politiker, weiss, wie man verhandeln muss und kann, die offenere Rolle gespielt. Dass ist vielleicht etwas erstaunlich, wenn ich das sage, weil Haas auf der politischen Ebene sonst eher ein Hardliner ist. Ich muss sagen, Haas hat die offenere Rolle gespielt als der Gewerbevertreter (AdA Vertreter der VBS), der sich unheimlich versteckt hat hinter der Ideologie „Kundenverkehr per Auto = Umsatz."* (I10)

Der Verhandlungsführer empfand die Wirtschaft als einheitlicher als der Vertreter der Linken, ohne allerdings die kritischen Stimmen zu übersehen. *"Die (AdA: Die Wirtschaftsvertreter) haben sich erstaunlicherweise hinter den Kompromiss gestellt. Sie befürworten ihn. ... Es gibt natürlich einzelne Mitglieder darunter, die der ganzen Sache gegenüber kritisch eingestellt sind. Aber das sind einzelne*

Personen, nicht Organisationen. Ich kann nicht sagen, dass der HIV oder die ZBI oder die Berner Spezialgeschäfte gegen die Fussgängerzone eingestellt sind." (I9)

3.3.5 Die Umweltverbände

Auf der Seite der Umweltverbände sind die Regionalgruppe Bern des VCS und die lokale Sektion der IG Velo aktiv gewesen. Zwar waren sie nicht direkt an den Verhandlungen beteiligt, es bestanden aber enge Verbindungen zu den einzelnen Verhandlungsteilnehmern. Zudem äusserten die beiden Organisationen in der Öffentlichkeit mit Nachdruck ihre Forderungen. Die Vorstellungen ihrer Vertreter waren klar. Sie konnten immer aus der Rolle des faktischen Gewinners, der etwas abzugeben hat, argumentieren, waren doch sowohl die Pendlerinitiative angenommen als auch dem inhaltlichen Teil der Initiative „Bärn zum Läbe" zugestimmt worden. Die Umweltverbände und ihr Umfeld können neben den Wirtschaftsvertretern als Hauptakteur im Verhandlungsprozess betrachtet werden.

„Also, ich habe einige Leute kennen gelernt, die in der Materie sehr bewandert sind und die Zusammenhänge sehr gut kennen und auch richtig einschätzen. Mit diesen Leuten war es sehr erfreulich zu arbeiten. Also ähnlich wie auf der Seite Wirtschaftsvertreter, wo es Leute gegeben hat, die die Wohnlichkeit, die Umwelt in den Vordergrund stellen, hat es auch auf der anderen Seite Leute gegeben, die doch realistisch die Grenzen des Autoverbots einsehen und den Kompromiss unterstützt haben. Und ich setzte natürlich sehr stark auf diese Personen, dass es denen gelingt in ihren politischen Fraktionen eine Mehrheit für den Kompromiss zu finden. Wir haben andererseits auch Einzelpersonen erlebt, die völlig uneinsichtig sind und sich jedem Argument verschliessen und einfach aus einer extremen Position heraus, alles, was den Autoverkehr nicht gerade verbietet, ablehnen. Die gibt es leider." (I9)

Die radikale Position wurde von dieser Seite auch aus verhandlungstaktischen Überlegungen eingesetzt. *„Selbstkritisch muss ich anfügen, dass sich meine Seite in die Rolle der Autoverhinderer hat drängen lassen und dann im Reflex, im Schlagabtausch mit dem Verkehrsplaner plötzlich Positionen eingenommen hat, die für nichts gewesen sind und die klimatisch nichts dazu beigetragen haben, dass man wirklich verhandeln konnte.... Die Folge der Aussage ist dann auf Verwaltungs- und Gewerblerebene gewesen, dass jede Familie ein Auto hat und braucht. So sind die Auseinandersetzungen etwa gelaufen. Wir haben dann gesagt, dass in der Stadt eigentlich keiner ein Auto braucht, und so hat es in der Diskussion eine Polarisierung gegeben. Da hat man sich, selbstkritisch gesagt, etwas in unnötigen Fragen verstrickt."* (I10)

Und die Bedeutung des Velos wird auch vom Verhandlungsführer der Wirtschaftsverbände anerkannt. Eine Differenzierung zwischen IG Velo und VCS findet allerdings kaum statt. *„VCS und IG Velo vertreten v. a. Veloanliegen, dort kann man durchaus zustimmen. ... Aber auch das Velo ist ein wichtiger Verkehrsträger, v. a. im Sommer bei schönem Wetter. Ich bin auch dafür, Veloabstellplätze zu machen, es ist auch wichtig, dem Velo Bereiche zur Verfügung zu stellen. Und es ist auch vorstellbar, dass das Velo durch gewisse Gassen der Innenstadt fahren kann, durch die man mit dem Auto nicht fahren kann. Das ist auch im Interesse der Innenstadtverbände.... Wenn sich diese Organisationen nur auf Veloförderung beschränkten und nicht einfach eine negative Haltung gegenüber dem Privatverkehr hätten, dann wäre das gut. Aussagen wie, dass man im Sommer sämtliche öffentliche Parkplätze schliessen müsse, sind ‚aus dem Tierbuch'. Dies ist auch nicht ganz so ernst zu nehmen, es ist auch wissenschaftlich nicht gerechtfertigt."* (I8)

Auf Seiten der Verwaltung werden die beiden Organisationen gegensätzlich wahrgenommen. *„Mit der IG Velo haben wir engen Kontakt und opfern viel Zeit, der Erfolg ist äusserst dürftig. ... Es hat Elemente in der IG Velo, die z. T sehr unsachlich ihre Position vertreten und sie ausnützen. ... Wenn man betrachtet, was man alles mit ihnen macht, und wenn man nachher in der Zeitung und in Publikationen die Beurteilung liest und was nicht realisiert wird, dann frage man sich manchmal, was Aufwand und Nutzen sind. Mit dem VCS ist es ähnlich. ... Die Arbeit der Verkehrsplanung von Bern wird vom VCS oft unsachlich kritisiert, sodass sich Sachbearbeiter als dumm verkauft vorkommen. ... Man hat oft den Eindruck, man ist der ‚grösste Tubel' im Amt."* (I7)

„Die Gegenseite (AdA: VCS und IG Velo) kann als sachkundig und beharrlich gekennzeichnet werden." (I2)

3.3.6 Weitere Akteure

3.3.6.1 Die Bevölkerung

Die Bevölkerung war am Verhandlungsprozess nicht beteiligt und konnte sich zu Zwischenschritten auch nie äussern. Es drangen auch sehr wenige Informationen an die Öffentlichkeit und wenn, dann nur Einzelaspekte, wie das Veloverbot, das in den Medien heftig diskutiert wurde. So versuchten v. a. die Verhandlungspartner auf Seiten der Umweltverbände, im Namen der Bevölkerung zu argumentieren, zeigten doch die verschiedenen Abstimmungsergebnisse und Meinungsumfragen, dass eine Mehrheit der Einwohner und der Besucher Berns für eine vergrösserte Fussgängerzone in der Innenstadt eintratt.

3.3.6.2 Die Automobilverbände

Mit Ausnahme des VCS waren die Automobilverbände ACS und TCS in der Frage der Innenstadt praktisch inaktiv, dies im Gegensatz zu Zürich. Zwar hat sich der ACS verschiedentlich gegen die Einführung einer Anwohnerparkregelung gewehrt, in der Frage der Fussgängerzone ist keiner der Verbände aktiv geworden. *„ACS und TCS beschränken sich nicht nur auf Innenstadtfragen. Der ACS und v. a. der TCS haben ein viel weiteres Aufgabenfeld. Der Innenstadtbereich ist für sie ein kleinerer Teilbereich. Sie beschäftigten sich nur mit verkehrspolitischen Fragen, und in diesem Bereich besteht ein gutes Einvernehmen."* (I8)

3.3.6.3 Die Presse

Die Presse hat ausgiebig über die Frage des Verkehrskompromisses berichtet. Wenn es von politischer Seite her längere Zeit ruhig war, gab es Momente, in denen das Thema in der Presse wieder aufgegriffen wurde. Eine besonders konstruktive Rolle wird den Berner Zeitungen nicht zugestanden.

„Die Presse ist allgemein nur noch ein Sprachrohr, ein Vermittler von Informationen. Selten hat ein Journalist in den vergangenen Jahren Informationen analysiert und dazu eine eigene Meinung kundgetan." (I2)

Es wird gar Parteilichkeit unterstellt. *„In der Tendenz ist die Presse eher gegen den Privatverkehr gerichtet. Das haben wir auch bei der eigenen Initiative festgestellt, ... Die Forderungen darin sind alles andere als extrem. Das hat man von den Medien bis jetzt nicht zur Kenntnis genommen."* (I8)

Zudem habe die Qualität der Berichterstattung im Laufe der Jahre abgenommen. *„Die Rolle der Presse und der Medien ist unterschiedlich. Ich würde sagen, dass sie jedenfalls nicht mehr wie früher ist. Wenig Journalisten verdienen ihren Titel wirklich. ... Es gibt viel Journalisten, vielfach Studenten, die irgendwas schreiben, das Resultat ist dann eher Blick-Stil (AdA: Schweizer Boulevardzeitung), nicht aufbauend, fördernd, sondern trägt allenfalls zur Steigerung der Zeitungsauflage bei. Was reisserisch ist, kommt an, nicht die Sache zählt."* (I7)

3.3.6.4 Die Wissenschaft

In der Diskussion um den Verkehrskompromiss spielten wissenschaftliche Argumente eine sehr untergeordnete Rolle. Es wurde nie gefragt und in keiner offiziellen Studie untersucht, welche Auswirkungen eine Parkplatzreduktion nach sich ziehen würde. Interessant ist aber immerhin die Tatsache, dass sich gewichtige Akteure auf beiden Seiten in wissenschaftlichen Arbeiten mit dem Thema beschäftigt haben (LUTZ 1996, HAAS 1994). Die Beurteilung von Arbeiten des Autors und seiner Kolleginnen und Kollegen zu diesem Thema muss anderen überlassen werden. Zahlreiche Reaktionen und Presseartikel zeigen immerhin, dass die Arbeiten von der Öffentlichkeit zur Kenntnis genommen worden sind.[55]

---

[55] Bund 20.4.91, 23.4.91, 25.5.91, 6.11.91, 1.7.92, 26.2.93, 10.3.93, 26.5.93, 28.3.96, 6.2.97, 3.6.99; BT, 20.4.91, 25.5.91. 1.7.92, 9.1.97, 31.1.97, 4.2.97, 10.2.97; BZ, 20.4.91, 25.5.91, 3.3.93, 9.3.93, 26.5.93, 14.6.93, 7.2.97 (Auswahl).

3.4 Beurteilung des Planungsprozesses

3.4.1 Der Einfluss der Vergangenheit

Für Bern spielt die Vergangenheit eine zentrale Rolle. Das Stein gewordene Monument „Berner Altstadt" prägte die Handelnden. Zwar wurden im 20. Jahrhundert hinter den Fassaden laufend Veränderungen vorgenommen, die äussere Erscheinung veränderte sich seit Ende des 19. Jahrhunderts aber kaum. Ende der Sechzigerjahre wurden erste Verkehrsbeschränkungen erlassen. Als dann zu Beginn der Siebzigerjahre die offiziellen Pläne für eine vierspurige Verkehrsachse über Bären- und Waisenhausplatz scheiterten, gaben die Behörden weitere Bemühungen auf, die Verhältnisse in der Innenstadt zu verändern. Die Verwaltung verhielt sich weitgehend passiv, bzw. konzentrierte sich auf die planerischen Problemen auf dem übergeordneten Verkehrsnetz. Auch im Bereich der Stadtgestaltung oder der konzeptionellen Überlegungen zur Entwicklung der Innenstadt geschah wenig. Man beschränkte sich darauf, das Denkmal teilweise mit kosmetischen Mitteln zu erhalten. Diese Politik hatte sich während längerer Zeit auch weitgehend bewährt. Erst als die Konkurrenz durch Quartier- und Vorortszentren, umliegende Städte und neue Einkaufszentren grösser wurde, begann man sich Überlegungen zur Attraktivitätssteigerung der Altstadt zu machen. Gleichzeitig gewann die Umweltpolitik an Bedeutung. Die Innenstadt sollte mehr sein als ein Einkaufs- und Arbeitsort, sie sollte neu auch ökologischen Anforderungen genügen.

„Bärn zum Läbe" wirkte zusammen mit anderen politischen Vorstössen als Eisbrecher. Das Thema Innenstadt war plötzlich wieder auf dem Tisch und musste diskutiert werden. Die Vorstellungen blieben aber lange Zeit so unterschiedlich, dass man sich in den Verhandlungen an Paragrafen und Reglementen festklammerte und darauf verzichtete, weiterführende Visionen zu entwickeln.

3.4.2 Die Diskussion um den Verkehrskompromiss

3.4.2.1 Die Wahrnehmung von Verkehrsproblemen[56]

Die Situation in der Innenstadt zu Beginn der Neunzigerjahre wird von den Interviewpartnern nicht als das wichtigste Verkehrs- oder Planungsproblem gesehen. Vielmehr dominieren eher allgemeine Aspekte wie der Durchgangsverkehr, die Umsetzung der Umweltschutzgesetzgebung sowie Verkehrsberuhigung und die Besserstellung des nicht motorisierten Verkehrs. Mehrmals wird auch festgehalten, dass Bern gar keine wirklich grossen Verkehrsprobleme habe. Nur in einer Aussage wird die Innenstadt erwähnt. Zudem wird auf die verbesserungswürdige Situation für Fussgänger und Velofahrer verwiesen.

Verwaltung (Stadtplanung): *„Bern hat im Augenblick keine so grossen Verkehrsprobleme, wenn das Gesamtsystem Verkehr betrachtet wird. Das ist auch die Folge guter früherer Verkehrskonzepte (AdA: ‚Umwelt, Stadt und Verkehr'). Bern wird aber in Zukunft mit Verkehrsproblemen konfrontiert sein. Bis anhin hat Bern von der Leistungsfähigkeit der Autobahn gelebt, die eine relativ neue, fast geschlossene Umfahrung darstellt. ... Diese hat aber heute Kapazitätsprobleme. ... Das hat bereits in den vergangenen Jahren zu Verlagerungen aufs städtische und regionale Verkehrsnetz geführt. ... Drei aktuelle Verkehrsprobleme nennt sind die ganze Innenstadtproblematik (Anlieferung, ÖV in Konkurrenz mit den Fussgängern in den wichtigsten Gassen), die Parkierung im Raum Wankdorf (Vielschichtige Nutzung: Messe, Sport, Arbeiten, Wohnen) und der schlecht quantifizierte Nachholbedarf im Bereich Fussgänger und Velo."* (I2)

Wirtschaftsverband: *„Das grösste Verkehrsproblem ist der viele Durchgangsverkehr. ... Von der Stadt her kann dieser Verkehr kaum gesteuert werden. ... Ein weiteres Problem ist, dass zu wenig*

---

[56] In den entsprechenden Kapiteln zu Zürich, Aachen und Nürnberg werden die Wahrnehmung der Verkehrsprobleme (Kapitel 3.4.2.1) und die Erwartungen an eine Fussgängerzone (Kapitel 3.4.2.2) in Abbildungen zusammen gefasst. Für Bern werden die gemachten Aussagen den verschiedenen Akteuren zugeordnet.

Geld vorhanden ist, um Lärmschutz zu machen. Das ist primär ein Finanz- und nicht ein Verkehrsproblem. Sonst bin ich primär der Auffassung, dass man den Verkehr in der Stadt Bern recht gut im Griff hat. ... Im Prinzip hat die Stadt ihre Hausaufgaben gemacht mit der Einführung der blauen Zonen und von Tempo 30 in den Wohnquartieren und der damit verbundenen teilweise Abkapselung der Wohnquartiere und der Kanalisierung des flüssigen Verkehrs auf einem Basisnetz. Es gibt kaum Verkehrsstaus in der Stadt, mit wenigen Ausnahmen in den Spitzenzeiten. ... Der ÖV hat einen sehr grossen Modalsplitanteil, v. a. beim Pendlerverkehr." (I8)

Verkehrsinspektorat: *„Die Stadt ist gebaut, die Verkehrsinfrastruktur ist da. Im konventionellen, alten Sinn von Verkehrsplanung gibt es eigentlich fast nicht mehr zu planen. ... Es braucht keine neuen grossen Verkehrsbauwerke zur Steigerung der Leistungsfähigkeit des Strassennetzes, sondern zur Verbesserung der städtebaulichen und Umweltsituation. Beispielsweise wäre ein Zubringer Neufeld als Tunnel (Anschluss Neufeld bis Tiefenaustrasse) äusserst sinnvoll, weil damit im Prinzip die ganze Länggasse beruhigt und saniert werden könnte. Der Schanzentunnel ist eine Superidee. ... Um beim ÖV Mehrkapazitäten bereitstellen zu können, gibt es Ideen wie Tram Bern West oder Tram Ostermundigen, ... Bei solchen Planungsvorhaben wird die Problematik der heutigen Planung deutlich. Der Kanton arbeitet einen Massnahmenplan Luftreinhaltung aus, der u. a. den Ausbau des ÖV fordert. Gleichzeitig werden die Kredite für den ÖV gekürzt, Fahrpläne werden verdünnt, ... Dies ist total unverständlich, aber die politische Realität."* (I7)

Linker Politiker: *„Zu den drei wichtigsten Verkehrsproblemen der Stadt Bern gehört als Erstes die relativ schlechte Situation der nicht motorisierten Verkehrsteilnehmer. In den letzten zwanzig bis 25 Jahren hat es hier eine Verschlechterung gegeben für Fussgänger und Fussgängerinnen, es gibt aber auch keine optimale Situation für Velofahrerinnen und Velofahrer. Der zweite Problemkreis ist eine wachsende Beanspruchung des öffentlichen Raums durch den motorisierten Privatverkehr in der Stadt, und das führt - auch in Anbetracht des ersten Problemfeldes - zu ganz klaren Konfliktpotenzialen, die eher zu- als abnehmen. ... Der dritte Problemkreis ist, dass Probleme des öffentlichen Verkehr in der Stadt Bern in verschiedensten Bereichen ungelöst sind. Einerseits hat die Attraktivität des ÖV eher abgenommen, obschon der Modalsplit offiziell gut ist. Das sagen Statistiken aus dem Anfang der Neunzigerjahre. Die Situation hat sich heute wahrscheinlich eher verschlechtert, weil nämlich das Angebot weniger attraktiv ist. Im Laufe dieser Legislatur hat es Fahrplanausdünnungen gegeben, ... Es gibt keine Möglichkeit einer flexiblen Investitionspolitik, weil die „Politik" immer wieder dazwischen funkt. Es gibt eine relativ schlechte Koordination. Man hat es nicht geschafft, ausser dem ‚Bäre-Abi', (AdA: Umweltverbundsabonnement) einen eigentlichen Tarifverbund zu etablieren."* (I10)

Stadtpolizei: *„Das Eine ist einmal das Vermeiden oder Reduzieren der negativen Auswirkungen des motorisierten Individualverkehrs. Das Zweite ist die Hebung der Verkehrssicherheit. ... Ein dritter Punkt, den man nicht vergessen und verdrängen darf, auch wenn das z. T. im Widerspruch steht zu den beiden ersten Zielsetzungen, ist, die Erreichbarkeit sicherzustellen. Wir können nicht einfach den Verkehr so abwürgen, dass gewisse Wirtschaftsbereiche nachher abgehängt sind vom motorisierten Verkehr."* (I9)

Die Innenstadtverkehrspolitik steht im Vergleich zu anderen Verkehrsproblemen in der Wahrnehmung der Fachleute nicht im Vordergrund. Es wird auch kaum darauf eingegangen, dass die Verkehrspolitik ein wichtiges Element der Stadtentwicklungspolitik ist.

3.4.2.2 Erwartungen an eine Fussgängerzone und eine städtische Fusswegplanung

Fussgängerbereiche oder Fussgängerzonen in Stadtzentren werden begrüsst, ohne einige problematische Auswirkungen ausser Acht zu lassen. Von verschiedener Seite wird festgehalten, dass es nicht ausreicht, die städtische Verkehrsplanung ausschliesslich auf einer Fussgängerzone aufzubauen.

„Fussgängerbereiche führen in der Regel zu einer Aufwertung eines Gebietes, allerdings braucht es flankierende Massnahmen. Unter Umständen kommt es zu einer Verteuerung des Bodens, das kann wieder zur Folge haben, dass ein Textilisierungsprozess angeheizt wird." (I8)

"Fussgängerzonen in Stadtzentren sind super. Ein hervorragendes, tadelloses Beispiel ist Aachen. Die Stadt ist bestens erschlossen mit dem MIV, die Parkierung ist dort in Ordnung, Anordnung und Ausgestaltung der FGZ sind ebenfalls in Ordnung.. ... Freiburg i. B. ist auch ein Musterbeispiel. ... Grundsätzlich sollte es auch in der Altstadt von Bern Zonen geben, die ausschliesslich dem Fussgänger gehören. Natürlich muss auch die Anlieferung - entsprechend eingeschränkt - möglich sein. In der FGZ haben auch Velofahrer in bestimmten Bereichen nichts zu suchen, weil sie die Fussgänger stören. Auch die Veloparkplätze gehören an den Rand der FGZ." (17)

"FGZ in Innenstädten heisst, dass dort, wo eine vielschichtige Nutzung (nicht Monostruktur) vorhanden ist, eine reine ‚Zu-Fuss-Geher-Zone' nicht möglich ist. FGZ bedeutet auch Verkehr, da eine vielschichtig genutzte Zone auf eine gute öffentliche Erschliessungsqualität angewiesen ist. Es braucht auch ein angemessenes Angebot an Parkplätzen, sowie einer der spezifischen Situation angemessenen Regelung des Anlieferverkehrs." (I2)

"Politisch gesehen sind Fussgängerbereiche in Stadtzentren ein wichtiges Thema, weil natürlich v. a. die Innenstädte, die auch touristische Attraktionen sind, wahrscheinlich in Zukunft noch attraktiver sein werden, wenn sie Fussgängerzonen sind. Das Ziel einer grossen Fussgängerzone in der Innenstadt ist deshalb für mich absolut wichtig. ... Verkehrspolitisch, sachlicher gesagt, ist die verkehrsfreie Innenstadt sicher ein wichtiger Punkt in einer städtischen Verkehrspolitik, aber man darf die Verkehrspolitik einer Stadt nicht darauf reduzieren, ob die Innenstadt verkehrsfrei, ein Fussgängerparadies ist. Wenn man die Gesamtfläche einer Stadt, der Stadt Bern anschaut, dann macht die Innenstadt bloss 10 % der gesamten Verkehrsfläche aus. Gerade so entscheidend oder letztlich noch entscheidender ist die Frage, was mit den übrigen 90 % geschieht." (I10)

"Langsam hat man den Eindruck erhalten, dass der Autoverkehr stört. Man möchte den in gewissen Bereichen mal weghaben, damit man wirklich ungeniert flanieren und sich aufhalten kann. Jetzt gibt es auch hier ein ziemlich grosses Umdenken. Früher hat man die Aktivitäten geschätzt, man ist mit dem Auto schnell in die Stadt gekommen. Es hat aber auch dort Änderungen der Gewohnheiten gegeben in dem Sinn, dass Einkaufen v. a. in Stadtzentren nicht das schnelle Vorfahren, Einkaufen und wieder das Wegfahren ist, sondern es ist z. T. auch eine Freizeitgestaltung geworden, dass man beispielsweise einen halben Tag im Stadtzentrum verbringt und dass man dort nicht gestört werden will durch das Auto. ... Wir möchten jetzt einen ersten Schritt machen mit der Befreiung der Gassen vom ruhenden Verkehr und den öffentlichen Verkehr vorerst drinnlassen und schauen, wie die Leute auf diese Situation reagieren, wie sie es empfinden, ob das dem Wunsch so weit entgegenkommt, dass man sagt, das ist eine bessere Lösung, das ist akzeptiert oder ob man dann noch weitergehen muss." (I9)

Die Bedeutung der Fusswegplanung allgemein wird sehr unterschiedlich beurteilt, mehrheitlich konstatieren die Interviewpartner ein Defizit.

"Im Bereich der Fusswegplanung allgemein fehlt es an den Grundlagen, im Gegensatz zu den anderen Verkehrsarten. Ohne Analysekriterien kann auch kein qualitativer oder quantitativer Handlungsbedarf für FG und Velofahrer abgeleitet werden. Folglich ist die ganze Fussgänger- und Veloplanung irgendwie zufällig. Gehandelt wird auf Grund von Vorstössen aus dem Parlament und der Öffentlichkeit oder im Rahmen anderer Planungen. Seit neuester Zeit ist das Finanzproblem zentral. ... Bern ist nicht die einzige Stadt ohne Fusswegrichtplan, obwohl ein solcher seit 1989 vorliegen sollte." (I2)

"Wenn man primär die Innenstadt und die weitere Innenstadt anschaut, ... dann kann man sagen, dass was die Fussgängerverbindungen angeht, die Fussgängersituation nicht schlecht ist. Vielleicht mit Ausnahme der Länggasse gibt es direkte, attraktive Übergänge in die Wohnquartiere über Brücken, aber auch z. B. die Wege der Aare entlang und damit direkte und attraktive Fussgängerverbindungen. Aber man muss schon sagen, dass die ganze Planungspolitik in den 70er und 80er Jahren eindeutig unter dem Primat „Bahn frei für den Privatverkehr" gelaufen ist. Für die Fussgänger ist dann alibimässig noch irgendeine Passerelle erstellt worden, ... Das selbe gilt auch für die Velowege. In den neuesten Verkehrskonzepten schaut man jetzt zumindest, in der Planung eine gewisse Prioritätensetzung vorzunehmen, z. B. für Fussgänger." (I10)

Die Notwendigkeit einer Fusswegplanung wird aber z. T. auch ganz bestritten. *„Es gibt nicht mehr so viele Fusswege zu planen in der Stadt und besonders in der Innenstadt. Dort geht es nur noch um die Frage Fussgängerzone ja, nein oder wie."* (I8)

Ein Interviewpartner meint im Gegensatz zu den vorangehenden Aussagen, dass der Fussgänger in Bern immer wichtig gewesen sei. *„Die Fussgängerplanung hat in der Stadt Bern immer eine grosse Bedeutung gehabt. Der Fussgänger braucht Platz und muss ungehindert und sicher zirkulieren können. ... Zu Fuss hat man in den Sechzigerjahren in den Lauben im Gänsemarsch hinter den Leuten hergehen müssen, die Bewegungsfreiheit ist eingeschränkt gewesen. Das habe ich fast nicht ertragen, da schnelles Zufussgehen nicht möglich gewesen ist. Damals ist mir bewusst geworden, dass etwas geschehen muss. ... Das Fusswegnetz ist das grundlegendste, das wichtigste Netz, die einzelnen Quartiere und Bereiche werden miteinander verbunden, das ist sehr wichtig."* (I7)

3.4.2.3 Der Planungsablauf

Eine Planung?

Im Falle des Berner Verkehrskompromisses stellt sich die Frage, ob überhaupt von einem klassischen Planungsablauf gesprochen werden kann. Zwar scheinen alle Beteiligten der Idee eines (grösseren) Fussgängerbereichs in der Berner Innenstadt zuzustimmen. Der Anstoss für die Erweiterungsdiskussion kam jedoch von aussen, von den verschiedenen Initiativen. Die verantwortlichen Behörden beschränkten sich aufs Reagieren. Vielfach wurden gar bestimmte Vorhaben mit dem Hinweis auf die laufende Diskussion nicht durchgeführt oder auf die lange Bank geschoben. Die Innenstadt blieb aus den Entwürfen zum Fusswegrichtplan und zum STEK mit dem Hinweis auf den nicht abgeschlossenen Planungsprozess ausgeklammert. Die Innenstadt stellte also in gewissem Sinne ein Planungssonderfall – oder anders ausgedrückt – eine planerische Tabuzone dar. Dennoch lässt sich im Verlaufe des Verhandlungsprozess und v. a. nach dessen Abschluss eine Integration vieler Ideen in die offizielle Verkehrs- und Stadtplanung erkennen.

*„Heute steht klar die angebotsorientierte Verkehrsplanung im Vordergrund. Dies ist für Bern nichts Neues, seit ich in Bern bin, ist dies **die** Philosophie. Diese Philosophie ist getragen worden von allen massgeblichen Politikern und Planern. ... Den Verkehrszusammenbruch auf der Golden Gate Bridge, die nicht erweitert werden konnte, hat mit einer Spurreduktion zu Gunsten des ÖV und gut besetzter Autos verhindert werden können („bring the people and not the cars"). Das ist der Ansatz einer angebotsorientierten Verkehrsplanung. Damals hat man in Bern gesagt, dass die Motorisierung wenig beeinflusst werden kann, dass der Verkehr aber sogar aus gewissen Achsen rausgenommen werden muss. Dazu braucht es Verkehrsbeeinflussung. ... Diese Zusammenhänge sind dann in den Berichten „Umwelt, Stadt, Verkehr" dargestellt worden. Nicht wie im Transportplan die Leistungsfähigkeit und der Komfort sind als Hauptziele genannt worden, sondern die Unterordnung unter die städtebaulichen Zielsetzungen und die Umweltprobleme. Der Zusammenhang zwischen Nutzung und Verkehr ist bekannt gewesen, der Zusammenhang zwischen ruhendem und fliessendem Verkehr ist aufgezeigt worden."* (I7)

Die Phase der politischen Vorstösse und der öffentlichen Diskussion

Nachdem anfangs der Achtzigerjahre ein fortschrittliches Verkehrskonzept propagiert worden war, das sich auf die gesamte Stadt bezog, folgten zwar auf gesamtstädtischer Ebene erste Umsetzungsschritte. Dazu gehört etwa die schrittweise flächendeckende Einführung von Tempo 30 und dem Anwohnerparken in allen Wohnquartieren. In der Innenstadt selber wurden allerdings keine Änderungen vorgenommen. Verschiedene Seiten kritisierten die neue Verkehrskonzeption. Während die Automobilverbände versuchten, die Umsetzung beschlossener Massnahmen mittels Rekursen zu verhindern, brachten die Umweltkreise ihre Vorstellungen mittels politischer Vorstösse in die Diskussion ein. Die Doppelinitiative „Bärn zum Läbe" ist als ein verkehrspolitisches Programm für die ganze Stadt Bern zu sehen. Die Diskussion drehte sich dann allerdings weitgehend um die Frage der Erweiterung des Fussgängerbereichs und die Zahl der Parkplätze in der Innenstadt.

„In Bern hat man wenig gemacht, die Schuld kann aber nicht einer Person gegeben werden. Die Verfahren sind sehr kompliziert in Bern. ... Was neu auch dazukommt - das ist ganz, ganz schlecht, das Schlimmste -, ist das politische Umfeld. Durch die Zersplitterung der Parteien und die Ideologisierung und Polarisierung. Die Forderungen der Linken und Grünen sind meist durch und durch ideologisch, die Rechten und die Autofans meinen, Gegensteuer geben zu müssen und fordern irgendein anderes Extrem. Heute muss man gegen alle Seiten kämpfen. Die gegenseitige Polarisation verhindert oft jede Handlungsmöglichkeit. Der Verkehrskompromiss, den man gehabt hat bzw. hat, ist seit zwei Jahren reif. Auch wenn man ihn hätte, hätte man noch nichts Konkretes. Aber man hätte die Situation deblockiert, damit man dann die Probleme wirklich angehen könnte." (I7)

„Vor 1991 sind die Bestrebungen nach einer Verbesserung in der Innenstadt sehr widersprüchlich gewesen. Damals ist die Wirtschaft gut gelaufen, und der Fussgänger als zahlungskräftiger Kunde ist noch umstritten gewesen - was z. T. bis heute der Fall ist; das Interesse nach einer Aufwertung der Innenstadt ist nicht prioritär gewesen ... Verschiedene Initiativen haben versucht, in der Diskussion die Verkehrsberuhiger zu unterstützen und Druck zu machen. Im gleichen Zug ist in den Initiativen ebenfalls ein Handlungsbedarf in der Innenstadt ausgedrückt worden und zwar im Sinne einer noch stärkeren Verkehrsberuhigung mittels Fussgängerzonen. Dies ist sicher ein Auslöser der Diskussion um eine FGZ gewesen. Die Diskussion ist zusätzlich durch viele Forschungsunterlagen aus dem deutschen Raum beeinflusst worden. Dort sind Ende Achtziger- und Anfang Neunzigerjahre in Städten Verkehrsprojekte in Richtung von grossflächigen FGZ und Verkehrsberuhigungsmassnahmen realisiert worden." (I2)

Die Verhandlungsphase

Nach der Volksabstimmung zu „Bärn zum Läbe" und zum Gegenvorschlag lag faktisch eine Pattsituation vor. Diese wurde noch zementiert durch die Initiative „Mehr Bern – weniger Verkehr", mit der bereits vom Volk angenommenes Recht wieder rückgängig gemacht werden sollte. Die Exekutive und die Verwaltung musste in dieser Situation aktiv werden, wollte sie die städtische Verkehrspolitik nicht gänzlich aus den Händen geben. Mit dem Einsetzen einer Verhandlungsrunde wählte sie ein kommunikatives Vorgehen. Andere Möglichkeiten wären auch kaum zur Verfügung gestanden. Die eigene Verkehrspolitik hätte nicht einfach weiter verfolgt werden können, ohne auf die Vorstösse einzugehen.

„Die Verhandlungen waren sehr mühsam. ... Die Grundsätze sind nicht gross umstritten gewesen oder bestritten worden. Dort hat es relativ bald eine Einigung gegeben. ... ,Bern zum Läbe' hat v. a. solche Grundsätze verankern wollen. ... Der zweite Bereich im Verkehrskompromiss ist der Bereich der Parkplatzerstellungspflicht. Man hat in der Pendlerinitiative sehr rigide Vorschriften was die Parkplatzerstellung auf privatem Grund angeht. Da gibt es sehr grosse Probleme auch bei der Investorensuche für Grundstücke. ... Im Verkehrskompromiss ist eine differenzierte Regelung vorgesehen, je nach Qualität des ÖV an einer Haltestelle können mehr oder weniger Parkplätze erstellt werden. ... In einem dritten Bereich im Verkehrskompromiss sind schliesslich die Fragen, die die Innenstadt anbelangen, enthalten." (I8)

„Auch in ,Bern zum Läbe' sind Sachen enthalten, die unverständlich sind. Darum ist man auf die Suche nach dem Verkehrskompromiss gegangen. Man hat sich eigentlich geeinigt, aber man wollte die Abstimmung erst nach den Wahlen (AdA: von 1996). ... Die Vorschriften und Regelungen des Verkehrskompromisses werden benötigt, um nachher wieder einen sauberen Tisch zu haben und neu beginnen zu können." (I7)

„Das Abstimmungsresultat zu ,Bärn zum Läbe' hat nicht zuletzt in seiner Widersprüchlichkeit überrascht. Dies hat einerseits zu einer Verunsicherung in den politischen Gremien und andererseits zu Verhärtungen geführt (AdA: Beispiel Gegeninitiative ,Mehr Bern - weniger Verkehr'). Dann ist lange Zeit nichts passiert, weil man versucht hat, auf Diskussionsbasis zu einem Konsens zu kommen mit den verschiedenen Initiativkomitees ... Die Verwaltung ist mehrheitlich nicht glücklich über das Resultat der Abstimmung ,Bärn zum Läbe' gewesen. Der juristische Entscheid hinsichtlich einer erneuten Abstimmung kann deshalb auch als Chance für einen Neubeginn betrachtet werden. ... Dies (AdA: das Abstimmungsergebnis) hat den Polizeidirektor Wasserfallen dazu angehalten, die verschiedenen

Leute zusammenzuführen und dafür zu sorgen, dass binnen kürzester Frist ein Konsens herangeführt werden kann. Es hat schliesslich länger gedauert als beabsichtigt." (I2)

Die Umsetzungsphase

Auf die intensive, aber relativ rasche Verhandlungsphase folgte eine zähe, undurchsichtige Umsetzungsphase. Das Verhandlungsergebnis musste in die endgültige politische und reglementarische Form gegossen werden. Dabei wurde von verschiedener Seite versucht, kleinere oder grössere Änderungen vorzunehmen. Als es endlich zur Volksabstimmung kam, sprach sich die Bevölkerung deutlich für die Vorlage aus. Seither wurden zwar einige Massnahmen realisiert. Die Verwaltung hat es aber bisher verpasst, mit einem offensiven Umsetzungsprogramm dem Volksentscheid das nötige Gewicht zu geben.

„Das ist noch lustig, wie vor den Wahlen alle Geschäfte, die irgendwo eine gewisse Brisanz haben könnten, verschoben werden. Es ist mühsam, wie lang der ganze Prozess geht, man hat auch noch wegen dem Kanton warten müssen. ... Jetzt kommt vom Kanton doch nichts und jetzt könnte man die Vorlage im Prinzip bringen, aber jetzt sind wieder die Wahlen, und man traut sich offenbar nicht." (I8)

„Wenn die Initiativen weg sein werden und neu begonnen werden kann, kommt man konkret zu den Massnahmen. Dann kann man mit der Fussgängerzone anfangen, die aufgehobenen Parkplätze können unterirdisch versorgt werden. Dann geht die Detaildiskussion los. Bevor man diesen Kompromiss rechtsgültig hat, kann man die eigentliche Diskussionen nicht beginnen - der Teufel liegt im Detail, es ist ganz schwierig, etwas zu realisieren." (I7)

„Konkret einigte man sich auf ein FGZ, differenziert nach oberer und unterer Altstadt. Die in der oberen Altstadt aufgehobenen Parkplätze sollen unterirdisch ersetzt werden. Daraus macht man ein Junktim mit der Realisierung einer FGZ, genau dies wird die politische Knacknuss sein. Zur Realisierung der FGZ braucht es neuen unterirdischen Parkraum. Dort gibt es aber andere Limiten, wie beispielsweise die UVP (AdA: Umweltverträglichkeitsprüfung) mit den damit verbundenen Schwierigkeiten." (I2)

3.4.3 Die Zukunft: Der Handlungsspielraum für Bern

3.4.3.1 Die Visionen der Interviewpartner

Bevor der Handlungsspielraum in einer Gesamtsicht betrachtet werden kann, werden die Visionen der Interviewpartner leicht gekürzt, aber unkommentiert einander gegenübergestellt, um so das Spektrum der Meinungen und damit auch der realistischen Handlungsmöglichkeiten abzudecken.

Der Wirtschaftsvertreter

„In den nächsten 10 bis 15 Jahren dürfte sich das Erscheinungsbild der Innenstadt nicht allzu viel verändern. Bern ist eine historische Altstadt, alle Bestrebungen gehen zu Recht in Richtung der Erhaltung der historischen Altstadt in ihrer Schönheit. ... Was sicher - je nach politischer Durchsetzbarkeit - wünschbar ist, ist eine Neugestaltung der Plätze, namentlich von Waisenhaus-, Bären-, Bundesplatz. Ich wäre froh, wenn man die Parkplätze in einer Einstellhalle ersetzen könnte. Dann sind die oberirdischen Bereiche frei und könnten neu gestaltet werden. ... Danach (AdA: Nach dem Bau des abgelehnten Schanzentunnels) gibt es nicht mehr wahnsinnig viel zu machen, um die Innenstadt zu attraktiveren. Was ich mir vorstelle, ist dass jemand da wäre, der ein Stadtmarketing betreibt und in Verhandlungen mit Grundeigentümern dafür sorgt, dass sich der Branchenmix nicht negativ verändert." (I8)

Der Vertreter der Initiativkomitees

„In der Innenstadt wird es in fünf Jahren noch gleich aussehen. Der Trend zur Reduktion des motorisierten Verkehrs, v. a. in der Quantität der Verkehrsbewegungen, nimmt jedoch zu: Bundesgesetzge-

bung mit Lenkungsabgaben, Massnahmen in den Massnahmengebieten (Kanton), Verkehrsberuhigungsmassnahmen in den Kernstädten. ... Ich unterstütze die Initiative der Jungen, die BAF-Initiative. Die Vision einer autofreien Stadt auf der ganzen Fläche ist sicher bis zu einem gewissen Grad eine Utopie. Aber es geht in die Richtung, dass man grosse Flächen nicht nur in der Innenstadt, sondern auch in den Quartieren, ... sehr massiv beruhigen kann und muss. Auf der anderen Seite, ...wird es relativ grosse, wachsende Verkehrsströme geben auf den Umfahrungsachsen. Der Druck, die Umfahrungsachsen neu zu diskutieren und kapazitätsmässig auszubauen, nimmt zu." (I10)

Der erste Vertreter aus der Stadtverwaltung

„Ich hoffe für die Zukunft, ja ich bin eigentlich davon überzeugt, dass in fünf bis zehn Jahren in der Gesamtstadt von Bern noch bessere Verhältnisse herrschten als heute. ... So soll das Verkehrssystem-Management realisiert werden, was für die Innenstadt bedeuten wird, dass mehr verkehrsarme Zonen und Fussgängerzonen vorhanden sein werden, à la System Aachen. Weiter glaube ich, dass dann in der Neuengasse, Aarbergergasse der motorisierte Individualverkehr weg sein wird, dass aber die Innenstadt am Rand gut mit PWs erreicht werden kann, soweit es von der Wirtschaft her nötig ist, damit die Altstadt nicht zu einem Museum verkommt oder zur Touristenattraktion, sondern dass sie weiterhin leben kann. ... Auch sollte es gelingen, die (Boden)preise in den Griff zu bekommen, damit die heutigen Nutzungen weiterhin bleiben können, damit sie nicht an den Stadtrand oder auf die grüne Wiese abwandern. Ich hoffe auch, dass man auch wieder mit Wohnungen mehr Leute in die Altstadt bringt, ... Die notwendigen Parkplätze und die Autos müssen unter dem Boden versorgt werden und nicht in den Gassen herumstehen, ... Von grosser Bedeutung ist ein attraktives Fusswegnetz, das die Innenstadt mit allen Quartieren und die Quartiere unter sich verbindet. Wo immer möglich sind weitere Fussgängerzonen (nicht nur in der Innenstadt) zu verwirklichen. ... Ebenfalls wichtig ist, dass der Güterverkehr neu mit Citylogistik geregelt wird, das hat man heute noch nicht im Griff." (I7)

Der zweite Vertreter aus der Stadtverwaltung

„Für die Zukunft erwarte ich, dass die obere und untere Altstadt nicht gleich gemacht werden. Die obere Altstadt ist heute eine internationale, wertschöpfungsintensive Boutique, die kann nicht mehr verändert werden. Für die untere Altstadt wünsche ich mir, dass die vielartige, nicht sehr wertschöpfungsintensive Nutzung aufrechterhalten bleibt. Der zweite Wunsch ist, dass der ÖV nicht verbannt wird. Seine Dominanz in der Innenstadt kann wahrscheinlich etwas reduziert werden. Die Stadt und Region Bern kann sich jedoch keine unterirdische Führung leisten. Schliesslich sollen endlich die schönen Platzräume aufgewertet werden, die sich heute in einem desolaten Zustand befinden." (I2)

Der dritte Vertreter aus der Stadtverwaltung

„Also, ein wichtiger Punkt ist mir noch die ganze Citylogistik. ... Das ist klar, wenn man jetzt den Autoverkehr, den privaten, reduziert - und die Anlieferung muss ja bleiben -, dass man dort sehr rasch zu Optimierungen kommen muss, damit der Güterverkehr, der Anlieferungsverkehr begrenzt werden kann, damit man möglichst wenig Autofahrten hat, dass die Auslastung besser ist. ... Aber viel weiter geht meine Vision nicht, dass wir noch mehr tun können. Also, wir werden nie eine vollständige Fussgängerzone haben. Wie gesagt, ein entscheidender Punkt wird noch sein, ob es gelingt, den öffentlichen Verkehr rauszunehmen. Ich wäre schon glücklich, wenn man den Trolleybus aus der Hauptgasse rausnehmen könnte, ... Ob es den Schritt verträgt, dass man das Tram in den Boden legt oder in die Seitengasse (Kocher-, Bundesgasse) legt, da habe ich meine grossen Bedenken. Weil eben das Tram, das die Leute à-niveau ein- und aussteigen lässt, das ist natürlich für die Erreichbarkeit und die Belebung ein ganz wichtiger Punkt. Ich sehe mehr die Entwicklung, wie ich es eingangs gesagt habe. In der Markt- und Spitalgasse ist eigentlich mehr der Konsum, das Geschäften, und die Leute müssen da vom öffentlichen Verkehr ausgespien und wieder aufgenommen werden. Und dort, wo man Ruhe haben will, muss man in die Seitenräume ausweichen. Dort muss man vielleicht auch ein Zusatzangebot an kulturellen und wirtschaftlichen Aktivitäten anbieten, dass die Gesamtheit des Angebots stimmt, dass sich die Leute hier wohl fühlen und nicht eine Innenstadt wie Solothurn - ich nehme jetzt dieses Beispiel - als Konkurrenz zu Bern anschauen und die Leute nach Solothurn gehen, weil die dort eine schöne, gepflästerte Altstadt haben, Fussgängerzone haben. Oder nach Zürich oder

weiss ich wohin, nach Winterthur. Das sollte nicht passieren. Die Stadt Bern muss als zentraler Ort attraktive Bedeutung zurückerhalten." (I9)

3.4.3.2 Der Handlungsspielraum

Nach Annahme des Verkehrskompromisses schienen nun die Voraussetzungen gegeben für die rasche Einrichtung einer fussgängerfreundlichen Altstadt. Schon vor der Abstimmung wurde ein Zufahrtsreglement publiziert, das einerseits die Anlieferzeiten regelt und andererseits Routen und Fahrverbote für die verschiedenen Verkehrsmittel festlegt. Trotzdem titelte „Der Bund" bereits im Februar 1998: „*Stadtverkehr: Es klemmt*". Neben anderen „Schlachtfeldern"[57] wurde auch die Innenstadt erwähnt. Hier waren bereits von verschiedenen Gruppierungen zahlreiche Einsprachen gegen die Zufahrtsberechtigungen eingegangen. Kritik kam auch von Kreisen, die den Verkehrskompromiss vorher befürwortet hatten. Auf der anderen Seite drohten auch Beschwerden gegen den Ausbau des Casino-Parkings, wo die verloren gegangenen Parkplätze ersetzt werden sollten. Angesichts der wieder aufkeimenden Gegensätze kommentierte die Journalistin resigniert: „*Eingedenk der Tatsache, dass vom Verzicht beider Seiten alle profitieren können, hatte man sich geeinigt. Doch die fussgängerfreundlichen Zonen in der Innenstadt scheinen in weite Ferne gerückt, weil die längst befriedigt geglaubten Partikularinteressen Oberhand gewinnen.*" (Bund 20.2.98)

Doch dann schien es doch vorwärts zu gehen. Im April 1998 präsentierten die Stadtbehörden wichtige Elemente einer ersten Etappe zur Umsetzung des Verkehrskompromisses. Dabei wurden die Massnahmen als breit abgestützt vorgestellt, weil vorher Gespräche mit den Quartierorganisationen geführt worden sind. Die wichtigsten Massnahmen waren (Bund 4.4.98):

- Tempo 30 in der gesamten Innenstadt;
- Eine stärkere Beschränkung der Anlieferzeiten in der oberen Altstadt (5 bis 11 Uhr, 18.30 bis 21 Uhr);
- Verschiedene verkehrsorganisatorische Massnahmen (Fahrverbots-, Einbahn- und Parkverbotsregelungen).

Ausgeklammert blieben noch die Regelungen für den Veloverkehr, die erst im Dezember 1998 der Öffentlichkeit vorgestellt worden sind (Bund, 11.12.98). Dabei ging es hauptsächlich darum, die Durchlässigkeit der Altstadt für den Veloverkehr zu erhöhen. Im gleichen Monat wurden auch erste Massnahmen umgesetzt, d. h. dass in der unteren Altstadt Tempo 30 eingeführt und verkehrsorganisatorische Massnahmen umgesetzt worden sind. In der oberen Altstadt verzögerte sich die Umsetzung, da gegen die neuen Anlieferzeiten Beschwerden eingereicht wurden (Bund 4.12.98).

Im April 1998 wurde bereits auch auf eine zweite Etappe hingewiesen. In dieser zweiten Etappe soll Parkraum geschaffen werden, um die oberirdischen Parkplätze ersetzen zu können. Insgesamt sollen in den drei bestehenden Anlagen durch Ausbau 500 Parkplätze entstehen (250 im Casino-, 140 im Metro- und 100 im Rathaus-Parking). Angesichts der jeweils relativ langen Planungszeit und trotz der zum Teil vorhandenen Projekte kann nicht davon ausgegangen werden, dass in den nächsten drei Jahren oberirdische Parkplätze ersetzt werden. Es wird wohl noch viel Zeit vergehen, bis die Altstadt fussgängerfreundlich eingerichtet sein wird. Zudem stehen weitere brisante Entscheidungen zur Verkehrspolitik bevor, so z. B. die Initiative „Läbigi Stadt". Sie wurde nach einem intensiven Vor-Abstimmungskampf zurückgezogen, weil der rot-grüne Stadtrat einen ähnlichen Gegenvorschlag angenommen hat, der vorsieht, die Stadt Bern mit einem Paket innovativer, zukunftsweisender Massnahmen bis ins Jahr 2015 so weit als möglich vom individuellen Autoverkehr zu befreien. Die bürgerlichen Gegner kritisierten den angenommenen Gegenvorschlag als Angriff auf den Verkehrskompromiss, während die Befürworter von dessen Weiterentwicklung sprachen (Bund 30.10.98, 5.11.98). Abgestimmt wurde ebenfalls über eine Fussgänger- und Veloinitiative und einen Gegenvorschlag, die vorsehen, jährlich finanzielle Mittel für den Langsamverkehr zur Verfügung zu stellen, u. a. für die Einrichtung einer Fussgängerzone in der Innenstadt (Bund 3.6.99).

---

[57] Umgestaltung Bundesplatz, Verkehrsregelung Mattequartier, Streit um Anwohnerparken im Mattenhofquartier

In der Grundsatzfrage Fussgängerbereich ja oder nein ist man sich in weiten Kreisen einig. Die Bevölkerung, die Geschäftsleute und die Umweltschutzkreise haben nichts gegen einen grosszügigen Fussgängerbereich einzuwenden. Konfliktstoff beinhaltet trotz Verkehrskompromisses immer noch die Parkplatzfrage. In der Verwaltung, die zwischen zwei Polen steht, will sich niemand die Finger verbrennen. So steht die Forderung nach einem grosszügigen Fussgängerbereich auch heute nicht auf der obersten Stufe der Traktandenliste.

Wie soll es nun weitergehen in der Berner Innenstadt? Mit der Annahme des Verkehrskompromisses wurde erst ein Zwischenziel erreicht sein. Juristische und verkehrsorganisatorische Fragen sind vorläufig geklärt. Bern hat aber trotz erster umgesetzter Massnahmen noch keinen Fussgängerbereich, wie er von einem grossen Teil der Besucherinnen und Besucher gewünscht wird. Vielmehr sollte der Verkehrskompromiss als die notwendige Ausgangsbasis für eine dringliche, umfassende Innenstadtentwicklungsplanung betrachtet werden.

Zu einer fussgängerfreundlichen Stadt gehört ein attraktives Zentrum. In Bern ist dies die denkmalgeschützte historische Altstadt auf der von der Aare umflossenen Halbinsel. Innerhalb dieses Bereichs werden heute zahlreiche Bedürfnisse befriedigt. Als erstes wohnen hier über 4'000 Menschen. Noch viel mehr Leute arbeiten in der Berner Innenstadt, zum grössten Teil in Dienstleistungsbetrieben und in einigen traditionellen Gewerben. Zahlreiche Läden sowie öffentliche und private Institutionen ziehen jeden Tag gegen 50'000 Besucherinnen und Besucher aus Bern und seiner weiteren Umgebung an. Jedes Jahr sehen sich zudem mehr als 250'000 Touristen die Sehenswürdigkeiten an. Alle diese Gruppen wünschen, wie die vorgestellte Befragung und auch die Ergebnisse verschiedener Volksabstimmungen zeigen, eine attraktive Berner Innenstadt. Dazu gehört ein möglichst grosser Fussgängerbereich. Dieser sollte so ausgestaltet sein, dass die bestehende vielfältige Nutzung gefördert und weiterentwickelt werden kann. Dies kann nur geschehen, wenn eine aktive Innenstadtpolitik betrieben wird. Die städtischen Politiker und Behörden sollten sich ihrer Führungsrolle bewusst werden, statt den „Planungsfall Innenstadt" immer wieder zu verschieben. Aufgefordert sind aber auch alle anderen Beteiligten. Die Interessen der Geschäftsleute sind angemessen zu berücksichtigen. Gleichzeitig sollten diese erkennen, dass das Geheimnis wirtschaftlichen Erfolgs nicht jenseits der Ladentüre aufhört und dass nicht nur die Parkplätze von Bedeutung sind.

Wenn das „Projekt Innenstadt" an die Hand genommen werden soll, müssen Visionen und Zielvorstellungen entwickelt, wie das Zentrum der Stadt Bern in Zukunft aussehen soll. In einer breit abgestützten Projektorganisation, zum Beispiel an einem runden Tisch, können Lösungen und Projekte für das weitere Vorgehen ausgearbeitet werden. Am Planungsprozess sollten sich alle Interessierten aktiv beteiligen können. Die Stadtbehörde sollte als Initiantin und als einheitliche Akteurin auftreten. Die Verhandlungsführung sollte aber von einer aussenstehenden Person als Moderatorin übernommen werden. Folgende Punkte müssen aus Sicht der Fussgängerinnen und Fussgänger und im Sinne der Verwirklichung der Langsamverkehrsstadt in die Diskussion um eine zukunftsgerichtete, konsensorientierte Innenstadtpolitik einbezogen werden:

Im Bereich der Aarehalbinsel könnte möglichst sehr schnell ein umfassender Fussgängerbereich verwirklicht werden. Die im Verkehrskompromiss vorgeschlagene Lösung stellt dabei eine Minimalvariante dar. Nur so kann die Innenstadt eine tragende Stellung innerhalb einer nachhaltigen städtischen Verkehrs- und Umweltpolitik haben. Provisorien sind klar als solche zu benennen und möglichst bald aufzuheben. Für einen möglichst grossflächigen Fussgängerbereich sprechen einerseits Umweltargumente und andererseits die Verteilung des Nutzungsdrucks auf eine grössere Fläche. Eine attraktivere Innenstadt würde mehr Besucher anziehen, was sich positiv auf die Detailhandelsumsätze auswirken würde.

In den folgenden Jahren wird es darum gehen, diesen Fussgängerbereich neu zu gestalten. Dabei ist darauf zu achten, dass nicht einfach ein grosses Einkaufszentrum in historisierendem Disneyland-Kostüm entsteht. Vielmehr soll den zahlreichen Nutzungsbedürfnissen Rechnung getragen werden, damit ein vielfältig nutzbarer, flexibler urbaner Raum entsteht. Besonderes wichtig ist dies für die Wiederherstellung und Gewährleistung der sozialen Sicherheit, das heisst der Schutz vor vermeintlicher oder tatsächlicher physischer Gewalt.

Die verlorenen oberirdischen Parkplätze können in den bestehenden unterirdischen Parkhäusern ersetzt werden. Die Umweltsituation und fehlender Platz, aber auch die Tatsache, dass ein Grossteil der Besucher mit öffentlichen Verkehrsmitteln in die Innenstadt kommt, stellen einen Ausbau des Parkplatzangebots nicht in den Vordergrund.

In einem Fussgängerbereich sollte immer noch Platz sein für den notwendigen Verkehr. Zum notwendigen Verkehr gehören die Busse und Trams, mit denen der grösste Teil der Besucher in die Innenstadt fährt. Von ausschlaggebender Bedeutung ist die zentrale Lage der Haltestellen, deshalb ist es wenig sinnvoll, alle Linien aus den Hauptgassen zu verlegen. Eine unterirdische Führung erscheint aus städtebaulichen und finanziellen Gründen auch langfristig kaum realisierbar. Zum notwendigen Verkehr gehören auch die Fahrzeuge von Lieferanten und Handwerkern. Mit der Beschränkung des Anlieferverkehrs auf den Morgen, die in den meisten schweizerischen und deutschen Städten längst selbstverständlich ist, und reservierten Handwerkerparkplätzen in Parkhäusern oder am Rande der Innenstadt können die Strassen und Gassen entlastet werden. Die Ver- und Entsorgung der einzelnen Geschäfte würde dadurch nicht beeinträchtigt.

Der Fahrradverkehr ist als umweltfreundliche Verkehrsart unbedingt zu fördern. Er ist ähnlich wie der Fussgängerverkehr empfindlich auf Umwege. Durch die Innenstadt führen verschiedene wichtige Verbindungen, die nicht unterbrochen bleiben sollten. Die schnelle Erreichbarkeit von Zielen innerhalb der Innenstadt bedeutet einen entscheidenden Konkurrenzvorteil für das Velo. Zu Konflikten kommt es kaum. Notwendig ist es auch, genügend Abstellplätze zur Verfügung zu stellen.

Wenn es den Stadtbehörden nicht gelingt, die Chance zu nutzen und die Initiative zu ergreifen, ist zu befürchten, dass sich in der Berner Innenstadt wenig verändern wird. Besonders schwer würde wiegen, dass die Altstadt gegenüber alternativen Standorten auf der grünen Wiese und gegenüber umliegenden Zentren an Attraktivität einbüssen würde.

4 Aachen: Fussgängerfreundliche Innenstadt

4.1 Grundlagen

In Kapitel 0 wird das dritte Fallbeispiel, Aachen, näher untersucht. In Kapitel 4.1 werden die nötigen Grundlagen zusammengestellt. In Kapitel 4.1.1 soll der nicht ortskundige Leser kurz mit der Geschichte und Entwicklung der Stadt Aachen vertraut gemacht. Ebenfalls vorgestellt werden die wichtigsten Grundlagen zur geografischen Lage und zur gesamtstädtischen Verkehrssituation. In den folgenden Kapiteln 4.1.2 bis 4.1.5 soll in einzelnen Schritten die Verkehrsgeschichte der Stadt Aachen seit dem Zweiten Weltkrieg aufgerollt werden.

In Kapitel 4.2 soll dann die Einführung der „Fussgängerfreundlichen Innenstadt" näher analysiert werden. In Kapitel 4.2.1 steht zuerst die Analyse der Situation der Aachener Innenstadt im Vordergrund. Dazu werden die wichtigsten Angaben zur Bevölkerungs- und Wirtschaftsstruktur und zur Verkehrserschliessung dargestellt. Anschliessend wird in Kapitel 4.2.2 die ganze Diskussion um die „Fussgängerfreundliche Innenstadt" anhand der Quellen nachgezeichnet. In Kapitel 4.3 stehen die Akteure und ihre Position im Planungsprozess im Zentrum einer eingehenden Analyse. Schliesslich soll in Kapitel 4.4 der Planungsprozesses auf Grund der in der Einleitung gestellten Fragen beurteilt werden. Daraus kann für den Fall Aachen der mögliche Handlungsspielraum abgeleitet werden.

4.1.1 Portrait Aachens

Aachen liegt in einem weiten Talkessel zwischen Eifel und Ardennen. Die Römer errichteten dort bei heissen Quellen ein Militärbad. Im 8. Jahrhundert machten die Karolinger Könige Aachen zu ihrer wichtigsten Pfalz. Zwischen 936 und 1531 war Aachen Krönungsort der deutschen Könige. Die Stadt erhielt im 12. Jh. einen ersten und im 14. Jh. einen zweiten, weiter aussen liegenden Mauerring, deren Verlauf heute die beiden Ringstrassen (Grabenring und Alleenring) folgen (Abbildung 22). Aachen verlor ab dem 16. Jh. viel seiner politischen und wirtschaftlichen Macht (Reformation, 30-jähriger Krieg). Im 17. Jh. lebte die Stadt als Kur- und Badeort wieder auf. Im 19. Jh. kam es zur Industrialisierung der Region (ERDMANN 1986). Bergbau (Kohle) und die Textil- und Metallindustrie waren von grosser Bedeutung. Kleinere und grössere Betriebe verteilten sich über das ganze Stadtgebiet. Im zweiten Weltkrieg kam es zu grossen Zerstörungen durch Bombardements und Strassenkämpfe – 43 % der Wohnhäuser waren zerstört, 40 % beschädigt (KLEIN 1957:4).

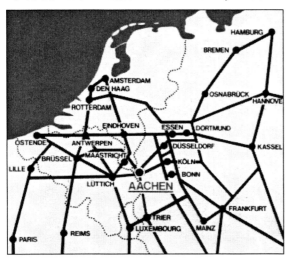

http://www.rwth-aachen.de/Aachen/anfahrt.html; 22.4.97

Abbildung 21: Der Grossraum Aachen mit wichtigen Verkehrsverbindungen

Die Nachbarschaft zu Belgien (Lüttich), den Niederlanden (Maastricht) sowie zu Luxemburg ermöglicht einerseits zahlreiche Austauschbeziehungen mit den Nachbarn, andererseits ist Aachen in Deutschland und im Bundesland Nordrhein-Westfalen (Hauptstadt Düsseldorf) eher peripher gelegen (BREUER 1979).

Nach dem Zweiten Weltkrieg Krieg entwickelte sich die Stadt von einem Industrie- zunehmend zu einem Dienstleistungszentrum in der Euregio Maas-Rhein (SCHREIBER 1988, FROHN 1990, IHKA 1993d). In den heute 8'500 Betrieben sind etwa 125'000 Menschen beschäftigt. Von grosser Bedeutung ist die RWTH (Rheinisch-Westfälische Technische Hochschule Aachen), an der über 45'000 Personen v. a. in technischen Fächern studieren. Die Universität beschäftigt 10'000 Mitarbeiterinnen und Mitarbeiter und ist damit die grösste Arbeitgeberin der Stadt. Aachen ist Oberzentrum für eine Region mit etwa einer halben Million Einwohnern auf deutschem Gebiet. Im Dreiländerbereich Aachen-Maastricht-Lüttich leben ca. 1,5 Millionen Menschen. Die Stadt selbst zählt seit der kommunalen Neugliederung von 1972 bei stabiler bis leicht zunehmender Tendenz rund 250'000 Einwohner (ANDRES 1995:11-19). Davon sind ca. 93'000 erwerbstätig (POTH 1994d:10). Kleinere Regionalzentren in der Umgebung (Alsdorf, Eschweiler, Stolberg), die niederländischen und belgischen Städte sowie die beiden deutschen Grossstädte Düsseldorf und Köln stehen in wirtschaftlicher Standortkonkurrenz zu Aachen (KUMMER 1988, 1992, 1993) (Abbildung 21 und Abbildung 22).

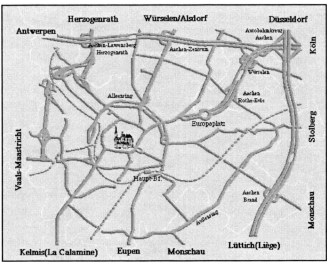

http://www.aachen.de/indexx.html, 19.3.99
Abbildung 22: Die Stadt Aachen

Aachen liegt an der West-Ost-Eisenbahnlinie von Köln nach Amsterdam bzw. nach Brüssel und Paris. Es bestehen zudem Verbindungen nach dem Ruhrgebiet (Mönchengladbach, Düsseldorf). Im Nordwesten der Stadt kreuzen sich die Autobahnen Köln - Amsterdam (A 4) und Ruhrgebiet - Lüttich (A 44). Von diesem Autobahnkreuz aus besteht eine direkte Stichverbindung zum Zentrum der Stadt (A 544 zum Europaplatz). Der lokale und regionale Personen- und Güterverkehr wickelt sich zu einem grossen Teil auf der Strasse ab. Die verschiedenen Strassenbahnlinien wurden nach dem Krieg sukzessive durch Busse ersetzt (HÄCHER 1980, VOGT 1970). Ein dichtes städtisches und regionales Busnetz der ASEAG (Aachener Strassenbahn- und Energieversorgungs-AG) erschliesst die Stadt für den öffentlichen Verkehr. Fast jeder Punkt des Stadtgebiets ist nur fünf Minuten von einer Bushaltestelle entfernt. Entlang der Hauptachsen verkehren die Busse im Zehnminutentakt oder häufiger (VEP GRUNDLAGEN 1994:9).

Der lokale Verkehr auf den Schienen der Deutschen Bahn hat nur eine untergeordnete Bedeutung. In der Stadt sind 118'000 Fahrzeuge zugelassen. Der Motorisierungsgrad beträgt demnach fast 50 %, was etwa im Bereich des Bundesdurchschnitts liegt (ANDRES 1995:13; POTH 1994d:1). Es verkehren jeden Tag 48'000 Einpendler und 11'000 Auspendler (POTH 1994d:1). Gesamthaft werden pro Tag gut eine halbe Million Autofahrten gemacht (VEP GRUNDLAGEN 1994:6). Der Modalsplit ist Tabelle

22 zu entnehmen. Verglichen mit 1982 hat der Anteil der Fusswege abgenommen, während bei allen anderen Verkehrsmitteln eine leicht Zunahme festzustellen ist.

Verkehrsmittel	Verkehrsmittelwahl Aachener	Aachener Gesamtverkehr
zu Fuss	26 %	22 %
Fahrrad	10 %	8 %
Ö(PN)V	10 %	12 %
Auto, inkl. Mottorräder	40 %	44 %
Auto als Mitfahrer	12 %	14 %

SEEWER 2000 nach SOCIALDATA 1991a:1; VEP GRUNDLAGEN 1994:6
Tabelle 22: Verkehrsmittelwahl nach Wegen in Aachen 1990

4.1.2 Ab 1945: Der Wiederaufbau der Stadt

Wie bereits in festgestellt, hat Aachen grosse Kriegszerstörungen erleiden müssen (ALTENÜHR ET AL. 1988, DÜMMLER 1977, PLANUNG 1965, STADT AACHEN 1964). Beim Wiederaufbau hielten sich die Planer weitgehend an die vorgegebenen Grundrissstrukturen. Allerdings erweiterte man zahlreiche Strassenquerschnitte um z. T. beachtliche Werte. Besonderes Gewicht erhielten die beiden Strassenringe auf den alten Stadtbefestigungsanlagen (Grabenring und Alleenring).[58] *„Ein Beispiel nur soll zeigen, wie umfangreich die notwendigen Eingriffe in das Netz der alten, engen Strassenzüge erfolgten, ohne dabei der feinmassstäblichen Gliederung mittelalterlichen Gepräges Gewalt anzutun. Kurz bemessene Strassenräume in häufiger Brechung und platzartige Strassenausweitungen waren die Mittel dazu. ... Von ehemals 5½ m erfuhr die Peterstrasse Ausweitung bis 20½ m an ihren engsten Stellen (Max. 45 m, AdA)"* (KLEIN 1957:8). Wichtige historische Gebäude v. a. um den Dom und das Rathaus wurden wieder aufgebaut oder restauriert. An verschiedenen Orten entstanden auch neue Gebäude, die aber auf Grund der gültigen Bauvorschriften grösstenteils ins charakteristische Altstadtbild passen. Auffallend ist der hohe Wohnanteil in der Innenstadt. *„Bei der Schwere der Zerstörungen war es in Aachen nicht leicht, den Wiederaufbau von Anfang an mit Nachdruck zu beginnen. Trotzdem ist in den vergangenen Jahren sehr viel geleistet worden"* (KLEIN 1957:4). 1950 entstand ein erster Leitplan, der zusammen mit dem von 1956 die städtebauliche Entwicklung bestimmte (LEITPLAN 1956; KLEIN 1957:9). Schon damals zeichnete sich ein starkes Verkehrswachstum ab - auf einigen wichtigen Achsen verdoppelte bis verdreifachte sich das Verkehrsaufkommen zwischen 1949 und 1955. Entsprechend grosszügig plante man den Ausbau des Strassennetzes - eine projektierte äussere Ringstrasse ist allerdings bis heute nicht vollständig ausgebaut.

Der Wiederaufbau der Stadt umfasste zwar nicht einen radikalen Umbau zur autogerechten Stadt. Dennoch legten die Planer die Grundlagen zur sukzessiven Erweiterung des Strassenraumes zu Gunsten des motorisierten Verkehrs. Der schleichende Abbau des Strassenbahnnetzes trug das seine dazu bei - die letzte Linie wurde 1974 stillgelegt und durch Bus ersetzt (HÄCHER 1980, VOGT 1970).

4.1.3 Ideen für die Innenstadt

Mitte der Sechzigerjahre bezeichnete der Stadtplaner FISCHER (1966) die Situation in der Innenstadt als unerträglich. Er hielt fest, dass die Verkehrsprognosen falsch gewesen seien und dass der KFZ-Bestand viel stärker wachse als erwartet. Trotz grossem Einsatz der Technik würde es nie gelingen, allen Verkehrsbedürfnissen gerecht zu werden. Er zählte verschiedene überlastete Strassenstücke im Bereich der Ringstrassen auf, stellte ein Parkplatzdefizit fest und forderte den Wechsel von der Stras-

---

[58] Bereits im 19. Jh. waren verschiedene geradlinige Achsen in den Altstadtgrundriss gelegt worden (Bsp.: Theater- und Wilhelmstrasse).

senbahn zum Bus. Er äusserte sich auch zum Fussgängerverkehr, der an gewissen Punkten ausserordentlich dicht geworden war. *"Solche Zahlen (Mittels Zählungen ermittelte Fussgängerströme, AdA) sollten mehr denn je zur Einsicht führen, dass auch dem Fussgänger Zonen einzuräumen sind, die es ihm ermöglichen, durch die Stadt zu wandeln und zu bummeln, ohne ständig von Verkehrsmitteln wie von bissigen Hunden bedroht zu sein."* (FISCHER 1966:63; zu Verkehrserhebungen aus dieser Zeit s. SCHOLZ 1962, 1965) Er forderte deshalb, die Adalbertstrasse, den Dahmengraben und die Krämerstrasse als Fussgängerzone auszuweisen. Gleichzeitig machte er den visionären Vorschlag eines weitgehend vom Autoverkehr befreiten Zentrums. Diese Ideen sind ausdrücklich von der Arbeit BUCHANANS (1965) beeinflusst und mit der „autogerechten Stadt" verbunden. *"Wie leicht wäre es, wenigstens das Herzstück der Stadt innerhalb des Grabenrings nur für den unbedingt erforderlichen Verkehrs zur Versorgung und den der Bewohner freizuhalten und dieses Gebiet sonst ausschliesslich dem Fussgänger zu reservieren; denkbar wäre das selbst für das Gebiet innerhalb des Alleenrings, da kein Radius mehr als 900 m Luftlinienlänge beträgt."* (FISCHER 1966:63)

Die Äusserungen des Stadtplaners nahmen die Ideen der offiziellen Planung nur teilweise voraus (KLEIN 1965; BAUDEZERNAT DER STADT AACHEN 1968). Die Stadt legte ein Jahr später ein Projekt für die Verkehrssanierung der Altstadt vor, das sehr viel konservativer ausfiel (FISCHER 1967). Grundlage war der Gesamtverkehrsplan Aachens aus dem Jahre 1966; ein neuer Generalverkehrsplan lag dann wieder 1972 vor. Es wurde die Angst geäussert, dass das Aachener Zentrum auf Grund der Lage in einer Autobahngabelung umfahren werden könnte. Deshalb sollte die gesamte Altstadt „autogerecht" umgebaut werden. *"Dem heutigen Verkehrsspezialisten und vielleicht auch manchem, nur von der Funktion vorherrschend dirigierten Städtebauer mag die Planung des Tangierens der Stadtmitte nicht einleuchten. Einen solchen Planungsgedanken abzulehnen, gibt es nach ihrer Auffassung wahrscheinlich vielerlei Gründe und sicherlich mancherorts durchschlagende Argumente. Aber die Stadt Aachen tut gut daran, sich für die Notwendigkeit einer solchen Verkehrsführung zu entscheiden. Die Sicherung ihrer wirtschaftlichen Existenz wird unter Respektierung vieler anderer Fakten nach wie vor von dieser Entscheidung bestimmt. Diese wichtige und für die Stadt so bedeutungsvolle Schiene trägt bereits die erforderlichen städtebaulich wichtigen Merkmale und Akzente. Es ist an der Zeit, diese Schiene mit ihren ‚Randerscheinungen' den heutigen Verkehrsansprüchen und Notwendigkeiten anzupassen und verkehrsgerecht auszubauen."* (FISCHER 1967: Vorwort). Fischer, dem damaligen Beigeordneten für das Bauwesen der Stadt Aachen, war es offensichtlich unwohl bei der Präsentation der Ideen:

- Anpassen und teilweise verbreitern der Ringstrassen;
- Schaffen neuer vierspuriger, strikt verkehrsmittelgetrennter Achsen in der Innenstadt;
- Bau eines Zentralen Omnibusbahnhofs (ZOB) (BUSHOF 1973), Entfernen der Strassenbahnen, neue Parkhäuser, Bau verschiedener Fussgängerunterführungen, Fussgängerzone in der Adalbertstrasse, Parkleitsystem (PLS).

Die Stadt konnte die Ideen zur Verkehrssanierung in der Innenstadt sukzessive verwirklichen und so die Innenstadt den Bedürfnissen des Autovekehrs anpassen. Im Zuge dieser Arbeiten wurde die Adalbertstrasse zur ersten Aachener Fussgängerzone (Strassennamen s. Abbildung 23). Diese Haupteinkaufsstrasse blieb aber durch die Peterstrasse vom traditionellen Zentrum im Bereich Dom und Markt abgeschnitten. *"Trotz des dichten Autoverkehrs und zweier Fussgängerunterführungen kreuzen ständig zahlreiche Fussgänger mit und ohne Ampel diese Strasse, denn von der Adalbertstrasse zieht sich ein attraktives Einkaufsgebiet über das ehemalige Kurviertel an der Komphausbadstrasse hinweg bis zur Grosskölnstrasse, über die es zum Markt hinauf geht."* (MONHEIM, MONHEIM 1976:36) Die Fussgängerzone wuchs nun schrittweise, beschränkte sich allerdings auf relativ wenige, für den MIV unwichtige Verbindungen zwischen Rathaus und Dom und Peterstrasse (AACHENER BÜRGERINITIATIVE CHRISTEN UND POLITIK 1973:50). Im gleichen Zeitraum, zu Beginn der Siebzigerjahre, fanden intensive Planungsarbeiten zur kommunalen Neugliederung statt. So analysierte die Stadt u. a. das Verkehrssystem und die Verkehrsströme (STADT AACHEN 1969).

Der konsequente, aufs Auto ausgerichtete Ausbau stiess schon sehr bald auf Widerstand. In einem Grundsatzpapier legte eine Bürgerinitiative ihre Haltung zur Aachener Verkehrsplanung dar. Sie kritisierte hauptsächlich die systematische Vernachlässigung des Fussgängerverkehrs im Zentrum: *"Unter Verkehrsplanung wurde jedoch bislang in unseren Städten praktisch nur eine Planung des rollenden und ruhenden Fahrzeugverkehrs verstanden, ... Wenn man von den Ergebnissen der Planungen auf die Einstellung der Planer schliessen darf, wurde der Fussgänger, der Mensch, dabei meist nur als ein lästiges Übel empfunden. Er musste sich mit dem begnügen, was als ‚Verschnitt' zufällig übrig blieb, und selbst auf diesen schmalen Bereichen wurde er immer mehr von parkenden Autos an die Wand gedrängt."* (AACHENER BÜRGERINITIATIVE CHRISTEN UND POLITIK 1973:6). Die Aktivisten listeten eine ganze Reihe von Mängeln und Verbesserungsmöglichkeiten auf. Hauptforderung war eine Abkehr von der autoorientierten Verkehrspolitik. Es würden mit Verzögerung die gleichen Fehler gemacht, die die anderen Städte bereits begangen hätten und die sie nun zu korrigieren versuchten. Zentral war der Wunsch nach einer deutlichen Erweiterung der zu kleinen Fussgängerzone: *„Auf dem Gebiet der Fussgängerzonen hat Aachen einen sehr späten Start gehabt. Im Vergleich mit anderen Städten (...) sind die Aachener Fussgängerbereiche immer noch mehr als bescheiden. Nur schwer und nach langen Anläufen kam es bei uns zu einem ersten Versuch, ... Bezeichnend ist auch, dass letztlich nicht die Interessen der Bürger für die Schaffung dieser Zonen den Ausschlag gaben, sondern die Umsatzsteigerungen der anliegenden Geschäfte."* (AACHENER BÜRGERINITIATIVE CHRISTEN UND POLITIK 1973:17). Konkreter Vorschlag ist der dreistufige Ausbau der Fussgängerzone in der Innenstadt. *„(1) Fortschreitender Ausbau der vorhandenen verstreut liegenden Fussgängerstrassen zu einem zusammenhängenden autofreien Kerngebiet im Dreieck Markt, Altes Kurhaus, Theater. ... (2) Weiterer Ausbau und Abrundung des Kerngebietes. Beginn der weiteren strahlenförmigen Ausweitung in Richtung Alleenring. (3) Endgültiger Ausbau des sternförmigen Fussgängergebietes mit durchgehenden Verbindungen nach allen Seiten bis zum Alleenring. Anknüpfung an die darüber hinaus reichenden Fussgängerstrassen und -wege in den Stadtgebieten ausserhalb des Alleenrings."* (AACHENER BÜRGERINITIATIVE CHRISTEN UND POLITIK 1973:23)

Diese weit reichenden - für die damalige Zeit wohl utopischen - Vorschläge beeinflussten die offizielle Politik wenig. Sie zeigen aber doch ein tiefes Unbehagen gegenüber der Entwicklung, wie sie in Aachen voranschritt. Einzig in verschiedenen Wohnquartieren, auch in der Innenstadt, kam es im Rahmen von Stadterneuerungsprojekten zu ersten verkehrsberuhigenden Massnahmen (STADT AACHEN 1975). Eine zaghafte Umorientierung der offiziellen Haltung geschah aber erst in den Achtzigerjahren.

4.1.4 Der Verkehr im Flächennutzungsplan 1980

1980 lag für das gesamte Stadtgebiet ein neuer Flächennutzungsplan vor (FLÄCHENNUTZUNGSPLAN 1986). Im Rahmen der Planungsarbeiten nahmen die Behörden einen Ist-Zustand auf und legten Perspektiven für die Zukunft dar. Probleme beim Strassennetz gebe es v. a. im Bereich der beiden Innenstadtringe, weil dort die Verknüpfung mit den radialen Achsen stattfinde und ein äusserer Ring fehle. Zudem komme es im Innenstadtbereich zu Überschneidungen mit Geschäfts- und Wohnnutzungen. Als Lösung schlugen die Planer eine Verkehrsberuhigung und Kanalisierung des Verkehrs sowie die Fertigstellung des Aussenringes und den Bau weiterer Strassen vor. Beim ruhenden Verkehr gebe es innerhalb des Alleenrings einen Bedarf von 22'600 Parkplätzen, es stünden allerdings nur 18'100 zur Verfügung, was einerseits zum Ausweichen in angrenzende Wohnquartiere führe und andererseits viele Falschparkierungen zur Folge habe. Für die Zukunft entwickelten die Planer eine zweigleisige Strategie: punktuell sollte neuer Parkraum entstehen und die Berufspendler dazu gebracht werden, vermehrt nicht mehr im Zentrum zu parken. Deshalb wurde in der Innenstadt ab 1981 nach und nach eine flächendeckende Parkraumbewirtschaftung eingeführt und auf gewissen Stellplätzen wurden die Anwohner bevorrechtigt (BEITRÄGE 1989, VEP GRUNDLAGEN 1994:18). Der Radverkehr hatte offenbar wenig Bedeutung oder wurde kaum wahrgenommen: *„Dem ebenfalls zu den individuellen Verkehrsmitteln zuzurechnenden Verkehrsmittel ‚Fahrrad' fällt gegenwärtig im Raum Aachen wenig Bedeutung zu. Stichprobenhafte Beobachtungen gaben zu erkennen, dass quantitativ nachweisbare Radverkehrsströme nur an sehr wenigen Stellen auftreten."* (FLÄCHENNUTZUNGSPLAN 1986:120) An gewissen Strassen gebe es bereits Radwege, im inneren Stadtgebiet sei jedoch der Raum zu knapp, um solche überhaupt anlegen zu können. Als Massnahme strebten die Planer ein zusammenhängendes Radwegnetz vor, das z. T. auf weniger stark befahrenen Nebenstrassen verlaufen sollte. Sie hoben auch die Bedeutung des Fussgängerverkehrs hervor, wiesen aber darauf hin, dass sich die Fussgänger v. a. im Nahbereich bewegten. *„Im Rahmen des Generalverkehrsplans Aachen* *wird davon ausgegangen, dass für den Fussgängerverkehr grundsätzlich ausreichende und sichere Fusswege verfügbar sein müssen. In Bereichen hoher Fussgängerkonzentrationen oder in besonders gefährdeten Bereichen sollen darüber hinaus Sondereinrichtungen für den Fussgängerverkehr ausgewiesen werden, zu denen die Fussgängerzonen zählen"* (FLÄCHENNUTZUNGSPLAN 1986:121). Eine Liste zeigt die bestehenden Fussgängerzonen, die sich auf die Aachener Innenstadt[59] und einige lokale Zentren von eingemeindeten Orten beschränken. Für die Zukunft war eine gemässigte Erweiterung der innenstädtischen Fussgängerzone[60] vorgesehen. *„Das Fussgängerstrassensystem in der Innenstadt besteht aus mehreren Einzelzonen, die durch Fussgängerunterführungen oder besondere Fussgängersignalanlagen miteinander verbunden sind. Sie werden von weniger bedeutenden Innenstadterschliessungsstrassen gequert. Dieses System hat sich bisher für die Fussgänger bewährt und bietet den Vorteil, dass die einzelnen Fussgängerzonen von den Haltestellen des öffentlichen Nahverkehrs und den Parkgaragen auf kürzesten Wegen erreichbar sind."* (FLÄCHENNUTZUNGSPLAN 1986:367) Der Hinweis fehlte nicht, dass in vielen Bereichen eine Verkehrsberuhigung angestrebt wurde. Für die Analyse des *öffentlichen Verkehrs* griffen die Planer auf eine Studie aus dem Jahr 1972 zurück. Sie hoben besonders den Radiallliniencharakter mit Schwerpunkten beim Bushof, Elisenbrunnen und Kaiserplatz hervor. Nachteilig wirkten sich besonders auch der jeweils in eine Richtung konzentrierte Verkehr und sowie die dichte Kursfolge auf gewissen Strecken aus. Konkrete Verbesserungen beschränkten sich auf organisatorische Massnahmen, Busspuren zur Beschleunigung des ÖV waren nur in beschränktem Rahmen vorgesehen.

Dieses doch eher konservative Bild einer möglichen Verkehrsentwicklung macht deutlich, dass die Aachener Behörden weiterhin den vermeintlichen Sachzwängen folgten und kaum zum Ziel hatten, den MIV einzuschränken und Alternativen zur Verfügung zu stellen. Für die Innenstadt zeichnete sich aber schon bald eine neue Initiative ab, die zu einer Verbesserung der Situation der Fussgängerinnen und Fussgänger führen sollte.

4.1.5 Massnahmenplan Verkehrskonzept Innenstadt 1986

Schon in den vorangegangen Jahren hatten einige Wohnbereiche im Zentrum eine Aufwertung erfahren. Mit zahlreichen Massnahmen sollte nun die Innenstadt ein neues Gesicht erhalten. Die Unzufriedenheit mit der aktuellen Situation war offensichtlich spürbar. *„Die vielfältigen öffentlichen Diskussionen und die Vielzahl der Ratsanträge zu städtebaulichen und verkehrlichen Verbesserungen in der Innenstadt (...) bestärkte die Bauverwaltung in ihrer Auffassung, einen langfristig angelegten Gesamtmassnahmenplan zur Realisierung der Verkehrskonzeption Innenstadt zu erarbeiten und zur Diskussion zu stellen."* (VERKEHRSKONZEPT INNENSTADT 1986:2) Konkret verfolgte die Verwaltung dabei folgende Zielsetzung: *„Mit dem Gesamtmassnahmenplan zur Realisierung der Verkehrskonzeption Innenstadt ist beabsichtigt, unter Wahrung der vorhandenen innerstädtischen Strukturen, die Aufenthalts- und Lebensqualität schrittweise weiter zu verbessern."* (VERKEHRSKONZEPT INNENSTADT 1986:2) Vorgaben waren die Leitlinien des Generalverkehrsplans: *„(1) Reduzierung der Durchgangsverkehre, (2) gute Erreichbarkeit der Ziele für alle Verkehrsteilnehmer, (3) Verbesserung der Parksituation und des öffentlichen Nahverkehrs, (4) weitere Verbesserung des Wohnumfeldes und der Lebensqualität für die in der Stadt wohnende und arbeitende Bevölkerung, u. a. durch die Schaffung von Fussgängerzonen."* (VERKEHRSKONZEPT INNENSTADT 1986:2) Die Massnahmen lagen in den Bereichen Gestaltung (z. B. Pflästerung) und Begrünung sowie Neuverteilung der Verkehrsfläche. Dank der Finanzierung mit Städtebauförderungsgeldern aus der Kasse des Landes konnten die Umbaumassnahmen rasch voranschreiten. Eine aktive Informationskampagne begleitete die Bauarbeiten, wohl nicht zuletzt deshalb, weil es Einzelhändler gab, die sich gegen das Vorhaben wehrten (AN

---

[59] Holzgraben/Dahmengraben, Grosskölnstrasse, Münsterplatz, Markt und Hof-Bereich, Kockerellstrasse und Augustinerplatz, Bahnhofsvorplatz, Adalbertstrasse, Pontstrasse, Annastrasse, Wirchisbongardstrasse, Maria-Hilf-Strasse, Rathausplatz (FLÄCHENNUTZUNGSPLAN 1986:121).

[60] Lindenplatz, Rosstrasse (zwischen Guaitastrasse und Stromgasse), Paugasse, Deliusstrasse, Teile der Wenzelstrasse, Oberstrasse, Scheibenstrasse zwischen Peliserkerstrasse und Oberstrasse, Josefsplatz, St. Johann - St. Michael in Burtscheid, Marienplatz, Veltmanplatz östlicher Teil (FLÄCHENNUTZUNGSPLAN 1986:367)

2.8.86, 14.11.86, 21.11.86, 21.2.87; STADT AACHEN 1990). Auch die SPD beteiligte sich damals an der Diskussion (AN 25.3.87).

Dieser Planung ist es zu verdanken, dass die neueren Teile der Aachener Fussgängerzone attraktiv gestaltet sind und die Innenstadt zu einem beliebten Ausflugs- und Reiseziel machen (BREUER, JUCHELKA 1996). Die Umsetzung der Massnahmen in der Innenstadt fiel in eine Zeit des Umbruchs. 1989 löste ein Koalition aus SPD und Grünen die seit 45 Jahren regierende CDU-Mehrheit ab. Im Wahlkampf diskutierte Umwelt- und Verkehrsthemen waren laut Beobachtern mit grosser Wahrscheinlichkeit ausschlaggebend für diesen Wandel. Damit war Anlass gegeben für eine Neuorientierung von Verkehrsplanung und -politik.

4.2 Die „Fussgängerfreundliche Innenstadt" oder der Aufbruch zu einer neuen Verkehrspolitik

4.2.1 Die Aachener Innenstadt

4.2.1.1 Abgrenzung

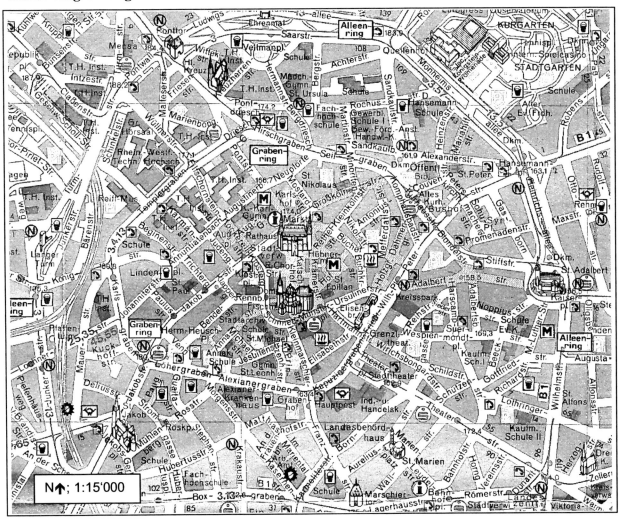

BOLLMANN 1989

Abbildung 23: Die Aachener Innenstadt

Zur Aachener Innenstadt gehört das Gebiet innerhalb des Alleenrings, der einen Durchmesser von ungefähr 1,8 km hat. Weiter innen liegt der Grabenring, dessen Durchmesser etwa 1 km misst

(Abbildung 23). Die offizielle Statistik unterscheidet die Bezirke City und Cityrand, die etwa dem Gebiet innerhalb des Alleenrings entsprechen. Das Ring-Radial-System der Strassen basiert auf den mittelalterlichen Wallanlagen. Im Zentrum liegen Dom und Rathaus. Innerhalb der Stadtmauern orientierte sich der rechtwinklige römische Stadtgrundriss an der Topografie, während die Franken ihre Sakralbauten auf der West-Ost-Linie ausrichteten. Die beiden Systeme sind in Aachen an charakteristischen Dreiecksplätzen ablesbar (POTH 1994e). Ausserhalb des Alleenrings liegen die gründerzeitlichen Wohnviertel. Das Stadtzentrum wird gegen Süden und Westen hin von den Bahnanlagen von der übrigen Stadt abgetrennt. Im Südosten liegt das Burtscheider Kurgebiet.

4.2.1.2 Bevölkerung und Wirtschaft

In der Innenstadt dominieren die Wohnnutzung und die wirtschaftliche Nutzung. 1992 lebten 36'575 Bewohnerinnen und Bewohner innerhalb des Alleenrings (POTH 1994e:10).[61] Seit den Achtzigerjahren hat diese Bevölkerungszahl zugenommen, da verschiedene ehemals gewerblich genutzte Flächen in Wohnflächen umgewandelt worden sind. Die Projekte beinhalteten alle eine Wohnumfeldverbesserung und eine Aufwertung des öffentlichen Raumes. So hat der Bestand an Wohnungen in den Gebieten City und Cityrand von 27'905 (1987) auf 29'310 (1996) zugenommen.

Gleichzeitig bestehen in der Innenstadt etwa 35'000 Arbeitsplätze. Zu diesen Arbeitsplätzen pendeln täglich 32'500 Personen ein. Von den werktätigen Bewohnern arbeiten 2'500 in der Innenstadt und 10'500 pendeln in Gebiete ausserhalb (ANDRES 1995:29). Einen Überblick über die Betriebsstrukturdaten gibt Tabelle 23.

WIRTSCHAFTSZWEIGE	ARBEITSSTÄTTEN	BESCHÄFTIGTE
Handel	1'029	7'579
Verkehr und Nachrichtenübermittlung	85	3'970
Kreditinstitute und Versicherungsgewerbe	141	4'787
Organisationen ohne Erwerbszweck	124	2'634
Gebietskörperschaften und Sozialeinrichtungen	147	11'792
Übrige Dienstleistungen	1'266	8'888
Baugewerbe	79	825
Verarbeitendes Gewerbe	343	3'818
Übriges	4	30
TOTAL	3'218	44'323

SEEWER 2000 nach Stadt Aachen, Amt für Statistik und Wahlen 1997

Tabelle 23: Wirtschaftsstruktur in der Aachener Innenstadt 1995 (Quartiere City und Cityrand)

Über die genaue Flächennutzung der Innenstadt liegen keine aktuellen Zahlen vor. BROCKELT (1995:53) hat für die Innenstadt folgende Schwerpunkte beschrieben (s. a. Abbildung 23):

- Um den Dom und das Rathaus (Marktplatz) konzentrieren sich Geschäfte für den gehobenen Einkaufsbedarf und zahlreiche Gastronomiebetriebe (Krämerstrasse);
- Nordöstlich des Marktplatzes hat sich ein Einkaufsbereich mit einem grossen einheimischen Textilkaufhaus herausgebildet (Grosskölnerstrasse);
- Im Bereich Dahmengraben/Holzgraben gibt es neben einem grossen Warenhaus viele kleinere Geschäfte;

---

[61] Die Bewohnerzahl am 31.12.96 in den statistischen Bezirken City und Cityrand betrug 48'928. In der Stadt Aachen lebten am 31.12.94 266'379 Personen (STADT AACHEN, AMT FÜR STATISTIK UND WAHLEN 1997).

- Die Haupteinkaufsstrasse (Adalbertstrasse) befindet sich anschliessend daran, jenseits des Grabenrings;
- Beim Theater sind verschiedene Dienstleistungsbetriebe (Banken, öffentliche Verwaltung, Versicherungen) angesiedelt;
- Im nordwestlichen Teil der Innenstadt befindet sich das weitläufige Hochschulquartier, und im Osten liegen dicht bevölkerte, gründerzeitliche Erweiterungsgebiete.

4.2.1.3 Verkehrliche Erschliessung

Die meisten Linien des öffentlichen Nahverkehrs sind als Radiallinien ausgelegt und verkehren bis ins Stadtzentrum. Die Haltestellen sind regelmässig über die Innenstadt verteilt. Einige Fussgängerzonen werden durch Midibusse erschlossen (Marktliner). Zentrale Umsteigepunkte sind der Bushof an der Peterstrasse und die Haltestelle am Elisenbrunnen. Der Bahnhof liegt am Rande der Innenstadt. Die Verknüpfung mit dem Fernverkehrsnetz ist so nicht auf optimale Weise gewährleistet. An Samstagen bestehen Zusatzverbindungen zu verschiedenen P+R-Plätzen am Stadtrand. Zur Benutzung des ÖV gibt es verschiedene tarifliche Vergünstigungen, so z. B. seit 1987 eine übertragbare Monatsnetzkarte („Aachen-Karte") sowie eine Familienkarte (Tagesnetzkarte für fünf Personen). In den letzten Jahren ist das Netz leicht gewachsen. An verschiedenen wichtigen Ausfallstrassen sind Busspuren entstanden, und an 40 Ampeln werden die Busse bevorzugt. Damit konnte der Busverkehr wirksam beschleunigt werden (POTH 1994e:2-4). Nachdem die transportierte Passagierzahl 1986 einen Tiefpunkt von 36 Millionen pro Jahr erreicht hatte, ist sie bis 1993 kontinuierlich auf 57 Millionen angestiegen (POTH 1994e:10). Im Rahmen der Verkehrsentwicklungsplanung (VEP) ist ein massiver Ausbau des Angebots vorgesehen. So wollen die Planer u. a. ein neues Stadtbahnnetz einrichten (VEP HANDLUNGSKONZEPT 1995:14).

Vom motorisierten Verkehr stark belastet sind im Innenstadtbereich die beiden Ringstrassen und der meist frequentierten Knoten Hansemannplatz. Sowohl Schadstoff- als auch Lärmgrenzwerte werden in vielen Bereichen der Innenstadt massiv überschritten (VEP GRUNDLAGEN 1994:20,21; FUSSGÄNGERFREUNDLICHE INNENSTADT 1994b:16-24). Für die VEP entwickelten die Gutachter einen Index für die strassenräumliche Verträglichkeit. Sie kommen zu folgendem Schluss. *„Nahezu an allen untersuchten Hauptverkehrsstrassen sind die Auswirkungen des Kfz-Verkehrs für die übrigen Strassenraumnutzungen unverträglich. Massgeblich hierfür sind in erster Linie die hohen Kfz-Verkehrsmengen."* (VEP 1994:22,23) Diese Belastungen wirken sich auf die Stadt in besonderem Masse aus, da sie als Kurstadt strengere Richtlinien zu erfüllen hätte (ANDRES 1995:24). Im Rahmen der VEP sollen ein Strassenrückbau und eine Umverteilung der Flächen vorgenommen werden. In den Wohnquartieren würden mit Ausnahme eines reduzierten Vorrangstrassennetzes Tempo-30-Zonen ausgeschieden. Verschiedene solcher Zonen sind bereits verwirklicht. In der Innenstadt ist geplant, den Grabenring an drei Stellen zu unterbrechen. Die Innenstadt bliebe vom Alleenring her in verschiedenen Sektoren noch erreichbar, könnte aber nicht mehr durchfahren werden. Die Unterbrechung und Umgestaltung des Grabenrings beim Elisenbrunnen am Friedrich-Wilhelm-Platz war ein umstrittener Punkt bei der Diskussion um die „Fussgängerfreundliche Innenstadt".

Das Parkplatzangebot in der Innenstadt ist grosszügig. 1993 gab es im Bereich des Alleenrings rund 12'000 öffentlich zugängliche Stellplätze. Davon sind 6'752 in Parkhäusern oder Tiefgaragen. 3'516 Strassenrandparkplätze sind für Anwohner reserviert, 1'969 verfügen über eine Parkuhr oder einen Ticketautomaten. Daneben gibt es nochmals ungefähr 12'000 private Stellplätze (VEP GRUNDLAGEN 1994:18). Ein neues dynamisches Parkleitsystem führt die Autofahrer zu den freien Parkplätzen (POTH 1994b). Ausserhalb der Innenstadt gibt es zudem verschiedene P+R-Plätze. Sie sollen vermehrt auch im Werktagsverkehr Bedeutung erhalten.

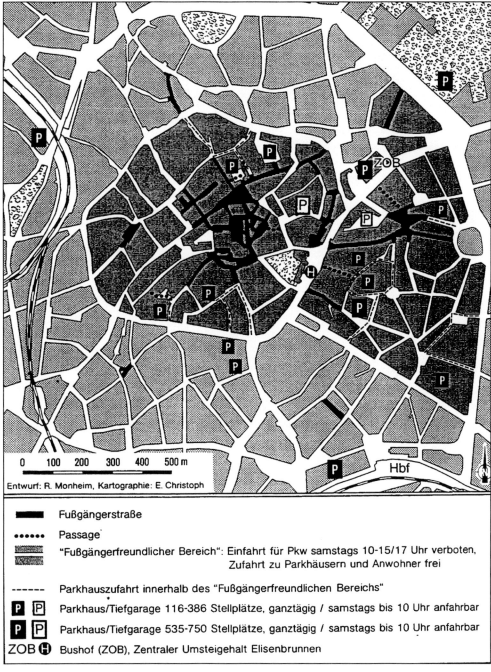

BROCKELT 1995b:56

Abbildung 24: Die Aachener Fussgängerzone

Für den Fahrradverkehr bestehen in der Innenstadt erst wenige Infrastrukturanlagen. So erweisen sich die Gefährdung auf den Hauptverkehrsstrassen, Konflikte auf zu schmalen Gehwegradwegen und die knappe Zahl von Abstellplätzen als Hauptproblempunkte. Im Rahmen von Sofortmassnahmen sind bereits Verbesserungen erzielt worden. So haben die Behörden Radstreifen aufgemalt, Einbahnstrassen geöffnet und erste Fahrradstrassen[62] eingerichtet (VEP GRUNDLAGEN 1994:14,15). Sie fördern zudem den Fahrradverkehr mit gezielten Aktionen (AMT FÜR VERKEHRSANLAGEN 1994; STADT AACHEN 1994).

---

[62] Auf Fahrradstrassen ist die gesamte Fahrbahn „Radweg". Andere Verkehrsteilnehmer dürfen die Fahrradstrasse nur benutzen, wenn sie ausdrücklich zugelassen sind. Sie müssen sich dann der Geschwindigkeit der Radfahrer anpassen. Diese Regelung wird durch ein spezielles Verkehrszeichen signalisiert (nach VEP HANDLUNGS-KONZEPT 1995:17).

Erhebung ⇩	Zu Fuss	Fahrrad	Mot. Zwei-rad	PKW als Fahrer	PKW als Mitfahrer	P+R	ÖV
1. Passantenbefragung Di, 31.10.89	40 %	6 %	1 %	34 %	-	-	14 % Bus 4 % Bahn 1 % Car[63]
2. Haushaltsbefragung Okt.-Dez. 1990	32 % AC 3 % ACN 40 % eAC 3 % eACN	12 % AC 0 % ACN 9 % eAC 0 % eACN	1 % AC 2 % ACN 1 % eAC 0 % eACN	27 % AC 44 % ACN 22 % eAC 43 % eACN	10 % AC 18 % ACN 9 % eAC 14 % eACN	-	18 % AC 33 % ACN 19 % eAC 40 % eACN
3. Passantenbefragung Dez. Sa 1990/93/95 (2.12/9.12)	20 % 90 16 % 93 13/13 % 95	4 % 90 3 % 93 4/2 % 93	-	40 % 90 40 % 93 40/40 % 95	3 % 90 3 % 93 2/2 % 95	9 % 90 8 % 93 6/6 % 95	9 % Bus 90 13 % Bus 93 10/9 % Bus 95 3 % Bahn 90 5 % Bahn 93 13/9 % Bahn 95 12 % Car 90 14 % Car 93 11/19 % Car 95
4. Passantenbefragung Sa, 10.10.92	22 % Σ 38 % AC - F 18 % e	10 % Σ 16 % AC 1 % F 10 % e		42 % Σ 23 % AC 68 % F 44 % e	-	8 % Σ 2 % AC 17 % F 9 % e	18 % Σ 21 % AC 14 % F 19 % e
5. Passantenbefragung Sa, 10.10.92/ Do 7./Fr 8.10.93	21/30/27 % Σ 35/48/36 % AC 0/0/0 % BR 0/0/0 % AB	8/6/10 % Σ 14/10/13 % AC 0/0/0 % BR 0/0/0 % AB	2/4/1 % Σ[64] 4/0/2 % AC 0/0/0 % BR 1/0/5 % AB	42/44/33 % Σ 24/30/15 % AC 54/86/66 % BR 78/78/79 % AB		8/0/0 % Σ 2/0/0 % AC 21/3/0 % BR 15/0/3 % AB	19/17/29 % Σ 22/12/34 % AC 25/11/34 % BR 7/22/13 % AB
6. Kundenbefragung Warenhäuser Oktober Do/Fr/Sa 1988/92/94	20 % Do88 25 % Do92 22 % Do94 21 % Fr88 22 % Fr92 22 % Fr94 19 % Sa88 21 % Sa92 20 % Sa94	3 % Do88 6 % Do92 6 % Do94 3 % Fr88 6 % Fr92 5 % Fr94 3 % Sa88 7 % Sa92 9 % Sa94	-	49 % Do88 36 % Do92 38 % Do94 45 % Fr88 37 % Fr92 39 % Fr94 61 % Sa88 46 % Sa92 40 % Sa94	-	1 % Do88 1 % Do92 0 % Do94 0 % Fr88 1 % Fr92 1 % Fr94 1 % Sa88 4 % Sa92 1 % Sa94	27 % Do88 32 % Do92 34 % Do94 31 % Fr88 34 % Fr92 33 % Fr94 16 % Sa88 22 % Sa92 30 % Sa94
7. Passantenbefragung, Sa (a) 5.10.91, (b) 2.11.91, (c) 1.2.92	30,5 % (a) 29,5 % (b) 35,5 % (c)	6 % (a) 6,5 % (b) 5 % (c)		44,5 % (a) 39,5 % (b) 36,5 % (c)		2 % (a) 7,5 % (b) 4 % (c)	16 % (a) 17 % (b) 18,5 % (c)
8. Passantenbefragung Sa, 15.1.93	26 %	8 %		40 %		6 %	20 %

Erklärungen: Di = Dienstag, Do = Donnerstag, Fr = Freitag, Sa = Samstag; AC = Stadt Aachen, ACN = Aachener Nordraum, F = Nicht Aachen; BR = Ballungsrandzone; AB = Ausserhalb Ballungsraum; e = Besuchszweck Einkaufen; Σ = Summe/Total

SEEWER 2000 nach 1. QUARTEN 1989:52; 2. SOCIALDATA 1991b:9 3. BREUER, JUCHELKA 1994:100 (1992/1994), BREUER, JUCHELKA 1996:80; 4. BROCKELT 1993a:OS; 5. BROCKELT 1995b:70; 6. BAG 1994:OS, 7. HHS 1992 8. STOKOWY 1993:50

Tabelle 24: Verkehrsmittelwahl auf dem Weg zur Aachener Innenstadt

---

[63] Car = Reisebus

[64] Kraftrad

Der Fussgängerverkehr ist in der Innenstadt von grosser Bedeutung, nicht zuletzt wegen der hohen Wohndichte. Abbildung 24 zeigt die bestehenden Fussgängerzonen. Neben den traditionellen kommerziellen Fussgängerzonen gibt es neu auch strategische, die Durchgangsverkehrsachsen unterbrechen. An einigen Orten sollen Fussgängerzonen auch Wohnbereiche schützen.

Ausserhalb der bestehenden Fussgängerzonen beeinträchtigen beschränkte Flächen für Fussgänger, verstellte Gehwege und fehlende Überquerungsmöglichkeiten die Fussweg- und die Aufenthaltsqualität. Mit einem gezielten Massnahmenprogramm versuchte die Stadt, die Sicherheit an lichtsignalgeregelten Kreuzungen zu erhöhen (STADT AACHEN 1991b). Häufigere Grünzeiten für Fussgänger, der Ersatz von Unterführungen durch Ampelanlagen und die Einrichtung von „Rundumgrün"[65] für Fussgänger erleichterten die Überquerbarkeit der Strassen (FUSSGÄNGERFREUNDLICHE INNENSTADT 1994a:31). Neuerdings erlaubt die Stadtverwaltung Gehwegparken nicht mehr. Die wichtigste Massnahme für den Fussgängerverkehr war schliesslich die Einführung der „Fussgängerfreundlichen Innenstadt".

Aufschluss über die gesamtstädtische Verkehrsmittelwahl gibt bereits Tabelle 22. Für die Innenstadt gibt es einige jüngere Untersuchungen, die in Tabelle 24 dargestellt sind. Trotz der Vielfalt der Untersuchungen stimmen die Ergebnisse relativ klar überein. Etwa 40 % der Aachener gehen zu Fuss in die Innenstadt. Der Fusswegantteil beträgt gesamthaft etwa 20 % - für den Einkauf und samstags sind es etwas mehr. Eine klare Aussage über zeitliche Entwicklungstrends ist nicht möglich. Der Anteil der Radfahrer liegt zwischen 5 und 10 %. Auch hier ist er bei den Aachenern selber höher. Bei Erhebungen, die im Dezember stattfanden, war ihr Anteil tiefer. Im Zeitverlauf ist ein leichter Bedeutungsgewinn zu erkennen. Der Anteil des Autoverkehrs auf dem Weg zur Innenstadt beträgt um die 40 %. Bei den Aachenern selber liegt er allerdings unter 30 %, während Auswärtige mehrheitlich mit dem Motorfahrzeug kommen. Am Samstag ist der Autoanteil höher als an den übrigen Wochentagen; er ist in den letzten Jahren allerdings tendenziell zurückgegangen. Die Bedeutung von P+R liegt zwischen null und zehn Prozent am Gesamtverkehr zur Innenstadt. Das Angebot wird v. a. für den Einkaufsverkehr wahrgenommen. Knapp 20 % kommen mit ÖV in die Innenstadt. Leute von ausserhalb benutzen den ÖV häufiger als die Aachener. Bei den Warenhausbesuchern ist der ÖV-Anteil höher als bei allen Befragten zusammen. Im Zeitverlauf hat der ÖV etwas an Bedeutung gewonnen. Wichtig sind hauptsächlich die ASEAG-Busse, während die Bahn nur eine untergeordnete Rolle spielt. Letztere scheint in den letzten Jahren an Bedeutung gewonnen zu haben. Während der Weihnachtszeit ist die Zahl der Besucher, die mit Cars (Reisebussen) anreisen, grösser als 10 %.[66]

Zur Nutzung des öffentlichen Verkehrs und des motorisierten Individualverkehrs enthält bereits das vorangehende Kapitel Angaben. Auf den Achsen innerhalb der Innenstadt ist die Zahl der ÖV-Passagiere viel höher als die der Autofahrer. *„In den Spitzenstunden ist der Öffentliche Personennahverkehr schon heute an der Grenze seiner derzeitigen Kapazität angelangt. Die Busse sind so voll, dass für einen Grossteil der Fahrgäste nur noch Stehplätze zur Verfügung stehen."* (VEP GRUNDLAGEN 1994:10) An normalen Werktagen ist der Parkraum in den zentralen Parkhäusern sehr gut ausgelastet, während am Innenstadtrand und auf den P+R-Plätzen noch ansehnliche Kapazitäten zur Verfügung stehen (VEP GRUNDLAGEN 1994:19). Genaue Zahlen zur Parkplatzauslastung haben BREUER, JUCHELKA (1996) in den drei Zeitschnitten 1992, 1994 und 1995 erhoben.

Während Fussgängerzählungen in der Aachener Innenstadt Tradition haben (SCHOLZ 1962, SCHOLZ 1965, QUARTEN 1988, QUARTEN 1989, VEP GRUNDLAGEN 1994:13, BREUER, JUCHELKA 1996), liegen für den Fahrradverkehr keine Untersuchungen vor. Bereiche mit hohem Fussgängeraufkommen sind die kommerziellen Fussgängerzonen sowie Teile des Grabenringes. In den letzten Jahren hat es verschiedene spürbare Verschiebungen der Passantenströme gegeben, die auf konkrete Massnahmen wie z. B. die Schliessung von Unterführungen zurückzuführen sind (BREUER, JUCHELKA 1994:57,58). Es kam aber auch zu einem grundsätzlichen Passantenrückgang in der Aachener Innenstadt. BREUER,

---

[65] Beim „Rundumgrün" können die Fussgänger in allen Richtungen gehen, während alle Fahrzeuge Rot haben.

[66] Besucher, die mit dem Car anreisen, kommen oft aus dem Ausland. Nach BREUER, JUCHELKA 1994:130,131 liessen sich die ausländischen Besucher eher befragen, als die Aachener selber, bei denen eine Befragungsmüdigkeit feststellbar war. So sind sie in der entsprechenden Untersuchung etwas überrepräsentiert.

JUCKELKA (1996:53) nennen folgende, möglicherweise relevante Faktoren für den Passantenrückgang: bundesweiter Konsumrückgang und Veränderung des Konsumverhaltens auf Grund arbeitsmarktpolitischer und wirtschaftlicher Unsicherheiten, fehlende Imagepflege der Stadt Aachen als Einkaufsstadt, Nichtakzeptanz verkehrsbeeinflussender Massnahmen in der Aachener Innenstadt, nicht aufeinander abgestimmte ÖV-Takte.

4.2.1.4 Die Situation des Einzelhandelshandels

Im Rahmen der Diskussion um die „Fussgängerfreundliche Innenstadt" sind Studien entstanden, die sich mit der Frage einer Umsatzveränderung beschäftigt haben. Deshalb liegen ebenfalls Zahlen zur Einzelhandelsstruktur vor (Abbildung 25 und Tabelle 25). Die Zahlen beziehen sich nur auf Betriebe mit eigenem Verkaufslokal.

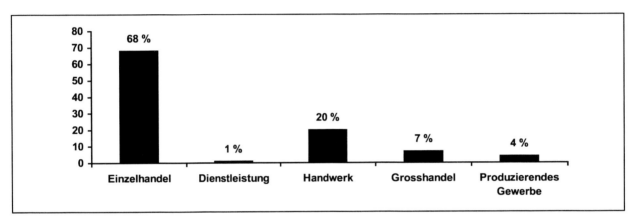

SEEWER 2000 nach MÜLLER-HAGEDORN, SCHUCKEL 1992:11
Abbildung 25: Betriebsstruktur in der Aachener Innenstadt in Prozent 1992

Branche	Anzahl Geschäfte in %; N = 627 Betriebe
Nahrungsmittel, Getränke, Tabakwaren	11 %
Textilien, Bekleidung, Schuhe, Lederwaren	34 %
Einrichtungsgegenstände	14 %
Elektrotechnische Erzeugnisse, Musikinstrumente	5 %
Papierwaren, Druckerzeugnisse, Büromaschinen	8 %
Pharmazeutische, kosmetische und medizinische Erzeugnisse	12 %
Sonstige	16 %

SEEWER 2000 nach MÜLLER-HAGEDORN, SCHUCKEL 1992:12
Tabelle 25: Die Einzelhandelsbranchen in der Aachener Innenstadt 1992

Längerfristige Studien zu Struktur und Entwicklung sind jedoch keine vorhanden. Alle Betrachtungen konzentrieren sich auf den Zeitraum um die Einführung der „Fussgängerfreundlichen Innenstadt". Entsprechend sind wenig Informationen über die generelle Situation, die Attraktivität sowie die Meinung der Einzelhändler bekannt. In Deutschland steht jedoch der innerstädtische Einzelhandel unter grossem Konkurrenzdruck, der von Fachmärkten und den Betrieben auf der grünen Wiese ausgeht (MÜLLER-HAGEDORN L., SCHUCKEL M., ZIEHE N. 1994:17-23; s. a. ANDRES 1995:47-51). Aachens Zentrum steht zudem in Konkurrenz mit grösseren und kleineren Zentren im Umland. Zusätzlich ist die Nachfrage auf Grund der wirtschaftlichen Krise und Umstrukturierung zurückgegangen (BREUER, JUCHELKA 1996:130; s. a. ANDRES 1995).

4.2.2 Die „Fussgängerfreundliche Innenstadt"

4.2.2.1 Die Entstehung der Idee

Nach der Komunalwahl von 1989 setzte die neue Stadtratsmehrheit zuerst die Vorhaben aus der Zeit davor um: Anwohnerparken (ANWOHNERPARKEN o. J.), Verbesserung der Fussgängersicherheit an Lichtisignalanlagen (STADT AACHEN 1991b) und Erweiterung und Ausgestaltung der Fussgängerzone (STADT AACHEN 1990). Gerade beim Umbau des Fischmarktes und der Schmiedstrasse zur Fussgängerzonen, der bereits im VERKEHRSKONZEPT INNENSTADT (1986) vorgesehen war, kam es zu heftigen Diskussionen. Während Baudezernent Dr. Niehüsener die Idee mit der Erhöhung des Aufenthalts- und Wohnwertes und aus ökologischen und sozialen Gründen verteidigte, kritisierten Anwohner und Geschäftsleute die in ihren Augen zu restriktiven Zufahrtsbedingungen sowie die lange Umbauzeit. Man hätte sich in der Bürgeranhörung nur für einen verkehrsberuhigten Bereich ausgesprochen (AVZ 22.2, 9.3, 14.3.90). Die offiziellen Organisationen von Handel und Gewerbe mischten sich noch nicht in diese Diskussion ein. Sie stellten aber Ihre Position zur Innenstadtverkehrspolitik klar dar und nahmen dabei auch Bezug auf den Machtwechsel zu Rot-Grün. Der MAC (Märkte- und Aktionskreis City) legte ein eigenes Verkehrskonzept vor und zeigte sich in der Frage der Erweiterung der Fussgängerzone in der Innenstadt kompromissbereit, forderte aber gleichzeitig die Kapazitätshöhung der Ring- und Zufahrtsstrassen, neuen Parkraum sowie ein verbessertes Leit- und Steuerungssystem. Man müsse sonst die Konkurrenz der grünen Wiese und von Holland befürchten (AVZ 17.3.90). Ähnliche Forderungen stellte auch die Junge Union (AVZ 11.4.90). Im Vordergrund der Diskussion stand stets die Erreichbarkeit, die unbedingt erhalten werden müsse, um der Konkurrenz Stand halten zu können (AVZ 26.4.90). Im Mai setzte die Diskussion um die Erweiterung der Fussgängerzone (Schmiedstrasse, Blondelstrasse, Pontstrasse) wieder ein (AVZ 22.5.90). Die Stadt verwirklichte die Projekt schliesslich trotz des latenten Widerstandes.

Umweltorganisationen wie ADFC, VCD und BUND kritisierten bereits 1989 die vorherrschenden Verkehrsverhältnisse und stellten u. a. die Forderung auf, die Autos aus der Innenstadt zu verbannen (AN 19.9.89). Im Juni 1990 tauchte dann ein erstes Mal die Idee eines autofreien Samstags in der Öffentlichkeit auf. Eine ähnliche Forderung stellten die Grünen bereits bei den Koalitionsverhandlungen 1989 (AVZ 18.4.91). SPD und Grüne schlugen in einem Antrag vor, die Innenstadt einmal pro Monat zu sperren. *„Erfahrungen in Lübeck mit dem autofreien Tag zeigen, dass es von den Bürgern deutlich als Entlastung empfunden wird."* (AVZ 2.6.90) Der Geschäftsführer des Einzelhandelsverbandes, Franz Ebert, äusserte darauf sofort scharfe Kritik. Er wolle keine Experimente am umsatzreichsten Tag, das Auto sei für die Erreichbarkeit notwendig, und die Stadt solle kein Museum werden - er warnte vor zu schnellem Vorgehen (AVZ 6./7.6.90). Besonders heftig wehrten sich die Einzelhändler, die um ihre Existenz fürchteten. Ein erster Rückzieher machte darauf der Verkehrsausschussvorsitzende Jürgen Bartholomy (SPD), der meinte, dass die Verwaltung die Idee zuerst prüfen solle - bei dem Vorschlag gehe es sowieso nur um den Bereich innerhalb des Grabenringes. Dagegen forderten die Grünen zusätzliche Verkehrsberuhigungsmassnahmen in der ganzen Stadt. Die Einzelhändler signalisierten trotz ihrer Kritik Gesprächsbereitschaft und sahen rechtliche Schritte nur als letzte Notbremse vor (AVZ 13.6.90). Im Anschluss daran wendete sich das öffentliche Interesse im Bereich Verkehr der Parkplatzfrage in der Innenstadt zu. Dabei ging es um die Nutzung und Bewirtschaftung der 12'000 Innenstadtparkplätze. Heftiger Kritikpunkt war die geplante Schliessung des zentralen Innenstadtparkhauses Büchel (AVZ 31.7.90); in diesem Zusammenhang sprach sich die CDU deutlich gegen eine Citysperrung aus (AVZ 27.7.90). Der MAC hatte Angst vor einem Bedeutungsverlust der Stadt und forderte erneut, die Ringstrassen auszubauen sowie zusätzlich Verkehrslenkung durch Parkgebühren, Anwohnerparken, PLS und P+R aber auch ÖV-Verbesserungen. In all diesen Bereichen sei die Stadt nicht aktiv (AVZ 2.8.90). Im Folgenden fand einerseits eine sehr kontroverse Diskussion um die Sperrung der Innenstadt und die Schliessung von Parkhäusern statt; andererseits gab es auch eine Konsensebene. Alle Akteure waren sich einig, dass es notwendig sei, den ÖV auszubauen und das Anwohnerparken auszuweiten. Zürich diente als Vorbild für den öffentlichen Verkehr Die Grünen seien die Fordernden, die mit der vierzig Jahre alten CDU-Verkehrspolitik brechen wollten, tönte es in der Presse, während die SPD doch nicht allzu weit gehen wolle. So kam bereits damals die Idee auf den Tisch, auf der Achse Hansemannplatz - Bushof - Hauptpost die MIV-

Spuren drastisch zu reduzieren und längerfristig für den privaten Verkehr zu sperren (AVZ 3.,4.,7.8.90). Als Vorbild, bzw. als negatives Beispiel, wurde von allen Seiten immer wieder Lübeck herangezogen (s. unten stehender Exkurs).

Exkurs: Die „autofreie Innenstadt" in Lübeck

Das Modell der „autofreien Innenstadt" in Lübeck diente Aachen als Vorbild. Sowohl Befürworter als auch die Gegner in Aachen kamen auf die Hansestadt zu sprechen, wenn es darum ging, positive und negative Auswirkungen aufzuzeigen.

Ab 1980 sah der Lübecker Generalverkehrsplan vor, die auf einer Insel gelegene Altstadt vom MIV zu entlasten. Die UNESCO nahm dann die gesamte Altstadt 1987 in die Liste der Weltkulturgüter auf. Dies war Anlass dafür, dass die Bürgerschaft (Stadtparlament) das Zentrum vom Autoverkehr befreien wollte. So sperrten die Verantwortlichen im Oktober 1989 das Stadtzentrum samstags zum ersten Mal und machten die „autofreie Innenstadt" 1990 an Wochenenden zum Definitivum (SCHÜNEMANN 1992:10). Als Alternativen zur Fahrt in die Stadt mit dem eigenen Auto schlugen die Verantwortlichen vor, zu Fuss zu gehen, das Fahrrad zu benutzen, mit dem ÖV zu fahren (Sondertarife) oder vom kostenlosen P+R-Angebot (2'600 Stellplätze) Gebrauch zu machen. Ausser der 600 öffentlichen oberirdischen Parkplätze blieben alle Parkhäuser anfahrbar. SCHÜNEMANN (1992:11), der Leiter der Lübecker Verkehrsplanung, beurteilte den Versuch als positiv. Starke Befürworter seien Altstadtlobbyisten und Denkmalpfleger, die Massnahme werde aber auch - im Prinzip jedenfalls - von Automobilindustrie und Einzelhandel begrüsst. Befragungen zeigten eine hohe Akzeptanz der Lösung bei der Bevölkerung. Es seien spürbare Verbesserungen bei Umwelt- und Lebensqualität erzielt worden: reduzierte Luft- und Lärmbelastung, grösseres Fussgängeraufkommen und eine um 2/3 reduzierte Verkehrsmenge in der Innenstadt. Zum damaligen Zeitpunkt sollte deshalb an einem runden Tisch - im Arbeitskreis „Autofreie Altstadt" – eine Lösung für die ganze Woche gefunden werden (s. a. FACHHOCHSCHULE AACHEN 1992; HDE 1992:110-113; MÜLLER ET AL. 1992:185-196; STOKOWY 1993:27-43: KLIMA-BÜNDNIS/ALIANZA DEL CLIMA, 1994b:269,270; BAIER 1995).

Die Vertreter des Einzelhandels fürchteten dennoch Umsatzverluste auf Grund wegfallender Umlandbesucher - ein Grund, dass dies nicht so stark eingetreten sei wie erwartet, seien die neuen Besucher aus Ostdeutschland die seit der Grenzöffnung nach Lübeck kämen (BRUNS 1990:4). Ausserdem würde der „Neuigkeitseffekt" bald wegfallen und die zusätzlichen Besucher ausbleiben. Die Einzelhändler äusserten schliesslich auch rechtliche Bedenken und kamen zum kritischen Schluss: *„Die in letzter Zeit von verschiedenen Städten geäusserte Absicht, das ‚Lübecker Modell' zu übernehmen, erscheint äusserst bedenklich. Hier sollten keine vorschnellen Entscheidungen gefasst werden. Sinnvoller ist es in jedem Fall für die betreffenden Städte, sehr genau das Ergebnis von Lübeck zu analysieren."* (BRUNS 1990:6)

Bis 1993 fand man keine Lösung, die Wirtschaft forderte gar von der Sperrung ganz abzukehren. Erst 1995 kam dann wieder Bewegung in die Diskussion. Die erste Einwohnerversammlung Lübecks stimmte mit grosser Mehrheit für die Verschärfung des Konzepts, und auch die Bürgerschaft beschloss, die „Autofreie Altstadt" ab Sommer 1996 täglich einzuführen. Schliesslich gelang es in Verhandlungen, auch die Wirtschaft mit einem Kompromisspapier einzubinden. Der Begriff „autofrei" sollte nicht mehr verwendet und für die Innenstadt ein Marketingkonzept erstellt werden. Neu heisst es: „Verkehrsberuhigte Altstadt" oder „Lübecks Altstadt - immer ein Erlebnis". Ab dem 14. Juni 1996 wurde die Sperre Tatsache; von 11.30 bis 18 Uhr (samstags ab 10 Uhr) blieb die Altstadt mit Ausnahme einzelner Parkhauszufahrten für den MIV gesperrt. Weiterhin standen rund um die Altstadt 5'500 Parkplätze zur Verfügung, die die Stadt z. T. im Hinblick auf die Massnahmen neu baute. In der Altstadt selber wurden verschiedene Strassenrückbauten vorgesehen. Erste Erfahrungen deuten auf eine positive Entwicklung hin. Allerdings beklagten einige Einzelhändler bedeutende Umsatzverluste. Jedenfalls fand das Massnahmenpaket 1996 bundesweite Anerkennung: *„Eigentlich gelten die Norddeutschen als zurückhaltend und introvertiert. Doch nachdem sich die Lübecker Honorationen nach achtjähriger erbitterter Debatte zu diesem Schritt durchgerungen haben, fällt ihr Stolz und Eigenlob nicht zu knapp aus. Städte wie Bologna, Zürich, Aachen, Erfurt und Lüneburg praktizieren bereits innerstädtische Verkehrsberuhigung. Doch die gesamte City einzubeziehen, damit geht Lübeck erstmals neue Wege."* (GOOS 1996). (HANSESTADT LÜBECK 1997a-i; SCHÜNEMANN 1997)

Im September 1990 beschloss der Verkehrsausschuss, ab Frühjahr 1991 probeweise einen autofreien Samstag einzuführen. Die Einzelhändler äusserten weiterhin ihre Furcht vor Umsatzverlusten; die „Fussgängerfreundliche Innenstadt" sei zudem der erste Schritt, zur Sperrung der ganzen Stadt (AVZ 7.,8.9.91). In der Folge sprachen sich die Oppositionsparteien gegen die Sperre aus (AVZ 20.9.,18.10.90). Während der Dezembersamstage, in der Zeit des Weihnachtseinkaufs, kam es dann im Bereich der Innenstadt zu grossen Staus, sodass die Polizei gewisse Bereiche sperren musste. Als

Alternativen stellten die Behörden P+R-Plätze am Stadtrand zur Verfügung. Diese Sperren lösten wiederum Kritik von Geschäftsleuten aus (AVZ 3.12.,5.12.90). Während der Einzelhandel weiterhin auf seine grosse Autoabhängigkeit pochte und „Flexibilität statt Ideologie" zum Schlagwort machte (AVZ 27.2.91), unternahm der Verkehrsausschuss eine Reise nach Lübeck. Die dortigen Eindrücke entspannten das Klima offensichtlich. Die Beteiligten erkannten, dass der Begriff „autofrei" nicht allzu wörtlich zu nehmen war. Der Verkehrsausschussvorsitzende wiederholte das eigentliche Ziel, die Verbindung Hansemannplatz - Hauptpost zu schliessen und die Fahrzeuge möglichst direkt in die Parkhäuser zu leiten (AVZ 11.,12.3.91).

In einer Passantenumfrage in der Innenstadt äusserte sich eine Mehrheit der Befragten für eine autofreie City; nur ein kleiner Teil war allerdings bereit, auf ein anderes Verkehrsmittel als das Auto umzusteigen (AN 2.3.,20.4.91; BREUER 1991). Im April fiel dann der Entscheid: Aachens Zentrum sollte ab Oktober 1991 bis Weihnachten probeweise zum „Fussgängerparadies" werden. Neu sprachen die Verantwortlichen nicht mehr von autofrei. Autoarm, Durchlässigkeit, Durchfahrbarkeit unterbinden - Anfahrbarkeit erhalten und fussgängerfreundlich waren die neuen Stichworte. Parkhauszufahrten - mit Ausnahme von zwei Parkhäusern (Büchel und Blondelstrasse) – sollten gewährleistet bleiben. Als Alternativen wollten die Verantwortlichen den ÖV verbessern und P+R-Plätze zur Verfügung stellen. Einem solchen Konzept konnten auch die Oppositionsparteien CDU und FDP zustimmen (AN 11.4.91, AN, AVZ 18.4.91). Einzelhandel und Zeitungskommentatoren zeigten sich weiterhin skeptisch. Allerdings lobten sie die Arbeit der Verwaltung am runden Tisch (AN 18.4.91). Schliesslich stimmte der Verkehrsausschuss einstimmig einem grundsätzlichen Vorgehen in Richtung eines autoarmen Zentrums zu. Ein Expertenteam aus Verwaltung und weiteren Akteuren unter Leitung des Verkehrsdezernenten Dr. Hans-Wolfram Kupfer sollte ein beschlussreifes Konzept ausarbeiten. Dabei sollten auch die Vorschläge und Ideen der Opposition einbezogen werden. An den Verhandlungen machten schliesslich auch die Einzelhändler mit (AVZ 19.4.91). *„Eine interdisziplinäre Arbeitsgruppe, in der neben den städtischen Dienststellen, die Verkehrsbetriebe, die Polizei, der Verkehrsverein und nicht zuletzt der Einzelhandelsverband vertreten waren, hat während dieser Vorbereitungszeit und während der Versuchsdauer den Versuch begleitet[67]. Die über weite Strecken äusserst konstruktive Zusammenarbeit hat zu wichtigen Kompromissen geführt, und zwar sowohl in der Festlegung der zeitlichen Dauer als auch in der Gebietsabgrenzung."* (FUSSGÄNGERFREUNDLICHE INNENSTADT 1994b:8) Die diskutierten Möglichkeiten zur Gebietsabgrenzung zeigt der Bericht FUSSGÄNGERFREUNDLICHE INNENSTADT (1993:3). Lob für das Vorgehen sprach die übergeordnete politische Ebene aus (AN 8.6.91). Und auch aus Bonn kam Schützenhilfe durch den Umweltminister Töpfer (AN 5.6.91)

Im Juli lag dann das durch den Arbeitskreis erstellte Konzept vor. Konkret war im Papier vorgesehen, anlässlich des Stadtfestes ab dem 19. Oktober das Gebiet innerhalb des Grabenrings und das Suermondtviertel samstags zwischen 10 und 17 Uhr zu sperren. Die Überwachung sollten die Polizei und weitere städtische Angestellte übernehmen. Zahlreiche Ausnahmen sollten bestehen bleiben. Zielsetzungen waren die Erhöhung der Wohnqualität, der Einkaufsqualität und der Umweltqualität, die Verbesserung der Wirtschaftsbedingungen sowie mehr Freiraum für Fussgänger. Als Alternativen sollten 10'000 P+R-Plätze zur Verfügung stehen. Auch die CDU stimmte dem Konzept zu, sprach sich allerdings für ein vorsichtiges, etappiertes Vorgehen aus, die Parkhäuser müssten erreichbar bleiben (AVZ 10.7.91, AN 13.7.91). Kritik und Bedenken waren dagegen von ADAC und FDP sowie von Einzelhandelskreisen zu vernehmen, die ein langsameres Vorgehen wünschten (AN 3.,10.8.91).

Mit dem Konzept im Hintergrund, mit dem sich anfänglich alle wichtigen Akteure einverstanden erklärten, ging die Stadtverwaltung an die konkrete Vorbereitung des Versuchs und arbeitete während des Sommers v. a. hinter den Kulissen. Im September 1991 steuerte die Diskussion in der Öffentlichkeit auf einen Höhepunkt zu.

---

[67] Mitglieder der Arbeitsgruppe: Strassenverkehrsamt, Planungsamt, Umweltamt, Presse- und Informationsamt, Polizei, ASEAG, Einzelhandelsverband, MAC, Kur- und Verkehrsverein Bad Aachen, Deutsche Bundesbahn, mit dem Verkehrsentwicklungsplan beauftragte Ingenieurbüros: Dr. Harloff, Dr. Hensel, Dr. Baier.

4.2.2.2 Versuch zur Einführung der „Fussgängerfreundlichen Innenstadt"

Als erste Vorbereitungsphase stellte die Stadtverwaltung im August das Konzept für das neue dynamische Parkleitsystem (PLS) vor, das die alte Einrichtung aus dem Jahre 1971 ersetzen sollte. Damit lag eine wichtige Vorbereitungsmassnahme vor (AVZ 20.8.91; POTH 1994a,b). Im August und September begann die Informationswelle (AN 9.8.91). Ganz zuerst wurden Handel und Gewerbe informiert. Die Behörden betonten, die Fehler von Lübeck verhindern zu wollen. Sie machten darauf aufmerksam, dass die Parkhäuser anfahrbar bleiben sollen, Ausnahmegenehmigungen bestünden und dass es Infoblätter und sogar eine Informationsdienst-Sondernummer gebe. Laut Zeitungsberichten verhielten sich die Einzelhändler an der vom MAC organisierten Veranstaltung skeptisch bis aufmüpfig (AVZ 12.9.91). Zwei Wochen später orientierte dann die Stadt offiziell über den Versuch, der unter dem Motto „So macht die City wieder Spass" stand. Die Verantwortlichen betonten die Vorreiterrolle der Stadt und den stressfreien Citybesuch. Als Alternativen zur Fahrt mit dem Auto in die Innenstadt propagierten sie P+R, das „Happy-Day-Ticket" für die Busse und Sonderangebote der DB. Am 12. Oktober sollte ein Premierenfest stattfinden - dazu kreierte die „Böse-Band" extra eine Innenstadthymne unter dem Titel „Komm und schrei" (AVZ, AN 28.9.91).

STADT AACHEN 1991a

Abbildung 26: „O happy day" - Informationsbroschüre zur „Fussgängerfreundlichen Innenstadt"

Ein sechsseitiges, poppiges Faltblatt informierte über den ganzen Versuch „Fussgängerfreundliche Innenstadt" (Abbildung 26). Davon wurden 350'000 in Deutschland und 100'000 in den Niederlanden verteilt (AVZ, AN 9.10.91). Bei den offiziellen Vertretern herrschte im Vorfeld Euphorie, so zitierte die Presse den OB Dr. Jürgen Linden: *„Die neue Idee gehört mit zum Fortschrittlichsten, was derzeit in der Bundesrepublik geplant und praktiziert wird. Es geht darum, nicht nur darüber zu palavern, ob und wie die Städte und Ballungszentren vor dem Verkehrsinfarkt zu bewahren sind, sondern zu handeln."* (AN 28.9.91) Der Einzelhandel gab sich dagegen eher abwartend bis kritisch: *„Mal sehen, was da rauskommt."* (AN 28.9.91) Die Behörden gaben auch bekannt, dass das Büro HHS den Versuch wissenschaftlich begleite. Dazu wurden u. a. Fussgängerzählungen, und -befragungen sowie Luftschadstoffmessungen durchgeführt (AVZ 3.10.91). In der Folge kritisierte der Handel noch vor der Einführung des Versuchs das Informationsmaterial. So werde suggeriert, alle Parkhäuser seien zu, und der Stil der Unterlagen sei „im Disco-Stil" gehalten. Deshalb wollten die Einzelhändler selber aktiv informieren (AVZ 7.,8.,10.10.91). Derweil war die Stadt aktiv, traf alle notwendigen Vorbereitungen und informierte weiter - der Versuch stiess laut Zeitungsberichten auf weltweites Medieninteresse (AVZ, AN 8.,10.10.91). An der ganzen Kampagne beteiligten sich auch Private: so lancierte beispielsweise die AVZ eine grosse Umsteigeraktion. Dazu verteilte sie Gratis-Fahrscheine für den ÖV an die Autofahrer (AVZ 9.10.91). Jedenfalls fand am 12. Oktober 1991 zum ersten Mal eine Innenstadtsperrung statt - die „Fussgängerfreundliche Innenstadt" war geboren (AVZ, AN 12.10.91). Die „Fussgängerfreundliche Innenstadt" war bei ihrer Einführung am 12. Oktober 1991 als halbjähriger Versuch angelegt. Im Gebiet innerhalb des Grabenrings und im Suermondtviertel, das zwischen Graben- und Alleenring liegt, sollte die Zufahrt für Motorfahrzeuge nicht möglich sein (Abbildung 24). Wegen seiner charakteristischen Form bezeichnete der Volksmund das Gebiet als Öcher Fisch.[68] Die Regelung galt an allen Samstagen von 10 bis 17 Uhr - später an normalen Samstagen bis 15 Uhr und an langen (verkaufsoffenen) Samstagen bis 17 Uhr. Für verschiedene Kategorien gab es Ausnahmen. Anwohner, Garagenbesitzer (mit Vignette), Not- und Pflegedienste, Servicedienste, Bus (ÖV), Taxis und Radfahrer durften weiterhin verkehren, ebenfalls wer vor 10 Uhr in die Parkhäuser Büchel und Blondelstrasse fuhr. Als flankierende Massnahme stellten die Behörden an sieben Standorten im Stadtbereich 10'000 P+R-Plätze zur Verfügung. Für einen Tarif von 2 DM konnten Autos dort parkieren und Fahrer und Mitfahrer (bis 5 Personen) mit der ASEAG, z. T. in Sonderbussen, in die Innenstadt fahren. Dieser Tarif erhöhte man später auf 5 DM, um die absurde Situation zu vermeiden, dass Leute, die direkt mit dem Bus in die Stadt fahren, mehr bezahlen müssen, als solche, die zuerst auf einen P+R-Platz fahren. Die Bahn richtete einen Sondertarif ein, der es erlaubte, dass bis zu fünf Personen mit einer Hin- und Rückfahrkarte auf der Strecke zwischen Geilenkirchen bzw. Düren nach Aachen reisen konnten. Weiterhin standen im Bereich der Innenstadt 5'761 Parkplätze in Parkhäusern zur Verfügung. Zusätzlich wurde noch ein Gepäckaufbewahrungsdienst eingerichtet. Die Kosten für den halbjährigen Versuch betrugen 750'000 DM, davon gaben die Verantwortliche 300'000 DM für Werbung aus (nach FUSSGÄNGERFREUNDLICHE INNENSTADT 1994b:8-10).

Die ersten Reaktionen am Montag nach dem Versuch waren ausnahmslos positiv. Die „Fussgängerfreundliche Innenstadt" war das lokale Medienereignis - verschiedentlich verwendeten die Journalisten aber den Begriff „Innenstadtsperre". Es hatte keine Verkehrsbehinderungen gegeben, die Innenstadtparkhäuser konnten angefahren werden, und die P+R-Plätze waren nicht ausgelastet, Unfälle gab es ebenfalls keine. Die Stimmung der Besucher war positiv. Der OB, der Regierungspräsident sowie Vertreter von ASEAG und Polizei zeigten sich positiv überrascht, während der Verkehrsausschussvorsitzende betonte, dass die vorliegende Lösung ein Kompromisswerk sei. Entsprechend äusserten die Grünen weiter gehende Forderungen, während Franz Ebert vom Einzelhandelsverband/MAC meinte, dass der Versuch zu Lasten des Einzelhandels gehe (AN, AVZ 14.10.91, AN 15.10.91).

Vor dem zweiten fussgängerfreundlichen Samstag informierte die Presse nochmals ausführlich (AVZ 17.10.91). Danach setzte aber bereits eine heftige Kritikwelle ein (AN 21.,29.10.91). So erschien in der „Kölnischen Rundschau" (24.10.91) ein Artikel, der den Versuch heftig kritisierte. Dabei stützten sich die Schreiber auf eine Beurteilung des HDE (Hauptverband des Deutschen Einzelhandels). Zwar seien mehr (jüngere) Besucher gekommen, aber weniger Käufer. V. a. die Niederländer und Belgier seien ganz ausgeblieben. Dies habe zu einem durchschnittlichen Umsatzverlust von 24 % geführt. Bereits damals plädierte der HDE für den Abbruch des Experiments. Gleichzeitig gingen Meldungen durch die Lokalpresse, dass einzelne Geschäfte am Samstag wegen mangelnden Umsatzes schlössen, da die Kunden auf Grund fehlender Parkplätze abwanderten. Der Einzelhandelsverband hörte offensichtlich viel Kritik und frustrierte Äusserungen, es wurde gar der Ruf nach Boykott laut. Betroffen zeigten sich v. a. Geschäfte des gehobenen Bedarfs. Andere Geschäftsleute rühmten dagegen den Versuch (AVZ, AN 25.,26.10.91). Die Stadt reagierte darauf mit besserer Information, sie liess Handzettel mit den Parkhauszufahrten verteilen und beim Strassenverkehrsamt ein Infotelefon einrichten (AVZ 25.10.91). Auf der anderen Seite begrüsste der VCD den Versuch und stellte die Sperre als einen ersten Schritt dar, eine räumliche und zeitliche Ausdehnung müsse noch folgen (AVZ 26.10.,1.11.91). Die Grünen lobten den Versuch. Sie kritisierten die Haltung des Einzelhandels und

---

[68] Öcher = Aachener

forderten statt der Kritik seine Mitarbeit (AVZ, AN 1.11.91). Heftiger Streit entbrannte v. a. um die Werbung, was zu einem Eklat in der Arbeitsgruppe „Fussgängerfreundliche Innenstadt" führte (AN 31.10.91). Der Handel konkretisierte anschliessend seine Kritik und stellte drei Änderungsvorschläge: (1) Öffnung der Peterstrasse vom Hansemannplatz bis zur Blondelstrasse (Parkhaus), (2) Zufahrtsmöglichkeit zum Parkhaus Büchel bis 11 Uhr, (3) Umstellung der Werbung. Es seien zwar viele Besucher gekommen, aber niemand kaufe ein (AN 4.,5.,8.11.91). Im Gegensatz dazu stand die Argumentation der offiziellen Seite, die darauf hinwies, dass ein Besuchermaximum erreicht sei (AN 6.11.91). Das Problem liege bei den Geschäften selber, zudem sei auch die Lebensqualität der Bewohner wichtig (AVZ 8.11.91). In der anschliessenden Verkehrsausschusssitzung diskutierten die Stadtparlamentarier die widersprüchlichen Zwischenergebnisse: mehr Besucher, weniger Umsatz. In der Diskussion sprachen sich die CDU und die FDP für die vom Einzelhandel vorgeschlagenen Änderungen aus. Die rot-grüne Mehrheit wollte auf die Vorschläge mehrheitlich nicht eintreten. Einzig eine leichte Modifikation der Werbestrategie fand eine Mehrheit - sie sollte noch intensiver klarstellen: Aachen ist nicht zu (AN, AVZ 16.11.91). Anlässlich dieser Diskussion stiess die Äusserung des Verkehrsdezernenten Dr. Hans-Wolfram Kupfer auf Kritik - er hatte die Autofahrer ermuntert, vor 10 Uhr ins Stadtzentrum zu fahren, dann könnten sie problemlos den ganzen Tag dort rumfahren (AN 16.11.91). Kurz darauf zog die offizielle Seite eine positive Zwischenbilanz. Die Luftqualität sei gestiegen, es seien mehr Besucher gekommen - weniger aus den Niederlanden, dafür mehr aus Belgien - und die postulierten Umsatzeinbussen seien fraglich. An die Einzelhändler richtete sie den Appell, sich positiv hinter den Versuch zu stellen. Es gebe nur eine kleine Minderheit unzufriedener Einzelhändler. Die Mehrheit der Besucher und der Bevölkerung stehe hinter dem Versuch (AVZ 22.11.91). Im gleichen Zeitraum äusserten sich die Kontrahenten vor laufenden Fernsehkameras des Westdeutschen Rundfunks (WDR) und sorgten für eine weitere Bekanntheit des gesperrten Aachens (AVZ 23.11.97, AN 25.11.91). Sogar das japanische Fernsehen interessierte sich für den Versuch (AN 10.10.91). Diese Tatsache wurde von verschiedenen Beteiligten zur Untermauerung des Erfolgs des Versuchs immer wieder erwähnt.

Im bald darauf anlaufenden Weihnachtsgeschäft betrachteten beide Seiten die Situation kritisch. Der Einzelhandel war nicht verlegen, über weniger Besucher zu klagen, während die offizielle Seite auf die gut ausgelasteten P+R-Plätze und die vielen Touristen verwies, die mit Bussen angereist waren (AVZ 2.12.91). In diesem Moment meldete sich auch die übergeordnete staatliche Ebene. Der Umweltminister und der Verkehrsminister des Landes Nordrhein-Westfalen schlugen vor, die „Fussgängerfreundliche Innenstadt" auf die ganze Woche auszudehnen, um die Luftqualität zu verbessern. Ein solcher Modellversuch würde wissenschaftlich begleitet und unterstützt. Den Entscheid wollten sie nach Weihnachten fällen. Gleichzeitig hielten sie fest, dass in anderen Städten Zwangsinnenstadtsperrungen drohen könnten, um die Schadstoffbelastung zu reduzieren (AVZ, AN 4.12.91). Ähnliche Vorschläge diskutierte auch der Umweltausschuss der Stadt - die CDU hob sich in diesem Punkt nicht als Opponentin hervor (AVZ 5.12.91). Auch die Gewerkschaften der Einzelhandelsbeschäftigten unterstützten den Versuch (AN 10.12.91). Weiter gehen wollten gar die Grünen, die zusätzlich zur „Fussgängerfreundliche Innenstadt" einen massiven ÖV-Ausbau und eine Schliessung der Verbindung am Elisenbrunnen forderten (AVZ 8.1.92).

Nach der Hälfte der Versuchszeit zog der Verkehrsausschuss ohne Grundsatzdiskussionen eine positive Bilanz des Versuchs. Als problematisch hätten sich die Auswirkungen in den an das Versuchsgebiet angrenzenden Gebieten erwiesen, zudem habe es Schleichverkehr gegeben, weil Automobilisten die Absperrungen öfters missachtet hätten. Dagegen sei die Akzeptanz bei den Bürgern recht gut und auch die Umweltauswirkungen seien positiv. Kosten habe hauptsächlich die ÖV-Förderung verursacht. Die Fortführung der „Fussgängerfreundlichen Innenstadt" nach Versuchsende blieb noch offen (AVZ 28.1.92). Damit begann die Diskussion um den Fortbestand der Innenstadtsperre.

Wenig später beurteilte die Arbeitsgruppe aus Verwaltung, Polizei, Einzelhandel und weiteren Akteuren den Versuch als positiv. Es brauche allerdings noch einige Verbesserungen. So müssten bauliche Massnahmen die provisorischen Sperren ablösen, die ÖV-Tarifstruktur angepasst, das P+R-Angebot ausgebaut und der Touristenbusverkehr besser geregelt werden (AVZ 7.2.92). Neue Gutachten zeigten jedenfalls einen „grossen Erfolg" des Versuchs. Es kämen mehr Besucher nach Aachen, diese benutzten öfters die P+R-Gelegenheiten und den ÖV an Stelle des Autos. Dadurch habe sich das Fahrzeugaufkommen deutlich reduziert, was die Umweltbilanz verbessert habe. Der Handel beklagte aber weiterhin Umsatzeinbussen von bis zu 10 %, der an anderen Tagen nicht ausgeglichen werde. Zum ersten Mal waren von dieser Seite auch optimistische Stimmen zu vernehmen. Man erwartete, dass andere Städte ähnliche Massnahmen einführen müssten und Aachen dann von seiner Vorreiterrolle profitieren könnte (AVZ, AN 10.2.92). Selber erhobene Zahlen stellte die CDU vor. Darin sprach sie von einem Umsatzrückgang und abnehmender Kundenfrequenz (AN 13.2.92). Während sich die CDU vor dem bevorstehenden Entscheid tendenziell für ein Wegräumen der Sperren aussprach und die Aufmerksamkeit in der Verkehrspolitik auf die Pendler lenken wollte - sich aber für eine Verlängerung des Versuchs um drei Monate stark machte (AVZ 7.3.92) -, wollten die Grünen die Regelung auf die ganze Woche ausdehnen (AVZ 18.3.92). Heftig gegen eine Weiterführung opponierte der MAC und der Einzelhandelsverband sowie die FDP. Die Versuchsresultate lägen noch nicht vor, und die Bilanz fiele katastrophal aus, wenn der Versuch zeitliche ausgedehnt würde. Die Stadt informiere zu wenig und sei nicht kooperationsbereit (AVZ, AN 19.3.92). Kurz danach beschloss der Verkehrsausschuss, die „Fussgängerfreundliche Innenstadt" am Samstag zur Dauerlösung zu machen - neu galt die Sperre nur bis 16 Uhr. Die Mehrheit im Verkehrsausschuss hielt fest, dass es ein Ziel sei, die Lösung auf weitere Wochentage auszudehnen. FDP und CDU sprachen sich gegen eine Verlängerung des Versuchs aus. Das Ziel der autoarmen Innenstadt sei mit anderen Mitteln zu erreichen, zuerst brauche es eine Änderung der Rahmenbedingungen - beispielsweise der Erschliessung mit dem öffentlichen Verkehr (AVZ 20.3.92).

Der Entscheid des Verkehrsausschuss stiess auf heftige Kritik beim Einzelhandel. Der begleitende Arbeitsausschuss sei sechs Wochen lang nicht mehr zusammengekommen - es lägen gar noch nicht alle Entscheidungsgrundlagen vor. Diesem Vorwurf setzte der Verkehrsdezernent entgegen, der MAC habe gar nicht an allen Veranstaltungen teilgenommen. Jedenfalls hofften die Einzelhändler auf eine Änderung des Entscheides in der Stadtratsdebatte und wurden nicht müde, vor den wirtschaftlichen Folgen der Sperre zu warnen (AVZ, AN 21.,24.,25.,26.3.92). Im April beschloss der Stadtrat, auf den Vorschlag des Verkehrsausschusses einzutreten und die „Fussgängerfreundliche Innenstadt" zu einem Definitivum zu machen (AVZ 16.4.92). Kleine Modifikationen führten dazu, dass die Innenstadt an kurzen Samstagen nur bis 15 Uhr gesperrt blieb. Die Familientageskarte der ASEAG kostete neu DM 5.- statt DM 2.-, galt nun aber für alle Benutzer. Mit diesem Entscheid war zwar die „Fussgängerfreundliche Innenstadt" definitiv eingeführt, die Auseinandersetzungen rissen jedoch nicht ab. Ein Stimmungsbild gibt folgender Zeitungskommentar: *„**Experimente - aber kein Konzept:** Vielleicht könnte ja eine Wahrsagerin aus dem Dilemma helfen: Spielt Aachen mit seiner samstäglichen ‚autoarmen City' eine Vorreiterrolle - oder werden Städte wie Düsseldorf, Köln, Mönchengladbach oder Maastricht ihr am Ende eine lange Nase machen können: Ätsch, ihr habt die total beruhigte Stadt und wunderbare Luft, dafür sprudelt bei uns das vielfältige Leben und - das Geschäft? Der Aachener Handel, die Handwerker schreien auf. Ja sogar die Kassenärzte äussern ihre ‚Besorgnis': Gehbehinderte oder ältere Patienten könnten an Samstagen nicht mehr von ihren Angehörigen zu den Praxen gebracht werden. Bis auf die FDP haben alle Parteien in Aachen begriffen, dass die Autoflut in der Innenstadt gestoppt werden muss. Über das Wie ist man uneins. Was Rot-Grün jetzt vorexerziert, hat viel von der Antwerpes'schen[69] Oberlehrerart. Der erhobene Zeigefinger - eine (nicht nur) deutsche Unart, die ins grüne Kraut geschossen ist. Die im besten Sinne liberalen Niederländer haben da andere, bessere Rezepte. Gefragt ist ein durchdachtes Verkehrskonzept. Stattdessen wird herumexperimentiert. Der bewährte runde Tisch wurde nicht nur im Osten auf den Müllhaufen der Geschichte geworfen."* (AN 21.3.92)

4.2.2.3 Die Diskussionen gehen weiter

Während das Nordrhein-westfälische Umweltministerium Aachen auf Grund des Experiments in der City zur „Ökologischen Stadt der Zukunft" auswählte und die Stadt deshalb mehr Fördergelder des Landes erhalten sollte, setzen die Einzelhändler ihre Kritik fort (AN 29.3.92). Umfragen hätten eine weitere Verschlechterung der Umsatzsituation gezeigt, die Umweltsituation habe sich gesamthaft nicht verbessert, weil die Autokunden auf andere Standorte - auf der „Grünen Wiese" oder in Um-

---

[69] Dr. Franz Josef Antwerpes, Regierungspräsident

landstädten - ausgewichen seien (AVZ 12.5.92). Im gleichen Zeitraum beschäftigten Diskussionen um den Rückbau der Peterstrasse die verkehrspolitische Szene (AVZ 23.5.92). An der FH Aachen fand im Juni 1992 ein Seminar mit dem Thema „Autoarme Stadtkernbereiche - Wirkung auf die Stadt und ihr Umland" statt (FACHHOCHSCHULE AACHEN 1992). Die Fachleute stellten an diesem Anlass fest, dass die Zeiten, in denen der individuell genutzte PKW, ob fahrend oder parkend, die Innenstädte beherrscht, zu Ende gingen - so gesehen sei die „Fussgängerfreundliche Innenstadt" ein Beginn eines umfassenden innenstädtischen Verkehrskonzepts (AVZ 12.6.92). Der Leiter des Strassenverkehrsamtes, Oskar Gerdom, der Geschäftsführer des Einzelhandelsverbands Franz Ebert sowie die beiden Planer Reinhold Baier und Günther Harloff stellten verschiedene Aspekte des Versuchs vor (FACHHOCHSCHULE AACHEN 1992:4-5). Auf politischer und sachlicher Ebene kamen dabei keine neuen Erkenntnisse zur Sprache. Stattdessen rollten die Referenten von Seiten der Stadt und des Einzelhandels altbekannte Positionen wieder auf.

Kurz darauf stellte die Stadt das Gutachten des Verkehrsplanungsbüros Harloff/Hensel vor (HHS 1992, AN 17.6.92). Dabei kam zum Ausdruck, dass sich die Besucherstruktur an den drei untersuchten Tagen nicht verändert hatte, dass die potenziellen Kunden nicht ausgeblieben waren. 75 % der Befragten begrüssten die Regelung. Auch die Werbung schien gut angekommen zu sein. Die rot-grüne Mehrheit fühlte sich durch diese Aussagen in ihrer Politik bestätigt, während FDP und CDU von einem tendenziösen Gutachten sprachen und an dessen zentralen Aussagen zweifelten. An die IHK (Industrie- und Handelskammer) richteten sie die Bitte, in einem unabhängigen Gutachten die Umsatzentwicklung zu untersuchen. Darauf reagierte die angesprochene IHK schon sehr bald. Sie nahm eine Vermittlerposition wahr und gab ein unabhängiges Gutachten beim Institut für Handelsforschung in Auftrag (MÜLLER-HAGEDORN, SCHUCKEL 1992). Die Stadt solle sich daran beteiligen, denn es solle nicht nur die Ökologie sondern auch die Entwicklung des Handels im Vordergrund stehen - gerade in diesem Bereich gelte Aachen als Negativbeispiel. In diesem Zusammenhang warnte die IHK auch vor einer Ausdehnung auf weitere Wochentage. Aachen brauche eine aktive Innenstadtpolitik und neue Attraktivitäten (AVZ 20.6.92).

Im darauf folgenden Sommer blieb es dann relativ ruhig um die „Fussgängerfreundliche Innenstadt", es war sogar von Frieden die Rede (AN 24.7.92). Im September kündigte der MAC eine Werbekampagne an, um das Negativ-Image Aachens zu verbessern (AN 21.9.92). Eine Verwaltungsreorganisation, die früher schon verschiedentlich gefordert und angekündigt worden war, beschäftigte anschliessend die Gemüter (AVZ 29.7.92). Auf den 1. September 1992 schlossen sich die Verkehrsplanungsabteilung im Planungsamt, die Strassenbauabteilung beim Tiefbauamt sowie der Bereich Verkehrstechnik bei der Polizei zum neuen Amt für Verkehrsanlagen zusammen. Die Verantwortlichen erhofften sich davon eine bessere Abstimmung von Planung und Ausführung und damit eine stringentere Umsetzung. Nicht zum Amt hinzu kam die Abteilung für Verkehrsanordnung beim Strassenverkehrsamt, um das Machtgleichgewicht nicht aus den Fugen geraten zu lassen (AVZ 28.9.92, G3, G4; POTH 1997:4).

Im Oktober berichtete dann die Presse von der Diskussion um die Einführung des neuen Parkleitsystems (PLS). Die Stadt arbeitete mit dem Handel zusammen, um dessen Wünsche zu berücksichtigen (AVZ 15.10.92). Diese Gespräche waren der Anfang für eine neue, konstruktivere Zusammenarbeit, die sich allerdings erst viel später auswirken sollte (I17). Zum Jahrestag der „Fussgängerfreundlichen Innenstadt" präsentierte das städtische Umweltamt neue Resultate, die zeigten, dass die Lärm- und Schadstoffbelastung in der Innenstadt dank der Massnahme deutlich abgenommen hatten (AVZ 24.10.92, AN 5.11.92). Eine Podiumsdiskussion, die die Handwerkerkammer veranstaltete, zeigte einmal mehr die verhärteten, gegenseitigen Positionen auf. Neues Argument in der Diskussion, das die Grünen einbrachten, war die Notwendigkeit der Umgestaltung der verkehrsberuhigten Bereiche (AVZ 25.11.92).

Anfangs 1993 zeigte ein kleiner Konflikt, dass es innerhalb der Verwaltung unterschiedliche Positionen gab. Das Gebiet der „Fussgängerfreundlichen Innenstadt" sollte mit Ausnahme der Peterstrasse zum verkehrsberuhigten Bereich werden, was das Strassenverkehrsamt ablehnte, weil keine flankierenden Massnahmen möglich seien. Schliesslich entschied der Regierungspräsident (übergeordnete Verwaltungsebene), dass eine solche Lösung doch möglich wäre - sie wurde allerdings nie umgesetzt (AVZ 9.1.93). Kurz danach präsentierte die IHK das mit Spannung erwartete Gutachten des Instituts für Handelsforschung der Universität Köln (MÜLLER-HAGEDORN, SCHUCKEL 1992). An Samstagen gab es verglichen mit dem Vorjahr einen Umsatzrückgang von 2,41 %, allerdings war im Verlaufe der Woche ein leichtes Umsatzplus festzustellen; die Situation verschlechterte sich hauptsächlich für Betriebe an verkehrsexponierter Lage. Insgesamt blieb die Entwicklung in Aachen um etwa 2 % hinter der Entwicklung des Einzelhandelsumsatzes im Gebiet der alten Bundesländer zurück. Nur 11 der 783 angeschriebenen Betriebe sprachen sich für eine Abschaffung der „Fussgängerfreundlichen Innenstadt" aus. Der Rücklauf der Untersuchung lag bei knapp 25 % (s. a. MÜLLER-HAGEDORN, SCHUCKEL 1992:76-78). Dr. Lothar Mahnke von der IHK interpretierte diese Resultate in zwei Richtungen. Einerseits habe die „Fussgängerfreundliche Innenstadt" bei vielen Geschäften negative Auswirkungen auf die Umsatzentwicklung gehabt, gerade eine Ausdehnung der Regelung auf die ganze Woche könnte die Einzelhandelsstruktur einschneidend verändern und den Konzentrationsprozess beschleunigen. Gleichzeitig sei die „Fussgängerfreundliche Innenstadt" ein richtiger Schritt, um die die Attraktivität der City beeinträchtigenden Verkehrsprobleme in den Griff zu bekommen. Auch der Oberbürgermeister hielt fest, dass die Ausdehnung der Regelung auf die ganze Woche kein Ziel sei. Als Konsequenz schlugen die Verantwortlichen vor, die Regelung weiterhin wissenschaftlich zu begleiten und ein wirkungsvolles Stadtmarketing zu betreiben. Die Ergebnisse sollten auch in einem Verkehrsforum diskutiert werden. Nach der Präsentation stellten Kommentatoren ernüchtert fest, dass der Berg eine Maus geboren habe und der Handel nicht korrekt und objektiv informiert habe. Die Grünen fügten noch hinzu, dass es andere Massstäbe gebe als den Handel. Der Vertreter des Einzelhandels dagegen zweifelte an der Aussagekraft der Studie, da die Rücklaufquote ungenügend ausgefallen sei. Das Handwerk dagegen sah sich in seinen schon vorher gewonnen Untersuchungen bestätigt (AVZ, AN 12.1.93, AN 19.1.,4.2.93).

Ende Januar 1993 veranstaltete die Stadt ein Symposion, mit dem Ziel, die „Fussgängerfreundliche Innenstadt" einem breiteren Kreis von Interessierten bekannt zu machen. Zielpublikum waren Verantwortliche aus Kommunen und Ingenieurbüros in ganz Deutschland. Gleichzeitig hatte die Veranstaltung wohl auch zum Ziel, die Massnahme mit dem Interesse von aussen gegen innen abzustützen. Neben der ausführlichen Darstellung des Aachener Beispiels, kamen auch Vertreter aus anderen Städten in Deutschland und im nahen Ausland zu Wort. Schliesslich stellte ein Ministerialbeamter des Landes das Beispiel Aachen in einen übergeordneten Zusammenhang. Dabei sprach er von einem Megatrend „autoarme Innenstadt", der sich abzeichne. Die Verantwortlichen der Stadt Aachen stellten die Planungsmotivation und die Wirkungen in den Vordergrund. Zentral seien die Auswirkungen auf die Umwelt und auf den Handel. Von Seiten des Handels trat die IHK auf, während der Einzelhandelsverband und MAC nicht zu Wort kamen (AVZ, AN 30.1.93; FUSSGÄNGERFREUNDLICHE INNENSTADT 1993, 1994a,b).

Die „Fussgängerfreundliche Innenstadt" blieb weiterhin im Gespräch, sei es an Podiumsdiskussionen, sei es, wenn wieder von einer Geschäftsschliessung zu hören war (AVZ 22.4.,14.5.93). Die Diskussion spitzte sich lokal wieder richtig zu, als die FDP und die CDU die „Fussgängerfreundliche Innenstadt" als Wahlkampfthema erkannten. Als Erste legte die FDP - fünfzehn Monate vor der anstehenden Wahl - ein Positionspapier vor, in dem sie sich von der damals aktuellen Verkehrspolitik deutlich abgrenzte. Sie sprach sich darin gegen die „Fussgängerfreundliche Innenstadt" und den Rückbau der Peterstrasse aus, den sie als Irrwitz bezeichnete; Ökologie und Ökonomie sollten im Strassenbau wieder in Einklang gebracht werden (AVZ, AN 7.7.93). In diesem Zusammenhang verfolgten die Politiker in Aachen den Fall Kassel ausführlich, wo angeblich die verfehlte rot-grüne Verkehrspolitik zu einem Machtwechsel im März 1993 geführt haben soll (AVZ 31.7.93; SPD 1993). Auf der anderen Seite versuchte die Stadt, positive Stimmung zu schaffen. Bei der - nach Fahrplan verzögerten - Einführung des neuen PLS sollten Verwaltung, Einzelhandelsverband und MAC zusammenarbeiten und sich gemeinsam an einer Werbekampagne für die Erreichbarkeit der Stadt einsetzen (AVZ 4.8.93). Im Oktober 1993 war das Leitsystem definitiv eingerichtet, bis im Februar 1994 nahm die Verwaltung noch einige Verbesserungen vor und reagierte so auf Kritiken des Handels (AVZ 8.2.94). Trotz dieses Ansatzes zur Zusammenarbeit war allen Seiten die zentrale Rolle der Verkehrspolitik im Wahlkampf klar. Auf beiden Seiten war Aktionismus gefragt. Mit Manifestationen machten die Kontrahenten auf ihre Anliegen aufmerksam (AVZ 10.9,18.9, 16.10.93), während die Händler mit einem Steuerboykott drohten (AN 11.8.93). Die übergeordnete staatliche Ebene versuchte, ebenfalls Einfluss zu nehmen. So verteidigte der nordrhein-westfälische Verkehrsminister den Versuch (AN, AVZ 6.9.93), während der zuständige Regierungspräsident Antwerpes gar die Forderung von Aktivisten wie der Fuss e.V. unterstützte, das Gebiet der „Fussgängerfreundlichen Innenstadt" als „Verkehrsberuhigten Bereich" auszuweisen, was u. a. Vorrang für Fussgänger bedeutete. Diese Haltung kritisierten die CDU und der Einzelhandel aufs heftigste (AN 30.9.93). Anlässlich des zweijährigen Jubiläums, an dem symbolisch Strassenunterführungen für Fussgänger geschlossen wurden, äusserten verschiedene offizielle Vertreter, die „Fussgängerfreundliche Innenstadt" während der ganzen Woche für gültig zu erklären (AVZ 16.,18.10.93). Die Umweltverbände waren bestrebt, die SPD von einer angeblichen Kehrtwende in der Verkehrspolitik abzuhalten, und forderten weitere Massnahmen, um den Ansprüchen der Wähler Rechnung zu tragen (AN 25.9.93). Schliesslich entschied der Verkehrsausschuss, den Baubeschluss vom Juni zum Rückbau der Peterstrasse nicht zurückzunehmen (AN 28.10.93). Im Rahmen der VEP gab die Stadt den Auftrag an zwei Planungsbüros, die Verkehrsentwicklung bis ins Jahr 2010 auf Grund dreier Szenarien abzuschätzen (AN 17.11.93; VEP KONZEPTE 1994).

Gleichzeitig versuchten der Einzelhandelsverband und der MAC auf rechtlicher Ebene gegen die „Fussgängerfreundliche Innenstadt" vorzugehen. In einem Gutachten fochten sie die Rechtsgültigkeit des Beschlusses zur definitiven Einführung im März 1992 an. Hauptkritikpunkt war, dass der Stadtrat den Entscheid für die definitive Einführung der „Fussgängerfreundlichen Innenstadt" mit ungenügenden Grundlagen, die Vor- und Nachteile der Massnahme gezeigt hätten, gefällt hatte (AVZ, AN 23.9.93). In einem Entscheid vom Februar 1994 widerlegte das Rechtsamt der Stadt den Vorwurf und stellte fest, dass gerade auch der jetzt klagende Handel vor der Einführung an der Entwicklung beteiligt gewesen sei. Jedenfalls war der rechtliche Weg für die Gegner mehrmals erfolglos (AVZ 13.2.94, 24.9.94, 8.3.95; AN 12.1.94).

1993 und 1994 erschienen wiederum verschiedene Gutachten, die sich mit der „Fussgängerfreundlichen Innenstadt" befassten. Anlässlich eines Besuch des Deutschen Verbands für Angewandte Geografie in der verkehrsberuhigten City stellte Dr. Lothar Mahnke (IHK) fest, dass in der Umsetzung vieles falsch gelaufen sei, einige kleine Geschäfte hätten ihre Existenz verloren, und Aachen habe immer noch das Image einer autofreien Stadt. Sie werde als Einkaufsort wegen interessanten Alternativen in der Region gemieden. Allerdings sei dafür auch die schlechte wirtschaftliche Konjunktur verantwortlich. An der gleichen Veranstaltung stellten BROCKELT und MONHEIM (1993a) die Resultate einer Besucherbefragung vor. Darin kamen sie zu einer weitgehend positiven Bewertung aus Sicht der Stadtbesucher (AVZ 14.9.93). Dagegen wies eine Besucherbefragung der BAG (Bundesarbeitsgemeinschaft des der Mittel- und Grossbetriebe des Einzelhandels) auf einen deutlichen Besucherschwund hin, den die Verantwortlichen mit der mangelnden Erreichbarkeit der City auf Grund von Baustellen und der schlechten Werbekampagne begründeten. So sei die Zentralität Aachens gesunken. Immerhin stellte der Einzelhandel fest, dass die Innenstadt faktisch gut anfahrbar sei. Diese Ergebnisse konnten die Händler mit dem Oberbürgermeister diskutieren (AVZ 29.12.93; BAG 1993, AVZ,AN 19.1.94, AN 25.3.94). Im März erschien dann die Studie des Geografischen Instituts der Aachener Hochschule, die in Zusammenarbeit mit der IHK entstanden war (BREUER, JUCKELKA 1994). Die darin präsentierten Ergebnisse zeigen keine spektakulären Veränderungen gegenüber einer 1990 durchgeführten ähnlichen Untersuchung (BREUER 1991). Einmal mehr stiess das Marketing bei den Wissenschaftern auf Kritik - allerdings ohne wissenschaftlich erhärtete Begründung (JUCHELKA 1994, AN 12.3.94, AVZ 14.3.94). Die IHK benutzte diesen Zusammenhang, um auf die Wichtigkeit einer innenstädtischen Gesamtplanung aufmerksam zu machen. Für die Aachener Innenstadt brauche es ein gesamtheitliches Marketing - allerdings machte sie auch deutlich, dass im Hinblick auf den Wahlkampf im Augenblick kein Konsens zu erwarten sei (AVZ 12.3.94). Die „Fussgängerfreundliche Innenstadt" ziele zwar in die richtige Richtung, die Reihenfolge der Massnahmen sei aber falsch gewählt worden. So habe der Handel Einbussen erlitten. Mittelfristig müsse etwas geschehen, es dürfe, ohne Alternativen wie z. B. Citylogistik, keine neuen Erschwernisse geben (AVZ 7.,8.1.94).

Als Negativbeispiel für eine Stadt, die „dicht gemacht" ist, machte Aachen an verschiedenen Veranstaltungen die Runde. So warnte der DIHT (Deutscher Industrie- und Handelstag), dass Innenstadtssperren und Güterverkehrszentren nicht Allheilmittel seien (AVZ 14.1.94). Aachen war Thema am 32. Verkehrsgerichtstag in Goslar (AVZ 29.1.94), an der 9. Österreicher Konferenz der Österreichischen Gewerbevereine (AVZ 8.2.94), am Düsseldorfer Stadtforum „Lebendige Innenstadt", wo die Teilnehmer die Stadt als „Aussperrbeispiel" vorgeführt erhielten (AVZ 11.2.94; 19.,20.3.94). An diesen

Veranstaltungen trat oft der Geschäftsführer des Einzelhandelsverbands Franz Ebert auf und stellte die Verhältnisse und die Entwicklung in Aachen sehr negativ dar.

Richtig los ging der Wahlkampf anfangs 1994 (AVZ 14.1.94). Die CDU präsentierte ein verkehrspolitisches Leitlinienpapier. Darin betonte sie u. a. die Wichtigkeit der Erreichbarkeit mit dem Auto. An den Innenstadträndern wollte sie neuen Parkraum erstellen und die bestehenden Parkhäuser sanieren. Damit sprach sie die Pläne der Verwaltung an, die beiden baufälligen Parkhäuser Büchel und Blondelstrasse abzureissen (AVZ 20.10.93). Um den Durchgangsverkehr aus der Innenstadt fernzuhalten, sollte der Alleenring ausgebaut werden. Deutlich sprach sich die CDU im Papier auch für eine samstägliche Öffnung der Innenstadt für Besucher, gegen die „Fussgängerfreundliche Innenstadt" und gegen den Umbau der Peterstrasse aus. Im Visier hatte die CDU v. a. den Pendlerverkehr. Die SPD warf darauf der CDU vor, ihre verkehrspolitischen Zielsetzungen bewusst auf den Wahlkampf hin verändert zu haben. Dieser taktische Positionswechsel wolle einzig wahlstrategisch eine politische Polarisierung nutzen (AVZ 16.2.94). Die SPD betonte ferner, dass die Ausdehnung der „Fussgängerfreundlichen Innenstadt" auf die Woche für sie kein Thema sei - an erster Stelle stehe der Um- und Rückbau am Elisenbrunnen, über den noch vor der Kommunalwahl auf Grund eines Ideenwettbewerbs entschieden werden solle (AN 27.1.94). Sie gab zu, auch Fehler gemacht zu haben, die Richtung stimme aber. Die Opposition habe keine konkreten Alternativen. Der Einzelhandel habe in der Sache „Fussgängerfreundliche Innenstadt" nur Politik gemacht, anstatt sich dem Marketing zu widmen (AVZ 17.2.94). Die SPD hielt auch fest, dass die Bürger über die weitere Verkehrsentwicklungsplanung selber entscheiden sollten. Weiter beabsichtigte die SPD verschiedene Bürgerversammlungen zur Verkehrszukunft durchzuführen, die allerdings aus den Wahlkampfpolemiken herausgehalten werden sollten (AVZ 25.2.94). Im Juni stellten dann Vertreter von Verwaltung und der Regierungsmehrheit zusammen an einer öffentlichen Versammlung den neuen VEP vor. Darin präsentierten sie drei Szenarien „Trend", „Pull" und „Pull and Push" (AN 2.6.94, AVZ 9.6.94, s. a. VEP GRUNDLAGEN 1994). In der Folge setzte die SPD den VEP auch als Wahlkampfargument ein - dabei diente die eben zu Gunsten von Fussgängern und dem ÖV umgebaute Peterstrasse vor dem Bushof als Anschauungsbeispiel (AVZ 8.8.94).

Die Grünen und die Umweltverbände setzten im Hinblick auf die kommenden Wahlen auf Aktion - so forderte beispielsweise Greenpeace anlässlich einer Demonstration im Juni die Sperrung der gesamten Innenstadt für den individuellen Autoverkehr (AVZ 6.6.94). Im August fand auch eine grosse Podiumsdiskussion statt, an der der Zürcher Ex-Stadtrat Rudolf Aeschbacher seine verkehrsplanerischen und -politischen Vorstellungen anhand des Beispiels Zürich vorstellte (NOTGEMEINSCHAFT VERKEHRSGESCHÄDIGTER BÜRGERINNEN UND BÜRGER 1994). Kurz darauf entbrannte eine Diskussion um einen „Focus"-Artikel, der Aachen als „autofeindlichste Stadt" Deutschlands bezeichnete. Die Untersuchung, die der „Bund der Steuerzahler" durchgeführt hatte, kritisierte die hohen Gebühren für Parkplätze und Anwohnerparkkarten, den Strassenrückbau und die „Fussgängerfreundliche Innenstadt" (AVZ 29.8.94). Die Stadt versuchte die Darstellung in ein anderes Licht zu rücken und wandte sich v. a. gegen die oberflächliche Betrachtungsweise der Untersuchung (AN 30.8.94). Offensichtlich hatte „Focus" unsauber recherchiert, waren doch zahlreiche falsche Zahlen im Städtevergleich enthalten. Während SPD und Verwaltung kritisierten, dass der Artikel den Zweck hatte, Wahlkampf mit unsauberen Methoden zu betreiben, verwendeten die CDU und v. a. der MAC die Ergebnisse des Städtevergleichs für ihre Argumentation (AVZ 1.,2.9.94; AN 10.9.94). Der MAC trat mit einer Wahlkampagne unter dem Titel „Verkehr(t) Politik" an die Öffentlichkeit. Diese Anzeigen- und Plakataktion stiess nicht bei allen Einzelhändlern auf Gegenliebe. Es gab solche, die die „Fussgängerfreundliche Innenstadt" befürworteten, und andere, die bemängelten, dass die Handelsorganisation mit ihrer Werbekampagne den Standort schlechtrede. Weiterhin blieb das Thema Verkehr ein Hauptthema im Wahlkampf (AVZ 8.10.94).

Das Wahlresultat fiel dann wie schon in den vergangenen Perioden äusserst knapp aus. Die rot-grüne Koalition konnte ihre Stellung im 59-köpfigen Rat mit einer Stimme Mehrheit halten. Allerdings gab es eine leichte Verschiebung von der SPD hin zu den Grünen: CDU 29 Sitze, SPD 23 Sitze, Bündnis 90/Die Grünen 7. Als ersten hauptamtlichen Oberbürgermeister wählten die Aachener Dr. Jürgen Linden (SPD). Der Posten des OB ist nach der neuen nordrhein-westfälischen Gemeindeordnung mit mehr Kompetenzen versehen. Als oberster Repräsentant der Stadt nimmt er in einer Person das Amt des bisherigen OB (Exekutivamt) und des Oberstadtdirektors (Verwaltungschef) ein. An seiner Seite arbeiten drei nebenamtliche Bürgermeister bzw. Bürgermeisterinnen mit (je 1 Grüne, CDU, SPD). Von Kommentatoren wurde bemerkt, dass dieses Ergebnis indirekt die bisher geführte Verkehrspolitik bestätige.

4.2.2.4 Konsens nach den Wahlen: „Aachener Frieden"

Bereits kurz nach den Wahlen präsentierten SPD und Grüne ihre verkehrspolitischen Vorstellungen für die Innenstadt. Der Bereich vor dem Elisenbrunnen wollten sie für den Individualverkehr sperren und die beiden Parkhäuser Büchel und Blondelstrasse abreissen - als Ersatz war ein neues 1'000-plätziges Parkhaus im Bereich des alten Bushofs vorgesehen (s. Abbildung 23). Damit würde die Idee der „Fussgängerfreundlichen Innenstadt" auf die ganze Woche ausgedehnt, ohne dass „*ungeliebte, destruktive Massnahmen wie die Sperrungen am Samstag*" noch nötig wären (AVZ 29.10.94). Ein Schleifensystem wie in Nürnberg sollte die Erreichbarkeit aller Punkte der City vom Alleenring aus sicherstellen. Zusätzlich sollten das ASEAG-Angebot verbessert und die Adalbertstrasse, die älteste Fussgängerzone, aufgewertet werden. Die Opposition kritisierte diese Pläne heftig (AVZ 29.10.94). Gleichzeitig begann eine Diskussion um die Entwicklung der Innenstadt (AVZ 17.12.94). Im Bereich des Kaufhof-Parkplatzes, für den schon seit längerer Zeit Überbauungsprojekte bestanden, sollten nun endlich konkrete Planungsarbeiten aufgenommen werden (AVZ 24.01.95). Die IHK betätigte sich wiederum als Vermittlerin und liess anlässlich eines Forums Konzepte für ein gemeinsames Citymarketing diskutieren (AVZ 27.4.95). U. a. sollte ein Citylogistik-Konzept entstehen (AVZ 3.6.96). Im gleichen Zeitraum erschienen in zwei deutschen Autozeitungen „Autobild" und „Auto, Motor und Sport,, kritische Artikel über Aachen, die auf gleichen Grundannahmen basierten, wie die „Focus"-Reportage (AVZ 25.2, 1.3.95).

Im März 1995 forderten die Sozialdemokraten in einem Ratsantrag den Verkehrsausschuss auf, möglichst bald ein „Alltagskonzept" für die „Fussgängerfreundliche Innenstadt" vorzulegen, das die Qualitäten der Samstagsregelung übernimmt. Kernpunkte waren wiederum der Abriss der beiden Parkhäuser und die Schleifenerschliessung des Zentrums. Die Umgestaltung des Bereichs zwischen Elisenbrunnen und dem Stadttheater sollte die Sperrgitter ablösen. Die Grünen - die das Konzept zusammen mit der SPD präsentieren wollten - zeigten sich befremdet über das Vorpreschen des Koalitionspartners. Differenzen bestanden noch in den Fragen des Ersatzes von Parkraum und einer neuen Citybuslinie. Die CDU-Vertreter wiesen auf die hohen Kosten hin und plädierten für ein langsameres Vorgehen (AVZ 10.3.95). Wenig später wiesen die Vertreter des Handels auf die schwierige wirtschaftliche Situation in der Innenstadt hin, die sie auf die „Sperrung" zurückführten (AVZ 21.4.94). Kurz darauf präsentierten die Grünen ein neues Verkehrskonzept. Sie plädierten ebenfalls für eine Sperre im Bereich Elisenbrunnen. Die Parkhäuser sollten neu genutzt werden, der Büchel nur noch von Langzeitparkern und Hotelgästen und der Bushof nur noch von Kurzzeitparkierenden, weitere Parkhausneubauten sollten nicht entstehen. Sie unterstützten das Schleifenkonzept auch. Zu den Vorstellungen der SPD bestanden also nur Differenzen in der Frage des Parkhausneubaus (AVZ, AN 26.4.95). Auch der VCD (Verkehrs-Club Deutschland) liess sich zur neuen Verkehrskonzeption vernehmen und stellte sich hinter die Lösung von SPD und Grünen. Der Umweltverband räumte die Notwendigkeit von Kompromissen ein, forderte aber mit Nachdruck eine Reduktion des Parkraums in der Innenstadt (AVZ 29.4.95).

Anfangs Mai war es dann so weit; was die Akteure gegen aussen immer nur antönten, erfuhr nun auch die breite Öffentlichkeit: „*Der Durchbruch ist geschafft: SPD und Bündnis 90/Die Grünen einigten sich gestern Vormittag mit Vertretern von Handel, Handwerk sowie Hotel- und Gaststättengewerbe einmütig auf einen gemeinsamen Weg in der Verkehrspolitik. Es scheint, als ob der Dauerstreit in Sachen Verkehr damit beendet ist*" (AN 6.5.95). „*Das Kriegsbeil ist begraben, Rot-Grün macht in Sachen Verkehrspolitik künftig gemeinsame Sache mit dem Einzelhandel, ... Vorbei sind die Zeiten in denen mit heruntergelassenem Visier gekämpft wurde, in denen Verkehrspolitik zum Streitthema schlechthin avancierte.*" (AVZ 6.5.95) Das als eine Sensation aufgenommene Konsenspapier beinhaltet eine Alltagsregelung für die „Fussgängerfreundliche Innenstadt" und ein Verkehrskonzept für die gesamte Innenstadt (Tabelle 26).

Dank diesem Kompromiss sollte die City zwar weiterhin erreichbar bleiben, aber nur in Schleifen vom Alleenring aus. Dadurch könnte der Durchgangsverkehr wirksam verbannt werden. Dieses Konsenspapier reichten die SPD und die Grünen kurz darauf als Ratsantrag ein (AN, AVZ 11.5.95). Die meisten Kommentatoren sprachen sich positiv aus, allerdings kritisierte die am Kompromiss nicht beteiligte CDU die hohen Kosten für einzelne Bausteine (AVZ 11.5.95).

Schon sehr bald nahmen die Behörden die Planungsarbeiten für den Bereich Elisenbrunnen auf. Der Verkehrsausschuss beschloss, die Bürger zu diesem Vorhaben umfassend zu informieren. Der ganze Umbau sollte in drei Etappen vor sich gehen: Elisenbrunnen, Theaterplatz und Holzgraben. Dafür waren 7,5 Millionen Mark vorgesehen - 2,5 wären durch die Stadt zu übernehmen, der Rest durch das Land Nordrhein-Westfalen. Das Projekt sollte 1998 abgeschlossen werden, dann könnten alle Sperren der „Fussgängerfreundlichen Innenstadt" beseitigt werden (AVZ 20.05.95).

SPD und das Bündnis 90/Die Grünen auf der einen Seite und die Handwerkskammer, die Kreishandwerkerschaft, der Einzelhandelsverband, der MAC, der Hotel- und Gaststättenverband sowie die IHK schlossen folgende Vereinbarung (Ortsbezeichnungen s. Abbildung 23 und Abbildung 24):

- **Verkehrsführung innerhalb des Alleenrings, Durchgangsverkehr, Erreichbarkeit, Schleifenlösung, gesicherter Wirtschaftsverkehr**: Die Verkehrsbelastungen in der Innenstadt sollen vermindert werden. Durchgangsverkehre durch den Alleenring werden durch ein Konzept der Schleifenerschliessung z. B. nach dem Verkehrsentwicklungsplan (VEP) vermieden. Der Bereich vor dem Elisenbrunnen im Stadtzentrum wird umgestaltet (Beginn März 1996) und ist für den motorisierten Individualverkehr bis auf zielgerichtete Wirtschaftsverkehre nicht mehr befahrbar. Das Parkhaus Blondelstrasse wird mit sofortiger Wirkung an Samstagen wieder für Kurzzeitparker anfahrbar sein. Die Anfahrbarkeit wird gesichert durch Rückverlegung der Sperre Seilgraben in die Einfahrt Komphausbadstrasse und Rückverlegung der Sperre Peterstrasse zur Ecke Peterstrasse/Kurhausstrasse/Blondelstrasse. Mit Baubeginn am Elisenbrunnen wird die heutige Samstagssperre am Theaterplatz aufgehoben. Bei Umsetzung des Schleifenerschliessungs-Konzeptes entfallen die weiteren verkehrsrechtlichen Sonderregelungen am Samstag in den innerstädtischen Wohnvierteln.

- **Parkhauskonzept, Neubau eines Parkings beim alten Bushof, Parkhaus Büchel und Blondelstrasse Umnutzung und Übergangsregelung**: Es besteht Einvernehmen darüber, im Bereich Alleenring/Hansemannplatz (Schwerpunkt Alter Bushof) bis zu 1'000 Stellplätze neu zu schaffen, mindestens so viel Ersatzplätze (Kurzzeitparkplätze), wie in den Bereichen Büchel und Blondelstrasse wegfallen. Die Schaffung der Stellplätze hat für die Politik höchste Priorität und wird mit der Gründung der Parkhausgesellschaft (Mai 1995) eingeleitet. Bis zur Realisierung der Alternativen (Alter Bushof) bleiben die Parkhäuser Büchel und Blondelstrasse erreichbar und verfügbar. Die zur Sicherung dieses Ziels notwendigen Investitionen werden vorgenommen. Im Rahmen der Umnutzung des Parkhauses Büchel wird das Parkhaus Blondelstrasse auch unter dem Gesichtspunkt der Frauenfreundlichkeit zukünftig am Samstag anfahrbar sein. Die Parkhaus-GmbH soll zusammen mit der Stadt die Nutzung des Parkhauses Büchel bis zum Beginn des 3. Bauabschnittes Umbau Elisenbrunnen schrittweise auf Dauerparkplätze umstellen. Auch nach einer städtebaulichen Neugestaltung des Büchelbereichs sollen dort Dauerparkplätze im notwendigen Umfang weiterbestehen. Bis zum Abschluss der Umnutzung bleibt das Parkhaus Büchel samstags für Kurzzeitparker - entsprechend der alten Regelung - anfahrbar. Die Verwaltung wird mit der Planung von weniger belastenden Zufahrtswegen zum Parkhaus Büchel beauftragt. Eine Verlängerung der Öffnungszeiten in den privat betriebenen Parkhäusern wird angestrebt.

- **ÖPNV-Angebot mit zweiter Midibuslinie, Buserreichbarkeit, Stadtbahnoption**: Die ÖPNV-Erreichbarkeit der Innenstadt soll gesichert und gefördert werden. Die Möglichkeiten zur kostenneutralen Verwirklichung einer zweiten Midibuslinie vom Bereich Hauptbahnhof zum Bereich Hochschule sind zu überprüfen. Die Verfolgung des Konzeptes der Stadt- und Regionalbahn wird positiv eingeschätzt und wird im Rahmen der sachlichen und finanziellen Möglichkeiten weiterverfolgt.

- **Städtebauliche Aufwertung Theater-Elisenbrunnen-Hauptpost, Kaiserplatz, Bereich Büchel, kleinere ergänzende Massnahmen**: Es besteht Einvernehmen darüber, die im Innenstadtkonzept von 1986 angelegte und in wichtigen Teilbereich realisierte städtebauliche Aufwertung der Innenstadt auf dem klassizistisch geprägten Abschnitt zwischen Hauptpost und Peterstrasse fortzusetzen. Dabei ist auf eine hohe städtebauliche Qualität zu achten. Der Marktbereich und die Adalbertstrasse werden wieder verknüpft.

SEEWER 2000 nach Ratsantrag vom 9.5.95

Tabelle 26: Der Aachener Frieden

Die CDU kritisierte die Vereinbarung weiterhin aufs heftigste: *"Der Einzelhandelsverband wird sich fragen müssen, ob er nicht ganz erheblich über den Tisch gezogen worden ist. So hat der Einzelhandel übersehen, dass das Verkehrskonzept Innenstadt von Rot-Grün weitere, noch erhebliche verkehrsbeschränkende Massnahmen vorsieht, als sie bislang zur Diskussion standen. ... Der Elisenbrunnen wird nicht, wie es die CDU fordert, zu einem bürgerfreundlichen, die Innenstadt aufwertenden Platz, sondern zu einem unüberschaubaren Busbahnhof umgebaut."* (AVZ 20.5.95) Kritik kam auch von den Ärzten in der City, die befürchteten, für ihre Patienten nicht mehr erreichbar zu sein und selber nicht mehr zur Notfällen fahren zu können (AVZ 3.6.95). Auf der anderen Seite störte den Fussgängerschutzverein „Fuss e.V." der fehlende Abbau von Parkplätzen (AVZ 6.6.95).

Nach dem Abschluss des Aachener Friedens beruhigte sich die verkehrspolitische Stimmung zusehends. Zwar forderten einzelne Händler, die vom Umstrukturierungsprozess betroffen waren, mehr Parkplätze, um ihre Existenz sichern zu können (AVZ 4.7.95), der Einzelhandelsverband und der MAC gaben aber ihr Sperrfeuer auf. Der OB durfte gar im BAG-Handelsmagazin den Weg zum „Aachener Frieden" darstellen (AVZ 9.8.95). Auf städtischer Ebene bot die IHK an, sich an einem Verkehrsforum zu beteiligen. Citylogistik sollte darin als erstes Thema diskutiert werden (AVZ 10.7.95). Bereits im Dezember 1995 durfte die Stadt das Prädikat „Modellprojekt für Citylogistik" tragen (AVZ 14.12.95). Für die Entwicklung in der Innenstadt gab es Ende 1995 folgende Perspektiven für drei Zeitstufen (AN 11.11.95):

- 1996/97: Umgestaltung Elisenbrunnen;
- 1998 - 2000: RWTH öffnet ihre Parkhäuser und Parkplätze, ebenerdiges Parken auf Gelände des alten Bushofs, Schliessung des Parkhaus Büchel, Bereitstellen von Ersatzparkplätzen, weitere Massnahmen im Bereich Innenstadt und beim Hauptbahnhof;
- nach 2002: Erste neue Stadtbahnlinie durch die Innenstadt (Audimax - Bushof - Blondelstrasse), Fussgängerzone Templergraben vor dem RWTH-Hauptgebäude.

Bis heute hat der Frieden gehalten. Ein Indiz dafür ist die rapide zurückgegangene Zahl von Presseartikeln zum Verkehrsthema. Die Planungen zum Umbau des Gebiets Elisenbrunnen sind - nach Verzögerungen - abgeschlossen. Ein gesamtheitliches Verkehrskonzept für die Innenstadt hat im März 1997 mit Beginn der Bauarbeiten die „Fussgängerfreundliche Innenstadt" abgelöst (STADT AACHEN 1997). Auf gesamtstädtischer Ebene sollen der VEP und die darin vorgesehenen Massnahmen die Verkehrssituation verbessern. Dazu begann die Verwaltung 1996 mit einer breiten Bürgerinformation (AVZ 9.2.96). Dass aber immer noch Opposition gegen die Aachener Verkehrspolitik vorhanden ist, zeigen folgende Aussagen aus einem Magazin, das eigentlich Aachen-Besucher anziehen sollte: *"Unser aller Mobilität stehen allerdings neue Schranken, neue Einschränkungen in Aussicht. Im März wird die Umgestaltung des Kaiserplatzes gigantische Ausmasse annehmen und dem Stauchaos in Aachen die Krone aufsetzen. Dabei muss man schon jetzt vor jeder Fahrt einen Schlachtplan ausarbeiten wie weiland Karl der Grosse."* (BAD AACHEN 1996:3)

4.2.2.5 Erwartungen an die Zukunft

Die Verkehrsentwicklungsplanung ist während des ganzen Hin und Hers um die „Fussgängerfreundliche Innenstadt" im Hintergrund weitergelaufen. Allerdings beherrschten die Auseinandersetzungen um die „Innenstadtsperre" die verkehrspolitische Diskussion so stark, dass die längerfristige Planung in den Hintergrund rückte. Zusammen mit den Regionalgemeinden aus dem Aachener Nordraum wurden gleich zu Beginn der rot-grünen Amtszeit Grundlagendaten erhoben (SOCIALDATA 1991a,b, 1992). Auf Grund dieser Daten und weiterer Erhebungen stellten die zuständigen Planer die nötigen Grundlagen für die Planung zusammen (VEP GRUNDLAGEN 1994:4). Im VEP berücksichtigten die Planer ursprünglich die vier Bereiche Fussgänger, Velo, Auto und Bus (STADT AACHEN 1992). Seit neuestem ist auch die Bahn einbezogen (POTH 1997a:1). Die zukünftige Entwicklung skizzieren drei Szenarien „Trend", „Pull" und „Push+Pull", die alle von den gleichen Annahmen im Bereich der Stadt- und Strukturentwicklung ausgehen. Die Szenarien zeigten unterschiedliche Wirkungen. Wenn es so weiterginge wie bisher, bliebe der MIV-Anteil stabil oder nähme weiter zu („Trend"). Bei den übrigen Szenarien käme es zu einer Verlagerung zu Gunsten des ÖV und des Radverkehrs (VEP KONZEPTE 1994:14). Nur mit dem Szenario „Push+Pull" ist das Ziel des Verkehrsausschusses zu erreichen, den Autoverkehr um 30 % zu reduzieren. Mit einem Einstiegskonzept mit dem Zielhorizont 2002 hat die Planung einen Zwischenschritt realisiert. In den Bereichen MIV, Fahrrad, Fussgänger und P+R sind keine Änderungen, also eine vollständige Umsetzung der Massnahmen vorgesehen, während beim ÖV vorläufig zwei statt sechs Stadtbahnlinien entstehen und das Parkraumangebot in der Innenstadt weniger stark abgebaut und die Parkraumbewirtschaftung weniger stark ausgedehnt werden sollen (VEP EMPFEHLUNGEN 1994:7). Laut den offiziellen Planungsgrundlagen bestehen für die Innenstadt und den Fussgängerverkehr im „Aachener Frieden" vorgesehenen Massnahmen gute Chancen, voll umgesetzt werden.

Seit dem „Aachener Frieden" ist die Verkehrspolitik nicht mehr durch die Auseinandersetzung um die „Fussgängerfreundliche Innenstadt" geprägt. Vielmehr sind zwei Faktoren in den Vordergrund getreten (nach POTH 1997a:2): Die schlechte finanzielle Lage hat dazu geführt, dass der Haushalt 1995/96 erst Ende 1996 genehmigt wurde, wodurch eine Lücke in der Umsetzung von zwei Jahren entstanden ist. Schwerpunkte des Verwaltungshandelns sind neu Wirtschaftsförderung und Stadtentwicklung und nicht mehr die Verkehrspolitik. Dies steht u. a. im Zusammenhang mit der neuen Rolle des OB und der Neubesetzung des Postens der Bau- und Verkehrsdezernentin. Nicht zu unterschätzen ist sicher auch die wirtschaftliche Lage. Die Interviewpartnerinnen und -partner schauen unterschiedlich optimistisch in die Zukunft. Es lassen sich durchaus gemeinsame Perspektiven ableiten.

Für die kurzfristige verkehrsplanerische Perspektive herrscht weitgehend Einigkeit. Der Bereich vor dem Elisenbrunnen wird umgebaut. An die Realisierung der ersten Schritte glauben auch die Vertreter des Einzelhandels. Sie können sich aber durchaus einen Meinungsumschwung vorstellen. Zentral in den Betrachtungen nimmt sich auf alle Fälle die schlechte gesamtwirtschaftliche Lage aus. *„Grosses Problem beim Elisenbrunnen ist, dass im Grunde die Stadt sparen muss, um diesen Etat einzuhalten. Die Gefahr ist, dass die vom Handel erwünschte und als entscheidender Punkt herausgestrichene städtebauliche Aufwertung nicht kommt. Man hat gesagt, Aachen muss nach vorne gehen, etwas städtebaulich Hochwertiges tut Aachen gut. Wenn das nicht der Fall ist und es aussieht wie früher, dann ist das ein grosses Problem. Für die nächsten zwei Jahre sehe ich ganz, ganz schwarz. In der deutschen Wirtschaftskonjunktur gibt es nichts, was sich für den Handel positiv auswirken könnte. ... Ich befürchte, dass der Umbau Elisenbrunnen eine zweite Samstagsgeschichte werden wird und die Leute draussen sagen, jetzt werden sie ganz bekloppt und machen den Elisenbrunnen auch zu. Der Einzelhandel wird sich bemühen zu vermitteln und sagen, der Elisenbrunnen ist noch schöner, noch attraktiver. Das wird sehr schwer werden. Das wird eine ganz schmale Gratwanderung."* (I18)

Die Erwartungen sind aber nicht nur pessimistisch, und die Verkehrspolitik scheint nicht der einzige Grund für die schlechte Situation zu sein. *„Aachen kann im Jahr 2000 eine sehr schöne Stadt sein. Beim alten Bushof wird ein Parkhaus gebaut, der Elisenbrunnen wird hoffentlich fertig. ... Wenn die beiden Warenhäuser investieren würden, das muss passieren, kann Aachen im Jahr 2000 eine sehr schöne, relativ gut anfahrbare Stadt sein, unabhängig davon, ob die Stadtbahn kommt. Da habe ich Bedenken, aber es wäre wünschenswert. ... Aachen hat ein sehr schönes historisches Umfeld, das Problem ist, dass der Handel seit fünf Jahren nicht mehr investiert. Die einen sagen wegen der Verkehrspolitik, die Warenhäuser haben andere Gründe. Es wird in kaum einer Stadt so wenig investiert, wie jetzt in Aachen, sowohl von Aachenern, als auch von aussen. ... Die Stadt muss attraktiver werden, die Verkehrsprobleme müssen gelöst werden, die Parkgeschichte muss gelöst werden. Dann werden die Geschäfte auch wieder investieren, es wird eine Gegenbewegung geben. ... Da muss man höllisch aufpassen, dass eines Tages der Abstand zu Köln und Düsseldorf nicht zu gross wird."* (I18)

Ein Vertreter eines grossen Warenhauses zeigte sich in seiner Zukunftsperspektive eher optimistisch. Er sieht den Gewinn in der Verbindung der Einkaufsgebiete und der Attraktivitätssteigerung - dabei ist für ihn die Qualität des öffentlichen Raumes von grosser Wichtigkeit. *„Ich erwarte für Aachen eine sehr gute Entwicklung. Der Umbau Elisenbrunnen ist ein grosser Fortschritt für Aachen. Ich hatte anfänglich auch Vorbehalte. Wenn der Elisenbrunnen umgebaut wird, bedeutet dies eine gravierende verkehrliche Umstellung für viel Stadtbesucher, die neue Wege finden müssen. So was ist immer ein Problem, und die Umstellungsphase wird auch Probleme bringen, was auf der einen Seite auch zu Kundenverlusten führen wird. Das war das Hauptargument für mich, so etwas nicht haben zu wollen. Aachen verfügt über mehrere nicht zusammenhängende Einkaufsquartiere. ... Sie werden getrennt durch diese Verkehrsstrasse. ... Wenn es nun eine Gelegenheit gibt, diesen Bereich zu beruhigen und* *trotzdem zu gewährleisten, dass man auch mit dem privaten Pkw alle Teile der Stadt und v. a. auch die Parkmöglichkeiten erreichen kann, dann ist es auf Dauer kein Nachteil. Auf der einen Seite gibt es ein Gewinn an Stadtstruktur und Aufenthaltsqualität und auf der anderen Seite die sichergestellte Erreichbarkeit. Den Kaufleuten ist es letztlich egal, mit welchen Mitteln und auf welchen Wegen die Besucher in die Stadt kommen. Die sollen möglichst viel und häufig kommen, mit dem Fahrrad, zu Fuss, mit dem Omnibus, mit der Bahn, mit dem Flugzeug oder mit dem Pkw. Sie sollen einfach kommen, und die Händler sind gar nicht auf ein bestimmtes Verkehrsmittel eingestellt. ... Schiefgehen könnte die ganze Sache, wenn der Umbau Elisenbrunnen nicht in ansprechender Qualität gemacht wird, wenn es nur eine verkehrstechnische Lösung gibt und ein Schild ‚gesperrt' aufgestellt wird und alles beim Alten bleibt. Dann ist es kein Gewinn für die Stadtstruktur. Da hat man zwar die Autos rausgehalten, die Strassen bleiben aber weiter so, wie sie sind."* (I22)

In eine ähnliche Kerbe haut die Vertreterin der IHK. Sie sieht drei Möglichkeiten, dass beim Elisenbrunnenumbau etwas schief gehen könnte. *„Beispiel A: Die Berechnungen der Verkehrsmengen waren zwar statistisch richtig, praktisch aber so falsch, dass der Verkehr auf dem Alleenring nicht mehr fliessen kann und es jeden Morgen und jeden Abend einen so immensen Stau gibt, dass sich Anwohner, Gewerbetreibende usw. beschweren werden, dann wird man alles auf den Elisenbrunnenumbau, auf die verfehlte Verkehrspolitik Aachens zurückführen. Beispiel B: Es gibt zwei katastrophale verregnete Sommer und die Bauzeit verlängert sich um ein Jahr. Dann wird einer der wichtigsten Plätze brach liegen, es wird heissen, dass Gelder verschwendet werden, dass nicht gebaut wird. Beispiel C: Es finden sich keine Sponsoren. Der Platz wird zwar umgebaut, aber es wird nicht sichtbar ausser vielleicht am Pflaster. Es hat zwar keine Autos mehr, aber die Busse rauschen durch, und es hat keine Aussengastronomie. Ein Erlebnischarakter ist schon notwendig. Wenn diese drei Fälle eintreten würden, dann kann es gar nicht gelingen, dann wird man sehen müssen, wie das noch gerettet werden kann."* (I19) Die längerfristige Perspektive erscheint ihr aber durchaus optimistisch. *„In zehn Jahren gibt es einen Grabenring ohne viel Autos, darum herum noch ein, zwei Parkhäuser für die Pkws, die im Grabenring nicht mehr herumfahren. Überall gibt es Automaten, an denen mit Chipkarten der Bus, das Parkhaus, die Gepäckaufbewahrung bezahlt werden können. Auf dem Alleenring fliesst der Verkehr flüssiger dank neuer Signalanlagen. Es gibt P+R-Plätze an entscheidenden Punkten, wie RWTH, Bahnhof, Klinikum, Eurogress, um überhaupt Shuttleverkehr zu ermöglichen."* (I19)

Weiter gehende verkehrspolitische Perspektiven scheinen dem Vorsitzenden des Verkehrsausschusses zentral zu sein. *„In allen Städten wird der Prozess des Verdrängens des Autoverkehrs, der sich nicht auf die Bewohner bezieht, weitergehen. Man wird sich angewöhnen werden und müssen, Wege von 500 m zu Fuss zu gehen. Theoretisch müsste der ÖPNV verbessert werden. Faktisch gibt es im Moment das Problem der Defizite der öffentlichen Haushalte, weil bisher kein kostendeckender ÖPNV betrieben werden kann. Für Aachen braucht es ein Schienenverkehrsmittel, um einen höheren Anteil im ÖPNV zu erreichen. Das kann Aachen aus eigener Kraft nicht realisieren. Das wäre nur in der Zange mit dem Land möglich."* (I17)

Ganz andere Schwierigkeiten als verkehrspolitische und -planerische sieht ein unabhängiger Analyst auf Aachen zukommen. *„Ich glaube nicht, dass das dringendste Problem der Aachener Innenstadt das Verkehrsproblem ist, das ist ein Randproblem. Die Innenstadtattraktivität sinkt im Vergleich zu anderen Städten dramatisch ab. Das hat mehrere Gründe. Das zentrale Investitionsprojekt für die ganze Innenstadt, die Kaufhof-Parkplatzbebauung, wird seit Jahren verzögert und vermutlich nie kommen. ... Das hat auch zur Folge, dass auch private Investitionen ausbleiben, weil keiner genau weiss, was eigentlich passiert. Diese Privatinvestitionen bleiben jetzt seit zehn Jahren aus. Es gibt auch seit zehn Jahren keine öffentliche Verbesserung der Fussgängerzonen. Die sehen so aus, wie man es in den Achtzigerjahren so hatte. Das hat dazu geführt, dass sich die Zusammensetzung der Geschäftsstruktur ständig negativ entwickelt hat. Wenn das nicht aufgehalten wird, kommt es für den Aachener Handel böse. ... Es gibt in Aachen keine Vision für die Innenstadt. Es gibt in Aachen viele Visionen, was Aachen alles sein soll, Kulturstadt, Wohnstadt, ..., aber es gibt kein Entwicklungsziel für die Aachener Innenstadt. Das ist verschlafen worden."* (I23)

4.3 Die wichtigen Akteure und ihre Position im Planungsprozess

4.3.1 Die Akteure im Überblick

An den Auseinandersetzungen um die „Fussgängerfreundliche Innenstadt" haben sich zahlreiche Institutionen und Personen beteiligt. Es lassen sich folgende Akteurgruppen unterscheiden:

- Die Stadt: Oberbürgermeister, Rat, Verkehrsausschuss und Verwaltung (insbesondere Amt für Verkehrsanlagen);
- Die Parteien: SPD, Bündnis 90/Die Grünen, CDU, FDP;
- Die Vertreter der Wirtschaft, besonders des innenstädtischen Einzelhandels: Einzelhandelsverband, MAC (Märkte- und Aktionskreis City), IHK (Industrie- und Handelskammer), übergeordnete Interessenvertretungen;
- Die Umweltverbände;
- Weitere Akteure (übergeordnete politische Instanzen, Anwohner, Presse/Medien, Wissenschaft, Bevölkerung).

4.3.2 Die Stadt

4.3.2.1 Überblick

Die deutschen Kommunalverfassungen geben eine andere Organisationsform vor als die schweizerischen. Während in der Schweiz eine klare Trennung zwischen Legislative, Exekutive und Verwaltung vorgesehen ist, sind die Grenzen in den deutschen Systemen durchlässiger. Dazu kommt die Tatsache, dass die schweizerischen Exekutiven und auch die Stadtparlamente nach dem Konkordanzprinzip funktionieren, während in Deutschland das Mehrheitsprinzip gilt. Entsprechend kann die stärkste Partei, bzw. Parteienkoalition, in Deutschland alle wichtigen Posten durch eigene Mitglieder besetzen. In den Gremien halten sich die Parteienvertreter jeweils an die offizielle Parteimeinung. Deshalb ist die Position der Parteien deutlich stärker verankert als in der Schweiz.

In Nordrhein-Westfalen kam es in den Neunzigerjahren zu einer Revision der Gemeindeordnungen. Während zu Beginn die Prinzipien der Ratsverfassung galten, kam nun neu der Typ der Gemeinderats- bzw. Magistratsverfassung zur Anwendung (HOTZAN 1994:70,71). Beim ersten System wählte die Legislative (Rat) aus seiner Mitte den nebenamtlichen OB, der dieser dann vorstand. Ihm zu Seite standen verschiedene Bürgermeister. Daneben führte ein beamteter Oberstadtdirektor die Verwaltung. Diesem unterstanden wiederum verschiedene Dezernenten, die für die Verwaltungsabteilungen zuständig waren. Im neuen System gibt es den Oberstadtdirektor nicht mehr. Das Volk wählt stattdessen einen vollamtlichen Bürgermeister, der sowohl die Legislative als auch die Verwaltung leitet. Aachen war zum Zeitpunkt der Untersuchung in einer Übergangsphase. Zwar ist der OB seit 1994 hauptamtlich auf seinem Posten, das Volk konnte ihn aber erst 1999 direkt wählen.

4.3.2.2 Der Oberbürgermeister

Der Rat der Stadt Aachen wählte 1989 nach dem Wahlsieg der rot-grünen Koalition Dr. Jürgen Linden (SPD) zum Oberbürgermeister (OB). Ab 1994 war er hauptamtlich auf diesem Posten, und 1999 wurde in der Volkswahl wieder gewählt. Ihm zur Seite stehen drei Bürgermeister, die bei politischen Entscheidungen eine untergeordnete Rolle spielen.

Die Rolle des OB während der gesamten Auseinandersetzungen war eher zurückhaltend bis vermittelnd. *„OB Dr. Linden spielt eine vermittelnde Rolle, anfangs weniger, weil auch noch nicht klar war, wie die Wahlen ausgehen werden und er noch nicht in der Rolle war und die Erfahrung noch nicht hatte in allen Bereichen. Mittlerweile ist er absolut stark, vermittelnd, aber auch meinungsführend."* (I19) Da er eine Integrationsfigur für alle Aachener sein wollte (und will), liess er sich zu keinen extremen Meinungsäusserungen hinreissen. *„Der OB war für die Findung des Kompromisses die entscheidende Figur. Er hat über die ganze Zeit hinweg eine kompromissbereite Haltung gezeigt, die als* *eher konstruktiv zu bezeichnen ist."* (I23) *"Ich halte die Rolle des Oberbürgermeisters in keiner Weise für problematisch. Dr. Linden ist auf Konsens ausgerichtet, eine sehr vermittelnde Person, die aber im Bereich der Verkehrspolitik nicht besonders agiert. Die Rolle des OB in der ganzen Diskussion sollte nicht überbewertet werden."* (I21)

Bei der Einführung der „Fussgängerfreundlichen Innenstadt" liess er sich in die Öffentlichkeitsarbeit einspannen. Linden war aber sicher nicht der Promotor der Idee vor und hinter den Kulissen. Vor den Wahlen 1994, als es galt, die Wogen zu glätten, liess er sich zu Rückziehern hinreissen, beispielsweise in der Frage der Peterstrasse oder des bereits damals aktuellen Umbaus des Elisenbrunnens. In den Verhandlungen zum „Aachener Frieden" nahm er gegen aussen eine Schlüsselfunktion ein. Er pflegte während der ganzen Zeit Verbindungen zum Einzelhandel und gab den Gegnern und Befürwortern der „Fussgängerfreundlichen Innenstadt" Möglichkeiten zur Diskussion und zum Finden von Lösungen. *„Dr. Linden ist ein sehr volkstümlicher Mann. ... Das Hauptziel von Dr. Linden war es in der Anfangsphase, hauptamtlicher OB zu werden. Er ist mit Begeisterung OB und wollte es mit aller Gewalt werden. Er hat die negativen Seiten der „Fussgängerfreundlichen Innenstadt" auch gesehen, sie aber in Kauf genommen, um die rot-grüne Allianz nicht zu gefährden."* (I18) Gerade Leute aus dem eigenen Lager waren ob der konsensfreudigen Haltung nicht immer erfreut. *„Der OB hat sehr versucht zu bremsen. ... Es gibt so ein paar Spitzenfunktionäre, die bremsen. Die Motive dazu sind differenziert. Beim OB spielen sicher auch Gründe eine Rolle wie die Stabilisierung der Mehrheit, er zielt sehr stark auf das bürgerliche Lager in seiner Politik."* (I17) *„Der wirkliche Initiator war der neue OB. ... Der tritt 1999 zur ersten Direktwahl an, und da muss er aus dem Parteiclinch raus. Der Linden ist zudem jemand, der ursprünglich gar nicht zu 100 % hinter der „Fussgängerfreundlichen Innenstadt" stand, aber jetzt versucht, Ruhe reinzubringen, das war schon sein Bestreben. Damit Aachen von den negativen Schlagzeilen wegkommt."* (I20)

Nachdem er sich in der Zeit der stärksten Auseinandersetzungen eher zurückhaltend gezeigt hatte, kam ihm diese Haltung entgegen, als es darum ging, einen Konsens zu finden. Er konnte sogar die Rolle des etwas ausserhalb stehenden Vermittlers einnehmen.

4.3.2.3 Der Stadtrat, der Verkehrsausschuss und sein Vorsitzender

Der Rat als Ganzes hat in der Auseinandersetzung um die „Fussgängerfreundliche Innenstadt" nur eine kleine Rolle gespielt. Die wichtigen Entscheidungen bereiteten der Verkehrsausschuss und die Parteien vor. Immerhin stimmte der Rat 1991 der Durchführung des Versuchs mit der „Fussgängerfreundlichen Innenstadt" einstimmig zu. Bei der Einführung des Definitivums kam es dann zu einer Mehrheitsentscheidung, die die Gegner später mit juristischen Argumenten rückgängig zu machen versuchten. Bei kontroversen Entscheidungen des Verkehrsausschusses kam es vor, dass die Oppositionsparteien damit drohten, der Rat werde die Entscheide wieder umstossen.

Viel wichtiger als der Stadtrat waren der Verkehrsausschuss und sein Präsident Jürgen Bartholomy. Der Verkehrsausschuss bereitete alle Entscheide vor und entwarf schliesslich auch in Zusammenarbeit mit der Verwaltung die Umsetzungsvorschläge. *„Der Verkehrsausschuss hat einen deutlich grösseren Einfluss. ... Dort werden die Entscheidungen ausgebrütet, im Konsens einerseits Rot-Grün, andererseits in der Opposition die CDU. Im Verkehrsausschuss sitzen enorme Entscheidungsträger, die der Verwaltung Anweisungen geben. Führende Person ist der Verkehrsausschussvorsitzende Herr Bartholomy, auf der Seite der CDU sind verschiedene Entscheidungsträger. Die Aktiven der Grünen sind gemischt."* (I17) Neben dem Verkehrsausschuss war auch der Umweltausschuss von einiger Bedeutung, als es darum ging, die Umweltauswirkungen der „Fussgängerfreundlichen Innenstadt" zu diskutieren. Von seiner Seite kamen keine grundsätzlich neuen Elemente, die die Diskussion beeinflusst hätten.

Eine zentrale Rolle auf lokaler Ebene kam dem Verkehrsausschussvorsitzenden zu; da sind sich fast alle Akteure einig. *„Ich bin Vorsitzender des Verkehrsausschusses seit 1989 und bin für die SPD Mitglied des Stadtrates. ... Weil die SPD einen Schwerpunkt in der Verkehrspolitik sah, hat sich die Fraktion bemüht, den Vorsitz im Verkehrsausschuss zu bekommen. Im Prinzip ist die Vorsitzendenfunktion, die eines Zeremonienmeisters. Sie ist eine rein formale Funktion. Sie gibt aber auch starke Möglichkeit in der Öffentlichkeit zu agieren."* (I17) Er war sicher auch einer der Initiatoren der Idee für die „Fussgängerfreundliche Innenstadt". *„Herr Bartholomy war eine zentrale Person. Er ist der Vorsitzende des Verkehrsausschusses und ist derjenige, der die praktische Lösung vertrat. Er war auch der wichtigste Ansprechpartner."* (I23) *„Die SPD ist im Verkehrsbereich von Bartholomy geprägt."* (I17) Bartholomy besass stets ausgezeichnete Beziehungen in die Verwaltung hinein. Im Verkehrsausschuss waren zudem die jeweils in der verkehrspolitischen Fragen federführenden Mitglieder der Parteien tätig.

4.3.2.4 Verwaltung

Die Verwaltung hat ihre Umsetzungsaufgabe mit grossem Elan an die Hand genommen. Als die neue rot-grüne Mehrheit 1989 an die Macht kam, übernahm sie zahlreiche leitende Beamte, die noch aus der Regierungszeit der CDU stammten. Während auf Dezernentenstufe zuerst alles beim Alten blieb, gelang es mit einigen gezielten Neubesetzungen, deutliche Akzente zu setzen. Frau Regina Poth, die nach der Entstehung des Amts für Verkehrsanlagen und nach dem Austritt des langjährigen Amtsleiters Derse den Posten der Amtsleiterin erhielt, war eine zentrale Figur in der Diskussion um die „Fussgängerfreundliche Innenstadt". Sie war in der Diskussion oft mit Verwaltung gleichgesetzt worden, obwohl es durchaus noch andere Akteure gab.

„Die CDU hat sich die Konzepte vorher von der Verwaltung machen lassen. In der Fachdisziplin Verkehrsplanung gab es einen Leitbildwechsel. Die junge Generation der Bauingenieure und Verkehrsplaner, die sass in der Hochschule. Die alten sassen in der Verwaltung. Zufällig, durch Generationenidentität, ist die SPD als Opposition zur Trägerin des neuen Leitbildes geworden." (I17) Es gelang also nach dem Machtwechsel, Akzente zu setzen. Mehrere Interviewpartner haben unabhängig voneinander betont, dass die Idee für die „Fussgängerfreundliche Innenstadt" in der Verwaltung entstanden war - von einer neuen Generation innerhalb der Verwaltung (I17, I23). *„Die Verwaltung ist personell umbesetzt worden. Von Anfang an war für diese ‚Fussgängerfreundliche Innenstadt' eine parteilose, aber sehr engagierte Frau zuständig, die jetzt auch Amtsleiterin ist (AdA: Poth). Sie hat darin die Möglichkeit gesehen, sich zu profilieren."* (I20)

Die Rolle von Frau Poth scheint auch polarisierend gewirkt zu haben. *„Es gab immer den Konflikt zwischen rot-grünen Politikern mit Frau Poth als Exponentin, die manches nicht so geschickt, taktisch unklug angegangen ist, weil sie die Leute oft so richtig vor den Kopf gestossen hat. Deshalb muss sie sich sehr leicht den Ideologievorwurf gefallen lassen."* (I17) *„Frau Poth war die zentrale Akteurin bei der Verwaltung. Sie ist im persönlichen Gespräch eine verlässliche Partnerin, sie ist auch konstruktiv. Aber sie neigt dazu, die Massnahmen sehr ideologisch zu verkaufen. D.h., sie hat in ihren öffentlichen Auftritten eher Öl aufs Feuer geschüttet, als durch Kompromissbereitschaft geglänzt. Sie hat im internen Bereich Kompromisslinien gezogen, wo man sagen muss, da ist sie weit gegangen, sie hat aber in ihren öffentlichen Äusserungen das Thema ständig verschärft. Die Verwaltung ist, wenn es um die ganz konkrete Lösung geht, ein Partner, mit dem man Kompromisse schliessen kann. Die Verwaltung hat aber nicht unbedingt das öffentliche Klima kompromissbereit gestimmt. ... Eine merkwürdige Nichtrolle gespielt haben der damalige Oberstadtdirektor und der zuständige Dezernent, Herr Niehüsener. Beide sind mittlerweile nicht mehr im Amt. Die haben sich aus der Diskussion völlig rausgehalten und ihrer Amstleiterin das Feld überlassen."* (I23) Ausserhalb Aachens, an Tagungen und Kongressen und mit verschiedenen Artikeln trat v. a. Frau Poth an die Öffentlichkeit, was offensichtlich nicht allen gefiel. *„Bemerkenswerterweise haben auch verantwortliche Personen (Poth) aus dem Verwaltungsbereich der Stadt nach draussen getragen, als wäre diese ‚Fussgängerfreundliche Innenstadt' ein grosser Erfolg."* (I22)

Auf Dezernentenstufe gab es ab 1989 drei Zuständigkeitswechsel. Bis 1992 war Dr. Hans-Wolfram Kupfer für die „Fussgängerfreundliche Innenstadt" verantwortlich. Er half tatkräftig mit, den Versuch umzusetzen, obwohl gerade Grüne Stadtparlamentarier einige Vorbehalte hatten, und er einmal Ansichten äusserte, die durchblicken liessen, dass er nicht voll hinter dem Versuch stand. Nach der Verwaltungsreform 1992 kam die „Fussgängerfreundliche Innenstadt" unter die Zuständigkeit von Dr. Wilhelm Niehüsener. Ob er wirklich eine Nichtrolle gespielt hat, ist unklar (s. o.). *„Die Verwaltung, Dr. Niehüsener, hat schon vor zwanzig Jahren bei einer Veranstaltung der IHK gesagt, dass er nicht einsieht, dass die Leute aus Eschweiler (AdA: Subzentrum im Umland) in Aachen einkaufen sollen. Die Verwaltung hat eine ganz klare Politik gemacht, Dr. Niehüsener sehr stark. Aachen sollte schön* *beruhigt werden und verstärkt zum Museum entwickelt werden. Die Leute, die stören, sollen draussen bleiben. Das war eine ganz klare Philosophie, die bis vor anderthalb Jahren durchgehalten worden ist. ... Frau Helm (AdA: Kollegin von Frau Poth), Frau Poth, das ist alles eine Einheit gewesen. Die haben auch Politik gemacht. Es gibt sehr viel Vernetzung zwischen ASEAG, Verwaltung und Rot-Grün, über Personen."* (I18) Die dritte Dezernentin ist seit 1996 Frau Detmering, die mit dazu beigetragen hat, dass das Verkehrsthema etwas aus den Schlagzeilen verschwunden ist. *„Die neue Baudezernentin (Frau Detmering) ist auf grünen Vorschlag gewählt worden. Es gibt ein strukturelles Problem hinsichtlich dem, was in den letzten zehn Jahren gemacht worden ist. Das hat natürlich extreme stadtentwicklungspolitische Auswirkungen. ... Der Stadtentwicklungsbereich versucht in stärkerem Masse bei den Entscheidungen reinzukommen und die stadtästhetischen Aspekte zu betonen. ... Architekten neigen dazu, die Ästhetik an die Spitze zu setzen. ... Die neue Dezernentin ist auch Verkehrsdezernentin, der vorige Baudezernent hat sehr stark mit dem Verkehrsbereich kooperiert, um seine Ziele auch durchzusetzen. Sie tendiert nun stark dazu, sich mit den Stadtentwicklern und Architekten zusammenzutun. Es gibt beispielsweise eine Diskussion darüber, ob man in der Stadt Streifen für Radfahrer macht. Da sagen die Architekten, obwohl sie dies nichts angeht, weil sie keine Kompetenzen haben, das sieht nicht schön aus, so viele weisse Striche auf der Strasse. Sie (AdA: Detmering) tendiert dann zu einer solchen Entscheidung und hält dann auch noch fest, dass solche Streifen auch für den Autofahrer verwirrend sind."* (I17)

Innerhalb der Verwaltung war trotz der bereichsübergreifenden Schaffung eines Amtes für Verkehrsanlagen Zusammenarbeit immer noch notwendig. Dort hat es offensichtlich verschiedene Unstimmigkeiten gegeben. *„Die Aachener Stadtverwaltung ist speziell über das Planungsamt und über das Amt für Verkehrsanlagen, über das Presse- und Werbeamt in die Innerstädtische Verkehrsplanung involviert. Teilweise glaubt man zu erkennen, dass die verschiedenen Ämter schlecht miteinander kommunizieren - die Verwaltung ist gross, hat über 5'000 Mitarbeiter, da kann es Probleme geben. Teilweise könnte es sein, dass innerhalb des einzelnen Amtes Schwachstellen, Kommunikationsprobleme auftauchen. Auf alle Fälle sollte die Verwaltung nicht alleine Konzepte erarbeiten ... Da gibt es zwangsläufig Reibungsverluste, zwischen Ämtern, die am gleichen Thema arbeiten."* (I21) Die Leitung des Amts für Verkehrsanlagen bestätigte diese Sichtweise aus einer anderen Optik. Man müsse ebenfalls mit dem Ordnungsdezernat (Dr. Kupfer) zusammenarbeiten, da sich dort noch das Strassenverkehrsamt befinde. Das sei oft ein starker Kontrahent, mit dem „Mittelbau" könne man zwar reden, der Amtsleiter Oskar Gerdom sei aber sehr konservativ. Dagegen hat sich die Polizei kaum und die ASEAG nur in sehr beschränktem Umfang geäussert. Letztere hat die „Fussgängerfreundliche Innenstadt" immer stark unterstützt und als Chance für den ÖV gesehen. *„Die Verkehrsbetriebe sind im ganzen Konzept ein zentraler Faktor gewesen. Die SPD hat gute Verbindungen mit den Verkehrsbetrieben, da sie stark gewerkschaftlich geprägt sind. Der Vorstand, die zwei Direktoren halten sich etwas zurück, aber auf der Prokuristenebene gibt es eine sehr starke Unterstützung. ... Ich bin auch Vorsitzender des Polizeikreisrates. Die Polizei hat sich immer dagegen gewehrt, dass Massnahmen eingeführt werden, die nur durch die Polizei durchführbar sind. Um gewisse Verkehre durch die Stadt zu unterbrechen, wurden Fussgängerzonen eingerichtet. Da hat die Polizei gesagt, macht keine Regelung, die nur funktioniert, wenn ein Polizist daneben steht. Das Strassenverkehrsamt ist sozusagen das Notariat der Verkehrsplanung."* (I17)

Inkohärenz in der Stadtverwaltung zeigt die Diskussion um das Presseamt, das viele Seiten beschuldigten, für das als schlecht beurteilte Marketing verantwortlich gewesen zu sein. *„Die Stadtverwaltung hat marketingmässig für die ‚Fussgängerfreundliche Innenstadt' mit einem Prospekt geworben, der von der Aufmachung extrem poppig, avantgardistisch war. Die Botschaft, die rübergekommen ist, hat scheinbar zu Irritationen und Verwirrungen geführt. Im Umland ist vielfach der Eindruck entstanden, dass die Aachener Innenstadt zu ist und zwar ganztägig ... Das Presse- und Werbeamt der Stadtverwaltung ist alleine vorgeprescht und hat die entsprechenden Prospekte gedruckt, und dann ist das Kind in den Brunnen gefallen."* (I21)

Das folgende Interviewzitat fasst die Rolle der Verwaltung sehr anschaulich zusammen: *„Die Verwaltung hat immer und überall die Rolle des Buhmanns, sowohl für den Politiker als auch für die Öffentlichkeit. Ihre Rolle ist per se eine unglückliche. Bis zum letzten Jahr (AdA: 1995) hat sie es, was den Verkehr anbelangt, nicht geschafft, sich aus dieser unglücklichen Rolle rauszubringen. ... Allge-*

mein kann man aber der Verwaltung keine gute Note geben, vieles ist zu schlecht gelaufen. Die Ämter haben sich nicht genug abgestimmt (Presseamt, Amt für Verkehrsanlagen, Hochbau- und Tiefbauamt). Bei denen, die für den Bereich Stadtentwicklung zuständig sind, hat jeder so seinen Kram gemacht. In den Ämtern hat auch ein Wechsel stattgefunden und die Übergangsphase fiel genau in die Zeit der Einführung der ‚Fussgängerfreundlichen Innenstadt'. Es hat ein Wechsel stattgefunden von den Akteuren der CDU-Zeit (Amtsleiter, ...) zu eher rot-grünen Beamten. In dieser Wechselzeit hat es zu wenig Abstimmung und Teams gegeben. Innerhalb der Verwaltung war nicht klar, wer für was zuständig ist, wer welche Haltung hat und wer was will. Das war nicht nur auf den Wechsel zurückzuführen. Allgemein war die Teamfähigkeit mangelhaft. ... Gerade der Bereich Marketing, Öffentlichkeitsarbeit hat überhaupt nicht gut gearbeitet. Dem Marketing für die ‚Fussgängerfreundliche Innenstadt' würde ich die Note 6 (AdA: schlechteste Note) geben, es fehlen ein Design und ein vernünftiges Logo, gute Presseartikel, Bürgerbefragungen, Informationsveranstaltungen, Zugpferde, eigenes Engagement ... Die Leute haben nicht gut gearbeitet, haben sich nicht abgestimmt und haben vielleicht auch nicht über die nötigen Informationen verfügt. Die Entwicklung und die Umsetzung der Massnahmen kamen vielleicht auch aus dem Bauch raus. Heute weiss man sehr viel, auch über die neuen Moderationsverfahren. Anfangs der 90er-Jahre waren diese Ideen noch relativ frisch." (I19)

Die Verwaltung hat in der Diskussion um die „Fussgängerfreundliche Innenstadt" starke Akzente gesetzt. Die Idee ist dort entstanden. Mit aller Kraft versuchten die unmittelbar zuständigen Personen, die Umsetzung erfolgreich zu gestalten. Allerdings gab es innerhalb der Verwaltung Generationsunterschiede, die zu Konflikten führten. Das entschlossene, zielgerichtete Auftreten goutierten nicht alle Akteure in gleichem Masse. Der auf die „Fussgängerfreundliche Innenstadt" orientierte Teil der Stadtverwaltung war sehr stark verknüpft mit Politik, Planungsbüros und Hochschule (I18). Mit dem „Aachener Frieden" ist wieder Ruhe eingekehrt, und die Zusammenarbeit in und mit der Verwaltung hat sich verbessert. *„Wir sind jetzt wieder im Dialog mit der Verwaltung. Es ist wesentlich besser, als es vor drei, vier Jahren gewesen ist. Man arbeitet gut zusammen und wird gut informiert. Jeder gibt seine Beiträge."* (I22)

4.3.3 Die Parteien

4.3.3.1 Die SPD

Die SPD stand in Aachen während langen Jahren als klassische Arbeiterpartei in der Opposition. Sie ist die Mutterpartei wichtiger Akteure in der Auseinandersetzung um die „Fussgängerfreundliche Innenstadt". *„Die SPD hatte sehr viele Mitarbeiter und Sympathisanten aus dem Bereich der Assistenten, die heute selbstständige Büros haben. Die haben schon 1979 das Grundkonzept schriftlich fixiert, hatten aber auf Grund der Minderheitsposition keine Möglichkeit, es umzusetzen."* (I17) Die Wahlsieger von 1989 wollten möglichst rasch etwas vorweisen. *„Vor zehn Jahre hatten sich die SPD-Leute so ein bisschen als Missionare gefühlt. Beim politischen Wechsel gab es dann eine Aufbruchstimmung."* (I17) Gründe für die relativ progressive verkehrspolitische Haltung der Partei liegen in der langen Oppositionszeit und den dadurch bedingten, schlechten Kontakten zu den zentralen Akteuren. *„Die Sozialdemokratie steht in Aachen vor einer speziellen Situation. Dort, wo die Sozialdemokratie in der Mehrheit ist, z. B. im Ruhrgebiet, kennt sie auch die Akteure. Da ist die SPD weniger extrem. In der Opposition wird ein extremes Profil entwickelt."* (I17)

Im Gegensatz zu den Grünen gehören die Vertreter in der SPD, die sich für eine neue Verkehrspolitik eingesetzt haben, innerhalb der Partei einer - aktiven - Minderheit an. *„Der SPD gelingt es nicht, zum Thema Verkehrspolitik andere Menschen zu mobilisieren als Funktionäre. Den Grünen gelingt es auf Grund ihrer Strukturen - Bürgerinitiativen, ADFC, Umweltgruppen, Greenpeace, ... Das ist deren Vorfeld. Denen gelingt es auch, eine Pressekampagne zu lancieren. Leserbriefe sind in der Regel keine Spontanentschlüsse sondern inszeniert. Da ist die SPD nicht in der Lage, zum Thema Verkehr eine gezielte Kampagne zu machen."* (I17) Entsprechend stellte sich gerade im Vorfeld der Wahlen von 1994 die Frage, warum die Bürger SPD wählen sollten, eine Partei, die sich besonders mit dem Verkehrsthema profiliert hatte. *„Im Vorfeld der Wahlen von 1994 hat eine Untersuchung von Infas stattgefunden. Da hat man festgestellt, dass in der Wahrnehmung der SPD-Sympathisanten, aber* *auch der Öffentlichkeit, die Verkehrspolitik gerade auch wegen des Konfliktcharakters identitätsstiftend war. Das ist bei der SPD ambivalent. Für die Leute, die etwas aktiver sind, die Funktionäre, ist eine Konfrontation gerade mit dem Handel, der traditionell nicht als sozialdemokratisches Feld gilt, identitätsstiftend. Es gibt einen Gegner, ein Thema, man glaubt sich als Fackelträger progressiver Ideen. Für die Wählerschaft ist es ein sehr schwieriges Thema, weil es für den Facharbeiter, der zu den schweigenden Wählern der SPD gehört, sehr schwierig ist, weil für ihn das Auto im Grunde die Verwirklichung seiner Lebensträume ist. Die emotionale Besetzung des Autos ist höher als beim grün wählenden Oberstudienrat. ... In der Erinnerung der SPD-Wähler ist immer noch das Oben-und-unten-Schema im Hinterkopf. Wenn man anfängt, den Freiheitsgewinn zu verteuern (Benzinpreise, Parkgebühren, ...), dann wird die Sorge aktiviert, wieder zurückgestossen zu werden auf die Ebene des Radfahrers. Für die ist Radfahren sozusagen ein sozialer Abstieg. Für die neuen Mittelschichten ist Radfahren im Grunde ein emotionaler Gewinn, ein Lustgewinn."* (I17) Dabei kam es durchaus auch zu Meinungsunterschieden in der Führungsriege der Partei. Der OB zeigte eine kompromissbereite Haltung. *„Es gab Gegnerschaft immer von einigen Spitzenfunktionären. Der OB hat sehr versucht zu bremsen. Der damalige Parteivorsitzende Schinzel hat sehr gebremst, der war Europaabgeordneter. Es gibt so ein paar Spitzenfunktionäre, die bremsen. ... Vor der Wahl 1994 gab es sogar Tendenzen, die sagten, das Ganze zurückzunehmen. Erst das Trommelfeuer der CDU hat wieder zu einer sehr starken Reaktion der Partei geführt, die sich relativ ruhig gehalten hat. Die Leute haben plötzlich gesagt, nein, nein, das ist unsere Sache. Je stärker der Druck von aussen ist, desto stärker ist die Identifikation."* (I17)

Die Verflechtung der Partei mit der Hochschule und die schlechten Kontakte zur Wirtschaft sowie die Konzentration des Verkehrsthemas nahmen auch Aussenstehende wahr. *„Die SPD verfügt über wenige starke Köpfe. Die haben sich gefragt, wie können wir die nächsten Wahlen gewinnen, wie kann Aachen nachhaltig von der SPD bestimmt werden. Denen war im Grunde jedes Mittel recht. Die Verkehrspolitik war ein Thema, bei dem die Grünen gesagt haben, entweder macht ihr mit oder wir scheiden aus. Innerhalb der SPD hat schon Einigkeit geherrscht. Die SPD ist in Aachen nicht mehr die richtige Arbeiterpartei, wie in anderen Städten. Sie ist sehr stark auf die Hochschule ausgerichtet. Insofern hat es auch andere Meinungen gegeben, aber die sind sehr stark in der Minderheit (wenige Gewerkschaftsleute). Es gibt eine Allianz Verwaltung - SPD - Hochschule. Die Verkehrsplanungsbüros, die alle eingeschaltet worden sind, sind alles SPD-Leute, in der Verwaltung, Frau Poth, Herr Appel von der ASAG, das sind alles stramme SPD-Leute. Das muss man realistisch sehen, das ist nicht negativ, aber das ist so."* (I18)

Die Wahlen von 1994, in denen die Verkehrspolitik Hauptthema war, haben keine grundsätzlichen Veränderungen gebracht. Allerdings *„hat zumindest die SPD Verluste gehabt, die auf die Auswirkungen der Verkehrspolitik zurückzuführen sind"* (I22). *„In den Aussenbezirken gibt es Arbeiterbezirke, die traditionell SPD wählten. Die Verkehrspolitik war der entscheidende Punkt der ganzen Kommunalwahl. Die CDU hat dort draussen sehr stark gewonnen und in der Innenstadt verloren"* (I18). Gerade ein Teil der traditionellen Wählerschichten sind offensichtlich zur CDU abgewandert.

Nach den Wahlen kam es zu einer gewissen Umorientierung in der SPD. Einerseits versuchten die Grünen, durch die Wahlen gestärkt, die Meinungsführerschaft zu gewinnen, denn bisher prägte die SPD das Thema Verkehr. Andererseits erkannte die Partei, dass die Auseinandersetzung nicht auf gleichem Niveau weiterlaufen durfte. *„Die Mehrheit (SPD und Grüne), v. a. die SPD, haben auch erkannt, welchen enormen Schaden sie nimmt, wenn sich die Wirtschaft lautstark in der Presse und überall über sie und ihre Entscheidungen beklagt."* (I22) Neu öffnete sich die SPD Kanäle zu Akteurgruppen der Wirtschaft, die vorher verschlossen waren. *„Die SPD hat nach den Wahlen gemerkt, dass sich hier ein Problem auch im Handel auftut. Es gibt ja in der Gegend grosse wirtschaftliche Probleme. Diese Probleme betreffen natürlich auch den Handel. Und sie sind grösser als in vergleichbaren Städten, das hat die SPD erkannt. Insofern war die Bereitschaft da, auf die andere Seite zuzugehen."* (I23) Die neue Gesprächsbereitschaft hängt offensichtlich auch mit einer Umorientierung innerhalb der Partei zusammen. *„Auf der anderen Seite gibt es in der SPD sehr ausgeprägt zwei Flügel. Der eine ist für Verkehrsberuhigung ohne grosse Rücksicht. Der andere sieht mehr die wirtschaftliche Komponente. Das ist in der SPD ausgeprägter als in anderen Parteien. Zum Schluss hat sich der gemässigtere Flügel stärker durchgesetzt, was damit zu tun hatte, dass man den OB als* *hauptamtlichen OB installieren wollte und man da ja Realpolitik machen muss und den OB auch nicht demontieren wollte. Das hat schon auch eine Rolle gespielt. Der pragmatische Flügel hat sich gegenüber dem ideologischen durchgesetzt in der SPD."* (I23)

Dabei fällt auf, dass durchaus nicht neue Akteure in der Partei aufgetreten sind, sondern, dass die alten ihre Position zum Teil geändert haben. Es ist sicher so, dass Gewichtsverschiebungen zwischen den führenden Köpfen stattgefunden haben. *„Mittlerweile hat die SPD eine Rolle eingenommen, die dieser Stadt gut tun wird. Sie sieht ihre Verantwortung, und ist ähnlich wie in der Landesregierung ein konstruktiver Partner mit einem ökologischen Unterbau. Sie ist ein guter Gesprächspartner. Herr Bartholomy oder OB Linden sind Akteure, die sehr gut auf Vereinbarungen eingehen und sich daran halten können. Ihre Rolle hat sich logischerweise verändert. 1989 zeigte sie sich zuerst sehr machtgeladen und machthungrig, dabei wurden manchmal auch Fehler begangen. Mittlerweile hat sich die Partei so gewandelt, dass auch gute Arbeit möglich ist. Das ist auch personenabhängig, da sind auch einige Akteure dabei, die sich geändert haben. Als sich die SPD nach den Wahlen selber eine eigene Stabilität geschaffen hat, war man eher zu Konzessionen bereit."* (I19)

War die SPD 1989 noch eine an die Macht gekommene Partei in ihrer „Sturm-und-Drang-Phase", sah sie sich 1994 in ihrer Politik bestätigt. Sie hatte neue Akteure kennen gelernt und war nun auch bereit, mit ihnen zusammenzuarbeiten, um die eigenen Politikziele verwirklichen zu können. Dazu waren auch Konzessionen notwendig, was die Politik und die Forderungen gegen aussen als gemässigter erscheinen liess. Die Politik und Position der SPD ist aber nicht zu verstehen, ohne die Rolle der Grünen näher zu kennen.

4.3.3.2 Bündnis 90/Die Grünen

Die Grünen waren in der ganzen Zeit unbestrittener Regierungspartner der SPD. Das Charakteristische an dieser Partei ist die starke Verbindung zu verschiedenen Umweltgruppen, zu den Basis- und Aktionsgruppen in der Bevölkerung. Deshalb traten bei dieser Partei weniger führende Köpfe in den Vordergrund. Dennoch haben die verkehrspolitischen Verantwortlichen der Grünen, Dr. Michael Ritzau bis 1994 und Elisabeth Paul danach sowie Michael Rau, bei der ganzen Diskussion um die „Fussgängerfreundliche Innenstadt" eine wichtige Rolle gespielt (I20). Es gibt gar die Meinung, dass die Grünen Hauptideenträger für die „Fussgängerfreundliche Innenstadt" waren. *„Die Grünen haben die Idee auf den Tisch gebracht, und die SPD hat vielleicht gesagt, wenn nichts schlimmeres passiert, die Kröte schlucken wir. Ich bin nicht darüber informiert, weshalb die SPD da mitgemacht hat. Man muss natürlich wissen, dass Linden gewählt werden wollte, auch von den Grünen. Es geht um eine Stimme Mehrheit und damit konnten die Grünen ihn ziemlich unter Druck setzen."* (I18)

Grundsätzlich war die „Fussgängerfreundliche Innenstadt" eine Massnahme, die ins Konzept einer grünen Politik passte. *„Verkehrspolitik ist neben der Umweltpolitik ein Steckenpferd der Grünen. Deshalb sind sie bei der Frage um die ‚Fussgängerfreundliche Innenstadt' sehr agil geworden. Gerade weil sie 1989 in Aachen in die Regierung gekommen sind, ist es als logische Folge anzusehen, dass in der Verkehrspolitik einiges geschah."* (I21) *„Die Grünen machen in stärkerem Masse symbolische Politik. Die zielen auf eine Anhängerschaft, die keine Probleme hat im Leben. Leute, die ökonomisch arriviert sind, meistens bürgerlicher Herkunft und keine existenziellen Probleme haben. Daher haben für sie symbolische Dinge einen hohen Wert. Die Idee mit dem Samstag war eine Idee des damaligen grünen Ratskollegen Ritzau, der heute ein Ingenieurbüro hat. Die Grünen haben in erheblichem Masse die ökologischen Aspekte betont ..., die anfangs eine sehr wichtige Rolle gespielt haben, die sich aber in der öffentlichen Diskussion nicht tragfähig erweisen. Nicht sachlich, sondern inhaltlich. Mit der ökologischen Komponente werden akademische Mittelschichten erreicht. Bei der breiten Bevölkerung kommt es irgendwie nicht richtig an. Das haben die Grünen sehr stark betont."* (I20) Den Grünen ist es auch gelungen, die positive Grundstimmung bei der betroffenen Bevölkerung einzufangen und weiterzugeben. Dies hat sich dann sicher im Wahlresultat 1994 niedergeschlagen. *„In der öffentlichen Meinung, in den Zeitungen, ... hat es Phasen gegeben, in denen man den Eindruck hatte, das ist nur eine Sekte, das sind einige Ideologen, die das machen (AdA: ‚Fussgängerfreundlichen Innenstadt'). Da haben die Grünen über ihr Vorfeld, ökologisch motivierte Gruppen, in erheblichem Masse in der Öffentlichkeit den Eindruck stabilisiert, hier sind Bürger der Stadt, die das unterstützen."* (I17) Der relative Wahlerfolg der Grünen hat dann dazu geführt, dass sie selbstbewusster aufgetreten sind. „Nach der letzten Wahl hat es dann Probleme gegeben. Ich identifiziere mich sehr stark mit der Verkehrspolitik. Da ist es mir an einer koordinierenden Sitzung passiert, dass ich Formulierungen benutzt habe, wie ‚ich lasse mir meine Verkehrspolitik nicht durch grüne Spinner kaputtmachen'. D.h., dass die Grünen nach 1994 in starkem Masse versucht haben, die Meinungsführerschaft, die bei der SPD lag, zu sich rüberzuziehen, was auch legitim ist." (I17)

Trotz der Führungsrolle der SPD beim Thema „Fussgängerfreundliche Innenstadt" schienen einige Interviewpartner den Eindruck zu haben, dass die Radikalität der Massnahmen v. a. auf den Druck der Grünen zurückzuführen war. „Erklärung dafür ist, dass die grüne Basis in der rot-grünen Koalition auf extreme Verkehrsberuhigung drängt. Die Grünen sind im dieser Angelegenheit unverrückbar gewesen. Und um des Koalitionsfriedens Willen hat man das dann so durchgestanden. Das ist ein Problem, eine solche politische Mehrheit. Mit einer unabhängigen SPD-Mehrheit alleine hätte man sich arrangieren können." (I22) Diese, als extrem wahrgenommene Position, hat sich nach den Wahlen 1994 etwas gewandelt. „Die wollten die ‚Fussgängerfreundliche Innenstadt', und ich kann die Grünen natürlich verstehen, weil sie immer gesagt haben, wir müssen die Politik für unsere Leute machen. Für die Grünen war das Ganze ein Experiment, das wenig kostet und viel Wirkung bringt. Das war der Hintergrund. Aber jetzt kapieren sie es langsam." (I18) Tatsache ist aber, dass die Grünen bei der Diskussion um den „Aachener Frieden" die Zusammenarbeit suchten, diese kompromissbereite Haltung der Führungsspitze bei der Basis nicht immer Anklang fand. „Die Grünen haben am klarsten gesagt, was sie eigentlich wollen. Mit ihnen war sachlich auch das vernünftigste Gespräch möglich. Man konnte dann auch sehr gut die Differenzen feststellen. Die Grünen waren bei den Verhandlungen ziemlich konstruktiv, weil man klar wusste, woran man ist. Die Kompromissbereitschaft war bei den handelnden Personen stärker ausgeprägt als bei der Basis." (I23)

Gerade auch im Verhältnis zur SPD war ein stetiger Anpassungsprozess zu beobachten. „Die SPD wird geprägt vom Verhältnis zu den Grünen, weil sie sich jeweils abstimmen müssen. Die Grünen würden radikalere Massnahmen bevorzugen. Die SPD muss doch auch auf die Sozial- und Wirtschaftsverträglichkeit achten." (I21) So konnte die SPD beispielsweise die Installation eines Parkleitsystems (PLS) durchsetzen (I17). Die Zusammenarbeit zwischen den beiden Koalitionspartnern funktioniert aber zum heutigen Zeitpunkt unbestrittenermassen gut. „Die Grünen sind in der Gesprächsrunde in der Form von einer Person vertreten. Frau Paul spielt eine sehr gute Rolle. Die Grünen haben es sich auf die Fahne geschrieben, die ökologischen Themen wieder einzubringen, das ist absolut berechtigt. Die SPD nimmt diese Ansätze als Partner auf und formt sie in eine moderate Vorgehensweise um. So resultiert eine Art Marmorkuchen mit wenigen Streifen, bei dem der Trend der SPD dominant ist, man aber die Schokolade noch schmeckt. Im Moment funktioniert die Koalition wie in der Landespolitik gut, aber auch hier in Aachen könnte sie an bestimmten Grenzpunkten auch zu Bruch gehen. In der SPD gibt es auch Leute, die sich bestimmte Linien nicht durchbrechen lassen würden, aber bei den Grünen gibt es eben auch Leute, die den momentanen Weg mitmachen. Da gibt es im Moment eigentlich keine Gefahr. Knackpunkte könnten im Bereich Verkehr aber auch in der Gewerbepolitik liegen." (I19)

In ihrer politischen Ausrichtung verfügen die Grünen zudem in gewissen Themenbereichen Affinitäten zur CDU, deren Rolle im nächsten Kapitel thematisiert ist. „Im Umweltbereich gibt es manchmal sehr starke Verbindungen zwischen der CDU und den Grünen, währenddem die SPD eher eine Industriegesellschaftspartei ist. ... Wenn sich die CDU und die Grünen treffen, ist das oft eine Nischenargumentation." (I17)

4.3.3.3 Die CDU

Die CDU war nach den Wahlen 1989 gezwungen, die Oppositionsrolle zu übernehmen. Anfänglich arbeitete die Partei bei der Vorbereitung der „Fussgängerfreundlichen Innenstadt" mit. Nicht zuletzt deshalb, weil die Idee nicht allzu weit von ihrer eigenen Innenstadtkonzeption abwich. „Es war schon in der Zeit, in der ich politisch aktiv war (AdA: für die SPD), schwierig, etwas gegen die Politik der CDU zu machen, weil diese Politik schon gut war. Die CDU handelte vielleicht mehr aus städtebaulicher Überzeugung als aus verkehrsplanerischer Qualität, und positive konservative Werthaltung standen im Vordergrund. Das hat zu guten Sachen geführt, und da war es schwer zu sagen, dass das Mist ist, weil es weitestgehend kein Mist war." (I20)

Schon bald war von Seiten des Einzelhandels Opposition zu vernehmen, und der ist im Rheinland traditionell CDU-nahe (I17). Dies führte dazu, dass die CDU sich allmählich gegen die Innenstadtpolitik der neuen Mehrheit zu richten begann. Dazu gehörte System, ging es der Partei doch darum, bei den nächsten Wahlen wiederum als Gewinnerin dazustehen. *„Den Punkt, den man nicht vergessen darf, ist, dass, wenn es einen politischen Wechsel gegeben hat - seit dem 2. Weltkrieg gibt es in Aachen eine absolute CDU-Mehrheit, dann gab es 1989 erstmals eine rot-grüne Regierung mit einer Stimme Mehrheit - und wenn man den nicht innerhalb der ersten Legislaturperiode wieder rückgängig macht, dann kann man es sich erst mal längere Zeit auf der Oppositionsbank bequem machen. Das ist in manchen Kreisen klar geworden, so kamen parteipolitische Gründe mit rein. Das kann man sich anders nicht erklären, ich kenne die Personen, die damit zu tun haben. Ab einem gewissen Zeitpunkt, etwa ein halbes Jahr danach, ist in Aachen schon etwas politischer gedacht worden."* (I20) Allerdings sah sich der Einzelhandel in der Diskussion als Einzelkämpfer mit mangelnder Unterstützung der CDU: *„Die CDU hat zwar immer gesagt, so nicht. Aber im Grunde hat der Einzelhandelsverband die Rolle der Opposition übernommen. Die CDU hat geguckt, was machen die an der Theaterstrasse (AdA: Sitz des Einzelhandelsverbands), hat auch mit gezogen, aber im Grunde hat der Einzelhandel die Diskussion bestimmt. Auch im Wahlkampf hat der Einzelhandel das Thema Verkehr in den Vordergrund gerückt, das hätte eigentlich die CDU machen müssen."* (I18)

Gerade in dieser neuen Oppositionsrolle schien die CDU wenig erfolgreich zu agieren. *„Ich bin überzeugt, dass eine CDU-Mehrheit in Aachen in der Kernsubstanz nicht viel andere Dinge machen würde. Die objektiven Probleme sind so wie sie sind. Dass das Thema zu einer Konfrontation zwischen Koalition und Opposition bzw. SPD gegen CDU geführt hat, kommt aus der Rollenverteilung Opposition - Mehrheit. Traditionell wurde die CDU mit der alten Linie identifiziert. Die Akteure sind in gewissem Umfang noch da gewesen. Natürlich ist es schwer für einen Menschen, der über zwanzig Jahre eine bestimmte kommunalpolitische Richtung vertreten hat, zu korrigieren. Als neuer Akteur auf der Bühne ist es der SPD leichter gefallen. Die CDU hatte Schwierigkeiten mit der personellen Substanz. Ein weiteres Problem sehe ich darin, dass in seiner Generation alle Leute im Studium, am Arbeitsplatz, ..., alle Leute, die artikualtionsfähig waren, immer links von der Mitte standen, so wie jetzt alle grün sind. Damit hat die CDU in der Generation derer, die um die fünfzig sind, ein personelles Defizit. Ein weiterer Grund ist, dass die Bindung an die autoorientierten Lebensstile unterschiedlich ist. ... Bei den Meinungsführern der CDU spielt das Auto im Alltagsleben eine grössere Rolle. Das ist die Generation, die in der Motorisierungsphase geprägt worden ist. ... Die CDU hat personelle Probleme und hatte in Aachen das Problem, dass sie niemanden hatte, den sie gegen den Oberbürgermeister stellen konnte. Dann haben sie Dr. Daldrup als Quereinsteiger geholt, der sozusagen die Idealfigur eines Gewinners ist: Gross, redegewandt, freier Unternehmer."* (I17)

Gerade dieser neue Spitzenkandidat schien zu Differenzen innerhalb der Partei zu führen. *„Im letzten Wahlkampf hat sich die CDU einen neuen OB-Kandidaten geangelt, den Dr. Daldrup, der vorher überhaupt nicht in der Kommunalpolitik und in der CDU war. Die haben damit ihre eigenen Leute verprellt, die seit zwanzig Jahren hier Kommunalpolitik machen. ... Damit ist er im Wahlkampf auf die Nase gefallen."* (I20) Damit ist angetönt, dass es in der CDU auch eine andere Linie gab, die einen weniger staken Oppositionskurs fahren wollte. *„Der Grund dafür ist, dass in der CDU ein paar Leute drinsitzen, denen klar war, dass nichts anderes gemacht wurde, als die Weiterführung des in CDU-Zeiten entwickelten Innenstadtkonzepts. Den alten Hasen in der Partei war dies völlig klar. Sie haben ja am Anfang auch nie etwas dagegen gesagt."* (I20) *„Auf der anderen Seite gibt es gerade in der Aachener CDU einen sehr starken ökologisch-konservativen Flügel. Stichwort dazu ist Bewahrung der Schöpfung."* (I17)

Es gab also eine eigentliche Zweiteilung der Partei. Die alteingesessenen Parteimitglieder standen dem neu dazugekommen Bürgermeisterkandidaten gegenüber. *„Die Rolle der CDU war sicher die schwierigste Rolle. Sie war sehr diffus, weil sie einerseits dieses Innenstadtkonzept, wie es jetzt entwickelt wird, schon selbst zu ihrer Zeit geplant hatte. Die Fachleute waren zum Teil dafür, dann passte dies politisch nicht in den Kram, dann gab es einen Führungswechsel in der CDU. Der Bürgermeisterkandidat Daldrup wollte alles anders machen als sein Vorgänger und hat sich dann sehr stark von den Vorgaben distanziert, und er hat auch das persönliche Problem, dass er ein Quereinsteiger war. Er war mit dem, was vorher gelaufen ist, überhaupt nicht vertraut. Am Anfang hat er* *sehr viel aus dem Bauch heraus erzählt. Da hat er Positionen in der CDU festgeklopft, von denen ich überzeugt bin, dass, wenn die Fachleute einbezogen worden wären, so nicht vertreten worden wären. Der hat es zu einem Wahlkampfthema gemacht und hat die Wahl nicht damit gewonnen. Insofern war die CDU aussen vor, was für einen breiten Kompromiss nicht dienlich war, weil die Mehrzahl der Einzelhändler CDU-nah sind und die dann eher von ihrer CDU aufgestachelt worden sind, das Problem noch schärfer darzustellen als es eigentlich ist."* (I23) Die Hard-Liner-Position stiess aber nicht nur bei den traditionellen Parteimitgliedern auf Widerstand sondern auch in Kreisen der Jungen Union (I21).

Nachdem die Oppositionsposition bei den Wahlen nicht erfolgreich war und gleichzeitig eine innere Spaltung erkennbar war, blieb die Rolle der CDU diffus. An den Verhandlungen für den „Aachener Frieden" ist sie nicht beteiligt und bekämpft gegen aussen die offizielle Verkehrspolitik weiterhin. Gleichzeitig arbeiten nun ihre einstigen Mitstreiter vom Einzelhandel mit der Stadt zusammen. *„Nach dem Frieden hat ein Teil der Opponenten aufgegeben, sich überhaupt damit zu befassen, ein anderer Teil tut immer noch sehr scharf, und ein Teil arbeitet sehr konstruktiv an konkreten Lösungen mit. Die CDU hat natürlich auch die schwerste Rolle. Wenn sie sich profilieren will, muss sie gegen den Kompromiss sein. Innerlich ist es natürlich auch schwer, sich gegen eine Kompromiss zu stellen, den ein Grossteil der eigenen Klientel mitträgt. Die Rolle der CDU ist nach wie vor schwierig."* (I23) Zudem fehlt der Partei ein eigenes Verkehrskonzept, mit dem sie klar Stellung nehmen könnte. *„Die CDU-Fraktion im Stadtrat der Stadt Aachen hat leider noch kein eigenes Konzept für die Verkehrspolitik, das von 1986 wurde nicht weiterentwickelt, und man hat nur Oppositionspolitik gemacht. Es gibt einige wenige Vertreter in der CDU-Fraktion, die jetzt ein Konzept erarbeitet haben, das vor einigen Wochen der Presse vorgestellt worden ist. Das nähert sich sehr den Interessen und Ideen der Mehrheitsfraktion an und beinhaltet viele vernünftige Zusatzideen zur Parkraumpolitik und zur Erreichbarkeit. Ich wünschte mir, dass die CDU diese Ecke ihrer Fraktion unterstützt, dass sie ihre Haltung ändert, damit man das positiv anwenden kann. Das ist die einzige Chance einer Oppositionspartei. Entweder kann sie gar nicht mitgestalten oder sie kann mitgestalten, aber darüber streiten, das kann sie nicht."* (I19)

Gewisse Vertreter aus dem Einflusskreis der CDU verlangen einen Positionswechsel in Richtung einer konstruktiven Politik (I22). Trotzdem besteht die Gefahr, dass nach alten Mustern ablaufende Konflikte den „Aachener Frieden" wieder aufbrechen lassen könnten, weil eben der Konsens nicht alle Akteure umfasste. *„Die CDU versucht nach wie vor, Opposition zu machen. Sie sagt nach wie vor, der Samstag muss weg, das Parkhaus Büchel muss erhalten bleiben, der Elisenbrunnenumbau ist Blödsinn. Die CDU hat ihre Strategie nur wenig geändert, hat nun aber relativ wenig Anhänger. Die CDU hat es jetzt schwer. Solange der Einzelhandelsverband Oppositionspolitik gemacht hat, konnten sie sich einfach anschliessen. Jetzt müssen sie versuchen, mit der Annäherungsgeschichte klarzukommen, das ist sehr schwer. Sie lehnt sich nicht an und ist nach wie vor der Meinung, der ganz Spuk muss weg. Aachen hat sehr stark gelitten. Sie sagen, der ganze Schmusekurs Linden - MAC - Einzelhandelsverband nützt keinem etwas, schliesslich wird der Handel verschaukelt."* (I18)

4.3.3.4 Die FDP

Die Rolle der FDP war nur in der Phase bis zu den Wahlen 1994 relevant, da die Partei die 5 %-Hürde nicht überspringen konnte und deshalb aus dem Stadtparlament rausfiel. Die Partei hatte 1984 zusammen mit der CDU Regierungsverantwortung übernommen und sass ab 1989 mit der gleichen Partei in der Opposition. Verkehr war ein Thema, mit dem sich die Partei zu profilieren versuchte. Das erstaunt wenig, wenn man weiss, dass zwei FDP-Stadträte von der Massnahme selber direkt betroffen waren und so in ihrem Interesse argumentierten.

„Die FDP hat auch versucht, das Verkehrsthema sehr zu besetzen, und ist rausgefallen. Warum, kann ich nicht sagen. So wie sich die Partei dargestellt, ist sie entbehrlich. Ich konnte keine Differenz oder Ergänzung zur Kommunalpolitik der CDU sehen. Einziger Unterschied ist, dass sie nicht offensiv, aber antiklerikal ist. Die CDU vertritt in Aachen sehr stark das katholisch-konservative Element. Im Bereich der Verkehrspolitik hat die FDP so argumentiert wie Dr. Daldrup, sehr stark handelsorientiert. Georg Helg besitzt ein Modekaufhaus, und Frau Meike Thüllen ist die Ehefrau eines Aachener Automobilhändlers. Dafür, dass sie zwei waren, haben sie viel gefordert." (I17)

Die FDP profilierte sich schon sehr bald als Gegnerin der „Fussgängerfreundlichen Innenstadt", ihr Einfluss war allerdings nicht allzu weitgehend. *„Die Rolle der FDP war auch bipolar. In der FDP waren zwei Leute, Frau Thüllen, die sehr konstruktive Lösungen mittrug, und Herr Helg, das war dann der Landtagskandidat, der das Thema zum Wahlkampfthema gemacht hat und der sehr polemisch agiert hat. Aber die FDP hat in den konkreten Verhandlungen, aber auch in der Öffentlichkeit keine Rolle gespielt."* (I23)

Für die Zukunft sind die Erwartungen an die Rolle der FDP unterschiedlich. *„Die Rolle der FDP ist im Moment irrelevant, in der Anfangsphase war sie negativ zur Aachener Verkehrspolitik eingestellt, mittlerweile ist sie fast in die Bedeutungslosigkeit versunken."* (I21) *„Die FDP-Gruppe hätte eine gute Rolle mitspielen können. Sie hatte auch zwei gute Leute ... Wenn sie eine konstruktive Rolle weiterspielt und am Ball bleibt, dann könnten sie wieder in den Rat reinkommen. Am Anfang haben sie nicht die Rolle gespielt, die sie hätte spielen können."* (I19)

4.3.4 Die wirtschaftlichen Interessenorganisationen

4.3.4.1 Der Einzelhandelsverband und der MAC (Märkte- und Aktionskreis City)

Der Aachener Einzelhandelsverband war zweifellos sehr aktiv in der Auseinandersetzung um die „Fussgängerfreundliche Innenstadt". Er äusserte zeitweise seine Gegnerschaft auf sehr pointierte Weise. Die Position des MAC unterschied sich gegen aussen kaum von der des Einzelhandelsverbandes. Geschäftsführer beider Verbände ist seit langer Zeit Franz Ebert. *„Es gibt in Aachen zwei Verbände für den Einzelhandel. Einerseits ist da der Einzelhandelsverband, der ein Arbeitgeberverband ist für die Aachener Region. Dann gibt es den Marketingverein MAC City. Der organisiert in Aachen das Stadtfest, den Weihnachtsmarkt und weitere Citymarketingaktionen. Hier sind nur die Händler der Aachener City dabei. In beiden Verbänden bin ich Geschäftsführer, im Verband 27 Jahre, beim MAC 23 Jahre. Ich war während 10 Jahren im Landtag im Verkehrsausschuss (1975 - 1985), und fünf Jahre im Stadtrat von Aachen im Bereich Finanzen tätig für die CDU (1980 - 85). Beide Ämter habe ich freiwillig aufgegeben, weil es zusammen mit dem Job zu viel war. ... MAC und der Verband verhielten sich immer deckungsgleich, weil beide Bereiche von mir betreut werden. Mal habe ich den Namen MAC, mal den Namen Einzelhandelsverband genommen, aber es war immer deckungsgleich."* (I18)

Anfänglich setzte sich der Verband nicht gegen die „Fussgängerfreundliche Innenstadt" ein, vielmehr war er in die Planung einbezogen. *„Es wurde immer gesagt, dass diese Massnahme am Einzelhandel vorbei entwickelt worden ist. Das ist falsch. Es hat von Anfang an eine Arbeitsgruppe gegeben - etwa ein halbes Jahr vorher ist mit dem Verkehrsentwicklungsplan begonnen worden. In der Arbeitsgruppe waren von Anfang an, in jeder Sitzung die Verwaltung, Politiker, BSV und auch Vertreter des Einzelhandels und der IHK dabei. Mit dieser Gruppe war man auch in Lübeck und hat verschiedene Gespräche geführt. Nach dem ersten Samstag hat der Vertreter des Einzelhandelsverbandes noch gesagt, dass sich die ganze Sache noch gut angelassen habe. Erst dann ist er offensichtlich von seinen Leuten zurückgepfiffen worden."* (I20)

Die Gründe für den Meinungsumschwung beim Einzelhandel können nicht genau eruiert werden. Nach den ersten Versuchssamstagen erhöhte sich der Druck offensichtlich so stark, dass der Einzelhandelsverband seine Richtung änderte. So haben sich einzelne - wichtige - Mitglieder über Umsatzeinbussen beschwert. Einfluss könnten auch übergeordnete Organisationen ausgeübt haben. Der Aspekt der Profilierung der Oppositionsparteien ist sicher erst etwas später dazugekommen. *„Innerhalb der Einzelhändler hat der Geschäftsführer des Kaufhofs mächtig die Richtung mitbestimmt, gegen die Lösung. Der Kaufhof wollte auf seinem Parkplatz seit 10 bis 15 Jahren investieren und Hunderte von Stellplätzen neu bauen. Das ist von der neuen Mehrheit im ganzen Umfang nicht genehmigt worden."* (I20) *„Der Einzelhandelsverband als offizielle Interessenvertretung war in der Anfangsphase eine negative Opposition zur innerstädtischen Verkehrspolitik, gerade auch weil Umsatzrückgänge auftauchten, deren Ursache strittig ist."* (I21) *„Der rasche Stimmungsumschwung nach der Einführung ist **das** Phänomen der ganzen Sache. Bei der ersten Anhörung, bei der auch der Einzelhandelsverband und der MAC beteiligt waren, wurde die neue Massnahme positiv beurteilt. Anfangs* *gab es ideale Rahmenbedingungen. Es ist dann gekippt aus zwei Gründen. In der Tat waren Umsatzrückgänge zu verzeichnen, die auf diese Massnahme zurückzuführen sind. Das hat dann dazu geführt, dass sich die Situation des Einzelhandelsverbands sehr schnell gedreht hat, weil er unter grossen Druck von einigen Mitgliedern kam. Das Zweite war, dass die rot-grüne Mehrheit die Situation auch politisch sehr stark ausgenutzt hat. Es wäre klüger gewesen, da etwas mehr Zurückhaltung zu üben. Man hat bewusst gesagt, die CDU hat hier dreissig Jahre nichts gemacht, wir haben das Problem innerhalb von drei Wochen gelöst. Das hat dazu geführt, dass alle Leute der früheren Mehrheit politisch in die falsche Ecke gedrängt wurden."* (I23)

Der Einzelhandelsverband betrieb in der Folge heftige Oppositionspolitik gegen die „Fussgängerfreundliche Innenstadt". Diese Kritik trug sicher viel dazu bei, die Aachener Innenstadt auch über die Stadtgrenzen hinaus ins Gespräch zu bringen. *„Die Geschäftsführung des Einzelhandelsverbands hatte die schwierigste Rolle überhaupt, weil sie zuerst viele der Massnahmen inhaltlich mitgetragen hat. Aber aus dem Verband kann man austreten, und das haben viele getan oder angedroht. Deshalb war der Druck auf die Geschäftsführung sehr gross. Das hat natürlich auch dazu geführt, dass der Einzelhandelsverband in seinen öffentlichen Stellungnahmen über Monate ständig übers Ziel geschossen hat und die negative Wirkung der Botschaft, Aachen ist zu, ständig noch verstärkt hat. Die Rolle des Einzelhandelsverbands hat sich nach den Wahlen etwas verändert. Im Augenblick spielt der Einzelhandelsverband eine sehr konstruktive Rolle. Die Probleme werden nochmals grösser, wenn der Umbau kommt, aber ich glaube nicht, dass sie noch mal so gross werden. Denn diese Erfahrung ist bei den Händlern auch da, dass ihnen dies überhaupt nichts gebracht hat. Ich habe bei einer Veranstaltung gesagt, das sei ein Megatrend, Verkehrsberuhigung in Innenstädten. Das ist mir damals sehr übel genommen worden. Diese Erkenntnis, dass man sich einer Entwicklung entgegenstemmt, ist mehr verbreitet als früher."* (I23) *„Das Problem ist dann dadurch verschärft worden, dass die Verbandsvertreter, so der Herr Ebert, der heute eine sehr moderate Rolle spielt, z. B. in Würzburg Horrormeldungen verbreitet haben. Der hat bundesweit das Bild der gesperrten Stadt nach draussen geprägt."* (I17)

Die Kampagne der Einzelhändler gipfelte in juristischen und publizistischen Vorstössen, die allesamt nicht die erwartete Wirkung zeigten. Gegen aussen erschien die Gegnerschaft des Verbands unverrückbar zu sein, obwohl es auch Mitglieder gab, die gegen die „Fussgängerfreundliche Innenstadt" nichts einzuwenden hatten (I20). Der Vertreter des Einzelhandels sah sich allein gelassen: *„Ich habe mich als Einzelkämpfer gefühlt, manchmal hätte Unterstützung gut getan, es hat sogar Morddrohungen gegeben. Wenn sich alle Gruppierungen stark gewehrt hätten, wäre möglicherweise eher eine Schadensbegrenzung möglich gewesen. Es haben sich sehr viele vornehm zurückgelehnt."* (I18) Doch nach den Wahlen sah sich der Einzelhandelsverband gezwungen, sein Vorgehen zu ändern. *„In der Wahl ist die Mehrheit bestätigt worden. Jetzt noch weiter dagegenhalten hat keinen Sinn ... Die Einzelhändler haben auch gemerkt, dass man seinen eigenen Standort nicht kaputtreden darf, weil dies Umsatzrückgänge gibt. ... Trotzdem hat man beim Einzelhandel gesehen, dass wenn man den Leuten weiterhin erzählt, dass sie Aachen nicht erreichen können, dann glauben sie es plötzlich noch. ... Irgendwo haben die Einzelhändler wohl selber gemerkt, dass sie wohl überzogen haben mit ihrer Kritik. Die Vernünftigen haben sich durchgesetzt und gesagt, lasst uns einmal mit dem Linden zusammensetzen, und dann haben sie die Vereinbarung getroffen."* (I20) *„Der Einzelhandel hat ja auch versucht, rechtlich dagegen vorzugehen, indem die ganze Entscheidung angefochten werden sollte. ... Das Verfahren dauerte zu lange und damit auch die Polarisierung. Das hat dem Einzelhandel in der Tat grösseren Schaden zugefügt. Man musste auch dazu kommen und sagen: Wir müssen aufhören damit, weil sonst ist das bald Selbstmord, was wir tun."* (I22)

In der Folge fanden dann Gespräche auf zwei Ebenen statt. Während der Geschäftsführer sich in den öffentlichen Gesprächen mit dem OB beteiligte, fanden unter Ausschluss der Öffentlichkeit geheime Gespräche im Hintergrund statt, die schliesslich zum „Aachener Frieden" führten. In diesen Gesprächen besonders aktiv zeigte sich der Kaufhof-Geschäftsführer Jürgen Fleckenstein, der auch stellvertretender Vorsitzender des Aachener Einzelhandelsverbands ist (s. a. FLECKENSTEIN 1993). *„V. a. ist Herr Fleckenstein auch eine wichtige Person, da der Kaufhof in Aachen eine sehr wichtige Rolle spielt und als einziges Warenhaus (Horten und Kaufhof gehören zusammen ...) eine Art Motorfunktion übernimmt."* (I19)

Der Friedensschluss führte dazu, dass sich die Einzelhändler hinter die neuen Planungsideen stellten und eigene Initiativen zur Vermarktung der City ergriffen. *„Neueste Entwicklung ist das Konzept ‚Lust auf Aachen'. Verschiedene Einzelhändler haben sich zusammengetan und wollen ihrerseits die Initiative ergreifen. Sie haben unter der Führung eines Grossbäckers im Aachener Raum (Leo Schumacher) ein Marketingkonzept erarbeiten lassen."* (I21) Auch der Einzelhandel selber beurteilt die neue Situation als positiv. *„Man ist jetzt im Dialog mit der Verwaltung. Es ist wesentlich besser, als es vor drei, vier Jahren gewesen ist. Man arbeitet gut zusammen und wird gut informiert. Jeder gibt seine Beiträge. Ich habe das Gefühl, dass die Beiträge, wenn sie realisierbar sind, Berücksichtigung finden oder dass ein Kompromiss gefunden wird. Es ist kein einziger Fall bekannt, wo man überhaupt nicht berücksichtigt wurde, wo überhaupt nicht auf die Anliegen eingegangen wurde."* (I22) Die kritischen Stimmen auf der Seite des Einzelhandels sind aber noch nicht ganz verschwunden. *„Mittlerweile sind sie vermittelnder, wobei man auch hört, dass es Stimmen von Einzelhändlern gibt, die mit den offiziellen Äusserungen des Einzelhandelsverbandes nicht übereinstimmen. Diese Stimmen sind, wie der Presse zu entnehmen war, teilweise sogar lauter geworden. Im Moment sind sie aber etwas verstummt, weil die Phase des ‚Aachener Friedens' und von ‚Lust auf Aachen' aktuell ist."* (I21)

4.3.4.2 Die IHK (Industrie- und Handelskammer)

Die IHK war von Anfang an der Vorbereitung der „Fussgängerfreundlichen Innenstadt" und an den anschliessenden Diskussionen beteiligt.[70] Sie nahm auch stets eine Führungsrolle in der Vertretung der anderen Kammerorganisationen ein. Dank ihrer halbstaatlichen Stellung und der weniger stark ausgeprägten, unmittelbaren Abhängigkeit von den Mitgliedern, war es der IHK möglich, eine Mittlerposition einzunehmen. *„Zu Beginn ist die neutrale Rolle der IHK gar nicht so bewusst wahrgenommen worden. ... Heute ist es eine ganz bewusste Strategie. In anderen Städten gibt es Moderationsforen, um solche Probleme im Vorfeld abzufangen. ... Damals hat man intuitiv, aus dem Bauch raus die neutrale Haltung eingenommen. Heute ist man froh, diese Erfahrung gemacht zu haben, um nun bewusst eine Moderationsstrategie verfolgen zu können. Für die IHK ist es möglich eine solche Rolle zu spielen, weil sie nicht vom Geschäftsgang direkt abhängig ist und weil die Mitglieder in den Kammern Pflichtmitglieder sind und sich die einzelnen Vertreter nicht alle vier Jahre wieder wählen lassen müssen. ... Darum ist es auch möglich eine andere Haltung einzunehmen als der Einzelhandelsverband, der stärker die Sprachrohrfunktion für die Mitglieder hat als die IHK. ... Sie muss aber auch immer abwägen, wo das Interesse der Einzelmitglieder ist und wo das Interesse der Region. Dazwischen liegt die Position und der Weg der IHK. ... Diese Mittlerposition ist von Seiten der Stadt auch anerkannt worden. Kritik ist eher von Seite des Einzelhandels gekommen. V. a. der „kleine Einzelhändler" hat die Position der IHK oft nicht verstanden."* (I19) *„Die IHK hat von Anfang an versucht zu sagen, dass die Massnahme ein Schritt in die richtige Richtung sei, deshalb wollte sie da mitmachen. Auf der anderen Seite gab es in einzelnen Bereichen Probleme, und die mussten gelöst werden. Man hat versucht, einen Gesprächsansatz zu finden. Und diese Haltung, einen Gesprächsansatz zu finden, ist weder bei Rot-Grün noch bei harten Vertretern des Handels auf Gegenliebe gestossen."* (I23) Entsprechend unterschiedlich beurteilen beide Seiten die Position der Kammer. *„Die IHK (Mahnke) war neutral, das kann man nicht gerade sagen. Die Person Mahnke ..., war von den meisten Leuten, die eher dagegen waren, der Sachlichste, der hat das Projekt als ganz vernünftig beurteilt."* (I20) Die Händler kritisierten die Rolle des verkehrspolitischen Verantwortlichen bei der IHK. *„Die IHK hat sich kontraproduktiv verhalten. Es gab Herrn Dr. Mahnke, der Vorgänger von Frau Dr. Sharota. Er hat immer gesagt, das Ganze ist eine vernünftige Geschichte. Aachen wird einmal zu einer der umweltfortschrittlichsten Städte. Die Kammer hat sich vornehm zurückgehalten. Über die Gründe will ich nicht diskutieren. Der Einzelhandelsverband war im Grund der einzige, der sich gewehrt hat. Man hat mal versucht, das Präsidium der IHK für eine Stellungnahme zu gewinnen, was*

---

[70] Die Wirtschaft ist in Deutschland in Kammern organisiert und unterliegt so der behördlichen Kontrolle. Alle im Handelsregister eingetragenen Betriebe sind Kammermitglieder. Gleichzeitig sind die Kammern Organe der wirtschaftlichen Interessenvertretung. Die Kammern übernehmen auch hoheitliche Aufgaben (z. B. Berufsbildung). Grundsätzlich wird unterschieden in die Industrie- und Handelskammer (IHK) und die Handwerkskammer. Auf regionaler und lokaler Ebene gibt es Kreishandwerkschaften und verschiedene Innungen. Dort ist die Mitgliedschaft allerdings freiwillig (HOTZAN 1994:163).

nie erfolgt ist. Erst als Frau Sharota für Herrn Mahnke kam und auch von der Handwerkskammer Unterstützung kam, kam die Sache in die Gänge." (I18) Andere, etwas weiter aussenstehende Akteure lobten dagegen die vermittelnde Position der IHK. *„Die IHK, die u. a. auch den Handel zu vertreten hat, hat in der gesamten Diskussion eine höchst ausgeglichene, sehr moderate, sehr auf Konsens orientierte Rolle gespielt. Insbesondere der bis vor kurzem dort tätige Geschäftsführer, Dr. L. Mahnke ... Er hat immer sehr versucht, vermittelnd einzugreifen und der ganzen Diskussion den ideologischen Überbau zu entreissen. Die IHK besitzt höchste Wichtigkeit, gerade um den Kriegszustand abzubauen. Ich glaube, dass ein grosser Teil der erzielten Erfolge beim Abbau des Kriegszustands der IHK zu verdanken sind. ... Bei seinem Abgang ist ein gewisses Loch entstanden, das durch Frau Dr. A. Sharota gefüllt worden ist, die sich neu in die Thematik eingearbeitet hat. Insofern kann die vermittelnde Rolle der IHK weiterhin aufrechterhalten werden."* (I21) *„Für mich ist es schwierig, die Rolle der IHK zu begründen. Ich denke aber, dass die Person von Dr. Mahnke eine zentrale Rolle gespielt hat. Die IHK ist von ihrem Status her eine konstruktive Organisation. Es ist keine Organisation, die zuspitzen soll. Der Kammergedanken geht von einer hohen Verpflichtung fürs Allgemeinwohl aus. ... Der IHK ist klar, dass man nicht weiter auf den Eisberg zufahren kann."* (I17)

Um ihre Mittlerrolle zu bestätigen hat die IHK ein Gutachten in Auftrag gegeben (MÜLLER-HAGEDORN, SCHUCKEL 1992; s. a. IHKA 1993a-d), um die wahren Umsatzrückgänge zu ermitteln. *„Es war dann so, dass die ‚verbalen' Umsatzrückgänge von Woche zu Woche immer wieder stiegen. Das war absolut unrealistisch. Da hat man gesagt, vielleicht ist es möglich zu sagen, wie es tatsächlich ist. Nicht nur über die Höhe der Umsatzrückgänge sondern auch die Betroffenen und die Lage der Betriebe wollte man etwas sagen können, um auch Sachlichkeit reinzubringen. Das ist dann auch z. T. gelungen. Das war dann der Anlass für den Auftrag an das Institut für Handelsforschung in Köln. Die Strategie, Sachlichkeit reinzubringen, wurde bewusst gewählt."* (I23) Diese Anstrengungen fanden zwar eine gewisse Anerkennung, die Resultate des Gutachtens waren aber sofort umstritten.

Danach fanden weitere Vermittlungsversuche durch die IHK statt, die allesamt scheiterten. *„Ich habe damals auch unzählige Gespräche geführt. Als handelnde Personen standen vorne der OB, Frau Poth in der Verwaltung und Herr Ebert. Sachlich haben alle mehr oder weniger die gleiche Einschätzung gehabt. Sowohl der OB konnte dies, was er tatsächlich dachte, in der rot-grünen Mehrheit nicht umsetzen, als auch der Herr Ebert bei seinen Leuten. Die IHK hat versucht durch vielerlei Gespräche weiterzukommen. Der gemeinsame Konsens war, dass es Umsatzrückgänge gibt, dass dafür spezifische Situationen verantwortlich sind (spezialisierte Firmen in Cityrandlage), dass man dagegen etwas tun muss. Auf der anderen Seite gab es bei Herrn Ebert die Einsicht, dass man schon vom Prinzip her der Sperrung des Durchgangsverkehrs zustimmen sollte."* (I23) Gegen innen war die neutrale Rolle der IHK ebenfalls nicht unbestritten. *„Das Thema ist ständig weiter hochgekocht, und der Druck war sehr gross, auch in der IHK. Es gab Mitglieder der Vollversammlung, die gedroht haben, ihr Mandat niederzulegen, wegen meiner nicht-kompromisslosen Haltung. ... In der Geschäftsführung, in der Verkehrs- und der Handelsabteilung war man sich immer einig. Das ist auch nicht in allen Kammern in Deutschland der Fall. Es gibt da oftmals sehr unterschiedliche Auffassungen im eigenen Haus. Von der breiten Mehrheit des Ehrenamtes ist die vermittelnde Rolle akzeptiert worden."* (I23) Und so hielt die IHK auch in der Wahlzeit an ihrer Position fest. *„Im Vorfeld der Wahlen hat sich die ganze Diskussion weiter aufgeschaukelt. In der Zeit, ein Jahr vor der Wahl, war mit keinem mehr zu reden. Die einen glaubten, die Mehrheit wechselt, und dann ist alles vergessen, und die andern fühlten sich durch den Wahlausgang eher noch gestärkt."* (I23) *„Auch in den Wahlen, im Wahlkampf hat sich die IHK neutral verhalten. Das ist eine Prämisse der IHK Aachen, andere Kammern in Deutschland machen dies anders. Gerade im Wahlkampf hält sie sich noch mehr zurück als sonst. Im Gebiet der IHK gibt es 46 Städte und Gemeinden, überall gibt es andere Mehrheiten und da kann man sich nur zurückhalten."* (I19)

Nach den Wahlen beteiligte sich die IHK an den Verhandlungen zum „Aachener Frieden" und versuchte, ihre vermittelnde Position auch weiterhin aufrechtzuhalten. *„Nach den Wahlen herrschte auf Handelsseite Verliererstimmung, jetzt fangen die richtig an und machen die Stadt ganz zu. Es war so ein bisschen die Klugheit des Oberbürgermeisters, der Stimmung im eigenen Lager nicht sofort nachzugeben. Er hat dann signalisiert, dass er ein sachliches Gespräch will, er hat dann die IHK aufgefordert, dieses Gespräch zu moderieren und an die Hand zu nehmen. Das ist dann beim Einzelhandel* *gar nicht so auf Begeisterung gestossen. Aber die konnten sich dem nicht verschliessen, als die IHK sagte, wir wollen jetzt mal sachlich reden. Die Strategie der IHK war es, weiterzuvermitteln. Man hatte auch den Eindruck, dass die Stadt bereit ist, symbolisch etwas zu bieten, was sie dann auch getan hat. Die Verbandsspitze der Einzelhändler hat dies intellektuell nachvollzogen, v. a. der Ebert hat das immer verstanden."* (I23) *„Die IHK war am ‚Aachener Frieden' wesentlich mitbeteiligt und ist einer der massgebenden Vertragspartner."* (I19)

4.3.4.3 Die bundesweiten Organisationen des Einzelhandels

Speziell am Fall Aachen ist, dass sich an der Diskussion Stimmen auch ganz Deutschland beteiligten. Dafür verantwortlich sind nicht zuletzt die bundesweiten Organisationen des Einzelhandels wie die BAG (Bundesarbeitsgemeinschaft der Mittel- und Grossbetriebe des Einzelhandels), der HDE (Hauptverband des Deutschen Einzelhandels) und der DIHT (Deutscher Industrie- und Handelstag). Die Meinungsführerschaft lag eindeutig bei der BAG, deshalb steht diese Interessenvertretung der Grosskaufhäuser im Vordergrund der Betrachtungen (BAG 1991). Zuerst stehen die Eindrücke der lokalen Akteure im Vordergrund, dann werden das Vorgehen und die Argumentation der BAG anhand eines kurzen Publikationsüberblicks diskutiert.

In Aachen selber herrscht die Meinung vor, dass die BAG die „Fussgängerfreundliche Innenstadt" instrumentalisiert hat. *„Gerade die BAG hat Aachen neben Lübeck als zweite Stadt entdeckt, wo es schlimm zu werden drohte, und das dann auch bundesweit breit gefahren. Die BAG ist prinzipiell gegen eine Verkehrspolitik in Innenstädten, wie sie vielerorts gemacht worden ist, sie hat den Fall Aachen sicherlich ein gutes Stück instrumentalisiert für diese Politik."* (I23) *„Die Stellungnahmen von aussen (Ada: BAG) haben wehgetan. Bei der BAG ist der Eindruck entstanden, man würde in Aachen auf Biegen und Brechen, ohne Rücksicht auf die ökonomische Funktion der Stadt, ideologisch agieren. Es gab und gibt fast keine Kontakte mit der BAG. Jetzt gibt es über den Kaufhof indirekte Kontakte. Die BAG hat agiert nach dem Motto, man muss den Anfängen wehren, um so eine Dominoreihe - erst Aachen, dann andere Städte - zu verhindern, dass ohne Rücksicht auf die ökonomische Funktion des Einkaufsstandorts Innenstadt, ökologische Rechthaberei betrieben wird. Das haben die so wahrgenommen und dann Trommelfeuer geschossen."* (I17)

Nur der Einzelhandel sah sich durch die Aktivitäten der BAG unterstützt. *„Die einzige saubere Untersuchung sind die BAG-Daten von Werz. Hier sind zum gleichen Zeitpunkt in ganz Deutschland Daten erhoben worden. Die Zahlen sind in Ordnung und zeigen ganz deutlich, wie die Holländer und Belgier weggebrochen sind, und den Rückgang am Samstag. Das ist die einzige Untersuchung, die vom System und Ergebnis her korrekt ist."* (I18)

Wieso die BAG gerade Aachen und Lübeck ausgewählt hat, scheint fraglich zu sein. *„Der andere Punkt, der mir auch nicht klar ist, ist, warum die überregionale Presse und auch die BAG so scharf eingestiegen sind. Z. B. hat die Stadt Wiesbaden vor Aachen zwei vergleichbare Strassenzüge (Luisenstrasse, Friedrichstrasse), die genauso hoch belastet waren, gesperrt ausser für Busse, Radfahrer, ... und eigentlich das Gleiche gemacht wie in Aachen."* (I20) Vermutungen, die mehrfach geäussert wurden, liegen einerseits in der räumlichen Nähe der BAG-Zentrale zu Aachen und andererseits in bestehenden persönlichen Kontakten zwischen verschiedenen Akteuren.

Die Handelsorganisationen kritisierten die „autofreien" Innenstädte stets mit der Begründung eines Besucherrückgangs und eines damit verbundenen Umsatzrückgangs. Ein Vertreter der BAG kritisierte die Funktion von Aachen und Lübeck als „Pilgerobjekte" für andere Städte, entsprechend habe man entgegenhalten müssen (G10) (s. a. ADV 1992; BRUNS 1990). Die Haltung der BAG und der verwandten Organisationen kommt in verschiedenen publizierten Artikeln zum Ausdruck.

Schon sehr früh wehrte sich die BAG gegen die Vorstellung „autofreier" Innenstädte (BAG 1990). Für ihre Verkehrspolitik stellte die BAG Richtlinien auf, die sich auch auf die Innenstädte beziehen. Die Organisation hebt dabei immer wieder die Konkurrenz zur grünen Wiese hervor: *„Die Erreichbarkeit städtischer Zentren kann nicht mit ideologiebefrachteten Vorstellungen angegangen werden. <u>Alle Verkehrsmittel müssen berücksichtigt werden.</u> In Grossstädten sollte langfristig dem <u>öffentlichen Personennahverkehr Vorrang</u> eingeräumt werden. Eine generelle Sperrung grösserer Innenstadtbereiche führt zu nicht absehbaren Strukturveränderungen mit negativen Konsequenzen für die gesamte*

Stadt." (BAG 1992b) Die Wirtschaftsverbände erarbeiteten auch Grundlagen zu den rechtlichen Voraussetzungen und wirtschaftlichen Auswirkungen von Citysperrungen, um in der Diskussion besser gewappnet zu sein (DIHT 1992).

Die Handelsseite nahm zu Aachen und anfänglich auch zu Lübeck klar Stellung. So schrieb beispielsweise der Hauptgeschäftsführer des Aachener Einzelhandelsverbands Ebert in einer Publikation des HDE (1992:107,108) zum Aachener Experiment: *„Jüngstes Beispiel für ein besonders durchgreifendes Konzept ist die Stadt Aachen, die ... einen Teil der City für den Individualverkehr ‚dicht machte', ... Fatale Folgen hat dieses Versuchsvorhaben für den Aachener Handel gezeitigt. ... Ein Grossteil der Autofahrer ist einfach nicht bereit, auf den Bus umzusteigen. Wird ihm die Zufahrtsmöglichkeit zur Stadt genommen, wählt er andere Standorte für seinen Einkaufsbesuch. ..."* Er kam zu folgenden Forderungen: *„(1) Radikallösungen, insbesondere bei unveränderten Daten im Umland, müssen fatale Folgen für den Aachener Handel haben. (2) Wer glaubt, mit Sperren und Schranken allein Verkehrspolitik betreiben zu können, der hat jeglichen Sinn für die verkehrspolitische Realität verloren. (3) Einer angebotsorientierten Verkehrspolitik,[71] wie der Aachener Handel sie seit Jahren fordert, ist mit Sicherheit der Vorzug vor dirigistischem Flickwerk zu geben. (4) Notwendig sind Verkehrslenkungsmassnahmen, die langfristig ausgerichtet sind, um schrittweise Veränderungen im Verkehrsverhalten der Kunden zu erreichen. Der Kunde muss nach wie vor die Möglichkeit der Verkehrsmittelwahl haben. Wer durch eine einseitige Verkehrspolitik gegen das Auto abschreckt, sorgt dafür, dass der Trend zur grünen Wiese sich verstärkt. (5) Eine rein ideologisch ausgerichtete Öffentlichkeitsarbeit, wie sie seitens des städtischen Presseamtes praktiziert wurde, musste zwangsläufig fatale Folgen zeitigen. (6) So fatal die Folgen für den Aachener Handel sind, so sehr bleibt zu hoffen, dass andere Städte, andere Kommunen aus den negativen Erfahrungen dieses Versuchsvorhabens die richtigen Schlussfolgerungen ziehen."* (HDE 1992:108,109)

Andere Autoren stellten die Entwicklung in einen übergeordneten Zusammenhang und versuchten zu zeigen, dass die Stadt, die im Jahre 1990 den Titel „wirtschaftsfreundlichste Stadt Deutschlands" trug auf Grund der Konkurrenzsituation durch benachbarte Zentren an Bedeutung zu verlieren drohe. Schuldig sei auch die neue Mehrheit. Der Handel sah die „Fussgängerfreundliche Innenstadt" offensichtlich als politische Massnahme. *„Diese Trendwende wurde im letzten Jahr verstärkt durch das Versuchsvorhaben der Rot-Grünen-Ratsmehrheit, die den ‚fussgängerfreundlichen Samstag' einführten und die Innenstadt für den Autoverkehr rigoros sperrte. Dieses Projekt ... war für den Aachener Handel auf breiter Front mit nachhaltigen Umsatzrückgängen verbunden."* (HEINEN 1992:44, s. a. MOLITOR 1991, DESASTER 1991) In späteren Phasen lieferte die BAG Diskussionsstoff mit ihren Untersuchungen zum Kundenverkehr (BAG 1992a, 1994; MICHEL 1993; SPERRUNG. 1992ab). Die in den grossen Aachener Warenhäuser durchgeführten Zählungen und Befragungen zeigten jeweils einen Besucherrückgang, der an anderen Tagen nicht ausgeglichen werden konnte. Während der Diskussionen um den „Aachener Frieden" blieb es auf übergeordneter Ebene ruhig. Die BAG verwendet aber Aachen weiterhin als abschreckendes Beispiel, um die *„Auswirkungen so genannter autofreier Städte in Deutschland"* (WERZ 1995:2) darzulegen. Aus der lokalen Diskussion hat sie sich allerdings zurückgezogen und das Alltagskonzept für die „Fussgängerfreundliche Innenstadt" akzeptiert.

Die intensive Opposition der BAG hat sicher viel zur Bekanntheit der „Fussgängerfreundlichen Innenstadt" beigetragen. Anhand der Bilder von gesperrten Strassen liess sich das abschreckende Beispiel „autofreie Innenstadt" gut transportieren. Es darf allerdings nicht unbeachtet bleiben, dass sich die Argumente der Handelsorganisationen durchaus auch auf wissenschaftlichen Grundlagen abstützten (s. z. B. ADRIAN 1985; WILLEKE, HEIDEMANN 1989). Dies und die Feststellung, dass sich viele Planer hinter die „Fussgängerfreundliche Innenstadt" stellten, lassen eine offensichtliche Spaltung der deutschen verkehrswissenschaftlichen Szene vermuten.

---

[71] Die Widersprüchlichkeit der Forderungen des Handels kommt hier deutlich zum Ausdruck. Zwar wird eine „angebotsorientierte Verkehrspolitik" verlangt; die übrigen geforderten Punkte würden ganz klar eine „nachfrageorientierte Verkehrspolitik" bedeuten.

4.3.5 Die Umweltverbände

Die Szene der Umweltverbände stellt sich sehr vielfältig und unübersichtlich dar. Da alle Organisationen fast ausschliesslich ehrenamtlich funktionieren, ist die zeitliche und personelle Kontinuität in der Beschäftigung mit bestimmten Themen nicht immer gegeben. Politisch sind die Umweltverbände mit den Grünen verbunden. Durch diese Partei finden sie sich in den politischen Instanzen repräsentiert. An der Diskussion um die „Fussgängerfreundliche Innenstadt" haben sich folgende Organisationen beteiligt: *„ADFC, BUND, Forum der Arbeit (Arbeitskreis Verkehr), Fussgängerschutzverein FUSS, Initiative für fussgängersichere Ampeln, Notgemeinschaft ‚Verkehrsgeschädigter Bürger', VCD."*[72] (AN 25.9.93)

Trotz zahlreicher Auftritte, verschiedener Aktionen und Manifestationen blieb der Einfluss der Umweltverbände in der Diskussion um die „Fussgängerfreundliche Innenstadt" eher gering: *„VCD, ADFC, ... werden bedauerlicherweise kaum gehört. Sie melden sich selbst regelmässig zu Wort, leider mit aus ihrer Sicht verständlichen Extrempositionen, die gerade bei stadtgestalterischen Prozessen häufig das Vermittelnde vermissen lassen. Sie melden sich zu Wort, werden aber von den anderen Entscheidungsträgern häufig nicht genügend integriert in die Diskussion."* (I21) Oft nahm man sie gar nicht wahr: *„Die Interessenvertretungen auf der anderen Seite, VCD, ADFC, ... werden zu meinem Bedauern überhaupt nicht wahrgenommen. Ich kenne die Organisationen zwar, ich treffe die Leute ab und zu auf einer Podiumsdiskussion, sie sind aber nicht besonders aktiv."* (I19) Dafür verantwortlich könnte Ihre eindeutige Position sein: *„Interessenvertreter wie VCD, ADAC, ... waren so eindeutig auf einer Seite, dass deren Stellungnahme gar keine Rolle mehr spielte. ... Die Stellungnahmen haben letztendlich weder geholfen noch geschadet. Sie haben auch in der Diskussion kaum eine Rolle gespielt. Sie sind in den Anhörungen gehört worden, sie haben ihre Stellungnahmen abgegeben. Die Argumente haben nicht viel bewirkt."* (I23) Allerdings schien es auch Ausnahmen gegeben zu haben. *„In der ganz harten Phase vor der Kommunalwahl haben einige akademisch gebildete grüne Sympathisanten, keine Parteigänger im engeren Sinne, eine Initiative ‚Verein verkehrsgeschädigter Bürger' gegründet. Die haben öffentliche Veranstaltungen gemacht, die haben einen ‚Fair-kehrs-Preis' vergeben. Die haben die öffentliche Meinung sehr stark geprägt, indem Gruppen, Einzelne in die Öffentlichkeit gegangen sind und gesagt haben, wir wollen das so. Da haben die einen sehr, sehr grossen Schwerpunkt gehabt."* (I17)

Trotz zeitweiser Intervention und auch Medienpräsenz ist der Einfluss der Aachener Umweltverbände auf die Verkehrspolitik doch eher gering. Durch ihre - oft auch personelle - Verbindung mit den Grünen konnten sie aber doch einiges in die Diskussion um die „Fussgängerfreundliche Innenstadt" einbringen. Gleichzeitig leisteten sie wichtige Hintergrundarbeit für die grüne Politik.

4.3.6 Weitere Akteure

4.3.6.1 Die übergeordneten politische Instanz (Land Nordrhein-Westfalen)

Die vorliegende Untersuchung verfolgt den Einfluss der übergeordneten politischen Instanzen nicht bis in die letzte Einzelheit. Eher stimmungsmässig sind deshalb die hier dargestellten Einschätzungen der befragten Akteure zu verstehen. Grundsätzlich ist aber das Land, sein Verkehrs- und Umweltministerium sowie das beauftragte Regierungspräsidium in Köln positiv hinter dem Versuch gestanden. *„Dann hat die Aufsichtsbehörde, der Regierungspräsident in Köln, Dr. Antwerpes, der die Massnahme sehr massiv unterstützt hat, festgehalten, dass es keine rechtliche Grundlage gibt, mit dem Samstag zu spielen ... Da hat man gelegentlich etwas Druck ausüben müssen und über Köln, über den Regierungspräsidenten Hilfe geholt. Der Regierungspräsident ist der Pate der Aachener Verkehrspolitik. Der Dr. Antwerpes neigt dazu, sich in der Öffentlichkeit zu profilieren, das ist der Mehrheitspolitik sehr zu gute gekommen."* (I17)

---

[72] ADFC = Allgemeiner Deutscher Fahrradclub; BUND = Naturschutzorganisation; VCD = Verkehrsclub Deutschland

Das Land war zudem ein wichtiger Geldgeber für Infrastrukturmassnahmen wie Umgestaltungen oder einer neuen Stadtbahn; gerade hier zeitigt die zunehmende finanzielle Krise der öffentlichen Haushalte einschneidende Wirkungen. Auch erwies sich der Regierungspräsident als wichtige Persönlichkeit. *„Anfangs spielte das Land, der Regierungspräsident eine wichtige Rolle beim Innenstadtkonzept. Die Verkehrsregelung konnte nur gemacht werden, weil vorher mit der Städtebauförderung bestimmte Strassen auch gestalterisch umgebaut wurden. ... Da hat das Land Nordrhein-Westfalen durch die Städtebaufördermassnahmen der Achtzigerjahre praktisch mit dem Geld gewunken. Dann ist die verkehrspolitische Orientierung gekommen. Das war sozusagen so ein Zangengriff. Über die Verteilung der Mittel zur Städtebauförderung entscheidet die Behörde Regierungspräsidium. ... Der Regierungspräsident hat immer gesagt, Aachen hat Haushaltsprobleme, es gibt zwei, drei Projekte, die wichtig sind. Die Therme wegen der Badetradition und der Umbau des Elisenbrunnens, und das hat er immer konsequent gefördert. Es macht ihm von der Persönlichkeitsstruktur auch Freude, öffentlich aufzutreten. Er ist ein konsequenter Unterstützer gewesen."* (I17)

Andere Interviewpartner sahen die Rolle des Landes nicht so bedeutungsvoll, verwiesen aber auf die Bedeutung der gleichen Mehrheitsverhältnisse in Landes- und Stadtregierung. *„Der Regierungspräsident in Köln hat kaum irgendwelche Auswirkungen auf die Aachener innerstädtische Verkehrspolitik. Die Rolle des Landes ist interessant, weil da mittlerweile eine rot-grüne Koalition ist, die zur rotgrünen Aachener Stadtregierung passt. Da unterstützt man sich gegenseitig wohlwollend."* (I21) *„Die Landtagswahl im Mai 1995 hat einen gewissen Ausschlag gegeben. Wenn auf Landesebene die gleiche Politik gefahren wird, muss man sich damit arrangieren. Es wird Programme und Ansätze geben, die in die gleiche Richtung gehen, wie sie von der Stadt Aachen verfolgt werden. Auf der anderen Seite hat es den Druck der Politiker gegeben, den Frieden zu schliessen, um auch einen Erfolg vorweisen zu können."* (I19)

4.3.6.2 Die Anwohner und die übrige Bevölkerung

Die Interessen der Bewohner der Innenstadt standen in der Diskussion oft im Vordergrund, wenn es darum ging, die Vorteile der „Fussgängerfreundlichen Innenstadt" anzupreisen. Dabei argumentierten die Befürworter mit der erwarteten Verbesserung der Luftqualität und der Lärmsituation in den betroffenen Gebieten. Die Gegner führten in der Diskussion eine Zunahme der Emissionen im Randbereich der „Fussgängerfreundlichen Innenstadt" an. *„Eine richtige Beteiligung der Bevölkerung hat es nicht gegeben. Es gibt sicher ein breite Zustimmung bei der direkt in der Innenstadt lebenden Wohnbevölkerung, die in Aachen überdurchschnittlich hoch ist. Für die ist es schon eine Verbesserung, weil hier die Autos nicht mehr fahren, und sie können ihre Einkäufe zu Fuss erledigen. Da hat es schon eine positive Grundstimmung gegeben."* (I23) Die Anwohner erhielten nie die Gelegenheit, sich direkt zur „Fussgängerfreundlichen Innenstadt" zu äussern, sie wurden jedoch an verschiedenen Veranstaltungen orientiert. Die übrige Aachener Bevölkerung konnte gar nie mitbestimmen. Es fanden allerdings verschiedene Passantenbefragungen statt, deren Ergebnisse auch Aufschluss über die Meinung der Aachener geben. *„Leider wurden bei den verschiedenen Gutachten die Betroffenen, die Bewohner und die Besucher der Innenstadt viel zu wenig befragt nach ihrer Meinung."* (I21) Erst bei den Wahlen konnte sich die Bevölkerung schliesslich äussern. Dort bestätigte sich die Tendenz, dass die Innenstadtbewohner gegenüber der „Fussgängerfreundlichen Innenstadt" positiver eingestellt sind als die Leute in den Aussenquartieren. *„Das letztendlich dieselbe Mehrheit rausgekommen ist wie vorher - 1 Stimme -, hat damit zusammengegangen, dass die CDU in den äusseren Stadtteilen fast überall die absolute Mehrheit gewonnen hat, weil da nichts gemacht worden ist. Im Bereich der eigentlichen Stadt Aachen haben die Grünen deutlich dazugewonnen, das waren ja die Leute, die unmittelbar betroffen waren. ... Das war ein deutliches Ja der Innenstadtbevölkerung zu dieser Politik."* (I20)

4.3.6.3 Presse und weitere Medien

Die befragten Akteure nahmen den Einfluss der Presseorgane unterschiedlich war. Zu den lokalen Medien kam in Aachen, verglichen mit den anderen betrachteten Städten als Besonderheit, die Aufmerksamkeit der überregionalen Medien.

Die Befürworter der „Fussgängerfreundlichen Innenstadt" empfanden die Rolle der lokalen Presse als sensationsgierig. *„Die Presse spielt da auch eine sehr negative Rolle. Das Strategische ist nicht so spektakulär wie die ‚menschliche Tragik' eines Einzelfalls."* (I17) Ihr wird auch keine aufbauende Haltung sondern vielmehr Stimmungsmache zugesprochen. *„Die Rolle der Presse ist himmelhoch jauchzend und zu Tode betrübt. Die neigen dazu, wenn man etwas Neues macht, das in die Luft zu schreien, und teilweise die gleichen Leute problematisieren später mit den gleichen Amplituden. Die Presse spielt keine konstruktive Rolle, sondern die Presse neigt in erheblichem Masse dazu, insbesondere den Konflikt in den Vordergrund zu stellen. Die Versuche, z. B. zu sagen, macht doch mal eine Artikelserie mit Verkehrsplanern von der Hochschule, die über drei Monate hinweg Einzelaspekte darstellen, waren vergebens. Die Presse ist nur an persönlicher Betroffenheit, Emotionalität und Problemen interessiert. Sie schlägt jeweils gegen beide Seiten. Einmal heisst es, die verrennen sich total ideologisch, ein anderes Mal sagen sie, wir müssen etwas tun, die Umwelt, so geht es nicht weiter. Die Presse hat keine sachlich gerade Linie sondern pendelt zwischen den Extremen in ihren Kommentaren. Die ehemalig christlich-demokratische Zeitung, die ‚Aachener Zeitung', hat sich anfangs sehr stark in den Dienst der CDU setzen lassen. Die ist in den letzten drei, vier Jahren sehr sachlich geworden, auch sehr problemorientiert, während der Eindruck besteht, dass die eigentlich auch von den Personen her der SPD nahe stehenden ‚Aachener Nachrichten' sehr stark emotional reagieren."* (I17)

Die Rolle der beiden Konkurrenzblätter wurde offensichtlich unterschiedlich empfunden, jedenfalls konnte sich weder die AZ (Aachener Zeitung) noch die AN (Aachener Nachrichten) als eindeutige Befürworterin bzw. Gegnerin profilieren. *„Die lokale Presse hat mit der Geschichte mehrere Sommerlöcher gefüllt und begierig die blödesten Behauptungen aufgegriffen. Sie hat aber wenig eigene Meinung dazu kundgetan. In der AZ gab es natürlich mehr die Tendenz dagegen, in den AN mehr dafür. Es gab nur diese Tendenz und wenig klare Meinungen. Jeder, der sich dazu äussern wollte, erhielt die Gelegenheit. Die Rolle war wenig konstruktiv. Eine regionale Presse hätte die Aufgabe, eine solche Massnahme konstruktiv zu begleiten. ... Man kann schon sagen, dass die Aachener Presse dazu beigetragen hat, das Problem weiter zu verschärfen."* (I23)

Andere Stimmen sprechen den lokalen Zeitungen durchaus eine konstruktive Rolle zu. *„Die hiesige Presse ist überwiegend im darstellerischen und analytischen Bereich tätig, arbeitet die verschiedenen Kenntnisse jeweils auf, durchaus relativ ausgewogen."* (I21) Gerade auch mit der neuen Situation am Elisenbrunnen wird die positive Haltung der Presse als zentral erachtet für das Weiterführen des Konsenses. *„Die Presse hat Ihre Aufgabe sehr wahrgenommen zu berichten und hat sich nicht an einem Schlichtungsprozess beteiligt, was sicherlich nicht ihre Aufgabe ist. Sie hat das Spiel mitgespielt. Das ist aber ihre Aufgabe. Und es kann nicht anders sein. Sie hat aber noch nicht durchwegs begriffen, dass sie in der jetzigen Phase eine Verantwortung trägt. Wenn sie wollte, könnte sie das Ganze kaputt machen. ... Es gibt sicher Unterschiede zwischen den AN und der AZ, aber im Grunde spielt dies keine grosse Rolle.* (I19)

Die befragten Personen zeigten eine einheitlichere Meinung zu den überregionalen Medien. Deren Haltung wird eher als negativ beurteilt. *„Im überregionalen Bereich kommt leider v. a. das Negativimage rüber. Auch das ist eine Folge der Marketingpolitik von städtischer Seite."* (I21) Vermehrt nahmen die Medien von aussen v. a. den Konflikt war. *„Die überregionale Presse war am voreingenommensten, wenn sie sich mit dem Thema beschäftigt hat. Ich habe keinen Journalisten getroffen, der nicht eine ganz klare Meinung zu dem Problem hatte; ich habe auch keinen getroffen, der seine Meinung geändert hat. In ‚Auto, Motor, Sport' war es dann die Katastrophe, in der ‚Wirtschaftswoche' war es auch eher negativ, in der ‚Süddeutschen Zeitung' war es der Durchbruch in der Verkehrspolitik."* (I23)

Grund für die überregionale Aufmerksamkeit sei das Marketing gewesen. *"Es scheint ein Schneeballeffekt entstanden zu sein. Die (überregionale) Presse wurde darauf aufmerksam, es ist etwas geschehen. Das war noch eine neutrale Situation, dann hat man nachgefragt. Der eine hat dem anderen erzählt Aachen ist zu, Aachen ist gesperrt, Aachen ist unerreichbar. Das wurde dann von der Presse forciert, das Thema Auto interessiert ja immer sehr. Der Effekt waren Schlagzeilen in diese Richtung. Darauf war die überregionale Bekanntheit da."* (I21) In neuester Zeit machte sich offensichtlich ebenfalls eine Stimmungswende auf überregionaler Ebene bemerkbar. *„Erst jetzt, ganz langsam, wird* *das Presseecho wieder positiver. Der falsche Eindruck, Vorurteile sind für Aachen sehr schlecht. Man kann das fast nicht wieder gutmachen. Das ist eine sehr mühselige Arbeit. Deshalb möchte ich mich dafür engagieren, dass nicht alles kaputt geht. Es wird noch ein paar Jahre dauern, um das Negativimage vergessen zu machen."* (I19)

Die lokale Presse mischte in der Diskussion mit, ohne während der gesamten Zeit eine einheitliche Meinung zu präsentieren. Vielmehr nahm sie jeweilige Stimmungen auf und gab sie in pointierter Form wider. Dadurch hat die Presse zu einer verstärkten Wahrnehmung von Stimmungsschwankungen beigetragen - z. B. grosse Euphorie bei der Einführung, äusserst schlechte Stimmung danach. Die lokale Presse war eine wichtige Plattform für die verschiedenen Beteiligten und oft auch die einzige Kommunikationsebene. So nahmen sich die beiden „Extrempositionen" Einzelhandel und Umweltverbände fast ausschliesslich über die Zeitung wahr. Die aussenstehenden Medien waren vorwiegend am Fall „Fussgängerfreundlichen Innenstadt", seiner verkehrspolitischen Bedeutung und den Auseinandersetzungen interessiert. Ihre Berichterstattung sorgte u. a. für die Bekanntheit von Aachen.

4.3.6.4 Die Wissenschaft

Die Wissenschaft kann - angesichts der ihr in der Öffentlichkeit zugesprochenen Aufgabe der „objektiven" Analyse - nicht eigentlich als Akteur angesehen werden. Gerade im Fall Aachen zeigt sich jedoch die Instrumentalisierung der Wissenschaft, von Universitätsinstituten, von Planungsbüros und deren Gutachten besonders evident. Und in dem Sinn können die involvierten Wissenschaftlerinnen und Wissenschaftler als - bewusste oder unbewusste - Akteure bezeichnet werden.

Tabelle 27 gibt einen Überblick über die wichtigsten wissenschaftlichen Arbeiten, die sich mit Aachen beschäftigt haben. Nicht berücksichtigt sind populärwissenschaftliche Untersuchungen, wie sie z. B. Automobilzeitschriften durchführten und veröffentlichten.

Die Gutachten haben offensichtlich etwas zur Versachlichung der Positionen beigetragen. Die verschiedenen Akteure haben sie aber nur selektiv wahrgenommen. Jede Partei hatte ihre „Heimgutachter" und ihre „Heimgutachten".

„Die verschiedenen wissenschaftlichen Studien waren gut, um eine hitzige Diskussion zu versachlichen. Jeder hat auch aus den Gutachten rausnehmen können, was ihm und seiner Argumentation als vernünftig erschien. So muss man das einfach sehen." (I19)

Die eigentlichen Resultate der Untersuchungen sind gar nicht so unterschiedlich ausgefallen, vielmehr waren die Untersuchungsannahmen, die Erhebungskonzeptionen und die Interpretationen sehr verschieden. *„Gutachten leiden darunter, dass sie selektiv wahrgenommen werden. Der eine liest daraus, was ihm gefällt, der Rest wird ignoriert. Ich glaube nicht, dass die Gutachten insgesamt instrumentalisiert worden sind."* (I21)

Mit den Gutachten ist bewusst versucht worden, die eigene Stellung zu untermauern. *„Damals hat sich die IHK ganz bewusst auf eine objektive Haltung zurückgezogen und eine Untersuchung initiiert, um Zahlen zu bekommen."* (I19)

Die Wirkung der Gutachten beschränkte sich eher auf die direkt an der Auseinandersetzung Beteiligten, während sie die Bevölkerung kaum zur Kenntnis nahm: *„Ich habe die wissenschaftlichen Gutachten immer so wahrgenommen, dass das Vorgehen bestätigt worden ist. Die Gutachten habe ich nie als Kritik empfunden. Ich habe den Eindruck gewonnen, dass die Wirkung sich auf Fachkreise beschränkt, das sie nicht ausstrahlt. Die Wirkung war mehr psychologisch. Es war wichtig zu wissen, Prof. Monheim hat untersucht, dass die Fussgänger ... sich so und so verhalten, Prof. Breuer hat die Fussgängerfrequenz erhoben und festgestellt, es stimmt nicht, die Leute bleiben nicht weg, die Leute sind da. ... Schwieriger ist es auf der Ebene dieser Automobilzeitungen, denen eine Expertenrolle zuwächst. Das ist ähnlich, wie wenn Radio- und Fernsehtechniker Fernsehspiele machen würden. Sie beanspruchen Verkehrsexperten zu sein, obwohl sie damit fachlich nichts zu tun haben. Das hat wegen seiner hohen Breitenwirkung und Presseresonanz politisch wehgetan."* (I17)

JAHR	AUTOREN	AUFTRAGGEBER	DER INHALT UND BEURTEILUNG IN KÜRZE
1991/ 1994/ 1996/ 1997ab	Breuer/Juchelka (Geografisches Institut der RWTH)	Eigeninitiative; z. T. unterstützt durch die IHK	Passantenzählungen und -befragungen; Parkraumuntersuchungen. Fundierte Erfassung von Veränderungen der Besucherströme und -meinungen. Die Untersuchungen fanden in der Öffentlichkeit wenig Beachtung. Mögliche Gründe: wirklich brennende Fragen wurden nicht beantwortet, kein Auftragsgutachten, keine offensive Präsentation der Erkenntnisse.
1991/ 1992	Socialdata	Stadt Aachen	Mobilitätskennzahlen zu Aachen als Grundlage zum VEP; in der Diskussion kaum beachtet.
1991/ 1992	Planungsbüro Harloff/Hensel (HHS)	Stadt Aachen	Begleitende Verkehrsuntersuchung zur „Fussgängerfreundlichen Innenstadt". Passantenzählungen und -befragungen vor und nach der Einführung zeigen mehrheitliche Zustimmung für den Versuch und keine relevanten Veränderungen der Passantenströme. Heftig angegriffen von den Gegnern, v. a. in der Frage der Methodik. Weitere Resultate wie MIV-Zählungen und Umweltaspekte fanden geringe Beachtung.
1992a/ 1994	BAG	BAG	Bundesweite BAG-Untersuchung über die Entwicklung der Kundenzahlen in den BAG-Betrieben (Warenhäuser). 1994 für Aachen speziell wiederholt. Besucherrückgang am Samstag. Kritik: berücksichtigt nur die Warenhauskunden. Die zentrale Studie des Einzelhandels.
1991	infas	Stadt Aachen	Repräsentative Bürgerbefragung, mehrheitliche Befürwortung der FI; Untersuchung fand wenig Beachtung.
1992	Müller-Hagedorn/Schuckel (Institut für Handelsforschung, Uni Köln)	IHK	Umsatzgutachten, das auf einer Betriebsbefragung beruht. Umsatzrückgang an Samstagen beträgt 4,78 %. Kritik von beiden Seiten: geringe Rücklaufquote, ursprüngliches Erhebungskonzept konnte nicht angewendet werden, ohne Berücksichtigung von Sonderverkäufen wäre der Umsatzrückgang grösser ausgefallen (…). Zentale Zahlen über die Umsatzrückgänge, wurden allerdings von keiner Seite wirklich akzeptiert.
1993 bis 1995	Brockelt/Monheim (Geografisches Institut der Uni Bayreuth)	Eigeninitiative; z. T. Zusammenarbeit mit IHK	Brockelt hat in seinen Untersuchungen Fragen der Erreichbarkeit untersucht. Dabei ist er u. a. zum Schluss gekommen, dass die Besucher weite Distanzen zu Fuss zurücklegen und dass die Länge der Wege stark von der Attraktivität abhängt. Die Ergebnisse beruhen auf Passantenbefragungen; später wurde auch noch eine telefonische Befragung im Umland durchgeführt (SCHULTE 1997). Die Resultate fanden wenig Beachtung. Die offensive Präsentation der Ergebnisse durch Prof. Monheim wurde vom Einzelhandel gekontert, indem die Wissenschaftlichkeit angezweifelt wurde.

SEEWER 2000 nach WERZ 1994, 1997; MONHEIM 1997d

Tabelle 27: Studien zur „Fussgängerfreundlichen Innenstadt"

Auf die beschränkte Wirkung der Gutachten deutet die Tatsache, dass viele Ergebnisse aus den Untersuchungen kaum in den Planungsprozess einfliessen konnten. *„Ein Defizit ist, dass zwar viele Gutachten erstellt worden sind und empirisch erhoben worden sind, dass aber die Planungshinweise häufig nicht zur Kenntnis genommen oder nicht umgesetzt werden. Teilweise sind sehr einfache Massnahmen vorgeschlagen worden, z. B. Fusswegleitsysteme. Es passiert nichts. D. h. das Beratungspotenzial der Gutachten wird viel zu wenig genutzt."* (I21) Indirekt angesprochen hat der Interviewpartner damit die Spezialisten an der Universität und in den verschiedenen lokalen Planungsbüros. Diese waren mit verschiedenen Untersuchungen beteiligt. Die Wissenschaftler von der Universität griffen überhaupt nicht in den Planungsprozess ein, während die lokalen Planungsbüros durchaus mehrheitlich den Versuch der „Fussgängerfreundlichen Innenstadt" unterstützten.

Die Glaubwürdigkeit einzelner Gutachten kann aber durchaus angezweifelt werden. *„Zu den wissenschaftlichen Gutachten zitiere ich den alten Spruch, wessen Brot ich esse, dessen Lied ich singe. Ich möchte niemandem etwas unterstellen, aber es gibt sicher Leute, die Gutachten haben machen müssen, die in eine bestimmte Richtung zu gehen hatten. Viele Arbeiten sind auch viel zu schnell gemacht worden. Oft hat es auch an der Aufgabenstellung gelegen."* (I18)

Sogar bewusste Falschinformationen und auch Manipulation werden den Gutachten unterstellt. *„Müller-Hagedorn hat ein Umsatzgutachten gemacht, das in seinen Ergebnissen sehr seltsam war. Er hatte Umsatzrückgänge über alles festgestellt, aber witzigerweise die grössten Umsatzrückgänge am Rand, wo man hinfahren konnte. Das ist nicht unmittelbar einleuchtend. Da gibt es auch merkwürdige Dinge. Die Theaterstrasse war immer befahrbar und ist und war rechts und links beparkbar und wird dies auch bleiben. Da gibt es heute die grössten Ladenleerstände."* (I20) *„Diese Zahlen sind dann in Frage gestellt worden, dann ging die Auseinandersetzung richtig los: zuerst die Zahlen beschreiben, dann munter drauflosdreschen. Es sind dann Zählungen gemacht worden von der Stadt (Harloff/Hensel), die zum Resultat gekommen sind, dass mehr Leute da sind. Ebert hat seine Zweifel, ob diese Zahlen in Ordnung waren. Die Ergebnisse der verschiedenen Untersuchungen waren auch widersprüchlich. Er kann es nicht beweisen, aber er denkt, dass nicht alles so ganz sauber über die Bühne gegangen ist."* (I18)

Kritisiert wurde aber auch, dass es der Wissenschaft kaum gelungen ist, einen konstruktiven Vorschlag vorzubringen. *„Im Grunde wurden die Aufträge falsch erteilt oder nicht verstanden. Die Büros, die für die Stadt gearbeitet haben, sowieso nicht, die hatten ja ganz andere Aufgaben. Bei Breuer kann man vielleicht noch am ehesten etwas herauslesen. Das Institut für Handelsforschung hat auch gewisse Bereiche aufgezeigt. Der wirkliche Beitrag der Wissenschaft, der gezeigt hätte, wo Handlungsbedarf besteht, ist nie gekommen."* (I23)

4.4 Beurteilung des Planungsprozesses

4.4.1 Der Einfluss der Vergangenheit

Die Aachener Entwicklung nach dem zweiten Weltkrieg verlief typisch für eine deutsche Stadt. Kriegszerstörungen, ein Wiederaufbau der historischen Strukturen, der dennoch Platz liess für neue Strassenfluchten, stark zunehmende Motorisierung, Erweiterung der Infrastrukturanlagen für den MIV wie z. B. Parkhäuser sowie Abbau der Strassenbahn. Die erste Fussgängerzone kam erst relativ spät (1973); der Ausbau zur autogerechten Stadt ging weiter. Ein leichter Ansatz eines Wandels konnte erst in den Achtzigerjahren festgestellt werden, als die Innenstadt im Rahmen verschiedener Projekte städtebaulich aufgewertet wurde. Das Verkehrskonzept Innenstadt von 1986 beinhaltete eine weitere Vergrösserung der FGZ, so wurde u. a. der Rathausplatz gesperrt und umgestaltet. Im Bereich der übrigen Stadt verfolgten die Verantwortlichen weiterhin eine traditionelle Verkehrspolitik. Diskussionen für eine Änderung und Neuorientierung führten Oppositionskreise schon sehr lange; in Verkehrsplanerkreisen waren neue Ideen entstanden. Die unbefriedigende Situation hatte neue Ideen hervorgebracht, die sich teilweise in Konzeptionen der Achtzigerjahre niederschlugen. *„Mitte der Achtzigerjahre hat es bereits Konzepte gegeben, die versucht haben, bewusst die Innenstadt über den Ring hinaus an verschiedene Gründerzeitviertel über attraktive und begrünte Wege anzubinden, ohne dass da wirklich von Fusswegeplanung die Rede war (Vernetzungsplan Wohnumfeldverbesserung). Die Idee, diese Quartiere und fussgängerfreundlichen Strassen miteinander zu verbinden und an die Innenstadt anzuschliessen, gibt es in Aachen schon lange. Die Idee der Fussgängerfreundlichen Innenstadt war nichts anderes als eine konsequente, mehr oder weniger spektakuläre Fortsetzung von dem, was in den ganzen Jahren vorher gemacht worden ist."* (I20)

So gesehen können die Massnahmen der neuen Mehrheit als Weiterführen einer eingeschlagenen Richtung betrachtet werden. Allerdings ist die „Fussgängerfreundliche Innenstadt" als Einzelmassnahme etwas Neues, etwas Spektakuläres - auch eine politische Massnahme, um Präsenz in der Verkehrspolitik zu markieren. *„Die Planung zur ‚Fussgängerfreundlichen Innenstadt' hat nicht 1989 mit dem Machtwechsel begonnen. Ich war für den CDU-Bürgermeister tätig und kenne das Verkehrskonzept von 1986. Dort hat es auch schon die Idee einer anderen Verkehrspolitik gegeben. Sie hiess nicht „Fussgängerfreundliche Innenstadt", sondern hatte verschiedene Schwerpunkte. Dort wollte man Plätze verkehrsberuhigen. Es gab auch Überlegungen zur Innenstadt, und dabei gab es viele Ähnlichkeiten zur heutigen Politik, die allerdings in anderen Prioritäten laufen sollte. Deshalb war die Verkehrskonzeption 1989 nicht neu. Neu war der Weg. Dieser Weg war sicherlich auch konfliktgeladen."* (I19)

Die verkehrspolitische Vergangenheit wirkte sich stark auf die Planung zur „Fussgängerfreundlichen Innenstadt" aus. Auf der strukturellen Ebene führte die Stadt während vieler Jahre eine autofreundliche Verkehrspolitik, die bei den von den negativen Auswirkungen Betroffenen einen hohen Leidensdruck erzeugte. Gleichzeitig entstanden auf der ideellen Ebene neue Vorstellungen, die zu einem Teil bereits in den späten Achtzigerjahren umgesetzt wurden. Die neue Mehrheit wollte nach dem Machtwechsel ein Zeichen setzen für eine andere Verkehrspolitik. Die „Fussgängerfreundliche Innenstadt" schien ihr dazu geeignet. Auf der langfristigen Ebene initiierte sie die Arbeiten am neuen VEP, die sich allerdings nicht innerhalb einer Legislaturperiode auswirken konnten. Die „Fussgängerfreundliche Innenstadt" stiess auf zahlreiche Hindernisse, die sowohl strukturell als auch ideell bedingt waren. So galt es beispielsweise, die Zufahrt zu zwei Parkhäusern, die mitten in der Stadt liegen, zu sichern. Die Strukturen wirkten sich also durchaus prägend aus. *„Selbst wenn irgendwo einmal während zehn Jahren der verrückteste grüne Politiker drankäme, könnte er das gar nicht alles wegmachen, was in den Sechziger- und Siebzigerjahren alles für das Auto gemacht worden ist."* (I20)

4.4.2 Die Diskussion um die „Fussgängerfreundliche Innenstadt"

4.4.2.1 Wahrnehmung von Verkehrsproblemen

Alle Akteure nehmen Verkehrsprobleme wahr, die Konkretisierung und Bewertung ist allerdings unterschiedlich. Auf lokaler Ebene scheint kein einziges, wirklich unlösbares Problem vorhanden zu sein. Viele Projekte sind auch verwirklicht worden (I20). Was auffällt, ist, dass keine Seite ein fehlendes bzw. übermässiges Parkplatzangebot als Problem darstellt. Vielmehr beklagen die meisten v. a. ein Imageproblem (s. Tabelle 28).

- *Verkehrsreduktion Innenstadt*: Elisenbrunnen muss unbedingt aus dem Netz genommen werden, Imageproblem der Stadt (I18 - I20, I23).
- *Verkehrsangebot*: ÖV-Angebot ist verbesserungswürdig (Stadtbahn, Tarife), Massnahmen in den neuen Stadtteilen; Alleenring sollte besser durchfahren werden können (I18 - I20).
- *Verkehrsbelastungen*: Lärmemissionen und Luftqualität; Belastungen durch Pendler, Zubringerverkehr von der Autobahn und LKW-Transitverkehr (I17, I21, I23).
- *Umsetzungsproblem*: Einsicht da, Verhaltensänderung ist schwierig zu erzielen, Stadt ist zu klein für wirksame Massnahmen (z. B. P+R) (I17, I23).
- *Weiteres*: Wachsender Mobilitätsanspruch, während der zur Verfügung stehende Raum abnimmt (I17).

SEEWER 2000 auf Grund von I17 - I23

Tabelle 28: Aachens wichtigste Verkehrsprobleme aus Sicht der Interviewpartner

4.4.2.2 Erwartungen an eine Fussgängerzone

In Aachen ging es ja nicht bloss um die Erweiterung der FGZ, sondern vielmehr um eine „Fussgängerfreundliche Innenstadt". Mit dieser Bezeichnung sollte ein Produkt verkauft werden, das anderenorts Altstadtsperre hiess. Dennoch interessiert die Frage, was die wichtigen Akteure von einer Fussgängerzone erwarten, besonders weil das Resultat des „Aachener Friedens" de facto auch eine Erweiterung des Fussgängerraums bedeutet. Die Aussagen aus den Interviews zeigen eine fast vorbehaltlose Zustimmung zu dieser Massnahme (Tabelle 29)

- Fussgängerzonen sind eine sinnvolle städtebauliche und verkehrsplanerische Massnahmen; positive Effekte für Anwohner und Kunden sind zu erwarten; es gibt aber Bereiche, wo andere Lösungen angesagt sind, wie z. B. Mischverkehrszonen (I17, I19, I20, I21).
- Deutsche Fussgängerzonen sind immer verbunden mit zahlreichen Parkhäusern, sodass die Erreichbarkeit bestehen bleibt (I20).
- Es gibt auch strategische Fussgängerzonen zur Unterbindung bestimmter Verbindungen und FGZ in Wohngebieten als Ruhezone (I17).
- Fussgängerzonen sollten nicht zu gross sein (Erreichbarkeit) und die Passantenfrequenz genügend gross sein (I18).
- Die Attraktivität bestehender Fussgänger droht verloren zu gehen, es braucht Massnahmen (I23).

SEEWER 2000 auf Grund von I17 - I23

Tabelle 29: Meinungen der Interviewpartner zu Fussgängerzonen

4.4.2.3 Der Planungsablauf

Der Planungsauftakt

Anlass für die Planung der „Fussgängerfreundlichen Innenstadt" war der Wille der neuen Mehrheit, etwas im verkehrspolitischen und -planerischen Bereich zu tun. Etwas wie in Lübeck, das damals gerade aktuell war, sollte auch Aachen erhalten. Die Altstadt sollte autofrei werden. Und obschon sowohl Gegner als auch Befürworter postulierten, dass die „Fussgängerfreundliche Innenstadt" in eine Reihe verkehrspolitischer Massnahmen seit den Achtzigerjahren gehört, war sie etwas grundsätzlich Neues. *„Dann ist das Konzept übernommen worden, wobei der fussgängerfreundliche Samstag eigentlich eine symbolische Aktion war. Man wollte, wie in anderen Städten auch, erfahrbar machen, was es bedeutet, wenn die Autos zu bestimmten Zeiten aus der Stadt verdrängt werden."* (I17) Wer die Idee genau hatte und wann sie entstand, ist im Kreis der Interviewten umstritten. Neben der Vermutung, dass die „Fussgängerfreundliche Innenstadt" bereits implizit in den CSU-Konzepten enthalten gewesen sei, können die Initianten bei grünen Parlamentariern oder bei der Verwaltung geortet werden. *„Mit der Einführung der „Fussgängerfreundlichen Innenstadt" wollte man einen symbolischen Akt haben. In der Politik muss es auch Kristallisationssymbole geben, um zu zeigen, wo die Schwerpunkte liegen."* (I17)

Die Schwierigkeit bestand darin, dass noch kein verkehrliches Gesamtkonzept vorlag, als die „Fussgängerfreundliche Innenstadt" eingeführt wurde. Zwar gab es die Vorstellungen in den Köpfen, die Arbeiten zum VEP waren aber gerade erst angelaufen. Dennoch waren die Wahlgewinner gezwungen, etwas zu tun. *„Das Dilemma war, dass einerseits eine neue Mehrheit da war, die was machen musste. Gleichzeitig wurde mit dem Verkehrsentwicklungsplan gerade erst begonnen. Die Leute, die neu gewählt waren, konnten nicht drei Jahre warten, bis ein Verkehrskonzept auf dem Tisch liegt und dann sagen, das haben uns die Gutachter empfohlen, und darum machen wir das. Erstens kannten sie die Empfehlungen nicht und zweitens wäre dann die erste Legislaturperiode vorüber gewesen. Das war das Dilemma."* (I20)

Nach einer Reise nach Lübeck stimmten auch die anfänglichen Gegner der Idee einer versuchsweisen Einführung zu. *„Der Einzelhandelsverband hat im Frühjahr/Sommer 1990 von der Idee gehört. ... Damals hat man es nicht dramatisch gesehen, ... Schadensbegrenzung war das oberste Ziel. Dass das Büchel-Parkhaus nur bis 10 Uhr anfahrbar sein sollte, sah für den Einzelhandelsverband gar nicht so schlimm aus."* (I18)

In zahlreichen Verhandlungen entwickelte die Stadt zusammen mit den Betroffenen eine Versuchsanordnung. *„Es gab 17 Monate Vorplanungszeit bei der ‚Fussgängerfreundlichen Innenstadt'. Der Handel hat mehr mit der Verwaltung zusammengesessen als mit dem Verkehrsausschuss. Das war ein ganz intensives Gespräch."* (I17) *„Es hat von Anfang an eine Arbeitsgruppe gegeben .... In der Ar-*

beitsgruppe waren ... in jeder Sitzung die Verwaltung, Politiker, BSV und auch Vertreter des Einzelhandels und der IHK dabei. ... Ich selber befürwortete ein viel grösseres Modell, das den ganzen historischen Stadtkern umfasst, weil es einprägsamer ist. Rausgekommen ist nur ein Teilausschnitt, der ein Drittel der Gesamtfläche ausmacht. Das zeigt, dass auch diskutiert worden ist und dass Politik und Verwaltung von Anfang an kompromissbereit waren. Da ist nicht mit sturem Kopf gearbeitet worden, wie dies oft berichtet wird." (I20)

Im Herbst 1991 konnte schliesslich eine Variante umgesetzt werden, die auf eine allgemeine Zustimmung stiess - am ersten Versuchstag herrschte gar etwas wie Euphorie.

Der Widerstand kurz nach der Einführung der „Fussgängerfreundlichen Innenstadt"

Bereits kurz nach dem Einführungssamstag kam es zu heftigem Widerstand seitens des Handels. Dafür gibt es unterschiedliche Begründungen. Die Einzelhändler selber beklagten z. T. katastrophale Umsatzrückgänge. Der Hauptschuldige war sofort das angeblich verfehlte Marketing. Gehört wurden v. a. die, die am lautesten schrien. *„Anfangs war man optimistisch. ... Das Problem war die ganze Vermarktung, bei den Schildern an den Einfahrtstrassen. Im Grunde wurde da der grosse Coup gelandet. Diese Leute wollten viel zu schnell und möglichst umfassend in eine andere Richtung gehen. Wenn das Ganze langsam durchgezogen worden wäre, hätte es keine Probleme gegeben. ... Während der ersten vierzehn Tage wurde der Versuch relativ ruhig begleitet. ... Nach vierzehn Tagen kamen die ersten Umsatzergebnisse, und da haben die Händler natürlich geschrien. Man wollte es emotionsfrei angehen, aber das ging nicht mehr, weil die Geschäfte zu schlecht liefen und einzelne Geschäfte sagten, das kann nicht so laufen gelassen werden. Danach ist dieser lange Schlagabtausch erfolgt. Als die Händler mit den Zahlen gekommen sind, konnte man als Verband nicht sagen, alles halb so wild, sonst wären die Mitglieder weggelaufen."* (I18) Der Wechsel in der Politik des Einzelhandels kam offensichtlich auf Druck einiger Verbandmitglieder zu Stande. *„Nach dem ersten Samstag hat der Vertreter des Einzelhandelsverbandes noch gesagt, dass sich die ganze Sache noch gut angelassen habe. Erst dann ist er offensichtlich von seinen Leuten zurückgepfiffen worden."* (I20) *„Das Problem war dann, dass die Truppen dem Feldherrn nicht gefolgt sind. Die Handelsfunktionäre standen plötzlich vor der Situation, dass viele ‚kleine' Geschäftsleute ihre existenziellen Ängste an den realen Verhältnissen im Strassenraum festmachen. Das ist ein bemerkenswerter, psychologischer Prozess. Dann haben die Funktionäre einen Schritt zurück gemacht und haben gesagt, wir haben ja nichts damit zu tun. Das war ein Prozess, der auch nicht vorausgesehen worden ist."* (I17)

Diesen Rückzug begründeten die Einzelhändler mit dem ungenügenden Marketing, das für den Versuch betrieben worden sei. *„Wenn es positiv vermarktet worden wäre, wäre es gar nicht so schlimm gewesen. In der Aachener Innenstadt gibt es sehr viele Parkplätze, in Parkhäusern, mit Parkuhren. Wenn von den 7'500 - 8'000 Parkplätzen 700 weggefallen wären, so wäre dies rein numerisch kein Problem gewesen. Im Grunde war damals die Idee, alles viel grossräumiger zu machen, mehr Parkhäuser zu schliessen - insofern hat man damals sehr viel erreicht. Sogar der Ring sollte gesperrt werden. Damals ist eine Schadensbegrenzung, was das gesperrte Gebiet und die zu schliessenden Parkhäuser angeht, erreicht worden."* (I18) Gleichzeitig fühlten Sie sich in ihrem Einsatz gegen die Verkehrsprojekte der Stadt bestätigt. Die rasche Wende von überwiegender Kooperation zu einer harten Konfrontation bleibt schwer verständlich. *„Der rasche Stimmungsumschwung nach der Einführung der ‚Fussgängerfreundlichen Innenstadt' ist **das** Phänomen der ganzen Sache."* (I23) Es kam sehr bald zu einer ausgeprägten Konfrontation zwischen den verschiedenen Akteuren, was auch aussenstehende wahrnahmen und was für eine grosse Bekanntheit des Beispiels Aachen sorgte.

Lange Auseinandersetzungen führen zu Imageproblemen

Die Auseinandersetzungen, die auf die Versuchseinführung folgten, können als sehr heftig und unproduktiv bezeichnet werden. *„Der Ausdruck ‚Kampf' erscheint mir als angemessen, um die Verhältnisse nach der Einführung der ‚Fussgängerfreundlichen Innenstadt' zu umschreiben. Das waren sehr heftige, polemisch geführte und ideologisierte Auseinandersetzungen. Teilweise gipfelten sie in An-*

zeigenkampagnen auch in der Aachener Presse, auch im Rahmen des Wahlkampfs von Seiten der Aachener Einzelhändler, die teilweise die sachliche Diskussion vermissen liessen und bedauerlicherweise sehr stark monokausal argumentierten." (I21) In dieser Phase erwies es sich als ausserordentlich schwierig, eine sachliche Diskussion zu führen - die zahlreichen wissenschaftlichen Gutachten brachten keine Klärung. *"Die sachlichen Argumente sind bekannt und von verschiedenen Seiten immer wieder vorgebracht worden, stiessen aber auf Ignoranz. Ich kann mir dies nicht erklären. Die Diskussion wurde auf einer so stark ideologisierten Ebene geführt, dass zu rationalen, wissenschaftlichen Informationen keine Zugänge mehr bestanden. Das ist eine sehr tragische Situation gewesen."* (I21)

Der Handel, der den Versuch zuerst eher mittragen wollte, intervenierte plötzlich sehr heftig: *"Anfänglich war es die Strategie, alles ganz ruhig zu begleiten. Daraus wurde dann eine hektische Strategie. Man versucht auf Rot-Grün Druck auszuüben, indem man jeden Montag Umsatzzahlen vom Samstag bekannt gab. Diese Zahlen sind dann in Frage gestellt worden, dann ging die Auseinandersetzung richtig los."* (I18)

Um die „Fussgängerfreundliche Innenstadt" gab es nur noch Konfrontation. Zwar war im selben Zeitraum vom städtischen Verkehrskonzept die Rede, was kaum jemand in der Öffentlichkeit wahrnahm. Die Verkehrspolitik war auf die Auseinandersetzungen „Fussgängerfreundliche Innenstadt" reduziert, die Lager waren klar getrennt - Mittelpositionen gab es kaum. Während die eine Seite forderte, den Versuch abzubrechen, schlugen der Umwelt- und der Verkehrsminister des Landes Nordrhein-Westfalen die Ausdehnung der Sperre auf die ganze Woche vor, eine Forderung, die auch die lokalen Grünen unterstützten. Der Rat beschloss schliesslich im April 1992, aus der „Fussgängerfreundlichen Innenstadt" am Samstag ein Definitivum zu machen. Ökologie stand nie im Vordergrund bei diesem Experiment, obwohl die Stadt versuchte, damit zu argumentieren, und Zahlen zur Verbesserung der Luftqualität und zur Verringerung der Lärmbelastung hervorhob. Es ging in den Diskussionen hauptsächlich um die Entwicklung der Umsätze.

Die einzige Gruppe, die zu vermitteln versuchte, war die IHK, die dazu ein „neutrales" Gutachten in Auftrag gab (MÜLLER-HAGEDORN, SCHUCKEL 1992). *"Es hat immer eine individuelle Kommunikation mit den Vertretern des Handels geben. Nach der Eskalation hat die IHK, der Dr. Mahnke, ... der Referent für Verkehrsfragen war und das Gutachten in Köln in Auftrag gab, in starkem Masse versucht, sachlich zu vermitteln. In der Öffentlichkeit und auch hinter den Kulissen. Die haben gemerkt, dass beim Handel sehr viel Irrationalität dabei war."* (I17) Nichtsdestotrotz blieben die Vermittlungsversuche erfolglos. *"Ich habe versucht, einen Gesprächsansatz zu finden. Und diese Haltung, einen Gesprächsansatz zu finden, ist weder bei Rot-Grün noch bei harten Vertretern des Handels auf Gegenliebe gestossen."* (I23)

Stattdessen riss die Diskussion in der Öffentlichkeit nicht ab. *"Das Thema ist ständig weiter hochgekocht, und der Druck war sehr gross, ... Das Ganze wurde immer mehr politisiert, von den Zeitungen weiter hochgekocht. Ganz fatal war dann eigentlich, dass die Öffentlichkeit nicht nur hier in der Region so gross war, sondern dass es dann bundesweit durch die Presse ging, was dann immer mehr dazu führte, dass Aachen zum Paradebeispiel wurde. Das hat dann dazu geführt, dass Leute, die in der Umgebung Aachens leben (Düren, Heinsberg, ...), die die Alternative Köln oder Düsseldorf haben, dass die von vornherein sagten, nach Aachen kommt man nicht mehr hin. Das war dann irgendwann die Botschaft, die in Belgien und den Niederlanden ankam."* (I23) Die Interessengruppen, v. a. der Einzelhandel, trugen die Auseinandersetzung aus der Stadt hinaus. Die nationalen Organe des Handels schrieben über das Negativbeispiel Aachen, sprachen von gesperrter und autofreier Stadt. Der Vermutung, Aachen sei von aussen als negatives Beispiel für eine repressive Verkehrspolitik in der Innenstadt ausgesucht worden, widersprechen die Vertreter des Handels. *"Es hat grosse Konflikte gegeben zwischen Handel und Politik. Was die Politik entschieden hatte, wurde umgesetzt. Ursprünglich war die ‚Fussgängerfreundliche Innenstadt' ein Testobjekt, das wurde fest versprochen. Man wollte die Auswirkungen abwarten. Der Handel hatte grosse negative Auswirkungen zu verzeichnen. Die Politik hat dann trotzdem den Beschluss zur Weiterführung gemacht. Das war eigentlich ein grosser Betrug am Bürger. ... Alle Kaufleute sind der Ansicht gewesen, dass die Politik gegen die wirtschaftlichen Interessen der Innenstadt Aachen arbeitet."* (I18) Verantwortlich für die Aufmerksamkeit der Öffentlichkeit sei die offizielle Seite. Indirekt gestand aber der Handel die Signalwirkung des Aachener Beispiels ein. „*Für die grosse Bekanntheit des Beispiels Aachens sind die Verwaltung und die Politik verantwortlich. Im ersten Schub haben sie das auch nach draussen tragen wollen. Der Bekanntheitsgrad hat sich noch dadurch gesteigert, weil sich die Betroffenen über die schlechten Geschäfte beklagt haben. Auch ich selber habe mich beklagen müssen, damit Fehler, die in Aachen gemacht worden sind, anderenorts nicht wiederholt werden.*" (I22) Zur Signalwirkung des Beispiels Aachens gehörten sicher auch Faktoren, wie die räumliche Nähe der Stadt zu den Zentralen der Handelsverbände (DIHT, HDE und BAG), die alle in Köln oder Bonn sitzen, sowie die relative Bekanntheit der Stadt.

In dem Zusammenhang wurde oft die Frage diskutiert, welche Rolle die Marketingmassnahmen gespielt haben. „*Das Marketing hat eine Eigendynamik erhalten. Es scheint ein Schneeballeffekt entstanden zu sein. Die (überregionale) Presse wurde darauf aufmerksam, es ist etwas geschehen. ... Der eine hat dem anderen erzählt, Aachen ist zu, Aachen ist gesperrt, Aachen ist unerreichbar. ... Darauf war die überregionale Bekanntheit da.*" (I21) Noch deutlicher geben manche Stellungnahmen den verfehlten Werbemassnahmen die Hauptverantwortung für den Eindruck, der offensichtlich vielerorts entstanden ist, Aachen sei für den MIV nicht mehr zugänglich. „*Zu Beginn der ‚Fussgängerfreundlichen Innenstadt' ist das Marketing eine Zeit lang vernünftig gelaufen, aber kurz vor Schluss ist dieses ‚Auto Stopp' reingekommen. Der Fehler war es damals, den Leuten den Eindruck zu vermitteln, Aachen ist samstags zu.*" (I18) Die andere Seite zeigt sich mit dem Marketing zwar auch nicht glücklich, vertritt aber einen anderen Standpunkt, wenn es um die Frage geht, wie gross sein Einfluss war. „*Ich glaube nicht, dass die Rolle des Marketings so zentral ist. Mir hat der Prospekt auch nicht gefallen, aber das kann es nicht sein. Innendrin waren ganz vernünftige Informationen ... Beim Prospekt hat man dann Details diskutiert, die wirklich an den Haaren herbeigezogen waren. Diese Kritik am Marketing ist zu vordergründig.*" (I20) Ausserdem habe der Handel geglaubt, dass ein „Birkenstock-Image" für die Stadt aufgebaut werden soll. „*Dann hat das Presseamt ein sehr futuristisches Werbekonzept über die Plakatgestaltung gemacht. Danach war eine Frustration da, wieso die Ideologen und Asketen überhaupt so etwas Flottes machen, auch diese Veranstaltung mit Musik, ... Und dann hat man das Marketing der Stadt zum Sündenbock gemacht. ... Von der Ästhetik war das Marketingkonzept nicht schlecht, von der Wortwahl war es frustrierend, weil es objektiv so ist, dass draussen bei vielen Leuten der Eindruck entstanden ist, dass Aachen mit dem Auto unerreichbar wird. Auf dem Plakat stand dann drauf, jeden Samstag ohne Auto. Das war sicher etwas undifferenziert.*" (I17) Gewisse Fehler gesteht also auch die offizielle Seite ein, dass aber die Werbung bei der Einführung des Verkehrsversuchs allein verantwortlich war für die Auseinandersetzungen um die „Fussgängerfreundliche Innenstadt", scheint nicht haltbar zu sein.

Die Auseinandersetzungen gingen weiter. Es erschienen schon fast zahllose wissenschaftliche Studien und Planungsgrundlagen, die die Befürworter und Gegner in Auftrag gegeben oder Universitätsinstitute in eigener Regie durchgeführt hatten. Keine einzige Untersuchung fand bei allen Akteuren wirklich Anerkennung. Die Beteiligten instrumentalisierten die Erkenntnisse, um ihrer Argumentation zu mehr Gewicht zu verhelfen. Für sie unbequeme Resultate nahmen sie nicht zur Kenntnis oder machten sie unglaubwürdig. Die Gegner der „Fussgängerfreundlichen Innenstadt" versuchten auch, den Rechtsweg zu beschreiten, scheiterten jedoch.

Im Wahlkampf von 1994 nahmen die Auseinandersetzungen wieder zu. „*Im Vorfeld der Wahlen hat sich die ganze Diskussion weiter aufgeschaukelt. In der Zeit, ein Jahr vor der Wahl, war mit keinem mehr zu reden. Die einen glaubten, die Mehrheit wechselt und dann ist alles vergessen, und die andern fühlten sich durch den Wahlausgang eher noch gestärkt.*" (I23) CDU und FDP stellten sich als Gegner der rot-grünen Verkehrspolitik dar; "Kassel" war in aller Munde. Der Einzelhandelsverband trat mit einer aggressiven Werbekampagne auf. "*Es ist dann kulminiert im Wahlkampf. Da hat es die riesigen Plakatserien gegeben ‚Verkehr(t) Politik', mit viel Geld vom MAC. Das war richtig teuer, zwar unfair, aber gut gemacht.*" (I20) „*Das Thema Verkehrspolitik war das Hauptthema im Wahlkampf, und da hat der Einzelhandelsverband auch ein bisschen mitgemischt mit dieser Anzeigenserie ‚Verkehr(t) Politik'. Das hat einen furchtbaren Wirbel gegeben.*" (I18) Die CDU und FDP erkannten die Brisanz des Verkehrsthemas und nutzten es für ihre Politstrategie. „*Die Rolle der Opposition hat sich insofern verändert, als die politische Opposition versucht hat, das Thema zuzuspitzen. Das hätte die SPD genauso getan. Die CDU wollte den Konflikt, um die Mehrheit zu kippen.*" (I17) Die politisch Verantwortlichen gaben sich eher zurückhaltend und machten einige Konzessionen, so beispielsweise beim anstehenden Rückbau der Peterstrasse. Gleichzeitig führte die starke Opposition zu einer grösseren Geschlossenheit in den Reihen der SPD und der Grünen. *„Vor der Wahl 1994 gab es sogar Tendenzen, die sagten, das Ganze zurückzunehmen. Erst das Trommelfeuer der CDU hat wieder zu einer sehr starken Reaktion der Partei geführt, die sich relativ ruhig gehalten hat. Die Leute haben plötzlich gesagt, nein, nein, das ist unsere Sache. Je stärker der Druck von aussen ist, desto stärker ist die Identifikation."* (I17) Der Einzelhandel fühlte sich von der CDU im Stich gelassen. *„Auch im Wahlkampf hat der Einzelhandel das Thema Verkehr in den Vordergrund gerückt, das hätte eigentlich die CDU machen müssen."* (I18)

Die Stadt präsentierte noch vor den Wahlen die Bände „Grundlagen" und „Konzepte und Wirkungen" der Verkehrsentwicklungsplanung (VEP). Daraus konnte eine breitere Öffentlichkeit entnehmen, in welche Richtung die Stadt gehen wollte. Jedenfalls schien das Programm erfolgreich zu sein. Die rot-grüne Koalition gewann die Wahlen, zwar relativ knapp, mit einer Akzentverschiebung in Richtung der Grünen. Die FDP, die sich am klarsten gegen die „Fussgängerfreundliche Innenstadt" und die Verkehrspolitik ausgesprochen hatte, fiel aus dem Rat. Damit war die Gangrichtung für weitere fünf Jahre vorgegeben.

„Aachener Frieden" nach den Wahlen

Nach den Wahlen setzte sich die Konfrontation an der Oberfläche weiterhin fort, allerdings in etwas abgeschwächtem Rahmen. *„Die Rolle der Opposition hat sich insofern verändert, als die politische Opposition versucht hat, das Thema zuzuspitzen. Das hätte die SPD genau so getan. Die CDU wollte den Konflikt, um die Mehrheit zu kippen. Die anfangs mit der politischen Opposition auch auf Grund der sozialen Verbindungen einhergehende Handelsposition, die hat sich nach der Wahl 1994 verändert, sicher auch aus pragmatischen Gründen, weil man nicht mehr fünf Jahre weiter Anti-Marketing machen kann. Die Eskalation, dieses Geschrei, hat eine viel grössere Wirkung gehabt als die realen Einbrüche, weil die realen Einbrüche auf kleine Bequemlichkeitseinbussen zurückzuführen sind."* (I17) Im Hintergrund kam offensichtlich Bewegung in die ganze Angelegenheit. Akteure auf beiden Seiten erkannten, dass eine Weiterführung der Konfliktsituation keine Lösung sein konnte. Mit einer „geheimdiplomatischen" Doppelstrategie gelang es, den Aachener Frieden zu etablieren. Auf der einen Seite fanden Gespräche zwischen einem Vertreter des Einzelhandels und der SPD-Rathausmehrheit statt, die einen Kompromissvorschlag ausarbeiteten. Auf der anderen Seite kam es zu Gesprächsrunden mit einem erweiterten Teilnehmerkreis (OB, SPD, Grüne, Einzelhandel, Kammern), in dem die Lösung weiter bearbeitet und schliesslich verabschiedet wurde. Die Vertreter dieser grösseren Verhandlungsrunde wussten nichts von den Geheimgesprächen im kleineren Kreis. Dieser arbeitete abgeschlossen von der Öffentlichkeit, die erst das von allen akzeptierte Verhandlungsresultat zur Kenntnis nehmen konnte. Entsprechend der jeweiligen Position in den Verhandlungen ist die Wahrnehmung des Prozesses, der zum „Aachener Frieden" führte, durch die interviewten Akteure.

„Der ‚Aachener Frieden' ist in informellen Gesprächen ausserhalb der offiziellen Politik entwickelt worden. Im Grunde genommen zwischen dem Geschäftsführer eines grossen Kaufhauses und Vertretern der Ratsmehrheit. Es ist langfristig ein Papier erarbeitet worden, informell, das dann innerhalb von zwei Wochen an die Öffentlichkeit getragen werden konnte und verabschiedet wurde. Dem kam zu Gute, dass die Vertreter der grossen Kaufhäuser rational sind und auch Argumenten zugänglich sind. Die kleinen Krämer an der Ecke sind emotional aufgeladen, die können gar nicht erreicht werden. ... Es sind dann Kontakte aufgebaut und entwickelt worden. ... Wie in der Diplomatie sind vertrauensbildende Massnahmen gemacht worden, und die Gesprächspartner haben sich darauf verlassen und gesagt, ich stehe dafür ein, dass das und das durchgesetzt wird. Dann ist man in die eigene Gruppe gegangen und hat gesagt, es gibt die und die Möglichkeiten, kommt uns entgegen. So hat sich das entwickelt. Dann haben die Vertreter der grossen Kaufleute sozusagen die Führung übernommen und versucht, das aus der parteipolitischen Konfrontation rauszuholen. Die sagten, wo ich politisch stehe ist uninteressant, ich bin Manager, und die andere Seite hat ebenfalls eine Verantwortung, dann wird so eine Art von Lokalpatriotismus entwickelt. Die haben das Interesse, dass der Wirtschaftsstandort floriert. Die politische Seite hat das Interesse, dass der Eindruck entsteht, die politische Mehrheit

agiert richtig. Aus dieser Interessenparallelität ergibt sich etwas. Das war vollkommen emotionsfrei." (I17)

„Der OB hat mir in sehr ehrlicher und anständigen Form und auch mit Zahlen unterlegt die Probleme dargelegt. Bei diesem Gespräch waren Herr Ebert, Herr Bartholomy, Frau Poth dabei ... Da hat der OB gesagt: ‚Herr Fleckenstein, meine Herren, es ist alles sehr, sehr schwer, ich streite gar nicht ab, dass es Probleme gibt, aber sie können Untersuchungen und Zahlen auf den Tisch legen und reklamieren, was sie möchten. Sie werden an dieser Entscheidung ‚Fussgängerfreundliche Innenstadt' nichts ändern.' Wenn man nun das zu hören bekommt, dann kann man sich entweder total zurückziehen, oder man kann sich neue Chancen und Mittel überlegen, mit denen man Änderungen herbeiführen kann. Und wenn man weiss, dass dies Parteiprogramm bleibt, dann muss man sich eben andere Mehrheiten wünschen. Das ist nicht unanständig, das war die letzte Hoffnung. ... Ich fühle mich persönlich für die Strategie der Kaufleute nach dem politischen Wechsel sehr stark verantwortlich. Ich habe da sehr stark mitgewirkt. Man hat eingesehen, dass es keine Chance gibt, egal welche politische Einstellung man hat, wenn man gegen eine Mehrheit arbeitet, da diese entscheidet. Dann muss man versuchen, mit der politischen Mehrheit zusammenzuarbeiten. Umgekehrt muss man auch versuchen, dass die auch mit einem zusammenarbeiten möchte. Die Mehrheit (SPD und Grüne), v. a. die SPD, hat auch erkannt, welchen enormen Schaden sie nimmt, wenn sich die Wirtschaft lautstark in der Presse und überall über sie und ihre Entscheidungen beklagt. Man hat eine Chance darin gesehen, anzubieten, sich zu beraten, sich zu arrangieren und Dinge gemeinsam zu entwickeln. Man wird sich nicht mehr beklagen und entsprechend fair verhalten und verkehrspolitische Entscheide mittragen, die einem vielleicht nicht bis zum letzten Grade gefallen, die aber stadtverträglich machbar sind, und nicht dagegen opponieren. Da hat man sich mit der Mehrheit zusammengesetzt und einen Weg gefunden, anstehende, gravierende verkehrspolitische Vorhaben mit der Stadt so zu vereinbaren, dass möglichst geringe Nachteile für den Handel entstehen. ... Für diese Annäherung sind zwei Männer verantwortlich, der eine kommt aus dem Kreis der Kaufmannschaft und der andere aus dem Kreis der Politik. Die haben diese Idee entwickelt und dann ihre Gruppierungen dazu gebracht, in diese Richtung mitzuziehen." (I22)

„Der wirkliche Initiator war der neue OB, der neu hauptamtlich gewählt ist. ... Der tritt 1999 zur ersten Direktwahl an, und da muss er aus dem Parteiclinch raus. Der Linden ist zudem jemand, der ursprünglich gar nicht zu 100 % hinter der ‚Fussgängerfreundlichen Innenstadt' stand, aber jetzt versucht, Ruhe reinzubringen, das war schon sein Bestreben. Damit Aachen von den negativen Schlagzeilen wegkommt. Die Einzelhändler haben auch gemerkt, dass man seinen eigenen Standort nicht kaputtreden darf, weil dies Umsatzrückgänge gibt." (I20)

„Zum ‚Aachener Frieden' ist es gekommen, als ich nach der Wahl zum OB gegangen bin und gesagt habe, es gibt zwei Möglichkeiten, wir hauen weiter aufeinander rein, das kann ja auch nicht in seinem Interesse sein, Aachen geht immer mehr den Bach runter, weil wieder weniger investiert worden ist. Da ist man mal zusammengesessen und hat gesagt, was können wir zusammen machen. Dann kam plötzlich die Idee, diese beiden Knackpunkte miteinander zu verbinden, Ja sagen zum Elisenbrunnen, aber den Abriss der beiden Parkhäuser verhindern. ... Der OB sah das Problem auch, da er 1999 wieder gewählt werden will. Wenn dann der ganze Aachener Handel platt ist, kann dies für ihn auch nicht sinnvoll sein. Das war von beiden Seiten das Gefühl, dieses Draufschlagen kann nicht weitergehen. ... Im Handel gibt es zwei verschiedene Gruppierungen. Es gibt Leute, die sich jeden Tag freuen, wenn man auf Rot-Grün draufschlägt, die haben immer gross gejubelt, wenn ich Rot-Grün angegriffen habe. Es gibt andere Strategen, die sagen, dieses Draufschlagen nützt uns allen nichts. Gerade die grösseren Häuser, Kaufhof und Horten, die haben gesagt, das kann nicht weiter so gehen, das tut uns nicht gut. Da hat man im Vorstand die Linie neu abgestimmt. Es gibt sehr viele, die dies sehr kritisch sehen, die sagen, das wird Rot-Grün nie honorieren, ihr werdet über den Tisch gezogen." (I18)

„Die IHK war am ‚Aachener Frieden' wesentlich mitbeteiligt und ist einer der massgebenden Vertragspartner. Man hat da mehr als bloss eine Unterschrift gegeben. Zum Frieden ist es gekommen, weil es auf allen Seiten klar war, dass es so nicht weitergehen konnte. ... Man hat sich dann in sehr engen, gut abgeschotteten Runden zusammengesessen, bei denen die IHK eine entscheidende Vermittlerrolle gespielt hat. Letztlich wurde an einem sehr, sehr warmen Tag im Mai der Frieden ausgehandelt und niedergeschrieben auf einem Laptop. Es hat eigentlich so fast eine Art Verschwörung

stattgefunden auf eine friedliche Zeit danach, in der man dieses Abkommen nicht brechen würde." (I19)

Der Verhandlungsprozess hat zum „Aachener Frieden" geführt. Diese Übereinkunft hat bisher gehalten und auch in anderen Verkehrsfragen Lösungen ermöglicht. „*Es müsste schon sehr viel passieren, dass es ein Partner riskieren würde, diesen Frieden zu brechen. ... Seit dem Friedensschluss gibt es eine sehr intensive Zusammenarbeit. Etwa alle vier Wochen sitzt man zusammen, entweder mit der Verwaltung oder mit der Politik oder mit beiden zusammen. Es gibt eine feste Truppe von Einzelhändlern, Politikern, Verwaltungsmitarbeitern und Leuten der Kammer, die als zentralem, verkehrsplanerischem und stadtentwicklerischem Punkt am Umbau des Elisenbrunnens arbeitet, um ihn so vorzubereiten, dass er gut durchkommt und dass er ein lebendes Dokument des Aachener Friedens wird."* (I19) „*Das geht so weiter. Sobald ein Problem vorliegt, wie jetzt bei den Parkgebühren, spricht man miteinander. ... Die Verwaltung bringt dann Extremvorschläge in die Öffentlichkeit, die Politik übernimmt dann die Aufgabe im Dialog mit dem Handel einen Kompromiss zu finden. Dabei handelt die Verwaltung nicht aus Dummheit. Es gibt eine bestimmte Arbeitsteilung in verschiedenen Feldern. Die Verwaltung muss sozusagen die Schweinereien begehen, damit die Politik dann mildern kann."* (I17)

Motivation für die Beteiligung war auf beiden Seiten eine ähnliche: sinnvolle Verkehrslösungen und Beendigung der kontraproduktiven Konfliktsituation. „*Diese Vereinbarung hat in der Substanz so gravierende Zugeständnisse des Handels gebracht, mit dem Wegfall von zwei zentralen Parkhäusern in der City (wenn der Ersatz geschaffen wird am Rande des Alleenrings) und mit der Schliessung des Elisenbrunnens für den Autodurchgangsverkehr. Damit wird substanziell mehr erreicht als mit der provisorischen Samstagsregelung"* (I17). „*Der ‚Aachener Frieden' ist ja verkehrspolitisch viel härter (als die ‚Fussgängerfreundliche Innenstadt', AdA), da der Elisenbrunnen Fussgängerzone werden soll, d. h. rund um die Uhr gesperrt wird. Dafür wird der Kleinkram aufgegeben. ... Die Gegner haben nun gesehen, hoppla, jetzt ist in der ersten Wahl die Mehrheit bestätigt worden. Jetzt noch weiter dagegenhalten hat keinen Sinn."* (I20)

Zweifler gibt es allerdings immer noch. Sie kommen hauptsächlich aus dem Lager der an den Verhandlungen nicht Beteiligten. „*Diese Kritiker, die gibt es noch, sogar im eigenen Hause, in der Einzelhändlerschaft, bei Mitgliedern des Verbandes, in der CDU bei einigen Mitgliedern, wahrscheinlich auch in der Verwaltung. Deshalb muss gezeigt werden können, dass der Frieden hält."* (I19) „*Die Diskussion ist nach wie vor da. Es ist nach wie vor eine grosse ‚Kontra-Stellung' zum Umbau Elisenbrunnen da. Wenn man heute den Aachener Handel fragt, was haltet ihr vom Elisenbrunnen, dann würden 90 % sagen, Blödsinn. Es gibt verschiedene Ansichten im Verband, es gibt aber kaum oder fast keine Austritte, aber es gibt Leute, die sagen, die Politik gefällt uns nicht. Die Leute scheinen mehrheitlich das Gefühl zu haben, dass das vernünftig gemacht wird. Aber ob sie das alles mittragen würden, da bin ich nicht so sicher. Die Leute haben auch andere Probleme, Umsatzprobleme, Wirtschaftsprobleme, da ist die Verkehrsfrage ein bisschen zurückgetreten. Es gibt da mittlerweilen ein bisschen Resignation, das kommt dazu."* (I18)

Probleme während der Realisierung, wie Lärmemissionen, bauliche Schwierigkeiten oder zeitliche Verzögerungen sowie mangelnde finanzielle Mittel könnten allerdings das Vorhaben auch noch gefährden. „*Die kritischen Punkte liegen noch in der Übergangsfrist. Bei jeder einschneidenden Verkehrsmassnahme gibt es viele Änderungen, z. B. der Käuferströme, bei der Geschäftsstruktur. Da wird es Händler geben, die mehr davon betroffen sind, auch negativ betroffen sind, die wieder bellen werden. Da wird es sicherlich auch wieder Druck auf die Verbände geben. Da wird es noch einmal eine kritische Phase geben. Ich erwarte nicht, dass es noch einmal zu einer Konfrontation kommt. Alle haben gelernt, dass die Konfrontation keinem etwas gebracht hat, sie hat dem Händler nichts gebracht, und sie hat auch der Stadt nichts gebracht."* (I23) „*Das wird jetzt schwierig, weil das Geld sehr knapp wird. Im Moment sind die Einzelhändler für die Planer die besten Verbündeten. Die sagen, wie die Planer, da muss Qualität hin. Die Stadt dagegen drängt aufs Sparen."* (I20)

Die weitere Entwicklung innerhalb der Verhandlungsrunde scheint noch ungewiss. Für einen permanenten runden Tisch oder ein Verkehrsforum scheint es jedenfalls noch zu früh zu sein. „*Bei den ganzen Treffen handelt es sich nicht um eine Planungsplattform, die sich nach aussen präsentiert. Dafür ist es wahrscheinlich noch zu früh. Ich würde mich darüber freuen, wenn sich daraus so etwas einmal entwickeln würde. Ich würde gerne einmal einen Vorstoss in diese Richtung machen. Aber das kann erst gemacht werden, wenn es mit dem Elisenbrunnenumbau geklappt hat. Vorher ist es strategisch zu gefährlich. Wenn man jetzt nach aussen gehen würde, könnten einzelne Gruppen kommen und sagen: ‚Wie konntest du nur, du bist doch Grüne, wie kannst du da mitmachen ....' Auch Mitglieder der IHK könnten sagen: ‚Seid ihr eigentlich wahnsinnig, ihr macht da mit und plant irgendwas, was die Autos aus der Stadt raushält, das könnt ihr doch nicht machen.' Wenn man etwas präsentieren kann, wenn man einen Kuchen gebacken hat, der allen schmeckt, dann kann man sich an ein Kochbuch wagen."* (I19) Aber eine solche Lösung scheint zur Steuerung der zukünftigen Entwicklung unabdingbar zu sein. *„Dieses Vorgehen wird sich durchsetzten, weil es die einzige Möglichkeit ist, wie die Kommunen, Verbände und die Wirtschaft die Städte in den Griff bekommen können. Die Public-Private-Partnership muss ja nicht immer auf gesellschaftsrechtlichen und finanziellen Aspekte gegründet sein, sondern es gibt auch andere Handlungsfelder."* (I19)

Die Vereinbarung ermöglichte es der Stadt, ihre Verkehrsentwicklungsplanung (VEP) fortzusetzen. Im Oktober 1995 konnte sie ein „Mittelfristiges Handlungskonzept 2002" vorlegen, das die im „Aachener Frieden" vorgesehenen Punkte beinhaltet. Abgesehen von kleinen Scharmützeln konnten die Akteure die Linie beibehalten; der Verkehrsentwicklungsplan für die ganze Stadt wurde in der Folge unter Beteiligung der Bürger weiterentwickelt.

4.4.2.4 Kooperation und Beteiligung von Akteuren

Die Positionen der Akteure waren nicht statisch. Einzelne Akteure schlossen sich für bestimmte Fragen zu Netzwerken zusammen, um gemeinsam eine Position zu vertreten und ihre Absichten besser verwirklichen zu können. Gleichzeitig ändern sich auch die Formen der Partizipation möglicher Akteure und Betroffener.

Im Laufe der Diskussion um die „Fussgängerfreundliche Innenstadt" können auf der Ebene der Institutionen drei entscheidende Akteurkonstellationen unterschieden werden. Bei der ersten Konstellation ging es um die Entscheidung zur Einführung der „Fussgängerfreundlichen Innenstadt", bei der Zweiten um die Aufrechterhaltung bzw. Abschaffung der „Fussgängerfreundlichen Innenstadt" (Konfrontation) und bei der Dritten um das Finden einer breit abgestützten Lösung (Konsens). Die folgenden Darstellungen zeigen in einer Auswahl die wichtigsten beteiligten Akteure. Wer nicht erwähnt ist, stand im Planungsprozess im Abseits oder hat keinen wesentlichen Diskussionsbeitrag geleistet.

Phase 1 (ab 1991)	Entscheid: die „Fussgängerfreundliche Innenstadt" wird umgesetzt
stark pro:	SPD, Grüne, Umweltverbände
pro:	Verkehrsausschuss, übergeordnete staatliche Ebene
neutral:	Einzelhandelsverband, Verwaltung, CDU, FDP, IHK

In der ersten Phase waren die rot-grünen Wahlsieger bestrebt, der Verkehrspolitik und -planung eine neue Richtung zu geben. Neben längerfristigen Überlegungen, die die Verantwortlichen im Rahmen der im Hintergrund angelaufenen VEP anstellten, war Aktion gefragt, Zeichen sollten gesetzt werden. Bestärkt durch den Vorreiter Lübeck und die Politik des Landes, wollten sie in Aachen auch etwas haben, das in Richtung „autofrei" geht. Sobald diese Pläne in die Öffentlichkeit drangen, meldeten sich die potenziellen politischen Gegner. Sie sprachen sich zwar anfänglich gegen eine Sperrung aus, es gelang aber der Verwaltung und der regierenden Mehrheit in Kooperation mit den Akteuren, eine Vorlage auszuarbeiten, die bei keinem offiziellen Vertreter einer Gruppe auf Widerstand stiess. Bei der politischen Basis auf Seiten des Einzelhandels waren schon zu diesem Zeitpunkt kritische Stimmen zu hören, die in der Euphorie des Einführungsfestes untergingen. Was bei der Ausarbeitung des Modells „Fussgängerfreundliche Innenstadt" eine Rolle spielte, waren sicher gute Kontakte zwischen Mitgliedern der Verwaltung und Politikern auf der einen Seite und Planern, die Konzepte für umweltgerechten Stadtverkehr entwickelten, auf der anderen Seite.

Die Stadt versucht in dieser Phase, die Betroffenen in den Planungsprozess einzubeziehen. Neben der erwähnten Reise nach Lübeck kam es zu zahlreichen Gesprächen und Vorbereitungsrunden, in denen der Versuch in allen Einzelheiten ausgearbeitet wurden.

Phase 2 (bis 1994)	Konfrontation: „Fussgängerfreundliche Innenstadt" ja oder nein
stark pro:	SPD, Grüne, Umweltverbände (VCD, Fuss e.V., ...), Verkehrsausschuss, Teile der Verwaltung (Amt für Verkehrsanlagen), übergeordnete staatliche Ebene
pro:	Oberbürgermeister
neutral:	IHK
kontra:	Teile der Verwaltung (Strassenverkehrsamt)
stark kontra:	Einzelhandelsverband, MAC, bundesweite Organisationen des Einzelhandels, CDU, FDP

Die kritischen Stimmen meldeten sich schon sehr bald. Eine bestimmte Anzahl Einzelhändler hatte vermeintliche oder tatsächliche Umsatzeinbussen erlitten, die sie in Zusammenhang mit der „Fussgängerfreundlichen Innenstadt" brachten. Auf Druck der Basis musste dann die Leitung des Einzelhandelsverbands die Richtung ändern. Mit der Begründung, die Werbekampagne sei mangelhaft gewesen, setzten sich anfänglich als einzige Organisationen der Einzelhandelsverband und der unter der gleichen Geschäftsführung laufende MAC (Märkte- und Aktionskreis City) heftig gegen die „Fussgängerfreundliche Innenstadt" zur Wehr. Diese Opposition fand auf zwei Seiten Unterstützung. Die bundesweiten Organisationen des Einzelhandels (Bsp.: BAG) sahen Lübeck und v. a. Aachen als erste Beispiele einer Verkehrspolitik in Deutschland an, die das Auto aus der Stadt verdrängen wollte. Unter dem Motto „wehret den Anfängen" setzten sie sich mit allen Mitteln gegen die „Fussgängerfreundliche Innenstadt" ein.

Auf der anderen Seite hielten eine ganze Reihe von Akteuren mit Vehemenz an der „Fussgängerfreundlichen Innenstadt" fest. Gegen innen waren es die Parteien (SPD, Grüne) und der Verkehrsausschuss, die sich für die Regelung stark machten, gegen aussen war es nicht zuletzt die Verwaltung (Amt für Verkehrsanlagen), die klar für die Regelung focht. Allerdings waren dort auch Gegner auszumachen (Strassenverkehrsamt). Die zuständigen Verantwortlichen kamen noch unter der CDU-Mehrheit zu ihren Posten. Der Oberbürgermeister ist nicht in der Kategorie „stark pro" sondern „pro" erwähnt, weil er gerade in der Zeit des Wahlkampfes einige Rückzieher machte und sich als Vermittler betätigte. Er verfügte während der ganzen Zeit über gute Beziehungen zu den Vertretern des Einzelhandels. Ein Grund für die auf Ausgleich ausgerichtete Haltung des Oberbürgermeisters, ist die Tatsache, dass ihn seit einer Reform der Kommunalgesetzgebung neu das Volk auf seinen Posten wählt. Er muss deshalb versuchen, einem möglichst breiten politische Spektrum zu entsprechen, um die Wiederwahl zu schaffen. Vermittelnd tätig zu sein, versuchten Verantwortliche der IHK. Ihre Stimme wurde zwar gehört und je nach Aussage instrumentalisiert. Es gelang der IHK jedoch dadurch nicht, die Konfrontationssituation zu entschärfen.

In der dritten Phase konnte die Konfrontation entschärft werden. Nach dem erneuten rot-grünen Wahlsieg gab es Vertreter auf der Seite des Handels und bei der Stadt, die einsahen, dass die gegenseitige, in einer breiten Öffentlichkeit ausgetragene Konfrontation Aachen nur schaden könne. Erste Kontakte zwischen den beiden verfeindeten Parteien gab es bei Verfahrensfragen um die Einrichtung eines neuen Parkleitsystems. Das Resultat dieser Zusammenarbeit war die gemeinsame Veröffentlichung von Broschüren zum Leitsystem. Die Akteure sahen ein, dass sie mit Zusammenarbeit etwas erreichen können. Es war für sie noch nicht möglich, ohne das Gesicht zu verlieren, gegen aussen von ihrer angestammten Position abzuweichen.

Phase 3 (ab 1995)	Konsens: „Aachener Frieden"
Konsenspartner:	SPD, Grüne sowie Einzelhandelsverband, MAC, Kreishandwerkerschaft, Handwerkskammer, Hotel- und Gaststättenverband, IHK, (Verwaltung)
nicht Beteiligt:	CDU, Umweltverbände, übergeordnete Ebene,

Mit Hilfe vertrauensbildender Massnahmen und auf zwei Ebenen ablaufenden diplomatischen Verhandlungen gelang es, den „Aachener Frieden" zu etablieren. Auf der offiziellen Ebene fanden Gespräche zwischen dem Oberbürgermeister und Vertretern des Handels statt, die schliesslich gemeinsam das Konsenspapier unterzeichneten. Diese Vereinbarung kam in eigentlichen Geheimgesprächen zu Stande. Die neuen Gesprächsmechanismen funktionierten von nun an auch bei weiteren verkehrspolitischen Konfliktpunkten.

An den Konsensgesprächen nicht beteiligt waren die Oppositionsparteien, die Umweltverbände und damit weitgehend die grüne Basis sowie die übergeordnete staatliche Ebene. Der Ausschluss wichtiger Akteure in diesem Konsens-Netzwerk könnte Quelle für neue Opposition gegen die offizielle Verkehrspolitik sein, sowohl von links als auch von rechts.

An der Diskussionen nahm nur ein ausgewählter Kreis teil, sodass es also immer viele Ausgeschlossene gab. Die Auseinandersetzungen waren für die Beteiligten sehr aufwändig und oft wenig produktiv. Eine Möglichkeit, zukunftsgerichtete und konsensorientierte Lösungen zu finden, wäre sicher, den Kreis der an den Planungsarbeiten Beteiligten zu erweitern. Dazu könnte die in der dritten Phase entstandenen Gesprächsstrukturen zu einer Art rundem Tisch erweitert werden.

4.4.3 Zukunft: Der Handlungsspielraum für Aachen

Die „Fussgängerfreundliche Innenstadt" war eine gezielte Einzelmassnahme, die gegen aussen in kein Gesamtkonzept eingebunden war. Zwar lief parallel eine Verkehrsentwicklungsplanung (VEP), und es wurden auch andere Massnahmen umgesetzt, in der Aachener Verkehrspolitik wurde aber nur die „Fussgängerfreundliche Innenstadt" diskutiert. Es konnte erst wieder von einer - öffentlich wahrgenommenen - VEP die Rede sein, nachdem der Streit um die „Fussgängerfreundliche Innenstadt" aus dem Weg geräumt war. Dabei ging es nicht bloss um inhaltliche Massnahmen sondern auch um politisches Kalkül und um die Unmöglichkeit, von eingenommenen Standpunkten abzurücken, ohne das Gesicht zu verlieren. Die neue Regierungsmehrheit sah sich verpflichtet, innerhalb kurzer Zeit etwas Verkehrspolitisches umzusetzen, um den Wählern zu zeigen, wir sind aktiv. Im Gegenzug sah die Opposition die Möglichkeit, sich im Kampf gegen eine rot-grüne Verkehrspolitik zu profilieren. Auf der einen Seite hoffte die lokale CDU- und FDP-Minderheit die nächsten Wahlen wiederum gewinnen zu können. Auf der anderen Seite glaubte eine auf übergeordneter Ebene operierende Handelsallianz, gegen den sich anfangs der Neunzigerjahre abzeichnenden Trend in Richtung „autofreie Innenstädte" ein Zeichen setzen zu können. *„Das ganze Vorhaben ‚Fussgängerfreundliche Innenstadt' war bei den Akteuren zu wenig kommuniziert und kam zu schnell und zu plötzlich. Es fehlte völlig am Marketing, ... Verkehrsberuhigung ohne Öffentlichkeitsarbeit, das kann man einfach nicht machen. Das Dritte, was man heute anders machen würde, ist, dass es sinnvoller ist, eine grosse Lösung, wie die Elisenbrunnenlösung durchzusetzen, als in Teilschritten vorzugehen, die genau so breit diskutiert werden, die aber vom Effekt eher fragwürdig sind. ... Es war gewünscht, dass Rot-Grün ein Signal in der Verkehrspolitik setzt. Da ist überhastet etwas gemacht worden, was nicht gründlich genug geplant war. Zu wenig kommuniziert heisst auch, dass die verschiedenen Akteure nicht einbezogen waren. Das Ganze ist zu schnell gekommen, und es fehlte die Zeit, das Ganze richtig zu bedenken und sich die Konsequenzen klar zu machen. Es gab überhaupt keine Gutachten, die vorher die positiven und negativen Konsequenzen untersucht hätten. Man hat es einfach gemacht."* (I23)

Zwar sollten Einzelmassnahmen möglichst im Rahmen eines Gesamtkonzepts umgesetzt werden. Verkehrspolitik kann nie alleine stehen, sondern muss gerade in Bereichen wie der Innenstadt, in denen viele Seiten Ansprüche erheben, im Rahmen einer gesamtheitlichen Stadtentwicklungspolitik gesehen werden. Es lässt sich nun nicht abschliessend beurteilen, ob die Lancierung der „Fussgängerfreundlichen Innenstadt" eine erfolgreiche Strategie war. Tatsache ist, dass eine fundierte VEP Zeit braucht, mehr Zeit als eine Legislaturperiode dauert. Die politischen Erfolge bei Wahlen hängen direkt von den Taten einer Regierung ab. Die „Fussgängerfreundliche Innenstadt" - der die Aachener Bevölkerung in allen Umfragen deutlich zustimmte - war sicher ein Element, das den Bürgerinnen und Bürgern zeigte: „Wir tun etwas für euch." Und im Vergleich zu andern Städten, in denen die Verkehrspolitik seit langen Jahren blockiert ist, geschah auch etwas. Auf der anderen Seite schadeten die Polemiken dem Ansehen Aachens, und zwar bei Leuten, die glaubten, die Stadt sei zu, und deshalb fernblieben - beispielsweise als Investoren -, und bei solchen, die eine autofreie Innenstadt erwarteten und nur einen samstäglich stark verkehrsberuhigten Einkaufsbereich antrafen, wie es ihn anderenorts gibt.

Die Geschichte der „Fussgängerfreundlichen Innenstadt" zeigt deutlich, dass Lösungen in komplexen politischen Fragen nur gefunden werden können, wenn Akteure zusammenarbeiten. Zwar waren die jeweiligen Pro- bzw. Kontragruppen auch in Netzwerken verbunden, der „Aachener Frieden" konnte aber erst geschlossen werden, als die Kontrahenten über die ursprünglichen Grenzen hinweg miteinander zu sprechen begannen. Problematisch könnte sich im Fall Aachen auswirken, dass diese Verhandlungen unter Ausschluss verschiedener Personenkreise stattfanden. Beim Etablieren von Netzwerken gilt es speziell zu beachten, wer ausgeschlossen wird (s. Kapitel 1.3.2.3). Denn dort ist in der Regel das grösste Oppositionspotenzial vorhanden. In der Diskussion um die „Fussgängerfreundliche Innenstadt" und die Nachfolgeregelung waren zeitweise verschiedene Akteurgruppen unterrepräsentiert. Bei der Diskussion um die eigentliche Zusammenarbeit waren aus jedem Lager nur je eine Person beteiligt und bei der Ausarbeitung des eigentlichen Kompromisses war die Teilnehmerzahl ebenfalls begrenzt. Wenig äussern konnten sich v. a. Anwohnergruppen, aber auch die Umweltverbände, die Verwaltung sowie die Öffentlichkeit, die via Medien erst über das Resultat der Verhandlungen erfuhr.

„Aus meiner Sicht ist der Kommunalpolitiker der Kommunikator zwischen den Interessenverbänden, ... Weil der Politiker die Rolle übernimmt, zu kommunizieren zwischen den beiden, sagen dann Bürger A und B, dass die Politiker alle schlecht sind, weil sie nicht ihre Meinung vertreten. ... Dem Bürger muss die Möglichkeit gegeben werden, zu erfahren, dass der Konflikt innerhalb der Bürgerschaft liegt und nicht dass der Politiker schuld ist, wie es häufig von den Bürgern empfunden wird, ... Dann entsteht der Eindruck, er sei Missionar, in Wirklichkeit ist er Moderator. Das ist der Mangel, weil die Bürger eher bereit sein werden, Alternativen zu akzeptieren, wenn sie sehen, dass dahinter ihr Nachbar steht. Ich glaube nicht, dass die Politiker die nötigen Ressourcen dazu haben. ... Die Verwaltungen tendieren dazu, die Dienstleistung am Bürger zum ökonomischen Produkt zu machen. Nicht mehr der Diskussionsprozess zwischen Bürgern im traditionellen Sinne steht im Vordergrund. Die ehrenamtliche Kommunalpolitik wird zur Farce." (I17)

Eine erfolgreiche Aachener Verkehrspolitik müsste deshalb versuchen, die entstandenen Netzwerkstrukturen zu etablieren, z. B. für die Fortführung der VEP. Eine Möglichkeit wäre beispielsweise die Einrichtung eines Verkehrsforums oder eines runden Tisches. Dabei könnte neben der Politik auch der Verwaltung die zentrale Rolle zukommen, die Zusammenarbeitsprozesse zu initiieren und zu etablieren. Dafür müsste die Verwaltung möglichst als einheitlicher Akteur auftreten. Eine allenfalls notwendige Moderation oder Mediation übernehmen idealerweise neutrale Aussenstehende. Es stellt sich hier allerdings die Frage, ob es im Rahmen der aktuellen politischen Strukturen überhaupt möglich ist, solche neuen Formen der Zusammenarbeit dauerhaft zu etablieren.

„Wichtig ist, was auch zunehmend getan wird, in stärkerem Masse die Opposition einzubeziehen. Auch aus der Einsicht heraus, dass die Opposition nicht aus sachlichen Gründen dagegen sein muss. In anderen Städten, z. B. in Stuttgart, machen andere parteipolitische Mehrheiten eine Politik, die ähnliche Probleme auch angeht. Es wäre hilfreich, diese eskalierende Konfrontation abzubauen, dadurch, dass man stärker miteinander arbeitet." (I17)

„Heute ist es eine ganz bewusste Strategie. In anderen Städten gibt es Moderationsforen, um solche Probleme im Vorfeld abzufangen. Da setzt man sich gemeinsam auch mit Kritikern an einen Tisch und plant einen Verkehrsplan. ... Heute ist man froh diese Erfahrung gemacht zu haben, um nun bewusst eine Moderationsstrategie verfolgen zu können." (I19)

Gerade bei Fragen der Innenstadtplanung wird es nicht ausreichen, ausschliesslich Verkehrsaspekte zu berücksichtigen. Fragen einer gesamthaften Stadtentwicklungsplanung, der Stadtgestaltung sowie des Stadtmarketings müssen in Betracht gezogen werden. Nur so kann ein Aachener Zentrum in einem übergeordneten Zusammenhang entwickelt werden. Dabei gilt es, zahlreiche Ziele, Interessen und Konkurrenzsituationen unter einen Hut zu bringen: Ökologisierung des Stadtverkehrs, Anwohnerinteressen, Besucherinteressen, Interessen der innerstädtischen Wirtschaft, Konkurrenz zu Standorten ausserhalb der Innenstadt sowie die Konkurrenz mit anderen Zentren im Umland.

In der Zwischenzeit verlief die Umsetzung der Elisenbrunnenplanung erfolgreich. Danach müssen noch weitere Schritte folgen, um Aachens Stadtzentrum für alle Interessen attraktiver zu machen. Sperren stossen offensichtlich nicht auf Akzeptanz und führen zu starken Kontroversen, die Entwicklungen blockieren. Gestaltungsmassnahmen, neue Infrastrukturen, wie z. B. eine Stadtbahn, sind teuer. Ihre Verwirklichung ist angesichts der knappen Finanzlage in Frage gestellt. Entsprechend muss einerseits nach neuen Finanzierungsmechanismen Ausschau gehalten werden, andererseits müssen Möglichkeiten gesucht werden, neue Ideen auf kostengünstige Weise verwirklichen zu können. Angesichts dieser limitierenden Voraussetzungen sehen die Perspektiven für Aachens Zentrum trotz „Aachener Frieden" und abgeschlossenem Elisenbrunnenumbau nicht nur positiv aus.

5 Nürnberg: Schleifenlösung

5.1 Grundlagen

Im Kapitel 5 soll das vierte Fallbeispiel, Nürnberg, näher untersucht werden. In Kapitel 5.1 werden die nötigen Grundlagen zur Stadt zusammengestellt, in den Kapiteln 5.2, 5.3 und 5.4 folgt die eigentliche Fallstudie, in der die Auseinandersetzungen um die Einführung der „Schleifenlösung" in der Nürnberger Altstadt analysiert werden sollen.

In Kapitel 5.1.1 soll der nicht ortskundige Leser kurz mit der Geschichte und Entwicklung der Stadt Nürnberg vertraut gemacht werden. Ebenfalls vorgestellt werden die wichtigsten Grundlagen zur geografischen Lage und zur gesamtstädtischen Verkehrssituation. In den folgenden Kapiteln 5.1.2 bis 5.1.5 wird in einzelnen Schritten die Verkehrsgeschichte der Stadt Nürnberg seit dem Zweiten Weltkrieg aufgerollt. Auf dieser Grundlage sollen dann in Kapitel 5.2 die Auseinandersetzungen um die Einführung der „Schleifenlösung" näher analysiert werden. In Kapitel 5.2.1 steht zuerst die Analyse der Situation der Nürnberger Innenstadt im Vordergrund. Dazu werden die wichtigsten Angaben zur Bevölkerungs- und Wirtschaftsstruktur und zur Verkehrserschliessung dargestellt. Anschliessend steht in Kapitel 5.2.2 die ganze Diskussion um die „Schleifenlösung" anhand der Quellen im Vordergrund der Analyse. Kapitel 5.3 soll auf die Akteure und ihre Position im Planungsprozess eingehen. Schliesslich folgt in Kapitel 5.4 die Beurteilung des Planungsprozesses auf Grund der in der Einleitung gestellten Fragen. Daraus soll für den Fall Nürnberg der mögliche Handlungsspielraum abgeleitet werden.

5.1.1 Porträt Nürnbergs

Nürnberg liegt in Nordbayern (Franken) an der Pegnitz, nahe bei der Einmündung in die Regnitz. Beide Flüsse bilden ein grosses Becken. Aus der Ebene erhebt sich der gut 40 m hohe Burgberg. Unmittelbare Nachbarstädte sind Fürth, Schwabach und Erlangen. Die Stadt wurde 1050 erstmals urkundlich als Siedlungsstelle auf Reichsgrund erwähnt. Sie blieb während langer Zeit als Kaiserpfalz wichtiger Stützpunkt und Verbindungsglied zwischen den Oberrheinlanden und Schwaben einerseits und Nordböhmen, dem Vogtland und Sachsen andererseits. Zeugnis aus dieser Zeit ist die Kaiserburg auf dem Burgberg. Nürnberg entwickelte sich u. a. zu einem wichtigen Zentrum des Metall verarbeitenden Gewerbes, sodass die Stadt neben Florenz als Wiege der modernen technischen Kultur und klassische Stätte des wissenschaftlichen Apparatebaus bezeichnet wird. Hier konstruierte Martin Benhaim den ersten, bis heute erhaltenen Erdglobus. 1520 schlossen sich die Nürnberger der Reformation an. Weil Nürnberg im Zuge des 30-jährigen Krieges verarmte, erfuhr das Stadtbild kaum eine barocke Überprägung und blieb weitgehend „mittelalterlich". 1806 kam die Stadt schliesslich zu Bayern. Während der Industrialisierung gewann Nürnberg wieder an Bedeutung: die erste Eisenbahnverbindung Deutschlands (Nürnberg - Fürth 1835), Metallindustrie, Fahrzeugbau (Cramer-Klett; MAN), Elektrotechnik (Schuckert), Bleistifte (Faber). Die Romantiker entdeckten das mittelalterliche Stadtbild (Germanisches Nationalmuseum 1852, nationales Symbol in Wagners Meistersingern). Diese Sinnbildhaftigkeit für Deutschland, aber auch die guten Verkehrsverbindungen, waren Grund dafür, dass die Nationalsozialisten in Nürnberg ab 1933 ihre Reichsparteitage abhielten. Davon zeugen im Südosten der Stadt bis heute monumentale Bauten und Anlagen. Bombardierungen im Zweiten Weltkrieg zerstörten die Altstadt zu 80 % (FUSSGÄNGERBEREICH 1982:OS). So verringerte sich beispielsweise der Wohnungsbestand in der Stadt von 125'000 auf 65'000 (nach MULZER 1987; zur Geschichte s. a. ENDERS 1990; ROEDER 1996; WESTERMANN LEXIKON DER GEOGRAFIE 611 - 613).

Nach Kriegsende urteilten die siegriechen Alliierten an den Nürnberger Prozessen über die deutschen Kriegsverbrecher. Die weitgehend zerstörte Stadt wurde wieder aufgebaut und entwickelte sich zu einem wichtigen Industriezentrum im Norden Bayerns (Metallindustrie, Maschinen- und Fahrzeugbau, Elektroindustrie, Spielwarenindustrie, Feinmechanik und Optik, Elektrotechnik und Nahrungsmittelindustrie) (BALBACH 1988; MULZER 1996). Daneben hat der Dienstleistungszweig zunehmend an Bedeutung gewonnen. Verwaltung und Bildung sind allerdings eher untervertreten. So ist von der Friedrich-Alexander-Universität Erlangen-Nürnberg einzig die Wirtschafts- und Sozialwissenschaftliche Fakultät in Nürnberg angesiedelt. Wichtig sind dagegen der Tourismus mit dem bedeutenden Christkindl-Markt und Kongressveranstaltungen (Spielwarenmesse) (zur Wirtschaft s. PICHULLEK 1996). 1987 zählte die Stadt 470'943 Einwohner. Davon waren 236'351 erwerbstätig. 117'125 pendelten in die Stadt zur Arbeit, 21'914 verliessen sie (AMT FÜR STADTFORSCHUNG UND STATISTIK DER STADT NÜRNBERG 1993b:114,115; s. a. BÜTTNER 1992). Nürnberg ist im Augenblick von einem starken wirtschaftlichen Umstrukturierungsprozess betroffen. 1991 bis 1997 gingen über 30'000 industrielle Arbeitsplätze verloren, sodass die Arbeitslosenquote 1998 bei 9 % lag (http://www.nuernberg.de/ser/ nh61/nh61-04.html, 22.4.97; KÜPPER, LÖLHÖFFEL 1996). Einbussen brachte auch die Schliessung amerikanischer Militäreinrichtungen im Zuge der Ostöffnung. Diese bedeutet für Nürnberg in vielfacher Weise neue Herausforderungen. So hofft die Stadt, von ihrer nachbarlichen Lage zu Tschechien und zu Sachsen wirtschaftlich zu profitieren. Phänomen ist die fühlbare Bevölkerungszunahme, nachdem in den Siebziger- und Achtzigerjahren etwa 50'000 Einwohner verloren gingen. Das Wachstum ist zu einem grossen Teil auf Zuwanderung aus dem Osten zurückzuführen. Allerdings ist die Bevölkerungszahl seit 1993 wieder leicht rückläufig. So zählte die Stadt 1997 etwa eine halbe Million Einwohner. Im Grossraum Nürnberg nimmt die Bevölkerungszahl weiterhin leicht zu (AMT FÜR STADTFORSCHUNG UND STATISTIK DER STADT NÜRNBERG 1993a:17; KÜPPER, LÖLHÖFFEL 1996:13). Das Stadtgebiet ist auf Grund verschiedener Gebietszusammenlegungen seit 1806 gewachsen und umfasst heute 185 km^2.

Die Stadt ist Oberzentrum für den gesamten nordbayrischen Raum und steht in Konkurrenz zu verschiedenen kleineren Oberzentren, mit denen die Stadt einen gemeinsamen Verdichtungsraum mit 1,4 Millionen Einwohnern bildet (FUSSGÄNGERBEREICH 1982:OS; SCHILCHER, WECHSUNG 1996:20). Erlangen und Fürth haben beide eine Einwohnerzahl von etwas über 100'000 (AMT FÜR STADTFORSCHUNG UND STATISTIK DER STADT NÜRNBERG 1993a:256).

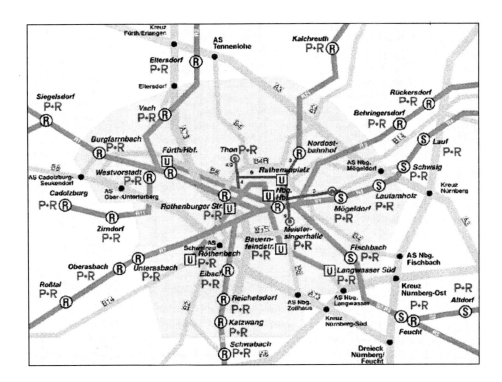

http://www.mediaglobe.de/nbg/fahren/media/parkride.gif; 22.4.97
Abbildung 27: Das übergeordnete Nürnberger Verkehrsnetz

Nürnberg ist wichtiger Eisenbahnknotenpunkt. Linien führen in alle Himmelsrichtungen und verbinden Nürnberg u. a. mit München, Frankfurt, Stuttgart, Wien und Prag. Im Bau ist die lange Zeit umstrittene ICE-Trasse in Richtung Leipzig, Dresden und Berlin. In der Umgebung der Stadt treffen verschiedene wichtige Autobahnen zusammen, so die A3 (Wien - Frankfurt), die A6 (Prag - Rheintal) und die A9 (München - Berlin). Zudem verfügt Nürnberg über einen Hafen am Rhein-Main-Donau-Kanal (ACHNITZ 1996). Der lokale Verkehr wickelt sich zu einem grossen Teil auf der Strasse ab. Nach dem Krieg und besonders in den Sechziger- und Siebzigerjahren fand ein grosszügiger Ausbau des Strassennetzes statt. Für den öffentlichen Verkehr besteht ein Tarifverbund für die Grossregion. Wichtige regionale Verbindungsfunktion haben die S- und Regionalbahn. In den letzten zwei Jahrzehnten sind zudem zwei U-Bahn-Linien entstanden, die durch ein Strassenbahn- und Busnetz ergänzt werden. Abbildung 27 gibt einen Überblick über das Nürnberger Verkehrsnetz.

In Nürnberg waren 1991 rund 266'000 Fahrzeuge zugelassen. Das entspricht einem Verhältnis von 1 Fahrzeug pro 1,9 Einwohner. 1977 betrug dieses Verhältnis 1:2,8, 1985 1:2,4. Die Umlandbevölkerung ist noch stärker motorisiert (1:1,5) (AMT FÜR STADTFORSCHUNG UND STATISTIK DER STADT NÜRNBERG 1993a:256; MAYER 1989:37; MAYER 1993:166). Die Verkehrsmittelwahl ist Tabelle 30 zu entnehmen. Im Vergleich von 1976 und 1989 haben der Anteil der Fusswege und der ÖV-Gebrauch abgenommen, während vermehrt das Fahrrad benutzt worden ist. Der Anteil des MIV ist konstant geblieben, zu berücksichtigen sind allerdings die Zunahme von Fahrzeugbestand und Fahrleistung.

VERKEHRSMITTEL	1976	1989
zu Fuss	30 %	25 %
Fahrrad	4 %	12 %
ÖPNV	22 %	19 %
Mot. Zweirad	1 %	1 %
Auto	30 %	33 %
Auto als Mitfahrer	13 %	10 %

SEEWER 2000 nach SOCIALDATA 1990d:5
Tabelle 30: Verkehrsmittelwahl in Nütrnberg 1976 und 1989 (nach Wegen)

5.1.2 Ab 1945: Der Wiederaufbau der Stadt

Schon vor dem Krieg war die historische Altstadt stark vom Durchgangsverkehr belastet. *„Ich sah dies alles, und alles war sehr schön, aber umknattert von Motoren, umschlängelt von Automobilen. Ich sah alles nur noch in die Auspuffgase dieser verfluchten Maschinen gehüllt, alles unterwühlt, alles vibrierend von einem Leben, das ich nicht als menschlich, nur als teuflisch empfinden kann."* (Hermann Hesse, die Nürnberger Reise (1927), zit. n. LÖLHÖFFEL 1990b:170) MAYER (1989:75-77) schreibt, dass schon in der Zwischenkriegszeit in den Planungen vorgesehen war, den Durchgangsverkehr aus der Altstadt fernzuhalten. Der in den Zwanzigerjahren entstandene Jansen-Generalbebauungsplan enthielt viele Ideen, die später in der Verkehrsplanung wieder auftauchten (z. B. Frankenschnellweg und Ringstrasse). Im Wirtschaftsplan von 1940 war vorgesehen, den Autoverkehr um die Stadt herumzuleiten. Es waren Strassenerweiterungen innerhalb der Altstadt projektiert, die allerdings aus denkmalpflegerischen Gründen umstritten waren. Zeugnisse aus dieser Zeit zeigen, dass die Schwerpunkte der Verkehrsplanung beim ÖV und Fahrradverkehr lagen. So führten acht Strassenbahnlinien auf vier Strecken durch die Altstadt, und das Fahrrad wurde als Verkehrssystem der Zukunft bezeichnet (GVP VERKEHRSSYSTEM ALTSTADT 1975:15).

Die starken Kriegszerstörungen machten vorerst denkmalpflegerische Überlegungen unwichtig. Der Nürnberger Stadtrat beschloss nach Diskussionen, in denen auch ein progressiv-funktionalistischer Aufbau in Erwägung gezogen wurde, die Altstadt unter Beibehaltung der überlieferten Prinzipien von

Grund- und Aufriss wiederaufzubauen (s. MAYER 1989:78). *"Die Orientierung am historischen Gefüge der Strassen und Plätze bedeutete aber keine Rekonstruktion, von einzelnen Monumenten wie Rathaus oder Kirchen abgesehen, sondern erfolgte mit modernen Bauten, wenn auch unter Beibehaltung einer ortstypischen Formensprache und Materialwahl."* (MONHEIM 1997b:181) Insgesamt behielt das von der mittelalterlichen Ringmauer umgebene Stadtzentrum trotz der überwiegenden Neubauten seinen Altstadtcharakter (MULZER 1996). Der Durchgangsverkehr sollte weiterhin aus der Altstadt ferngehalten und von der inneren und äusseren Ringstrasse aufgefangen werden. Verkehrsengpässe wollte man durch die Erweiterungen der Strassenräume beseitigen. Gleichzeitig erfuhr das Strassenbahnnetz eine Reduktion auf eine Strecke, auf der vier Linien durch die Altstadt führen, obwohl gleich nach Kriegsende noch von einem Ausbau die Rede war (GVP VERKEHRSSYSTEM ALTSTADT 1975:16, 113).

Für den Autoverkehr entstanden allmählich eine Nord-Süd-Verbindung durch die Altstadt sowie ein Ring innerhalb der Altstadt (MAYER 1989:78, MONHEIM 1986:91). In den Sechzigerjahren wurden dem fliessenden und ruhenden Autoverkehr immer mehr Konzessionen gemacht und ursprüngliche Planungen abgeändert. Dadurch nahm der - eigentlich unerwünschte - Durchgangsverkehr zu. Besonders betroffen war die Achse Laufer Tor - Rathausplatz - Hallertor. Bereits 1961 entstand Nürnbergs erste Fussgängerzone in der Pfannenschmiedsgasse (Plan von Nürnberg s. Abbildung 28). MONHEIM (1986:92) bezeichnet den sehr kurzen Bereich als Abfallprodukt der Verkehrsregelung. Kurz darauf in den Jahren 1963 und 1964 führte die Stadt umfangreiche Verkehrsuntersuchungen in der Breiten Gasse durch, im Hinblick auf eine mögliche Umwandlung zur Fussgängerzone. Die Behörden erhoben Daten zum Fussgängerverkehr, Autoverkehr, ruhenden Verkehr sowie zum Lieferverkehr. In der Einleitung hielten die Autoren fest: *"In der Altstadt von Nürnberg sollen zusammenhängende fahrverkehrsfreie Zonen geschaffen werden, die ausschliesslich bzw. überwiegend dem Fussgänger vorbehalten sind. Diese generelle Planungsabsicht kann nur auf der Grundlage eingehender Untersuchungen und nur schrittweise verwirklicht werden."* (VERKEHRSUNTERSUCHUNG BREITE GASSE 1964:1) 1966 wurde die Breite Gasse schliesslich für den allgemeinen Fahrverkehr gesperrt und 1970 zur Fussgängerzone umgebaut.

Bereits im Jahre 1965 beschloss der Nürnberger Stadtrat eine "echte" U-Bahn zu bauen und auf Übergangslösungen wie eine Unterpflasterbahn zu verzichten (GVP ÖPNV 1972:10). Für den regionalen Verkehr sollte eine S-Bahn entstehen. Mittelfristig bis langfristig war geplant, das bestehende Strassenbahnnetz abzubauen und durch die U-Bahn zu ersetzen. Die Busse sollten einzig noch Zubringerfunktion zu den U-Bahn-Haltestellen ausüben.

Daneben erfuhr das Strassennetz einen massiven Ausbau. Gebaut wurde an der Ringstrasse, am Frankenschnellweg, der autobahnähnlichen Verbindung Nürnbergs mit Erlangen, sowie an zahlreichen weiteren Zufahrtsstrassen.

5.1.3 Die Generalverkehrsplanung der Siebzigerjahre

Im Rahmen des übergeordneten Nürnberg-Plans erarbeitete die Stadt, zusammen mit den wichtigen Partnern und den Nachbargemeinden, in einer umfangreichen Generalverkehrsplanung (GVP) Grundlagen zum Verkehrssystem der Stadt. Die GVP besteht u. a. aus fundierten Konzepten für die verschiedenen Verkehrsträger und Teilräume.

Für den Individualverkehr sah der Plan zusätzlich zum bestehenden Netz einen je nach Konzeption unterschiedlichen Ausbau der Strassenverbindungen vor. Das zu erwartende Wachstum wurde abgeschätzt und in verschiedenen Modellen aufgefangen. Das MIV-orientierte Modell sah beispielsweise einen ÖV-Anteil am Modalsplit von 20 bis 26 % vor, während der Anteil im ÖV-orientierten Modell 50 bis 56 % betragen sollte. Grundsätzlich gab man sich in den Papieren eher ÖV-orientiert. So sollten entlang der vorgesehenen S-Bahnstrecken keine neuen leistungsfähigen Strassen entstehen. Der Stadtrat beschloss eine verhältnismässig einschränkende Verkehrspolitik, die auf Parkplatzrestriktionen in der Innenstadt und Priorisierung der Strassenbahn und der Busse gegenüber dem MIV aufbaute. Das Strassennetz sollte mit verschiedenen Verbindungen ergänzt werden, so waren u. a. die Fertigstellung der Ringstrasse und eines Rings um die Altstadt sowie die Vollendung der Südwest-Tangente vorgesehen. Insgesamt entspricht dies einer Erweiterung des Strassennetzes um 24 km (GVP In-

223

DIVIDUALVERKEHR 1975:14,15,38). Diese Ausbauten sind bis heute zum grössten Teil verwirklicht worden.

Zur Ergänzung des Angebots des ÖV sah die GVP die Erstellung eines S-Bahnnetzes im Bereich der bestehenden Eisenbahnlinien vor. Davon sind bis heute zwei Linien fertig gestellt und eine weitere im Bau, die zwei Linien Richtung Norden und Westen stehen noch in der Projektierungsphase (s. SCHILCHER, WECHSUNG 1996). Für das Stadtgebiet und die Verbindung nach Fürth war der Bau von U-Bahn-Verbindungen geplant. Auch hier standen verschiedene Varianten zur Evaluation. Die U-Bahn sollte den ÖV einerseits attraktiver machen, andererseits Strassenraum für den MIV und in der Innenstadt auch für den Fussgängerverkehr frei machen. Die Strassenbahn sollte allmählich aus dem Stadtbild verschwinden. An verschiedenen U- und S-Bahnhaltestellen waren P+R-Anlagen vorgesehen (GVP ÖPNV 1972). Bis heute sind zwei Linien gebaut (U1: Fürth - Langwasser und U2: Röthenbach - Herrenhütte; der Abschnitt Rathenauplatz - Herrenhütte ist 1995 eröffnet worden), eine Linienerweiterung zum Flughafen ist beschlossen. Ob die geplante dritte Linie U3 Zerzabelshof - Schniegeling je gebaut wird, ist sehr unsicher (GVP SCHNELLBAHN 1990). Die meisten Experten beurteilen den Entscheid Nürnbergs, eine U-Bahn zu bauen, als positiv, nicht zuletzt im Hinblick auf die Fussgängerzone in der Altstadt. So schreibt beispielsweise Monheim 1997a: „*Gleichzeitig wurde die Erreichbarkeit der Innenstadt mit dem ÖPNV durch den schrittweisen Ausbau der U-Bahn erheblich verbessert ...*" Allerdings sind in letzter Zeit vermehrt kritische Stimmen laut geworden. So wurde im Rahmen der aktuellen Innenstadtdiskussion die Wiedereinführung der Strassenbahn in der Innenstadt diskutiert.

Die Analyse des ruhenden Verkehrs ergab v. a. für die Innenstadt eine starke Belastung durch abgestellte Fahrzeuge von Arbeitspendlern (GVP RUHENDER VERKEHR 1975:33,34). Als Massnahmen für den Bereich der Innenstadt wurden Beschränkungszonen für neu zu erstellende Parkplätze in gut vom ÖV erschlossenen Bereichen, u. a. in der Innenstadt, vorgeschlagen. Weiter sollten neue Parkhausplätze entstehen, die Parkdauer auf den Strassenparkplätzen eingeschränkt, eine bessere Überwachung vorgesehen und ein PLS eingeführt werden (GVP RUHENDER VERKEHR 1975:65ff.).

In all diesen Konzepten sind bereits Massnahmen vorweggenommen worden, die anschliessend in den Siebziger- und Achtzigerjahren - z. T. in modifizierter Form - verwirklicht wurden.

Für die Altstadt wurde 1972 ein erstes Entwicklungskonzept erarbeitet: „*Im Mittelpunkt ... steht eine Stärkung und Ausdifferenzierung der City-Funktionen. Dabei handelt es sich zum einen um weitere Attraktivitätssteigerungen ... (vorrangig durch ein Fussgängerkonzept). Daneben ist es ein besonderes Anliegen des Konzepts, ..., die soziokulturellen, kommunikativen Funktionen zu stärken, damit die Altstadt zum Mittelpunkt urbanen Lebens des gesamten verstädterten Raumes wird.*" (LÖLHÖFFEL 1990b:170) Im GVP standen verschiedene Varianten zur Erweiterung der Fussgängerzonen in der Altstadt zur Diskussion, von der kleinen Ausdehnung bis zu einer fahrverkehrsfreien Zone durch die ganze Altstadt vom Bahnhof bis zur Burg. Dabei erwogen die Planer bereits die Möglichkeit einer Sperrung der Verbindung im Bereich von Rathaus und St. Sebald (GVP VERKEHRSSYSTEM ALTSTADT 1975:Plan 30).

Die von der Verwaltung vorgeschlagene Lösung sollte erst nach Fertigstellung der U-Bahnverbindung unter der Altstadt, die auf 1977 vorgesehen war,[73] umgesetzt werden. Das ging der Bevölkerung, den Politikern und auch der Wirtschaft, die in einem Beirat an der Planung beteiligt war, offensichtlich zu wenig schnell. Sowohl Einzelhandelskreise als auch der Stadtrat machten weiter gehende Vorschläge, die sofort umgesetzt werden sollten (GVP VERKEHRSSYSTEM ALTSTADT 1975:76-81). Die Verkehrsmodelle der Planungsbehörden gingen aber von einem völligen Zusammenbruch des Verkehrs auf den Ringstrassen aus, falls die Fussgängerzone bereits 1972 erweitert würde (ACHNITZ 1996:29). Mit Stimmen der SPD-Mehrheitsfraktion wurde schliesslich eine für die damalige Zeit weit gehende Lösung vorgeschlagen, die nicht unwidersprochen blieb. Doch bereits gut drei Monate nach dem Beschluss konnte das neue Verkehrssystem umgesetzt werden. Das Echo war unterschiedlich: „*Während die Bevölkerung sich durchwegs positiv äusserte, wurden aus der Geschäftswelt zunächst überwie-*

---

[73] Die Betriebsaufnahme fand schliesslich 1978 statt.

gend kritische Stimmen laut. Das von vielen erwartete Chaos blieb jedoch aus. Die anfänglichen Schwierigkeiten waren bald überwunden. Inzwischen haben die Fussgängerzonen ihre Bewährungsprobe hinter sich und sind zu einem festen Bestandteil der Altstadt geworden." (GVP VERKEHRSSYSTEM ALTSTADT 1975:77-78) Die Planer begleiteten die Vergrösserung des Fussgängerbereichs mit verschiedenen Untersuchungen und konnten nachweisen, dass die Zahl der Passanten in den fahrverkehrsfreien Strassen bedeutend zugenommen hatte (GVP VERKEHRSSYSTEM ALTSTADT 1975:79). Zudem ergaben Vorher-Nachherzählungen, dass nur 20 bis 30 % des ursprünglich vorhandenen Autoverkehrs im verbleibenden Netz als Zusatzbelastung auftrat (MONHEIM 1997b:182).

Im Generalverkehrsplan war schliesslich eine Erweiterung der Fussgängerzone um eine dritte Stufe vorgesehen, die nach Fertigstellung der U-Bahn umgesetzt werden sollte (GVP VERKEHRSSYSTEM ALTSTADT 1975:81, KARBACH 1984). Für die Altstadt selber wurde bereits 1979 ein neues, breit angelegtes Entwicklungskonzept in Angriff genommen. Den Arbeiten dazu vorangegangen war eine angeregte Diskussion um die Nutzung im Bereich des Burgviertels. *„In der zweiten Hälfte der 70er-Jahre spitzt sich der Konflikt zwischen dem nächtlichen Ruhebedürfnis der Bewohner des Burgviertels und den Unruhe und Lärm erzeugenden Freizeitbedürfnissen der Burgviertelbesucher zu, und der öffentliche Protest der Bewohner formiert sich"* (LÖLHÖFFEL 1990b:171; s. a. FUSSGÄNGERZONEN 1979). Die Bürger wurden in die Diskussionen um das neue Konzept einbezogen. Schliesslich entwickelten die Beteiligten Ziele, in denen die Belebung der Altstadt nicht mehr im Vordergrund stand:

- Funktion der Altstadt als hochspezialisiertes Oberzentrum erhalten und entwickeln;
- Soziale und kulturelle Bedeutung der Altstadt als Mittelpunkt der Stadt Nürnberg stärken;
- Wohnen in der Altstadt sichern und fördern;
- Erreichbarkeit der Altstadt gewährleisten.

Konkretes Resultat war das Verbot neuer Gastwirtschaftsbetriebe im Burgviertel. Zudem waren weitere Verkehrsbeschränkungen vorgesehen. Die genannten Ziele liessen sich allerdings nicht ohne Konflikte verwirklichen.

5.1.4 Stufenweise Befreiung der Altstadt vom Durchgangsverkehr

Die Nürnberger Altstadt stand spätestens seit der Generalverkehrsplanung der Siebzigerjahre im Rampenlicht der öffentlichen Diskussion. Die vorgesehene dritte Erweiterungsstufe der Fussgängerzone konnte allerdings nicht schon nach der Fertigstellung der U-Bahn im Bereich der Altstadt 1978 verwirklicht werden. *„Die gerichtlichen Auseinandersetzungen mit einem hinter der Sperrstelle liegenden Parkhausbetreiber, der sich von seinen Kunden abgeschnitten sah, verzögerte diese Massnahme bis 1982."* (ACHNITZ 1996:31) Die als Fussgängerbereiche ausgewiesenen Strassen wurden zuerst provisorisch für den Fahrzeugverkehr gesperrt und dann nach einem einheitlichen Konzept aus dem Jahre 1973 umgestaltet (FUSSGÄNGERBEREICH 1982). KARBACH (1984) hat die politischen Diskussionen in den Siebzigerjahren analysiert. Er zeigt auf, dass es damals bereits zu Auseinandersetzungen um die Grösse der Fussgängerzone kam.

Auf die dritte Stufe sollten weitere Etappen folgen (s. a. FUSSGÄNGERZONEN 1979). Diese waren allerdings nicht in der GVP vorgesehen. Und es kann auch nicht gesagt werden, dass bereits anfangs der Achtzigerjahre ein umfassendes Konzept zur stufenweisen Vergrösserung bestand, wie dies MONHEIM (1997b:182) schreibt. Vielmehr schloss sich die eine Etappe der anderen an, ohne dass ein genaues Ziel oder ein Endzustand formuliert worden wäre. *„Die Stufen waren nicht von Beginn weg Konzept. Das hat erst in den 70er-Jahren begonnen. ... Ab 1972 hat man von Stufen geredet, weil dort erkennbar gewesen ist, dass es nicht Dauerzustand sein konnte, dass der Durchgangsverkehr durch die südliche Altstadt ... fährt. Das ist Stufe 3 gewesen. Dann ist es klar gewesen, dass nun immer weitere Stufen benannt würden, wenn eine wesentliche Änderung im System vorgesehen gewesen war. Die Fussgängerzone ist in wohldosierten Schritten jeweils in vielen Jahren Abstand erweitert worden."* (I11)

Nachdem 1982 die dritte Stufe verwirklicht war, gingen die Planer daran, einzelne Elemente und Teilbereiche zu verbessern, diese Massnahmen können nachträglich als vierte Stufe betrachtet werden. Der nächste und wohl wichtigste Schritt in der Altstadtverkehrsberuhigung, die fünfte Stufe, löste dann wieder grosse Diskussionen aus (zu den Stufen s. ACHNITZ 1996 und 1997 sowie MONHEIM 1986).

In der nördlichen Altstadt verlief immer noch eine west-östliche Verbindung zwischen dem Hallertor und dem Laufertor. Auf der Achse, die am Rathaus und der von der Bausubstanz her wertvollen Sebalduskirche vorbeiführt, verkehrten täglich 25'000 Fahrzeuge (Theresienstrasse/Waaggasse). Das hatte eine grosse Belastung der in der nördlichen Altstadt konzentrierten Wohngebiete und eine Schädigung historischer Bausubstanz zur Folge. Zudem war die Fussgängerverbindung vom Hauptmarkt zur Burg unterbrochen (ACHNITZ 1997:11,12). Die Idee einer Sperre der Achse ist in den Planungen verschiedentlich aufgetaucht, von der Verwaltung aber immer wieder als undurchführbar bezeichnet worden, da das übrige Verkehrsnetz sonst zu stark belastet würde (MAYER 1989:88). Die Studie von MAYER (1989) untersucht die Diskussion um die Sperre ausführlich. Der Autor hat darin neben der Vorgeschichte, den Fakten der Diskussion auch die Positionen und Argumentationslinien der beteiligten Akteure untersucht.

Auslöser für die Planungen waren die Aktivitäten des Pfarrers von St. Sebald. Er setzte sich für die Schliessung der Verbindung vor dem Rathaus ein. „*Der Ostchor der Kirche liegt direkt am Rathausplatz. Pfarrer Bibleriether musste (...) zusehen, wie sich das Gotteshaus - offenkundig durch Umwelteinflüsse bedingt - buchstäblich auflöst.*" (MAYER 1989:88) 1984 konnte dann der Pfarrer vor dem Ausschuss für Verkehrswesen über sein Anliegen berichten. Darauf wurde die Verwaltung verpflichtet, Untersuchungen zu den Auswirkungen der Rathausplatzsperre anzustellen. Die Grünen und die SPD trafen in der gleichen Zeit eine Vereinbarung über die Sperrung der Verbindung Theresienstrasse/Waaggasse, falls sich dies als möglich erweisen sollte. Der Bericht der Verwaltung sah keinen Zusammenhang zwischen dem Autoverkehr und dem Verfall der Sebalduskirche. Er hielt zudem fest, dass dem Einzelhandel aus der Sperrung keine wirtschaftlichen Nachteile erwachsen würden. Die Verwaltung schlug eine probeweise Sperrung der Verbindung nach Beendigung der U-Bahn-Bauarbeiten am Ring im Herbst 1988 vor. In der Folge kam es zu intensiven Diskussionen, an denen sich u. a. auch der Einzelhandel beteiligte, und bei denen es auch zu Auseinandersetzungen zwischen den Koalitionspartnern kam. Schliesslich nahm der Stadtrat im März 1985 auf Antrag der Grünen den Beschluss an, ein Verfahren nach Bayerischem Strassen- und Wegegesetz zur Schliessung der Durchfahrt Rathausplatz einzuleiten. Die Annahme war durch die Einsicht ermöglicht worden, dass ein solches Verfahren sowieso mehrere Jahre beanspruchen würde und so die Sperrung erst nach Fertigstellung der U-Bahn am Ring realisiert sein könnte. Der Antrag fand Zustimmung bei SPD und Grünen, abgelehnt wurde er durch die CSU, FDP und DKP (Deutsche Kommunistische Partei). In der Folge entbrannte eine breite Diskussion über die Massnahme. Im Oktober 1985 wurde der Beschluss offiziell bekannt gegeben, darauf kam es zu zahlreichen Einsprüchen, zu denen die Verwaltung Stellung bezog (Tabelle 31).

Der Bauausschuss beschloss ein Jahr später, den „Einsprüchen nicht abzuhelfen." Der Stadtrat nahm das ausgearbeitete Verkehrssystem Altstadt, Stufe 5, mit einer Mehrheit von 38 zu 30 Stimmen an. Das Verkehrssystem sah eine Umgestaltung des Bereichs vor dem Rathaus in drei Stufen vor (s. MAYER 1989:196-198). In der Folge wurden die Einsprüche an die Regierung von Mittelfranken zur Entscheidung weitergeleitet. Darauf empfahl die übergeordnete staatliche Stelle der Stadt, eine probeweise Schliessung der Verbindung nach StVO (Strassenverkehrsordnung) vorzunehmen. Nachdem es zu weiteren Auseinandersetzungen um den genauen Termin der Probesperrung gekommen war, beschloss der Bauausschuss im Juni 1986, die probeweise Sperrung vom September 1988 bis zum Juni 1989 durchzuführen. Die Sperre galt dann tatsächlich ab dem 26. Oktober 1988 und dauerte bis am 30. Oktober 1989 (PROBESPERRUNG RATHAUSPLATZ 1988). Der Einfluss der verschiedenen Akteure bei der Entscheidfindung beschreibt MAYER (1997:66): „*Die im Stadtrat über die Mehrheit verfügende rot-grüne Koalition hatte sich auf eine Sperrung im Rahmen eines politischen ‚Kuhhandels' geeinigt: Die SPD forderte von den Grünen die Zustimmung zur Tariferhöhung im stark defizitären öffentlichen Nahverkehr in Nürnberg und gab dafür die Zusage zur Sperrung. ... Bei der Eskalation des Konfliktes spielte die Verwaltung mit ihrer Informationspolitik eine nicht unwesentliche Rolle, da dort die Grünen mit gewisser Skepsis in ihrer einflussreichen Stellung gesehen wurden, die sie auf Grund der Mehrheitsverhältnisse hatten. Aber auch die Wiederannäherung der zerstrittenen*

Partner wurde letztendlich durch eine eventuell gezielte Fehlinformation seitens der Verwaltung - vermutlich auf entsprechendes Geheiss politischer Führungskräfte - ermöglicht."

NR	ARGUMENTE DER EINSPRECHER	ARGUMENTE DES STADTPLANUNGSAMTS
1.	Der Beschluss ist nicht im Interesse des Allgemeinwohls. Die Verkehrsbelastungen werden lediglich verlagert.	Die geplante Unterbrechung liegt im Interesse des Allgemeinwohls. Das Ziel, den Durchgangsverkehr aus der Altstadt zu entfernen, verfolgt die Stadt schon seit 1924. Die geplante Erlebnisachse vom Hauptbahnhof bis zur Burg ist durch die Durchfahrt erheblich gestört. Die Umgestaltung der Fussgängerzone dient dem Kunsterlebnis und der Entspannung der Nürnberger Bürger, dem Fremdenverkehr und führt zu einer weiteren Attraktivitätssteigerung für die Freizeit- und Dienstleistungsfunktionen der Nürnberger Altstadt. Die Verkehrsberuhigung kommt den 1'500 Anwohnern zugute. Die bisherigen Erfahrungen mit den Sperrungen zeigen, dass sich nur ein Teil des unterbrochenen Verkehrs auf Parallelstrassen verlagert.
2.	Es sind Umsatzeinbussen für den Handel zu erwarten. Die Parkplatzsituation wird verschärft.	Das Ziel der Unterbrechung ist nicht die Verminderung des Einkaufs- und Geschäftsverkehrs, dieser wird durch die Herausnahme des Durchgangsverkehrs sogar erleichtert. Untersuchungen haben ergeben, dass die Rolle des motorisierten Einkaufsverkehrs vom ansässigen Einzelhandel stark überschätzt wird. Ein Parkhaus östlich der Sperre ist vorgesehen.
3.	Wer in der Altstadt wohnen will, der muss Lärm und Verkehr ertragen.	Die Verkehrsbelästigungen gehören zu den wesentlichen Ursachen der Stadtflucht, das gilt im besonderem Masse für die Sebalder Altstadt.
4.	Eine ungehinderte, nicht durch unnötige Umwege belastete Anfahrt für Kunden ist eine Geschäftsvoraussetzung.	Die Forderung nach einer bestimmten Erreichbarkeitssituation kann in städtischen Strassennetzen nicht erfüllt werden. Ein Strassenanlieger hat lediglich Anspruch darauf, überhaupt an das Strassennetz angeschlossen zu sein. Dies ist gewährleistet. Die Anfahrt auf dem kürzesten Weg ist keine Geschäftsvoraussetzung, wie die Entwicklung in der Nürnberger Fussgängerzone, v. a. der Breiten Gasse, zeigt.
5.	Es liegt bisher kein Verkehrsplan vor, in dem sich die vorgesehene Neuregelung einfügt.	Das Verkehrssystem Altstadt wird angepasst, eine solche Veränderung war schon im Beschlussvorschlag zur Stadtratssitzung vom 12. Dezember 1984 enthalten und war im Verkehrsausschuss am 14. November 1985 behandelt worden.
6.	Der Grundsatz der Verhältnismässigkeit ist nicht gewahrt.	Der Grundsatz der Verhältnismässigkeit ist gewahrt, weil nur eine Umgestaltung zu einer Fussgängerzone den Zielen einer Erleichterung des Fussgängerverkehrs und einer Verkehrsberuhigung gerecht wird.

SEEWER 2000 nach MAYER 1989:159,160

Tabelle 31: Argumente für und gegen die Unterbrechung Theresienstrasse Maxplatz

Während der Probezeit nahm die Stadtverwaltung verschiedene Verkehrsuntersuchungen vor. Dabei zeigte sich - mit einer Ausnahme - an allen Zählstellen eine deutliche Abnahme des Verkehrs. *„Die Belastung aller Stadttore und Brücken am Rande der Sebalder Altstadt ergab 1988, vor der Sperre, insgesamt rund 87'000 Kfz/16 h. Während der Probesperre reduzierte sich diese Menge um 25'000 auf rund 62'000 Kfz/16 h. Diese Verminderung war fast ausschliesslich dem Durchgangsverkehr zuzurechnen, während der Quell- und Zielreiseverkehr praktisch gleich blieb"* (ACHNITZ 1997:13). Auf den möglichen Ausweichstrecken kam es insgesamt zu einer Mehrbelastung von 7'900 Fahrzeugen, was nur 29 % der ursprünglichen Belastung an der Sperrstelle ausmachte.

Die Sperre wurde von den Einzelhändlern mit Protest begleitet. MONHEIM (1992:40,41) beschreibt die Kritik der Einzelhändler, die befürchteten, dass ihre Betriebe für mit dem Auto kommende Kunden zu schlecht erreichbar seien: *„Ein Beispiel für derartige Proteste zeigt ein Plakat, mit dem 1988 die IHK Nürnberg gegen die Sperrung einer die Altstadt querenden Durchgangsstrasse ... protestierte. ... Es veranschaulicht den unangemessenen Umgang der Einzelhändler mit den Verkehrs-*

problemen. Statt nämlich eventuelle Umstellungsschwierigkeiten der Kunden auf die neue Verkehrssituation durch gezielte Informationen über die weiterhin gute Erreichbarkeit und die infolge der Verkehrsentlastung gestiegene Attraktivität ihres lange im Schatten des verkehrsberuhigten Haupteinkaufsgebietes stehende Nebengeschäftsbereiches überwinden zu helfen, legten sie diesen nahe, doch lieber nicht mehr zu kommen" (MONHEIM 1992:40). In der Anfangsphase der Probesperre äusserte sich nicht nur der Einzelhandel negativ. Die Zeitungen waren voll von kritischen Stimmen, die sich über Mehrverkehr auf den Ausweichrouten, Behinderung des ÖV und der Rettungswagen, Verschlechterung der Wohnqualität sowie Umwege für Taxis beklagten. Auf der anderen Seite gab es auch viele lobende Stimmen, so von Umweltverbänden, den Denkmalschützern sowie von Anwohnern. In einer ersten Untersuchung waren die Kritiker der Sperre in der Mehrheit (38 % dagegen, 33 % dafür). Sehr negative Stimmen waren von den betroffenen Einzelhändlern zu hören. Als Hauptargument für die Massnahme nannten die Befragten den Denkmalschutz (NN 18.03.89). Dagegen kam ein Zwischenbericht der Verwaltung zu einem gesamthaft positiven Ergebnis (NN 18.04.89). Nach der Präsentation des Abschlussberichts schien die Stimmung langsam zu Gunsten der Befürworter zu kippen. V. a. die eindrücklichen Zahlen der Verkehrsreduktion nahmen den Gegnern den Wind aus den Segeln. Die Situation für Handel und Gastgewerbe erschien allerdings weiterhin durchzogen. Besondere Mühe hatten offensichtlich die Altstadtkneipen, was allerdings auch andere Ursachen hatte. Insgesamt waren keine zusätzlichen ÖV-Fahrgäste zu verzeichnen, und die Parkraumbelegung in der Sebalder Altstadt nahm ab (NN 30.08.89, 28.09.89). Kurz danach präsentierte das Stadtplanungsamt ein Gesamtkonzept für die Umgestaltung des ganzen von der Sperrung betroffenen Altstadtgebiets. Die vorgestellten Pläne stiessen offensichtlich auf fruchtbaren Boden und vermochten die Zustimmung für die Sperre zu verbreitern (NN 20.09.89). So sprach sich ein Zeitungskommentator, der vorher gegen die Massnahme argumentiert hatte, nun auch für die Sperre aus: *„Die Verwaltung hat mit bemerkenswerter Neutralität eine Studie zusammengetragen, die bis in Einzelheiten darlegt, was dafür oder dagegen spricht, die letzte Ost-West-Durchfahrt in der Altstadt zu unterbrechen. ... Dennoch geht nichts daran vorbei (an den Auswirkungen auf den Handel, AdA), dass heute 24'500 Autos weniger über den Platz zwischen Sebalduskirche und Rathaus fahren als noch vor einem Jahr. ... Es hiesse Augenwischerei zu betreiben, wenn jemand von der Stadtratssitzung am 18. Oktober ein anderes Ergebnis erwartete als das endgültige Aus für die Durchfahrt im Rathausviertel"* (NN 27.09.89). In der Konsequenz forderte der Kommentator begleitende Massnahmen, wie eine Umgestaltung des Strassenraumes und die Verbesserung des ÖV-Angebots. Der Nürnberger Stadtrat hiess schliesslich eine Fortführung der Sperre mit 39 gegen 29 Stimmen gut. Dafür sprachen sich die SPD und die Grünen aus, dagegen waren die CSU und weitere Oppositionsparteien. Sowohl die SPD als auch die Grünen stritten sich im Hinblick auf den bevorstehenden Wahlkampf um die Meinungsführerschaft in Fragen progressiver Verkehrspoltitik (NN, NZ 19.10.89). Gegen die Sperre waren noch Widersprüche hängig, die von der IHK bei der Regierung von Mittelfranken eingelegt worden waren. Diese wies die Einwände schliesslich ab. Die gesperrten Bereiche vor dem Rathaus sollten umgestaltet werden, später auch die übrigen betroffenen Gebiete. Zusätzlich wurde ein neues Parkhaus in der nordöstlichen Altstadt und eine Verbesserung des P+R-Systems angekündigt (NN 4.10.89). Die VAG (Verkehrsaktiengesellschaft; Nürnberger Verkehrsbetriebe) verbesserte das Verkehrsangebot in der Altstadt und stellte Überlegungen zu einem City-Bus in Aussicht (NN 26.10.89). Mit dem Umbau, der 1991 beendet war, schien die Stufe 5 des Verkehrssystem Altstadt etabliert zu sein. Nach dem erneuten Wahlsieg der rot-grünen Koalition diskutierten die politisch verantwortlichen neue Ideen zur Verringerung des Autoverkehrs innerhalb der Altstadt. *„Nachdem der Altstadtinnenring am Rathausplatz einmal gesprengt war, lag es nahe, ihn völlig aufzugeben und alle bisherigen Kreuzungsstellen zwischen Innenring und Fussgängerachsen vom Autoverkehr zu befreien."* (ACHNITZ 1993:8)

5.1.5 Das Leitbild Verkehr und die weitere Stadtentwicklung

1991 beschloss der Nürnberger Stadtrat das neue Leitbild Verkehr (LEITBILD VERKEHR 1992). Das Papier entstand innerhalb der Verwaltung im Auftrag des Bauausschusses. Verantwortlich für die Entwicklung war das Baureferat, die Hauptarbeit leistete dabei das Stadtplanungsamt. Über die Inhalte fand vorwiegend ein verwaltungsinterner Diskurs statt, während die Öffentlichkeit die Planungsarbeiten kaum wahrnahm. Der Planungsaufwand kann in keiner Weise mit der Generalverkehrsplanung der Siebzigerjahre verglichen werden. Hinter dem Konzept standen die Tatsache, dass der Autoverkehr und seine Belastungen drastisch zugenommen hatten, sowie die Idee des „stadtveträglichen Verkehrs": *„Es war deshalb an der Zeit, Leitlinien und Ziele für Gestaltung des Verkehrs vorzulegen, die durch einen konkreten Massnahmenkatalog ergänzt sind. Oberziel der Neuordnung des Verkehrs in allen seinen Elementen soll ein <u>stadtverträglicher Verkehr</u> sein. Die Zeit für ein Umdenken im Verkehr drängt. Falls hier nicht zeitnah eine andere Weichenstellung erfolgt, besteht die Gefahr, dass die Grundfunktionen der Stadt (...) sowie die zentralörtlichen Funktionen Nürnbergs für die Region in Nordbayern in nicht vertretbarer Weise beeinträchtigt werden."* (LEITBILD VERKEHR 1990:2) Nach einer Situationsanalyse legten die Planer eine Reihe von Zielen fest. Im Bereich des Umweltschutzes forderten sie Verbesserungen im Umweltbereich. Stichworte lauten: Luftbelastung, Lärmbelastung, Klima, Grundwasserbelastung, Energieeinsparung. Für jeden Zweck soll das adäquate Verkehrsmittel zum Einsatz kommen. Die notwendige Mobilität soll gesichert werden, während der nicht notwendige Teil des Kraftfahrzeugverkehrs möglichst weitgehend auf die umweltfreundlichen und stadtverträglichen Verkehrsarten zu verlagern ist. Weiter sieht das Konzept vor, die Verträglichkeit der Verkehrsmittel untereinander zu fördern, den notwendigen Verkehr zu priorisieren, ein Parkraummanagement zu etablieren, die Strassenräume umzugestalten sowie Verkehrsplanung, Flächennutzungsplanung, Strukturplanung und Bebauungsplanung am „Prinzip der Stadt der kurzen Wege" zu orientieren (LEITBILD VERKEHR 1990:5,6; ACHNITZ 1996:26). Die einzige quantitative Zielsetzung lautet: *„Der nichtmotorisierte Verkehr und der ÖV sind systematisch durch eine Optimierung der Verkehrssteuerung zu fördern. Sie erhalten Priorität gegenüber dem motorisierten Individualvekehr in der Regel auch dort, wo dies nur mit Eingriffen in dessen Leistungsfähigkeit möglich ist. Das Verhältnis MIV zum ÖV soll sich auf 50 : 50 im Binnenverkehr einstellen. Im stadtgrenzenüberschreitenden Verkehr muss der ÖV-Anteil von heute 15 bis 20 % mindestens verdoppelt werden."* (LEITBILD VERKEHR 1992:6) Umgelegt auf die einzelnen Verkehrsmittel bedeutete ein solcher Modalsplit: keine Änderung beim Fussgängerverkehr, eine Zunahme des Fahrradverkehrs um 25 %, des ÖV um 58 % und eine Abnahme des MIV um 30 % (LEITBILD VERKEHR 1992:7). Beim stadtgrenzenüberschreitenden Verkehr war die Entwicklung weitgehend zu Gunsten des MIV verlaufen. Von 1981 stieg die Belastung des Aussenkordons von 364'000 Fahrzeugen bis 1991 auf 523'000, während die Zahl der ÖV-Personenfahrten von 1975 bis 1990 von 117'000 auf 103'000 abnahm (LEITBILD VERKEHR 1992:8). Die gesetzten Ziele sollten mit einem ganzen Bündel von längerfristig und kurzfristig umsetzbaren Massnahmen erreicht werden (LEITBILD VERKEHR 1992:9-17). Massnahmen, die speziell die Innenstadt betreffen sind:

- Ausdehnung der Fussgängerzonen;
- Parkplatzbewirtschaftung;
- Ausdehnung der verkehrsberuhigten Bereiche und der Tempo-30-Zonen;
- Umgestaltung verkehrsberuhigter Bereiche;
- Fussgängerbereiche und Fahrräder: Bessere Zu- und Durchfahrts- sowie Abstellmöglichkeiten.

Die zur Umsetzung der Massnahmen vorgesehenen Mittel konzentrierten sich allerdings mehrheitlich auf den Ausbau der U-Bahn, während die übrigen Punkte im mittelfristigen Investitionsplan mit relativ bescheidenen Beträgen aufgeführt sind (LEITBILD VERKEHR 1992:17). Rasch realisiert wurde eine Erhöhung der Gebühren für oberirdische Parkplätze von 1 DM auf 5 DM pro Stunde im Bereich der Altstadt,[74] während die Gebühren in den Parkhäusern weiterhin zwischen 1,50 - 3 DM/h lagen. Diese Erhöhung führte u. a. dazu, dass die Parkplatzsuche einfacher wurde und der Parksuchverkehr abnahm (ACHNITZ 1996:27,28; MONHEIM 1997c:36-39). In der gleichen Zeit traten restriktivere Vorschriften zur Erstellung von Parkraum bei Neubauten in Kraft. Abgestuft nach der Qualität der ÖV-Erschliessung wurde der Normbedarf auf maximal 1/10 reduziert; die ganze Altstadt gehörte nun zum Gebiet mit der stärksten Einschränkung (GASTS 1988, 1992). Gleichzeitig erliess der OB Vorschriften für die notwendige Zahl zu erstellender Fahrradabstellplätze (ABSTELLPLÄTZE FAHRRÄDER 1992). Neben der Umgestaltung der Durchfahrt vor dem Rathaus wurde der Fussgängerbereich für Radfahrer

---

[74] Die CSU-Stadtregierung senkte die Gebühren nach ihrem Wahlsieg 1996 wieder auf 3 DM/h (MONHEIM 1997b:185). Die Auswirkungen des Preisabschlags sind nicht untersucht worden.

durchlässiger gemacht. Ab 1993 ist der gesamte Bereich zu den Lieferzeiten (18.30 bis 10.30, samstags bis 10.00) für Fahrräder durchlässig. Diese Massnahme führte zwar zu einigen Protesten, konnte sich aber nach einer Probephase durchsetzen (NN 23.8.95).

Die Stadtverwaltung liess die Leitbildziele periodisch evaluieren (LEITBILD VERKEHR 1993, 1994). Sie zog gesamthaft eine positive Bilanz: *„Seit dem Beschluss zum ‚Leitbild Verkehr' im November 1991 konnten beachtliche Erfolge eines stadtverträglichen, umweltfreundlichen und damit menschgerechten Verkehrs erzielt werden: Der Kfz-Bestand nahm von 1991 bis 1995 lediglich um 3 % zu, von 1993 bis 1995 sogar nur um 0,3 %. Der Kfz-Verkehr über die Stadtgrenze hinweg stagniert, während er bis 1991 noch ständig zugenommen hatte. Der Kfz-Verkehr über die Pegnitzbrücken, der näherungsweise den Binnenverkehr widerspiegelt, nahm von 1991 bis 1995 um 6,7 % ab. Der Fahrradverkehr auf den Pegnitzbrücken steigerte sich von 1991 bis 1995 um 18 %. Die ÖPNV-Fahrten in Nürnberg stiegen von 1991 bis 1995 um 15 % an. Als positive Folge der Verkehrsentwicklung konnte eine erhebliche Verbesserung der Luftsituation erreicht werden. So ging die Stickstoffdioxid-Konzentration im Stadtzentrum auf die Hälfte zurück. Insgesamt hat sich seit 1991 der ‚Modal Split' zwischen MIV und ÖPNV im Binnenverkehr von 70:30 auf rund 65:35 verschoben. Trotz dieser erfreulichen Entwicklung ist es aber noch ein weiter Wege bis zu dem angesteuerten Ziel 50:50."* (ACHNITZ 1996:33)

Die Stadt hat sich also zu Beginn der Neunzigerjahre ein fortschrittliches Verkehrskonzept zugelegt, mit dem der Umweltverbund klar gefördert, während der MIV eher beschränkt werden sollte. Viele der Massnahmen, wie die Abmarkierung von Strassenbahngeleisen[75] in der Sulzbacherstrasse oder die Sperrung der Valznerweiherstrasse für den MIV lösten starke Polemiken in der Öffentlichkeit aus. Daneben stand aber weiterhin die Innenstadt im Zentrum der Diskussionen.

Die gesamtstädtische Entwicklung ist bis heute in Nürnberg weiterhin geprägt durch den weiter gehenden Trend zum Wegzug der einkommensstarken Bevölkerung ins Umland. Die Stadt hat damit zu kämpfen, dass ihre Wirtschaftsstruktur stark von Betrieben des zweiten Sektors geprägt ist und ein Defizit an innovativen Betrieben besteht. Entsprechend haben sich die Behörden Ziele gesetzt, die auf eine Stärkung des Standortes abzielen. Schwergewichtig soll die Stadt Kompetenzzentrum für die Kommunikationswirtschaft, die Verkehrswirtschaft, die Umwelttechnologie sowie für Handel und Tourismus sein. Grosses Gewicht erhält auch die Altstadtentwicklung. Dazu ist bis 1995 ein Entwicklungskonzept erarbeitet worden, das auch stark von der Diskussion über Verkehrsaspekte geprägt war. *„Oberstes Ziel ist deshalb, den Standort zu sichern und zugleich für die Aufenthaltsqualitäten für Bewohner, Besucher, Geschäftsleute und Beschäftigte zu verbessern. ... Für die Zukunft liegen die Chancen des Handels, des Wohnens, des Tourismus, von Kultur und Freizeit in der Altstadt darin, ein attraktives Angebotsprofil weiterzuentwickeln."* (KÜPPER, LÖLHÖFFEL 1996:15) Auch für die anderen Stadtteile ist eine Stadtteil-Entwicklungsplanung vorgesehen, die in besonderem Masse auf den Einbezug der betroffenen Bevölkerung Gewicht legt. Die Verbesserung der Wohnqualität ist dabei ein wichtiges Ziel. Im Entwicklungskonzept 2000 sind für das gesamte Stadtgebiet Nutzungsschwerpunkte für die Innenentwicklung und eine zusätzliche Ausweitung des Flächenangebots vorgesehen (KARL 1996:18,19).

---

[75] Die Geleise der Strassenbahn werden mit Markierungen von der Fahrbahn der Autos abgegrenzt, sodass sie einzig der Strassenbahn zur Verfügung stehen. Die Massnahme ist eine billige Alternative zum Bau eines separaten Gleiskörpers.

5.2 Die Schleifenlösung

5.2.1 Die Nürnberger Altstadt

5.2.1.1 Abgrenzung

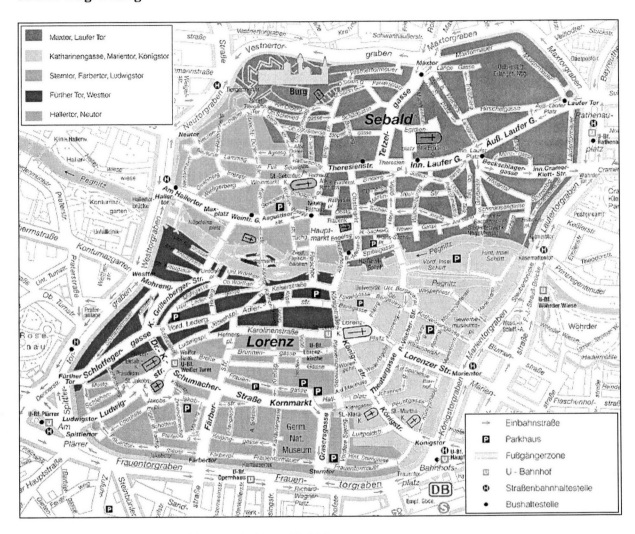

http://www.mediaglobe.de/nbg/fahren/stadtpl.htm; 22.4.97
Abbildung 28: Die Nürnberger Altstadt

Die Nürnberger Altstadt ist klar begrenzt durch die weitgehend erhaltenen Befestigungsanlagen, der Stadtmauern und dem Stadtgraben. Ein zweiter „Wall" gegenüber den angrenzenden gründerzeitlichen Wohnquartieren bildet der in den Sechziger- und Siebzigerjahren mehrspurig ausgebaute City-Ring. Die Fläche der rautenförmigen Innenstadt beträgt 1,6 km^2. Sie wird durch die Pegnitz halbiert, die jeweils nach ihren Hauptkirchen St. Lorenz und St. Sebald benannt sind (Abbildung 28). In der südöstlichen Ecke befindet sich der Hauptbahnhof, in der nordöstlichen, auf einem Hügel, die Burg [nach ACHNITZ 1993:2; s. a. BALBACH 1988; genaue statistische Einteilung der Stadtbezirke in AMT FÜR STADTFORSCHUNG UND STATISTIK DER STADT NÜRNBERG (1993a:59, 241)].

5.2.1.2 Bevölkerung und Wirtschaft

Zur Entwicklung der Altstadt liegen zahlreiche Grundlagen und Studien vor (AMT FÜR WIRTSCHAFTSFÖRDERUNG DER STADT NÜRNBERG 1992; BÜTTNER 1981, 1988; ENTWICKLUNG ALTSTADT 1976; ENTWICKLUNGSKONZEPT ALTSTADT 1972, 1979, 1990, 1995). Hier sind deshalb nur die wichtigsten Eckdaten dargestellt. Die Zweiteilung der Altstadt drückt sich in der Nutzungsstruktur aus.

Während sich in der Lorenzer Altstadt hauptsächlich Dienstleistungsarbeitsplätze der Verwaltung und des Einzelhandels konzentrieren, werden grosse Teile des Sebalder Viertels durch die Wohnnutzung geprägt (s. ENTWICKLUNGSKONZEPT ALTSTADT 1995:58ff). Insgesamt lebten 1992 innerhalb der Altstadt etwa 15'700 Menschen, 5'500 in St. Lorenz, 10'200 in St. Sebald. Der Trend zeigt nach einer Abnahme in den siebziger und frühen Achtzigerjahren seit 1985 wieder aufwärts (AMT FÜR STADTFORSCHUNG UND STATISTIK DER STADT NÜRNBERG 1993a:216-234). Die Zahl der Arbeitsplätze innerhalb der Innenstadt betrug 1987 33'700 (LÖLHÖFFEL 1990b:172). 30 % davon befinden sich auf der Sebalder Seite, 70 % auf der Lorenzer. Tabelle 32 zeigt ihre Verteilung auf die verschiedenen Wirtschaftszweige. Tabelle 33 zeigt die Verteilung der Arbeitsplätze und der Einwohner auf die einzelnen Verkehrszellen in der Innenstadt.

WIRTSCHAFTSZWEIGE	ABSOLUT	RELATIV
Produzierendes und Baugewerbe	3'500	10 %
Einzelhandel	8'800	26 %
Verwaltung Gebietskörperschaften	5'800	17 %
Kreditinstitute	4'000	12 %
Dienstleistungen für Unternehmen	3'900	12 %
Gastgewerbe	2'200	7 %
Übriges	5'500	16 %
TOTAL	33'700	100 %

SEEWER 2000 nach LÖLHÖFFEL 1997:19

Tabelle 32: Verteilung der Arbeitsplätze auf die Wirtschaftszweige 1987

Eine repräsentative Betriebsbefragung 1994/95 ergab eine ähnliche Verteilung der Beschäftigten auf die Branchen. Es ist davon auszugehen, dass die Zahl der Arbeitsplätze seit 1987 leicht zugenommen, deren Verteilung auf die Wirtschaftszweige sich aber nicht wesentlich verändert hat (BETRIEBEBEFRAGUNG 1995, ENTWICKLUNGSKONZEPT ALTSTADT 1995:58ff).

Über die Flächennutzung liegen keine genauen Angaben vor. Folgende Gebietstypisierung lässt sich aber aus der Verteilung der Arbeitsplätze und Wohnbevölkerung ableiten (EKA STRUKTUR 1991; ENTWICKLUNGSKONZEPT ALTSTADT 1995:58ff; dort sind u. a. detaillierte Flächennutzungspläne angeführt und alle Teilbereiche der Altstadt hinsichtlich ihrer Nutzung, Gestaltung, Bewertung, der Ziele und nötiger Massnahmen beschrieben; s. a. Plan Abbildung 28):

- Im Bereich der Hauptachsen der Fussgängerzone (Königsstrasse, Breite Gasse, Karolinenstrasse und Kaiserstrasse) befindet sich das Haupteinkaufsgebiet;
- In den randlichen Teilen der Lorenzer Altstadt ist die Nutzung durchmischter. Im Südwesten dominiert das Wohnen, im Südosten sind vermehrt Dienstleistungs-, besonders Verwaltungsarbeitsplätze anzutreffen. Darin gibt es auch zahlreiche kulturelle Institutionen;
- Um Rathaus und Hauptmarkt sind schwerpunktmässig Verwaltungsgebäude zu finden;
- In der übrigen Sebalder Altstadt ist überall die Wohnnutzung von herausragender Bedeutung;
- Im Burgviertel, im nordwestlichen Teil der Altstadt haben sich ab den siebziger und Achtzigerjahren zahlreiche Gaststätten angesiedelt. Einige dieser „auf traditionell gemachten" Betriebe haben mit wirtschaftlichen Problemen zu kämpfen;
- Im nordöstlichen Teil, zwischen Laufer Tor und Maxtor befindet sich die wirtschafts- und sozialwissenschaftliche Fakultät der Universität Nürnberg-Erlangen mit zahlreichen Arbeitsplätzen.

Untersuchungen zeigen, dass die Nutzfläche ohne grosse bauliche Veränderungen zugenommen hat. Die Geschichte des Augustinerhof-Projekts illustriert, dass es sehr schwierig ist, innerhalb der Altstadt grosse Neubauprojekte zu verwirklichen (s. FISCHER 1996: 38-40). Der einzige grösser Komplex, der verwirklicht wurde, ist die im Herbst 1995 eröffnete Cinecittà mit mehreren Kinos und Restaurants (NN 18.10.95).

5.2.1.3 Die Verkehrserschliessung

Der öffentliche Nahverkehr baut auf den zwei U-Bahnlinien auf, die sich am Innenstadtrand zweimal kreuzen. In der südlichen Altstadt liegen die beiden Haltestellen „Lorenz-Kirche" und „Weisser Turm", am Altstadtrand, unter dem Innenstadtring liegen weitere fünf U-Bahnhöfe, u. a. die Kreuzungspunkte „Hauptbahnhof" und „Plärrer". Die nördliche Altstadt wird von zwei Buslinien erschlossen. Mit dem Bau der U-Bahn ist das innerstädtische Strassenbahnnetz ganz abgebaut worden, die restlichen Linien verkehren über den Innenstadtring und führen mehr oder weniger radial in die Quartiere. Das U- und Strassenbahnnetz wird ergänzt durch zahlreiche Buslinien. Im Raum Nürnberg-Erlangen-Fürth besteht ein Tarifverbund. Für die Innenstadt wurde verschiedentlich erfolglos die Einrichtung eines Citybusses diskutiert. Ausserhalb des Zentrums und im Umland stehen verschiedene P+R-Plätze zur Verfügung. P+R soll aber nicht schwerpunktmässig gefördert werden, weil das Umsteigepotenzial zu gering ist (SNV 1992). Das U-Bahn-Netz soll trotz der hohen Kosten weiter ausgebaut werden; die Einstellung weiterer Strassenbahnlinien scheint jedoch kaum mehrheitsfähig zu sein. Für den regionalen Verkehr soll das S-Bahn-Netz weiter ausgebaut werden (SCHILCHER, WECHSUNG 1996). Trotz massiver Investitionen in den U-Bahn-Bau konnten die Frequenzen des öffentlichen Verkehrs nicht wirklich gesteigert werden (LEITBILD VERKEHR 1992:2).

Das Angebot für den motorisierten Individualverkehr ist in der Innenstadt mit der Erweiterung der Fussgängerzone sukzessive reduziert worden. Die einzelnen Stufen sind ACHNITZ (1997) zu entnehmen. Seit der Einführung der Schleifenlösung (die Regelung wird in Kapitel 5.2.2 eingehend erklärt) bestehen keine Durchfahrtsmöglichkeiten durch die Altstadt mehr. Die Verbindung der einzelnen Sektoren läuft über den gut ausgebauten, stark belasteten Altstadtring (Sektoren in Abbildung 28; genauer Spurenplan in: ALTSTADT-STRASSENNETZ 1994). Nach dem Machtwechsel 1996 sind gewisse Verbindungen zwischen den einzelnen Schleifen wieder geöffnet worden (Abbildung 30). In der gesamten Altstadt ist Tempo 30 vorgeschrieben, baulich umgestaltet sind ausserhalb der Fussgängerzone nur wenige Strassenabschnitte. Im Burgviertel gilt zudem ein Nachtfahrverbot, um die Anwohner vom Parksuchverkehr der Gaststättenbesucher zu schützen. Dank all dieser Massnahmen ist die Belastung durch den MIV in der Altstadt verglichen mit den Zuständen in den Siebziger- und Achtzigerjahren gesunken. Stark befahren sind einzig einige Zufahrtsachsen. Zu Konflikten zwischen dem motorisierten Verkehr und Fussgängern kommt es auf Strassen, die die Fussgängerzone und verschiedene Parkhäuser rückwärtig erschliessen.

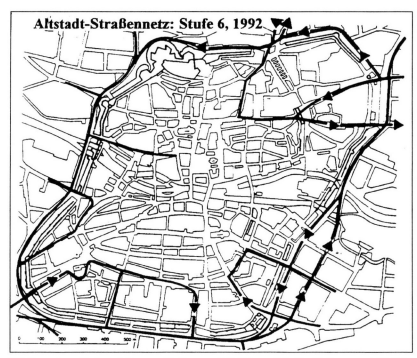

Pfeile zeigen Fahrttrichtung; Zellen s. Abbildung 28, Parkhäuser s. Abbildung 30
ACHNITZ 1997:14

Abbildung 29: Altstadt-Strassennetz: Stufe 6, 1992

Für den *ruhenden Motorfahrzeugverkehr* stehen innerhalb der Stadtmauern rund 14'500 Stellplätze zur Verfügung. Je etwa die Hälfte ist privat bzw. öffentlich (ACHNITZ 1993:3). Tabelle 33 gibt eine Übersicht über den Parkplatzbestand in den fünf Zellen. Jede dieser Zellen ist farbig gekennzeichnet, damit sie vom Innenstadtring angefahren werden kann. Die Diskussion um die Einführung eines PLS kommt in den folgenden Kapiteln zur Sprache.

	ZELLE 1 SE W	ZELLE 2 SE E	ZELLE 3 LO W	ZELLE 4 LO MI	ZELLE 5 LO E	TOTAL
PARKHÄUSER	525	50	755	1'450	820	3'600
PARKUHREN	148	321	111	212	327	1'119
PARKPLÄTZE MIT GEBÜHR	-	-	25	122	-	147
UNBESCHR. PARKPLÄTZE	126	769	129	144	177	1'345
ANWOHNERPARKEN	258	875	136	142	42	1'453
PRIV. STELLPLÄTZE ANW.	196	1'009	223	236	92	1'756
PRIV. STELLPLÄTZE FIRMEN	650	1'733	796	943	985	5'107
TOTAL	1'903	4'757	2'175	3'249	2'443	14'527
EINWOHNER 1990	2'560	7'808	1'994	2'847	1'066	16'275
ARBEITSPLÄTZE 1987	2'186	8'409	6'082	9'160	7'831	33'668

Legende: SE: Sebald, LO: Lorenz, MI: Mitte, W: West, E: Ost; Zellenabgrenzung: Abbildung 28
SEEWER 2000 nach PARKFLÄCHENANGEBOT 1990

Tabelle 33: Das Parkflächenanggebot in der Nürnberger Altstadt 1990

Die Innenstadt ist für den *Fahrradverkehr* nur mittelmässig erschlossen. Der Innenstadtring stellt ein Hindernis dar. Zwar führt in West-Ost-Richtung ein attraktiver Radweg entlang der Pegnitz, es gibt auch einen Radwegring um die Altstadt herum. In Nord-Süd-Richtung wirkt die ausgedehnte Fussgängerzone als Barriere. Radfahrer können das Zentrum erst seit 1993 während der Lieferzeiten befahren. In der Innenstadt fehlen Abstellplätze (LEITBILD VERKEHR 1992:11).

In der Altstadt ist in einem schrittweisen Ausbau ein Fussgängerbereich mit acht Kilometer Weglänge entstanden. Nürnberg besitzt damit einer der grössten autofreien Innenstadtbereiche der Bundesrepublik Deutschland. 10 km Passagen, Durchgänge sowie Wege entlang der Pegnitzufer und der Stadtmauer ergänzen das Fusswegnetz im Zentrum (nach MONHEIM 1997b:183; Abbildung 30). Die Bedingungen für die Fussgänger können als angenehm eingestuft werden. Das Bild wird getrübt durch die kaum attraktiven Verbindungen in die angrenzenden Wohnquartiere, die den viel befahrenen Innenstadtring alle in unattraktiven Unterführungen oder auf Fussgängerüberwegen[76] queren. Die Belastung durch den Anlieferverkehr beschränkt sich mehrheitlich auf die Erschliessungsstrassen, in den Fussgängerzonen selber ist er auf die Zeit zwischen 18.30 und 10.30 beschränkt. Neuerdings wird versucht, mit Hilfe des City-Logistik-Projektes ISOLDE[77] die Zahl der Fahrten zu reduzieren.

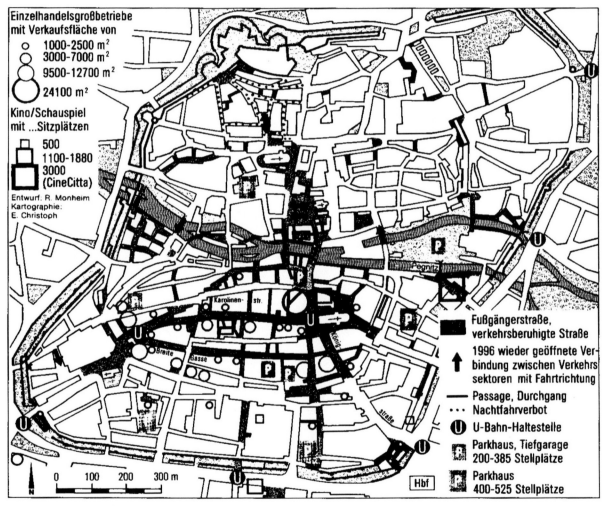

MONHEIM 1997b:182

Abbildung 30: Verkehrserschliessung der Nürnberger Innenstadt

Gesamthaft beurteilt ist das Verkehrsangebot zur Nürnberger Innenstadt gut (s. a. MONHEIM 1997bc und LÖLHÖFFEL 1997:22,23). Mit dem Auto konnte fast jeder Punkt problemlos angefahren werden, die Durchfahrt durch die Altstadt war jedoch im Prinzip Mitte der Neunzigerjahre nicht möglich. Für

---

[76] Fussgängerstreifen

[77] Innerstädtischer Service mit Optimierten Logistischen Dienstleistungen für den Einzelhandel

den Fahrradverkehr, aber auch beim ÖV bestehen gewisse Einschränkungen. So sind Leute, die im Einzugsgebiet der U-Bahn wohnen, zwar schnell in der Lorenzer Altstadt. Wer umsteigen muss, und das ist für die Fahrt in die Sebalder Altstadt fast immer nötig, hat einen grösseren Zeitaufwand in Kauf zu nehmen. Zwischen den beiden Altstadthälften ist keine direkte Verbindung vorhanden. Umso mehr sind die Leute darauf angewiesen, alle wichtigen Ziele über direkte und attraktive Fusswege erreichen zu können.

Zum Verkehr in der Innenstadt liegen verschiedene jüngere Untersuchungen vor. Die Abteilung Angewandte Stadtgeografie des Instituts für Geowissenschaften der Universität Bayreuth hat 1988 und 1993/94 im innenstädtischen Einkaufsbereich Passantenbefragungen durchgeführt und dabei zahlreiche Indikatoren erhoben. Eine Übersicht über die Ergebnisse zeigt MONHEIM (1997c). SOCIALDATA (1991d) hat in einer kombinierten schriftlichen und mündlichen Befragung eine repräsentative Stichprobe der Nürnberger Bevölkerung befragt. Die BAG hat 1988 und 1992 in einer Befragung die Besucher ihrer angeschlossenen Betriebe, der Grosskaufhäuser Karstadt, Kaufhof und Hertie, u. a. nach der Verkehrsmittelwahl gefragt. Die Daten ergeben eine gute Zustandsanalyse, vermögen aber keine zeitliche Entwicklung aufzuzeigen. Die Erhebungen liegen zu nahe beieinander und gründen auf einer unterschiedlichen methodischen Basis. Der Trend scheint allerdings eher weg vom Autoverkehr zu führen. MONHEIM (1997c:51) vergleicht seine Untersuchungen 1988 und 1994/95 und stellt einen leichten Bedeutungsgewinn des Umweltverbundes fest (Tabelle 34).

Erhebung ⇩	Zu Fuss	Fahrrad	Mot. Zweirad	PKW (als Fahrer)	PKW als Mitfahrer	P+R	ÖV
Quell-/Zielverkehr Innenstadt, 1989 (1)	13 %	12 %	0 %	31 %	4 %	-	40 %
Binnenverkehr Innenstadt, 1991 (1)	84 %	5 %	0 %	7 %	0 %	-	4 %
Verkehrsmittelwahl zur Innenstadt, 1994/5 (2)	17 % Σ 15 % Do 13 % Sa 19 % No	6 % Σ 7 % Do 4 % Sa 7 % No	0 % Σ 0 % Do 0 % Sa 1 % No	28 % Σ 31 % Do 39 % Sa 23 % No	-	5 % Σ 4 % Do 7 % Sa 4 % No	44 % Σ 43 % Do 36 % Sa 46 % No
BAG; Einkauf in der Innenstadt (inkl. Regionsbewohner) (3) 1988	12 %	2 %	-	23 %	16 %	-	47 %
BAG; Einkauf in der Innenstadt (inkl. Regionsbewohner) (4) 1992	16 % Do 18 % Fr 18 % Sa	-	-	32 % Do 27 % Fr 41 % Sa	-	-	52 % Do 56 % Fr 46 % Sa

Erklärungen:, Do = Donnerstag, Fr = Freitag, Sa = Samstag, No = normaler Wochentag; Σ = Summe/Total
SEEWER 2000 auf Grund folgnder Quellen: (1) SOCIALDATA 1991d:1, (2) MONHEIM 1997c:37; (3) SOCIALDATA 1991d:14, (4) MONHEIM 1997c:36; s. a. BAG 1989 und 1993

Tabelle 34: Modalsplit Nürnberger Altstadt

Auf dem Weg zur Innenstadt beträgt der Anteil des Fussgängerverkehrs zwischen 12 und 19 %. In der Innenstadt selber werden 84 % aller Wege zu Fuss zurückgelegt. Dies Zahl bestätigt die Annahme, dass der „Durchgangsverkehr" in der Innenstadt für alle übrigen Verkehrsmittel erschwert ist. Der Anteil des Fahrradverkehrs schwankt zwischen 2 und 12 %. Die Bedeutung des Fahrrads ist damit eher gering. Der niedrige Anteil von 5 % beim innenstädtischen Binnenverkehr lässt sich auf die zum Erhebungszeitpunkt für Fahrräder undurchlässige Fussgängerzone zurückführen. Der Anteil des Autoverkehrs bewegt sich zwischen 23 und 41 %. Samstags benutzen die Einkaufenden das Auto mehr als an den anderen Wochentagen. Der Anteil des öffentlichen Verkehrs schwankt zwischen 36 und 56 %. Am Samstag ist er etwas tiefer als an den übrigen Wochentagen. Insgesamt benutzen die Nürnberger auf ihrem Weg zur Innenstadt etwa zur Hälfte die öffentlichen Verkehrsmittel.

Die Behörden erheben regelmässig die Verkehrsmenge, die in die Altstadt einfährt. Während beim Kraftfahrzeugverkehr zwischen 1978 und 1991 eine bedeutende Abnahme festzustellen war, stieg die Zahl der Fahrräder deutlich an (Tabelle 35; s. a. SPAN 1993). Der Rückgang des Autoverkehrs kann auf verkehrspolitische Massnahmen in der Innenstadt und die Abnahme des Durchgangsverkehrs zurückgeführt werden. Die Zunahme beim Fahrradverkehr ist wohl auf die Fördermassnahmen (Radwegbau) und die allgemein gestiegene Popularität des Velos als Verkehrsmittel zurückzuführen.

	JULI 1978	JULI 1984	JULI 1991
KRAFTFAHRZEUGE	161'341	150'258	121'176
FAHRRÄDER	3'515	8'603	26'495

SEEWER 2000 nach AMT FÜR STADTFORSCHUNG UND STATISTIK DER STADT NÜRNBERG 1993a:162

Tabelle 35: Ein- und Ausfahrten in die Nürnberger Altstadt zwischen 6 und 22 Uhr

Zur Belegung der Parkplätze gibt es keine umfassenden Untersuchungen. MONHEIM (1997b:38) stellt fest, dass die Parksituation für Innenstadtbesucher wesentlich besser sei als ihr Ruf. 74 % der Autofahrer finden sogleich einen Parkplatz, während nur 12 % länger suchen mussten. Eine Untersuchung eines privaten Parkhausbetreibers zeigt, dass die durchschnittliche Auslastung der Parkhäuser während der Geschäftszeit 60 bis 76 % beträgt; samstags kann sie bis zu 90 % steigen. Knapper sind aber offensichtlich die Strassenrandparkplätze. Die Auslastung ist allerdings seit der Gebührenerhöhung 1992 gesunken. Sie schwankt zwischen 40 und 70 % (MONHEIM 1997c:38).

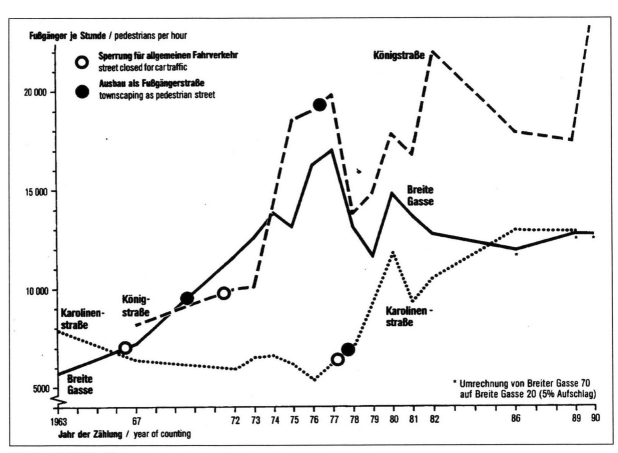

MONHEIM 1997c:55

Abbildung 31: Fussgängerverkehr in Nürnberger Hauptgeschäftsstrassen am dritten Samstag vor Weihnachten 1963 bis 1990

Zum Fussgängerverkehr im Zentrum liegen viele Zählungen vor, die die Entwicklung der Passantenzahlen in verschiedenen Gassen des Fussgängerbereichs aufzeigen (Abbildung 31; zur genauen Interpretation der Grafik s. MONHEIM 1990c:55 und 1980:95-103). Grundsätzlich sind die Passantenfrequenzen in der Innenstadt gestiegen, es ist aber zu Verschiebungen zwischen einzelnen Strassen(abschnitten) gekommen. Mit der Einführung und Gestaltung von Fussgängerbereichen hat die Attraktivität und damit die Fussgängerzahl zugenommen. Die tendenziell leicht rückläufige Bedeutung der Breiten Gasse lässt sich auf eine Veränderung der Geschäftsstruktur und auf einen Verfall der Gestaltungselemente wie Strassenbelag und Möblierung zurückführen. Inzwischen hat die Gasse eine gestalterische Aufwertung erfahren (NN 23.4.93; NZ 3.12.93). Die wichtigste Verbindung zwischen den Stadtteilen Lorenz und Sebald passieren täglich 50'000 Personen. In der Spitzenstunde gehen dort 6'000 Passanten durch (ACHNITZ 1993:3).

5.2.1.4 Die Situation des Einzelhandels - Erreichbarkeitsdiskussion

Auch in Nürnberg stellt der innenstädtische Einzelhandel ein wichtiger wirtschaftlicher Faktor dar. Allerdings ist die Datenlage, bezüglich Struktur und Entwicklungen ungenügend, um eine quantitative Analyse vorzunehmen. Geprägt wird die Situation vielmehr durch Meinungen und Einschätzungen, die entweder durch Einzelereignisse, wie die Schliessung eines traditionellen Betriebes, oder aber durch Befragungen zu Stande gekommen sind. Ein allgemein gehaltenes Resümee aus einem Bericht zur Zukunft der Altstadt verdeutlicht die Lage: *„Nach den (wenigen) vorliegenden Strukturdaten ist im Wesentlichen davon auszugehen, dass die Altstadt als Wirtschaftsstandort viele stabile Elemente aufweist und das vorhandene Potenzial genügend Ansatzpunkte für eine Weiterentwicklung bietet. Gleichzeitig steht der Standort, wie aus Befragungsergebnissen und Betriebsbesuchen hervorgeht, insbesondere in den Sektoren Einzelhandel, Ladenhandwerk und z. T. Hotellerie und Gastronomie unter Druck, der in den letzten Jahren, teilweise standortunabhängig durch die Konjunkturlage, aber andernteils auch durch Konkurrenzstandorte in Aussenlagen und im Umland verstärkt wurde. Eine starke Verunsicherung hinsichtlich der Perspektiven des Standortes ist bei den Altstadtbetrieben aller Branchen im Hinblick auf die verkehrliche Erreichbarkeit mittels Individualverkehr und hinsichtlich der Abwicklung des Lieferverkehrs zu registrieren. Häufig wird deshalb die Diskussion von Standortproblemen unter Vernachlässigung anderer Einflussfaktoren auf die Verkehrsfrage verengt."* (ENTWICKLUNGSKONZEPT ALTSTADT 1995:19)

So dreht sich denn die ganze Diskussion um die Erreichbarkeit. Es stehen sich drei verschiedene Positionen gegenüber.

- Die Vertreter des Einzelhandels anerkennen zwar, dass Restriktionen im Verkehrsbereich nicht alleine Schuld sind an der Verschlechterung der Geschäftsstandorte und an Geschäftsaufgaben. Sie räumen ihnen aber einen grossen Stellenwert ein. *„Vielmehr ergeben viele kleine Mosaiksteine ein Gesamtbild. Beispielsweise führt eine Rezessionsphase verbunden mit realen Lohneinbussen, die mit deutlicher Parkraumverknappung und Verteuerung von Parkraum (...) sowie unabhängig entstandenen Alternativstandorten in der Peripherie zusammenfällt, zu entsprechenden Kundenverlusten."* (POLLER 1997:30) Entsprechend wehrt sich der Handel gegen zu starke Restriktionen für den Automobilverkehr (VERBRAUCHERVERHALTEN 1993). In jüngster Zeit zeigen sich die Vertreter des Einzelhandels kompromissbereit. Die Entwicklung ihrer Position und Argumentationslinien wird in den folgenden Kapiteln thematisiert werden.

- Auf der anderen Seite stehen die Untersuchungen von Monheim, der erhoben hat, dass die Besucher mit den Verkehrsmassnahmen mehrheitlich einverstanden sind. Zudem haben die Passantenzahlen in der Innenstadt zugenommen (Abbildung 31). Samstags ist die Stadt gar überfüllt. MONHEIM (1997c:57) attestiert der Innenstadt eine gute Erschliessungsqualität: *„Die Autoerreichbarkeit ist auch heute auf einem hohen Stand sichergestellt. ... Die jahrelange Negativdarstellung der Autoerreichbarkeit in der Presse, die immer wieder durch die Klagen des Einzelhandels angeheizt wurde, hat insbesondere bei Nürnbergern psychologische Hürden bezüglich der Autoerreichbarkeit aufgebaut, die ... nicht der Wirklichkeit entsprechen."*

- Meinungen aus der Stadtverwaltung gehen davon aus, dass sich die Erreichbarkeit der Stadt mit dem U-Bahnbau und dem weiteren Ausbau des S-Bahnnetzes noch verbessern werde. Sowohl Besucher als auch Einzelhändler hätten ein realitätsfremdes Bild der Erreichbarkeit. So werde der MIV-Kundenanteil überschätzt, die Händler hätten Negativ-Propaganda gemacht und das Image des ÖV entspreche nicht seiner Leistungsfähigkeit und dem steigenden Komfort (nach LÖLHÖFFEL 1997:22,23).

Alle drei Positionen gehen in Ihren Schlussfolgerungen von einer vermehrten Zusammenarbeit und einer gemeinsamen Handlungsstrategie aus. Es müssten Ziele gesetzt werden, um die Innenstadt mit einem gezielten Marketing gegen aussen zu profilieren. Dabei spielen durchaus nicht nur die Aspekte des Einzelhandels eine Rolle, sondern auch die Interessen der Bewohner, das kulturelle Angebot und der Tourismus (s. ENTWICKLUNGSKONZEPT ALTSTADT 1995). Bevor es allerdings zu dieser einvernehmlichen Diskussionen um die Zukunft kam, war eine intensive und kräftezehrende Auseinandersetzung um eine konkrete Verkehrsmassnahme, die Schleifenlösung, angesagt.

5.2.2 Die Diskussion um die Schleifenlösung

5.2.2.1 Die Entstehung der Idee

Vor den Wahlen vom 19. März 1990 hatte sich die Verkehrsdiskussion nach der definitiven Sperrung des Rathausplatzes wieder etwas beruhigt. Verkehr war zwar im Wahlkampf durchaus ein Thema, der rot-grünen Koalition gelang es, ihre Mehrheit zu halten und den Bürgermeisterposten von Dr. Schönlein zu verteidigen (Tabelle 36).

	CSU	SPD	GRÜNE	FDP	REP[78]	DKP[79]
1984	30	34	4	1	-	1
1990	26	32	6	2	4	-

SEEWER 2000 nach AMT FÜR STADTFORSCHUNG UND STATISTIK DER STADT NÜRNBERG 1993a:61
Tabelle 36: Die Sitzverteilung im Nürnberger Stadtrat 1984 und 1990

In den anschliessenden Koalitionsverhandlungen kam es zwischen der SPD und den Grünen zu Disputen um die verkehrspolitische Ausrichtung und Stadtentwicklungsfragen (NN 8.,10.11.90; NZ 1.11.90). Im Zentrum standen die Frage der Verbilligung der VAG-Tarife und die Altstadtverkehrspolitik. Schliesslich konnten die Koalitionspartner fürs Stadtzentrum als Zielsetzung folgende Entwicklungsrichtung festlegen: *„Im grundsätzlichen Ziel, den Individualverkehr aus der Altstadt fernzuhalten, sind sich SPD und Grüne einig. Während die Alternativen zunächst allem ‚Fremdverkehr' die Zufahrt verweigern wollten, setzten sich die Sozialdemokraten mit dem Vorschlag durch, dass die Parkhäuser über Stichstrassen und ein Schleifensystem erreichbar sein müssen. Den Durchgangsverkehr in der Altstadt will auch die SPD - wie berichtet – unterbinden."* (NN 10.11.90) Die Idee einer Schleifenlösung sollte an Stelle einer weiter gehenden Lösung, einer autofreien Altstadt, wie sie die Grünen portierten, treten (NN 8.1.91). Auf der anderen Seite sprach sich die CSU klar gegen eine Isolierung der Altstadt aus. Die Schleifenlösung war in ähnlicher Form bereits in den Sechzigerjahren diskutiert worden, die als Variante auch in der GVP enthalten war, den Planern aber nicht realisierbar erschien.

Bereits im Januar diskutierte der Verkehrsausschuss des Stadtrates Verkehrslösungen für die Innenstadt (NN 18.1.91). Als wichtiger Akteur und Vordenker für neuartige Lösungen setze sich Prof. Walter Anderle, der neue Baureferent in Szene (s. Exkurs; NZ 19.10.90). In der Diskussion ging es um die Einführung eines erweiterten Parkleitsystems (PLS). Verwaltung und Mehrheitsparteien warnten vor falschen Erwartungen an ein solches System. *„Als Verkehrsplaner sehe ich keinen besonderen Sinn in dieser Massnahme. Wenn nachprüfbar ist, dass Parkplätze überall noch frei sind,*

---

[78] Die Republikaner

[79] Deutsche Kommunistische Partei

dann braucht es kein Parkleitsystem ... Wenn dagegen sehr starker Andrang herrscht und alles voll ist, dann braucht es auch kein Parkleitsystem. Also braucht es ein solches System nur dann, wenn irgendwo was frei ist und an den anderen Orten alles voll. Das ist eine begrenzte Einsatzmöglichkeit." (I11) Statt eines aufwändigen System wollte man sich deshalb mit einfachen Hinweisschildern begnügen. Im Oktober 1991 wurde die Einführung eines aufwändigen PLS vorläufig abgelehnt. In der gleichen Sitzung stellte die CSU ihre verkehrspolitischen Ideen für die Innenstadt vor. Das Hauptproblem sei der Pendlerverkehr. Deshalb müssten die Zahl der Dauerparkplätze reduziert und mehr Kurzzeitparkplätze geschaffen werden. Die Schleifenlösung könne erst eingeführt werden, wenn ausreichend P+R-Plätze zur Verfügung stünden, der ÖV verbessert und ein PLS eingerichtet sei.

Exkurs: Planungs- und Baureferent Prof. Walter Anderle

Anderle löste 1990 den langjährigen Baureferenten Otto Peter Görl ab. Er kam aus Hanau/Main und hatte sich dort den Titel „Professor Pflasterle" erworben, weil er sich für die Pflästerung von Altstadtplätzen eingesetzt hatte. Am vorherigen Wirkungsort führte er auch den Spitznamen „Rückbaurat". Sein Ziel war zu diesem Zeitpunkt ein Verkehrskonzept für die Altstadt mit der Sperrung verschiedener Durchgangsstrassen und der Einführung eines PLS. In seiner politischen Arbeit setzte er sowohl auf Zwang als auf Einsicht. Schon bald setzten aber Diskussionen um seine Ideen, seine Person und seinen Führungsstil ein (nach NN 22.5.91).

In der Folge blieb es einige Monate ruhig um die Innenstadt. Für Diskussionsstoff sorgte einzig der angeblich überbordende Lieferverkehr und die vielen Parksünder in der Altstadt (NN 23.2.91, 2.3.91). Im Juni 1991 zeichnete sich ab, dass der Baureferent bestrebt war, in der Frage der Innenstadtverkehrspolitik einen Schritt vorwärts zu machen. Dies kam im Rahmen von Gesprächen mit verschiedenen Verbänden und Organisationen zum Leitbild Verkehr zum Ausdruck. Die Wirtschaftsverbände betonten zwar die Vorteile der Verkehrsberuhigungmassnahmen, forderten aber aus wirtschaftlichen Gründen ein PLS, mehr Parkhäuser, Kurzzeitparkplätze und wiederum Verbesserungen beim ÖV. Ihre Taktik war es offensichtlich, Zeit zu gewinnen (NN,NZ 11.6.91). Doch schon wenige Wochen später stellte Anderle das neue Verkehrskonzept für die Altstadt vor (NZ 3.7.91). Es geht vom in Nürnberg allgemein akzeptierten Grundsatz aus, dass das Auto in Städten nur an zweiter Stelle komme und stattdessen der Fussgängerverkehr zu fördern sei. Ziel war die Einrichtung der Schleifenlösung, die die Innenstadt in fünf Zellen teilt, die untereinander nicht verbunden sind. Später wurde von verschiedener Seite kritisiert, dass der Begriff „Zelle" aus Imagegründen und marketingpolitischen Überlegungen wohl nicht so geschickt gewählt sei. Im Zuge der Einführung der Schleifenlösung sollte das Einbahnsystem aufgehoben werden, um den Radfahrern mehr Bewegungsraum zu verschaffen, und die Fussgängerzonen neu gestaltet sowie Tempo 30 in der ganzen Altstadt eingeführt werden. Wohl kaum zufällig stellte die Stadt am gleichen Tag Pläne vor, wie Gebiete mit grossen Verkehrsflächen, die nach der Rathausplatzsperre brach lagen, wie beispielsweise grosse Bereiche des Obstmarktes, neu genutzt und gestaltet werden könnten (NN 2.7.91). Die Reaktionen auf den Vorschlag waren heftig, nicht zuletzt auf Grund eines Innenstadtplanes, der in der NN erschien und suggerierte, es seien nicht mehr alle Parkhäuser anfahrbar. Die Stadt versuchte darauf, die Bedenken zu entkräften und betonte nochmals, dass es Ziel sei, den Durchgangsverkehr durch die Altstadt zum Verschwinden zu bringen. Es sei auch nicht mit Überlastungen auf dem Ring zu rechnen (NN 4.7.91). Die privaten Parkhausbetreiber unterstützen die Verkehrslösung, forderten aber ein PLS (NN 11.7.91). Im gleichen Zeitraum präsentierte die Verwaltung ein Radverkehrskonzept für die Altstadt und rief die Privatpersonen auf, sich persönlich für die Attraktivierung verkehrsberuhigter Bereiche einzusetzen (NZ 3.7.91). Mit Hilfe der Daten der Untersuchung von Socialdata versuchten die offiziellen Stellen zu belegen, dass eine Drosselung der PKW-Fahrten durchaus möglich wären (NZ 5.7.91).

Am 11. Juli 1991 nahm das als „Altstadtpaket" bezeichnete Verkehrskonzept die erste Hürde. Einstimmig beschlossen Verkehrs- und Stadtentwicklungsausschuss die Weiterführung der Planungen. Im Herbst 1991 sollte eine endgültige Vorlage ausgearbeitet sein. Neben der Eliminierung des Durchgangsverkehrs waren neue Radrouten, Verkehrsberuhigungsmassnahmen und das Ausmerzen städtebaulicher Sünden die Hauptzielsetzungen des Pakets. Im Gegensatz zur Rathausplatzsperre stellte sich auch die oppositionelle CSU zu diesem Zeitpunkt hinter die Massnahmen. Umstritten war einzig die Frage zusätzlicher Parkplätze sowie das PLS (NN,NZ 12.7.91). In öffentlichen Veranstaltungen sprachen sich die Altstadtbewohner für die vorgesehenen Massnahmen aus (NN 18.7.91). Gleichzeitig forderten die Grünen weiter gehende Verkehrsberuhigungsmassnahmen für die Gebiete innerhalb des Mittleren Rings (NN,NZ 24.7.91).

Nach einer ruhigen Sommerpause meldete sich im September 1991 die Handwerkskammer mit einem „Brandbrief" zu Wort. Darin protestieren die Handwerker gegen die Schleifenlösung. Ihre Fahrzeuge könnten nicht mehr durchfahren, Kundenparkplätze fielen weg und man beginne mit dem Probelauf, ohne dass ein PLS besteht. Weiter seien die Finanzierung fraglich und die Anwohnerparkregelung noch nicht getroffen (NN,NZ 11.9.91). Kritik an der Sperre äusserten neben den Handwerkern auch die IHK und der Einzelhandelsverband, aber auch der DGB (Deutsche Gewerkschaftsbund) (NZ 17.9.91, NN 18.9.91, 15.10.91, NZ 18.10.91). Die Kritik war aber nie grundsätzlich, stattdessen wurden zusätzliche Massnahmen gefordert, um die Erreichbarkeit aufrechtzuerhalten (z. B. mit einem Citybus) und den Wirtschaftsverkehr nicht zu behindern. Die Argumentationslinie der Kritiker illustriert die Zusammenfassung der Stellungnahme des LBE zu den Plänen der Stadt.

Zusammenfassend zu den vorstehenden Punkten hält der Landesverband des Bayerischen Einzelhandels e.V., Bezirk Mittelfranken fest:

1. Die uns vorliegenden Unterlagen der Stadt Nürnberg erwecken den Eindruck, dass der Einkaufsverkehr mit dem PKW alleine Ursache für die Verkehrsprobleme der Innenstadt ist. Da nur 3 % - 5 % aller gefahrenen Pkw-Kilometer dem Einkaufen in der Innenstadt dienen (Quelle: Verkehr in Zahlen 1990, Bundesverkehrsministerium) ist diese Auffassung falsch.

Für den Berufspendlerverkehr, das Hauptproblem, sind auch in dieser Vorlage keine Lösungsansätze erkennbar. Der Stadtverkehr ist die Summe vieler Komponenten, darunter insbesondere vorgenannter Berufsverkehr, Durchgangsverkehr, Versorgungsverkehr und Wirtschaftsverkehr.

Wie schon ausgeführt ist Problem Nr. 1 die hohe Zahl von Berufspendlern mit dem PKW.

Deshalb fordern wir eine konsequente Umwandlung von Dauer- in Kurzzeitparkplätze, um die Innenstadt von Berufspendlern zu entlasten. Die teilweise geäusserte Schlussfolgerung, dass eine Beibehaltung oder Erhöhung der Kurzzeitparkplätze automatisch ein höheres Verkehrsaufkommen nach sich ziehe, halten wir für völlig falsch, da die Verkehrsbelastung durch neue und noch nicht ausgeschöpfte Massnahmen, wie z. B. Park- und Verkehrsleitsystem, in Grenzen gehalten werden kann.

Zielvorgabe muss daher zumindest die Beibehaltung der bisherigen Anzahl der Kurzzeitparkplätze sein, wobei die Dauerparkplätze im Innenstadtbereich reduziert werden müssten, um die Verkehrsbelastung in Verbindung mit der Installation eines Verkehrs- und Parkleitsystems spürbar zu reduzieren.

2. Bevor zu restriktiven Massnahmen wie Strassensperrungen gegriffen wird, müssen die herkömmlichen Massnahmen zur Gestaltung des Stadtverkehrs, wie Parkraumbewirtschaftung, Verkehrslenkung, neue Angebote im öffentlichen Nahverkehr, Serviceangebote des Einzelhandels und stadtverträgliche Abwicklung des Güterverkehrs optimiert werden.

3. Einer der wichtigsten Gründe, warum wir diesen Planungen zu unserem Bedauern nicht zustimmen können, ist darin zu sehen, dass es sich hier wieder um eine einzelne isolierte Massnahme handelt, welche nicht in eine langfristige, sich über ganz Nürnberg erstreckende, integrierte Planung fliesst.

4. Massnahmen wie die vorliegende Planung bedürfen sorgfältiger Untersuchungen hinsichtlich der Überforderung des öffentlichen Nahverkehrs, der Abschnürung des Umlandes und der daraus resultierenden Aufwertung der grünen Wiese bzw. konkurrierender anderer Standorte.

Auch während einer eventuellen Probephase müssten die Auswirkungen wissenschaftlich untersucht werden. Einen Hinweis auf eine wissenschaftliche Begleitung der geplanten Massnahmen konnten wir den Unterlagen leider nicht entnehmen.

5. Eine umweltgerechte Verkehrsplanung der Stadt Nürnberg muss eine Angebots- und darf keine Restriktionsplanung sein.

SEEWER 2000 nach LBE 1991

Tabelle 37: Stellungnahme des LBE zu den Plänen der Stadt vom 5.9.1991

Im Oktober 1991 stimmte der Verkehrsausschuss dem Dringlichkeitsantrag von Anderle zu, die Parkgebühren auf 5 DM/h zu erhöhen (NN 18.10.91). Danach blieb es für einige Zeit ruhig; die Verwaltung schien des Projekt hinter der Kulisse weiterzuverfolgen. Die Presse nahm Meldungen über Geschäftsschliessungen, die ihre Ursache angeblich in der Verkehrssituation hatten, begierig auf, so beispielsweise eine Liste des Einzelhandelsverbands mit allen Betrieben, die seit der Rathausplatzsperre schliessen mussten (NNA 9.1.92). In diesem Zeitraum bekräftigten SPD und Grüne ihr Bündnis, hielten ausdrücklich an der Schleifenlösung fest und postulierten den Grundsatz ÖV vor Auto (NN, NZ 26.2.92).

Im Januar machte dann das Wirtschaftsreferat bekannt, dass eine Fortschreibung des Entwicklungskonzepts Altstadt an die Hand genommen werden soll. Die Vorarbeiten dazu waren schon unmittelbar nach der definitiven Einführung der Rathausplatzsperre aufgenommen worden (LÖLHÖFFEL 1990a). Der zuständige Referent Doni betonte, dass es wichtig sei, auf die sich abzeichnenden Veränderungen zu reagieren. Er verwies auf die Tatsache, dass es in der Sebalder Altstadt noch viele Wohnungen gebe. Veränderungspotenzial bestehe deshalb, weil für diese in der nächsten Zeit die Preisbindung entfallen werde und dort v. a. alte Singles lebten. Ein ähnlicher Nutzungswandel zeichne sich beim Einzelhandel ab, so sprach er von Textilisierung und der Verdrängung traditioneller Betriebe. Besonderes Gewicht komme der Erreichbarkeit mit dem Auto zu; die Aufenthalts- und Gestaltungsqualität müsse aber auch verbessert werden (NN 27.1.92; s. a. LÖLHÖFFEL 1990b).

5.2.2.2 Die Schleifenlösung wird Realität

Am 27. Juli 1992, kurz vor der Sommerpause, fiel der Entscheid im Verkehrsausschuss. SPD und Grüne stimmten der Stufe 6 des Altstadtverkehrskonzepts zu. Das Modell sollte während eines Jahres erprobt und, gemeinsamen mit dem Handel, wissenschaftlich begleitet werden. Konkrete Massnahmen waren die Einführung fünf unabhängiger Verkehrszellen, Tempo 30 in der ganzen Altstadt, Parkplatzbewirtschaftung rund um die Uhr, neue Fussgängerzonen an den Sperrstellen zwischen den Zellen sowie die Aufhebung von Einbahnstrassen (NN,NZ 28.7.92; s. a. NNA 26.8.92). Das ganze Massnahmenpaket war auf 300'000 DM voranschlagt. Einzelne Elemente sollten leicht wieder rückgängig gemacht werden können, falls sie sich nicht bewähren würden. Aus Kostengründen wurde auf die Einrichtung einer City-Buslinie verzichtet (NN 14.7.92). Der Einzelhandelsverband liess die Schleifenlösung als diskussionswürdig gelten, forderte aber weiterhin zusätzliche Massnahmen wie ÖV-Verbesserungen und ein PLS, andernfalls seien Geschäfte in ihrer Existenz gefährdet. Die CSU fürchtete v. a. den zusätzlichen Parksuchverkehr (NN 28.7.92). Erneut gab es Verwirrung um die in den Zeitungen abgedruckte Karte, auf der nicht alle Parkhäuser zugänglich scheinen (NN 29.07.92).

Gegen die Schleifenlösung begann sich bald stärkere Opposition zu regen, die Wirte erwogen gar, mit einem Streik während der Spielwarenmesse zu protestieren. Sie schlugen vor, die Fussgängerzone abends für den MIV zu öffnen (NN,NZ 11.8.92). Es bildete sich eine eigentliche „Einheitsfront" gegen die Schleifenlösung, der sich die IHK, der Hotel- und Gaststättenverband, der Einzelhandelsverband und die Junge Union, die Jugendpartei der CSU, anschlossen (NN 21.8.92, NZ 29.8.92). Die Opposition äusserte sich auch im Rahmen von Bürgerveranstaltungen (NNA 13.8.92). Sie argumentierte damit, dass es bereits heute in der Altstadt keinen Durchgangsverkehr mehr gebe. Mit der Schleifenlösung werde die Altstadt ausgetrocknet und für Einkäufe unattraktiv. Bewohner der angrenzenden Quartiere fürchteten sich vor dem zusätzlichen Durchgangsverkehr und forderten entsprechend Massnahmen im ganzen Stadtgebiet. Im gleichen Zeitraum veröffentlichte der ADAC die Resultate einer Befragung zu den erhöhten Parkgebühren. Die wichtigsten Resultate der Studie sind: Häufiger Wechsel pro Parkplatz, Auslastungsquote 53 - 62 %, 33 % illegale Parker sowie 12 % Umsteiger auf den ÖV. Der ÖV erhält allerdings schlechte Noten, er sei unpünktlich, die Preise seien hoch und die Zeittakte ungünstig. Wenn nicht zumindest ein PLS eingeführt werde, sehe der ADAC der Schleifenlösung „mit Grauen entgegen" (NN 16.9.92).

Die Stadt hielt weiterhin an ihren Plänen fest und informierte die Öffentlichkeit in den Medien über die geplanten Massnahmen. Im Strassenraum wurden die Autofahrer mit Hilfe von Informationstafeln orientiert. Zudem liess das Stadtplanungsamt eine Broschüre ausarbeiten, deren Auflage mit 10'000 relativ gering erscheint. In der Presse erhielt die Opposition viel Raum zugestanden, die neu auch vor dem Zusammenbruch des Verkehrs auf dem Ring warnte (NN 7.10.92).

Ab 17. Oktober 1992 galt schliesslich für die Probephase von einem Jahr die neue Verkehrsführung Altstadt (s. folgender Exkurs). Die ersten Tage verliefen relativ chaotisch. Es kam zu Staus bei den Ampeleinfahrten, die aber mit veränderten Ampelschaltungen behoben werden konnten. Auch zeigten einige Automobilisten Mühe mit der Umstellung. Kritik geübt wurde an der Informationstätigkeit der Verwaltung (NN 20.10.92). Die Polizei wies jede Verantwortung von sich und machte die Planer für die Anfangsschwierigkeiten verantwortlich; immer wieder wurde betont, dass nach Ende der Probephase noch Änderungen vorgenommen werden könnten (NN,NZ 21.10.92). Die Sperren und Tempo 30 wurden noch sehr oft missachtet, doch sollten zwei Wochen nach Einführung der Massnahme harte Kontrollen durchgeführt werden. Der Einzelhandel und Wirte gaben sich leidend, es sei trostlos ruhig in der Innenstadt. Sie verwiesen auch auf das negative Beispiel Aachen (NN 4.,11.11.92).

Exkurs: Neue Verkehrsführung Altstadt (Schleifenlösung)

Das Massnahmenpaket umfasst folgende Elemente:

- Unterbrechung verschiedener Strassenstücke des früheren Altstadtinnenrings sowie weiterer Bereiche: Maxbrücke, Weisser Turm, Mauthalle, Spitalbrücke; Färberstrasse zwischen Brunnengasse und Adlerstrasse, Durchfahrt Unschlittplatz - Obere Wörthstrasse. Diese Verbindungen können von Fahrrädern in beiden und von Taxis in einer Richtung weiterhin befahren werden.
- Aufheben von Einbahnstrassen: Karl-Grillberger-Strasse, Peter-Vischer-Strasse nördlich der Katharinengasse, Färberstrasse bis zur Brunnengasse.
- Tempo 30 in der gesamten Altstadt; Abschalten verschiedener Lichtsignalanlagen.
- Für die neuen Sperrzonen gelten die gleichen Lieferzeiten (18.30 - 10.30); Max- und Spitalbrücke bleiben allerdings für den Lieferverkehr gesperrt.

(nach NEUE VERKEHRSFÜHRUNG ALTSTADT: 1992); Strassennamen s. Abbildung 28

Die ersten Erfahrungen veranlassten die Stadt, Korrekturen am Konzept bekannt zu geben. In Presseberichten sei der Eindruck entstanden, die Innenstadt sei nicht mehr befahrbar. Mit neuen Hinweisschildern sollten die Autofahrer auf die Schleifen und die Parkhauszufahrten aufmerksam gemacht werden. Neu durften auch Rettungsdienste die Sperren passieren, nicht aber die Handwerker, wie dies gefordert worden war. Der Einzelhandel stellte Umsatzverluste bis 35 % fest und sah 1'000 Arbeitsplätze gefährdet. Der Handel gestand allerdings auch eine Eingewöhnungszeit bis anfangs 1993 ein (NN 18.11.92). Auch die Stadt signalisierte Zusammenarbeitsbereitschaft und kündigte weitere Änderungen an (NN,NZ 9.12.92). Im Folgenden beruhigte sich die Diskussion. Die Kritik verschwand aber hüben und drüben nirgends vollständig. Grüne Gruppen stellten seit der Schleifenlösung mehr Verspätungen auf dem Strassenbahnnetz fest (NN 23.12.92) und forderten deshalb zusätzliche Sperren und Verkehrsberuhigungsmassnahmen in allen Wohnquartieren. Die Parteispitzen der Grünen und der SPD stellten sich aber gegen solche Forderungen, da zuerst die Schleifenlösung verdaut werden müsse (NNA 3.2.93). Der LBE versuchte, seine Position sachlich darzustellen (LBE 1993). Dem Attraktivitätsverlust der Innenstadt müsse entgegengetreten werden. Es dürfe keine weiteren Verkehrsbehinderungen geben, ohne dass diese Nachteile durch positive Effekte kompensiert würden. Der Verband wolle deshalb endlich eine sachliche Diskussion und nicht mehr abblocken. Das Gleiche erwartete er auch von den Politikern. Als Grundlage diente dem LBE ein Massnahmenkatalog, der folgende Punkte umfasste: Dauerparker verdrängen, P+R einführen, Verbesserung der Beschilderung sowie Intensivierung der Werbung (NN 27.1.93). Ob für diesen Sinneswandel das trotz der Rezession festgestellte Umsatzplus im Innenstadteinzelhandel oder ein Aufruf von Prof. Monheim an die Einzelhändler verantwortlich war, kann bloss vermutet werden (NNA 27.1.93). Monheim verwies auf die Erkenntnisse aus seinen Untersuchungen, die zeigten, dass nicht der Parkplatz vor dem Laden ausschlaggebend sei, sondern dass die Passanten ausgedehnte Einkaufsbummel in einem attraktiven Innenstadtgebiet machen wollten (NN 6.1.93).

Ab Februar 1993 galt die Regelung für die Parkplätze mit Anwohnerbevorrechtigung neu den ganzen Tag; dadurch sollten einerseits ein Anreiz zum Umsteigen gegeben und die Parkhäuser besser ausgelastet werden (NN 11.2.93). Im Gegensatz zum Einzelhandel war der Umsatz im Gastgewerbe in der Altstadt um 10 % gesunken. Der Bayerische Hotel- und Gaststättenverband argumentierte, dass die angeschlossenen Betriebe 70 % Autokundenanteil hätten, die nun durch Schleifenlösung, hohe Parkgebühren und die Verschärfung der Anwohnerparkregelung abgeschreckt würden (NZ 23.3.93, NN 24.,31.3.93). Kritik an der Verkehrspolitik allgemein kam aber auch von einer anderen Seite. Der VCD beklagte die Reduktion des ÖV-Angebots der VAG (NZ 30.3.93).

Exkurs: Angebotsveränderung im Gastgewerbe der Nürnberger Innenstadt

Gastwirte zählten zu den härtesten Kritikern der Rathausplatzsperre und der Schleifenlösung. In den Siebzigerjahren hatte sich im Burgviertel zahlreiche Gastwirtschaftsbetriebe angesiedelt, die sich meistens einer eher traditionellen Gastronomie verpflichteten. Sie boten „gute Deutsche Küche" (fränkische Spezialitäten, Nürnberger Bratwürste) in historischem Ambiente an. Damit sprachen sie nicht nur Touristen sondern auch Einheimische an. Wenn man abends ausgehen wollte, ging man ins Burgviertel. In den Achtziger- und Neunzigerjahre ist im Bereich der Lorenzer Altstadt ein vielfältiges neues Angebot entstanden, das sich v. a. an in der Innenstadt Arbeitende und an die Besucher richtet. Zu berücksichtigen gilt es dabei z. B. auch, dass Mittagspausen kürzer geworden sind (Fastfood, Erlebnisgastronomie). Die Cinecittà ist ein Beispiel für diese Entwicklung.

(nach G14; NNA 26.10.94)

Auch die Handwerkskammer kritisierte die Schleifenlösung weiterhin. 67 % der eigenen Kunden kämen mit dem Auto; deshalb und wegen des Lieferverkehrs dürfte die Zahl der Parkplätze nicht reduziert werden. Zudem würden durch die Schleifenlösung die betriebseigenen Fahrzeuge behindert (NN 6.5.93). Die Kundenzahl und damit die Umsätze seien zurückgegangen und der Aufwand für die einzelnen Betriebe gestiegen (NN,NNA 27.5.93, NN 5.6.93). Im Mai verlautete von offizieller Seite, dass sich die Schleifenlösung ein halbes Jahr nach der Einführung gut eingespielt habe (20.5.93).

Nachdem bereits die Diskussion um die Anwohnerparkregelung von der Schleifenlösung abgelenkt hatte, beherrschte nun die Frage, ob Radfahrer während der Lieferzeiten im Fussgängerbereich zugelassen werden sollten, die Auseinandersetzungen. V. a. die Polizei kritisierte den Vorschlag heftig, da sie sich nicht in der Lage sah, die Regelung zu kontrollieren (NN,NNA 25.5.93). Kritik wurde auch aus Sicherheitsgründen geübt (NN 18.6.93, 23.9.93). Besonders engagiert zeigte sich eine Senioreninitiative, deren Vorstösse nichts bewirkten (NN 8.10.93). Schliesslich wurde der Radverkehr für eine einjährige Probephase ab 28. August 1993 zugelassen, was allerdings die Kontroverse nicht beendete (NN 27.8.93). Anfang Oktober präsentierte die Stadt ihren mehrheitlich positiven Zwischenbericht zur Schleifenlösung. Die Resultate zeigt Tabelle 38.

Die Wirtschaft zeigte sich mit den Ergebnissen wenig zufrieden und verwies auf die eigene Begleitforschung, die zu diesem Zeitpunkt noch nicht abgeschlossen war (NN 6.10.93). Im Verkehrsausschuss monierte die Opposition v. a. den Mehrverkehr auf dem Ring und forderte die Öffnung der Brücken, ein PLS sowie Verbesserungen für den Wirtschaftsverkehr. Die Wirtschaftsvertreter befürchteten die Abwanderung gut betuchter Kunden sowie einen Zentralitätsverlust von Nürnberg (NNA 15.10.93, NN,NZ 20.10.93). Der Versuch sollte weitergeführt werden, bis alle Interessenverbände ihre Stellungnahmen abgegeben haben. Anfangs November präsentierte schliesslich der LBE sein Gutachten, das die Firma „BBE-Bayern Unternehmensberatung für den bayerischen Handel GmbH" durchgeführt hatte. Die Untersuchung basiert auf einer Passantenbefragung in 11 umliegenden Städten und kommt zu folgendem Fazit: *„Danach ist der Anteil derjenigen Verbraucher, die jetzt seltener als früher in der Innenstadt von Nürnberg einkaufen, deutlich höher als der Anteil derjenigen, die jetzt häufiger dort einkaufen. ... Gründe für den selteneren Einkauf in der Nürnberger Innenstadt sind: das Verkehrs- und Parkraumkonzept, ein Umzug in das Umland und das verbesserte Angebot der Konkurrenzzentren gegenüber der Innenstadt. ... Verkehrsmittel Nummer 1 in die Innenstadt ist für die Umlandbewohner nach wie vor der PKW. ... Als Ergebnis der Befragung ist festzuhalten, dass sich das Einkaufsverhalten der Verbraucher im Einzugsgebiet von Nürnberg in Bezug auf die Nürnberger Innenstadt spürbar verändert hat ... Um die hohen Kaufkraftabflüsse aus der Nürnberger Innenstadt einzudämmen, sollte die Angebotssituation dort neu belebt werden. Vorrangig ist auf einen attraktiven Branchenmix abzustellen. ... Darüber hinaus (AdA: Angebotsverbesserung für Familien mit Kindern und Senioren) kann langfristig ein dichtes und preislich attraktives öffentliches Personennahverkehrsnetz Verbraucher aus dem Einzugsgebiet Nürnberg in die Innenstadt ziehen. ... Auch ein Ausbau von Park+Ride-Plätzen an allen wichtigen Ein- und Ausfallstrassen von Nürnberg und die Installation eines flächendeckenden Parkleitsystems können die Verbraucher motivieren,* *wieder in die Nürnberger Innenstadt zum Einkaufen zu fahren."* (VERBRAUCHERVERHALTEN 1993:38,39)

- Änderungen gegenüber der Versuchsanordnung:
  - Öffnung Verbindung Unschlittplatz/Obere Wörthstrasse;
  - Einbahn statt Zweibahn am nördlichen Äusseren Laufer Platz zur Erleichterung der Belieferung;
  - Zweibahnregelung in der Peter-Vischer-Strasse, um Parkhauszufahrten zu erleichtern;
  - Verbesserung der Ampelschaltungen, der Beschilderung sowie des bestehenden PLS;
  - Zweibahnverkehr für Radfahrer in der Rathausgasse;
  - Dauerausnahmegenehmigungen zur Durchfahrt der Sperrstellen für Stadtrundfahrtsbusse, Rettungs- und Behindertenfahrdienste.
- Verkehrsentwicklung:
  - *„Die Summe aller Ein- und Ausfahrten mit Kfz hat bei der Zählung vom Juli 1993 gegenüber der letzten Zählung vom Juli 1991 um 15'648 Kfz/16h (AdA: Bei einer Tagessumme von 103'131 Kfz/16h) abgenommen. Dieser Rückgang ist in erster Linie auf die Unterbindung des Durchgangsverkehrs zurückzuführen ... Eine nennenswerte Verlagerung von Quell- und Zielverkehr hat also nicht stattgefunden"* (VERKEHRSSYSTEM ALTSTADT 1993:3). Damit konnten die Erwartungen erfüllt werden.
- Innerhalb der Altstadt ist die Verkehrsmenge z. T. massiv zurückgegangen, so am Kornmarkt von 14'724 1991 auf 7'827 1993 und am Obstmarkt von 11'319 auf 5'927 Kfz/16h.
- Auf dem Altstadtring hat die Verkehrsmenge leicht zugenommen, am stärksten auf dem Frauentorgraben im Süden der Altstadt von 47'170 auf 54'332 Kfz/16h.
- Die neuen Fussgängerzonen wurden von den Fussgängern aber auch den anderen zugelassenen Verkehrskategorien angenommen und benutzt. Relativ hoch war die Zahl der illegalen Durchfahrten an den Sperrstellen (Spitalbrücke 250 Kfz/16h).
- Die Zahl der Parkplätze ist fast stabil geblieben (+ 26), es sind nicht weniger Kurzparkvorgänge verzeichnet worden und die Parkhausbelegung ist um 5,8 % gestiegen.
- Die Stellungnahmen anderer Dienststellen sind vorwiegen positiv ausgefallen und stellten den Versuch insgesamt nicht in Frage (Polizeidirektion Nürnberg, VAG, Arbeitsgruppe Nürnberg-Plan/Stab, Amt für Wirtschaft, Umweltplanungsamt, Gartenbauamt, Feuerwehr):
  - Die Polizei hat einen Rückgang der Unfallzahlen festgestellt. Die Tempo-30-Regelung wird auf den noch nicht umgestalteten Strassen schlecht eingehalten.
  - Die Situation der Strassenbahn hat sich nach anfänglichen Schwierigkeiten wieder verbessert.
  - Das Amt für Wirtschaft machte auf die zahlreichen Einflussfaktoren für die Innenstadtentwicklung aufmerksam. Es unterstützt die Forderung nach einem Leitsystem zur Kennzeichnung der einzelnen Altstadtzellen sowie nach einem effizienten Parkleitsystem.
  - Für die Feuerwehr gibt es auf dem Ring erhebliche Behinderungen auf Grund der hohen Verkehrsbelastung.
- Das Konzept soll noch in einigen Punkten ergänzt werden, und die städtebaulichen Chancen aus dem gewonnen Freiraum sollen genutzt werden.

Das Gutachten der Stadt kommt zum Schluss, dass sich die Stufe 6 in der Probephase bewährt hat und einem Definitivum nichts im Wege steht. Zuerst sollen allerdings noch die Meinungen verschiedener Verbände eingeholt werden.

SEEWER 2000 nach VERKEHRSSYSTEM ALTSTADT 1993

Tabelle 38: Erfahrungsbericht Verkehrssystem Altstadt, Stufe 6

Der LBE fügte an, dass eine Mehrheit seiner angeschlossenen Firmen gegen die Schleifenlösung sei. Der Besucherrückgang könne nur mit einem PLS, billigeren Parkplätzen und verbessertem Marketing eingedämmt werden (NNA, 11.12.93, NN 12.11.93). Auf Grund des Gutachtens forderte der CSU-Bezirksvorsitzende und bayerische Innenminister Beckstein gar den Stopp der Schleifenlösung (NN,NZ 18.11.93). Die SPD dagegen bzweifelte die Wissenschaftlichkeit des Gutachtens. Es habe Ungereimtheiten bei der Auswertung und Interpretation des Zahlenmaterials gegeben, auch sei kein Zusammenhang mit der bundesweiten Entwicklung hergestellt worden (NN 29.11.93).

Die SPD trat aber nun selber für ein PLS auf dem Ring ein und forderte Verbesserungen für Handwerker (NN 16.12.94, NNA 25.1.94). Dies wurde schon bald offizielle Politik. Handwerker konnten nun für 10 DM Parkcoupons kaufen und damit während zwei Stunden auf Parkplätzen mit Anwohnerbevorrechtigung parken (NN,NNA 12.2.94). Die Verwaltung stellte im Februar 1994 den Antrag, die Schleifenlösung beizubehalten und neben der Verbesserungen für die Handwerker ein PLS einzurichten sowie 273 unbegrenzt nutzbare Parkplätze zum Preis von DM 5.-/h zu schaffen. Diesen Antrag stützte sie auf Stellungnahmen von Verbänden und Gesprächen mit Wirtschaftsvertretern (NN 12.2.94). Der Entscheid für die Schleifenlösung fiel am 24. Februar 1994, gegen die Stimmen der CSU (NZ 24.,25.2.94). Der Verkehrsausschuss fällte den definitiven Entscheid zur Einführung des PLS erst mehr als ein halbes Jahr später (29.10.94).

5.2.2.3 Die Schleifenlösung gilt definitiv - Altstadtentwicklung?

Ende Februar 1994 sprach sich schliesslich der Verkehrs- und Stadtentwicklungsausschuss für die definitive Einführung der Schleifenlösung aus. Die CSU stellte sich dagegen. In der gleichen Sitzung wurde der Sinn einer Ost-West-Strassenbahn-Verbindung durch die Innenstadt diskutiert. Eine solche Idee lehnte die SPD aus städtebaulichen Gründen ab (NNA 25.2.94). Die Idee wurde schliesslich fallen gelassen und weiterhin der Ausbau des U-Bahnnetzes angestrebt. Verschiedentlich wurde in diesem Zeitraum auch die Umgestaltung und Attraktivierung von verkehrsbefreiten Altstadtgebieten diskutiert (z. B. NNA 2.3.94, NN 21.4.94). Trotz der definitiven Einführung der Schleifenlösung blieb das Thema Innenstadtverkehr auf der politischen Traktandenliste. Ein Thema, das für Diskussionsstoff sorgte, waren die Radfahrer in der Fussgängerzone (NN 21.4.94, 18.6.94, 24.6.94, NZ 26.11.94). Neben den Oppositionsparteien äusserte sich besonders die Polizei weiterhin ablehnend.

Arbeitskreis Altstadtentwicklung IHK:
- IHK,
- Einzelhandelsverband,
- Handwerkskammer,
- Hotel- und Gaststättenverband,
- Verband der Handelsvertreter und –makler,
- Verband Gross- und Aussenhandel,
- Verkehrsverein.

Beteiligte städtische Stellen (Arbeitsgruppe Entwicklungskonzept Altstadt):
- Referat VII/Stab Stadtentwicklung,
- Referat IV/Kultur,
- Stadtplanungsamt,
- Amt für Wirtschaft,
- Amt für Wohnen und Stadterneuerung,
- Umweltplanungsamt,
- Gartenbauamt.

SEEWER 2000 nach ENTWICKLUNGSKONZEPT ALTSTADT 1995

Tabelle 39: Teilnhemer am Diskussionsforum „Fortschreibung des Entwicklungskonzepts Altstadt"

Eine Tatsache, die übrigens auch in andern Städten zu beobachten ist (SCHRANZ 1996). Schliesslich wurde die Regelung definitiv, ohne die Zweifel der Gegner aus dem Weg geräumt zu haben (NN 26.11.94). Bis heute funktioniert das System allerdings problemlos. Im gleichen Zeitraum wurden auch die Arbeiten für das City-Logistik-Projekt ISOLDE in Angriff genommen (NN 16.8.94, 11.11.94, 1.9.95; NZ 25.1.95). Die CSU forderte weiterhin den Einsatz eines Citybusses. Die VAG lehnte das aus technischen, finanziellen und tarifarischen Gründen ab (NN 24.11.94).

Allmählich begann sich nun eine fachliche Diskussion um die Innenstadtentwicklung abzuzeichnen. Für die Fortschreibung des Entwicklungskonzepts Altstadt – die Arbeiten dazu waren bereits zu Beginn der Neunzigerjahren im Gefolge der Rathausplatzsperre von der Verwaltung aufgenommen worden – trafen sich im August 1994 im Arbeitskreis Altstadtentwicklung der IHK (später Arbeitskreis Citymarketing) erstmals die Vertreter der Wirtschaft und der Stadtverwaltung (ARBEITSGRUPPE NÜRNBERG-PLAN/STAB 1994; ENTWICKLUNGSKONZEPT ALTSTADT 1995:3) (s. Tabelle 39).

An der ersten gemeinsamen Sitzung erhielt Prof. R. Monheim die Gelegenheit, die Ergebnisse seiner Befragungen vorzustellen (MONHEIM 1994, 1996). Danach stellte das Referat VII/Stadtentwicklung ein Konzept für eine Betriebsbefragung vor, mit dem zusätzliche Informationen gewonnen werden sollten (EKA BEFRAGUNG 1994;G15). Die Öffentlichkeit nahm diese Arbeiten und Treffen im Hintergrund kaum wahr. Eine kurze Pressemeldung orientierte über den Start die Betriebebefragung (NZ 29.10.94).

In den kommenden Monaten konzentrierte sich die Berichterstattung in den Medien auf Berichte über Geschäfte oder Gastwirtschaftsbetriebe, die schliessen mussten oder gefährdet waren (NN 20.5.95, NN,NNA 5.7.95). Allerdings zeigte ein Bericht des Stadtentwicklungsausschusses, dass die Lage der Betriebe auf der Sebalder Seite gar nicht so schlecht war, wie oft behauptet wurde. Probleme gebe es v. a. im Bereich des Obstmarktes, der gestalterisch besser an die Fussgängerzone angebunden werden müsse (NN 28.3.95). Dennoch zeigte sich auch die SPD-Stadtratsfraktion durchaus bereit, den Gastwirten in der nördlichen Altstadt entgegenzukommen (NN 3.6.95). Die Schleifenlösung jedenfalls scheint sich noch nicht so stark in den Köpfen etabliert zu haben, wie beispielsweise die Rathausplatzsperre. Die Polizei stellte jedenfalls noch viele Übertretungen fest. Entsprechend forderte sie eine bauliche Gestaltung, damit die Sperren und Tempo 30 besser beachtet würden (NN 6.5.95). Gleichzeitig schien die Nürnberger Verkehrspolitik auf dem richtigen Weg zu sein, ergab doch der jährliche Bericht zum Verkehrskonzept eine leichte Zunahme des ÖV-Anteils am gesamtstädtischen Verkehr (NN,NNA 15.6.95). Diese Verkehrsbilanz stiess bei den Umweltverbänden auf heftige Kritik (NNA 21.6.95)

Im September 1995 präsentierten die Verantwortlichen die Ergebnisse der Betriebebefragungen. Sie geben einen Einblick in die Struktur und die Entwicklung der innenstädtischen Wirtschaft. 68 % der Betriebe fühlten sich in ihrer Geschäftstätigkeit beeinträchtigt. *„Einzelhandel, Hotels/Gaststätten und Produktion/Handwerk fühlen sich wesentlich stärker in ihrer Geschäftstätigkeit beeinträchtigt als das Dienstleistungsgewerbe. Darin spiegelt sich die geringere Konjunkturanfälligkeit von Dienstleistern im Vergleich zu anderen Wirtschaftszweigen wider. Die verkehrliche Situation und wirtschaftliche Einflüsse (Konjunktur) werden mit grossem Abstand am häufigsten als Gründe für eine negative Geschäftsentwicklung genannt. Anderen Ursachen wie Mangel an Arbeitskräften und Wettereinflüssen wurde nur untergeordnete Bedeutung beigemessen. Als Verkehrsprobleme wurden in erster Linie die Einführung der Schleifenlösung, dann die Anwohnerparkregelung und die Höhe der Parkgebühren genannt. Erwähnenswert ist ausserdem, dass die Anwohnerparkregelung von kleinen Dienstleistern in überdurchschnittlichem Ausmass als Problem angeführt wird."* (BETRIEBEBEFRAGUNG 1995:12,13) Diese Zahlen zeigten deutlich, dass die befragten Betriebe auf Grund der Schleifenlösung und anderer verkehrsplanerischer Massnahmen Nachteile zu verzeichnen glaubten. Im Gegensatz dazu zeigen die im gleichen Zeitraum von MONHEIM (1997c:47) erhobenen Ergebnisse eine positive Stimmung zur Schleifenlösung bei den befragten Passanten. 63 % fanden sie gut, 13 % schlecht und 24 % hatten keine Meinung; auch eine Mehrheit der Autofahrer begrüsste die Regelung.

- *Wirtschaft:* Nutzungsvielfalt fördern, Image pflegen und entwickeln, hohe inner- und überörtliche Erreichbarkeit, d. h. für den Verkehr:
  - Möglichkeit zur Abwicklung notwendiger Wirtschaftsverkehre,
  - City-Logistik: ISOLDE,
  - Modifizierung der Anwohnerparkregelung,
  - Stadtverträgliche Gestaltung des übrigen Verkehrsaufkommens,
  - Ausbau des ÖV-Angebots,
  - Optimierung des Verkehrsflusses mit technischen und organisatorischen Möglichkeiten (PLS),
  - Gemeinsames „Erreichbarkeitsmarketing".
- *Wohnen:* Wohnstandort der kurzen Wege, Teilhaben am Flair der Altstadt und urbanen Leben, Nutzen des grossen Potenzials an vergleichsweise preiswerten Wohnungen; d.h. Stabilisierung des altstadttypischen Wohnens, Verbesserung im Wohnumfeld und der Aufenthaltsqualitäten, d.h. für den Verkehr:
  - Verringerung der Luft- und Lärmbelastungen durch … eine Verkehrsmengenminderung; allerdings sei letzter Punkt bereits ziemlich ausgereizt durch Nachtfahrverbote, Unterbindung von Durchgangsverkehren und Anwohnerparkregelungen;
  - Platzneu- und -umgestaltungen sowie die Pflanzung von Strassenbäumen.
- *Kultur- und Freizeit.*
- *Erreichbarkeit der Altstadt sichern:*

  „*Die Nürnberger Altstadt ist ein Standort mit hoher Erreichbarkeit. Empirische Befunde deuten allerdings darauf hin, dass bei vielen Besuchern wie bei Geschäftsleuten ein realitätsfremdes Bild von der Erreichbarkeit besteht. Somit besteht ein erheblicher Handlungsbedarf bei der Vermittlung einer zutreffenden Einschätzung der Erreichbarkeit und des Standortwertes der Altstadt.*" (ENTWICKLUNGSKONZEPT ALTSTADT 1995:50)
  - Es gibt verschiedene Voraussetzungen für Bewohner, Arbeitende, Kunden, Besucher und Touristen sowie Betriebe und Institutionen.
  - Qualitätsanforderungen:
    – Jeder Punkt der Altstadt ist fussläufig erreichbar (Fussgängerzone, 200 m Entfernung von Haltestelle oder Parkhaus),
    – ÖV-Schnittstelle Lorenzer Altstadt,
    – Durchlässigkeit für Radfahrer gewährleisten,
    – Umfangreiches Strassennetz für den Andienungsverkehr über den Innenstadtring erschlossen,
    – 14'500 Parkplätze genügen, es gibt allerdings quartierbezogene Defizite in der Sebalder Altstadt;
  - Massnahmenschwerpunkte:
    – Ausbau ÖV in Stadt und Region, P+R (City-Bus wäre wirtschaftlich nicht tragbar),
    – Vermarktung des Umweltverbunds,
    – Realistische Darstellung der Kfz-Erreichbarkeit und der Parkmöglichkeiten,
    – Leitsysteme und Sonderregelungen für bestimmte Zielgruppen,
    – Attraktivierung der Fussgängerzonen durch Gestaltung und Schliessen von Lücken.

SEEWER 2000 nach ENTWICKLUNGSKONZEPT ALTSTADT 1995:35-55

Tabelle 40: Handlungsbedarf und Programmschwerpunkte Altstadt (Verkehr)

Die Ergebnisse der Betriebebefragung flossen direkt in den Zwischenbericht „Die Zukunft der Nürnberger Altstadt" ein (ENTWICKLUNGSKONZEPT ALTSTADT 1995), sie wurden im September 1995 der Öffentlichkeit vorgestellt (NN 15.9.95). Darin beschrieben die Autoren die Altstadt als Wirtschafts-, Wohn-, Lebens-, Kultur- und Freizeitstandort. Besonders diskutiert wird auch die Frage der Erreichbarkeit. Die Schleifenlösung habe keine Verschlechterung gebracht, sondern vielmehr die Attraktivität der Innenstadt erhöht; weiterhin sei jeder Punkt in der Altstadt erreichbar. Allerdings sei eine Abwanderung von Einwohnern ins Umland festzustellen. Chancen wurden deshalb in der besseren Erschliessung mit öffentlichem Verkehr (S-Bahn) und dem Bau von weiteren P+R-Plätzen gesehen (ENTWICKLUNGSKONZEPT ALTSTADT 1995:29-32). Für jeden Teilbereich sind im Konzept der Handlungsbedarf und Programmschwerpunkte für die Zukunft der Altstadt aufgeführt, die z. T. für einzelne Teilräume der Altstadt besonders spezifiziert sind. Tabelle 40 gibt einen Überblick über die wichtigsten Punkte, die den Verkehr betreffen. Dabei zeigt sich deutlich, dass eine Handlungsgrenze erreicht wurde. Es ging nicht mehr darum, Fussgängerbereiche auszubauen oder Verkehrsberuhigungsmassnahmen zu intensivieren, wie dies mit den vorangehenden 6 Stufen der Altstadtverkehrsplanung geschehen ist. Vielmehr ist die Zielsetzung zu spüren, einen Zustand konsolidieren zu wollen, indem dieser einerseits besser vermarktet wird und andererseits gewisse Ausbesserungen vorgenommen werden. Damit war ein Schritt getan, von der Betrachtung aus der Optik Verkehr hin zu einer gesamtheitlicheren Betrachtung, in der allerdings den wirtschaftlichen Aspekten eine besondere Bedeutung zukam. So sind Anliegen der Schleifenlösungs-Gegner, wie ein PLS oder Erleichterungen für den Handwerkerverkehr, zu Elementen der Planung geworden (NNA 15.9.95).

5.2.2.4 Zukunftsperspektiven für die Nürnberger Altstadt

Bis zu den Kommunalwahlen, die im März 1996 stattgefunden haben, ist zwar verkehrspolitisch sehr viel diskutiert worden, substanziell sind aber keine grösseren Änderungen vorgenommen worden. Im Wahlkampf, den beide Seiten sehr polemisch führten, war Verkehr durchaus ein wichtiges Thema. Dabei stand nicht sonderlich die Verkehrslösung in der Innenstadt im Vordergrund. Vielmehr ging es um Strassensperren und Abmarkierungen von Strassenbahngeleisen im übrigen Stadtgebiet, die auf zahlreiche kritische Stimmen stiessen. Auf der anderen Seite waren auch Klagen zu hören, die Stadt setze sich nur für die Innenstadt ein, Verkehrsberuhigung in anderen Quartieren sei überhaupt kein Thema. Das Wahlresultate fiel deutlich und überraschend aus (Abbildung 32).

	CSU	SPD	GRÜNE	FDP	REP	Übrige*
1990	26	32	6	2	4	-
1996	33	25	6	1	2	3

*) Freie Wähler Nürnberg: 2; Die Guten: 1
SEEWER 2000 nach NÜRNBERG ONLINE 1996abc

Abbildung 32: Die Sitzverteilung im Nürnberger Stadtrat 1990 und 1996

Die rot-grüne Mehrheit verlor die absolute Mehrheit. Klare Wahlsiegerin war die CSU mit sieben Sitzgewinnen. Die absolute Mehrheit konnte sie allerdings nicht erzielen, und so ist sie beim Regieren auf den sicheren Bündnispartner FDP sowie – je nach Sachfragen – auf die anderen kleinen Splitterparteien angewiesen. Zu einer Wende kam es auch bei der Bürgermeisterwahl. Der CSU-Mann Scholz (55,5 %) schlug den langjährigen SPD-Bürgermeister Dr. Schönlein (44,5 %) im zweiten Wahlgang deutlich. Dieser Wahlausgang kam für die meisten Beobachter überraschend, stellte doch die SPD seit dem Zweiten Weltkrieg den Bürgermeister und konnte mit wechselnden Koalitionspartnern auch im Stadtrat immer mitregieren. Nach den Wahlen versuchten die Kommentatoren Gründe zu finden für diesen Wechsel. Sicher ist, dass nicht alleine nürnbergspezifische Gründe dafür verantwortlich sein können. Auch in anderen Städten Frankens, die traditionell rot(-grün) wählten, z. B. in Erlangen und Fürth, kam es zu einer Wende. Die Wahlanalyse zeigt einen starken Rückgang der Stimmbeteiligung. Dieser Rückgang ging fast ausschliesslich auf Kosten der SPD, die in allen Stadtbezirken starke Rückschläge einstecken musste. Ausgeprägt waren die Verluste in den innenstadtnahen Quartieren. Auf der anderen Seite legte die CSU fast überall stark zu, während die Anteile der Grünen stabil blieben. Ihre starke Stellung in der Altstadt und in den anliegenden Quartieren konnten sie halten (nach NÜRNBERG ONLINE 1996abc).

Es stellt sich nun die Frage, ob die Diskussion um die Altstadtverkehrspolitik ausschlaggebend für das Wahlergebnis war. Klar ist, dass die Voraussetzungen anders waren, als diejenigen von Aachen, wo die Diskussion um die „Fussgängerfreundliche Innenstadt" fast das alleinbestimmende Thema war. In den Interviews der Akteure sind auch Fragen zu möglichen Gründen für das Wahlergebnis gestellt worden. Daraus können verschiedene Interpretationen des Wahlergebnisses abgeleitet werden.

Massnahmen im Verkehrsbereich waren ein wichtiges Thema, sei es als Vehikel, mit dem andere Inhalte transportiert werden konnten, sei es als wirkliches Anliegen von Interessengruppen und damit von Wählerinnen und Wählern.

Verkehr als wichtiger Grund:

„*Das Thema Verkehr und die Schleifenlösung ist mit Sicherheit ein wichtiges Thema im Wahlkampf gewesen. Wenn wir nur mit der Schleifenlösung zu tun gehabt hätten, hätten wir nicht die Wahl verloren. Die Schleifenlösung ist eins von vielen verkehrspolitischen Themen gewesen, die von der CSU zusammengenommen worden sind zu dem Generalthema ‚die SPD behindert den Verkehr in Nürnberg und gefährdet damit den Wirtschaftsstandort Nürnberg.' Da hat es viele Einzelärgernisse, wie die Sperre der Valznerweiherstrasse oder Staus am Ring gegeben, die dann mit der Sperre der Altstadt begründet worden sind. ... Dieses Gesamtbild hat geschadet. Wenn nur die Schleifenlösung gewesen wäre, dann hätte die SPD das durchgehalten.*" (I14)

Verkehr als Grund unter anderen

„*Es ist sicher nicht alleine die Innenstadtverkehrspolitik gewesen, die zum Wahlergebnis beigetragen hat. Sehr, sehr viele Leute haben von dieser Politik auch profitiert. Für die Anwohner ist die Lebensqualität in vielen Bereichen grösser geworden. Die Verkehrspolitik an sich im Stadtgebiet Nürnberg, hat denen das Genick gebrochen. Es hat Strassensperrungen gegeben, die kein Mensch mehr eingesehen hat. ... Im Falle der Valznerweiherstrasse hat es sehr viele Zuschriften und Telefonate von reinen Anwohnern bei der Kammer gegeben. Sie haben gebeten, zu intervenieren, damit die Sperre wegkommt. Das ist bemerkenswert, weil die Klientel der IHK normalerweise nicht die Wohnbevölkerung ist. ... Im Wahlkampf hat die CSU, der OB Scholz, diese Sperre immer wieder angeführt und gesagt, dass diese Sperre aufgehoben werden wird. Das sind plakative Äusserungen gewesen, die bei den Leuten auch gut angekommen sind.*" (I12)

„*Es hat zwei grosse Themen gegeben. Beim **Augustinerhof** hätte man die Gelegenheit gehabt ein neuzeitliches Gebäude von einem sehr bekannten Architekten, der in Nürnberg beheimatet ist, zu bauen. Das andere Thema ist der **Verkehr** gewesen. Beide Themen haben einen Personenkreis angesprochen, sich für die CDU stimmen, um damit ein wirtschaftsliberaleres Klima wiederherzustellen. Mancher hat den Eindruck, dass die Wirtschaft durch den Verkehr stranguliert wird.*" (I16)

Verkehr als Vehikel für andere Anliegen

„*Dass der Verkehr ein willkommener Anlass dazu ist, zu sagen, wir wählen Rot-Grün ab, liegt auf der Hand, weil dies unheimlich leicht greifbar ist. ‚Die Parkstunde fünf Mark', das versteht auch Lieschen Müller, dass dies eigentlich viel ist, obwohl sie es längstens akzeptiert hat und gut findet, dass in der Altstadt nicht mehr viel Verkehr ist. Aber damit argumentiert es sich so leicht. ... Die Verärgerung über einige verkehrspolitische Massnahmen ist da gewesen, das wird immer so sein, aber die Zufriedenheit über Erreichtes ist bestimmt auch vorhanden gewesen.*" (I15)

„*Verkehr ist eindeutig ein wichtiges Thema gewesen in den Zeitungen und in der Presse generell, und es ist auch ein wichtiges Thema gewesen im Wahlkampf selber. Die CSU hat beispielsweise den Slogan gebracht ‚Pro Leitsystem, kontra Schikane'. Solch verkürzte Floskeln sind auf den Wahlplakaten drauf gewesen. Sie hat auch konkrete Aussagen gemacht, zu diesen beiden Brücken. Die Parkgebühren sind auch ein Wahlkampfthema gewesen. ... Ich bin dennoch nicht davon überzeugt, dass der Verkehr wahlentscheidend gewesen ist, da werden die Verkehrsprobleme doch etwas überbewertet. ... Ich verweise auf eine Repräsentativumfrage in Nürnberg aus dem Jahre 1995, die zeigt dass Umweltanliegen den Bürgern sehr wichtig sind.*" (I11)

Neben dem Verkehr machten die Interviewpartner auch andere Gründe verantwortlich für die Wende in Nürnberg:

Wirtschaft/Stadtentwicklung:

„*Für das Wahlergebnis hat es im Grund andere Gründe gegeben als die Verkehrspolitik: Eine allgemeine wirtschaftliche Versicherung, so bisschen der Ruf nach dem starken Mann und so die Einheitlichkeit. Die Leute sagten: ‚Wir haben dann die gleiche Regierung wie in München und letztendlich auch in Bonn, das ist doch eigentlich gut, wenn wir nicht mit denen herumstreiten müssen, dann kriegen wir auch mehr Geld ab und dann geht es uns wirtschaftlich besser.'*" (I15)

Weiterer Grund für den Machtwechsel ist die derzeitige Wirtschaftslage, das Tief. Wenn die CSU dran gewesen wäre, hätte sie sicher auch kein Patentrezept gehabt, aber sie ist halt nicht an der Macht gewesen, sondern die Rot-Grünen. Und von dort ist halt nichts gekommen ausser Beteuerungen und Vorwürfe an die bayerische Staatsregierung, man vernachlässige Nürnberg." (I2)

Die Fehler der SPD:

„Dann hat die SPD eklatante Fehler gemacht. Das mit dem roten Filz ist sicher nicht von der Hand zu weisen. Es ist eine ganz starke Arroganz seitens der SPD da gewesen, dass man einfach gesagt hat, die müssen weg, die waren jetzt einfach zu lange da, da wo man hinschaut bloss SPD-Funktionäre, und die sitzen alle so fest im Sattel, und die fühlen sich so sicher und gehen über die Köpfe der Bevölkerung hinweg." (I15)

Obwohl Verkehr offensichtlich nicht einziger Grund für die politische Wende war, kam es schon sehr bald zu Massnahmen, die Erreichtes wieder in Frage stellten und faktisch eine Neuorientierung der Nürnberger Innenstadtverkehrspolitik bedeuteten.

Unmittelbar nach dem Machtwechsel fielen verkehrspolitische Entscheidungen, die je nach Optik, entweder als Rückschritt oder als Abwendung von der bisherigen Stossrichtung, die Innenstadt stärker vom Autoverkehr zu entlasten, interpretiert werden können. *„Der Antagonismus gegensätzlicher Verkehrsleitbilder führt in Nürnberg seit dem im April erfolgten Wechsel der Rathausmehrheit ... zu einer Gegenreaktion. Unmittelbar nach der Wahl kündigte der Oberbürgermeister medienwirksam an, die Altstadt wieder stärker dem Autoverkehr zu öffnen. Dazu wurden die Parkgebühren auf Strassen und Plätzen von DM 5.- auf 3.- je Stunde gesenkt und in einem einjährigen Versuch die Verbindungsstrasse zwischen den Verkehrszellen an vier Stellen wieder freigegeben (drei davon nur im Einbahverkehr)."* (MONHEIM 1997b:185) Die beiden gesperrten Pegnitzbrücken und die Bergstrasse sowie die Schlotfegergasse sind nun seit Ende Juni 1996 wieder befahrbar. Daneben wurde die Sperre beim Rathausplatz auch für Taxis durchlässig gemacht und verschiedene vorher für den Durchgangsverkehr gesperrte Strassen in Gebieten ausserhalb der Altstadt geöffnet (STADT NÜRNBERG 1996a). Die genauen Auswirkungen dieser Massnahmen sind offen. Es ist aber davon auszugehen, dass die Verkehrsbelastung in der Innenstadt wieder zunehmen wird. Ob auch mehr Autokunden in der Nürnberger Altstadt einkaufen werden, ist noch unklar. Was sich in den Auseinandersetzungen um das Entwicklungskonzept Altstadt bereits abgezeichnet hatte, erschien nun noch evidenter. Statt Verkehrsfragen standen nun wirtschaftliche Überlegungen stärker im Zentrum. Die neue Gewichtung drückt sich auch in der Reorganisation der Ämter aus. Bis 1996 war die Verkehrsplanung beim Stadtplanungsamt und damit beim Baureferat angesiedelt. Nach dem politischen Wechsel gibt es nun ein Amt für Verkehrsplanung, das beim Referat für Wohnen und Wirtschaft angesiedelt ist.

In dieser Situation eine Entwicklung abzuschätzen erweist sich als schwierig. Während die „Gewinner" davon ausgehen, dass alles besser werden wird, sehen die „Verlierer" ihre Modellvorstellung in sich zusammenstürzen. Folgende Interviewauszüge vermögen die Perspektiven zu umreissen.

Fortschritt in eine neue Richtung:

„Ich möchte die aktuelle Situation konsolidieren. Das Nebeneinander der verschiedenen Ansprüche muss, was die Mobilität angeht, mit Sicherheit noch optimiert werden. Das Thema Parkleitsystem wird dazu dienen, wobei zurzeit ein PLS im Bereich des Altstadtrings beschlossen ist. Im Grunde müsste es etwas weiter aussen anfangen, aber das ist eine Stufenlösung. Dazu gibt es eine grundsätzliche Zustimmung. Man muss auch überlegen, wie noch mehr gestaltet werden kan. Mir schwebt schon vor, dass mehr kleinteilige Aktionen stattfinden könnten, die das Stadtbild und bestimmte Plätze beleben. ... Der Erlebnisgedanke, die Attraktivität sollte im Vordergrund stehen." (I2)

„Im Innenstadtbereich gibt es eine Veränderung im Geschäftsbesatz. Nürnberg ist mittlerweile echte nordbayerische Metropole, was den Handelsbesatz betrifft. Es gibt nahezu alle Warenhäuser und v. a. auch die Nobelmarken, Luxusmarken wie Cartier, Louis Vuitton. ... Das hat es vorher in dem Umfang nicht gegeben. Der Handel wird sich weiter in Richtung eines „trading-up" entwickeln, luxuriösere Güter in einem entsprechenden Ambiente anzubieten. ... Zum anderen wird es eine weitere Verstep-

pung geben im Bereich Breite Gasse. Dem wird versucht städtebaulich entgegenzuwirken. Es braucht neben der baulichen Aufwertung, mehr Aktionsflächen für Kleinkunst, kulturelle Unterhaltung." (I16)

"Für die Zukunft habe ich die Hoffnung, dass der CSU und den Freien Wählern der Wind ins Gesicht blasen wird und sie sehen werden, dass die Leute dies nicht ohne weiteres mit sich machen lassen, wenn sie plötzlich wieder Durchgangsverkehr vor der Haustür haben. Die Bürger sind mündiger geworden und haben durch den Bürgerentscheid ein neues Selbstbewusstsein erhalten." (I15)

Stagnation oder Rückschritt

"Als die Stufe 6 beschlossen war, hat man die Frage gestellt, wie es weiter geht. Da hat man gesagt, eine Stufe 7 ist auf absehbare Zeit nicht in Sicht. Ich weiss nicht, was es dann noch für Möglichkeiten gibt. ... Jetzt sieht man, dass die Stufe 6 wieder zurückgebaut wird. Ich kann als Verkehrsplaner nur hoffen, dass die Stufe 6 nicht total ad absurdum geführt wird, sondern dass es bei den schon beschlossenen Massnahmen dann wenigstens bleibt. ... Ich gehe davon aus, dass es sich noch zeigen wird, dass mit noch mehr Autoverkehr, die Altstadt nicht belebt wird, sondern eher das Gegenteil der Fall sein wird." (I11)

"Ich nehme an, dass die CSU so klein bei klein etwas an der Lösung knabbern wird. Sie wird aber die Finger weglassen von den substanziellen Sachen (Ada: Rathausplatzsperrung; Hallplatz/Polizeipräsidium). In den nächsten sechs Jahren wird dann sicherlich nichts vorangehen, mit Ausnahme von versteckten kleinen, punktuellen Sachen. Was bei den nächsten Wahlen in sechs Jahren passiert, ist völlig offen, es hängt davon ab, was die SPD tut, ob sie es schafft, ihre personellen Altlasten zu entsorgen. Wenn es ein neues rot-grünes Bündnis gibt, ist die Frage, wie dann die Grünen reagieren. Es besteht die Chance, dass die Leute dann wissen, was es heisst, mehr Autos in der Stadt und dass es dann richtig vorwärts geht in die andere Richtung." (I13)

"Für eine Trendwende ist es im Grunde genommen sowieso zu spät. Vor einem Jahr hätte man noch sagen können: Schluss mit der U-Bahn Herrenhütte, wir bringen den Leuten den ÖPNV wieder. ... Die Strassenbahn nach Ziegelstein hätte weiterbetrieben und allenfalls zum Flughafen verlängert werden sollen - obwohl dort eine Kleinbuslinie ausreichen würde, vom Verkehrsaufkommen her. Dann hätte man die Überlandstrassenbahn nach Gräfenberg bauen können und auch nach Erlangen. Dafür gibt es sogar einen Beschluss. ... Dann hätten die Netztorsos wieder zusammengehängt werden müssen. ... Dann hätte man auch überlegen können, wie man so langsam aus dem U-Bahn-Quatsch wieder rauskommt. ... Inzwischen ist der Zug abgefahren, und die CSU mag die Strassenbahn noch weniger als die SPD, ... Die S-Bahn überall zu bauen ist fast so absurd, wie die U-Bahn überall bauen zu wollen. ... Dann wird es erst einen Wechsel in der Verkehrspolitik geben, wenn es einen endgültigen finanziellen Zusammenbruch gibt. ... Die CSU wird im grossen Stil neue Strassen bauen, was die SPD relativ wenig getan hat. Die ÖPNV-Fahrgastzahl wird zurückgehen, dadurch wird das Ganze noch teurer." (I13)

"Meine Vision baut auf der letzten Stufe der SPD-Verkehrspolitik in der Altstadt auf. Wenn das so ist, dann ist die Perspektive für die Altstadt sehr gut. ... Jetzt kann ich natürlich nicht spiegelbildlich sagen, nachdem nun die Brücken wieder geöffnet sind, ist alles ganz furchtbar, weil ich nicht weiss, wie es sich entwickeln wird. ... Wenn der Durchgangsverkehr wieder kommt, dann sind viele Chancen, die Altstadt gut zu entwickeln, ..., natürlich kaputt. Wenn die Brücken offen sind und die Kette weg ist, dann gibt es nur noch wenige Sperrstellen die bleiben. Der einzige Bereich der noch zu ist, ist der Kornmarkt mit der Durchfahrt zur Theatergasse. Mit der Öffnung der Brücken gibt es keine Schleifenlösung mehr, dass ist ganz einfach. Damit ist die Schleifenlösung schon aufgehoben, das ist leider so." (I14)

Die Erwartungen an die Zukunft sind unterschiedlich. Die extremen Meinungen halten sich allerdings in Grenzen. Sicher strebt die neue Mehrheit keine autogerecht erschlossene Innenstadt an. Schwerpunkt werden die Wirtschaft, der Handel sein. Citymarketing wird die neue Maxime lauten. Dabei werden die Verantwortlichen berücksichtigen, das Aspekte wie Nutzungsvielfalt und gut gestaltete Aussenräume zentrale Vorteile einer attraktiven Innenstadt sind. Allzu viel Autoverkehr könnte jedoch genau dieser Zielsetzung entgegenlaufen. Zu beachten ist auch, dass in der Verwaltung und in den Stadtbetrieben vorwiegend Leute aus der Zeit der alten Mehrheit sitzen, was für ein bestimmtes Mass an Beständigkeit sorgen wird.

5.3 Die wichtigen Akteure und ihre Position im Planungsprozess

5.3.1 Die Akteure im Überblick

An den Auseinandersetzungen um die Verkehrspolitik in der Altstadt haben sich zahlreiche Institutionen und Personen beteiligt. Es lassen sich folgende Akteurgruppen unterscheiden:

- Die Stadt: Oberbürgermeister, Stadtrat, Verkehrsausschuss, Verwaltung;
- die Parteien: SPD, Die Grünen, CSU;
- die Vertreter der Wirtschaft: IHK (Industrie- und Handelskammer), LBE (Landesverband des Bayerischen Einzelhandels);
- die Umweltverbände;
- weitere Akteure (Bevölkerung, Presse, Wissenschaft).

5.3.2 Die Stadt

5.3.2.1 Überblick

In Bayern gilt die Gemeinderatsverfassung, die dem gewählten (Ober-)Bürgermeister eine starke Stellung gibt. Er ist Vorsitzender des Stadtrates, der Legislative, und Leiter der Verwaltung zugleich. Ihm zur Seite stehen verschiedene Referenten, die Wahlbeamte sind. Deren Amtsperioden stimmen nicht immer mit der Amtsperiode des Bürgermeisters bzw. des Stadtrates überein (n. HOTZAN 1994:70,71). Neben dem Oberbürgermeister, dem Stadtrat und seinem Verkehrsausschuss spielten bei den Auseinandersetzungen das Planungs- und Baureferat mit dem Stadtplanungsamt, das Wirtschaftsreferat mit der Gruppe Nürnberg-Plan/Stab, das Umweltreferat sowie die Strassenverkehrsbehörde und die Polizei eine Rolle.

5.3.2.2 Der Oberbürgermeister

In der Frage der Schleifenlösung und der Altstadtverkehrspolitik war der SPD-Oberbürgermeister Schönlein sicher keine treibende Kraft. In der Öffentlichkeit setzte er sich nicht wirklich aktiv für die betriebene Verkehrspolitik ein. Es werden sogar Vermutungen geäussert, dass ihm die getroffenen Massnahmen persönlich zu weit gingen.

„Der damalige OB Dr. Schönlein hat die Verkehrspolitik immer mitgetragen, ist aber zusammen mit mir der Meinung gewesen, dass man so dosieren muss, dass die Bürger nicht verärgert werden." (I14)

„OB Dr. Schönlein hat sich gegen aussen seiner Fraktion gegenüber immer sehr solidarisch verhalten, das ist klar, die SPD ist bedacht darauf, nach Möglichkeit eine geschlossene Front zu bilden. Schönlein ist bestimmt kein Öko gewesen, überhaupt nicht. Ich kann mir vorstellen, weiss das aber nicht, dass ihm das Ganze von Beginn weg recht suspekt gewesen ist. Aber seitdem die SPD mit der Schleifenlösung an die Öffentlichkeit gegangen ist, hat er sich nie dagegen gestellt." (I15)

„Was bei den Bürgern auch angekommen ist, bei den ‚Verkehrsrestriktionen', dass sich die ‚oberen' Schönlein und Anderle nicht daran gehalten haben, weil sie sich selber für so wichtig erachtet haben. Oft sind sie mit ihrem Chauffeur an irgend einer Kolonne vorbeigefahren oder in die Gasse reingebrettert, weil der Professor so schnell ins Rathaus musste." (I12)

„Innerhalb der Verwaltung ist der Oberbürgermeister zu erwähnen, der in der ganzen Geschichte spärlich eingebunden gewesen ist, jedenfalls was den Kontakt mit dem LBE anging. Es scheint, als ob Prof. Anderle freie Hand gehabt und sich der Oberbürgermeister vornehm zurückgehalten hat. Ich

habe den Eindruck, dass dies ein Rollenspiel gewesen ist. Prof. Anderle konnte seine Tätigkeit gegen aussen darstellen, was er auch getan hat, und der Oberbürgermeister hat sich der Thematik zu wenig stark angenommen." (I16)

"Mit dem Schönlein ist es ganz klar, der hat das nicht gewollt." (I13)

Der neue OB Scholz hat Änderungen im Verkehrssystem schon sehr früh nach seinem Wahlsieg umgesetzt, so wie er es in seinem Wahlkampf versprochen hatte. Bewusst ist er bestrebt, ein offenes, bürgernahes Klima zu zeugen.

"OB Scholz kann ich nur so beurteilen, dass sichtbar wird, dass er versucht, alle seine Wahlversprechungen einzulösen. ... Die ersten Monate zeigten die Linie, dass für den Individualverkehr mehr Luft geschaffen werden soll." (I14)

"Der neue Oberbürgermeister Scholz hat seine ersten hundert Tage erst gerade hinter sich gebracht. Er war sehr emsig, um auch nach aussen das neue Klima darzustellen, ... Der Eindruck der nach aussen entsteht zeigt, dass der neue Oberbürgermeister sich mehr der Wirtschaft annimmt. Er hat ja auch gesagt, Wirtschaft ist Chefsache. Diesem Slogan ist er bis jetzt gerecht geworden." (I16)

"Das macht beispielsweise der Scholz sehr gut (AdA: im Gegensatz zu Schönlein). Das spricht sich rum, bei den Mitarbeitern der Stadtverwaltung und dann auch bei den Bürgern. Der kommt oft mit der U-Bahn." (I12)

Bei der Entstehung und Einführung der Schleifenlösung war die Rolle des OB Schönlein unwichtig. Er war öffentlich weder ein flammender Befürworter noch ein Gegner der Massnahme. Bei der Kehrtwende weg von Stufe 6 der Altstadtverkehrskonzepts hingegen, war der neue OB Scholz die treibende Kraft. So konnte er auf einfache Art zeigen, dass er bereit war, seine Wahlkampfversprechen umzusetzen.

5.3.2.3 Stadtrat und Verkehrsausschuss

Der Stadtrat und der Verkehrsausschuss bereiteten alle wichtigen Entscheidungen zur Einführung der Schleifenlösung vor. In beiden Organen hatten die grossen Kämpfe um die Rathausplatzsperre stattgefunden. Für die Frage der Schleifenlösung gab es die beiden klaren Lager SPD und Grüne auf der einen und CSU auf der anderen Seite. Die Vertreter zeigten sich ihren Parteien gegenüber mehr oder weniger loyal. Allerdings scheinen sowohl bei der SPD als bei den Grünen die Volksvertreter weniger weit gehende Forderungen zu stellen als die Parteibasis.

"Die Stimmung in den Ausschüssen und im Stadtrat ist geprägt von den politischen Mehrheiten. Kritische Stimmen hat es gegeben. Die CSU hat immer auf die Notstände aufmerksam gemacht." (I16)

"Im Verkehrsausschuss hat es keine Unterschiede zum Gesamtstadtrat gegeben. Da werden schon die Linien von einzelnen Parteien/Fraktionen durchgehalten, egal ob es im Ausschuss ist, oder das Ganze ins Plenum kommt. Bevor man ins Plenum geht, ist die Meinung des Ausschusses bekannt. Es kommt fast nie vor, dass es eine Diskrepanz gibt." (I15)

"Der Stadtrat hat diese Schleifenlösung in einem Antrag der SPD-Fraktion gewünscht. Die Verwaltung hat den Auftrag gekriegt diese Schleifenlösung vernünftig durchzuplanen und das Für und Wider zu eruieren. Die Rolle des Verkehrsausschusses des Stadtrates ist nicht anders gewesen." (I11)

"Bei der CSU hat es im Stadtrat keine Unterschiede zu der Parteimeinung gegeben. Bei den Grünen schon, weil die Grüne Basis radikalere Schritte gewollt hat, während die sechs grünen Stadträte mit Ausnahme von einer Dame in dieser Frage zu den Realos gehören. ... und auch in der SPD hat es - wie geschildert - auch Spannungen gegeben, weil die Fraktion eher gebremst und die Partei mehr gewollt hat. Im Verkehrsausschuss hat es die alten Fronten gegeben zwischen der CSU einerseits und Rot-Grün andererseits." (I14)

5.3.2.4 Die Verwaltung

Die Referenten

Die entscheidende Initiative für die Durch- und Umsetzung der Schleifenlösung ging vom Planungs- und Baureferenten Anderle aus. Ähnlich wie beim Augustinerhofprojekt setzte er sehr viel Herzblut und Energie in die Verkehrspolitik in die Altstadt. Bei seinem Vorgehen stützt er sich auf die Argumentation des Stadtplanungsamtes. *"Prof. Anderle hat die Meinung der Generalverkehrsplanung übernommen, sich dabei auch seine eigene Meinung gebildet."* (I11) Als er nach Nürnberg kam, hat er versucht, dort seine Ideen für eine Verkehrspolitik umzusetzen. *"In der Verwaltung ist der Hauptakteur der Prof. Anderle, der Bau- und Planungsreferent der Stadt Nürnberg, gewesen. Der hat ein Leitbild Verkehr für die Stadt Nürnberg entwickelt, das im Stadtrat verabschiedet worden ist."* (I14) *"Ich nehme an, dass die Schleifenlösung die Idee von Prof. Anderle war. Er war jedenfalls immer die zentrale Figur beim ganzen Konzept der Schleifenlösung. Parallel dazu hat die SPD-Fraktion nachhaltigen Einfluss genommen auf die Verwaltung, um die Verkehrspolitik neu zu positionieren. Anderle war sicher Ideenbringer und -sammler, hatte bestimmt auch Schub von unten, von der SPD-Basis."* (I16) Dabei ist er einigen langjährigen Beamten wohl etwas „auf die Füsse getreten". *"Der damals verantwortliche Baureferent Anderle stand hinter der Sache. Als er 1990 nach Nürnberg gekommen ist, hat er sich ein Experimentierfeld erhofft und dann auch vorgefunden. Ich kann es mir vorstellen, dass es für andere Altgediente in der Verwaltung recht hart war, sowas nach aussen hin mittragen zu müssen. Letztendlich sind sie verpflichtet gewesen, die Stadtratsbeschlüsse zu vollziehen."* (I15) Schliesslich ist aber die Verwaltung doch immer mit einheitlicher Meinung an die Öffentlichkeit getreten. *"Es gibt einen in der Verwaltung, der ist ADAC-Mitglied, das ist klar, der ist unglücklich gewesen. Der hat sich aber eigentlich nicht durchsetzen können. Es ist natürlich klar, dass es innerhalb der Verwaltung Kritiker gegeben hat. Es wäre erstaunlich, wenn eine so grosse Verwaltung eine einförmige Meinung vertreten würde. Diese unterschiedlichen Positionen haben sich nicht ausgewirkt, weil der Prof. Anderle, der ein sehr konsequenter Mann ist, nichts durch den Flaschenhals kommen liess, was nicht dem Leitbild Verkehr entsprochen hat, das ja durch den Stadtrat legitimiert worden war."* (I14)

Von anderer Seite wird Anderle aber auch Inkompetenz vorgeworfen. *"Den Anderle kann man sich sparen. Er hat zwar die Verkehrspolitik gemacht, hat aber nichts davon verstanden. Er wusste, dass die Autos irgendwie raus aus der Stadt müssen, das war eine grundrichtige Idee."* (I13) Die Wahlsieger nahmen den Verkehr aus dem Kompetenzbereich Anderles raus und beauftragten das Wirtschaftsreferat damit. *"Anderle bleibt, der hat noch unter der alten Stadtratsmehrheit eine Vertragsverlängerung bekommen. Der hat jetzt einen Vertrag bis 2002, und wenn er nicht freiwillig geht ..., dann muss Scholz mit ihm leben."* (I12)

Auf der anderen Seite wirkte der Wirtschaftsreferent Küpper - wie Anderle ebenfalls ein SPD-Mann - mit seinen Ämtern im Rahmen der Arbeiten zur Fortschreibung des Entwicklungskonzepts Altstadt auf die Verkehrspolitik ein und nahm bereits zu Zeiten der rot-grünen Regierung eine kritischere Position ein zu den Vorhaben des Baureferenten. Allerdings konnte er sich nicht durchsetzen. *"Der Wirtschaftsreferent ist relativ spät gekommen, als der Prof. Anderle schon installiert war. Er hatte zunächst Schwierigkeiten, sich durchzusetzen, weil das Wirtschaftsreferat nicht eingebunden gewesen ist in diesen Planungsprozess. Er hat versucht, ausgleichend zu wirken. Er hat versucht, den Unmut zu kanalisieren und Angebote zu schaffen .... Auch er wurde von der SPD-Basis in seiner Meinungsbildung mitbeeinflusst"* (I16). *"Der Wirtschaftsreferent Küpper hat sich wohl hauptsächlich der Meinung des Amts für Wirtschaft angeschlossen. Die beiden Referenten haben durchaus auch unterschiedliche Positionen vor dem Stadtrat vertreten. Der Stadtrat hat dann in Kenntnis dieser Beurteilungen ein Urteil gefällt zu Gunsten der Schleifenlösung."* (I11) Allerdings sahen sich gerade Wirtschaftskreise zu wenig stark durch ihn vertreten. *"Ich hätte mir gewünscht, dass der Wirtschaftsreferent, der ja die Aufgabe hat, die Wirtschaft zu fördern, dass der manchmal offensiver für die Wirtschaft aufgetreten wäre. Er hat sich manchmal zu konsensmässig verhalten, statt sein Amt auszuüben und die Position und Interessen der Wirtschaft zu vertreten."* (I12) Er scheint sich aber auch durch seine Kompetenz ausgezeichnet zu haben. *"Küpper ist ein weiterer hochinteressanter Gesprächspart-*

ner, weil er in der Verwaltung drinsitzt und etwas ganz anderes wollte. Er wäre der Mann gewesen, der hier hätte die Verkehrspolitik machen sollen, aber nicht gedurft hat." (I13)

Nach dem Machtwechsel erhielt Küpper das Verkehrsplanungsamt zugeteilt, wie dies bereits vor seinem Amtsantritt Gebrauch war. Gründe dafür sind wohl einerseits, dass er sich weniger dezidiert für die Schleifenlösung eingesetzt hatte, aber andererseits auch, dass er vor hatte, seinen Posten zu räumen. Das ist inzwischen geschehen, und seinen Posten konnte ein CSU-treuer Mann übernehmen. *„Der Wechsel der Verkehrsplanung zum Wirtschaftsreferat ist ein politischer Schritt ... Prof. Anderle hat sich persönlich so stark eingebracht, dass er nun nicht eine andere Politik vertreten kann."* (I16) *„Küpper hätte seinen Vertrag bis 1998 gehabt und hat sich jetzt nach etwas anderem umgeschaut, weil ihm das wahrscheinlich nicht gelegen ist, entgegen seiner politischen Überzeugung zu agieren. Das ist ein Problem und einer der Gründe dafür, warum Anderle der Verkehrsbereich weggenommen worden ist."* (I12)

Das Stadtplanungsamt

Das Stadtplanungsamts war bei der Einführung der Schleifenlösung federführend. Die Abteilung Verkehrsplanung übernahm die meisten planerischen Arbeiten und war für die begleitenden Verkehrsuntersuchungen verantwortlich. Unter der Leitung von Anderle war das Amt zu einem progressiven Akteur geworden, während es noch bei der Rathausplatzsperre und bei früheren Erweiterungen der Fussgängerzone eher bremste. So hatte das Amt danach beispielsweise verschiedentlich Verkehrsprognosen erstellt, die einen Zusammenbruch des Verkehrs auf dem Ring in Aussicht stellten. Diese Voraussagen sind dann so nie eingetreten. Die Leute, die im Amt in wichtigen Positionen arbeiten, sind dort oft seit langer Zeit, seit der Erarbeitung der Generalverkehrsplanung in den Siebzigerjahre tätig. Der Innovationsschub kam wohl von aussen, nachdem der langjährige Baureferent Görl durch Anderle abgelöst wurde. Anderle setzte andere Gewichte, in der politischen und planerischen Ausrichtung aber auch in der Gewichtung einzelner Mitarbeiter. In Stadtplanungsamt arbeiteten zum Thema Verkehr unter der Leitung von Dr. Drangmeister 44 Personen in drei Abteilungen: Generalverkehrsplanung, Strassenplanung und Verkehrstechnik. Heute bilden diese drei Gruppen das Verkehrsplanungsamt. Die Federführung für die Schleifenlösung lag bei der Abteilung Generalverkehrsplanung, die von Peter Achnitz geleitet wird. Er ist heute stellvertretender Leiter des Verkehrsplanungsamtes.

Dass bei der Einführung der Schleifenlösung altgediente Verwaltungsleute Geschäfte vertreten mussten, die nicht ihrer persönlichen Haltung entsprachen, konnte schon im vorangehenden Kapitel gezeigt werden. Diese Differenzen traten zwar nicht an die Öffentlichkeit, mögen aber wohl dem Engagement einzelner Leute für die Sache nicht nur zuträglich gewesen sein. *„Wie eifrig Leute, die damals auch hohe Ämter hatten, nun wieder auf den CSU-Zug aufspringen, zeigt mit welcher Überzeugung sie dabei sind, das zeigt wie viele Dinge ihnen gegen den Strich gehen. Aber sie haben nicht anders gekonnt. Sie haben manchmal gewisse Dinge nicht gemacht. Es ist bekannt, dass der Dr. Drangmeister, der jetzige Leiter des Verkehrsplanungsamtes, schon wirklich mehr die CSU-Richtung der Verkehrspolitik vertritt. Der ist immer das Stichwort dafür, wenn mehr Autofreundlichkeit gepredigt wird, aber er hat sich niemals öffentlich gegen die Schleifenlösung ausgesprochen."* (I15) Im Gegensatz zum Wirtschaftsreferenten haben sich die Leute von der Verkehrsplanung aber bis zuletzt gegen die Aufhebung der Schleifenlösung gewandt.

Wirtschaftsreferat - Abteilung/Stab Stadtentwicklung/Gruppe Nürnberg-Plan/Stab

Im Wirtschaftsreferat beschäftigten sich neben anderen Stellen, wie beispielsweise das Wirtschaftsamt, hauptsächlich die Gruppe von Dr. v. Lölhöffel mit der Altstadtentwicklung und dem Verkehr in der Altstadt. Die Gruppe war in der Zeit der Einführung der Schleifenlösung in Reorganisation. Sie war in den Siebzigerjahren entstanden, um die umfangreichen Arbeiten zum Nürnberg-Plan zu koordinieren, und stand organisatorisch zwischen Stadtplanung und Stadtentwicklung (Gruppe Nürnberg-Plan/Stab). Der neu der Abteilung Stadtentwicklung zugeordnete Stab übernahm die Federführung bei der Erarbeitung des Entwicklungskonzepts Altstadt. Zur Aufgabe der ganzen Abteilung gehört die langfristige Planung und Konzeptarbeit, während sich das Stadtplanungsamt eher mit kurzfristigen Geschäften und der Umsetzung auseinander setzte (G19). Die Grenzen zwischen den beiden Aufgabenbereichen waren aber nicht immer so klar gezogen. *„Die einen stellen mehr was fest und entwikkeln Visionen und Vorstellungen, die anderen sind eher mit der Realisierbarkeit und der Umsetzung beschäftigt. Wobei man es nicht ganz genau trennen kann, weil durchaus auch die Leute von Drangmeister (...) Ideen weiterentwickeln und gewisse Vorstellungen haben. Trotzdem kann man so ein bisschen eine Abgrenzung ziehen. Die sind sicher nicht immer einer Meinung, aber das wird dann stadtintern abgestimmt. Es wäre ein Unding, wenn die Gruppe von v. Lölhöffel es so sagt und die Leute von Drangmeister anders. ... In der Innenstadtfrage ist jedenfalls nicht mit unterschiedlichen Zungen gesprochen worden."* (I12) Während das Wirtschaftsamt mit seiner Meinung wohl näher bei den Verbänden der Wirtschaft war, profilierte sich das Team, das am Entwicklungskonzept Altstadt arbeitete, mit sauberer und neutraler Arbeit. Das zeigen auch die publizierten Stellungnahmen (z. B. LÖLHÖFFEL 1997). *„Ich muss auch sagen, dass das Entwicklungskonzept Altstadt die offizielle politische Vorgabe (AdA: die Schleifenlösung) nicht tangiert hat. Die sind vom Bestehenden ausgegangen. Sie haben eine Analyse gemacht und bestimmte Defizite festgestellt. Wenn man nun feststellt, dass im Ostteil der Sebalder Altstadt ein Parkhaus fehlt, dann ist dies erst mal eine wertneutrale Feststellung."* (I12) Verkehrsberuhigung war so ein wichtiges Element zur Attraktivierung der Innenstadt. Während für die Verkehrsplaner v. a. die Verkehrsaspekte im Zentrum der Betrachtungen standen, was sich beispielsweise in den Begleituntersuchungen zur Schleifenlösung zeigt, ging die Stadtentwicklung von einem gesamtheitlicheren Blickwinkel aus.

Weitere Amtsstellen

In verschiedenen Phasen des Planungsprozesses waren auch weitere Amtsstellen involviert. Dabei zeigten sich *Polizei, Feuerwehr und Rettungsdienste* der Schleifenlösung gegenüber eher skeptisch eingestellt. Ihre Argumente waren praktischer Art. So kritisierte die Polizei beispielsweise, dass Regelungen, wie Tempo 30 oder die Brückensperren nicht eingehalten würden und nur durch verstärkten Kontrollaufwand durchgesetzt werden könnten - gleiche Bedenken äusserten die Verantwortlichen der Polizei bei der teilweisen Öffnung der Fussgängerzone für Fahrräder. *„V. a. die Polizei hat sich heftig gewehrt, weil sie der Meinung gewesen ist, dass mehr Unfälle passieren und dass zu Zeiten, zu denen nicht Rad gefahren werden darf, auch Rad gefahren wird. Man hat nachweisen können, dass beides nicht stimmt. Es passierten nicht mehr Unfälle und es fahren nicht mehr Radfahrer in den verbotenen Zeiten als vorher schon."* (I11) Die Notfalldienste fürchteten sich mehr vor versperrten Durchfahrtsmöglichkeiten und erhöhten Reisezeiten.

Für die Schleifenlösung setzte sich das *Umweltreferat/-amt* ein, das mit seinen Erhebungen auch zeigen konnte, dass sich die Umweltbelastung in der Altstadt dank der Abnahme des Durchgangsverkehrs reduzierte. Dieses Argument spielte jedoch in der öffentlichen Diskussion so gut wie keine Rolle. *„Auch die Luftsituation in der Altstadt ist ja erheblich verbessert worden. Das Umweltreferat hat eine Untersuchung vorgenommen mit einem erstaunlichen Ergebnis. ... Die Luft über den Altstadt ist in der ganzen Stadt die Beste gewesen, in den Aussenbezirke ist sie nicht so gut. Es ist wissenschaftlich begleitet worden, wie sich die Schleifenlösung in der Altstadt und in der Gesamtstadt auf die Luftbelastung ausgewirkt hat."* (I14) Die Befürworter der Schleifenlösung sahen sich jedenfalls vom Umweltamt unterstützt. *„Im Umweltreferat gibt es auch ein Umweltplanungsamt. Dort sitzt jemand, der sich mit Verkehrsfragen beschäftigt, und der ist voll auf der Seite des ‚Leitbilds Verkehr'."* (I11)

Die Verwaltung im Überblick

Die Verwaltung hat sich - mit Nuancen zwar - an der Erarbeitung und Umsetzung der Schleifenlösung beteiligt. Die Idee schlummerte zwar schon lange in der Schublade der zuständigen Stellen, es brauchte jedoch zuerst eine positive Stimmung für weitere Verkehrsberuhigungsmassnahmen, wie sie nach der erfolgreichen Rathausplatzsperre beim rot-grünen Bündnis entstand und den Durchsetzungswillen des Spitzenbeamten Anderle. Ihm gelang es, die Verkehrsplaner in seinem Referat zu motivieren, mit Engagement an der Schleifenlösung zu arbeiten. Über die Auswirkung der Meinungen möglicher Querschläger, wie es sie wohl gab, kann nur spekuliert werden, da sie sich nicht wirklich bemerkbar machten. Die einseitig verkehrsplanerische Ausrichtung der Schleifenlösung erzeugte Skepsis auf Seiten der Wirtschaft. Dies konnte teilweise aufgefangen werden in den Arbeiten zum

Entwicklungskonzept Altstadt, in denen nun auch das Wirtschaftsamt eingebunden war. Nun äusserten sich auch andere Gruppen aus der Verwaltung, die der Schleifenlösung gegenüber kritischer eingestellt waren. *"Wenn die Verwaltung freie Hand bekommen hätte, dann wäre sie auf Anregungen und Wünsche des LBE stärker eingegangen verglichen mit den übrigen Mandatsträgern. Grundsätzlich sind sie aber der Lösung positiv gegenübergestanden, in Nuancen hat das aber variiert. Eine gewisse Konkurrenz war schon feststellbar zwischen Wirtschaftsreferat und Baureferat."* (I16)

5.3.3 Die Parteien

5.3.3.1 Die SPD

Die SPD war während Jahren Nürnbergs tragende Partei. Das äusserte sich darin, dass viele wichtige Posten in Verwaltung und verwaltungsnahen Organisationen (z. B. VAG) durch SPD-Leute besetzt waren. Entsprechend war im letzten Wahlkampf vom „roten Filz" die Rede. Diesem traditionellen Teil der Sozialdemokraten standen aber auch jüngere Leute gegenüber, die näher bei der Basis standen. *"1991 gab es von der SPD ein neues Bundesprogramm, das verhältnismässig starke ökologische Komponenten gehabt hat. Dann hat es das Verkehrsprogramm ‚Neue Beweglichkeit' gegeben und dann haben die SPD-Leute die so was (AdA: Schleifenlösung, ...) schon immer wollten, in der heterogenen SPD Oberwasser gekriegt und ihre eigenen Betonköpfe unter Druck gesetzt. Der Druck war dann so stark, dazu kam der Wahlerfolg der Grünen. Die SPD hat verloren, die Grünen haben zugelegt. ... Diesem geballten Druck konnten die Herren Fischer, Diedler, Schönfelder, Schönlein nicht standhalten."* (I13) Die SPD hat darauf die Schleifenlösung in ihr Programm aufgenommen. *"Aufgegriffen hat die Zellenidee dann die SPD-Fraktion, ... Aufgrund der positiven Erfahrungen der Sperre am Rathausplatz hat man die Sperre auch auf die südliche Altstadt ausdehnen wollen. In der nördlichen Altstadt sind diese beiden Zellen bereits vorhanden gewesen. Sehr bald ist klar gewesen, dass man in der südlichen Altstadt mit drei Zellen wird arbeiten müssen."* (I11) Die Schleifenlösung ist durchaus nicht nur eine Notlösung gewesen. *"In der SPD hat es sehr unterschiedliche Einstellungen gegeben. Damals ist die Fraktionsspitze ... dem Vorhaben gegenüber relativ aufgeschlossen gewesen. Die haben sich damals noch mehr getraut. Ich weiss nicht, ob die sich das noch einmal trauen würden."* (I15)

Gegen aussen hat die SPD immer signalisiert, voll hinter der Schleifenlösung zu stehen. Der parteiinterne Zwist zwischen der konservativeren Fraktion, den Stadträten und der Basis in den Quartieren war aber ganz deutlich. *"Es hat in der Partei keinen einzigen Widerspruch gegen die Schleifenlösung gegeben. Im Rathaus hat es eine rot-grüne Zusammenarbeit gegeben. Von der Parteiensoziologie her gesehen kann man sagen, dass die Grünen manche Füsse auch in der SPD drinnen haben. In der Nürnberger SPD (Unterbezirk) gibt es einige Gruppierungen, die im Grunde in der SPD grüne Politik machen. Deshalb ist aus der Partei immer mehr der Druck da gewesen, den Autoverkehr zurückzudrängen und noch viel radikaler gegen den Individualverkehr vorzugehen. Es hat keine Stimmen gegeben, die gesagt haben, macht das nicht, das ist eine verkehrte Politik. Die Fraktion hat immer eher etwas bremsen müssen."* (I14) Zusätzlich zum SPD-internen Druck etwas zu tun, kamen auch die Ansprüche des Koalitionspartners. *"Die SPD hat vor der Wahl auch keine Mehrheit gehabt, sie hat sich ja mit den Grünen einigen müssen. Das ist nicht in allen Fällen einfach gewesen. Das hat letztlich für Nürnberg zu einer sehr progressiven und für die Bürger guten Verkehrspolitik geführt."* (I11)

Die Wirtschaftskreise anerkennen, dass es für die SPD schwierig gewesen sein muss, mit ihrem Koalitionspartner zurechtzukommen. *"Die Situation der SPD mit ihrem grünen Partner ist damals schwierig gewesen. Die grünen Gruppierungen sind in ihren Forderungen etwas extrem, v. a. auch sehr halsstarrig, manchmal gelten Vernunftargumente nicht. Es ist sicher auch für die SPD nicht einfach gewesen mit diesem Partner einen Kompromiss zu finden."* (I12) Entsprechend hätte man mit der SPD alleine besser umgehen können. *"Wenn die SPD alleine, ohne Grünen Partner hätte regieren können, dann wäre sie leichter zu Rande gekommen. Der LBE hat im wirtschaftlichen Flügel der SPD durchaus Widerhall gefunden. Ich habe den Eindruck, dass die SPD ganz gerne mehr gemacht hätte (Ada: Beschilderung, Parkleitsystem). Die SPD ist da stark gebremst worden durch die Grünen. ... In informellen Kontakten ist aber von der SPD durchaus Verständnis für die Händler signalisiert worden."* (I16)

Die Oppositionsrolle, welche die Partei seit 1996 einnimmt, beurteilen die Befragten unterschiedlich. *„Die neue Rolle ist für die SPD doch etwas ungewohnt. Ich habe das Gefühl, dass die sich in der neuen Rolle besser zurecht gefunden haben als die CSU in der neuen Regierungsrolle."* (I11) *„Die SPD hat im Moment etwas Probleme, ihr Profil neu zu bilden. Das ist auch verständlich. Ich kann auch noch nicht sagen, wie das ausgehen wird."* (I12)

5.3.3.2 Die CSU

Die CSU war lange Jahre in der Oppositionsrolle und konnte nie mitbestimmen. Im Gegensatz dazu steht die starke Position der konservativen Partei auf der Ebene des Freistaats Bayern. Entsprechend war das Engagement in der lokalen Politik für CSU-Mitglieder wenig attraktiv. In einem Gespräch wurden die CSU-Stadtratsmitglieder als „frustrierte Saufbrüder" beschrieben (G14). Schleifenlösung und weitere Verkehrsmassnahmen, aber auch die schlechte Wirtschaftslage, waren ideale Themen mit denen die Partei Oppositionspolitik betreiben konnte. *„Und jetzt in den Zeiten der Arbeitslosigkeit - es gibt in Nürnberg einen furchtbaren Umstrukturierungsprozess - hat die CSU ihre Haltung zur Verkehrspolitik verbunden mit dem Wirtschaftsstandort Nürnberg und mit Arbeitsplätzen vertreten."* (I14) *„Als die CSU in der Opposition war, ist es klar gewesen, dass sie keine Chance hatte, ihre Gegenhaltung durchzusetzen. Ich kann nicht beurteilen, ob z. T. nur eine konträre Haltung aus Oppositionsgründen eingenommen worden ist und nicht aus Sachargumentation. ... Sie hatten keine rechte Chance gehabt und das führte natürlich zu einem gewissen Frust. Dass kann man sich leicht vorstellen, wenn man Jahrzehnte lang immer in der Opposition war, und es aussichtslos erscheint, irgendwelche Anträge zu stellen, dann besteht die Gefahr, dass man sich nicht mehr die Mühe macht, sich intensiver mit den Geschäften zu beschäftigen."* (I11) Die Argumentation und die Stringenz der Oppositionspolitik scheinen nicht alle überzeugt zu haben. *„An die genauen Begründungen der CSU während der Diskussion um die Einführung der Schleifenlösung kann ich mich nicht mehr genau erinnern. Aber es ist wohl im Grossen und Ganzen so gewesen, dass man gesagt hat, es schadet der Wirtschaft, also sind wir dagegen. Dieser Tenor zieht sich sicher bei sehr vielem durch, das ist leider so, dass die verkehrspolitische Abteilung der CSU 1990 bis 1996 und auch noch jetzt, argumentativ sehr schwach ist und auch sehr schwankend."* (I15) In der Opposition war die CSU wegen ihrer Machtlosigkeit für die Wirtschaft politisch keine wichtige Partnerin. *„Die CSU war als damalige Minderheit nicht relevant im gesamten Entscheidungsprozess. Natürlich stand sie dem LBE traditionell mit ihren Äusserungen näher. Der LBE hat sich da Unterstützung erhofft und auch gefunden. Bedingt durch die relative Machtlosigkeit der Opposition hat es nicht sehr viel gebracht."* (I16)

Auch Parteigänger der CSU sehen den Bruch von einer absoluten Oppositionsrolle zu Regierungsverantwortung, beurteilen diesen Wechsel allerdings als gelungen. *„Man muss die Rolle der Partei immer auch aus heutiger Sicht anschauen. Wenn man in der Opposition ist, dann tut man sich natürlich einfach. Da kann man ohne Rücksicht auf finanzielle Probleme Ausbaumassnahmen fordern etc., wohl wissend von der Mehrheit abgeschmettert zu werden. Die wahre Politik zeigt sich dann erst, wenn eine Partei an der Macht ist. Bei der CSU hat sich gezeigt, dass sie ihre Linie verfolgt hat und bestimmte Massnahmen, die ohne grossen finanziellen Aufwand umsetzbar waren, so schnell wie möglich umgesetzt hat."* (I12)

5.3.3.3 Die Grünen

Die Grünen sind aus der Umweltbewegung heraus entstanden. Entsprechend sind Umwelt- und Verkehrspolitik neben der Sozial- und Kulturpolitik ein wichtiges Anliegen der Partei. *„Bei den Grünen war die Innenstadt sicherlich ein Anliegen, wobei das nicht an oberster Priorität gestanden hat. Nachdem die Sozi-Kulti-Fraktion sehr viel erreicht gehabt hat; in Sachen Soziokultur steht Nürnberg sehr gut da. ... Im Bereich Verkehr gab es die ganz grossen Herausforderungen noch. Man hat da den Schwerpunkt etwas verschoben."* (I13) Die Schliessung der Verbindung vor dem Rathaus war ein grosser Erfolg, nachdem die Grünen 1984 erstmals in den Nürnberger Stadtrat gewählt worden waren und zusammen mit der SPD eine Koalition bildeten. In den Wahlen von 1990 konnten sie ihre Stellung zu Lasten der SPD weiter ausbauen. Die Partei konnte dies als Bestätigung ihrer Politik interpretieren und verfügte damit über einen Anreiz, in der selben Richtung weiterzufahren. Es ist für sie aber nicht immer einfach gewesen, ihre Position zu vertreten. *„Die Grünen haben insbesondere das Leitbild Verkehr immer hochgehalten, es ist ihnen in vielen Fällen nicht weit genug gegangen, sodass das Leitbild Verkehr auch als Kompromiss angesehen werden muss."* (I11) Für die Durchsetzung der Schleifenlösung setzten sie sich aber stark ein. *„Die Schleifenlösung ist schon ein zentraler Punkt der grünen Politik gewesen. Wir (AdA: die Grünen) haben grossen Anteil, aber wir waren es nicht alleine."* (I15) Die Grünen haben im Stadtrat dafür gesorgt, dass es im Bereich Verkehr weiterging, für viele manchmal zu weit. *„Die Grünen haben in der Koalition natürlich gestossen, was Verkehrsmassnahmen angeht, ... Das habe ich genauso auch den Grünen gesagt, Leute, das ist mit uns nicht zu machen, und das ist auch bei den Realos auf volles Verständnis gestossen, weil die auch gesagt haben: ‚Wenn die Leute auf die Barrikaden gehen, nützt uns dies nichts für eine längerfristige Politik. Wir müssen dies schön dosiert machen und nicht mit radikalen Massnahmen, die die Bürger schlicht nicht einsehen.'"* (I14) Zu den Realos gehörte bei den Grünen offensichtlich eine Mehrheit der Stadträte, während die Basis - wie auch bei der SPD - gerne weitergegangen wäre.

Die Gegner stufen die Grünen als schwierigen Partner ein. *„Die Situation der SPD mit ihrem grünen Partner ist schwierig gewesen. Die grünen Gruppierungen sind in ihren Forderungen etwas extrem, v. a. auch sehr halsstarrig, manchmal gelten Vernunftargumente nicht."* (I12) Die Partei ist für sie ein Akteur, von dem wenig bekannt ist und den man nicht kennt. *„Mit den Grünen habe ich mich das eine oder andere Mal bei irgendwelchen Podiumsdiskussionen getroffen. Ich muss ehrlich sagen ..., dass ich zu viel auf diese festgefahrenen Positionen treffe, wo verteidigt wird, ohne sich auf eine ordentliche Position einzulassen. Ich kann nicht verstehen, wenn die entsprechende Stadträtin mit dem Auto kommt und dann gross beginnt, sich zu entschuldigen, wieso sie mit dem Auto gekommen ist. Dann merkt man, dass das, was nach aussen propagiert wird, nicht mit dem übereinstimmt, wie man sich selber verhält. Das ist das, was ich denen am meisten ankreide."* (I12) Die Wirtschaft nimmt die Partei als wenig konstruktiv war. *„Die Grünen haben den Part der Bremser übernommen. Für die Grünen war es ein zentrales Thema der Parteiarbeit, dass ökologisch gehandelt wird. Die Wirtschaft, die Verbände, die Einzelhändler und alle Beteiligten, die mit der Lösung nicht zufrieden waren, wurden als ökologische Verschmutzer bezeichnet. Es sind Äusserungen gefallen wie: ‚Ihr seid schuld, dass Kinder Krupp-Husten haben, ...' Das ist nicht besonders demokratisch. Mit allen anderen konnte man demokratisch umgehen, auch wenn man nicht der gleichen Auffassung war. Es geht aber nicht, dass man als Sündenbock dastehen muss für Gesamtbedingungen, die nicht durch lokale Massnahmen geändert werden können. Die Bereitschaft war sehr klein, an der Schleifenlösung irgendetwas zu ändern."* (I16)

Die Grünen selber gehen davon aus, die Schleifenlösung entwickelt zu haben. *„Das Schleifensystem ist ursprünglich eine grüne Idee gewesen. Man ist ganz offensiv damit an die Öffentlichkeit gegangen. Allerdings sind die Grünen mit ihren Forderungen über das Jetzige weit hinausgegangen."* (I15) Es ging ihnen um die Verwirklichung der autofreien Altstadt. Eine Forderung, die sich kaum als realistisch erwies. *„Es sollte wirklich die Altstadt dicht gemacht werden für alle, die nicht wirklich Anlieger sind, die nicht wirklich etwas da zu tun haben. Man hat dann die Schleifenlösung als einzig Durchsetzbares akzeptiert und hat es als erste Stufe einer totalen Altstadtsperre angesehen. Inzwischen sind die Befürworter der Totallösung etwas abgebröckelt. Es gibt niemand mehr im Kreisverband, der das jetzt noch engagiert verfolgt. Eigentlich ist man relativ zufrieden, mit dem was erreicht worden ist."* (I15)

Nach den Wahlen ist die Position der Grünen schwieriger geworden. Um ihren Ideen mehr Gewicht geben zu können, versucht die Partei vermehrt mit dem Druck der Basis zu operieren. *„Die Grünen versuchen natürlich alle aufzuhetzen. Wir schicken alle zum OB, die uns anrufen, und sagen, wir können nun nicht mehr machen, als wir gemacht haben. Jetzt sind sie dran als Bürger. Sie haben die CSU-Mehrheit gewählt. Jetzt schauen sie, dass sie damit zurechtkommen."* (I15)

5.3.3.4 Die weiteren Parteien

Die übrigen politischen Kräfte - vier Republikaner und zwei FDP-Stadträte - waren in der Auseinandersetzung um die Schleifenlösung oder die Altstadtverkehrspolitik kaum präsent und brachten keine neuen Akzente in die Diskussion. Diese Situation hat sich nach den Wahlen von 1996 geändert, da die kleinen Parteien und Gruppierungen das Zünglein an der Waage bilden. *„Es ist jetzt etwas schwirig, weil die CSU keine absolute Mehrheit hat, sie stützt sich auf zwei Freie Wähler und einen FDP-Stadtrat. Und da die nicht in jedem Fall mitstimmen, sondern manchmal auch eine eigene Position haben, sind z. T. Überraschungen nicht auszuschliessen. Eine Überraschung ist gewesen, dass die Freien Wähler den Antrag gestellt haben, die Kette am Albrecht-Dürrer-Platz aufzumachen (AdA: damit kann die Rathausplatzsperre umfahren werden). Das ist ein Antrag gewesen, der schlagartig beschlossen worden ist, ohne jedwelche Diskussion oder Rücksprache bei der Verwaltung. Überraschungen sind jetzt möglich, und das macht es für die Planung jetzt nicht leichter."* (I11) *„Da spielt jetzt eine andere Gruppierung eine grössere Rolle, das sind die Freien Wähler. ... Die FWW haben jetzt, obwohl sie von der Zahl nur sehr wenige sind, einen wichtigen Einfluss. Ob das gut ist, weiss ich nicht, weil da wohl manchmal faule Kompromisse rauskommen. Auf der anderen Seite ist es auch gut, dass man nicht jemanden hat, der absolut herrschen kann. Das ist ja nie gut. Es ist besser, wenn man sich ein bisschen arrangieren muss."* (I12)

5.3.4 Die Vertreter der Wirtschaft

Anders als in Aachen war die Auseinandersetzung um die Schleifenlösung ein lokales Politikum. Übergeordnete Verbände und Organisationen mischten sich nicht ein und spielten entsprechend im Entscheidungsprozess keine Rolle. Federführend auf Seiten der Wirtschaft waren einerseits die IHK (Industrie- und Handelskammer) und andererseits der LBE (Landesverband des Bayerischen Einzelhandels). Wiederum anders als in Aachen arbeiten diese beiden Hauptakteure zusammen. *„Die Zusammenarbeit mit den Kammern war sehr wichtig. Als Selbstvertretung der Wirtschaft muss die Kammer eingebunden sein. Sie hat auch eine gewisse Stärke und so auch die Möglichkeit, Einfluss zu nehmen auf die Kommune. Deshalb war es wichtig, mit der Kammer zusammenzuarbeiten. Da hat es Absprachen gegeben. Wenn Verbändegespräche stattgefunden haben, dann waren die Kammern beteiligt. Zu Beginn hat die Kammer etwas mehr die Oppositionsrolle gespielt. Der LBE hat mehr versucht mit den Politikern und der Verwaltung ins Gespräch zu kommen."* (I16) Es bestanden enge Verbindungen zu verwandten Organisationen, mit der Zeit ist es sogar zu einer eigentlichen Arbeitsteilung gekommen. *„Mit den anderen Verbänden (Bayerischer Hotel- und Gaststättenverband, Landesverband des Bayerischen Gross- und Aussenhandels) hat der LBE zusammengearbeitet. Angesichts der sehr zügigen Durchführung hat man gesagt, dass es keinen Sinn macht, wenn jeder seine Einzelinteressen geltend macht, die u. U. gegeneinander ausgespielt werden. Eine Zusammenarbeit wurde auch von der Verwaltung forciert, weil die Interessenvertreter zu gemeinsamen Gesprächen eingeladen worden sind. So hat man sich in den Verbänden regelmässig getroffen, um einzelne Ziele und Projekte gemeinsam durchzugehen. Ganz gegensätzliche Meinungen hat es nicht gegeben."* (I16) Nachdem die Zusammenarbeit zuerst eher auf informeller Ebene erfolgte, konnte sie auf Initiative der IHK institutionalisiert werden. Der Arbeitskreis Citymarketing entstand. *„Vor dem Ablauf der Probephase (AdA: zur Einführung der Schleifenlösung) hat man sich in der Kammer im Arbeitskreis Citymarketing (AdA: damals hiess er noch Arbeitskreis Altstadt) zusammengesetzt. ... In diesem Arbeitskreis (Einzelhandelsverband, Hotel- und Gaststättenverband, Gross- und Aussenhandelsverband, Handelsvertreter, Handwerkskammer, Kongress- und Tourismuszentrale und die Kammern) (AdA: Die Stadt kam erst später hinzu) hat man sich überlegt, was zu tun ist. In manchen Bereichen ist die Schleifenlösung als durchaus positiv bewertet worden. Dann hat man beschlossen, eine gemeinsame Stellungnahme abzugeben vor dem Ablauf der Probephase. Diese Gesamtstellungnahme ist von allen vorrangigen Vertreten dieser Gruppen unterzeichnet worden und dann an die Stadt gegangen."* (I12) Im Arbeitskreis blieb die Stellung der IHK immer zentral: *„Der Arbeitskreis Citymarketing läuft unter der Federführung der IHK. ... Unter den Akteuren selber gibt es keinen Ersten. Die IHK hat naturgemäss eine führende Stellung, weil sie am mächtigsten ist und die grösste Vertretung hat. Die Verbände bauen auf freiwilligen Mitgliedschaften, während in den Kammern alle Betriebe organisiert sind."* (I12) Es kam aber auch vor, dass einzelne Organisationen eigenständige Meinungen äusserten. *„Bezüglich der Altstadt hat es schon auch Differenzen gegeben, weil jeder auch Einzelinteressen vertritt. So hat beispielsweise der Hotel- und Gaststättenverband kostenloses Parken gefordert. Das ist dann nicht die Position, die die Kammer gegen aussen vertritt, weil dies dem Einzelhandel direkt* *auch nichts nützt."* (I12) In solchen Fällen waren dann Verhandlungslösungen gefragt. *„Man muss vielmehr abwägen, weil verschiedene Interessen berücksichtigt werden müssen. In den gemeinsamen Stellungnahmen sind immer Kompromisslösungen enthalten."* (I12) Diese gemeinsame Strategie wird als erfolgreich beurteilt. *„Es ist der Stadt nicht gelungen die einzelnen Verbände auseinander zu dividieren, indem mit einer Organisation eine Separatlösung gefunden wurde."* (I12)

Gegen aussen arbeitete dieses „Wirtschaftsnetzwerk" mit weiteren Verbänden und Institutionen zusammen, die allerdings in der Frage der Altstadtverkehrspolitik wenig Bedeutung hatten. *„Die IHK arbeitet auch mit dem ADAC zusammen, v. a. in Dingen, die den PKW betreffen. Im Arbeitskreis ist auch die Kongress- und Tourismuszentrale. ... Bei Einzelproblemen arbeitet man auch mit den entsprechenden zuständigen Organisationen zusammen (Flughafen GmbH, Strassenbauamt, Autobahndirektion, Verkehrsverbund Grossraum Nürnberg, VAG, ...)."* (I12)

Politisch bestanden Verbindungen eher zur CSU, wobei sich der LBE beispielsweise klar aus dem Wahlkampf zurückhielt. *„Der LBE war im Wahlkampf nicht aktiv, da die Organisation vollkommen überparteilich ist. Man versucht die entsprechenden, relevanten Lösungen durchzusetzen und Einfluss zu nehmen. Das ist ein demokratisch legitimiertes Mittel, der LBE macht aber nicht Wahlkampf direkt."* (I16) Einen Begründung für diese Zurückhaltung ist sicher auch die heterogene Meinungsstruktur innerhalb des Verbands. *„Für den LBE ist es schwierig gewesen, die Interessen aller Händler zu vertreten. Die Mitgliedschaft ist sehr breit angelegt und es gibt neben CSU-Mitgliedern auch SPD-Mitglieder, die Händler sind. Die einzelnen Fraktionen wollten den Verband in eine Richtung drängen. Auch wenn die Verkehrspolitik an sich unpolitisch ist, stand für viele Händler der Gedanke im Vordergrund, dass ihre Existenz entzogen wird. Viele Händler wie Juweliere und Möbelhäuser haben auch ausgesprochene Autokunden. Die haben den LBE manchmal etwas zu moderat eingestuft. Der LBE hat aber zu verhindern versuchen müssen, dass in der Öffentlichkeit die Meinung entsteht, dass in der Altstadt nichts mehr geht."* (I16)

Die Gegner empfanden die Wirtschaftsverbände als Einheit. *„Die Interessenvertretungen (IHK, ...) haben v. a. anfangs eine Front gebildet gegen die Schleifenlösung."* (I14) Sie warfen IHK und Einzelhandelsverband vor, einseitig zu argumentieren. *„Das sind alles Autofahrer, alles Leute, Männer zwischen 30 und 60. Die paar Frauen sind auch alles Autofahrer. Schon von den demografischen Merkmalen her herrscht eine grossen Autofahrerfreundlichkeit vor. Die können sich Verkehr nur aus der Autoperspektive vorstellen."* (I13) Sie wiesen allerdings auch auf den Zwiespalt hin, in dem der Einzelhandel steckt. *„Im Moment ist Rezessionszeit, dem Einzelhandel geht es schlecht. Dem Einzelhandel geht es auch schlecht durch die Politik, die er selber forciert hat: Ausweisungen von riesigen Einkaufszentren irgendwo in der Peripherie, weit draussen, Schaffung von grossen Einkaufsmärkten. ... Weil man schlecht gegen die Leute aus dem eigenen Verein vorgehen kann, die die Ketten und Riesenläden betreiben, braucht man einen Sündenbock, und da bietet sich der Verkehr an."* (I13)

Obwohl die Wirtschaftsverbände Kompromissvorschläge gemacht haben, verstehen nicht alle Gegner die Oppositionsrolle und die Frontenbildung. Von der IHK hätten sie eine neutralere Haltung erwartet. *„Ich habe auch ein gewisses Verständnis dafür. Es ist klar, dass die ähnlich wie die Grünen heute in der Politik eine bestimmte Oppositionsrolle haben und alles aus dieser Sicht zu beleuchten versuchten. Mir leuchtet das Verhalten der IHK nicht ein. Die hat auch überregional viel Gewicht und überblickt das grosse und ganze ein bisschen mehr als der Einzelhandelsverband mit den vielen Einzelinteressen"* (I15). Es war in ihren Augen nicht immer klar, wessen Anliegen vertreten wurden. *„Ich habe auch den Eindruck, dass die Verbandsvertreter nicht unbedingt die Interessen ihrer Mitglieder wiedergeben, sondern dass da einfach gewisse formelhafte Sachen immer wieder kommen, die möglicherweise gar nicht im Interesse der Mitglieder sind. Ganz besonders habe ich nie verstanden, weshalb man den Standort Altstadt durch massive Kritik nach aussen schlechtreden kann."* (I11)

Die Wirtschaftsverbände können sich zu Gute halten, dass sie mit ihrer Oppositionsstrategie letztlich erfolgreich agierten. Ob dies allerdings immer zu Gunsten ihrer Mitglieder geschah, kann diese Betrachtung nicht beantworten. Nach dem Wahlsieg der CSU sollte aber eine Voraussetzung mehr da sein, die einer Verbesserung der Situation der Einzelhändler und Gastwirte in Nürnberg zuträglich sein sollte, wenn sich die Argumentation der Wirtschaftsverbände als richtig erweist.

5.3.5 Die Umweltverbände

Die Szene der Nürnberger Umweltverbände ist geprägt von zahlreichen Einzelorganisationen. Diese verfügen zwar über wenig Mittel, aber über viele freiwillige Mitarbeiterinnen und Mitarbeiter die Engagement an den Tag legen. Allerdings ist die personelle Kontinuität sehr gering. Anders als bei der Rathausplatzsperre, wo die Initiative von einer Bürgerbewegung ausging, war die Schleifenlösung ein Projekt von oben, sodass wirkliches Engagement von unten überflüssig blieb. Die Organisationen waren von den Diskussionen um das Verkehrskonzept Altstadt ausgeschlossen.

VCD (Verkehrsclub Deutschland), BUND (Naturschutzorganisation), ADFC (Allgemeiner Deutscher Fahrradclub) oder der Arbeitskreis Attraktiver Nahverkehr wurden jedoch durchaus als Gegenposition zu den Argumenten der Wirtschaftsverbände wahrgenommen. *„Es hat durchaus immer auch Gegenpositionen zur Wirtschaft gegeben. Die sind bei Veranstaltungen, ..., auch zu Wort gekommen ... und haben eigentlich so ein bisschen die Gegenposition vertreten."* (I11) Jede Organisation vertrat aber ein spezifisch eigenes Anliegen, eine übergeordnetes Dach gab es nicht. *„Diese verschiedenen Gruppierungen haben durchaus verschiedene Interessen vertreten. Der ADFC setzt sich fürs Fahrrad, der BUND Naturschutz achtet v. a. auf Emissionen usw. oder Eingriffe in die Landschaft."* (I11) Anstrengungen, eine einheitliche Politik zu betreiben blieben erfolglos. *„Nach dem es den Bürgerentscheid gegeben hat, sollte ein gross angelegtes Bürgerbegehren gemacht werden, um die Verkehrspolitik in Nürnberg zu gestalten. Von den potenziellen Unterstützern, dem BUND, dem ADFC, ... wurde der VCD stehen gelassen, weil gesagt wurde, dass bringt doch nichts, dafür gibt es keine Mehrheit."* (I13) Trotz dieses Fehlschlags sind die einzelnen Organisationen informell untereinander vernetzt. *„Innerhalb dieser Organisationen kennt man sich gut, man ist miteinander befreundet, man trifft sich relativ sporadisch, aber man ist sich in den groben Grundzügen relativ einig, auch wenn man sich seine Kompetenzfelder zuweist."* (I13)

Die Altstadt und die Schleifenlösung waren keine prioritär wichtigen Anliegen. *„Die Interessenorganisationen auf der Linie des VCD setzten sich nicht besonders für die Innenstadt ein, weil sie nicht den Eindruck hatten, dass man sich besonders darum kümmern muss. Die Initiativen haben sowieso viel mehr zu tun, als sie leisten können. Deshalb betreut man die ‚Selbstläufer' wie die Innenstadt nicht noch weiter."* (I13) Zudem war auch die Befürchtung da, dass die Schleifenlösung nicht erfolgreich sein werde. *„Leute, überhebt euch nicht. Deshalb war für die Ausweitung der Fussgängerzone relativ wenig Engagement da. Auch deshalb, weil wir gesehen haben, dass es nicht den grossen Durchbruch bringt. Einerseits schafft man eine Insel der Seeligen, dafür brandet's dann auf dem Ring und auf den Ausfallstrassen umso wilder, und in den Wohnquartieren wird es eher schlechter als besser. Deshalb hat man sich relativ wenig auf die Innenstadt konzentriert."* (I13)

Die Befürworter der Schleifenlösung bedauern diese Zurückhaltung im Stadtrat. *„Interessenvertretungen wie VCD, ADFC sind voll hinter der Schleifenlösung gestanden. Allerdings hat man immer die Erfahrung gemacht, wenn etwas beschlossen worden ist, was diesen Interessenverbänden gut gefallen hat, dann sind die zwar zufrieden gewesen, sie sind aber nicht in die Öffentlichkeit gegangen und haben gesagt, dafür treten wir ein, ... Die haben dann lieber an anderen Punkten gekämpft, sodass immer der Eindruck entstanden ist, dass die Gegner da sind, die Befürworter aber ruhig sind. Das ist politisch alles anders als erfreulich."* (I14) Gleichzeitig waren die Umweltorganisationen wichtige Partner und Informationsquellen für die Grünen. *„Mit Organisationen wie VCD, ADFC, ... habe ich intensiv zusammengearbeitet. ... Und gerade was die Altstadtlösung anbelangt, ist man sich ganz besonders einig. Ich muss sagen, dass ich von dem Fachwissen sehr viel profitiert habe."* (I15)

Die Gegner der Schleifenlösung nahmen die Umweltverbände zwar wahr, aber nicht ganz ernst. *„Die melden sich auch laufend zu Wort, so etwa der VCD bei der Schleifenlösung. ... Diese Leute vertreten oft rein persönliche Interessen. Es gibt Freaks, für die das Auto der Teufel und das Fahrrad der König ist. Aber es ist halt einfach nicht möglich, den Wirtschaftsverkehr mit dem Fahrrad abzuwickeln. ... Das sind Vereine, die bestimmte Ziele verfolgen und auch idealistisch sind. Dazu gehören auch die Altstadtfreunde, die ja den Augustinerhof zu Fall gebracht haben. Solchen persönlichen Einsatz muss man anerkennen. ... Man kann die Organisationen nicht mit der IHK vergleichen und auch nicht sagen, wer mächtiger ist, weil die Strukturen überhaupt nicht vergleichbar sind. Das ist wie wenn man in den Kaninchenzüchterverein geht, dann sind halt die Kaninchen das höchste."* (I12) Den im letzten

Zitat angesprochenen Altstadtfreunden misst MONHEIM (1997bc) grosses Gewicht in Fragen der Altstadtentwicklung bei. Sie hätten viel dazu beigetragen, das traditionelle Altstadtbild Nürnbergs hochzuhalten. In der Frage der Schleifenlösung hat sich diese Gruppierung allerdings nicht geäussert.

5.3.6 Weitere Akteure

5.3.6.1 Eingeschränkte Einflussnahme

Anders als in Aachen war der Einfluss von aussen sehr viel geringer. Die übergeordneten staatlichen Instanzen beispielsweise spielten - was über ihre normale Tätigkeit hinaus geht - gar keine Rolle. Eine Rolle spielte die Bevölkerung, die von der Schleifenlösung profitierte bzw. betroffen war. Die Presse war ein wichtiges Informationsinstrument und wurde anders als in Aachen sehr viel politischer empfunden. Die Wissenschaft war wegen der begrenzten Bekanntheit kaum in Nürnberg präsent.

5.3.6.2 Die Bevölkerung

Von Seiten der Nürnberger Bevölkerung war relativ wenig zu vernehmen. Es gab immer ab immer wieder Leserbriefe. *„Bei den Bürgern hat es die eine Fraktion gegeben, die total dafür war, dabei handelt es sich v. a. um Anwohner der Innenstadt."* (I16) Die von der Stadt organisierten Bürgerversammlungen erhielten grossen Zulauf. Zu einer intensiven Diskussion oder zu Konfrontationen, wie es beim „Augustinerhof" der Fall war, kam es aber nicht. Gerade zu Beginn war die Stimmung nach der erfolgreichen Rathausplatzsperre eher positiv. *„Die Rolle der Bürger war von Anfang an wichtig gewesen und spielt jetzt noch eine grössere Rolle. Die Stimmung der Bürger ist nicht gegen die Sache gewesen. Das sind immer bloss einzelne Geschäftsleute gewesen oder einige Leute die überall dabei gewesen sind und die immer nur pro Auto gesprochen haben. Man spürte sehr wenig Gegnerschaft, keine wäre übertrieben, die Akzeptanz ist grösser als man je befürchtet hat."* (I15) Es stellt sich trotzdem die Frage, ob sich die Bewohner genügend durch ihre Volksvertreter repräsentiert sahen und sich deshalb nicht wirklich an der Diskussion beteiligten oder ob ihnen das Anliegen „Schleifenlösung" zu wenig wichtig schien. Dem steht entgegen, dass die Verkehrspolitik wohl ein Grund für die Abwahl der rot-grünen Koalition war. Allerdings konnte MONHEIM (1997c) mit Passantenumfragen grosse Zustimmung zur Schleifenlösung feststellen. Offensichtlich braucht es viel, bis sich die Bevölkerung Nürnbergs für oder gegen etwas engagiert: *„Der Mittelfranke regt sich nicht gerne auf. Er setzt sich ungern für etwas ein, er macht ungern Theater. Der Druck der Bevölkerung ist in Mittelfranken unheimlich klein, auch in Nürnberg. In Nürnberg v. a. deswegen, weil die SPD einen unglaublich arroganten Stil an den Tag legt. In den letzten dreissig Jahren hat man vielfach die Erfahrung gemacht, dass es nichts bringt, sich für etwas einzusetzen. ... Das Bewusstsein, die da oben machen mit uns, was sie wollen, ist sehr, sehr tief verwurzelt."* (I13)

Die Bürger hatten allerdings auch kaum Möglichkeiten, sich am Planungsprozess zu beteiligen und die eigenen Anliegen einzubringen. *„Vielleicht könnte man noch mehr Gesprächskreise machen, dass man nicht bloss bei aktuellem Anlass eine Grossveranstaltung macht, bei der der Einzelne kaum zu Wort kommen kann, sondern dass man eine Dauereinrichtung schafft, um mit den betroffenen Kreisen im Gespräch zu bleiben, auch mit der Bevölkerung. Da gibt es auch Beispiele aus Heidelberg, dort ist das sehr intensiv gemacht worden. Das ist in Nürnberg vielleicht auch etwas zu kurz gekommen. ... Beim Entwicklungskonzept Altstadt ist mehr oder weniger die Verwaltung dabei gewesen. Das ist nicht in erster Linie eine Bürgervertretung, die da mitspricht. Die Bürger sollte man schon auch mitanhören."* (I11)

5.3.6.3 Die Presse

Die „Nürnberger Nachrichten" und die „Nürnberg Zeitung" bildeten die Grundlage für die Analyse.

Das Thema Verkehr war in der Presse durchaus ein wichtiges Thema. *„Ich meine, dass Verkehrsfragen in der Presse ein Übergewicht haben. Die Durschnittsmeinung, die sich in einer Repräsentativumfrage zeigt, spiegelt sich so in der Presse nicht wieder. Die Autofahrerposition wird etwas überbewertet."* (I11) Die gute Präsenz von Argumenten in Zusammenhang mit Verkehr und Wirtschaft bestätigen auch die Einzelhändler. „*Die Presse ist von der eigenen Leserschaft so nachhaltig beeinflusst worden, dass sie die Interessen der Wirtschaft vertreten hat.*" (I16) Ob es Unterschiede zwischen den beiden Zeitungen am Platz gibt, ist umstritten. „*Die NN ist traditionell eher pro SPD gehalten, die war deshalb etwas wohlwollender (AdA: pro Schleifenlösung). Die NZ vertritt eher die Wirtschaftsinteressen und steht traditionell eher der CDU nahe.*" (I16) „*Es gibt zwischen den beiden Nürnberger Zeitungen kaum Unterschiede.*" (I11) „*Die NZ ist die schwarze, konservative Zeitung mit einer recht differenzierten und qualitativ guten Verkehrsberichterstattung. Die haben sich immer um Ausgewogenheit bemüht. ... Die NN gilt als die rote Zeitung. Der Lokalchefredakteur ist der Walter Schatz (SPD). Der gehört zur SPD-Betonfraktion. ... Entsprechend waren dann die Berichterstattungen des Herrn Schatz. Er hat die Genossen nicht öffentlich abgeklatscht für die Schleifenlösung, aber er hat sich sehr zurückgehalten, er war ganz, ganz vorsichtig bei der Berichterstattung. Zusammengefasst: NZ, ausgewogene Berichterstattung mit einschlägigen Kommentaren; NN mit ideologischer Berichterstattung und wenn eine Breitseite gegen die Stadt angesagt gewesen wäre, wurde Zurückhaltung geübt.*" (I13) Die politische Rolle des Chefredaktors der NN postuliert auch ein anderes Interviewzitat. „*Es kommt darauf an, ob der Chefredakteur gerade im Urlaub oder da ist. ... Das ist die Rolle der NN. Die NZ, obwohl schwarz, ist korrekter. Aber die NN wollen unbedingt, dass die SPD besser überlebt, währenddem die Grünen nicht stark sein dürfen. Das ist offensichtlich, in der Verkehrspolitik ganz besonders. Die Rolle des einen Lokalchefs kann nicht als unabhängig bezeichnet werden. Der macht ganz gezielt Politik.*" (I15)

Unzufrieden mit der Presse sind sowohl Befürworter als auch Gegner der Schleifenlösung, allerdings aus entgegengesetzten Gründen:

- „*Die Presse ist eine wichtige Gruppe. Die haben sich den Massnahmen gegenüber eher kritisch verhalten. Sie haben sich sehr oft zum Sprachrohr unzufriedener Einzelhändler, Wirte und Hoteliers gemacht. Die Medien haben mit Sicherheit eine grosse Rolle gespielt. Nicht dass sie gross auf die Pauke gehauen haben, wir sind gegen die Schleifenlösung, sondern eher subtil. Sie haben immer wieder in regelmässigen Abständen die Nöte und Probleme der Betroffenen mitgeteilt.*" (I14)

- „*Die Rolle der Presse ist manchmal sehr unmöglich. Manchmal hat man seine liebe Not. Die NN, das grosse Blatt im Bereich Nürnberg, ist rot orientiert. Das hat zur Folge, automatisch, dass den Positionen der Stadt einen grösseren Platz eingeräumt worden ist, als der Darstellung der Gegenseite. ... Die Stadt hat eine Superpresse gehabt und das andere ist klein am Rande gestanden. Das ist auch eine gewisse Beeinflussung der Bevölkerung. So extrem, dass man sagen kann, dass die Presse hier so absolut einseitig ist, ist es auch nicht. Die sind sich ihrer Aufgabe schon auch bewusst.*" (I12)

Die Presse scheint also durchaus Einfluss genommen zu haben. Tendenziell sind aber alle Akteure mit ihrer Rolle eher unzufrieden, besonders die Grünen und Umweltverbände aber auch Teile der Wirtschaft.

5.3.6.4 Die Wissenschaft

Die Nürnberger Entwicklung in der Zeit der Schleifenlösung lag nicht im Brennpunkt zahlreicher wissenschaftlicher Untersuchungen. MAYER (1989) analysierte die Prozesse bei der Sperrung des Rathausplatzes. In der Öffentlichkeit fand diese Studie wenig Beachtung. Während der Einführung der Schleifenlösung führte die Stadt verschiedene Begleituntersuchungen durch. Dabei handelte es sich v. a. um Verkehrszählungen, die wenig umstritten waren. Der Einzelhandel gab eine Kundenbefragung in Auftrag, deren Erkenntnisse ebenfalls akzeptiert wurden (VERBRAUCHERVERHALTEN 1993). Argumentiert wurde auch mit den BAG-Daten, denen allerdings viel weniger Gewicht beigemessen wurde als in Aachen (MONHEIM 1996). Schliesslich gilt es die Betriebebefragung zu erwähnen, die Angaben für das ENTWICKLUNGSKONZEPT ALTSTADT (1995) lieferte. MONHEIM (1997a,b) führte im Rahmen von studentischen Praktika Passantenbefragungen durch, deren Resultate in die Planungen einflossen. Seine Ergebnisse stützten die Sichtweise der Stadtverwaltung, während ihnen der Einzelhandels eher kritisch gegenüberstand. „*Ich verweise auf die Untersuchungen von Prof. Monheim, der sich auf dem Fussgängerzonensektor sehr umgetan hat. Der nimmt Nürnberg immer wieder als sehr positives Beispiel; bisher, vielleicht ändert sich dies bald.*" (I11) „*Von Seiten der*

Wissenschaft ist mir Prof. Monheim aufgefallen, der seine eigenen Anschauungen und Methoden hier in Nürnberg eigentlich gestützt sah. Nürnberg war für ihn ein Paradebeispiel dafür, das der MIV nicht die Rolle haben darf, die er heute hat. ... Ich glaube nicht, dass seine Aussagen immer neutral waren." (I16) *„Monheim ist sicher eine wichtige Person. ... Er ignoriert nur völlig, und da laufen Politiker Gefahr, darauf reinzufallen, dass seine Befragungen im Innenstadtbereich nur diejenigen Leute erreichen, die immer noch kommen, aus welchen Gründen das auch ist. Er erreicht keinen Einzigen von denen, die nicht mehr kommen. ... Monheim ist auch ein Akteur. Das sieht man daran, dass die SPD oft fordert, wir lassen Prof. Monheim ein Gutachten machen."* (I12)

5.4 Beurteilung des Planungsprozesses

5.4.1 Der Einfluss der Vergangenheit

Die zurückliegenden Entscheide in den drei Bereichen Altstadtverkehrspolitik, Altstadtentwicklungspolitik und gesamtstädtische Verkehrspolitik üben bis heute den grössten Einfluss auf die heutige Politik im Zentrum aus.

Bis 1996 hatte die Verkehrspolitik für die Nürnberger Altstadt eine relativ klare Linie. Bereits vor dem Zweiten Weltkrieg angedacht, begann die Stadt ab Mitte der Sechzigerjahre ihr Zentrum Schritt für Schritt - in sechs Stufen - vom Autoverkehr zu entlasten. Für das im historischen Rahmen wieder aufgebaute Stadtzentrum galt in der Altstadt die Maxime vom Durchgangsverkehr zu entlasten und die Fussgängerbereiche zu erweitern. Bei den ersten Stufen stand die Einrichtung kommerzieller Fussgängerzonen im Vordergrund. Es ging um die Attraktivierung der innenstädtischen Einkaufsgebiete und der Steigerung der Aufenthaltsqualität für die Besucher. Vermehrt an Wichtigkeit gewannen ab den Achtzigerjahren umweltpolitische Argumente. Luftqualität, Lebensqualität für Anwohner und der Schutz historischer Bauten vor Schadstoffen waren wichtige Argumente für die Erweiterung der Fussgängerzone. Während anfänglich noch grosses Gewicht auf die Ausgestaltung der vom Durchgangsverkehr befreiten Gebiet gelegt werden konnte, reichten bei den letzten beiden Phasen die finanziellen Mittel dazu kaum mehr aus.

Auch die Altstadtentwicklungsplanung kann auf eine längere Tradition zurückblicken. Bereits in den Siebzigerjahren ist ein Entwicklungskonzept vorgelegt worden, das die verschiedenen Nutzungen im Zentrum gewichtet und in unterschiedlichem Rahmen und an unterschiedlichen Orten entwickeln wollte. Dabei nahm es auch die Anstösse aus der Verkehrsentwicklungsplanung auf. Die Stufe fünf und sechs der Fussgängerzonenerweiterung waren dagegen anfänglich nicht unmittelbar Bestandteil einer Entwicklungsplanung. Die Rathausplatzsperre und die Schleifenlösung setzten einerseits neue vermeintliche oder tatsächliche Potenziale frei und schufen andererseits neue räumliche Verhältnisse. Darauf reagierten die verschiedenen Akteure. Deshalb sah sich das Wirtschaftsamt veranlasst, eine Fortschreibung des Entwicklungskonzepts Altstadt ins Auge zu fassen. Die Arbeiten zeigten am Ende des gesamten Planungsprozesses Resultate, als die Schleifenlösung bereits umgesetzt war.

Die gesamtstädtische Verkehrspolitik ist nicht Thema dieser Untersuchung. Es sind jedoch verschiedentlich Elemente eingeflossen, die sich auf die Situation in der Altstadt auswirkten. Zwar brachte die Entfernung der meisten oberirdischen ÖV-Linien aus der Altstadt mehr Raum für den Fussgängerverkehr, gleichzeitig reduzierte sich die ÖV-Erschliessungsqualität der Altstadt aus dem Bereich der eigentlichen Stadt Nürnberg in den meisten Fällen deutlich. Indiz dafür sind die trotz der grossen Investitionen in den U-Bahnbau kaum gestiegenen Passagierzahlen. Für den Fahrradverkehr stellt die Innenstadt ebenfalls ein nicht zu unterschätzendes Hindernis dar. Für die Nürnberger Altstadt trift deshalb das Bild der „Insel der Seeligen" zu. Mit einer Parkraumpolitik, die Rücksicht nimmt auf die ÖV-Erschliessungsqualität und die Zentralität von Standorten konnte erreicht werden, dass - bei einem hohen Preis für einen Parkplatz - im Zentrum fast immer genügend Parkplätze zur Verfügung stehen. Entsprechend stand nie die Parkplatzfrage im Zentrum der Diskussion, sondern die Erreichbarkeit der Altstadt.

So gesehen ist die Einführung der Schleifenlösung in einer ganzen Reihe von Massnahmen zu sehen, die zu einer konsequenten Verkehrspolitik gehören, den nicht notwendigen MIV aus dem Stadtzentrum fernzuhalten. Allerdings scheint gerade mit der Schleifenlösung eine Grenze erreicht worden zu sein.

5.4.2 Die Diskussion um die Schleifenlösung

5.4.2.1 Die Wahrnehmung von Verkehrsproblemen

Die einzelnen Akteure nehmen die Verkehrsprobleme sehr unterschiedlich war. Auffallend ist, dass der Leidensdruck nicht im Stadtzentrum am grössten ist. Die wichtigsten Schwierigkeiten scheinen vom Pendlerverkehr auszugehen. Lösungen werden in Verbesserungen für den ÖV und den Fahrradverkehr gesehen, während die Frage, ob das Strassennetz weiter ausgebaut werden soll, kontrovers beurteilt wird. Die Verhältnisse auf den Strassen scheinen unbefriedigend zu sein, sodass die Interviewpartner als Lösung einen weiteren Ausbau oder aber Verkehrsberuhigungsmassnahmen sehen (Tabelle 41). Beim Fussgängerverkehr werden kaum Probleme wahrgenommen.

- *Zunehmender Pendlerverkehr:* Trennung von Wohnen und Arbeiten, immer grösserer Einzugsbereich, zunehmende Umweltbelastung (I14 - 16);
- *Mehr Strassenausbau:* Kreuzungsfreier Durchbau des Frankenschnellwegs und weiterer Verbindungen ist notwendig (u. a. zum Flughafen) (I12);
- *Weniger Strassenbau:* Frankenschnellweg und andere Strassenverbindungen nicht bauen (I11,13), Stadtstruktur verhindert Ausbau des Strassennetzes (I14), Verkehrsberuhigung vorantreiben (I11);
- *Öffentlicher Verkehr verbessern:* Ungenügendes ÖV-Angebot und Tarifsystem (I11,I14,I16), unsinnige U-Bahn (I13);
- *Fahrradverkehr:* Mangelhaftes Angebot (I13,I15);
- *Innenstadt:* Eingriffe in der Innenstadt führen zu Kundenverlusten (I16), Einführung Verkehr- und Parkleitsystem notwendig (I12);
- *Wirtschaftsverkehr:* unkoordinierter Wirtschaftsverkehr (I15), Hafen muss zum Güterverkehrszentrum ausgebaut werden (I12).

SEEWER 2000 auf Grund von I11 - I16

Tabelle 41: Nürnbergs wichtigste Verkehrsprobleme aus Sicht der Interviewpartner

5.4.2.2 Erwartungen an eine Fussgängerzone

Alle interviewten Akteure beurteilen Fussgängerzonen allgemein und für Nürnberg positiv. Folgende Aspekte werden genannt (Tabelle 42).

Um einen „Trading-down-Prozess" zu verhindern müsse allerdings die Erreichbarkeit mit dem Auto sichergestellt sein - bei einem Miteinander der verschiedenen Verkehrsträger (I16). Ein weiterer Ausbau der heutigen Fussgängerzone scheint nicht im Vordergrund der Forderungen zu stehen (I12,I16). Andere Stimmen sehen in der Schleifenlösung eine wichtige Voraussetzung für das Funktionieren des Fussgängerbereichs.

- Vorbildcharakter: international (I11), als Modell für andere Stadtquartiere (I13);
- Grössere Aufenthalts- und Lebensqualität (I12,13,15), v. a. für Frauen (I12), vermehrte Kommunikationsmöglichkeiten (I14);
- Verbesserung des Handelsstandards (I13, I16);
- Schutz des historischen Erbes (I13).

SEEWER 2000 auf Grund von I11,12,13,14,15,16

Tabelle 42: Erwartungen der Interviewpartner an eine Fussgängerzone

Es fällt auf, dass die Befragten die positive Beurteilung v. a. mit der Veränderung im Bereich der Nutzung begründen, während sie Aspekte, die den Verkehr betreffen, kaum anführen. Dem gegenüber steht die Aussage des Verkehrsplaners: *„Die Nürnberger Fussgängerzone ist fast ausschliesslich eine Massnahme der Verkehrsplanung, nicht der Innenstadtentwicklungsplanung. ... Die Erfahrung vieler Jahre deutet darauf hin, dass die allermeisten Aktivitäten (AdA: im Rahmen der Entwicklungsplanung Altstadt) mehr oder weniger auf dem Papier stehen bleiben, während im Gegensatz dazu in der Verkehrsplanung Jahr für Jahr im Verlaufe der vielen Jahre eine ganze Menge von Schritten möglich gewesen sind."* (I11)

Es scheint, dass der Fussgängerbereich im Zentrum der Nürnberger Fusswegplanung stand, während die andern Stadtgebiete eher vernachlässigt wurden (I11,I13,I14).

5.4.2.3 Der Planungsablauf

Die Entstehung der Idee

Nach der erfolgreichen Umsetzung der Rathausplatzsperre und dem Wahlsieg der rot-grünen Koalition von 1990, ging es erneut darum, Ziele für die Verkehrspolitik festzulegen. Der grüne Partner und auch Leute aus der SPD forderten, gemäss des damaligen Trends, eine autofreie Nürnberger Altstadt. In den Verhandlungen einigte man sich schliesslich auf die weitgehende Befreiung der Altstadt vom Durchgangsverkehr. Beide Parteien beanspruchen, die Idee der Schleifenlösung entwickelt zu haben. *„Wenn die SPD gefragt würde (AdA: an Stelle der Grünen), dann würde sie die Urheberrechte für die Schleifenlösung für sich beanspruchen. ... Eigentlich ist man da so miteinander gegangen ... Es hat nie Probleme gegeben zwischen Rot und Grün in der Frage der Schleifenlösung. Politisch ist man sich einig gewesen, auch bei den Grünen, dass es unmöglich ist, eine Totallösung zu fordern."* (I15) Andere Statements zeigen, dass die Idee schon vorher da gewesen sein muss. *„Ich war 1961 als Jura-Student bei der Stadt Nürnberg, um ein Praktikum zu machen. Und da hat man mir im Stadtplanungsamt bereits das Schleifensystem vorgestellt, auf einem grossen Plan ... Die Stadtverwaltung hat damals gesagt, dass man das Schleifensystem in der Altstadt einführen müsse, nur die SPD sei zu konservativ, um dieses durchzusetzen."* (I14)

Auch ein Vertreter des Stadtplanungsamts reklamiert, Ideen des Amtes in den Planungsprozess eingespiesen zu haben. *„Es gibt ja diese Idee der Trennung der Altstadt in verschiedene Zellen schon viel länger. ... Aufgrund der positiven Erfahrungen der Sperre am Rathausplatz hat man die Sperre auch auf die südliche Altstadt ausdehnen wollen. In der nördlichen Altstadt sind ja diese beiden Zellen bereits vorhanden gewesen. Sehr bald sei klar gewesen, dass man in der südlichen Altstadt mit drei Zellen würde arbeiten müssen. Die beiden Brückensperren sind noch vom jetzigen Amtsleiter Dr. Drangmeister zugefügt worden. Die sind im ursprünglichen Konzept nicht vorgesehen gewesen."* (I11) Stimmt diese Aussage, so hat die Verwaltung entscheidende Elemente ergänzt. Der Ausdruck negativ besetzte „Zelle", wie ihn der Interviewpartner in dieser Aussage noch verwendet, wurde später durch die neutralere „Schleife" ersetzt.

Die Gegner der Schleifenlösung sahen in der Umsetzung der Massnahme einen weiteren Schritt in die falsche Richtung, nachdem es bereits in der Frage der Rathausplatzsperre zu heftigen Auseinandersetzungen gekommen war. Die Fronten blieben klar abgesteckt. *„Als die Probephase für die Schleifenlösung eingeführt wurde, hat es sehr viel Unruhe gegeben, v. a. bei den Geschäftsleuten und Handwerksbetrieben in der Altstadt, insbesondere im Sebalder Teil. Die haben alle befürchtet, dass ihre Kunden wegbleiben und sich anders orientieren."* (I12) *„Die Einführung der Schleifenlösung ist eine politische Massnahme der rot-grünen Stadtratsmehrheit gewesen. Die hat sich verpflichtet gefühlt den MIV zurückzudrängen. Der LBE hat dies verfolgt, ist dann aber sehr überrascht worden von der Schnelligkeit des Verfahrens und der Umsetzung."* (I16) Die Gegner waren erst im Nachhinein in der Lage Änderungsvorschläge anzubringen. *„Die Stadt hat geplant und hat den LBE im Rahmen einer Stellungnahme miteingebunden. Die Anregungen in der Stellungnahme haben sich dann nicht niedergeschlagen."* (I16)

Teile der Öffentlichkeit schienen die *Planungsarbeiten* gar nicht als separate Planungsidee warzunehmen. *„Gedanklich gehören für mich die Sperre am Rathaus und die Schleifenlösung zusammen,* *das war für mich eigentlich eins."* (I13) Entsprechend waren die Erwartungen bei Kreisen getrübt, die der Lösung eigentlich positiv eingestellt sein müssten. *„Ich hatte bei den Diskussionen ein relativ flaues Gefühl im Magen. Ich habe gedacht: ‚Mensch, dass ist doch an und für sich eine tolle Sache, aber überhebt ihr euch da nicht ein bisschen.'"* (I13) Grund dafür waren hauptsächlich die fehlenden flankierenden Massnahmen. *„Auch vorher habe ich das immer so ein bisschen mit eingezogenem Kopf gesehen und gedacht, ihr traut euch eigentlich verdammt viel, man müsste das eigentlich flankieren. Deswegen waren wir in der Öffentlichkeit immer sehr still dazu. Weil wir uns gedacht haben, immer gross dafür trommeln und danach kriegen wir fürchterlich eins aufs Dach, das war mir zu wagemutig."* (I16)

Dass die Idee dann umgesetzt wurde, ist dem klaren Willen der Koalition und der Unterstützung durch die Verwaltung zu verdanken. Es stand also kein Druck von unten, von einer Bürgergruppe, hinter der Schleifenlösung. Die Opposition war überrumpelt und konnte sich nun erst während der Probephase zum Projekt äussern.

Die Probephase

Die Probephase verlief, was das Verkehrsgeschehen betrifft, ohne grössere Schwierigkeiten. Die Gegner formierten sich nun besser und kritisierten die Schleifenlösung heftiger. Ihre Opposition nahm sich jedoch als konstruktiv aus. Sie stellte nicht die gesamte Verkehrslösung in Frage, sondern wollte sie mit konkreten Vorschlägen, wie z. B. der Einführung eines PLS, optimieren. Die offizielle Stadtplanung empfand jedoch die Kritik als grundsätzliche Opposition. *„Es ist eigentlich bei jeder Stufe so gewesen, dass es aus der Wirtschaft heftige Gegenbewegungen gegeben hat. Das habe ich eigentlich nie verstanden, weil es sich mit jeder Erweiterung immer wieder erwiesen hat - wie in den anderen Städten auch -, dass dies nicht eine Schädigung der Wirtschaft ist, sondern dass dadurch die Aufenthaltsqualität so enorm verbessert wird und deshalb auch wirklich Leute kommen und sich in diesen FGZ aufhalten."* (I11)

Stärkste Opposition haben die unmittelbar Betroffenen geäussert. *„Bei solchen verkehrspolitischen Massnahmen muss man zwei Phasen unterscheiden. Die Phase 1 bei der Ankündigung und bei der Umsetzung. Die ist immer schwierig, weil jede Umgewöhnung im Verkehrsprozess Protest auslöst. Nach Beendigung dieser Phase 1, als sich der Ärger gelegt hat, und sich die anderen Verkehrswege eingeschliffen haben, hat es immer noch Kritiker gegeben, die persönlich davon betroffen gewesen sind. Die kann man auch definieren. Das sind die Leute, die in der Altstadt ihr Geschäft haben und die in der Altstadt wohnen und mit dem Auto in eine andere Zone der Altstadt fahren wollen ... Dann hat es einen zweiten Personenkreis gegeben, die Einzelhändler, die gesagt haben, dass sie wegen dieser Schleifenlösung Umsatzrückgänge hätten."* (I14)

Die Versuchsergebnisse sind aber dann in den Augen der Befürworter so positiv ausgefallen, dass der Schleifenlösung nichts mehr im Weg stand. *„Man hat die Probephase wie immer dazu genutzt, mit Hilfe von Zählungen die Auswirkungen nachzuweisen. Man hat zeigen können, dass der Durchgangsverkehr durch die Altstadt total hat unterbunden werden können. ... Die vom Einzelhandel, von der Wirtschaft als besonders wichtig angesehenen Autokunden sind auch nach wie vor da."* (I11) Daran sollten auch die Stimmen der Gegnerschaft nichts ändern. *„Den Restärger wird es immer geben und der ist auch verständlich. ... Aber in den Güterabwägung zwischen den Nachteilen des Durchgangsverkehrs und dem Restärger, ist es für den SPD immer wichtig gewesen, den Durchgangsverkehr rauszutun."* (I14)

Gründe für die anhaltende Opposition sahen die Befürworter v. a. in den sich allgemein verschlechternden Rahmenbedingungen für den Einzelhandel. *„Es mag sein, dass sich dies überlagert mit anderen Problemen. Das sind konjunkturelle Sachen, das sind z. T. auch Dinge die innerhalb der Attraktivität der Geschäfte und auch der Restaurants ablaufen."* (I11)

Die Gegnerschaft der Schleifenlösung empfand die Probephase nicht wirklich als Zeit, während der Erfahrungen gesammelt werden konnten, sondern als taktischen Schachzug der Rathausmehrheit und der Verwaltung, eine ungeliebte Massnahme umzusetzen. *„Unter der rot-grünen Stadtregierung ist das Probejahr nur ein Mäntelchen gewesen, dass man sich umgehängt hat. Es ist völlig klar gewesen, dass der Versuch nach dem Probejahr als positiv bewertet wird."* (I12) Einzige Möglichkeit der Gegner, in den Planungsprozess einzugreifen, war eine schriftliche Stellungnahme, zuhanden der Stadt und der Öffentlichkeit. Sie reagierten mit einem gemeinsamen Forderungskatalog, der zu Stande kam, obwohl innerhalb von Handel und Gewerbe keine einheitliche Meinung zur genauen Ausrichtung der innenstädtischen Verkehrspolitik bestand. *„In diesem Arbeitskreis (AdA: Citymarketing) hat man sich überlegt, was zu tun ist. In manchen Bereichen ist die Schleifenlösung als durchaus positiv bewertet worden. Dann hat man beschlossen, eine gemeinsame Stellungnahme abzugeben vor dem Ablauf der Probephase. Darin hat man die Probleme nochmals herausarbeiten wollen und Modifikationen und Begleitmassnahmen vorgeschlagen."* (I12) Die Stellungnahme fand zu diesem Zeitpunkt keine Beachtung bei den Planungsverantwortlichen. Die Schleifenlösung galt nun - ohne grosse Veränderungen - nach der Probephase definitiv. Die Diskussion um die Innenstadt-Verkehrslösung war allerdings damit nicht beendet, und die Gegner brachten ihre Forderungen erneut vor.

Die definitve Einführung und die Innenstadtentwicklungsplanung

Die Gegner zeigten weiterhin Zustimmung zu den grundsätzlichen Zielen der Schleifenlösung, verlangten aber auch klare Zugeständnisse. *„Dass der Durchgangsverkehr aus der Innenstadt rausgehalten werden soll, ist ein Ziel, dem der LBE durchaus zustimmen kann. Da habe ich nichts dagegen. Die Anregungen sind zu Beginn gar nicht aufgenommen worden. Anregungen sind gewesen, den Innenstadtverkehr zu entlasten, indem man aussen P+R-Parkplätze schafft und den ÖPNV zu modifizieren (attraktive Taktzeiten, neue Fahrzeuge, Verbesserung des Tarifsystems)."* (I 16) In der Folge gab sich v. a. die SPD kompromissfähig und stimmte der Einführung eines PLS zu. Die Grünen und die Stadtverwaltung waren von seiner Wirksamkeit jedoch wenig überzeugt. *„Das Parkleitsystem ist ein Zugeständnis an die Gegner der Schleifenlösung, das weniger verkehrsplanerischen Sinn hat. Es ist eher eine Goodwill-Aktion, um zu zeigen, ihr sollt jetzt auch euer Zuckerl kriegen."* (I11) *„Problematisch wird es, wenn die grosse Parkleitsystem-Lösung kommen wird. Das ist wirklich eine Einladung, in die Stadt zu fahren."* (I15) Die Vertreterin der IHK geht dagegen davon aus, dass es Einsicht war, die zum Einlenken führte. *„Verantwortlich war auch der entsprechende Druck, der zu einem Beschluss geführt hat. Die Situation der SPD mit ihrem grünen Partner ist damals schwierig gewesen. Die grünen Gruppierungen sind in ihren Forderungen etwas extrem."* (I12)

Im Anschluss an das Einlenken der Mehrheit kam es zu vermehrten Kontakten zwischen den Opponenten im Arbeitskreis Altstadt. Diese Organisation wurde ja von Handel und Gewerbe einberufen. Die städtischen Verwaltungsstellen kamen erst später dazu, als es darum ging, neue Perspektiven für die Altstadtentwicklung aufzuzeigen. Im Rahmen der Gespräche zeigten sich gewisse Unterschiede bzw. mangelnde Koordination zwischen der Altstadtverkehrs- und der Altstadtentwicklungsplanung. Diese Ansicht wurde allerdings von der Rathausmehrheit bestritten. *„Zur Altstadtplanung möchte ich festhalten, dass es immer schon ein Altstadtkonzept gegeben hat. Mit der Entwicklungsplanung Altstadt hat man nicht erst jetzt begonnen. ... Mit dem Altstadtkonzept sollte diese Planung fortgesetzt werden. Ich sehe keine Divergenzen zwischen der Verkehrspolitik in der Altstadt und dieser Altstadtplanung."* (I14) Es darf doch festgehalten werden, dass im Rahmen der Entwicklungsplanung Altstadt zwischen den Partnern ein Vertrauen aufgebaut werden konnte und so neue Wege auch für die umstrittene Schleifenlösung gefunden wurden. *„Die Stadtverwaltung selber, die an einem Entwicklungskonzept gearbeitet hat und dabei Basisarbeit betrieben hat (Befragungen, Verkehrszählungen, ...), ist auch zum Schluss gekommen, dass etwas Begleitendes getan werden muss, um Nürnberg attraktiv zu halten, ... Die Vorarbeiten zum Entwicklungskonzept Altstadt sind ungefähr ein Jahr nach der Einführung der Schleifenlösung in Zusammenarbeit mit dem Arbeitskreis Citymarketing aufgenommen worden. Dies ist unabhängig von der Schleifenlösung geschehen. Durch die Schleifenlösung ist nur die Notwendigkeit verstärkt worden, weil man festgestellt hat, dass da ein Defizit besteht."* (I12) Zur Beurteilung der Rolle der Stadt gilt es zu berücksichtigen, dass der neue Schwung von Seite des Wirtschaftsreferats gekommen ist.

Zwar begrüssten Handel und Gewerbe die Massnahmen, die zögerliche Umsetzung fand aber wenig Anklang. *„Im nachhinein und auch unvollkommen sind die Anregungen des LBE verwirklicht worden. Die farbliche Kennzeichnung der Zonen hat sich über Jahre weggezogen. Ich kann mir nicht erklären, weshalb man dazu solange gebraucht hat. Das Parkleitsystem ist auch schon seit langem beschlossen, es sind auch Angebote eingeholt worden, ... Ich glaube, dass es so lange gedauert hat, weil es sich um* *ein Zeichen der restriktiven Politik gegenüber dem Individualverkehr gehandelt hat. Man wollte den Bürger scheinbar erziehen. Man hätte schon ein attraktives Angebot schaffen können. Zwar hat der Einzelhandelsverband mit der Stadt einen Kompromiss geschlossen. Der ist aber spät gekommen. Eigentlich hätte man mit der Lösung leben können wenn sie professioneller vorbereitet worden wäre, die Umlandbevölkerung besser informiert worden wäre und im Vornherein die Infrastruktur etwas verbessert worden wäre. Stattdessen hat es erst mal einen Reisenknall gegeben. Alle sind frustriert und sauer gewesen. Das ist auch durch die Medien geistert."* (I6)

Schliesslich scheint die Verkehrskonzeption in der Altstadt auch akzeptiert worden zu sein. *„Damals (Ada: vor der Wahl) ist die Schleifenlösung ein Fakt gewesen, und es ist klar gewesen, dass man die nicht wegbringen kann. So hat man versucht, das Beste daraus zu machen und mit Anregungen konstruktiv an die Sache ranzugehen. Diese Haltung erscheint mir auch heute noch durchaus vernünftig zu sein."* (I6)

Abkehr von der Schleifenlösung nach den Wahlen

Unmittelbar nach den Wahlen machte die neue Mehrheit ohne langes Überlegen einige wichtige Elemente der Schleifenlösung rückgängig. Die Vorzeichen waren plötzlich anders gesetzt. Zustimmung kam von Handel und Gewerbe, Ablehnung von rot-grüner Seite. Die Verwaltung blieb zwar offiziell neutral, die Enttäuschung einiger Exponenten ob des plötzlichen Richtungswandels blieb aber nicht verborgen. *„Mittlerweile sind durch die neue Stadtregierung Modifikationen der Schleifenlösung beschlossen worden. Dabei sind wesentliche Punkte der damaligen Stellungnahme übernommen worden. Einer der kritischsten Punkte, der von vielen vorgebracht worden ist, ..., ist die Verbindung am Heiliggeistspital (Spitalbrücke). Mittlerweile ist die Öffnung im Einbahnverkehr, mit Nachtruhe, beschlossen. ... Es tut sich einiges, das dazu beiträgt, die ganze Lösung etwas praktikabler zu machen und auf der anderen Seite die Bedürfnisse der Anwohner durchaus zu berücksichtigen."* (I2) *„Die Veränderungen nach den Wahlen begrüsse ich grundsätzlich. Gerade bei der Spitalbrücke ist es so gewesen, dass ein ganzes Geschäftsviertel weggestorben ist. Da hat man die ganze Lösung verfeinern müssen. ... Es hat einen losen Kontakt gegeben, sowohl zum neuen OB als auch zur Verwaltung. Die Verwaltung, die einer neuen Mehrheit gegenüberstand, hatte zunächst auch Mühe, die neuen Regelungen in dem Umfang anzunehmen, was durchaus auch verständlich ist."* (I6)

Die neue Opposition ist sich nicht einig darüber, ob die Wahlsieger die Schleifenlösung mit den getroffenen Massnahmen demontiert haben. *„Ob das überhaupt noch durchführbar ist mit der Wiedereröffnung der Brücken, ist fraglich. ... Was mich erschüttert, ist, dass irgendeine Beliebigkeit eine Änderung herbeiführe. Man hat überhaupt kein Konzept - oder hat es irgendwo Zuhause unter dem Bett. ... Es wird hier ein bisschen aufgemacht, da ein bisschen aufgemacht. Die Verwaltung hat bei der Eröffnung der Bergstrasse nicht einmal Zeit gehabt, zu reagieren. ... Niemand hat sich auch nur eine Minute Gedanken darüber machen können, welche Konsequenzen, das hat. ... Wenn ich ein anderes Konzept vor mir sehe, und es wird für dieses Konzept argumentiert, dann kann ich es zwar nicht für gut heissen, aber ich kann irgendwo die Gedanken nachvollziehen, die dazu geführt haben. ... Das kann nur schief gehen, wenn die so weitermachten. Gotteseidank sind die Bürger jetzt wacher als vor Jahren."* (I5)

5.4.2.4 Kooperation und Beteiligung der Akteure

Lässt man den Planungsprozess zur Einführung der Schleifenlösung sowie zur erneuten Lockerung der Regelung Revue passieren, so darf grundsätzlich festgehalten werden, dass von einem vernetzten, prozessorientierten Vorgehen, wie dies in Kapitel 1.3.3 beschrieben ist, nicht die Rede sein kann. Vielmehr bestanden auf allen Seiten klare Vorstellungen, die mit den zur Verfügung stehenden Mitteln umgesetzt werden sollten. Dabei können drei Akteurgruppen festgestellt werden. Federführend bei der Einführung der Schleifenlösung war die Verwaltung, gestützt von der SPD-Mehrheit im Stadtrat. Einer zweiten Gruppe, die einer weit gehenden Verkehrsberuhigung der Altstadt zugeneigt war, gehören die Grünen und verwandte Interessengruppen (VCD, ADFC u. a.) an. Die Grünen spielten im Stadtrat und in der Koalition die Rolle der Fordernden. Damit vertraten sie die Meinung ihrer Basisorganisationen. Diese waren aber dann, als es darum ging, die Schleifenlösung gegen Angriffe zu verteidigen, merkwürdig still. Das mag damit zusammenhängen, dass die Schleifenlösung im Gegensatz zur Schliessung der Verbindung beim Rathausplatz keine Forderung von unten war, sondern bereits von den etablierten Mehrheitsparteien vertreten wurde. Es gab anfangs auch keinen unmittelbaren Bedarf eines starken Engagements von unten, da bereits von oben alle notwendigen Schritte unternommen wurden. Die innere Vernetzung sowie das Interesse dieser Gruppe an der Schleifenlösung können als eher schwach bezeichnet werden.

Die dritte Gruppe war der Schleifenlösung in der ursprünglich verwirklichten Form gegenüber ablehnend eingestellt. War die Opposition zuerst noch unkonzertiert, begann sie sich schon sehr bald zu formieren. Es entstand eine Einheitsfront von Einzelhandelsverband und Kammern gegen die Schleifenlösung. Die CSU stand dabei eher am Rande; sie wurde erst nach ihrem Wahlsieg wichtig. Vorher bestand keine Notwendigkeit zur Einbindung der Opposition.

Zwischen den Gegnern und den Befürwortern kam es im Rahmen der Diskussionen um das Entwicklungskonzept Altstadt zu einer Annäherung. Diese, aber auch die immer wieder gestellten Forderungen, hatten eine gewisse Anpassung des Schleifenlösungs-Konzepts zur Folge. Die Annäherung kam aber spät und war wohl zu halbherzig. Sie wurde vollzogen, weil ein Teil der traditionell ausgerichteten SPD-Elite nicht voll hinter der Schleifenlösung stand und weil es im Rahmen der Gespräche zum Entwicklungskonzept Altstadt zu gegenseitigen Kontakten kam. Die Initiative, die hier von der Wirtschaft ausging, führte zu einer neuen Beziehungen v. a. zur Stadtverwaltung aber auch zwischen den einzelnen Verwaltungsbereichen. Es brauchte eine aussenstehende Initiative, um Vertreter des Wirtschaftsreferates und der Stadtplanung an einen Tisch zu holen. Die Parteien blieben bei diesen Gesprächen auf den ersten Blick weitgehend draussen. Die SPD und die CSU blieben jedoch indirekt mit den Geschehnissen verbunden. Die Grünen und die verbündeten Umweltorganisationen sowie die Bewohnervertreter waren an den Gesprächen des „Arbeitskreises Altstadt" dagegen nicht vertreten.

Was auffällt, ist die Tatsache, dass während der gesamten Diskussion die breite Öffentlichkeit aus dem Planungsprozess ausgeschlossen blieb. Sie hatte keine Gelegenheit, sich zu den Planungen zu äussern und Vorschläge einzubringen. Ausnahme blieben einige Bürgerversammlungen und die Leserbriefspalten der Tagespresse.

In der Zeit des Wahlkampfs kam es dann zu einer vollständigen Blockierung der Zusammenarbeit. Jede Gruppierung versuchte, die für sie wichtigen Parteien zu unterstützen. Nachdem für die meisten überraschenden Wahlausgang waren neue Allianzen angesagt. Die Wirtschaftsverbände verstärkten die schon bestehenden Kontakte zur neu regierenden CSU und verfügten nun über einen direkten Draht, um ihre Ansichten einzubringen. Die CSU hatte nun plötzlich die wichtigen Fäden in der Hand, um über die weitere Entwicklung zu bestimmen. Allerdings ist ihr Einfluss nicht unbeschränkt. Bei umstrittenen Entscheiden im Stadtrat ist sie auf die Unterstützung durch zwei kleine Splittergruppen oder aber durch die SPD bzw. die Grünen angewiesen.

Alle übrigen Verbindungen und Gruppierungen standen plötzlich alleine da und mussten sich neu orientieren. Am konfliktsträchtigsten zu bezeichnen ist im Bezug auf die Schleifenlösung die Rolle der Verwaltung. Sie sollte nach ihrem Selbstverständnis als ausführende Behörde loyal sein zur jeweiligen Stadtratsmehrheit. Die Verwaltung hatte sich vorgängig als vehemente Promotorin der Schleifenlösung ausgezeichnet. Nun sah sie sich in der Position, die eigene Planung wieder rückgängig machen zu müssen. Einigen Verantwortlichen fiel dieser Wechsel leichter als anderen. In diesem Zusammenhang sind die kleinen, in der Presse ausgetragenen Kontroversen um die Wiedereröffnung von Verbindungen zwischen verschiedenen Verkehrszellen zu sehen. Der neuen Mehrheit wird es kurz- und mittelfristig nicht möglich sein, personelle Veränderungen vorzunehmen. Doch wird die Verwaltung im Prinzip gezwungen sein, mit der neuen Mehrheit zusammenzuarbeiten und deren Leitlinien zu verfolgen. Das muss allerdings nicht heissen, dass sie nicht in der Lage wäre, dank der eigenen Fachkompetenz selber zu agieren, kreative Lösungen zu entwickeln und durchzusetzen.

Die beiden Wahlverlierer werden erst einmal genötigt sein, ihre Position neu zu definieren. Dazu werden auch interne Reorganisationen, Wechsel von Leitvorstellungen und die Ablösung von Personen angesagt sein. Erst nach dieser Neuorientierung, die zweifellos Zeit braucht, wird es den Parteien möglich sein, einen Schritt in Richtung einer Zusammenarbeit mit anderen Gruppierungen zu machen. Die Bürgerorganisationen und Verbände, die sich für eine alternative Verkehrspolitik einsetzen, werden die gleiche Linie verfolgen wie bisher. Dass sie nicht mehr durch die Grünen an der Regierungsmehrheit vertreten sind, wird ihnen erlauben, ihre Forderungen noch vehementer zu vertreten. Allerdings werden die Realisierungschancen sehr viel kleiner sein, da keine entscheidenden Fürsprecher mehr an den wichtigen Positionen sitzen.

Zum Schluss dieses Kapitels stehen Aussagen, die den Planungsprozess aus der Sicht der Akteure kommentieren.

- *„Es haben sich alle Parteien und Interessenverbände an der Entscheidfindung beteiligen können. Jede Partei hat die Möglichkeit gehabt, so viele Aktionen und Veranstaltungen zu machen wie sie wollte. Es hat auch viel Öffentlichkeit durch die Ausschusssitzungen gegeben. Es ist berichtet worden, die Grünen sind etwas kurz gehalten worden. Die Diskussion ist öffentlich gewesen."* (I15)

- *„Ich kann es mir sehr gut vorstellen, dass Planungsprozesse in der Innenstadt anders ablaufen. Im Vorfeld ist der LBE eingebunden gewesen mit Stellungnahmen und im Rahmen von Hearings. Es schien aber so zu sein, dass ein Konzept erarbeitet worden ist, das auf Biegen und Brechen durchgesetzt werden musste. Es scheint so zu sein, dass ein gewisse Zeitnot herrschte, um diese Lösung schnell zu präsentieren. Das ist der Hauptkritikpunkt des LBE, dass man nicht gesagt hat, dass das Verkehrskonzept Auswirkungen auf viele Beteiligte hat und schaut, wie man es - wenn man es durchsetzen will, was legitim ist - abfedern kann. Und dass man schaut, welche Massnahmen begleitend ergriffen werden können, um den Erfolg der Massnahme zu fördern. Das ist nicht passiert ... Das ganze scheint etwas konzeptionslos gelaufen zu sein. Im Nachhinein wurden Verbesserungen angebracht. So war es ein bisschen Stückwerk.*

    Der ganze Prozess war auch Ausdruck der Gesamthaltung der Agierenden, dass man die Bevölkerung zu einem Verkehrsverhalten erziehen kann ... Man müsste die Bürger schon ernster nehmen und auf ihre Wünsche eingehen. Eine stärkere Einbindung von Meinungen könnte im Rahmen von von neutralen Personen moderierten Workshops geschehen, bei denen 20 bis 30 verschiedene Gruppierungen ihre Meinungen einbringen können. Der Moderator fasst die Ergebnisse zusammen. Danach bilden sich wieder Arbeitsgruppen, die zu den verschiedenen Themenbereichen Lösungsvorschläge anbieten. Im Rahmen eines von einem Citymanager abgestimmten Prozesses könnte in ein bis zwei Jahren eine Schleifenlösung erarbeitet werden." (I16)

- *„Die IHK ist im Vorfeld der Schleifenlösung nicht in die Planung einbezogen worden ... Mit der CSU kann man jetzt davon ausgehen, dass wenn die etwas Grösseres vorhaben, dass sie auch zuerst die IHK konsultierten. Ein Modell bei dem die Akteure von Beginn weg einbezogen sind, ist für uns, vom Arbeitsaufwand her gesehen, schwieriger. ... Heute besteht der Vorteil, dass ich meine Stellungnahme ohne Termine und Fristen dann platzieren kann, wenn es mir passt.*

    Bei der Schleifenlösung ist es so gewesen, dass die IHK von der Stadt vor dem Ablauf der Probephase nochmals kurzfristig angeschrieben und um eine Stellungnahme gebeten worden ist. Da ist die Stellungnahme sowieso schon vorbereitet gewesen. Da ist völlig klar gewesen, dass ich das nicht ohne irgendetwas zu sagen, einfach so hingenommen hätte. Da versucht man vorher ja schon Einfluss zu nehmen. Von daher wäre es wahrscheinlich das normalere, wenn es Regelablauf wird ... So wie es jetzt beim Entwicklungskonzept Altstadt gelaufen ist, wäre es eigentlich optimal." (I12)

- *Ich würde heute die Schleifenlösung erst einführen, wenn gleichzeitig das Parkleitsystem und die farbliche Kennzeichnung der Zonen realisiert wären. Das ist ein grosser Fehler gewesen, der gemacht worden ist, dass zuerst die Schleifenlösung eingeführt worden ist und erst dann die an sich vorhersehbaren Probleme organisiert worden sind."* (I14)

- *In den ganzen Planungsprozess ist der VCD nicht einbezogen worden, allerdings danach in die Abwehrschlacht. Es hat Anhörungen gegeben ... Das meiste ist aber generalstabsmässig als Geheimsache durchgezogen worden. Als es dann Probleme gegeben hat, hat sich der VCD gesagt, warum sollen wir für die Stadt die Kartoffeln aus dem Feuer holen. Die Stadt hätte auch mal handeln müssen. Von der Stadt ist weder eine Anfrage noch Unterstützung gekommen. Deshalb hat sich der VCD zurückgehalten, die Stadt hat alles allein gemacht und alleine die Prügel gekriegt. ... Wenn die Stadt ihre Ideen beizeiten kommuniziert und Öffentlichkeitsarbeit betrieben hätte, wä-*

re es besser gekommen ... Zusammenfassend: ‚Öffentlichkeitsarbeit, Kommunikation null, geheime Kommandosache, Augen zu und durch und dann schauen wie's rauskommt.'" (I13)

- *„Die Planung und der zeitliche Ablauf sind vollkommen richtig. Das einzige, was ich anders machen würde oder was anders gemacht werden sollte, ist die Öffentlichkeitsarbeit in Form einer intensiveren Werbekampagne. Im Rückblick betrachtet ist es nicht genügend gelungen, die Lösung als positiv darzustellen. Eigentlich ist es erschreckend, dass die am meisten von diesen Dingen profitierende Wirtschaft, v. a. der Einzelhandel, dass die sich als Gegner vorgekommen sind. Das ist irgendwie ein Versäumnis. Das darf nicht sein, das ist auch nicht richtig. Die Werbung für die Verkehrslösung sollte durch das Presseamt gemacht werden ... Vielleicht könnte man noch mehr Gesprächskreise machen, dass man nicht bloss bei aktuellem Anlass eine Grossveranstaltung macht, bei der der Einzelne kaum zu Wort kommen kann, sondern dass man eine Dauereinrichtung schaffen würde, um mit den betroffenen Kreisen im Gespräch zu bleiben, auch mit der Bevölkerung ... Das ist in Nürnberg vielleicht auch etwas zu kurz gekommen ... Die Bürger sollte man schon auch mitanhören."* (I11)

5.4.3 Die Zukunft: Der Handlungsspielraum für Nürnberg

Die Änderungen im Bereich der Verkehrsplanung nach der politischen Wende, die in Nürnberg für die Wahlsieger wohl etwas überraschend kam, halten sich in ihren konkreten Auswirkungen in engen Grenzen. Zwar hat die neue Stadtregierung verschiedene Sperren im Bereich der Innenstadt wieder aufgehoben und so das Schleifensystem faktisch ausser Kraft gesetzt. Unveröffentlichte Daten des Verkehrsplanungsamtes zeigen eine verhältnismässig moderate Zunahme der Verkehrsmenge auf den wieder befahrbaren Pegnitzbrücken. Der Durchgangsverkehr ist also nicht in die Altstadt zurückgekehrt (G21). Es gibt sogar Überlegungen, die Maxbrücke für den Motorfahrzeugverkehr wieder zu schliessen, einerseits um den Radfahrern in beiden Fahrtrichtungen Platz zu machen und andererseits, um auf die Anwohnerklagen aus den angrenzenden Wohnbereichen einzugehen. In einer Petition fordern Bewohner des Burgviertels, die Öffnung der Sperren wieder rückgängig zu machen. Auf der anderen Seite hat die Stadt die Sperre beim Rathausplatz gestalterisch aufgewertet, was zeigt, dass diese substanzielle Sperre sicher nicht mehr geöffnet werden wird (G21). Das LEITBILD VERKEHR (1992), das die Stossrichtung der rot-grünen Verkehrspolitik aufzeigt, ist weiterhin in Kraft. Die Stadtregierung verfolgt zentrale Anliegen, wie den Ausbau der S- und U-Bahn sowie die Einrichtung eines Parkleitsystems (PLS) weiter.

Tatsache ist aber, dass Verkehr kein Schwerpunkt der neuen Regierung ist. Vielmehr steht die Attraktivität des Wirtschaftsstandorts Nürnberg im Vordergrund des politischen Handelns (STADT NÜRNBERG WIRTSCHAFTSREFERAT 1997). Die Stadt will versuchen, neue Investoren und damit Arbeitsplätze in die krisengeschüttelte Region zu holen. Die IHK unterstützt diese Bestrebungen ebenfalls (IHK 1997). Allerdings scheint das Vorgehen der neuen Regierung nicht unbestritten zu sein. In Wirtschaftskreisen herrscht Unmut über das konzeptionslose, willkürliche Vorgehen. So fürchten sich die (Innenstadt-)Einzelhändler beispielsweise vor einem gross aufgezogenen Factory-Outlet-Center[80] an der Peripherie der Stadt (G24).

Die überraschend an die Macht gekommene Mehrheit steht offensichtlich etwas konzeptionslos da. Die Wahlverlierer wissen ebenfalls nicht richtig, wie ihnen geschehen ist und was sie nun in ihrer neuen Oppositionsrolle anfangen sollen. Kaum eine klare Richtung gibt es auch in der Verwaltung, die den Wechsel nur partiell nachvollzogen hat. Gefragt wären nun wohl neue Ideen und Konzepte. Ein guter Ansatz würde das Entwicklungskonzept Altstadt bilden, das allerdings eine Erweiterung erfahren müsste. In einem ersten Schritte muss es darum gehen, zusammen mit den politisch Verantwortlichen innerhalb der Verwaltung eine einheitliche Linie zu finden. Verkehrspoltitik, Stadtentwicklungspolitik und Wirtschaftspolitik dürfen nicht als isolierte Elemente betrachtet werden. Vielmehr muss es darum gehen, eine alle Bereiche abdeckende Konzeption zu erarbeiten, die nicht nur die Innenstadt, sondern die gesamte Stadt und ihr Umland erfasst. Die Planer dürfen sich aber dazu nicht

---

[80] Factory-Outlet: Verkauf hochwertiger Markenprodukte direkt ab Fabrik in grossen Mengen zu billigen Preisen.

hinter verschlossene Türen zurückziehen, sondern müssen aktiv gegen aussen treten und alle relevanten Akteure in den Prozess einer rollenden Planung einbeziehen. Nur in einem kontroversen Diskurs, an dem möglichst viele beteiligt sind, können einerseits klare Ziele formuliert werden und andererseits Wege zu deren Erreichung gefunden werden (G25).

Dies ist kein einfaches Unterfangen, da kaum Strukturen für eine konstruktive politische Auseinandersetzung vorhanden ist. Gründe dafür sind die während vielen Jahren so klaren Mehrheitsverhältnisse. In dieser Zeit konnten sich die Bürger nur in eingeschränktem Masse an der politischen Meinungsfindung beteiligen. Impulse könnten vom neuen Umweltreferenten kommen, der sich bereits in anderen Städten für eine umweltgerechte Verkehrspolitik eingesetzt hat (G21). Mögliches Gefäss könnte ein Verkehrs- oder Stadtentwicklungsforum sein. Darin könnten sich die Akteure kennen lernen und die Diskussionen in einer kooperativen Atmosphäre führen. Nur eine veränderte Gesprächskultur kann zu einer neuen Mobilitätskultur beitragen.

Nürnberg ist kein Musterbeispiel einer innovativen Verkehrspolitik, wie dies anfänglich postuliert worden ist. Dennoch verfügt die Stadt über Trümpfe, die als zentrale Elemente einer neuen Politik ausgespielt werden können. Von zentraler Bedeutung ist dabei die Altstadt, die mit Ihrem historischen Kleid, sowohl Identifikationspunkt für eine die Grossregion als auch Attraktion für den Tourismus ist. Wichtig ist die dort vorhandene Nutzungsvielfalt, dank attraktiven Geschäften, kulturellen Einrichtungen, Freizeit- und Arbeitsstätten sowie den zahlreich vorhandenen Wohnungen. Ein weiteres wichtiges Element ist die grosse und grosszügig eingerichtete Fussgängerzone (s. Kapitel 5.1.4 und 5.2.1), sowie die Tatsache dass die Altstadt weitestgehend vom Durchgangsverkehr befreit ist. Trotzdem bleibt die Erreichbarkeit mit dem Auto gewährleistet. Sorge zu tragen gilt es der gestalterischen Entwicklung in der Altstadt, der Verkehrsberuhigung in den Quartieren, aber auch der Feinerschliessung mit den öffentlichen Verkehrsmitteln. Schliesslich müssen die Akteure erkennen, dass neuer Verkehr und eine Abwertung der Bedeutung des Stadtzentrums nur mit Hilfe einer auf die gut durch öffentliche Verkehrsmittel erschlossenen Zentren ausgerichtete Stadtentwicklungspolitik verhindert werden können. Neue Handelsstandorte auf der grünen Wiese werden unweigerlich dazu beitragen, den Einzelhandel in der Altstadt aber v. a. in den Aussenquartieren zu schwächen und damit zu mehr motorisiertem Individualverkehr führen.

6 Ergebnisse

In diesem Kapitel sollen die Ergebnisse der Untersuchung in den einzelnen Fallbeispielen verglichen und einander gegenübergestellt werden, um den Einfluss der Vergangenheit, die Erfahrungen aus den Fallbeispielen und Hinweise für die zukünftige Entwicklung aufzuzeigen. In einem zweiten Schritt soll geprüft werden, ob die Zielsetzung, die in Kapitel 1.2.4 formuliert wurde, erreicht werden konnte. Auf die spezifischen Erkenntnisse zu den einzelnen Städten wird nur am Rande eingegangen, da sie bereits am Schluss der Kapitel zu den Fallbeispielen diskutiert worden sind. Der Handlungsspielraum einer städtischen Verkehrsplanung und -politik sowie offenen Fragen und Anknüpfungspunkte für weitere Untersuchungen werden in den beiden letzten Abschnitten behandelt.

6.1 Vergleich der Fallbeispiele

Die zu Beginn in Kapitel 1.2 gestellten Fragen werden hier wiederum aufgegriffen und in einem Vergleich der vier Fallbeispiele beantwortet. Tabelle 43 gliedert die Entwicklung der Verkehrsplanung in einzelne Etappen und zeigt die wichtigsten Meilensteine in den vier Städten.

Zeit	1945 – 1950	1955 – 1960 – 1965	1970 – 1975	1980 – 1985	1990 – 1995
Allg. Entwicklung	Wiederaufbau (D); Autoverkehr beansprucht Raum.	Planung und Realisierung der autogerechten Stadt; erste Fussgängerzonen.	Erste Verkehrsberuhigung in Quartieren; Planung und Bau von übergeordnetem ÖV- und Strassennetz.	Umweltpolitik wird Thema; Verkehrsbeschränkung und Regelung; ÖV-Förderung.	Trend in Richtung grossflächige Fussgängerbereiche; Integrierte Planungen; wirtschaftliche Aspekte wichtig.
Zürich	Strassenerweiterungen in der Altstadt; Gutachten Kremer/Leibbrand und Pirath/Feuchtinger 1953/54.	Expressstrassenplanung; Ablehnung unterirdische Führung Tram Innenstadt 1961; erste Fussgängerzone 1966.	Transportplan 1971; Ablehnung U-Bahn-Projekt 1973; Jürgensen-Studie 1973 erste Wohstrassen; Qualitätssteigerung ÖV (Tramnetz).	Bau von Umfahrungsautobahnen; grossflächige Verkehrsberuhigung von Wohnquartieren; ÖV-Förderung (S-Bahn); Blaubuch zur Verkehrsplanung 1987.	Diskussion um Erweiterung Fussgängerzone („**Historischer Kompromiss**") und Sperrung Limmatquai; Tempo 30 in Quartieren; Parkplatzbewirtschaftung.
Bern	Gutachten Walther/Leibbrand 1954 (Expresstrassenidee).	Generalverkehrsplanung 1964; erste Fussgängerzone 1968.	Ablehnung H-Lösung 1970; Transportplan 1972; Agglomerationsverkehrsstudie;	Umwelt, Stadt, Verkehr 1982; Tempo 30; Parkplatzbewirtschaftung; Lancierung von Verkehrsinitiativen.	Diskussion um Innenstadt; **Verkehrskompromiss**; Stadtentwicklungskonzept, Masterplanung Bahnhof.
Aachen	Wiederaufbau; grosszügige Erweiterung des Strassenraums.	Abbau des Strassenbahnnetzes; Neubau von Strassen.	erste Fussgängerzone 1972; moderate Erweiterung der Fussgängerzone; erste Kritik am Verkehrswachstum.	Flächennutzungsplan 1980; Massnahmenplan Verkehrskonzept Innenstadt 1986: Ausbau der Fussgängerzone.	„**Fussgängerfreundliche Innenstadt**" ab 1991; „Aachener Frieden" 1995/Umbau Elisenbrunnen ab 1996; Verkehrsentwicklungsplanung.
Nürnberg	Wiederaufbau; grosszügige Erweiterung des Strassenraums.	U-Bahn-Bau 1965; erste Fussgängerzone 1966.	Gernerlverkehrsplanung ab 1970; Entwicklungskonzept Altstadt 1972; stufenweise Befreiung der Altstadt vom Durchgangsverkehr ab 1978.	Weiterhin stufenweise Erweiterung des Fussgängerbereichs; Auseinandersetzung um Rathaussperre bis 1989.	Leitbild Verkehr 1992; **Schleifenlösung** ab 1992; Fortschreibung Entwicklungskonzept Altstadt ab 1995; Machtwechsel 1996.
Zeit	1945 – 1950	1955 – 1960 – 1965	1970 – 1975	1980 – 1985	1990 – 1995

SEEWER 2000

Tabelle 43: Wichtigste Etappen in der Verkehrsplanung seit 1945

6.1.1 Vergangenheit

Welche Ereignisse und Entscheidungen in der Zeit seit dem zweiten Weltkrieg wirken sich prägend auf die aktuelle Verkehrspolitik und -planung in der Innenstadt aus?

Prägendster Einfluss hatte in allen vier Städten die stark wachsende Bedeutung des Automobils. Nach einer vorübergehenden Stagnation des Automobilbestandes im Verlaufe des Zweiten Weltkrieg, kam es ab den Fünfzigerjahren sowohl in Deutschland als auch in der Schweiz zu einer massiven Zunahme der Zahl der Fahrzeuge und des Strassenverkehrs.

- *Was gab es für Vorstellungen und Konzepte zur Verkehrsentwicklung in der Innenstadt? Was wurde davon realisiert? Welche Auswirkungen hatte ihre Realisierung bzw. Nichtrealisierung?*
- *Welche Absichten standen hinter den Vorstellungen und Konzepten? Welche Gruppen und Personen waren dahinter?*
- *Welche generellen Entwicklungslinien und Abschnitte lassen sich festhalten? Gibt es einen Trend, der in Richtung Langsamverkehrsstadt führt?*

In allen vier betrachteten Städten ist das heutige wirtschaftliche Stadtzentrum im mittelalterlich geprägten Stadtkern angesiedelt. Die engen Gassen und Strassen stellten schon sehr bald ein Verkehrshindernis dar und so gab es überall Projekte zur Erweiterung einzelner Strassenquerschnitte. Beide deutschen Städte wurden durch die Bombardierungen äusserst stark in Mitleidenschaft gezogen, sowohl die Aachener als auch die Nürnberger Altstadt waren zu über neunzig Prozent zerstört. Obwohl es Diskussionen um einen Neubau der Stadt gab – in Nürnberg wurde gar überlegt, die Stadt an einem anderen Ort wieder aufzubauen – hielt man sich beim Wiederaufbau stark ans historische Vorbild. Die Gelegenheit wurde aber auch genutzt, die Altstädte autoverkehrsgerechter zu bauen. In den beiden Schweizer Städten konnten viel weniger Korrekturen vorgenommen werden, besonders weil sich die Bevölkerung einige Male gegen Eingriffe wehrte.

Ab den späten Fünfziger- und den Sechzigerjahren wurde der Handlungsdruck so gross, dass die Lösung der Verkehrsprobleme im Schaffen von mehr Verkehrsraum für den Strassenverkehr gesucht wurde. Es wurden umfangreiche Pläne zum Ausbau des städtischen und z. T. auch des innerstädtischen Strassennetzes entwickelt. „Hindernisse" wie Bäume oder breite Gehsteige verschwanden. Die Strassenbahn wurde zum Teil in den Untergrund verlegt oder gar ganz durch Autobusse ersetzt. Während letzteres in Aachen der Fall war, baute man in Nürnberg eine aufwändige U-Bahn, die die Strassenbahn nach und nach ersetzen sollte. Das Projekt ist bis heute nicht abgeschlossen, in der Altstadt fährt aber der öffentliche Verkehr heute weitgehend unterirdisch. Die Zürcher Bevölkerung lehnte eine Tieferlegung des Tramverkehrs zu Beginn der Sechzigerjahre ab, gut zehn Jahre später scheiterte auch eine Vorlage über eine U-Bahn. Wie in Bern führen die Tram- und Buslinien weiterhin oberirdisch durch das Stadtzentrum. In Bern und in Aachen kam bis heute die Tieferlegung des öffentlichen Verkehrs nie über ein Ideenstadium hinaus.

Trotz des Baus neuer und breiterer Strassen blieb die Verkehrssituation in allen Innenstädten prekär. Im Verlaufe der Sechzigerjahre begann man dann mehr und mehr Strassen um das Zentrum auszubauen und Parkhäuser zu errichten. Erste Fussgängerbereiche sind in dieser Zeit entstanden, am frühesten und umfassendsten in Nürnberg. Die Fussgängerzonen von damals sind nicht in erster Linie als Massnahmen zu Gunsten der Fussgänger zu sehen sondern eher als einzige Möglichkeit, der chronischen Verkehrsüberlastung und ihren Folgen Einhalt zu gebieten. Die so beruhigten Strassen sind fast ausschliesslich Einkaufsstrassen. In der Folge begann sich dort der Einzelhandel zu konzentrieren, während die übrigen Altstadtstrassen auf Grund des immer noch stärker werdenden Verkehrsaufkommens an Attraktivität verloren. Die Innenstädte blieben Bestandteil einer autogerechten Stadt. Immer noch galt die Maxime, dass eine lebensfähige Innenstadt ohne Einschränkungen für den Autoverkehr erschlossen sein müsse. So blieben stark frequentierte Stich- oder Durchgangsstrassen in den Innenstädten erhalten, deren Sperrung – oder der Versuch dazu – dann in den Achtziger- und Neunzigerjahren zu grossen Diskussionen Anlass gab: In Nürnberg die Durchfahrt vor der St.-Lorenz-Kirche, in Aachen die Durchfahrt vor dem Elisenbrunnen und in Zürich der Limmatquai. Einzig in Bern lehnte die Bevölkerung eine neue Durchfahrtsachse durch die obere Altstadt ab (H-Lösung).

In den Siebzigerjahren begann man sich dann der übergeordneten, regionalen Ebene zuzuwenden. Das Verkehrsaufkommen nahm weiter zu und das Siedlungsgebiet dehnte sich aus. In der Folge versuchte man das Verkehrsgeschehen für eine gesamte Stadtregion zu ordnen. Dabei konzentrierte man sich in erster Linie auf den privaten und den öffentlichen Verkehr. Fussgänger- und auch Veloverkehr spielten in diesen Dimensionen keine Rolle. Gleichzeitig ging aber der gesellschaftliche Konsens, die Verkehrsanlagen in städtischen Räumen immer weiter auszubauen, in die Brüche. Erste Ideen von Verkehrsberuhigung entstanden. Wohnstrassen sollten nichtautomobiles Leben im Strassenraum wieder ermöglichen und die Belastung der Anwohner verringern. Zürich war in diesem Bereich besonders aktiv, aber auch in den anderen untersuchten Städten ist der Trend beobachtbar.

Zu Beginn der Achtzigerjahre haben die Fussgängerbereiche ihren ersten Vollausbau erreicht. Stärker konnte der Verkehr in den Innenstädten nicht beruhigt werden, ohne dass das ganze innerstädtische Verkehrssystem grundsätzlich verändert worden wäre. Im Vergleich zeigt sich, dass in den beiden deutschen Städten das Muster Cityring mit angeschlossenen Parkhäusern und mehr oder weniger verkehrsfreiem Zentrum verfolgt wurde, während in den Schweizer Städten die Fussgängerbereiche stärker begrenzt sind und nicht annähernd den gesamten Innenstadtbereich ausmachten. Es fällt auf, dass bis heute sowohl in Zürich als auch in Bern eine Mehrheit der Innenstadtbesucher mit dem öffentlichen Verkehrsmittel anreisen, während in Aachen und Nürnberg das Auto für Innenstadtbesuche das wichtigere Verkehrsmittel bleibt. Grund dafür ist die feinmaschigere und häufigere Erschliessung mit öffentlichen Verkehrsmitteln in der Schweiz. Allerdings sind weder in Bern noch in Zürich reine Fussgängerstrassen anzutreffen, die Hauptgeschäftstrassen werden auch von öffentlichen Verkehrsmitteln befahren.

Ab den Achtzigerjahren begann dann die Umweltproblematik an Bedeutung zu gewinnen. In den Verkehrskonzepten wurde erstmals anerkannt, dass in städtischen Räumen nicht alle Verkehrsbedürfnisse befriedigt werden können und dass dem Wachstum des motorisierten Individualverkehrs Grenzen gesetzt werden müssen. Berns Verkehrskonzept „Umwelt, Stadt, Verkehr" (1982) erscheint da als Vorreiter. Neu wurde auch die Bedeutung des Fussgänger- und Veloverkehrs aber auch der Verkehrsberuhigung und der Parkraumbewirtschaftung anerkannt, anfangs allerdings zögerlich. Zuerst standen die Wohnquartiere im Vordergrund der Massnahmen. Allmählich rückte aber auch die Innenstadt wieder in den Blickwinkel der Verkehrsplaner und –politiker.

Dabei lassen sich grundsätzliche Unterschiede zwischen den deutschen und den schweizerischen Städten feststellen. Während es in Aachen und Nürnberg darum ging, noch immer bestehende MIV-Achsen durch die Innenstadt zu sperren, sollten in Bern und Zürich kleine, bestehende Fussgängerbereiche erweitert werden. Zwar wurde auch in Bern und in Zürich die Sperrung von Strassenachsen im Bereich des Zentrums diskutiert, allerdings weniger in Zusammenhang mit der Erweiterung eines Fussgängerbereichs als im Rahmen einer gesamtstädtischen Verkehrspolitik. Unterschiedlich wurde auch die Frage des Parkraumes diskutiert. Während es in Deutschland eher darum ging, die Erreichbarkeit der Parkmöglichkeiten sicherzustellen, standen in der Schweiz die Zahl der Parkplätze und ein allfälliger Neubau von Parkhäusern im Zentrum der Diskussion. In Aachen und Nürnberg wurde dagegen auch die bessere Erschliessung mit öffentlichem Verkehr zum Thema.

Die zentralen, bestimmenden Akteure wechselten im Verlauf der gesamten Entwicklung. Bis in die Sechzigerjahre standen die Technokraten und Experten in der öffentlichen Verwaltung im Vordergrund. Zu einem Bruch kam es, als sich einige grössere Projekte nicht umsetzen liessen und am Widerstand einer politischen Mehrheit scheiterten. Die Gegner der bisherigen Verkehrspolitik waren ab den Siebzigerjahren v. a. Gruppierungen, die sich für den Schutz bestehender Werte oder bestimmter Interessen einsetzten. Dazu gehören der Schutz des baulichen Erbes und des Stadtraumes, der Schutz der Wohnquartiere vor den Auswirkungen des Autoverkehrs und auch der Umweltschutz. Die städtische Verkehrspolitik war in der Folge eher eine Reaktion und ein mehr oder weniger engagiertes Nachvollziehen von Ideen, die von politischen Gruppierungen formuliert wurden. Als Reaktion darauf begannen sich auch diejenigen Kreise zu engagieren, die zuvor von den Planungen für die Innenstädte profitiert hatten. In erster Linie waren dies die Vertreter des Einzelhandels und auch der Automobilverbände. Neu standen die städtischen Planungsbehörden zwischen zwei verkehrspolitischen Hauptrichtungen und mussten versuchen, Konsenslösungen zu finden. Während in den beiden schweizerischen Städten die meisten Vorhaben vor dem Volk bestehen mussten und die Akteure auch die Möglichkeit hatten ihre Vorschläge auf den Tisch zu bringen, war in den deutschen Städten die Situation etwas anders. Hier konnte eine Mehrheitsstadtregierung bis zur nächsten Wahl ihre Verkehrspolitik durchsetzten.

6.1.2 Aktuelle Ebene - Fallbeispiele aus den Neunzigerjahren

Wie kommen Entscheidungen in verkehrsplanerischen und -politischen Prozessen im innenstädtischen Kontext zu Stande?

In der oben beschriebenen Situation befanden sich zu Beginn der Neunzigerjahre die Behörden aller vier betrachteten Städte, die übrigen Akteure versuchten ihre Vorstellungen mit Hilfe verschiedener Vorstösse durchzusetzen. Es gab aber klar unterschiedliche Voraussetzungen und Vorgehensweisen der städtischen Verkehrsplanungsbehörden (Tabelle 44).

	Zürich	**Bern**	**Aachen**	**Nürnberg**
Thema	Erweiterung der Fussgängerzone; „historischer Kompromiss".	„Verkehrskompromiss".	„Fussgängerfreundliche Innenstadt".	„Schleifenlösung" zur weiteren Verkehrsberuhigung der Altstadt.
Auslöser	Bestrebungen aus der Verwaltung; Volksinitiativen.	Volksinitiativen.	Regierungswechsel; aktive Verwaltung.	Verwaltung: Weiterer Schritt in einem längeren Prozess.
Ablauf	Verwaltung sucht Lösungen; Auseinandersetzungen u. a. um Parkplätze und Strassensperren; Kompromissverhandlung in Parlamentskommission.	Widersprüchliches Ergebnis einer Volksabstimmung; Verhandlungen zwischen den beiden Seiten geleitet durch die Verwaltung; Verzögerungen verursacht durch Teile der Verwaltung; Volksabstimmung.	Massnahme unter Beteiligung der wichtigen Akteure umgesetzt; nach anfänglichem Erfolg Widerstand; lange Konfliktphase; Konsenslösung in kleinem Akteurkreis gefunden; bauliche Umsetzung des Konsens.	Umsetzung der Massnahme; Kritik; punktuelle Verbesserungen; politischer Machtwechsel.
Resultat	Parlamentarisch abgesegneter Kompromiss: Erweiterung des Fussgängerbereichs, Bestandeserhalt bei den Parkplätzen.	Von der Bevölkerung abgesegneter Kompromiss: Erweiterung des Fussgängerbereichs, Bestandeserhalt bei den Parkplätzen.	Kompromiss zwischen den Akteuren: Umwandlung einer provisorischen Massnahme in ein gebautes Definitivum.	Getroffene Massnahmen werden z. T. rückgängig gemacht.
Zukunft	Aufbau auf Kompromiss; Konfliktpotenzial weiter vorhanden.	Verwaltung ist in der Umsetzung des Kompromisses gefordert.	Ausweitung des Kompromisses auf die allgemeine Vekehrspolitik.	Neuorientierung der Verkehrspolitik erforderlich.

SEEWER 2000

Tabelle 44: Überblick – die Fallbeispiele im Vergleich

- *Welche Vorschläge zur innenstädtischen Verkehrspolitik und -planung werden ausgearbeitet? Welche Grundlagen stecken dahinter? Was soll erreicht werden, was sind die Ziele und Absichten?*

Die städtischen Behörden in Nürnberg, Zürich und Bern versuchten, die bestehenden Konzepte umzusetzen und ihre Verkehrspolitik fortzuführen. In Aachen dagegen war nach Neuwahlen ein politischer Wechsel angesagt, der sich bis in die Verwaltung niederschlug.

Den Nürnberger Planungsbehörden gelang es zuerst, den Schwung zu nutzen, der mit der Sperrung einer innerstädtischen Achse entstanden war, und den Fussgängerbereich in der Innenstadt auszudehnen. Allerdings liessen sich die zusätzlichen Massnahmen nicht wirklich etablieren, was schliesslich zur Folge hatte, dass sie nach einem politischen Machtwechsel wieder rückgängig gemacht wurden. Trotz langjähriger politischer und planerischer Vorarbeiten ist es hier nicht gelungen, einen die ganze Altstadt umfassenden Fussgängerbereich einzurichten. Allerdings darf nicht verhehlt werden, dass auch so der Nürnberger Fussgängerbereich einer der grössten in Deutschland bleibt.

In Zürich reichten die verschiedenen politischen Lager Vorstösse ein, die Ausdruck gegensätzlicher Vorstellungen waren. Der Verwaltung gelang es erst eine einheitliche Linie zur Vergrösserung des Fussgängerbereichs zu erreichen, als auf politischer Ebene zwischen den verschiedenen Interessen ein Kompromiss geschlossen werden konnte.

Bern kannte zwar seit Beginn der Achtzigerjahre ein damals fortschrittliches Verkehrskonzept. Aber gerade für den Bereich der Innenstadt gelang es nicht, mit der Entwicklung Schritt zu halten und neue Ansprüche in die offizielle Politik zu integrieren. Vielmehr brauchte es erst die Konfrontation und lange Verhandlungsrunden zwischen den Akteuren, bis ein Kompromiss erzielt werden konnte, dessen Umsetzung bis heute viele Schwierigkeiten bereitet und noch nicht sichergestellt ist.

In Aachen schliesslich verhalf ein politischer Wechsel der Diskussion um die innerstädtische Verkehrspolitik zu neuer Dynamik. Auf der Basis einer gut etablierten Fussgängerzone wurde ein Teil des inneren Innenstadtrings zeitweise für den Durchgangsverkehr gesperrt. Die relativ bescheidene Massnahme, die rasch umgesetzt wurde, sorgte hier für eine ausserordentlich kontroverse politische Diskussion, die der wirklichen Massnahme eigentlich unangemessen war. Erst nach langen Verhandlungsrunden konnte ein Kompromiss gefunden werden, der sich baulich dann auch umsetzen liess.

Die Vorhaben basieren auf unterschiedlichen planerischen Grundlagen. Während in Bern das bestehende Verkehrskonzept mit Hilfe einer Initiative grundsätzlich in Frage gestellt wurde, standen in Zürich und Nürnberg Vorschläge der Verwaltung im Zentrum der Diskussion. In Zürich versuchte die Verwaltung so, die politisch blockierte Situation zu entkrampfen. In Aachen schliesslich führte ein politischer Machtwechsel zu einer Umorientierung in der Verkehrspolitik. Mit den Massnahmen in der Innenstadt sollte dafür ein Zeichen gesetzt werden, ohne dass bereits ein detailliertes Gesamtkonzept vorhanden gewesen wäre.

- *Wer betätigt sich in der innerstädtischen Verkehrsplanung und -politik? Welche Interessenvertreter gibt es? Wer sind die Betroffenen? Wie reagieren die Betroffenen?*

In allen Städten konnten die gleichen Akteurgruppen definiert werden. Ihre Aktivitäten und die Bedeutung unterscheiden sich allerdings stark. Zentrale Rolle kommt in allen Fällen der *Verwaltung* zu (s. Tabelle 45). Über längere Zeit aktiv war sie in Nürnberg, in Zürich und v. a. in Aachen und versuchte neue Impulse zu geben. In Bern dagegen zeigte die Verwaltung wenig Eigeninitiative. Zudem akzentuierte sich dort eine Spaltung zwischen verschiedenen Amtsstellen, so beispielsweise zwischen der Stadtplanung und der Stadtpolizei. Immerhin gelang es aber, in den von der Verwaltung initiierten Gesprächen einen Kompromiss zu schliessen. Die politischen Parteien und das Stadtparlament, bzw. spezielle Kommissionen, waren in Aachen und Zürich für die Konsensfindung verantwortlich. In Bern und in Nürnberg spielten sie dagegen eine untergeordnete Rolle.

Von den Betroffenen artikulierten sich am lautesten die Einzelhändler. In den deutschen Städten waren die Einzelhandelsorganisationen tendenziell besser organisiert, dies dank den halbstaatlichen Handelskammern mit ihren personellen und institutionellen Ressourcen. In Bern, Zürich und in Nürnberg traten die Organisationen relativ einheitlich auf, in Aachen trug die moderatere Haltung der Handelskammer viel zu einer einvernehmlichen Lösung bei. Die Rolle der Interessenvertreter der Verkehrsteilnehmer war in Zürich von Bedeutung, wo sich sowohl der TCS (Autofahrer) als auch die IG Velo und der VCS (Umweltverbund) engagierten. In Bern war der VCS mit der Initiative „Bärn zum Läbe" der wichtigste Auslöser der Diskussion, in den Verhandlungen traten dann aber eher die Vertreter der Initiativkomitees in den Vordergrund als die eigentlichen Interessenorganisationen. In Nürnberg und Aachen spielten die Verkehrsverbände eine eher untergeordnete Rolle. Fussgängerverbände und auch die Anwohner traten in keinem Fall als wichtige Stimme in Erscheinung. Umweltpolitische Argumente waren anfänglich v. a. in Aachen wichtig, in den anderen Städten waren sie während der ganzen Diskussion im Hintergrund.

Die Erweiterung der innenstädtischen Fussgängerzonen war in allen vier Städten ein wichtiges Thema in den Medien, die ausführlich darüber berichteten und den einzelnen Akteuren genügend Raum gaben, ihre Argumente darzulegen. Während die analysierten Zeitungen in der Schweiz sich eher für die Erweiterung der Fussgängerbereiche aussprachen, waren die deutschen Zeitungen eher auf der Seite der Gegner. Auf überregionales Interesse stiess einzig der Fall Aachen.[81]

In allen vier Städten waren die Bevölkerung, die betroffenen Anwohner und die Innenstadtbesucher nicht direkt in den Entscheidfindungsprozess einbezogen. Gerade auf ihre Interessen bezog man sich beim Argumentieren immer wieder.

	Zürich	Bern	Aachen	Nürnberg
Einbezug der Akteure durch die Verwaltung	Einbezug der Akteure im üblichen Rahmen (Vernehmlassung). Konsens wurde durch einen nicht direkt am Planungsprozess beteiligten Akteur gefunden.	Einbezug der Akteure im Rahmen eines runden Tisches erst nach Scheitern der offiziellen Politik.	Akteure formal einbezogen; einzelne fühlten sich nicht vertreten.	Akteure erst relativ kurz vor Scheitern des Vorhabens wirklich in den Entscheidungsprozess einbezogen.
zentrale Akteure	Verwaltung; Präsident der parlamentarischen Verkehrskommission.	Verwaltung; Vertreter der Initiativen.	Verwaltung; Einzelhandel; Vorsitzender des Verkehrsausschusses.	Verwaltung; Einzelhandel.
Netzwerk	Ein Ansatz für ein Netzwerk ist im Rahmen der parlamentarischen Kommission entstanden, die den Kompromiss gefunden hat.	Es konnte sich kein wirkliches Netzwerk bilden, da der runde Tisch einzig für den Verkehrskompromiss eingesetzt wurde.	Das Netzwerk hat sich hinter den Kulissen gebildet.	Der Versuch ein Netzwerk zu etablieren kam zu spät.
Handlungsspielraum	Ausdehnen des Netzwerks auf alle zentralen Akteure auch ausserhalb des Parlaments.	Aufbau eines Netzwerks zu Innenstadtfragen (Verkehr und Stadtentwicklung).	Das Netzwerk sollte an die Öffentlichkeit treten und weitere Akteure einbeziehen.	Neuorientierung der Innenstadtverkehrspolitik, Aufbau eines Netzwerks.

SEEWER 2000

Tabelle 45: Akteure und Netzwerke in den Fallbeispielen

- *Welche Interessens- und Argumentationslinien sind zu beobachten? Welche Bedeutung haben autofreie Stadtzentren?*

Wie bereits weiter oben festgehalten wurde, sind Fussgängerbereiche per se nicht umstritten. Umstritten sind die damit verbundenen Einschränkungen. In den untersuchten Fallbeispielen sind die getroffenen Massnahmen und die gefundenen Kompromisse aber auch kaum als Entwicklung in Richtung einer Langsamverkehrsstadt zu verstehen. In Bern und in Aachen waren in den ursprünglichen Absichten der Initianten bzw. der Verwaltung solche übergeordnete Bestrebungen

---

[81] Zürich ist international bekannt wegen seiner ÖV-Politik, die hier aber nicht diskutiert wurde.

enthalten. Diese traten dann bei den Diskussionen der Einzelheiten in den Hintergrund. Stattdessen dominierten folgende Argumentationslinien:

- Grösserer Fussgängerbereich, weniger Parkplätze bzw. schlechtere Erreichbarkeit, weniger Besucher, weniger Umsatz, deshalb Fussgängerzone nur dann, wenn mehr Parkplätze bzw. gleich gut erreichbare Parkplätze.
- Grösserer Fussgängerbereich, erhöhte Attraktivität (Einkaufen, Freizeit, Anwohner, Umweltqualität, Umfeld etc.) für alle, mehr Besucher, mehr Umsatz, deshalb muss der MIV in Richtung Stadtzentrum abnehmen.

Parkplätze und Einkaufsattraktivität waren die absolut zentralen Themenbereiche in den Diskussionen. Alle übrigen Elemente rückten stark in den Hintergrund. Entsprechend wurden die Kompromisse in der Festlegung der Zahl der Parkplätze (Bern und Zürich) bzw. bei der Sicherstellung der Erreichbarkeit (Aachen) gefunden. Und auch in Nürnberg wurde die Rückgängigmachung bereits getroffener Massnahmen mit letztem Argument begründet.

Autofreie Stadtzentren waren in diesen Diskussionen entweder Wunschbild oder Schreckenszenario. In keiner der betrachteten Fälle wurde von einigermassen unabhängiger Seite gezeigt, was ein autofreies Stadtzentrum überhaupt bedeuten würde. Und eine Einordnung in eine übergeordnete Konzeption kam gar nicht genügend zur Sprache oder wurde gar bewusst ausgeblendet. Aachen konnte von den langen Diskussionen allerdings auch profitieren. Die Erfahrungen, die die Stadtbehörden sammeln konnten, sind in die gesamtstädtische Verkehrsplanung eingeflossen.

6.1.3 Zukunft - der Handlungsspielraum

Welche Strategien führen zu einer verträglichen, konsensorientierten Innenstadtverkehrspolitik?

Es wäre vermessen, aus vier Fallbeispielen eine erfolgreiche, einheitliche Strategie ableiten zu wollen. Trotzdem lassen sich durchaus Wege aufzeigen, die zu einvernehmlichen und umsetzbaren Lösungen führen können (s. a. Tabelle 45 und Abbildung 33).

- *Welche verkehrsplanerischen und -politischen Handlungsmöglichkeiten haben städtische Planungsbehörden in Stadtzentren?*

Städtische Planungsbehörden haben Handlungsmöglichkeiten, die sie kennen und nutzen müssen. In allen Beispielen zeigte es sich, dass ein Akteur nicht alleine handeln kann. Hoheitliche Planungen gehören der Vergangenheit an. Es funktionieren nur solche Planungsmodelle, bei denen die relevanten Akteure in alle Schritte der Planung einbezogen werden. Von zentraler Bedeutung ist der Aufbau eines Netzwerkes, in dem möglichst alle Beteiligten vertreten sind. In der Untersuchung konnten die Kriterien, wie sie Kapitel 1.3.2.3 formuliert worden sind, bestätigt werden.

Erfolgreiche Planungen müssen auf Gesamtkonzepten aufbauen, in denen die Voraussetzungen analysiert und die Zielrichtung festgelegt werden. Darauf aufbauend sind für einzelne Teilräume und Themenbereiche Konzepte festzulegen. Erst dann können einzelne Massnahmen oder Massnahmenbündel umgesetzt werden. Von Beginn an, schon bei der Problembstimmung und Zieldiskussion, gilt es die Akteure in den Planungsprozess einzubeziehen.

Die Konsensebene muss nicht immer auf dem kleinsten gemeinsamen Nenner gefunden werden. Vielmehr ist es möglich, durch Aushandeln in einzelnen Punkten weiter zu gehen und im Gegenzug auf bestimmte, eigentlich realisierbare Schritte zu verzichten. Idealerweise werden Win-win-Situationen geschaffen.

Die städtische Planung muss dazu ihre traditionelle Rolle verlassen. Sie muss einerseits Lieferantin von Grundlagen und Anstössen sein und auch klar die Interessen der Stadt vertreten, anderseits muss sie zwischen den verschiedenen Positionen vermitteln und schliesslich hat sie die Aufgabe, jene Akteurkreise zu vertreten, die kein Sprachrohr haben. Dabei können Interessenkonflikte auftreten, die so gelöst werden sollten, dass gewisse Aufgaben an „neutrale" Dritte vergeben werden.

So kann es sich beispielsweise als sinnvoll erweisen, den Planungsprozess durch Aussenstehende moderieren zu lassen.

In keinem der betrachteten Beispiele ist eine Stadtverwaltung von Beginn weg nach diesem Schema vorgegangen. Erst als versucht wurde, konsensorientiert zu planen, ergaben sich Lösungen.

	++	+	0	+	++		Bemerkungen
Gute MIV-Erreichbarkeit	■				■	Stark eingeschränkte MIV-Erreichbarkeit	Hier stellt sich letztlich die Frage, ob eine fussgängerfreundliche Innenstadt Teil einer auf möglichst wenig Autoverkehr ausgerichteten städtischen Verkehrspolitik ist oder Mittel zur Attraktivierung des Einkaufstandorts Innenstadt. Dieser Gegensatz drückt sich aus in der Diskussion um die MIV-Erreichbarkeit und die Zahl der nötigen Parkplätze.
Viele MIV Parkplätze	■				■	Wenig Parkplätze	
Gute ÖV-Erschliessung, ÖV-Ausbau	■					Schlechte ÖV-Erschliessung	Eine gute Erschliessung mit dem ÖV ist nie umstritten. Allerdings können sich bei der Frage der Massnahmen oder der Kosten Differenzen ergeben.
Autofreie Bereiche		■				Zufahrt überall möglich	Die Einsicht hat sich durchgesetzt, dass mit dem Auto nicht jedermann überall und jederzeit hinfahren können muss. Diskussionsbedarf liegt in den Rahmenbedingungen einer möglichen Zufahrtsregelung.
Gute Umweltqualität	■					Schlechte Umweltqualität	Die Mittel, wie die Umweltqualität verbessert werden soll, sind umstritten (s. oben).
Wirtschaftsinnenstadt			■			Wohninnenstadt	Ein Mittelweg wird von den meisten Akteuren angenommen. Gerade dort, wo noch ein bestimmter Anteil Wohnnutzung in der Innenstadt vorhanden ist, wird diese nicht bestritten und die Qualität einer Durchmischung anerkannt. Wo die Einkaufsnutzung sehr dominant ist, wird es aus Kostengründen schwierig sein, neue Wohnnutzung anzuziehen.

SEEWER 2000

Abbildung 33: Konsensebene für die Verkehrsplanung einer Innenstadt

- *Welche erfolgversprechenden verkehrsplanerischen und –politischen Massnahmen dienen der Verwirklichung der Ziele der Langsamverkehrsstadt?*

Die Analyse der Fallbeispiele hat gezeigt, dass in keinem der untersuchten Beispiele die Verwirklichung einer Langsamverkehrsstadt angestrebt wurde, wie sie BOESCH (1992) beschrieben hatte. Allerdings sind von verschiedener Seite Argumente benutzt worden, die der Idee einer Langsamverkehrsstadt entsprechen, so beispielsweise in der Initiative „Bärn zum Läbe" oder im Vorgehen der Aachener Behörden. Implizit kann auch der verwirklichte grosse Fussgängerbereich in Nürnberg als Teil einer Langsamverkehrsstadt verstanden werden. Und schliesslich sind auch viele Argumente, die linke und grüne Gruppierungen äussern, an der Idee der Langsamverkehrsstadt orientiert.

Soll eine Langsamverkehrsstadt verwirklicht werden, muss dies Inhalt einer Gesamtkonzeption sein, auf die sich die wichtigsten Akteure im Rahmen der städtischen Verkehrsplanung und -politik geeinigt haben. Darin müssen u. a. die Massnahmen für die Innenstadtgebiete festgelegt werden – z. B. die Einrichtung eines Fussgängerbereichs im Zentrum. Daneben gelten auch hier die oben beschriebenen Grundsätze einer akteurorientierten Planung. Und hier stellt sich in erster Linie die Frage, ob die Langsamverkehrsstadt ein Modell ist, auf das sich die wichtigsten Akteure einigen können.

- *Was gibt es für Konsensebenen und wo liegen die Differenzen zwischen den einzelnen Akteurpositionen?*

Wie weiter oben beschrieben, ging es bei den Auseinandersetzung letztlich um die Zahl der Parkplätze bzw. um die Erreichbarkeit der Innenstadt. Allerdings gibt es auch andere Themen, die in den Auseinandersetzungen zur Diskussion standen. In Abbildung 33 sind die wichtigsten Themenbereiche als Gegensatzpaare und die Konsensebene gewichtet dargestellt.

Obwohl in den Fragen der Erreichbarkeit und der Parkplätze oft die grössten Gegensätze bestehen, können Lösungen gefunden werden. So wurden in Bern und in Zürich die Zahl der Parkplätze festgelegt und in Aachen die Bedingungen für die Schliessung der Durchfahrt beim Elisenbrunnen ausgehandelt. In Nürnberg dagegen sind bereits umgesetzte Strassenschliessungen nach einem Regierungswechsel wieder rückgängig gemacht worden. Was auffällt, ist die Tatsache, dass solche Vereinbarungen selten auf Grund rationaler Entscheidungsgrundlagen getroffen werden. Nach wie vor gibt es nur wenige Studien, die zeigen, was die Erreichbarkeit eines Stadtzentrums ausmacht, wie viele Parkplätze nötig sind und welchen Einfluss die Zahl der Parkplätze auf den Geschäftsgang in einer Innenstadt hat. Die wenigen Untersuchungen, die vorhanden sind (LUTZ 1996; BROCKELT 1995), werden entweder nicht anerkannt oder nicht wahrgenommen. Es wäre die Aufgabe der zuständigen öffentlichen Stellen, die nötigen Grundlagen aufzuarbeiten und damit zum Verhandlungserfolg beizutragen. In keinem der betrachteten Fälle hat die Stadtverwaltung auf umfassende und gut abgestützte Untersuchungen zurückgreifen können.

6.2 Sind die Ziele erreicht worden?

In Kapitel 1.2 sind die Zielsetzungen der Untersuchung formuliert und begründet worden. Hier werden nun die Zielsetzungen der Arbeit anhand der Untersuchungsergebnisse reflektiert.

Zielsetzung

- *Erarbeiten der wichtigsten Entwicklungsschritte und der damit verbundenen Leitideen in der Verkehrsplanung und -politik für Innenstädte seit dem Zweiten Weltkrieg. Dabei soll der Fussgängerverkehr im Zentrum stehen.*

Dem historischen Aspekt konnte in der Untersuchung genügend Gewicht eingeräumt werden. Auf Grund der unterschiedlichen Quellenlage sind die Erkenntnisse nicht in allen Fallbeispielen gleich tief. Für Bern und Zürich liegen einige Quellenarbeiten vor, während für Aachen und Nürnberg die Grundlagen lückenhafter sind. Für alle vier Städte gilt zudem, dass gerade zum Thema der Arbeit, dem Fussgängerverkehr, kaum eigenständige Untersuchungen vorliegen. Die vorgenommene Analyse zeigt deutlich, dass zum Verstehen der aktuellen Prozesse ein historischer Rückblick unerlässlich ist. Einerseits ziehen sich gewisse Hauptstossrichtungen oder Projekte durch mehrere Jahrzehnte und werden von den verschiedenen Generationen immer wieder neu aufgenommen. Andererseits gibt es gewisse Trends oder Leitideen, die durch übergeordnete Entwicklungen bestimmt sind, die sich früher oder später in der städtischen Verkehrsplanung und -politik niederschlagen. Weiter kann festgestellt werden, dass auf Verwaltungsseite im Bereich der Verkehrsplanung eine erstaunlich grosse personelle Kontinuität besteht. Das ist eine wichtige Voraussetzung für die Verwirklichung längerfristiger Zielsetzungen. Es ist jedoch schwer vorstellbar, dass sich einzelne Fachleute mit gleichem Engagement für sehr unterschiedliche verkehrsplanerische und -politische Stossrichtungen einsetzen können. Grosses Konfliktpotenzial besteht dann, wenn die Verantwortlichen in einer Verwaltung die politisch festgelegte Richtung hintertreiben. Konflikte entstehen auch, wenn nach Jahren oder Jahrzehnten der Stabilität plötzlich neue Leute mit frischen Ideen Führungspositionen in der Verwaltung übernehmen. Es besteht dabei v. a. die Gefahr, dass sich der Verwaltungsapparat gegen neue Vorschläge zur Wehr setzt. Wechsel auf politischer Ebene sind meist häufiger als bei der Verwaltung. Und so geschieht es oft, dass es einer politischen Mehrheit gar nie gelingt, ihr Konzept auch wirklich umzusetzen. Vielmehr bleiben Ideen auf halbem Weg stecken, um anschliessend durch andere Projekte abgelöst zu werden. Allenfalls bleiben gebaute Relikte einer Planung im Stadtkörper erhalten, die aber nie ihre volle Funktion übernehmen können.

- *Aufzeigen der Argumente für oder gegen Fussgängerbereiche in Innenstädten.*

Es ist in der Arbeit gelungen, ein breites Spektrum von Argumenten, die für oder gegen Fussgängerbereiche sprechen, aufzuzeigen. Wider Erwarten ist in keinem politischen Lager eine absolute Gegnerschaft festzustellen. Der Fussgängerbereich wird in erster Linie positiv und mehrheitsfähig bewertet. Erst in zweiter Linie wird an verschiedenen Punkten Kritik geäussert. Diese Kritik hängt entweder mit den wirklichen oder vermeintlichen Rahmenbedingungen oder den Folgewirkungen von Fussgängerbereichen zusammen. So wird beispielsweise der Verlust von Parkraum, damit von Autokunden und schliesslich von Umsätzen befürchtet. Ins Feld geführt wird auch die Angst vor einer Verkehrszunahme in den an den Fussgängerbereich angrenzenden Gebieten oder vor dem Verlust der Nutzungsvielfalt in Innenstädten.

Es ist deshalb aus verkehrsplanerischer Sicht wenig sinnvoll, ausschliesslich mit dem Argument „Fussgängerbereich" zu operieren. Vielmehr muss den Akteuren bekannt sein, was damit gemeint ist und welche Rahmenbedingungen dahinter stecken. „Ein Fussgängerbereich" wird zu stark mit unterschiedlichen Assoziationen verbunden, als dass auf seiner Basis eine Übereinstimmung gefunden werden könnte.

- *Bezeichnen der wichtigen am Planungsprozess beteiligten Interessenvertreter und Institutionen.*

In dieser Hinsicht zeigt die Arbeit ein breites Spektrum auf. Gerade mit der eingehenden Analyse von Zeitungsartikeln werden die wichtigen Akteure identifiziert, in ihrer Haltung und in ihrem Vorgehen beschrieben (s. Tabelle 45). Die wichtigsten Akteure konnten schliesslich im Rahmen von Interviews befragt und so noch weiter charakterisiert werden. Bei der Analyse von Presseartikeln muss allerdings die Tatsache berücksichtigt werden, dass sich die Presse oft selber eine bestimmte Sichtweise angeeignet hat und gewisse Themen immer durch die gleiche Person bearbeitet werden. Ähnliches gilt für die Akteurinterviews. Hier kann nicht immer genau unterschieden werden, ob die interviewte Person für sich spricht oder ob sie die Meinung einer Organisation vertritt. Nicht zu übersehen ist jedenfalls die Tatsache, dass Akteurgruppen, Organisationen und Institutionen sehr stark von Einzelpersonen geprägt werden. Sehr oft werden Massnahmen, Meinungen oder Haltungen personalisiert und so in der politischen Diskussion verwendet.

In allen vier untersuchten Städten kann der gleiche Raster für die Unterscheidung der einzelnen Akteurgruppen verwendet werden. Es zeigen sich allerdings Unterschiede in ihrer Bedeutung. So ist die Rolle der Bevölkerung in deutschen Städten weniger stark ausgeprägt als in Bern und Zürich. Im Gegensatz dazu treten beispielsweise die Interessenvertreter des Handels in Deutschland sehr viel schlagkräftiger auf, als dies in der Schweiz der Fall ist.

- *Akteuranalyse: Bestimmen der Ziele, der Strategien, der Handlungen und Koalitionen von Interessenvertretern und Institutionen.*

Hier dienen wiederum in erster Linie die Zeitungsartikel und die Interviews als Analyseinstrument. Es ist allerdings nicht in allen Fällen möglich, ein umfassendes Bild und eine genaue Differenzierung von Zielen, Strategien, Handlungen oder Koalitionen aufzuzeigen. Entscheidend ist, dass ein Akteur Ziele festlegt und entsprechende Strategien verfolgt. Das einfache Ziel „Fussgängerbereich, ja oder nein" lässt sich zwar effekthascherisch vermarkten und ist kurzfristig auch erfolgreich. Mittel- und langfristig sind aber klare Strategien und entsprechende Handlungen unabdingbar. Koalitionen zwischen verschiedenen Akteuren können spätestens nach den Interviews identifiziert werden.

- *Erkennen der erfolgreichen Argumentationslinien, Vorgehensweisen und Zusammenarbeitsstrukturen.*

Wie oben beschrieben ergaben sich aus den Interviews oder der Kombination der Interviewaussagen die wichtigen Informationen. Die Gesprächspartner gaben bereitwillig Auskunft. Je weiter weg die untersuchte Stadt von Bern - dem Ort der Forschungsstelle - liegt, desto mehr Details waren zu erfahren. Offensichtlich war besonders in den deutschen Städten, die Furcht vor der nichtwissenschaftlichen Verwendung der Daten geringer als in Bern. Die verhältnismässig grosse Zahl von Gesprächen und Interviews erlaubt gemäss der Fragestellung eine genaue Eingrenzung von Argumentationslinien, Vorgehensweisen und Zusammenarbeitsstrukturen.

- *Aufzeigen erfolgreicher Strategien zur Verwirklichung grossflächiger Fussgängerbereiche in Innenstädten.*

Die untersuchten deutschen Städte wurden ursprünglich ausgewählt, weil sie als „gute Beispiele" für Bern und Zürich herangezogen werden sollten. Schon während der Untersuchung zeigte sich jedoch, dass die Ergebnisse nicht ohne weiteres auf Bern oder Zürich übertragbar sind. Vielmehr müssen alle vier Fallbeispiele als Einzelfälle betrachtet werden, aus denen Erfahrungen gewonnen und miteinander verglichen werden können. Aus diesem Grund nimmt die vorangehende Betrachtung verhältnismässig viel Raum ein. Entsprechend müssen für eine erfolgreiche Strategie die spezifischen Voraussetzungen bekannt sein. Trotz der Verschiedenheit der Beispiele zeichnet sich eine Gemeinsamkeit ab. Erfolge werden nur dann erzielt, wenn ein kooperatives Vorgehen gewählt wird. Fussgängerbereiche und wohl auch andere grosse Verkehrsvorhaben lassen sich langfristig nicht erfolgreich verwirklichen, wenn nicht alle wichtigen Akteure und deren Anliegen in den Planungs- und Umsetzungsprozess einbezogen werden.

- *Darstellen von Möglichkeiten und Handlungsspielräumen einer innenstädtischen Verkehrsplanung und -politik, die auf die Einrichtung eines grossflächigen Fussgängerbereichs (autofreies, verkehrsberuhigtes Zentrumsgebiet) abzielt.*

Zahlreiche Faktoren bestimmen den Handlungsspielraum einer städtischen Verkehrsplanung und –politik. Von diesen Faktoren kann nur ein bestimmter Teil direkt durch die lokale Verwaltung und Politik bestimmt werden. Es besteht die Tendenz, dass dieser Teil eher kleiner wird. Durch ein neues Verständnis von Planung und Politik kann aber der schrumpfende Handlungsspielraum wieder erweitert werden, indem die Planungsbehörden bei der Suche nach Lösungen alle Akteure einbeziehen. In allen untersuchten Beispielen brauchte es aber zuerst Misserfolge oder eine fast unüberwindbar scheinende Situation bevor neue Wege überhaupt in Angriff genommen werden konnten.

6.3 Erfolgreiche städtische Verkehrsplanung: Akteure einbinden und vernetzen

Einzelne Elemente dieses Handlungsspielraums sind bereits in Kapitel 6.1.3 zum Ausdruck gekommen, sollen aber hier nochmals aus einer etwas anderen Optik zusammengefasst werden.

Diskussionen um Fussgängerbereiche sind keine Sonderfälle in der Verkehrsplanung und -politik. Sie eignen sich aber besonders gut zur Analyse des Handlungsspielraums städtischer Verkehsplanung, weil sie fast in jeder mittleren bis grösseren Stadt vorkommen oder geplant werden und so Vergleiche erleichtert werden. Innenstädte stehen im Zentrum des Interesses und werden deshalb in der (Medien-)Öffentlichkeit besonders stark wahrgenommen. Darum können mit Fussgängerbereichen ganze verkehrsplanerische Gesamtkonzepte verknüpft werden – es gibt einen Fussgängerbereich sowohl in der Innenstadt einer autogerechten Stadt als auch in der Innenstadt einer „autofreien" Stadt. Deshalb kann eine städtische Verkehrsplanung, die hinsichtlich der Ergebnisse erfolgreich sein will, nur an einer Mittelposition anknüpfen, die versucht, den verschiedenen Interessen und Ansprüchen, die vorhanden sind, gerecht zu werden. Weder eine absolut autofreie Innenstadt ohne Parkplätze noch eine Fussgängerinsel umgeben von Parkhäusern und Cityautobahnen können für europäisch geprägte Städte eine Lösung sein. Vielmehr braucht es ein auf die spezifische Situation ausgerichtetes Bündel von Massnahmen, die nach einem sorgfältigen Planungsprozess auch realisiert werden können. Im Werkzeugkasten der Planer liegen Massnahmen bereit, die sich an verschiedenen Orten bereits bewährt haben. Beispiele sind Mischverkehrslösungen (Flanierzone Burgdorf CH), Parkraumbewirtschaftungsregelungen, differenzierte Zufahrtsregelungen (zeitliche Begrenzungen; Road Pricing), Verkehrsleitsysteme, Nutzungskonzeptionen oder Innenstadtsanierungs- und -gestaltungsprogramme.

Nie darf vergessen gehen, dass es sich bei jeder Innenstadt um einen Einzelfall handelt, bei dem die spezifischen Bedingungen besonders berücksichtigt werden müssen. Die Untersuchungen haben den grossen Einfluss der Vergangenheit und der damals getroffenen Entscheidungen gezeigt. Dabei spielen sowohl die baulichen und verkehrsorganisatorischen Voraussetzungen eine Rolle als auch die personellen und institutionellen Rahmenbedingungen. Bei diesem Punkt kann es oft zu Blockaden kommen, die fast unüberwindbar scheinen.

Neue Planungskonzeptionen können da Abhilfe schaffen. Oft bringt es schon viel, wenn die verschiedenen Betroffenen an einen Tisch geholt werden, damit kooperativ geplant werden kann. Werden die Akteure eingebunden, können sie einerseits ihre Bedürfnisse einbringen und andererseits auf die gemeinsam gefassten Beschlüsse behaftet werden. Die Erfolgsaussichten sorgfältig geknüpfter Netzwerke konnten durch diese Arbeit belegt werden. Eigenschaften von Netzwerken sind in Kapitel 1.3.2.3 beschrieben.

Neben einer seriösen Vorbereitung der Planung und einem fachkundigen Handling des Planungsablaufs selber ist auch die Umsetzung und ihre Kontrolle von grosser Bedeutung. Es geht nicht an, dass die Akteure den runden Tisch verlassen und sich dann niemand für die Umsetzung verantwortlich fühlt. Hier sind klare Verantwortlichkeiten, ein kompetentes Management und eine Evaluation der getroffenen Massnahmen von grosser Bedeutung. Die Erfolgskontrolle ist wichtig, weil Planungen nie für die Ewigkeit bestimmt sind. Getroffene Entscheidungen müssen revidiert und Massnahmen geändert werden können.

6.4 Offene Fragen

Nachdem nun die gestellten Fragen weitgehend beantwortet und Handlungsmöglichkeiten für die Planung von Fussgängerbereichen aufgezeigt worden sind, geht es zum Schluss darum, offene Forschungsfragen zu formulieren, an die Nachfolgeuntersuchungen anschliessen könnten. Folgende Aspekte bedürfen einer näheren Betrachtung (Abbildung 34). Forschungslücken zum Fussgängerverkehr allgemein sind zu finden in NETZWERK LANGSAMVERKEHR (1999:361-364).

Forschungsbereich	Priorität		
	klein	mittel	hoch
Übersicht über alle Fussgängerbereiche in der Schweiz und in Deutschland, Vergleich der wichtigen Variablen wie Grösse, Fussgängeraufkommen, Auswirkungen auf Wirtschaft, Verkehr und Umwelt, Auflistung der getroffenen Massnahmen und gültigen Regelungen; Aufdatierung von MONHEIM 1980 und VSS 1980.		■	
Wirkungskontrolle von einzelnen Massnahmen für Fussgänger in der Innenstadt.			■
Begleitete Modellversuche in Innenstädten im Sinne einer angewandten Forschung.			■
Machbarkeitsstudie Langsamverkehrsstadt: Lässt sich die Idee verwirklichen, was wären die nötigen Rahmenbedingungen und die Auswirkungen?		■	
Verkehrsgeschichte: Stellung und Bedeutung des Fussgängerverkehrs in der Planung. Analyse von Fallbeispielen.	■		
Planungsmethodik: Analyse von Planungsprozessen für Massnahmen für den Fussgängerverkehr, Beschreibung erfolgreicher planerischer Massnahmen und –strategien.		■	
Evaluationsmethodik: Methoden zur Evaluation von Massnahmen im Bereich des Fussgängerverkehrs.			■

SEEWER 2000

Abbildung 34: Offene Forschungsfragen

Die offenen Fragen, lassen es als notwendig erscheinen, dass sich die Verkehrsforschung in Zukunft weiterhin intensiv mit dem Fussgängerverkehr und der Möglichkeit, Stadträume für die Zufussgehenden attraktiv zu gestalten, befasst.

7 Quellen

7.1 Gesprächspartner

Datum	Ort	Partner	Inhalt
12.92/1.93	Bern	Prof. Dr. Rolf Monheim	Div. Telefongespräche zur Projektgenerierung.
29.01.93	Aachen	Prof. Dr. Rolf Monheim	Information Aachen.
29.01.93	Aachen	Michael Brockelt	Information Aachen.
01.02.93	Nürnberg	Peter Achnitz, Leiter Abteilung Generalverkehrsplan, Stadtplanungsamt Nürnberg	Informationen zu Nürnberg.
02.08.94	Nürnberg	Prof. Dr. Rolf Monheim	Gespräch zum Diss.-Projekt.
02.08.94	Nürnberg	Hartmut Kern, Abteilung Generalverkehrsplan, Stadtplanungsamt Nürnberg	Fussgängerzonenplanung Nürnberg, Hauptverkehrsprobleme Stadt Nürnberg, Innenstadt, Entwicklungskonzept Altstadt.
02.08.94	Nürnberg	Verschiedene Beteiligte	Sitzung Arbeitskreis Altstadt der IHK Nürnberg, Referat Monheim: Neueste Kundenbefragungen in Nürnberg.
03.08.94	Nürnberg	Herr Seitz, Stadtplanungsamt Nürnberg	Park und Ride im Grossraum Nürnberg.
03.08.94	Nürnberg	Stadtplanungsamt	Ausstellung zur Entwicklung der Sebalder Altstadt in Nürnberg.
03.08.94	Nürnberg	Herr Hotzen, Stadtplanungsamt Nürnberg	Augustinerhof.
04.08.94	Nürnberg	Dr. Dieter v. Lölhöffel, Thomas Bodenschatz; Stadt Nürnberg, Abt. Stadtentwicklung Referat VII	Arbeiten am Entwicklungskonzept Altstadt; Innenstadtfragen Nürnberg.
10.08.94	Köln	Thomas Werz, BAG	Verkehrspolitik der BAG.
11.08.94	Köln	Nikola Ziehe, Assistentin am Seminar für Handelsforschung der Universität zu Köln	Information über Projekt „Innenstadtverkehr und Einzelhandel", Aachen.
16.08.94	Aachen	Regina Poth, Amt für Verkehrsanlagen	Verkehrspolitik und –planung Aachen, Aachener Innenstadt.
16.08.94	Aachen	Regina Poth, Amt für Verkehrsanlagen	Gesprächsnotizen zum Nachtessen, viele informelle Auskünfte.
16.08.94	Aachen	Verkehrsausschuss Aachen	Verhandlung zu Innenstadtfragen.
28.11.94	Bern	Dr. U. Geissmann, Städteverband	Tätigkeiten Städteverband, Tätigkeiten GIUB.
20.03.95	Bern	Dr. Adrian Haas, Direktor HIV Stadt Bern	Stellungnahme GIUB/Aerni zum Verkehrskompromiss.
18.10.95	Nürnberg	Prof. Dr. Rolf Monheim	Informatives Gespräch zum Diss.-Projekt.
22.08.95	Aachen/Köln	Nikola Ziehe, Assistentin am Seminar für Handelsforschung der Universität zu Köln	Info Projektstand.
06.10.97	Nürnberg	Ursula Poller, Verkehrsreferentin bei der IHK Nürnberg, und Dieter Puhlmann, Vorsitzender des Einzelhandelsverbands, Bezirk Mittelfranken	Vortrag anlässlich der Deutschlandexkursion des GIUB.

Datum	Ort	Name	Funktion	Bemerkungen
07.10.97	Nürnberg	Peter Achnitz, stv. Leiter des Verkehrsplanungsamts der Stadt Nürnberg	Vortrag und anschliessende Stadtbesichtigung anlässlich der Deutschlandexkursion des GIUB.	
07.10.97	Nürnberg	Wolf Drechsel, Ex-VCD-Vorsitzender Nürnberg	Vortrag und anschliessende Stadtbesichtigung anlässlich der Deutschlandexkursion des GIUB.	
09.10.97	Aachen	Regina Poth, Leiterin Amt für Verkehrsanlagen	Stadtbesichtigung anlässlich der Deutschlandexkursion des GIUB.	
09.10.97	Aachen	Jürgen Bartholomy, Vorsitzender des Verkehrsausschusses des Stadtrats	Vortrag und Diskussion anlässlich der Deutschlandexkursion des GIUB.	

7.2 Interviewpartner

Datum	Ort	Name	Funktion	Bemerkungen
10.04.96	Zürich	Gubler Albert	bis Ende 1995 Adjunkt im Bereich Verkehrsplanung beim Stadtplanungsamt Zürich; seit 01.04.96 in der Hauptabteilung Verkehrsplanung beim Tiefbauamt. Beruf: Verkehrsingenieur.	Protokoll nicht unterzeichnet, stillschweigend zugestimmt.
23.04.96	Bern	Leuthardt Peter U.	Ab 1987 Verkehrsingenieur/Projektleiter beim Stadtplanungsamt Bern, ab 1990 - 1996 Leiter der Abteilung Verkehrsplanung beim Stadtplanungsamt Bern; Beruf: Bauingenieur HTL, NDS Raumplanung.	
30.04.96	Zürich	Cavegn Reto	Geschäftsführer des Touring-Club Sektion Zürich, FDP-Grossrat, Gemeinderat Oberengstringen; Beruf: Kfm. Angestellter.	
03.05.96	Zürich	Baur Toni	1986 - 1995 Gemeinderat der Grünen Partei, Mitglied Verkehrskommission, 1991 - 1995 Präsident IG Velo Zürich; Beruf: Informatiker.	
15.05.96	Zürich	Kammerer Bruno	1970 – 1982 und ab 1986 Gemeinderat SP, seit 1986 Mitglied der Verkehrskommission, seit deren 1989 Präsident; Beruf: Grafiker.	Kritik am Protokoll (wenig strukturierte Aussagen).
30.05.96	Zürich	Zürcher Andreas	Geschäftsführer der City Vereinigung Zürich, Geschäftsführer der City Parkhaus AG Zürich; Beruf: Rechtsanwalt.	Interview mit Zürcher statt mit Gabriel Marinello, Präsident der City Vereinigung Zürich.
14.06.96	Bern	Hoppe Kurt	Seit 1962 Mitarbeit in der Verkehrsplanung der Stadt Bern (Beauftragter des Gemeinderates für Verkehrsplanung und Transporttechnik, Leiter des städtischen Verkehrsausschusses). Seit 1990 Verkehrsinspektor; Beruf: Bauingenieur ETH mit Spezialisierung auf Verkehrsplanung.	Verschiedene Korrektur und Überarbeitungsschritte im Protokoll.
18.06.96	Bern	Dr. Haas Adrian	Sekretär/Geschäftsführer des Handels- und Industrievereins Sektion Bern, Geschäftsführer des City Verbands Bern und der Vereinigung Zukunft Berner Innenstadt, Stadtrat FDP, FDP-Fraktionschef, Beisitzer im VBS-Vorstand; Beruf: Dr. iur., Fürsprech.	

Datum	Ort	Name	Funktion	Bemerkungen
19.06.96	Bern	Major Stadtmann Eric	Seit 01.04.83 Leiter der Verkehrsabteilung der Stadtpolizei; vorher bereits tw. für die Stadt Bern im Verkehrsbereich tätig; Beruf: Bauingenieur ETH mit Spezialisierung auf Verkehrsplanung.	Wörtlich transkribiertes Protokoll von Stadtmann nicht unterzeichnet; mündliche Zustimmung zum Verwenden des Inhalts gegeben.
20.06.96	Bern	Kaufmann Michael	Grossrat SP, 1985 bis 1991 Parteisekretär SP Stadt Bern, Mitinitiant verschiedener Verkehrsinitiativen, beteiligt an den Verhandlungen um den Verkehrskompromiss.	
15.07.96	Nürnberg	Achnitz Peter	Seit den 60er Jahren in der Verkehrsplanung tätig; Vor Wahl 1996 Leiter Generalverkehrsplanung im Stadtplanungsamt, danach stellvertretender Leiter Verkehrsplanungsamt; Beruf: Bauingenieur mit Vertiefung Stadt- und Verkehrsplanung.	
15.07.96	Nürnberg	Poller Ursula, M. A.	Verkehrsreferentin bei der IHK; Beruf: Juristin.	
16.07.96	Nürnberg	Drechsel Wolf	1992 - 1996 VCD-Vorsitzender, ADFC, VCD-Landesverband; Beruf: Musiker, besitzt eigenes Planungsbüro.	Interview und Begehung.
17.07.96	Nürnberg	Fischer Jürgen	Seit 1987 Fraktionsvorsitzender der SPD-Stadtratsfraktion, Aufsichtsratsvorsitzender der VAG; Beruf: Jurist, Rechtsanwalt.	
17.07.96	Nürnberg	Zylla Ulrike	Seit 1990 Stadträtin für Bündnis 90/die Grünen (als Parteilose), verkehrspolitische Sprecherin, Mitglied des Bauausschusses, Aufsichtsrätin VAG; Beruf: Lehrerin, Fernstudium Ökologie.	
19.08.96	Nürnberg	Werner Uwe H.	Wirtschaftsreferent (Geschäftsführer) beim LBE seit 1986; Beruf: Diplom-Betriebswirt (FH).	Kurzfristiger Ersatz für Dieter Puhlmann, der wegen eines Arbeitskampfs unabkömmlich war.
20.08.96	Aachen	Bartholomy Jürgen	Vorsitzender des Verkehrsausschusses des Stadtrats seit 1989 (SPD); Beruf: Elektroingenieur, im Schuldienst tätig.	
20.08.96	Aachen	Franz Ebert	Seit 1969 Geschäftsführer des Einzelhandelsverbands Bezirk Aachen und seit 1973 Geschäftsführer des MAC, 1975 - 1985 MdL für die CDU, 1980 - 1985 Stadtrat für die CDU (Finanzpolitik).	Protokoll nicht unterschrieben, stillschweigende Autorisation.
21.08.96	Aachen	Dr. ing. Baier Reinhold	Stadt- und Verkehrsplaner mit eigenem Büro in Aachen; bis 1985 in der Kommunalpolitik für die SPD tätig; Beruf: Bauingenieur.	
21.08.96	Aachen	Juchelka Rudolf, M. A.	Seit 1993 wissenschaftlicher Mitarbeiter am Geografischen Institut der RWTH, Arbeit an Diss.: „Die Aachener Innenstadt, Besucherstruktur, Reichweiteuntersuchung und Einfluss verkehrslenkender Massnahmen"; Beruf: Geograf.	

Datum	Ort	Name	Funktion	Bemerkungen
21.08.96	Aachen	Dr. Sharota Annika	Geschäftsführerin, Referentin für Verkehr bei der IHK seit ca. 2. Jahren, bei der IHK seit 1992, vorher Assistenten des Bürgermeisters der Stadt Aachen; Beruf: Romanistin und Historikerin.	
22.08.96	Aachen	Fleckenstein Jürgen	Seit 1982 Geschäftsführer der Kaufhof-Filiale Aachen, 1971 - 1975 als Abteilungsleiter in Aachen tätig; stellvertretender Vorsitzender des Einzelhandelsverbandes.	Reduziertes Interview von ca. dreissig Minuten Dauer.
23.08.96	Aachen	Dr. Mahnke Lothar	1985 - 10.1995 Geschäftsführer IHK (inkl. Verkehrsbereich), ab 10.1995 Bereichsleiter Städte und Regionen bei prognos; Beruf: Geograf und Physiker.	Vorgänger von Dr. Annika Sharota.

7.3 Interviewleitfaden (Beispiel)

Leitfaden für Interview mit XY, Datum, Zeit
Vorgehen erklären (5'; 15.00)
- Projektinhalt und -ziele kurz erklären
- Interviews mit verschiedenen Akteuren
- Hauptpunkte Interview aufzeigen
    1. Stellung/Funktion Interviewter
    2. Verkehrspolitik und -planung allgemein
    3. Planung zur „Fussgängerfreundlichen Innenstadt"
    4. Position der Akteure
    5. Planungsprozess
    6. Vision Aachener Innenstadt
- Zeitrahmen vorgeben (Ziel 90 Minuten)
- Interview wird aufgenommen, schriftliches Protokoll zur Autorisation

Stellung/Funktion von Baier (5', 15.05)
- Ausbildung
- Tätigkeit im Rahmen der FG-Planung
- sonstige Funktionen

Verkehrspolitik und -planung allgemein (10'; 15.10)
- Nennen der drei wichtigsten Verkehrsprobleme der Stadt Aachen allgemein
- Stellenwert und Wirkung von FGZ in Stadtzentren, allgemein
- Stellenwert der Fusswegplanung; für eigene Organisation
    - Fusswege in Aachen
    - Fussgängerzone Innenstadt; Fussgängerfreundliche Innenstadt
        - Verkehrsplanung
        - Innenstadtentwicklungsplanung
    - Fussgänger und Fahrradfahrer in FGZ

Verkehrsplanung und -politik; Einführung der „Fussgängerfreundlichen Innenstadt" (20'; 15.20)
- Aktueller Zustand in der Aachener Innenstadt
- Zeit vor der Einführung der FI
    - vor Regierungswechsel zu Rot-Grün
    - Regierungswechsel 9.1989: Rolle der Verkehrspolitik?
    - Diskussion um die Einführung der FI
        - Wer hatte die Idee?
        - Wer pushte?
        - Verkehrskonzepte anderer Organisationen
        - NRW-Politik für Stadtzentren
        - Versuche mit neuen FGZ (Pontstr., Blondelstr.)
        - 2.6.90: Handel sperrt sich gegen die Idee eines „autofreien Samstags" analog Lübeck; einsetzende Diskussion um FI im Sommer/Herbst 1990 (autofrei, Sperrung, ... im Vordergrund; Imagefrage; Lübeck als Vorbild)
        - 11.4.91 Beschluss zur Einführung der FI im Stadtrat (Einsetzen einer Arbeitsgruppe zur Vorbereitung mit verschiedenen Interessenvertretern (wer?). Betonung der Fussgängerfreundlichkeit und nicht der Autofreiheit. (18.4.91: Beschluss im Verkehrsausschuss)
        - 10.7.91 Konzept für FI (wer?)
        - 28.09.91 „So macht City wieder Spass" Lancierung der Werbekampagne (z. T. unter Mitwirkung des Einzelhandels)

- 12.10.1991: Start zu Grossversuch FI (für ½ Jahr)
  - Positive „Volksfeststimmung"
  - 24.10.91/25.10.91 Erste heftige Reaktionen des Einzelhandels; Umsatzrückgänge, Geschäftsschliessungen, Klage über Werbung. Abwanderung ins Umfeld; Opposition nimmt zu.
  - Heftige Diskussionen; Aachen wird zum Thema
  - 4.12.91 Umwelt- und Verkehrsminister NRW schlagen Ausdehnung auf ganze Woche vor; Idee taucht vermehrt in den Diskussionen auf. Die Grünen nehmen diese Idee in ihr Programm auf.
  - 28.1.92 Positive Bilanz nach Halbzeit im Verkehrsausschuss
- 20.3.92/16.4.92 Fussgängerfreundliche Innenstadt wird zur Dauerlösung
  - (Opposition von CDU und FDP, Verlängerung der Versuchsphase); leichte Modifikationen, Im Anschluss kontroverse Stimmen
  - Die Diskussion erregt immer grösseres Aufsehen (national: BAG, DIHT, international: Symposion)
  - 6.92 Gutachten Harloff/Hensel (Vorwurf: tendenziös); Neutrales Gutachten durch die IHK
  - Verwaltungsreform ab 1.9.92 Neues „Amt für Verkehrsanlagen"
  - 12.01.93 Gutachten Müller-Hagedorn (Zahlen werden unterschiedlich interpretiert)
  - Permanente Diskussion um das PLS; Parkhäuser, Peterstrasse
  - Sommer 93: Einsetzende Wahlkampfstimmung: Verkehrspolitik wird zum Thema
  - 23.09.93 Gutachten (Kleefisch) des die Rechtmässigkeit der FI anzweifelt (13.2.94: Kein Verstoss gegen geltendes Recht)
  - 14.1.94 CDU präsentiert Verkehrskonzeption (Wahlkampf) (ohne FI)
  - 17.2.94 SPD: Ausdehnung der FI auf die ganze Woche ist kein Thema; Diskussionen um den Verkehrsentwicklungsplan
  - 3.94 Studie Breuer (IHK); Presseamt pikiert
  - 6.94 Neues Gutachten Harloff/Hensel
  - Heftiger Wahlkampf (Rolle Verkehrspolitik)
  - Bestätigung Rot-Grün in den Wahlen
  - Diskussion um Ausdehnung der FI; weitere harte Massnahmen in der Innenstadt
  - 6.5.96 Aachener Frieden, Beendigung des Streits in Verkehrsfragen
  - Ideen für die Zukunft: Schleifen (kein Durchgangsverkehr in der Innenstadt, Umbau Elisenbrunnen, Tiefgarage alter Bushof; Büchel, Blodelstrasse mittelfristig schliessen), Neue City-Buslinie
- Wie geht es weiter?

Position der Akteure (20'; 15.40)
- Wichtige Akteure: Position; Argumentation, Stellung zu anderen Organisationen; zeitlicher Wandel:
  - „Wissenschaft"
    - BSV, Dr. Reinhold Baier
    - Harloff/Hensel
    - Prof. Lothar Müller-Hagedorn
    - Prof. Breuer, GIUA
    - Prof. Monheim, Bayreuth
    - …
  - Stadt:
    - Verwaltung
      - vor/nach Amt für Verkehrsanlagen (Derse/Poth)
      - Dezernenten Dr. Hans-Wolfram Kupfer; Dr. Wilhelm Niehüsener
      - Umweltamt
      - Polizei
      - ASEAG
      - …
    - Politik
      - Verkehrsausschuss
      - Stadtrat
      - OB Dr. Linden
      - …
  - Parteien
    - CSU (Ulrich Daldrup)
    - FDP (Meike Thüllen)
    - SPD (Jürgen Bartholomy)
    - Grüne (Michael Ritzau)
  - Interessenvertretungen (welche Personen/Ideen standen im Vordergrund):
    - IHK (Industrie- und Handelskammer) (Frau Sharota, Dr. Lothar Mahnke)
    - Einzelhandelsverband (Franz Ebert)
    - MAC (Märkte- und Aktionskreis City) (Franz Leo Drucks)
    - …
    - VCD
    - ADFC
    - Fuss e. V.

- Greenpeace
- ...
- Kreis
  - Regierungspräsident Dr. Antwerpes
- Land
  - Verkehrs- und Umweltministerium
- Bund
  - BAG
  - DIHT
  - Bundesregierung
- Öffentlichkeit
- Presse, Medien
- ...
- Welche fünf wichtigsten Akteure würden Sie für ein Interview auswählen, um die verschiedenen Positionen möglichst breit abgestützt illustrieren zu können.

Planungsprozess (20', 16.00)
- Spezifisches Vorehen der Stadt; Einbezug der Akteure (zeitlicher Wandel berücksichtigen)
  - Art (permanentes/spezifisches/unregelmässiges Forum; Entwicklungskonzept Altstadt)
  - Kontakte, Koalitionen, Widerstände zwischen den Akteuren
  - Wer konnte sich äussern, wer ging vergessen
  - Einfluss anderer verkehrspolitischer Themen?
- Eigenes Vorgehen in diesem Planungsprozess (Taktik)
- Weiteres Vorgehen
- Beurteilung des Planungsprozesses im Rückblick; Was war gut, was hätte anders gemacht werden können/sollen/müssen.

Vision Aachener Innenstadt (10', 16.20)

Schluss (16.30)
- Gibt es irgendwelche Papiere zur Innenstadt ...
- Dank, Schoggi

7.4 Quellen und Literatur

AACHENER BÜRGERINITIATIVE CHRISTEN UND POLITIK (Hg.), 1973: Gedanken zur Verkehrs- und Stadtentwicklung.

ABEL M., HATZFELD U., JUNKER R. (1995): Beunruhigung durch Verkehrsberuhigung. Zu den Auswirkungen verkehrsberuhigender Massnahmen auf die Standortbedingungen des Einzelhandels. In: ExWoSt-Informationen zum Forschungsfeld Städtebau und Verkehr 06.7/1995:16-24.

ABSTELLPLÄTZE FAHRRÄDER, 1992: Satzung über die Herstellung und Bereithaltung von Abstellplätzen für Fahrräder vom 14.7.92. Nürnberg: Stadt Nürnberg.

ABSTIMMUNG, 1989: Gemeindeabstimmung vom 26. November 1989 (Initiative „Stopp den Autopendlern", Doppelinitiative: 1. „Verkehrspolitik vors Volk", 2. „Tempo 30 - Für bessere Luft, weniger Lärm, mehr Sicherheit" u. a.). Bern: Stadtrat.

ACHNITZ P., 1993: Verkehrsplanung in der Nürnberger Altstadt. Vortrag in Glasgow am 28.10.93. Manuskript.

ACHNITZ P., 1996: Das „Leitbild Verkehr" unter besonderer Berücksichtigung der Altstadt-Verkehrsplanung. In: Baukultur 3/96:26-33.

ACHNITZ P., 1997: Verkehrsplanung in Nürnberg - Bilanz und Perspektiven der Entwicklung der Fussgängerzonen in der Altstadt. In: MONHEIM 1997a: B7-17.

ACKERMANN M., 1992: Konzepte und Entscheidungen in der Planung der schweizerischen Nationalstrassen von 1927 - 61. Bern.

ADRIAN H., 1985: Das "Ausbluten" der Städte mit behutsamer Planung verhindern. In: BAG-Nachrichten 3/1985:4-7. Köln: BAG, Bundesarbeitsgemeinschaft der Mittel- und Grossbetriebe des Einzelhandels e. V.

ADV, Aktionsbündnis Dortmunder Verkehrs- und Umweltgruppen für eine autoarme Innenstadt Dortmund, 1992: Resolution für eine autoarme Innenstadt Dortmund.

AEBI M., HOPPE K., 1968: Neue Verkehrslenkung in der Innerstadt von Bern. In: Strasse und Verkehr 9/1968:455-463.

AERNI K., 1998: Wege für Fussgänger verbessern die Umweltqualität. Vorlesung am Geografischen Institut in Prag, anlässlich der 650-Jahrfeier der Karls-Universität, gehalten am 9.4.1998.

AERNI K., HÄFLIGER E., KALBERMATTEN RIEDER R., KAUFMANN U. & SEEWER U., 1993a: Fussgängerverkehr Berner Innenstadt. Schlussbericht. Reihe P 28. Bern: Geographica Bernensia.

AERNI K., HÄFLIGER E., KALBERMATTEN RIEDER R., KAUFMANN U. & SEEWER U., 1993b: Fussgänger als wichtigste Verkehrsteilnehmer, eine Untersuchung in der Berner Innenstadt. In: DISP 113/1993:3-10. Zürich: Institut für Orts-, Regional- und Landesplanung ETHZ.

AERNI K., HÄFLIGER E., KALBERMATTEN RIEDER R., KAUFMANN U. & SEEWER U., 1993c: Der Fussgängerverkehr in der Berner Innenstadt, Fakten, Wünsche, Forderungen. In: Berner Geografische Mitteilungen 1992. Bern: Geografische Gesellschaft.

AERNI K., HERZIG H. (Hg.), 1986: Historische und aktuelle Verkehrsgeografie der Schweiz. Reihe: G 18. Bern: Geographica Bernensia.

AERNI K., SEEWER U. (Hg.), 1995: Seminar „Historische und aktuelle Verkehrsprobleme", Band 2: Aktuelle Verkehrsprobleme. Bern: Geografisches Institut der Universität Bern.

AESCHBACHER R., 1995: Verkehrspolitische Massnahmen der Stadt Zürich. In: USSL, 1995:509-515.

AGGLOMERATIONSVERKEHRSSTUDIE BERN, 1986:
- Agglomerationsverkehrsanteil an der Verkehrsfinanzierung,
- Erster Bericht zum Schwerpunkt Finanzierung,
- Zweiter Bericht zum Schwerpunkt Finanzierung
- Dritter Bericht zum Schwerpunkt Finanzierung,
- Eignung bestimmter Finanzierungsmodelle für die Realisierung verschiedener verkehrspolitischer Szenarien,
- Ergänzter verkehrspolitischer Überblick,
- Szenarien für die Schweizerische Agglomerationspolitik,
- Vorläufige Daten zur Siedlungs- und Verkehrsentwicklung.

AGGLOMERATIONSVERKEHRSSTUDIE BERN, 1987:
- Finanzausgleich als Bestandteil der Finanzierungsmodelle im Agglomerationsverkehr,
- Kurzfassung,
- Pilotstudie zur Verkehrspolitik in der Agglomeration,
- Steckbrief des RBS,
- Stellungnahme des Projektleitungsausschuss, 1. Entwurf,
- Überblick über die Zwischenergebnisse.

ALBERS G., 1996: Entwicklungslinien in der Raumplanung in Europa seit 1945. In: DISP 127/1996:3-12. Zürich: ETH.

ALEXANDER C., 1967: Die Stadt ist kein Baum „A City is not a Tree". In: Bauen + Wohnen 7/1967:283-290.

ALTENÜHR ET AL., 1988: Aachen, Bilder und Gedanken zur Heimat. Aachen: Einhard.

ALTSTADT-STRASSENNETZ, 1994: Altstadt-Strassennetz, Stufe 6, Stadtratsbeschluss am 9.3.94, Massstab: 1 : 3'000. Nürnberg: SPAN.

AMMANN P., 1999: Fussgänger/innen in der Verkehrsplanung der Stadt Zürich 1960 – 1996. FAU Schriftenreihe 3 – Januar 1999. Zürich.

AMT FÜR STADTFORSCHUNG UND STATISTIK DER STADT NÜRNBERG (Hg.), 1993a: Statistisches Jahrbuch 1993 der Stadt Nürnberg.

AMT FÜR STADTFORSCHUNG UND STATISTIK DER STADT NÜRNBERG, Mestska statisticka Sprava v hlavnim meste Praze (Hg.), 1993b: Comparison Prague - Nuremberg/Porovnani mest Praha - Norimberk/Städtevergleich Prag - Nürnberg.

AMT FÜR VERKEHRSANLAGEN (Hg.), 1994: Massnahmen zur Förderung des Radverkehrs als Elemente eines integrierten Verkehrskonzepts, Leitantrag Fahrradprogramm zur Aufnahme in das Landesprogramm „Fahrradfreundliche Städte". Entwurf. Aachen.

AMT FÜR WIRTSCHAFTSFÖRDERUNG DER STADT NÜRNBERG (Hg.), 1992: Die Büroflächenentwicklung in Nürnberg. Nürnberg.

ANDRÄ K., KLINKER R., LEHMANN R., 1981: Fussgängerbereiche in Stadtzentren. Berlin.

ANDRES S., 1995: Verkerhsberuhigung in Städten - Konsequenzen für und Auswirkungen auf den Einzelhandel der Innenstadt. Das Beispiel Aachen. Saarbrücken: Diplomarbeit im Fach Handelsbetriebslehre.

ANMIC ET AL., 1998: Pedoni si nasce. Bologna.

ANWOHNERPARKEN, o. J.: Klarheit übers Anwohnerparken, Sonderparkberechtigung für Anwohner. Reihe: Informationen und Erläuterungen zum Anwohnerparken in Aachen. Aachen: Stadt Aachen.

APEL D. ET AL., 1997: Kompakt, mobil urban: Stadtentwicklungskonzepte zur Verkehrsvermeidung im internationalen Vergleich. Difu-Beiträge zur Stadtforschung 24. Berlin.

APEL D., 1998: Stadtentwicklungskonzepte zur Vermeidung von Autoverkehr. In: Archiv für Kommunalwissenschaften 37/98:62-85.

ARBEITSGRUPPE NÜRNBERG-PLAN/STAB (Hg.), 1994: Entwicklungskonzept Altstadt, Sitzung des AK Altstadtentwicklung der IHK, Sitzungseinladung 2.8.94. Manuskript.

BAG, Bundesarbeitsgemeinschaft der Mittel- und Grossbetriebe des Einzelhandels e. V. (Hg.), 1988: Verkehrsberuhigung, Fussgängerzonen, Arkaden-Passagen-Galerien, Für und Wider. 4. Auflage. Köln.

BAG, Bundesarbeitsgemeinschaft der Mittel- und Grossbetriebe des Einzelhandels e. V. (Hg.), 1989: Mittelzentren im Aufwind. Ergebnisse der BAG-Untersuchung Kundenverkehr 1988. Köln.

BAG, Bundesarbeitsgemeinschaft der Mittel- und Grossbetriebe des Einzelhandels e. V. (Hg.), 1991: Ein Verband stellt sich vor. Köln.

BAG, Bundesarbeitsgemeinschaft der Mittel- und Grossbetriebe des Einzelhandels e. V. (Hg.), 1990: Autofreie Innenstädte? Stichwort des Monats 1/1990.

BAG, Bundesarbeitsgemeinschaft der Mittel- und Grossbetriebe des Einzelhandels e. V. (Hg.), 1992a: BAG-Untersuchung Kundenverkehr 1992, ausgewählte Ergebnisse für Aachen. Köln.

BAG, Bundesarbeitsgemeinschaft der Mittel- und Grossbetriebe des Einzelhandels e. V. (Hg.), 1992b: BAG-Verkehrsleitlinien. Köln.

BAG, Bundesarbeitsgemeinschaft der Mittel- und Grossbetriebe des Einzelhandels e. V. (Hg.), 1993: Einkaufsverkehr - Gewinner und Verlierer, Ergebnisse der BAG-Untersuchung Kundenverkehrs 1992. Köln.

BAG, Bundesarbeitsgemeinschaft der Mittel- und Grossbetriebe des Einzelhandels e. V. (Hg.), 1994: Ergebnisse der BAG-Untersuchung Kundenverkehr 1994 für Aachen. Manuskript.

BÄHLER CH., 1995: Kosten – Nutzen Vergleich integraler Veloförderung in Bern. HTL Chur, LIS.

BAIER R. ET AL., 1995: Kooperation im Umweltverbund, gemeinsame Planung und Öffentlichkeitsarbeit für Fussgänger-, Fahrrad- und öffentlichen Verkehr. Reihe: ILS-Schriften 93. Duisburg: Institut für Landes- und Stadtentwicklungsforschung des Landes Nordrhein-Westfalen.

BALBACH M., 1988: Nürnberg, unvergängliche Altstadt. Ein Spaziergang in Wort und Bild. Starnberg: Josef Keller.

BÄRN ZUM LÄBE,1987: „Bärn zum läbe", 2 Gemeindeinitiativen zur Verkehrsberuhigung, Argumentenkatalog. Bern: Initiativekomittee „Bärn zum läbe".

BÄTZING W., WANNER H., 1994: Institutskolloquium (1993/1994). Nachhaltige Naturnutzung im Spannungsfeld zwischen komplexer Naturdynamik und gesellschaftlicher Komplexität. Geographica Bernensia P 30. Bern: Geografisches Institut.

BAUDEZERNAT DER STADT AACHEN (Hg.), 1968: Aachen, Kurzberichte über Struktur und Städtebau. In: Deutscher Städtebau 1968.

BAUDIREKTION DES KANTONS BERN, RAUMPLANUNGSAMT (Hg.), 1992: Bahnhofgebiet der Berner S-Bahn. Platz zum Wohnen und Arbeiten.

BAUR T., 1995: Velo in Züri-City. Diskussionsbeitrag der Interessengemeinschaft Velo Zürich zur Planung der künftigen „autoarmen Innenstadt". Zürich: IG Velo.

BECK U., 1986: Risikogesellschaft. Frankfurt/M.: Suhrkamp.

BEITRÄGE ,1989: Beiträge zum ruhenden Verkehr.

BELLEVUE, 1993: Bellevue, Ziele für ein Gesamtkonzept. Zürich: Stadtplanungsamt.

BELLWALD U., 1979: Der öffentliche Verkehr im Rohr, Gestaltungshinweise für die Markt- und Spitalgasse Bern.

BENOIT P., 1995: Grundkenntnisse politikwissenschaftlichen Arbeitens, aufgezeigt am Beispiel der Verkehrspolitik von Städten. Seminararbeit am Geografischen Institut der Universität Bern.

BETRIEBEBEFRAGUNG, 1995: Betriebebefragung Altstadt, Struktur, Entwicklung und Probleme am Wirtschaftsstandort Altstadt 1994/95. Nürnberg: Referat für Stadtentwicklung, Wohnen, Wirtschaft, Amt für Stadtforschung und Statistik.

BEYER D., 1994: Die Stadt der kurzen Wege, praktischer Klimaschutz durch Verkehrsvermeidung, Kommunen des Klima-Bündnisses europäischer Städte geben ein Beispiel. In: Berichte aus der Wissenschaft 12/94A:9-11. Deutscher Forschungsdienst.

BFL, Bundesamt für Forstwesen und Landschaftsschutz (Hg.), 1988: Wegleitung und Empfehlungen für die Planung und Realisierung von Fusswegnetzen. Bern.

BFLR, Bundesforschungsanstalt für Landeskunde und Raumordnung (Hg.), 1997: Nachhaltige Stadtentwicklung – Anforderungen an den Verkehr im Städtebau. Forschungsfeld-Kongress am 5. Und 6. Mai 1997 in Hannover diskutierte den Weg in eine verkehrssparsamere Zukunft von Stadt und Region. EsWoST-Informationen 06.14.

BFS, Bundesamt für Statistik, 1998: Alle sechseinhalb Minuten ein Unfall. Strassenverkehrsunfälle in der Schweiz 1997. Pressemitteilung 44/98.

BLANC J.-D., 1993: Die Stadt - ein Verkehrshindernis? Leitbilder städtischer Verkehrsplanung und Verkehrspolitik in Zürich 1945 - 1975. Zürich: Chronos.

BLANC J.-D., GANZ, 1986: Die City-Macher. In: GINSBURG 1986:86-93.

BLAUBUCH, 1987: Zur Verkehrspolitik der Stadt Zürich. „Blaubuch". Beschluss des Stadtrates vom August 1987. Zürich: Stadtplanungsamt.

BOESCH H., 1992: Die Langsamverkehrs-Stadt. Bedeutung, Attraktion und Akzeptanz der Fussgängeranlagen. Eine Systemanalyse. Zürich: ARF.

BOESCH M., SCHMID S. (Hg.), 1995: Zu Fuss? Zu Fuss! FWR-Publikationen 28/1995.

BOLLMANN, 1989: Aachen, Bildplan und Stadtplan, 248. Braunschweig: Bollmann-Bildkartenverlag.

BOUMA H., VAN WIJK F., 1994: Conference Papers, Car free Cities Conference. Amsterdam: European Communitiy, Ministerie van Verkeer en Waterstaat, Gemeente Amsterdam.

BREUER H., 1979: Die Wirtschaftsregion Aachen, ein Grenzraum im Wandel. Aachen: Hunko.

BREUER H., 1991: Umfang, Reichweite und Verkehrsmittelwahl von Besuchern der Aachener Innenstadt. Projektseminar November 1990 bis Februar 1991 am Lehrstuhl für Angewandte Geografie der RWTH Aachen.

BREUER H., JUCHELKA R., 1994: Anzahl, Reichweite und Verkehrsmittelwahl von Besuchern der Aachener Innenstadt im November und Dezember 1993, eine Veränderungsanalyse zur Untersuchung mit gleicher Versuchsanordnung aus dem Jahr 1990. Aachen: GIUA.

BREUER H., JUCHELKA R., 1996: Anzahl, Reichweite und Verkehrsmittelwahl von Besuchern in der Aachener Innenstadt im November und Dezember 1995. Eine Veränderungsanalyse zu Untersuchungen mit gleicher Versuchsanordnung aus den Jahren 1990 und 1993. Aachen: GIUA.

BROCKELT M., 1993: Erreichbarkeit innerstädtischer Einzelhandels- und Dienstleistungsbereiche, untersucht am Beispiel der „Fussgängerfreundlichen Innenstadt Aachen". Diplomarbeit an der Universität Bayreuth. Problemstellung/Konzept.

BROCKELT M., 1995a: Die Erreichbarkeit von Stadtzentren, das Beispiel der fussgängerfreundlichen Innenstadt Aachen. In: Verkehrszeichen 3/95:12-15.

BROCKELT M., 1995b: Erreichbarkeit innerstädtischer Einzelhandels- und Dienstleistungsbereiche - untersucht am Beispiel der „Fussgängerfreundlichen Innenstadt Aachen". Reihe: Arbeitsmaterialien zur Raumordnung und Raumplanung Heft 88. Bayreuth: Universität Bayreuth, Institut für Geowissenschaften, Abteilung Angewandte Stadtgeografie.

BROCKELT M., 1997: Die innere Erreichbarkeit innerstädtischer Einzelhandels- und Dienstleistungsbereiche - untersucht am Beispiel der „Fussgängerfreundlichen Innenstadt" Aachen. In: MONHEIM 1997a: A79-89.

BROCKELT M., MONHEIM R., 1993a: Fussgängerfreundliche Innenstädte entsprechen den Verhaltensweisen und Bedürfnissen ihrer Besucher.

BROCKELT M., MONHEIM R., 1993b: Die fussgängerfreundliche Aachener Innenstadt, ein Attentat auf den Einzelhandel? In: Der Städtetag.

BROCKELT M., MONHEIM R., 1994: Besucher der Aachener Innenstadt, Tätigkeiten, Verkehrsmittelwahl, Wege und Meinungen, Zwischenbericht über die Befragungen 1992 und 1993.

BRUNNER A., 1994: Mitwirkung der Bevölkerung. In: ETH ORL 1994:25-30.

BRUNS H., 1990: „Abgasfrei einkaufen" in Lübeck, zur Nachahmung nicht empfohlen. In: BAG-Nachrichten 4/1990:4-6. Köln: BAG, Bundesarbeitsgemeinschaft der Mittel- und Grossbetriebe des Einzelhandels e. V.

BUCHANAN C, 1965: Whitehall: a plan for the national and government centre accompanied by a report on traffic. London: Her Majesty's Stationery Office.

BUNDESMINISTER FÜR VERKEHR (Hg.), 1980: Teil I: Verkehrsanlagen aus der Sicht des Fussgängers. Teil II: Berücksichtigung des Fussgängerverkehrs bei Verkehrserhebungen. Teil III: Verkehrserzeugungsmodell zur Quantifizierung des Fussgängerverkehrsaufkommens. Reihe: Forschung Strassenbau und Strassenverkehrstechnik 279. Bonn-Bad Godesberg.

BÜRGERBÜRO STADTENTWICKLUNG HANNOVER (Hg.), 1996: Dokumentation eines Workshops. Ein Verkehrsforum für Hannover?

BUSHOF, 1973: Der neue Bushof, ein Fortschritt mit Blick auf das Jahr 2000. In: Diesen Monat in Bad Aachen 1973/8:2-5.

BUSSMANN W. (Hg.), 1995a: Lernen in Verwaltung und Policy-Netzwerken. Chur, Zürich: Rüegger.

BUSSMANN W., 1995b: Evaluationen staatlicher Massnahmen erfolgreich begleiten und nutzen: Ein Leitfaden. Chur, Zürich: Rüegger.

BÜTTNER W., 1981: City und Altstadt, der Prozess der Citybildung der Altstadt - dargestellt an den Beispielen von Nürnberg und Bern. Erlangen: Zulassungsarbeit zur wissenschaftlichen Prüfung für das Lehramt an Gymnasien.

BÜTTNER W., 1988: Citybildung und Altstadt, Kartierung des Nutzungswandels am Beispiel der Altstadt von Nürnberg. In: Geografie heute 9/59:43-49.

BÜTTNER W., 1992: Innerstädtischer und regionaler Pendelverkehr im Grossraum Nürnberg. In: Geografie heute 8/102:13-20.

BUWAL, Bundesamt für Umwelt, Wald und Landschaft (Hg.), 1989: Luftreinhalteverordnung: Massnahmen beim Verkehr. Reihe: Texte zum Umweltschutzgesetz.

BUWAL, Bundesamt für Umwelt, Wald und Landschaft (Hg.), 1998: Empfehlungen zur Fuss- und Wanderwegplanung. Schriftenreihe Umwelt Nr. 2xx, Fuss- und Wanderwege. Vorabdruck. Bern.

BVED, RPA, Bau-, Verkehrs- und Energiedirektion des Kantons Bern, Raumplanungsamt (Hg.), 1993: Bericht „Siedlung/Verkehr/Umwelt". Siedlungsplanung und Verkehr.

CARFREE CITIES/VILLES SANS VOITURES (Hg.), 1994a: Towards Sustainability. Dokumentationsmappe. Bruxelles: Eurocities.

CARFREE CITIES/VILLES SANS VOITURES (Hg.), 1994b: News for Car Free Cities. Newsletter Nr. 0. Bruxelles.

COMMISSION DES COMMUNAUTES EUROPEENNES DG XI - B3 (Hg.), 1993: Proposition de recherche pour une ville sans voiture, résumé du rapport final établi par Tecnoser.

COMMISSION OF THE EUROPEAN COMMUNITIES DG XI - B3 (Hg.), 1993: Research proposal for a carfree city, summary of the final report prepared by Tecnoser.

COMUNE DI BOLOGNA, 1998: Strade da amare. Alle ricerca della sicurezza perduta.

CV, City Vereinigung Zürich (Hg.), 1993: Leitbild, Dienstleistungen, Mitglieder. Zürich.

DAI, 1996: Baukultur 3/96 (Technik, Wissenschaft, Kunst, Umwelt). Nürnberg. Wiesbaden.

DALLY A., WEIDNER H., FIETKAU H.-J., 1995: Mediation als politischer und sozialer Prozess. Reihe: Loccumer Protokolle 73/93. Rehburg-Loccum: Evangelische Akademie.

DANISH COUNCIL OF ROAD SAFETY RESEARCH, 1998: A qualitative analysis of cyclist and pedestrian accident factors. ADONIS. Executive summary.

DEPARTMENT OF TRAFFIC PLANNING AND ENGEINEERING, LUND UNIVERSITY, SWEDEN, 1998: How to enhance Walking and Cycling instead of shorter car trips and to make these modes safer. WALCYNG. Summary Report.

DESASTER, 1991: Desaster für den Fachhandel? Erfahrungen mit der Citysperrung in Aachen. In: Der Einzelhandelsberater 12/1991:1046-1049.

DETHIER J., GUIHEUX A. (Hg.), 1994: La ville, art et architecture en Europe 1870 - 1993. Paris. Editions du Centre Pompidou.

DIETIKER J., KOBI F., KÜNZLER P., 1995: Das Berner Modell: Die angebotsorientierte Verkehrsplanung als Instrument zur Reduktion der Umweltbelastungen durch den Verkehr. In: VDI Berichte 1228/1995:195-215.

DIHT, Deutscher Industrie- und Handelstag (Hg.), 1979: Einkaufsmagnet Fussgängerzone. Reihe: DIHT 176. Bonn.

DIHT, Deutscher Industrie- und Handelstag (Hg.), 1992: Sperrmassnahmen in der City, juristische und wirtschaftliche Aspekte. Bonn.

DIJST M. ET AL., 1997: MASTIC-2, Model of Action Space in tiem Intervals and Clusters. Utrecht: Urban Research centre.

DIVORNE F., 1991: Berne et les villes fondées par les ducs de Zähringen au XIIe siècle, culture médiévale et modernité. Bruxelles: Archives d'architécture moderne.

DÜMMLER W. (Hg.), 1977: Aachen in alten Ansichtskarten. Frankfurt/M.: Fleischig.

ECKHARD A., SEITZ E., 1998: Wirtschaftliche Bewertungen von Sicherheitsmassnahmen. bfu-Report 35. Bern.

EGLI H.-R. ET AL., 1997: Spuren, Wege und Verkehr, Festschrift für Klaus Aerni zum abschied vom Geografischen Institut. Jahrbuch der Geografischen Gesellschaft 60/1997. Bern.

EGLI H.-R., PFISTER C., 1998: Historisch-statistischer Atlas des Kantons Bern, 1750 - 1995, Umwelt, Bevölkerung, Wirtschaft, Politik. Bern: Historischer Verein das Kantons Bern.

EGLI H.-R., SEEWER U., 1997: Das Quartier als Lebensraum. Die Fussgänger und Velomodellstadt Burgdorf. In: EGLI H.-R. ET AL., 1997:199-219.

EIGENMANN A., 1991: Wieviel Auto braucht der Mensch? Sind Fussgängerzonen und Detailhandel Kontrahenten? In: Traktandum 1/1991:21-27.

EISELE A., STEIN A., 1996: Isolde liefert, lagert und entsorgt. Die innovative Logistikidee für eine attraktive Innenstadt. Unterlagen zu Isolde Nürnberg.

EISNER M., GÜLLER P., 1993: Mobilität und Lebensqualität. In: HUGGER R. (Hg.), 1993: Handbuch der schweizerischen Volkskultur, Band III: 1219 - 1240. Zürich: OZV Offizin.

EKA STRUKTUR, 1991: Entwicklungskonzept Altstadt und derzeitige Struktur (Stand: Mai 1991) von Einzelhandel und Dienstleistungen mit Ladenlokal. Manuskript. Nürnberg: T. Bodenschatz.

ENDERLE M., 1993: St. Florian grüsst aus der autofreien City, Umweltprobleme nur an den Rand verlagert? In: Der Städtetag 46/4:269-272.

ENDERS R. (Hg.), 1990: Nürnberg und Bern, zwei Reichsstädte und ihre Landgebiete. Reihe: Erlanger Forschungen Reihe A (Geisteswissenschaften), Band 46. Erlangen.

ENERGIE 2000, 1998: Mobilität wählen, CarSharing – der Schlüssel zur kombinierten Mobilität.

ENERGIE 2000, SECTEUR COLLECTIVITÉS PUBLIQUES, O.J.: Repenser la rue. Ver une nouvelle culture communale de la voie publique. Propositions concrètes. L'énergie dans la cité. Bern, Zurich, Cossonay-Ville.

ENTENTE BERNOISE (Hg.), 1993: Die Innenstadt im Jahre 2010 - eine Vision.

ENTWICKLUNG ALTSTADT, 1976: Teil 1, Bericht zur Entwicklung der Altstadt. Reihe: Beiträge zum Nürnbergplan Reihe E (Stadt- und Regionalforschung und Räumliche Planung) H 12. Nürnberg: Stadt Nürnberg, Arbeitsgruppe Nürnberg-Plan.

ENTWICKLUNGSKONZEPT ALTSTADT, 1972: Entwicklungskonzept Altstadt. Reihe: Beiträge zum Nürnberg-Plan Reihe G (Verkehr, Versorgung, Wirtschaftsförderung) H 2. Nürnberg: Stadt Nürnberg, Arbeitsgruppe Nürnberg-Plan.

ENTWICKLUNGSKONZEPT ALTSTADT, 1979: Teil 2, Entwicklungskonzept Altstadt. Reihe: Beiträge zum Nürnbergplan Reihe E (Stadt- und Regionalforschung und Räumliche Planung) H 16. Nürnberg: Stadt Nürnberg, Arbeitsgruppe Nürnberg-Plan.

ENTWICKLUNGSKONZEPT ALTSTADT, 1990: Fortschreibung des Entwicklungskonzepts Altstadt. Manuskript. Nürnberg: Stadt Nürnberg, Arbeitsgruppe Nürnberg-Plan.

ENTWICKLUNGSKONZEPT ALTSTADT, 1995: Die Zukunft der Altstadt, Entwicklungskonzept und Strukturplanung. Bericht Juli 1995. Nürnberg: Stadt Nürnberg.

ERDMANN C., 1986: Aachen im Jahre 1812. Reihe: Erdkundliches Wissen 78. Stuttgart.

ERNST BASLER + PARTNER AG, 1998: Leitfaden Nachhaltigkeit im Verkehr. Hinweise zur Beurteilung von Forschungsprojekten. Materialienband M1. NFP 41 Verkehr und Umwelt. Bern

ERWEITERUNG FGZ ATTRAKTIVITÄTSGEWINNE, 1993: Erweiterung der Fussgängerzone in der Innenstadt. Attraktivitätsgewinne durch die 1. Etappe. Zürich: Stadtplanungsamt.

ERWEITERUNG FGZ A, 1992: Erweiterung der Fussgängerzone in der Innenstadt. Konzept A: Fussgängerzone Innenstadt. Zürich: Stadtplanungsamt.

ERWEITERUNG FGZ B, 1992: Erweiterung der Fussgängerzone in der Innenstadt. Konzept B: Verkehrstaschen. Zürich: Stadtplanungsamt.

ERWEITERUNG FGZ BAUSTEINE, 1993: Erweiterung der Fussgängerzone in der Innenstadt. Bausteine. Zürich: Stadtplanungsamt.

ERWEITERUNG FGZ C, 1992: Erweiterung der Fussgängerzone in der Innenstadt. Konzept C: Schrittweise Erweiterung. Zürich: Stadtplanungsamt.

ERWEITERUNG FGZ D, 1992: Erweiterung der Fussgängerzone in der Innenstadt. Konzept D: Pförtneranlagen. Zürich: Stadtplanungsamt.

ERWEITERUNG FGZ GRUNDLAGEN, 1991: Erweiterung der Fussgängerzone in der Innenstadt. Ziele, Konzepte, Grundlagen. Zürich: Stadtplanungsamt.

ERWEITERUNG FGZ INFORMATIONSGESPRÄCHE, 1993: Erweiterung der Fussgängerzone in der Innenstadt. Ausführungen 2. Runde Informationsgespräche. Zürich: Stadtplanungsamt.

ERWEITERUNG FGZ INFORMATIONSGESPRÄCHE, 1994: Erweiterung der Fussgängerzone in der Innenstadt, Ausführungen 3. Runde Informationsgespräche. Zürich: Stadtplanungsamt.

ERWEITERUNG FGZ SPURENPLAN, 1993: Erweiterung der Fussgängerzone in der Innenstadt. 1. Etappe: Spurenplan. Zürich: Stadtplanungsamt.

ERWEITERUNG FGZ VERKEHRSSYSTEM, 1993: Erweiterung der Fussgängerzone in der Innenstadt. Verkehrssystem 1. Etappe. Plan. Zürich: Stadtplanungsamt.

ERWEITERUNG FGZ, 1991: Erweiterung der Fussgängerzone in der Innenstadt, an den Stadtrat zu den Vormerknahmen. Zürich: Bauamt I der Stadt Zürich.

ERWEITERUNG FGZ, 1993: Erweiterung der Fussgängerzone in der Innenstadt, an den Stadtrat zu den Vormerknahmen. Zürich: Bauamt I der Stadt Zürich.

ERWEITERUNG FGZ, 1995: Erweiterung der Fussgängerzone in der Innenstadt. Bericht zur 1. Etappe der Erweiterung. Diskussionsgrundlage. Zürich: Stadtplanungsamt.

ERWEITERUNG FGZ, 1996: Erweiterung der Fussgängerzone in der Innenstadt. Bericht zur 1. Etappe der Erweiterung. Zürich: Tiefbau- und Entsorgungsdepartement der Stadt Zürich, Verkehrsplanung.

ESP, 1992: Wirtschaftliche Entwicklungsschwerpunkte (ESP) im Kanton Bern. Bern: Baudirektion des Kantons Bern (Raumplanungsamt), Direktion für Verkehr, Energie und Wasser, Volkswirtschaftsdirektion des Kantons Bern, Finanzdirektion des Kantons Bern.

ETH ORL, Eidgenössische Technische Hochschule Zürich Institut für Orts-, Regional- und Landespanung, ARF, Arbeitsgemeinschaft Recht für Fussgänger, SVI, Vereinigung Schweizerischer Verkehrsingenieure (Hg.), 1994: Dokumentation zum Planungsseminar Fussgängerverkehr überflüssig? Zu den Zusammenhängen zwischen Fussgängerdichte, Umfeldqualität und Wirtschaftspotential. 9.12.94. Zürich.

EVED, Bundesamt für Strassen, Dienst GVF, 1998: Externalitäten im Verkehr – methodische Grundlagen. VSS Forschungsauftrag 19/95.

FABER J., 1998: Wie umweltfreundlich ist Fahrradtourismus? Anreise-Verkehrsmittelwahl von Fahrradurlaubern. In: Verkehrszeichen 2/98:18-21.

FACHHOCHSCHULE AACHEN (Hg.), 1992: Verkehrs- und Strassenbauseminar 1992, autoarme Stadtkernbereiche - Wirkungen auf die Stadt und ihr Umland. Reihe: FH-Texte 62:17. Aachen: Fachhochschule Aachen.

FISCHER A., 1996: Gekippt - auf der Kippe, Augustinerhof und Gewerbepark: zwei Grossprojekte in Nürnberg. In: Baukultur 3/96:38-42.

FISCHER K., 1995: Die fussgängerfreundliche Stadt. Plädoyer für einen vergessenen Verkehrsteilnehmer. In: Der Städtetag 48:468-471.

FISCHER W., 1966: Innerstädtische Verkehrsprobleme aus der Sicht des Stadtplaners. In: Wirtschaftliche Nachrichten der Industrie- und Handelskammer für die Region und den Bezirk Aachen 2/1966:60-64.

FISCHER W., 1967: Verkehrssanierung Innenstadt. Aachen: Oberstadtdirektor, Planungsamt.

FLÄCHENNUTZUNGSPLAN, 1986: Stadt Aachen, Flächennutzungsplan 1980, Erläuterungsbericht in der Fassung einschliesslich Änderungen Nr. 1 bis 5 und Nr. 8. Aachen: Stadt Aachen.

FLECKENSTEIN J., 1993: Aachen ohne Autos, Schadensbegrenzung. In: BAG-Handelsmagazin 11/1993:52-55. Köln: BAG, Bundesarbeitsgemeinschaft für Mittel- und Grossbetriebe des Einzelhandels e. V.

FORSTER S, 1995: Das Auto plant die Stadt. Das Berner Strassenverkehrsgutachten Walther/Leibbrand aus dem Jahre 1954. In: AERNI, SEEWER, 1995:10. Teil.

FORUM DES DETAILHANDELS, 1995a: Ein City-Parkplatz in Zürich ist 600'000 Franken wert. Pressemitteilung. Zürich.

FORUM DES DETAILHANDELS, 1995b: Parkplatznot trifft alle. Aufschlussreiche Kosten/Nutzen-Analyse von Parkplätzen in drei schweizerischen Innenstädten. Pressemitteilung. Zürich.

FORUM DES DETAILHANDELS, 1995c: Mehr Parkplätze - ein nationales Postulat. Referat von Rico Bisagno. Zürich.

FORUM DES DETAILHANDELS, 1995d: Berechnungen des volkswirtschaftlichen Nutzens eines Parkplatzes. Unterlagen zum Referat von Dr. Hans Weiss, IMR AG. Zürich.

FRITZSCHE B., 1986a: Der Verkehr plant unsere Städte. In: GINSBURG T. ET AL., 1986: Zürich ohne Grenzen. Zürich.

FROHN M., 1990: Zur Mobilität von Industrie- und Handelsbetrieben im Gebiet der IHK zu Aachen. In: Informationen und Materialien zur Geografie der Euregio Maas-Rhein 27/1990:27-34. Aachen.

FUSSGÄNGERBEREICH, 1982: Der Fussgängerbereich in der Nürnberger Altstadt. Nürnberg: SPAN.

FUSSGÄNGERFREUNDLICHE INNENSTADT, 1993: Fussgängerfreundliche Innenstadt, Symposion am 29.1.93 im Eurogress Aachen. Aachen: Stadt Aachen.

FUSSGÄNGERFREUNDLICHE INNENSTADT, 1994a: Symposion Fussgängerfreundliche Innenstadt am 29.1.93 in Aachen. Tagungsunterlagen. Aachen: Stadt Aachen, Amt für Verkehrsanlagen.

FUSSGÄNGERFREUNDLICHE INNENSTADT, 1994b: Fussgängerfreundliche Innenstadt. Symposion Fussgängerfreundliche Innenstadt am 29.01.1993 in Aachen. Aachen: Stadt Aachen, Amt für Verkehrsanlagen.

FUSSGÄNGERSCHUTZVEREIN FUSS E. V., 1998: Gehkultur – zur Kulturgeschichte des Gehens. Kritischer Literaturdienst 16/98.

FUSSGÄNGERZONEN, 1979: Fussgängerzonen in Nürnberg. Planung - Realisierung - Auswirkungen. Nürnberg: Stadt Nürnberg, Wirtschaftsreferat.

GASTS, 1988: Satzung über die Herstellung von Garagen und Stellplätzen (Garagen- und Stellplatzsatzung - GaStS). Nürnberg: Stadt Nürnberg.

GASTS, 1992: Satzung zur Änderung der Satzung über die Herstellung von Garagen und Stellplätzen (Garagen- und Stellplatzsatzung - GaStS) vom 9.3.92. Nürnberg: Stadt Nürnberg.

GEMEINDERAT DER STADT BERN (Hg.), 1995: Räumliches Stadtentwicklungskonzept Bern - STEK 95. Info-Magazin.

GENERALVERKEHRSPLAN, 1963: Generalverkehrsplan für die Agglomeration Bern, Analyse öffentlicher Verkehr. Bern: SPAB.

GENERALVERKEHRSPLAN, 1964: Generalverkehrsplan für die Region Bern, Planung, Diskussionsgrundlage. Teil I, Pläne. Bern: SPAB.

GIDDENS A., 1995: Die Konstitiution der Gesellschaft: Grundzüge einer Theorie der Strukturierung. 2. Auflage. Frankfurt: Campus.

GINSBURG T. ET AL. (Hg.), 1986: Zürich ohne Grenzen. Zürich.

GOOS D., 1996: Jeden Tag Sackgasse: Lübeck sperrt die Innenstadt für den Verkehr. In: Die Welt vom 15.6.96.

GOVERNMENT OFFICES, MINISTRY OF TRANSPORT AN COMMUNICATIONS, SWEDEN, 1997: Vision Zero.

GRAF T., 1995: Die städtische Verkehrsplanung und -politik in der Schweiz in ihrer Entwicklung. In: AERNI, SEEWER 1995b:9.

GREUTER B., HÄBERLI V., 1993: Indikatoren im Fussgängerverkehr. Reihe: Forschungsauftrag 45/90 auf Antrag der Vereinigung Schweizerischer Verkehrsingenieure. Zürich: Eidgenössiches Verkehrs- und Energiewirtschaftsdepartement, Bundesamt für Strassenbau.

GROSJEAN G. 1973: Die Entwicklung des Bener Stadtbildes seit 1800. In: Jahresbericht der Geografischen Gesellschaft von Bern 50/1970-72:135-166. Bern: Lang.

GRUND E., 1995: Fussgängerzonen und motorisierter Individualverkehr. In: Verkehr und Technik 6/1995:233-237.

GÜNDEL D., MAZUR H., 1996: Fahrrad-Entwicklungsplan in Hannover, Verkehrsinitiativen legen ein eigenes Gutachten vor. In: Verkehrszeichen 1/96:19-23.

GÜTERVERKEHR 1, 1992: Güterverkehr Stadt Zürich. Massnahmen zur Förderung des Einkaufens mit den öffentlichen Verkehrsmittel. Teil I: Verkehrsmittelwahl, Motive und Einkaufsgewohnheiten von Kunden der Zürcher Geschäfte. Zürich: Stadtplanungsamt, Elektrowatt Ingenieurunternehmung, Synergo.

GÜTERVERKEHR 2, 1992: Güterverkehr Stadt Zürich. Massnahmen zur Förderung des Einkaufens mit den öffentlichen Verkehrsmittel. Teil II: Beurteilung der Wirksamkeit bzw. Erfolgsträchtigkeit angebotsseitiger Massnahmen zur Verlagerung des Einkaufsverkehrs auf die öffentlichen Verkehrsmittel. Zürich: Stadtplanungsamt, Elektrowatt Ingenieurunternehmung, Synergo.

GVP INDIVIDUALVERKEHR, 1975: Generalverkehrsplan der Städte Nürnberg und Fürth, Teil Nürnberg, Individualverkehr. Reihe: Beiträge zum Nürnbergplan Reihe G (Verkehr, Versorgung, Wirtschaftsförderung) H 5. Nürnberg: Stadt Nürnberg, Arbeitsgruppe Nürnberg-Plan.

GVP ÖPNV, 1972: Generalverkehrsplan der Städte Nürnberg und Fürth, Teil Nürnberg, Öffentlicher Personennahverkehr. Reihe: Beiträge zum Nürnbergplan Reihe G (Verkehr, Versorgung, Wirtschaftsförderung) H 1. Nürnberg: Stadt Nürnberg, Arbeitsgruppe Nürnberg-Plan.

GVP RUHENDER VERKEHR, 1975: Generalverkehrsplan der Städte Nürnberg und Fürth, Teil Nürnberg, Ruhender Verkehr. Reihe: Beiträge zum Nürnbergplan Reihe G (Verkehr, Versorgung, Wirtschaftsförderung) H 4. Nürnberg: Stadt Nürnberg, Arbeitsgruppe Nürnberg-Plan.

GVP SCHNELLBAHN, 1990: Generalverkehrsplan Nürnberg, Schnellbahnnetz, Stand 1990, Massstab 1 : 50'000. Nürnberg: SPAN.

GVP VERKEHRSSYSTEM ALTSTADT, 1975: Generalverkehrsplan der Städte Nürnberg und Fürth, Teil Nürnberg, Verkehrssystem Altstadt. Reihe: Beiträge zum Nürnbergplan Reihe G (Verkehr, Versorgung, Wirtschaftsförderung) H 3. Nürnberg: Stadt Nürnberg, Arbeitsgruppe Nürnberg-Plan.

HÄCHER G., 1980: Aachener Strassenbahn- und Energieversorgungs AG 1980, 100 Jahre ASEAG: 1880 - 1980. Aachen-Brand: Die Typomänner.

HAEFELI U., HÄUSELMANN C., SEEWER U., 1996: Die Sanierung und Umgestaltung der Seftigenstrasse: Auswirkungen auf Lebensqualität und Einkaufsverhalten der NutzerInnen (mit besonderer Berücksichtigung des Langsamverkehrs und der Ertragssituation des Detailhandels), eine interdisziplinäre Wirkungsanalyse. Schlussbericht der Vorheruntersuchung. Bern: IKAÖ, GIUB.

HAEUSELMANN, 1916: Fahrstrassen - Fussgängerstrasse. In: Der Städtebau 13:54-59.

HÄFLIGER E., 1992: Fussgängerverkehr Berner Innenstadt, Teil 4: Die Fussgängersicherheit. Bern: Diplomarbeit am GIUB.

HÄFLIGER E., KALBERMATTEN RIEDER R., KAUFMANN U. & SEEWER U., 1992: Fussgängerverkehr Berner Innenstadt, Teil 1: Grundlagen.

HANSESTADT LÜBECK (Hg.), 1997a: Die Stadtspitze. http://www.luebeck.de/stadtinfo/rathaus/stadtspitze.html.

HANSESTADT LÜBECK (Hg.), 1997b: Mitglieder der Bürgerschaft. http://www.luebeck.de/stadtinfo/rathaus/bgmitgl.html.

HANSESTADT LÜBECK (Hg.), 1997c: Verkehrsberuhigung - Was ist neu. http://www.luebeck.de/verkber/wasistneu.html.

HANSESTADT LÜBECK (Hg.), 1997d: 5'500 Parkplätze - Wir zeigen wo. http://www.luebeck.de/verkber/5500parkpl.html.

HANSESTADT LÜBECK (Hg.), 1997e: Verkehrsberuhigung - Was ist neu. http://www.luebeck.de/verkber/wasistneu.html.

HANSESTADT LÜBECK (Hg.), 1997f: Chronologie der „verkehrsberuhigten Altstadt" Lübecks. http://www.luebeck.de/verkehr/pressemitt1.html.

HANSESTADT LÜBECK (Hg.), 1997g: Lübeck dehnt Verkehrsberuhigung auf alle Tage aus. http://www.luebeck.de/verkber/pressemitt2.html.

HANSESTADT LÜBECK (Hg.), 1997h: Lübeck dehnt Verkehrsberuhigung aus (II). http://www.luebeck.de/verkber/pressemitt3.html.

HANSESTADT LÜBECK (Hg.), 1997i: 50 Prozent weniger Autos - Lübecks Altstadt atmet auf. http://www.luebeck.de/verkber/pressemitt4.html.

HARLANDER T., 1998: Stadtplanung und Stadtentwicklung in der Bundesrepublik Deutschland: Entwicklungsphasen seit 1945. In. DISP 132/98:4-9.

HARTMANN P., 1995: Schönes neues Zürich. In: Weltwoche 21/25.5.95:51-55.

HATZFELD U., JUNKER R., 1997: Verkehrsberuhigung an Hauptverkehrsstrassen – Grund genug für Unruhe im Handel? In: Internationales Verkehrswesen 49 (12/97):642-647.

HAUBNER K., 1996: Zur Entwicklung der Raumplanung in Deutschland. In: DISP 127/1996:21-23. Zürich: ETH.

HDE, Hauptverband des Deutschen Einzelhandels (Hg.), 1992: Handel in der Stadt - und keiner kommt hin? Beiträge zum Thema "Stadt und Verkehr". Köln.

HEHL M., 1998: Die Stadt Bern in der Automobilisierungseuphorie, Schnellstrassenprojekte 1950 – 1970. In: LÜTHI C., MEIER B., 1998:69-83.

HEINEN M., 1992: Aachen, Fragwürdige Experimente. In: BAG-Handelsmagazin 11/1992:42-45. Köln: BAG.

HELLER J., MONHEIM R., 1998: Die Regensburger Altstadt als „Markenartikel", Einzelhandelsstruktur, Besucherverhalten und Meinungen. In: Die alte Stadt 1/98.

HELM S., 1993: Fussgängerfreundliche Innenstadt Aachen. In: Der Städtetag

HÉRITIER A. (Hg.), 1993: Policy-Analyse, Kritik und Neuorientierung. In: Politische Vierteljahresschrift, PVS, Sonderheft 24/1982. Opladen: Westdeutscher Verlag.

HHS, Harloff Hensel Stadtplanung (Hg.), 1992: Fussgängerfreundliche Innenstadt Aachen - Begleitende Verkehrsuntersuchung. Aachen: Stadt Aachen, Planungsamt.

HHS, Harloff Hensel Stadtplanung (Hg.), 1993: Verkehrserhebung Aachen Innenstadt, im Auftrag der Stadt Aachen. Unveröffentlicht.

HHS, Harloff Hensel Stadtplanung,/BSV, Büro für Stadt- und Verkehrsplanung (Hg.), 1991: Untersuchungen zum Verkehrsentwicklungsplan Stadt Aachen, Zwischenbericht 1991. Unveröffentlicht.

HILLMANN M., 1998: Curbing Shorter Car Journeys. London: Friends of the Earth.

HOFER R., 1995: Massnahmen zur Förderung des Velo-Verkehrs. Seminararbeit im Hauptfach Geografie. In: AERNI, SEEWER 1995:17.

HOHL M., 1964: Der öffentliche Verkehr in der Agglomeration Bern, Wissenschaftliche Beilage zum Jahresbericht Band XLVII 1963/64 der Geographischen Gesellschaft Bern.

HOLZINGER S., 1994: Projekt „Durch Veloförderung billiger zu einer umweltfreundlichen Mobilität?". Vorstudie.

HOTZAN J., 1994: dtv-Atlas zur Stadt, Tafeln und Texte - von den ersten Gründungen bis zur modernen Stadtplanung. München: dtv.

HUNECKE M., SIBUM D., 1997: Socioeconomic Aspects of Individual Mobility. Report EUR 17712 EN. Sevilla: Institute for Prospective Technological Studies.

HÜTTENMOSER M., DEGEN-ZIMMERMANN D., 1995: Lebensräume für Kinder : empirische Untersuchungen zur Bedeutung des Wohnumfeldes für den Alltag und die Entwicklung der Kinder. Reihe: Nationales Forschungsprogramm Stadt und Verkehr Band 70. Zürich.

IG VELO (Hg.), 1995: Veloförderung zahlt sich aus. Kosten und Nutzen verschiedener Verkehrsstrategien am Beispiel der Stadt Bern. Kurzfassung der Studie „Kosten-Nutzen-Vergleich integraler Veloförderung in Bern".

IHK für die Region Nürnberg, 1997: Region Nürnberg. Kurzinformation zum Standort Mittelfranken. Nürnberg.

IHKA, Industrie- und Handelskammer zu Aachen (Hg.), 1993a: IHK Aachen, Modell „Fussgängerfreundliche Stadt Aachen" verändert Handelsstruktur. Presseinformation 4 vom 11.1.1993.

IHKA, Industrie- und Handelskammer zu Aachen (Hg.), 1993b: „Fussgängerfreundliche Innenstadt" verändert Handelsstruktur, Zusammenfassende Ergebnisse der Untersuchung „Fussgängerfreundliche Innenstadt Aachen". Presseinformation Nr. 5, 11.1.93.

IHKA, Industrie- und Handelskammer zu Aachen (Hg.), 1993c: IHK fordert Konsequenzen aus Gutachten. Presseinformation Nr. 6, 11.1.93.

IHKA, Industrie- und Handelskammer zu Aachen (Hg.), 1993d: Wirtschaftsraum Euregio, Beiträge zu Geschichte und Gegenwart einer europäischen Region.

INNENSTADT DETAILHANDEL, 1991: Innerstädtischer Detailhandel. Strukturprobleme und Infrastrukturbedarf. 3. Band: Syntheseberichte. Zürich: Stadtplanungsamt.

INNENSTADT STANDORTQUALITÄT, 1991: Standortqualität in der Innenstadt. Attraktivitätsprofile für den Detailhandel. Zürich: Stadtplanungsamt.

INSTITUT FÜR ANGEWANDTE ÖKOLOGIE, 1998: Öko-Mitteilungen, Verkehr. 21 (2/98).

INSTITUT FÜR STÄDTEBAU BERLIN (Hg.), 1995: 346. Kurs, Autoverkehrsreduzierte Innenstädte/Autofreie Wohngebiete, aktueller Überblick, Beispiele, Erfahrungsaustausch. Berlin 28. bis 30.11.95. Tagungsunterlagen.

JUCHELKA R., 1994: „Samstags in Aachen" - Fussgängerfreundliche Innenstadt. In: Informationen und Materialien zur Geografie der Euregio Maas-Rhein 35/1996:51-53.

JUCHELKA R., 1997a: Die Aachener Innenstadt. Besucherstruktur, Reichweitenuntersuchungen und Einfluss verkehrslenkender Massnahmen. Aachener Geografische Arbeiten, Heft 33. Aachen: Geografisches Institut der RWTH Aachen.

JUCHELKA R., 1997b: Auswirkungen der „fussgängerfreundlichen Innenstadt" Aachen aus der Sicht der Forschung. In: MONHEIM 1997a: A67-78.

JUD AG, 1992: Charakteristiken der Zürcher Innenstadtbesucher.

JÜRGENSEN H., 1972/3: Entwicklungskoordination Stadt Zürich.

KALBERMATTEN RIEDER R., 1992: Fussgängerverkehr Berner Innenstadt, Teil 5: Raumgestaltung aus Sicht der FussgängerInnen. Bern: Diplomarbeit am GIUB.

KALWITZKI K.-P., 1998: Hauptgewinn Zukunft, Verkehrswende schafft neue Arbeitsplätze. In: Verkehrszeichen 3/98:29-32.

KAMMANN G., 1990: Mit Autobahnen die Städte retten? Städtebauliche Ideen der Expressstrassen-Planung in der Schweiz 1954 - 1964. Diss. Uni Zürich.

KAMMERER, 1986: Planung – gestern und morgen. In: GINSBURG 1986:55-63.

KANTON BERN, 1998a, Raumplanungsbericht.

KANTON BERN, 1998b, Projekt Attraktivierung von Kernzonen in Regionalzentren.

KARBACH P., 1984: Die Nürnberger Fussgängerzone. Diplomarbeit an der Universität Erlangen-Nürnberg.

KARL G., 1996: Entwicklungskonzept 2000. In: Baukultur 3/96:18-19.

KAUFMANN U., 1992: Fussgängerverkehr Berner Innenstadt, Teil 3: Das Bewegungsverhalten der FussgängerInnen. Bern: Diplomarbeit am GIUB.

KAUFMANN V., 1998: Sociologie de la mobilité urbaine: la question du report modal. Dissertation an der EPF Lausanne.

KAULEN R., 1998: Sicherung des Fahrradverkehrs an Querungsstellen. In: Verkehrszeichen 2/98:15-18.

KERN G., 1990: Wolfsburg, Metamorphosen in der Stadtmitte - Von der Hauptverkehrsstrasse zum Fussgängerbereich. Dissertation Universität Hannover.

KISSLING-NÄF I., KNÖPFEL P., 1995: Politikorientierte Lernprozesse, konzeptuelle Überlegungen. In: Bussmann 1995a:99-130.

KISSLING-NÄF I., MAREK D., GENTILE P., 1994: Politikorientierte Lernprozesse - Analysekonzept zur empirischen Erhebung im Feld. Lausanne: IDEHAP.

KLEIN E., 1957: Aachen, eine Stadt an der Grenze baut auf. Reihe: Monographie des Bauwesens 14. Stuttgart: Aweg-Verlag; Oberstadtdirektor (Hg.).

KLEMM M. O., 1996: Welche Mobilität wollen wir? Unser kollektiver Umgang mit dem Problem des städtischen Personenverkehrs. Eine Untersuchung am Beispiel der Stadt Basel. Reihe: Stadtforschung aktuell. Basel, Boston, Berlin: Birkhäuser.

KLIMA-BÜNDNIS/ALIANZA DEL CLIMA, 1994a: Amazonasindianer am Main. Frankfurt.

KLIMA-BÜNDNIS/ALIANZA DEL CLIMA, 1994b: Klima - lokal geschützt, Aktivitäten Europäischer Kommunen.

KLÖTI T., 1990: Die Post, ein „Geschäft" - für wen? Geschichte des Bernischen Postwesens 1648 – 1798 und Johann Friedrich von Ryhners „Bericht über das Postwesen in Helvetien, 1793". Bern: PTT.

KNOEPFEL P., 1995: Von der konstitutionellen Konkordanz über administrative Konsenslösungen zum demokratischen Dezisionismus - zur Vielfalt von Verhandlungsarrangements in Konfliktlösungsverfahren in der Schweiz. In. Dally, Weidner, Fietkau 1995:145-182.

KNOEPFEL P., IMHOF R., ZIMMERMANN W., 1994: Massnahmenpläne zur Luftreinhaltung; wie sich Behörden beim Umweltschutz arrangieren. Reihe: NFP Stadt und Verkehr Bericht 57. Zürich: NFP 25.

KNOFLACHER H., 1995a: Fussgeher- und Fahrradverkehr, Planungsprinzipien. Wien, Köln, Weimar: Böhlau.

KNOFLACHER H., 1995b: Fussgänger sein - Fussgänger bleiben. Elemente einer fussgängergerechten Verkehrsplanung. In: VERKEHRSMINISTERIUM BADEN-WÜRTTEMBERG, 1995.

KOCH M., 1992: Städtebau in der Schweiz 1800 - 1990. Entwicklungslinien, Einflüsse und Stationen. Reihe: ORL-Bericht 81. Zürich.

KOHLER D., 1972: Das Konzept der Nürnberger Verkehrsplanung, ein Ausblick. In: VEREIN FÜR DIE GESCHICHTE DER STADT NÜRNBERG (Hg.), 1972: Verkehrsentwicklung Nürnbergs im 19. und 20. Jahrhundert. Reihe: Nürnberger Forschungen Band 17:323-327 (+ 6 Abbildungen).

KOMPROMISS, 1996: Vorlage der Verkehrskommission vom 8. Februar 1996 (mit Ergänzungen vom 28. März 1996) zur Ergänzung des kommunalen Verkehrsplans (GRB vom 28. Februar 1990) mit einem neuen Kapitel „Fussgängerbereiche". GR Nr. 92/310. Zürich: Gemeinderat von Zürich.

KRONRUMPF M., 1990: Hafraba e. V., deutsche Autobahnplanung 1926 - 1934. Archiv für Geschichte des Strassenwesens, Heft 7. Bonn: Kirschbaum.

KROPF R., GLOOR U., SOMMER I., ZUBERBÜHLER C., 1994: Massnahmenpläne zur Luftreinhaltung. Analyse der Grundlagen und Arbeitsinstrumente im Bereich Verkehr. NFP 25 „Stadt und Verkehr" Band 69.

KUHN P., 1995: Einfluss von Tempo 30 auf der Wohnqualität eines Quartiers unter besonderer Berücksichtigung der Lärmbelastung am Beispiel der Länggasse. Diplomarbeit am Geografischen Institut der Uni Bern.

KUMMER R., 1988: Kleinräumige Untersuchungen von Struktur und Einzugsbereichen des Einzelhandels in der Innenstadt von Eschweiler. Aachen: Staatsarbeit.

KUMMER R., 1992: Innere Struktur, Reichweite und Attraktivität des Einzelhandels in ausgewählten, benachbarten Mittelzentren der Region Aachen-Düren. Aachen: Dissertation am GIUA.

KUMMER R., 1993: Innere Struktur, Reichweite und Attraktivität des Einzelhandels in den Innenstädten von Düren, Jülich und Eschweiler. In: Informationen und Materialien zur Geografie der Euregio Mass-Rhein, Beiheft 5.

KÜPPER U., LÖLHÖFFEL VON D., 1996: Perspektiven der Stadtentwicklung Nürnbergs. In: Baukultur 3/96:13-17.

LAHRMANN H., LOHMANN-HANSEN A., 1998: A sustainable Transport System – From Cars to Bicycles via incentive motivation. The 3rd International Conference „Civil Engineering and Environment", Vilnius University Liithuania, May 28-29, 1998.

LAMNEK S., 1988: Qualitative Sozialforschung. Bd.1, Methodologie. München: Psychologie Verlags Union.

LAMNEK S., 1989: Qualitative Sozialforschung. Bd.2, Methoden und Techniken. München: Psychologie Verlags Union.

LBE, Landesverband des Bayerischen Einzelhandels (Hg.), 1991: Altstadtverkehrssystem Stufe 6, Städtebauliche Rahmenplanung Sebalder Altstadt, Radverkehrskonzept Altstadt. Manuskript.

LEITBILD VERKEHR, 1990: Leitbild Verkehr, Entwurf. Schriftenreihe Bd. 5. Nürnberg: Stadt Nürnberg.

LEITBILD VERKEHR, 1992: Verkehr, Stadtverträglich + umweltverträglich = menschengerecht, Leitbild Verkehr. Schriftenreihe Band 6. Nürnberg: Stadt Nürnberg, Baureferat, SPAN.

LEITBILD VERKEHR, 1993: Leitbild Verkehr, Bericht über die Entwicklung. Manuskript. Nürnberg: Ausschuss für das Verkehrswesen, SPAN.

LEITBILD VERKEHR, 1994: Leitbild Verkehr, Bericht über die Entwicklung. Manuskript. Nürnberg: Ausschuss für das Verkehrswesen. Nürnberg: SPAN.

LEITPLAN, 1956: Leitplan der Stadt Aachen 1956, Änderung zur Ergänzung des Leitplanes vom Jahre 1950, Erläuterungen. Aachen: Stadt Aachen.

LENDI M., 1996: Zur Geschichte der Raumplanung in der Schweiz. In: DISP 127/1996:24-26. Zürich: ETH.

LÖLHÖFFEL D., VON, 1990a: Innenstadtkonzepte: Beispiele, Erfahrungen, Perspektiven; Innenstadtentwicklung Nürnberg. Manuskript. Nürnberg: Arbeitsgruppe Nürnberg-Plan, Projektgruppe räumliche Planung.

LÖLHÖFFEL D., VON, 1990b: Nutzungskonflikte am Fusse der Burg, wie sich planerische Leitvorstellungen in Nürnberg mit der Zeit veränderten. In: RaumPlanung 50/1990:170-174.

LÖLHÖFFEL V. D., 1997: Einzelhandel und Verkehr im Leitbild für die Nürnberger Altstadt. In: MONHEIM 1997a: B19-25.

LOVELO, 1995: Die Strasse teilen. Kampagne „Lovelo". Zürich: Stadtpolizei Zürich et al.

LÜTHI C., MEIER B. (Hg.), 1998: Bern, eine Stadt bricht auf. Schauplätze und Geschichten der Berner Stadtentwicklung zwischen 1798 und 1998.

LUTZ N., 1996: Grundlagen der Parkraumplanung und Parkraumanalyse der Berner Innenstadt. Bern: Diplomarbeit am Geografischen Institut der Universität Bern.

MAHNKE L., 1997: Konzepte und Auswirkungen der „fussgängerfreundlichen Innenstadt" Aachen aus der Sicht der Wirtschaft. In: Monheim 1997a: A44-48.

MAIBACH M., ITEN R., MAUCH S., 1992: Internalisieren der externen Kosten des Verkehrs. Fallbeispiel Agglomeration Zürich. Zürich: NFP 25.

MAREK D., 1995: Luftreinhaltung und Verkehr in der Stadt Bern - Akteurnetzwerke der Verkehrsberuhigung und Förderung Umweltfreundlicher Verkehrsmittel an vier Beispielen. Reihe Cahiers de l'IDHEAP no 143.

MARIN B., MAYNTZ R., 1991: Policy networks, empirical evidence and theoretical considerations. Frankfurt/M.: Campus Verlag.

MARKTGASSE, 1995: Sanierung Marktgasse Sommer 1995, die Gasse lebt - und wie! Shopping in allen Geschäften. Bern: GWB, Gas-, Wasser- und Fernwärmeversorgung der Stadt Bern.

MASTERPLAN INVESTORENGESPRÄCH, 1994: II. Investorengespräch, Investieren Sie in die Zukunft des Bahnhofgebietes. Bern: Handels- und Industrieverein des Kantons Bern, Berner Handelskammer.

MASTERPLAN KOORDINATIONSBLÄTTER, 1993: Koordinationsblätter, Richtplan nach Art. 68 BauG. Bern: Masterplan Bahnhof Bern.

MASTERPLAN MITWIRKUNG, 1993: Mitwirkungsbericht zum Richtplan nach Art. 68 BauG, Mitwirkungseingaben von Parteien und Interessenverbänden. Bern: Masterplan Bahnhof Bern.

MASTERPLAN TECHNISCHER BERICHT, 1993: Technischer Bericht. Bern: Masterplan Bahnhof Bern.

MATTI D., SEEWER U., 1998: Verkehrsbedürfnisse im Zentrum Köniz. Modul 1B: Grundlagen – Verkehrsverhalten. Geografisches Institut der Universität Bern.

MAUCH U. ET. AL., 1997: Erneuerung und Stärkung der Städte. Arbeitsbericht. Bundesamt für Raumplanung, BRP; Infras.

MAYER A., 1989: Die Sperrung des Rathausplatzes in Nürnberg, eine Fallstudie zur Machtverteilung und zu Einflussstrukturen in einer deutschen Grossstadt. Beiträge zur Kommunalwissenschaft 31. München: Minerva Publikation.

MAYER A., 1993: Der Landkreis in der Politikverflechtungs-Falle. Eine Untersuchung zur Theorie der Politikverflechtung am Beispiel der Verbindugnsstrasse-West im Landkreis Fürth. Fürth: Städtebilder Verlag.

MAYER A., 1997: Verkehrspolitische Widersprüche im Grossraum Nürnberg - Beispiele aus der Altstadt und dem Umland. In: MONHEIM 1997a: B65-69.

MAYNTZ R., 1993: Policy-Netzwerke und die Logik von Verhandlungssystemen. In: HERITIER 1993:39-56.

MAYRING P., 1990: Einführung in die qualitative Sozialforschung, eine Anleitung zu qualitativem Denken. München: Psychologie-Verl.-Union.

MAYRING P., 1993: Qualitative Inhaltsanalyse. Weinheim/Basel

MEHR BERN, WENIGER VERKEHR, 1990: Mehr Bern, weniger Verkehr, Volksinitiative zur Bewältigung des Verkehrs in Innenstadt und Quartieren. Bern: Kantonalbernischer Handels- und Industrieverein

MEIER B., 1990: Die City im historischen Kern: Nutzungswandel und Verdrängungsprozesse in der Berner Innenstadt zwischen 1975 und 1989. In: Berner Geografische Mitteilungen 1990. Bern: Geografische Gesellschaft.

MEIER B., 1998: Die City im historischen Kern – Nutzungswandel und Verdrängungsprozesse in der Berner Innenstadt zwischen 1975 und 1989. In: LÜTHI C., MEIER B. (Hg.), 1998:85-104.

MEINI M., HOLZWARTH M., MONHEIM R., 1998: Florenz und Nürnberg – unterschiedliche Entwicklungsmodelle für Altstädte. In: Die alte Stadt 1/98.

MERKI C. M., 1995: Die verschlungenen Wege der modernen Verkehrsgeschichte, ein Gang durch die aktuelle Forschung. In: Schweiz. Zeitschrift für Geschichte 45/1995:444-457. Basel: Schwabe.

MICHEL B., 1993: Ausgewogene Struktur in Gefahr, Aachens Handel hat sich mit der verkehrsberuhigten Innenstadt nicht arrangiert. In: Lebensmittel-Zeitung 45/22/1993:J12-J14.

MIKROZENSUS, 1991: Das Verkehrsverhalten der Haushalte in Stadt und Region Bern. Mikrozensus Verkehr 1989. Bern: SPAB und Amt für Statistik der Stadt Bern.

MINISTERIUM FÜR UMWELT- UND VERKEHR BADEN-WÜRTTEMBERG (Hg.), 1996: Workshop neue Ansätze zur Förderung des Fussgängerverkehrs. Tagungsunterlagen.

MINISTERIUM FÜR UMWELT UND VERKEHR BADEN-WÜRTTEMBERG (Hg.), 1997: Leitlinien zur systematischen Verbesserung von Fusswegnetzen.

MINSCH J. ET. AL, 1996: Mut zum ökologischen Umbau - Innovationsstrategien für Unternehmen, Politik und Akteurnetze. Basel, Boston, Berlin: Birkhäuser Verlag.

MOBILITÄT 1, 1993: Mobilität in Zürich. Ergebnisse und Analyse des Mobilitätsverhalten der Bevölkerung der Stadt Zürich. Band 1: Verhalten. Zürich: Socialdata, Bauamt I der Stadt Zürich.

MOBILITÄT 2, 1993: Mobilität in Zürich. Ergebnisse und Analyse des Mobilitätsverhalten der Bevölkerung der Stadt Zürich. Band 2: Einschätzungen. Zürich: Socialdata, Bauamt I der Stadt Zürich.

MOBILITÄT 3, 1994: Mobilität in Zürich. Ergebnisse und Analyse des Mobilitätsverhalten der Bevölkerung der Stadt Zürich. Band 3: Potentiale. Zürich: Socialdata, Bauamt I der Stadt Zürich.

MOLITOR R., 1991: Innenstadt, simple Lösungen zerstören die Funktionsvielfalt der deutschen Cities, gefragt sind intelligente Konzepte, Projekt für Münster, leidige Verkehrsprobleme verschwinden einfach unter der Erdoberfläche. In: Handelsblatt 138/1991:8.

MONHEIM H., MONHEIM-DANDORFER R., 1990: Strassen für alle, Analysen und Konzepte zum Stadtverkehr der Zukunft. Hamburg: Rasch und Röhring.

MONHEIM I., MONHEIM F., 1976: Die Aachener Innenstadt. In: BREUER H., 1976: Aachen und benachbarte Gebiete, ein geografischer Exkursionsführer. Reihe: Aachener Geografische Arbeiten 8/1978:1-46. Aachen: Geografisches Institut der Rheinisch-Westfälischen Universität.

MONHEIM R., 1980: Fussgängerbereiche und Fussgängerverkehr in Stadtzentren der Bundesrepublik Deutschland. Reihe: Bonner Geografische Abhandlungen Nr. 64. Bonn: Ferd. Dümmlers Verlag.

MONHEIM R., 1986: Der Fussgängerbereich in der Nürnberger Altstadt, ein Spiegel wechselnder Stadtentwicklungskonzepte. In: HOPFINGER H., 1986: Franken, Planung für eine bessere Zukunft, ein Führer zu Projekten der Raumplanung: 89-114. Nürnberg: Verlag H. Carl.

MONHEIM R., 1987a: Entwicklungstendenzen von Fussgängerbereichen und verkehrsberuhigten Einkaufsstrassen. Reihe: Arbeitsmaterialien zur Raumordnung und Raumplanung 41. Bayreuth.

MONHEIM R., 1987b: Fussgängerbereiche in der Bundesrepublik Deutschland, dynamische Weiterentwicklung eines wirkungsvollen Instruments zur Belebung von Stadtzentren. In: Der städtische Raum in Frankreich und in der BRD, Band 50:287-305. Braunschweig.

MONHEIM R., 1987c: Vom Fussgängerbereich zu fussgängerfreundlichen Innenstädten. In: Der Städtetag 9/1987:519.

MONHEIM R. (Hg.), 1992: Entwicklung des Verkehrs in Städten der BRD und DDR und Möglichkeiten zu ihrer Beeinflussung. Reihe: Arbeitsmaterialien zur Raumordnung und Raumplanung 88. Bayreuth.

MONHEIM R., 1994: Besucher der Nürnberger Innenstadt, Erfassung von Tätigkeiten, Verkehrsmittelwahl und Einstellungen als Beitrag zur Entwicklung eines Leitbildes. Manuskript.

MONHEIM R., 1996: Besucher der City Nürnberg. Spontaner Schwenk auf den Donnerstag. In BAG Handelsmagazin:50-53.

MONHEIM R. (Hg.), 1997a: „Autofreie" Innenstädte - Gefahr oder Chance für den Handel? Teil A: Allgemeine Zusammenhänge, Aachen, Lübeck; Teil B: Nürnberg, Lüneburg, Marburg. Arbeitsmaterialien zur Raumordnung und Raumplanung, Heft 134. Bayreuth: Institut für Geowissenschaften, Abteilung Angewandte Stadtgeografie.

MONHEIM R., 1997b: Einflüsse von Leitbildern und Lebensstilen auf die Entwicklung der Innenstadt als Einkaufs- und Erlebnisraum. In: EGLI H.-R. ET AL., 1997:171-197.

MONHEIM R., 1997c: Tätigkeiten, Verkehrsmittelwahl und Einstellungen der Besucher der Nürnberger Innenstadt als Ansatzpunkte für die Entwicklung eines Leitbildes. In: MONHEIM 1997a: B31-63.

MONHEIM R., 1997d: Probleme einer empirischen Erfassung der Auswirkungen der „fussgängerfreundlichen Innenstadt" in Aachen auf Zahl und Zusammensetzung der Innenstadtbesucher. In: MONHEIM 1997a: A57-65.

MONHEIM R., 1998: Methodische Gesichtspunkte der Zählung und Befragung von Innenstadtbesuchern. Artikelentwurf.

MÜLLER P., SCHLEICHER-JESTER F., SCHMIDT M., TOPP H., 1992: Konzepte flächenhafter Verkehrsberuhigung in 16 Städten. Reihe: Grüne Reihe des Fachgebietes Verkehrswesen der Universität Kaiserslautern 24.

MÜLLER-HAGEDORN L., SCHUCKEL M., 1992: Die Umsatzentwicklung des Handels und des Handwerks in der Aachener Innenstadt vor und nach Beginn der Massnahme "Fussgängerfreundliche Innenstadt". Arbeitspapier 9. Köln: Universität zu Köln, Seminar für allgemeine Betriebswirtschaftslehre, Handel und Distribution.

MÜLLER-HAGEDORN L., SCHUCKEL M., 1993: Die Auswirkungen des Aachener Versuchs "Fussgängerfreundliche Innenstadt" auf den Umsatz des innerstädtischen Handels. In: Mitteilungen des Instituts für Handelsforschung an der Universität zu Köln 2/1993:30-36

MÜLLER-HAGEDORN L., SCHUCKEL M., ZIEHE N., 1994: Innenstadtverkehr und Einzelhandel, 2. Zwischenbericht vom September 1994. Köln.

MULZER E., 1996: Denkmalpflege und Wiederaufbau in der Nürnberger Altstadt. In: Baukultur 3/96:34-37.

MULZER E., 1987: Stadtführer Nürnberg. Freiburg: Verlag Rombach.

NEDDERMANN-KLATTE W., 1992: Ökologische Stadterneuerung als Aktionsfeld für nichtstaatliche Akteure, erste Annäherung an die Politikarena 'Verkehr' in Hannover. Reihe agis texte Band 3. Oldenburg.

NETZWERK LANGSAMVERKEHR (Hg.), 1999a: Die Zukunft gehört dem Fussgänger- und Veloverkehr/l'avenir appartient aux déplacements à pied et à vélo, Stand des Wissens, Massnahmen, Potenziale, Schritte zu einer verkehrspolitischen Neuausrichtung./Etats des connaissances, mesures et potentiels, vers une réorientation des politiques de transport. NFP 41 Bericht A9.

NETZWERK LANGSAMVERKEHR (Hg.), 1999b: Fussgänger- und Veloverkehr/Les déplacements à pied et à vélo, Potenziale, Massnahmen, Strategien/Potentialités, mesures, stratégies; Tagung vom/colloque du 6.11.1998. NFP 41 Band T2.

NEUE VERKEHRSFÜHRUNG ALTSTADT, 1992: Neue Verkehrsführung Altstadt, Probephase.

NOTGEMEINSCHAFT VERKEHRSGESCHÄDIGTER BÜRGERINNEN UND BÜRGER, 1994: "Verkehr(t) in die Zukunft". Veranstaltungsplakat.

NÜRNBERG ONLINE, 1996a: Stadtratswahl am 10. März 1996. http://www.nuernberg.de/wahl/str96a.htm, download: 6.9.97.

NÜRNBERG ONLINE, 1996b: Wahlanalyse Oberbürgmeisterwahl. http://www.nuernberg.de/wahl/obm96a.htm, download: 6.9.97.

NÜRNBERG ONLINE, 1996c: Kommunalwahl 1996c: Oberbürgermeisterstichwahl. Wahlanalyse. http://www.nuernberg.de/wahl/obm96sa.htm, download am 9.6.97.

PARKFLÄCHENANGEBOT, 1990: Parkflächenangebot Altstadt. Manuskript. Nürnberg: SPAN.

PARKRAUMPLANUNG, 1984: Parkraumplanung Zürich 1984. Zürich: Bauamt I, Polizeiamt der Stadt Zürich.

PARKSUCHVERKEHR, 1990: Parksuchverkehr Zürich, Studie. Zürich: Stadtplanungsamt.

PATZELT W., 1992: Einführung in die Politikwissenschaft. Grundriss des Faches und studiumbegleitende Orientierung. Passau.

PFANDER M., 1995: Der Verkehr im Berner Fussgängerbereich, Situationsanalyse und Vorschläge zur Verringerung der Verkehrsbelastung. Bern: Diplomarbeit am GIUB.

PICHULLEK D., 1996: Nürnberg verbindet Fortschritt mit Tradition. In: Baukultur 3/96:11-12.

PLANUNG, 1965: Planung, Aufbau, Fortschritt. Reihe: Monographien des Bauwesens, Folge 29. Stuttgart: Aweg-Verlag.

POLLER U., 1997: Erreichbarkeit der Nürnberger Altstadt aus der Sicht der Wirtschaft. In: MONHEIM 1997a: B27-30.

POOL M., 1990: Zürich: Quartierbusse der städtischen Verkehrsbetriebe. Optimierung des nachfrageorientierten Angebotes. Bern: Diplomarbeit am Geografischen Institut der Universität Bern.

PORTMANN R., 1995: Vom Wert eines Parkplatzes. In: TCS-Magazin 2/95.

POTH R., 1994a: Das neue Parkleitsystem für Aachen, organisatorische Einzelheiten. Manuskript. Aachen: Amt für Verkehrsanlagen.

POTH R., 1994b: Das neue Parkleitsystem (PLS) für Aachen, Massnahme zur Unterstützung des städtischen Verkehrskonzepts. Aachen: Amt für Verkehrsanlagen. Manuskript.

POTH R., 1994c: Das Parkkonzept als Teil des gesamtstädtischen Verkehrskonzepts am Beispiel der Stadt Aachen. Aachen: Amt für Verkehrsanlagen. Manuskript.

POTH R., 1994d: Ein integriertes Konzept für den innerstädtischen Verkehr am Beispiel Aachen. Aachen: Amt für Verkehrsanlagen. Manuskript.

POTH R., 1994e: Verkehrsreduzierte Stadt- und Stadtumlandplanung, das Fallbeispiel Aachen. Aachen: Amt für Verkehrsanlagen. Manuskript.

POTH R., 1997a: Komplexe Massnahmenkonzepte, Fallbeispiel Aachen. Workshop Professionelle Akteure 13.14.3.97 in Wuppertal. Manuskript. Aachen.

POTH R., 1997b: Konzepte und Auswirkungen der „fussgängerfreundlichen Innenstadt" Aachen aus der Sicht der Stadt. In: MONHEIM 1997a: A37-43.

PRIEWASSER R., 1998: Verkehrsverlagerungen im Personennahverkehr, ökologische Bedeutung, Strategien und Potentiale. In: DISP 132:35-42.

PROBESPERRUNG RATHAUSPLATZ, 1988: Ab 26.10.88, Probesperrung Rathausplatz. Bürgerinformation. Nürnberg: Stadt Nürnberg.

QUARTEN F., 1988: Passantenermittlung und -befragung auf dem Aachener Marktplatz. Aachen: Unveröffentlichter Seminarbericht am Geografischen Institut der RWTHA, Lehrstuhl für angewandte Wirtschaftsgeografie.

QUARTEN F., 1989: Passantenermittlung und -befragung auf dem Aachener Marktplatz. Aachen: Unveröffentlichter Seminarbericht am Geografischen Institut der RWTHA, Lehrstuhl für angewandte Wirtschaftsgeografie.

QUARTEN F., 1990: Passantenermittlung und Befragung auf dem Aachener Marktplatz, Ergebnisse einer Arbeit des Seminars für angewandte Wirtschaftsgeografie der RWTH Aachen im WS 1989/90.

REICHERT D., BÄTTIG C., ZIERHOFER W., 1993: Umwelt zur Sprache bringen. Über umweltverantwortliches Handeln, die Wahrnehmung der Waldsterbensdiskussion und den Umgang mit Unsicherheit. Opladen: Westdeutscher Verlag.

REICHOW H. B., 1959: Die autogerechte Stadt, ein Weg aus dem Verkehrschaos. Ravensburg.

REY L., 1995: Umwelt im Spiegel der öffentlichen Meinung, Grenzlinien inner-schweizerischer Uneinigkeit. Zürich: Seismo.

ROEDER G., 1996: Kaiser, Burggrafen, Bürger. Nürnberg, fast 950-jährige Geschichte. In: Baukultur 3/96:6-10.

RÜFENACHT T., SALIS GROSS C., 1993: Der Eisenbahnbau und die räumliche Verteilung der Wirtschaft im Kanton Bern 1850- 1910. Diplomarbeit am Historischen Institut der Universität Bern.

RUPP M., STAUB H., 1998: Von der Zonenplanung zum Raummanagement – Rückbesinnung auf die Stärken der Raumplanung. In: LÜTHI C., MEIER B. (Hg.), 1998:141-159.

SCHAD H., 1998: Neue integrierte Mobilitätsdienstleistungen in der Schweiz. Experteneinschätzungen zur Machbarkeit und Diffusion von Mobil-Paketen in der Schweiz. Studie im Rahmen des Nationalen Forschungsprogramms 41 „Verkehr und Umwelt". Kurzdarstellung.

SCHAD H., BRUNSING J., 1995: Fussgängerverkehr in der Diskussion, ein Überblick. In: Verkehrszeichen 3/95:16-19.

SCHILCHER A., WECHSUNG H., 1996: Die S-Bahn Nürnberg. Rückgrat des ÖPNV der Industrieregion Mittelfranken. In: Baukultur 3/96:20-25.

SCHILLING R., 1986: Zürich in der Zentralitätsspirale. In: GINSBURG 1986:48-54.

SCHLEGEL T., 1995: Die Langsamverkehrsstadt nach H. Boesch. In: AERNI K., SEEWER U. 1995:15.

SCHMITT H.-J., 1989: Fussgängerzonen: Retter der City oder Tod des Handels? In: food+nonfood 21/3/1989:40-43.

SCHOLZ G., 1962: Der fliessende individuelle Verkehr, Verkehrsuntersuchung Aachen. Düsseldorf.

SCHOLZ G., 1965: Verkehrsuntersuchung Aachen. Fussgängerverkehrsanalyse. Düsseldorf.

SCHRANZ N., 1996: Velofahren in innenstädtischen Fussgängerbereichen. Bern: Diplomarbeit am Geografischen Institut der Universität Bern.

SCHRANZ N., UTIGER M., 1995: Vorstudie zur Diplomarbeit „Velofahren in Fussgängerbereichen" (Arbeitstitel). Bern: Geografisches Institut der Universität Bern.

SCHREIBER T. (Hg.), 1988: Euregio Maas-Rhein, Regionalatlas. Aachen: Maas-Rhein Institut.

SCHUBERT K., 1991: Politikfeldanalyse, eine Einführung. Reihe: Grundwissen Politik, Band 6. Opladen: Leske und Budrich.

SCHULTE S., 1997: Verhalten und Einstellung der Umlandbewohner bezüglich der „fussgängerfreundlichen Innenstadt" Aachen. In: MONHEIM 1997a: A91-99.

SCHÜNEMANN H., 1992: Wege zu einer „autofreien" Innenstadt, Modell Lübeck. In: RaumPlanung 1992/56:10-12.

SCHWEINGRUBER, 1986: Ein Plädoyer für die Lücke. In: GINSBURG 1986:36-43.

SEEWER U., 1992a: Fussgängerverkehr Berner Innenstadt, Teil 2: Ausgewählte Methoden zur Erfassung des Fussgängerverkehrs in städtischen Räumen. Bern: Diplomarbeit am GIUB.

SEEWER U., 1992b: Fussgängerverkehr Berner Innenstadt, Teil 6: Gruppierung - die Zusammensetzung der Passantengruppen in den Fussgängerströmen. Bern: Seminararbeit am GIUB.

SEEWER U., 1993b: Masterplan Bahnhof Bern, Mitwirkungsbericht zum Richtplan nach Art. 68 BauG, Mitwirkungseingaben von Parteien und Interessenverbänden. Bern: Projektleitung/Geschäftsführung Masterplan.

SEEWER U., 1996: Fussgänger- und Velomodellstadt, Vorschlag für einer angepasste Begleitforschung: Massnahmenevaluation und Erfolgskontrolle. In Zusammenarbeit mit Verena Häberli, im Auftrag der ARF und Erich Willi, Metron. Überarbeitete Version vom 29. Mai 1996. Bern: Geografisches Institut der Universität Bern.

SEEWER U., 1998a: Auf dem Weg zur Fussgängerstadt? Bedeutung und Perspektiven des Fussgängerverkehrs in der Berner Innenstadt. In: LÜTHI C., MEIER B. (Hg.), 1998:283-300.

SEEWER U., 1998b: Quartieridentität und Lebensqualität. Werden die Ziele beim Umbau der Seftigenstrasse in Wabern erreicht? In: Hochparterre 3/98, Beilage:16,17.

SEEWER U., AERNI K., HÄFLIGER E., 1994: Frauen und Männerwege in der Stadt Bern, zur sozialen Sicherheit in der Innenstadt. In: Raumplanung 2/94:33-35. Bern: Bundesamt für Raumplanung.

SEEWER U., VONARBURG J., 1997: Fussgänger und Velomodellstadt Burgdorf. Flanierzone Burgdorf. Untersuchungen zu Verkehrsaufkommen, Verkehrsverhalten und Konflikten. Bern: Geografisches Institut der Universität Bern.

SELLE K., 1994: Was ist bloss mit der Planung los? Erkundungen auf dem Weg zum kooperativen Handeln, ein Werkbuch. Reihe: Dortmunder Beiträge zur Raumplanung Band 69. Dortmund: IRPUD, Institut für Raumplanung.

SLG, Bernische Gesellschaft zur Pflege des Stadt- und Landschaftsbildes (Hg.), 1997: Berner Visionen, unausgeführte Ideen zur Entwicklung in der Bundesstadt. Stadterweiterung, Verkehrsführung, Einzelprojekte. Bern.

SOCIALDATA, 1990a: Einschätzungen des öffentlichen Personennahverkehrs. Reihe: Fakten + Daten 1. Nürnberg: VAG Verkehrs-Aktiengesellschaft zum Öffentlichen Personen-Nahverkehr.

SOCIALDATA, 1990b: Kennziffern der Mobilität. Reihe: Fakten + Daten 2. Nürnberg: VAG Verkehrs-Aktiengesellschaft zum Öffentlichen Personen-Nahverkehr.

SOCIALDATA, 1990c: Einschätzungen der Einschätzungen. Reihe: Fakten + Daten 3. Nürnberg: VAG Verkehrs-Aktiengesellschaft zum Öffentlichen Personen-Nahverkehr.

SOCIALDATA, 1991a: Mobilität im Aachener Raum, Verkehrsentwicklungsplan Region Aachener Nordraum. Band 1. Aachen: Zukunftsinitiative im Aachener Raum (ZAR) und Stadt Aachen.

SOCIALDATA, 1991b: Mobilität im Aachener Raum, Verkehrsentwicklungsplan Region Aachener Nordraum. Band 2. Aachen: Zukunftsinitiative im Aachener Raum (ZAR) und Stadt Aachen.

SOCIALDATA, 1991c: Grüne Welle für Busse und Bahnen. Reihe: Fakten + Daten 7. Nürnberg: VAG Verkehrs-Aktiengesellschaft zum Öffentlichen Personen-Nahverkehr.

SOCIALDATA, 1991d: Innenstadt-Mobilität. Reihe: Fakten + Daten 5. Nürnberg: VAG Verkehrs-Aktiengesellschaft zum Öffentlichen Personen-Nahverkehr.

SOCIALDATA, 1991e: Szenarien und Potentiale. Reihe: Fakten + Daten 6. Nürnberg: VAG Verkehrs-Aktiengesellschaft zum Öffentlichen Personen-Nahverkehr.

SOCIALDATA, 1992: Mobilität im Aachener Raum, Verkehrsentwicklungsplan Region Aachener Nordraum. Band 3: Einschätzungen. Aachen: Zukunftsinitiative im Aachener Raum (ZAR) und Stadt Aachen.

SPAB, 1962: Berner Verkehr - gestern heute morgen. Bern.

SPAB, 1965: Fussgängerachse Innerstadt. Bern.

SPAB, 1972: Planungsproblem in der Innerstadt, SPAB/Planungsdirektion an GR. Bern.

SPAB, 1975a: Gestaltung der Gassen und Plätze der Berner Altstadt. Arbeitsgruppe: Gestaltung und Gassen. Bern.

SPAB, 1975b: Passagen in der Berner Altstadt, Studienauftrag. Bern.

SPAB, 1977: Fussgängerkonzept, allg. Überlegungen und Grundlagen. Bern.

SPAB, 1982a: Grundlagen und Leitlinien für die Gestaltung der Gassen und Plätze in der Altstadt Bern. Bern: Planergemeinschaft H. Dubach und U. Kohlbrenner.

SPAN, 1993: Querschnittszählung.

SPAZ, Stadtplanungsamt Zürich (Hg.), 1994: Die Verkehrspolitik im Urteil der Zürcherinnen und Zürcher. Befragungsergebnisse aus der Zeitreihe 1984 - 1994. Zürich

SPAZ-INFO 3, 1985: Velo- und Mofaverkehr in der City. Stadtplanungsamt informiert Nr. 3. Zürich: Stadtplanungsamt.

SPAZ-INFO 5, 1986: Benützung der Strassenparkplätze. Stadtplanungsamt informiert Nr. 5. Zürich: Stadtplanungsamt.

SPAZ-INFO 6, 1987: Parkieren in der City. Stadtplanungsamt informiert Nr. 6. Zürich: Stadtplanungsamt.

SPAZ-INFO 7, 1987: Querschnitt-Zählung Wollishofen. Stadtplanungsamt informiert Nr. 7. Zürich: Stadtplanungsamt.

SPAZ-INFO 8, 1988: Fahrzeugbesitz. Stadtplanungsamt informiert Nr. 8. Zürich: Stadtplanungsamt.

SPAZ-INFO 9, 1989: Verkehrsarten Fahrtzwecke. Stadtplanungsamt informiert Nr. 9. Zürich: Stadtplanungsamt.

SPAZ-INFO 10, 1989: Güterverkehr auf Zürichs Strassen. Stadtplanungsamt informiert Nr. 10. Zürich: Stadtplanungsamt

SPAZ-INFO 11, 1990: Parkplätze auf privatem Grund. Stadtplanungsamt informiert Nr. 11. Zürich: Stadtplanungsamt

SPAZ-INFO 12, 1990: Parkplätze auf öffentlichem Grund. Stadtplanungsamt informiert Nr. 12. Zürich: Stadtplanungsamt.

SPAZ-INFO 13, 1990: Parkieren in der Innenstadt. Stadtplanungsamt informiert Nr. 13. Zürich: Stadtplanungsamt.

SPAZ-INFO 14, 1991: Fusswege im S-Bahnhofbereich. Stadtplanungsamt informiert Nr. 14. Zürich: Stadtplanungsamt.

SPAZ-INFO 15, 1992: Gehwege im Urteil der Passanten. Stadtplanungsamt informiert Nr. 15. Zürich: Stadtplanungsamt.

SPAZ-INFO 16, 1992: Wege, Etappen und Verkehrsmittelwahl. Stadtplanungsamt informiert Nr. 16. Zürich: Stadtplanungsamt.

SPAZ-INFO 17, 1993: S-Bahn-Eröffnung und Verkehrsaufkommen. Stadtplanungsamt informiert Nr. 17. Zürich: Stadtplanungsamt.

SPERRUNG 1992a: City-Sperrung Aachen, lehrreiches Beispiel. In: Der Einzelhandelsberater 7/1992:646.

SPERRUNG 1992b: Ruhige Innenstadt sorgt für Unruhe, Versuch „autofreie Innenstadt" im Zentrum der internationalen Stadt Aachen. In: Rundschau für den Lebensmittelhandel 4/1992:18-20.

SPIEGEL E., 1998: Konsensfindung und Konfliktbewältigung durch Verhandlungslösungen in der Umweltpolitik. In: DISP 133:4-13.

STADT AACHEN, Oberstadtdirektor (Hg.), 1964: Aachen, Bilder und Berichte. Aachen.

STADT AACHEN, Oberstadtdirektor (Hg.), 1969: Bericht der Stadt Aachen zur kommunalen Neugliederung. Studie über die Verflechtung zwischen der Stadt Aachen und ihrem Umland.

STADT AACHEN (Hg.), 1990: Thema Innenstadtkonzept, wir machen weiter, mehr Lebensqualität für uns alle, die Schmiedstrasse wird attraktiver. Aachen.

STADT AACHEN (Hg.), 1991a: City-Bummel ohne Stress, jeden Samstag ohne Auto von 10 - 17 Uhr, ... so macht die City wieder Spass. Aachen.

STADT AACHEN (Hg.), 1991b: Wir verbessern Ihre Sicherheit! Fusgängersichere Ampelschaltung. Fachtagung „Verbesserung der Lichtzeichenregelung in städtischen Strassennetzen für den Fussgängerverkehr" am 27.6.1991. Aachen.

STADT AACHEN (Hg.), 1992: Tischvorlage für den Verkehrsausschuss zu baulichen Massnahmen an den Eingangsbereichen zum Grabenring. Unveröffentlicht.

STADT AACHEN (Hg.), 1993: Fussgängerfreundliche Innenstadt, Symposion am 29.1.93 im Eurogress Aachen.

STADT AACHEN (Hg.), 1994: Fahrrad, fertig, los! Aachen auf dem Weg zu einer fahrradfreundlichen Stadt, 10 Gründe, das Fahrrad aus dem Keller zu holen. Aachen.

STADT AACHEN, Amt für Statistik und Wahlen, 1997: Zusammenstellung zu Einwohner- und Arbeitsplatzzahlen vom 11.3.97.

STADT BERN, div. Jg.: Statistisches Jahrbuch der Stadt Bern. Bern.

STADT HEIDELBERG, Amt für Stadtentwicklung und Statistik (Hg.), 1993: Empfehlungen des Verkehrsforums zum Verkehrsentwicklungsplan Heidelberg. Dokumentation der Arbeitsergebnisse März 1991 - Juni 1993. Heidelberg.

STADT HEIDELBERG, Stadtplanungsamt, 1994: Verkehrsentwicklungsplan Heidelberg.

STADT NÜRNBERG, 1996a: Rathausplatz wird für Taxiverkehr freigegeben. Pressemitteilung Nr. 313-314/1996 vom 19.6.96.

STADT NÜRNBERG, 1996b: Freie Fahrt über Max- und Spitalbrücke und durch die Bergstrasse. Pressemitteilung Nr. 409/1996 vom 22.7.96.

STADT NÜRNBERG, WIRTSCHAFTSREFERAT (Hg.), 1997: Nürnberg. Investition Zukunft. Nürnberg.

STEINER R., 1989: Verkehrskonzeptionen der Stadt Bern im Wandel der Zeit 1848 - 1989 und ihr städtebaulicher Hintergrund. Bern: Diplomarbeit am GIUB.

STEINER R., 1998: Boulevard – Expressstrasse – Wohnstrasse, Verkehrskonzeptionen der Stadt Bern im Wandel der Zeit und ihr städtebaulicher Hintergrund (1848 – 1997). In: LÜTHI C., MEIER B. (Hg.), 1998:41-67.

STEK ENTWURF. 1992: Entwurf zum räumlichen Stadtentwicklungkonzept. Bern: Gemeinderat der Stadt Bern.

STEK, 1995: Räumliches Stadtentwicklungskonzept Bern 1995. 3 Bände: Gesamtkonzept, Siedlungskonzept, Verkehrskonzept. Bern: Gemeinderat der Stadt Bern.

STOKOWY P., 1993: Die Entwicklung des Kölner Hauptgeschäftsbereichs bei der Sperrung der Zufahrt für den privaten Kfz-Verkehr. Ein Szenario, entwickelt auf der Basis der Ergebnisse einer vergleichenden Untersuchung der Städte Lübeck und Aachen. Köln: Diplomarbeit am Geografischen Institut.

SULZER J. (Hg.), 1989: Stadtplanung in Bern, Entwicklung und Perspektiven. Bern: Stadtplanungsamt und Benteli Verlag.

T & E (Hg.), 1995: Greening Urban Transport, Fussgängerfreundliche Städte.

T & E, Europäischer Verband für Verkehr und Umwelt (Hg.), 1994a: Pedestrian and cycling policy. Greening urban Transport T&E 94/6. Bruxelles.

T & E, Europäischer Verband für Verkehr und Umwelt (Hg.), 1994b: Pedestrian an cycling policy. European Examples. Greening urban Transport T&E 94/6A. Bruxelles.

TBA, Tiefbauamt der Stadt Zürich, 1998: Mobil in Zürich. Zürich Stadtplan 1:15'000. Fusswege, Velorouten, Öffentliche Verkehrsmittel, Strassenverzeichnis.

TOPP H., 1998: Erreichbarkeit, Parkraum und Einzelhandel in der Innenstadt. In: Strassenverkehrstechnik 5/98:217-223.

TORRES M., 1996: Geografie della città. Teorie e metodologie degli studi urbani dal 1820 a oggi. Venezia: Cafoscarina.

TRANSPORTPLAN 1969
- Transportplan Region Bern. Bern: Seiler, Barbe, Niederhauser

TRANSPORTPLAN 1970
- Analyse öffentlicher Verkehr, Entwurf. Bern.
- Grobnetze und Betriebsform im öffentlichen Verkehr, die Thesen. Bern: SPAB, Verkehrsplanung.
- Grobnetze und Betriebsform im öffentlichen Verkehr. Bern: SPAB, Verkehrsplanung.
- Orientierung vom 19.11.70.Bern.

TRANSPORTPLAN 1971
- Verbindliche Arbeitshypothesen für die Planung de öffentlichen Verkehrs in der Region Bern. Bern: SPAB, Regionalplanungsverein.
- Verkehrserhebung vom 24.10.68; Analyse Privatverkehr, Entwurf. Bern: SPAB, Verkehrsplanung.
- Verkehrsleitung in Z2. Bern: SPAB, Verkehrsplanung.

TRANSPORTPLAN 1972
- Zusammenfassung des Transportplans der Stadt und Region Bern. Bern: SPAB.
- Berner Verkehr - Wohin? Annahmen und wichtigste Ergebnisse der Transportplanung für die Stadt und Region Bern. Bern: SPAB.
- Grundlagen für die Transportplanung, Siedlungsplanung. Band 1. Bern: Planungsdirektion der Stadt Bern.
- Analyse Privatverkehr. Band 3. Bern: Planungsdirektion der Stadt Bern.
- Analyse Gesamtverkehr. Band 4. Bern: Planungsdirektion der Stadt Bern.
- Prognose für der Planungszustand Z2. Band 5. Bern: Planungsdirektion der Stadt Bern.
- Basisnetz des öffentlichen und privaten Verkehrs Z2. Band 6. Bern:Planungsdirektion der Stadt Bern.

TREINA, M., 1998: Die Innovations- und Wettbewerbsfähigkeit der kommerziellen Dienstleistungen im Espace Mittelland : Analyse - Diagnose - Strategien. Geografica Bernensia G 56. Bern: Geografisches Institut der Universität Bern.

UMWELT, STADT, VERKEHR, 1982: Umwelt, Stadt und Verkehr, Kurzbericht zu den Verkehrskonzepten der Stadt Bern. Bern: Gemeinderat der Stadt Bern.

UMWELT, STADT, VERKEHR, 1983a: Umwelt, Stadt und Verkehr, Gesamtbericht zu den Verkehrskonzepten der Stadt Bern. Bern: Gemeinderat der Stadt Bern.

UMWELT, STADT, VERKEHR, 1983b: Umwelt, Stadt und Verkehr, Kurzbericht zur Parkraumplanung der Stadt Bern. Bern: Gemeinderat der Stadt Bern.

USSL, Umweltschutz Stadt Luzern (Hg.), 1995. Mobilität und Verkehr, 4. Luzerner Umwelt-Symposium 1994.

VBS, Vereinigung Berner Spezialgeschäfte (Hg.), 1991: Info 4/91.

VCS, Verkehrs-Club der Schweiz, Regionalgruppe Bern, 1995: Masterplan Bahnhof Bern, verkehrsberuhigte Plätze auch ohne Schanzentunnel. Bern.

VCS, Verkehrs-Club der Schweiz, AG Fussgängerinnen (Hg.), 1996: Fussgängerräume – Fussgängerträume. Eine Dokumentation zum Rundgang vom 19. Juni 1996. Bern.

VCS, Verkehrs-Club der Schweiz, Regionalgruppe Bern, 1997: VCS-Studie zum Masterplan HB Bern: Überprüfung der Möglichkeit einer Spurreduktion auf der Achse Bubenbergplatz - Bollwerk ohne Erstellung des Schanzentunnels. Optimierungsvariante. Bern: Infraconsult.

VCS, Verkehrs-Club der Schweiz, 1998: Strassen für alle. Argumente und Antworten auf kritische Fragen für die Unterschriftensammlung und die Diskussion.

VEP GRUNDLAGEN, 1994: Verkehrsentwicklungsplanung Aachen, Grundlagen, das heutige Verkehrsgeschehen, Befunde und Bewertungen. Aachen: Stadt Aachen.

VEP HANDLUNGSKONZEPT, 1995: Verkehrsentwicklungsplanung Aachen. Mittelfristiges Handlungskonzept 2002. Empfehlungen der Gutachter. Aachen: Stadt Aachen.

VEP KONZEPTE, 1994: Verkehrsentwicklungsplanung Aachen, Konzepte und Wirkungen, neue Wege zu einem stadtverträglichen Verkehr. Aachen: Stadt Aachen.

VERBRAUCHERVERHALTEN 1993: Analyse über die Veränderung des Verbraucherverhaltens beim Einkauf in der Nürnberger Innenstadt. Nürnberg: Landesverband des Bayerischen Einzelhandels, BBE Bayern.

VERKEHRSKONZEPT 2005, 1993: Verkehrskonzept 2005. Bern: SPAB.

VERKEHRSKONZEPT INNENSTADT 1986: Erläuterungen, Massnahmenplan für das Verkehrskonzept Innenstadt. Aachen: Stadt Aachen

VERKEHRSMINISTERIUM BADEN-WÜRTTEMBERG (HG.), 1995: Fussgängerfreundliche Verkehrs- und Stadtplanung. Tagungsband, Expertenhearing am 15. November 1994 in Stuttgart.

VERKEHRSPLAN, 1990a: Bericht zum kommunalen Verkehrsplan. Zürich: Stadtplanungsamt.

VERKEHRSPLAN, 1990b: Kommunaler Verkehrsplan. Zürich: Stadt Zürich.

VERKEHRSPOLITIK, 1994: Verkehrspolitik der Stadt Zürich. Stand März 1994. Zürich: Bauamt I der Stadt Zürich.

VERKEHRSSYSTEM ALTSTADT, 1993: Verkehrssystem Altstadt, Stufe 6, Probephase (Schleifenlösung), Erfahrungsbericht und Stellungnahmen der Dienststellen. Manuskript. Nürnberg: Stadt Nürnberg.

VERKEHRUNTERSUCHUNG BREITE GASSE, 1964: Verkehrsuntersuchung Breite Gasse 1963/1964. Verkehrstechnische Untersuchung über die Umwandlung der Breiten Gasse in eine Einkaufs- und Fussgängerstrasse. Autoren: Retzko, Müller P., Schneider, SPAN.

VISION 2020, 1995: Vision Berner Innenstadt 2020, ein verkehrspolitisches Konzept für die Berner Innenstadt. Bern: HIV, Handels- und Industrieverein des Kantons Bern.

VOGT D., 1970: 90 Jahre Aachener Strassenbahn. Sonderdruck aus: Der Stadtverkehr, Fachzeitschrift für den öffentlichen Stadtlinienverkehr 12/1970. Brackwede/Westfalen.

VOLKSINITIATIVE „FÜR ATTRAKTIVE FUSSGÄNGERZONEN", 1992: Volksinitiative „für attraktive Fussgängerzonen" (Ergänzung der Gemeindeordnung), Ablehnung und Gegenvorschlag. Zürich: Stadtplanungsamt.

VON BERGEN S., 1998: Brückenschläge in die Zukunft, die Schlüsselrolle der Hochbrücken in Berns Urbanisierung. In: LÜTHI C., MEIER B., 1998:25-40.

VONARBURG J:, 1998: Flanierzone im Burgdorfer Bahnhofquartier: eine Erfolgskontrolle. Diplomarbeit am Geografischen Institut der Universität Bern.

VONESCH K., 1981: Belieferung/Warenfluss in der Berner Innenstadt. Bern.

VONESCH K., 1984: Erweiterung Parkhaus Casinoplatz, wirtschaftliche Überlegungen namentlich aus Sicht von Detailhandel und Gewerbe.Bern.

VONESCH K., 1986: Stadtentwicklung und Detailgewerbe, zukunftsdynamische Merkpunkte zum Berner Stadtkern, Forschungsaufgabe über erkennbare Strukturänderungen, Analyse und Vorschläge. Bern: Planungs- und Baudirektion.

VONESCH K., 1989: „City-Kundschaft", Diskussionsrahmen der Problematik.

VSS, Union des professionnels suisses de la route (Hg.), 1988: VSS 1913 à 1988, Une chronique de la naissance, du développement et de l'activité de l'Union des professionnels suisses de la route. Zürich.

VSS, Vereinigung Schweizerischer Strassenfachmänner, 1980: Fussgängerbereiche in Schweizer Städten. Forschungsauftrag 2/78.

VWD, KIGA, Volkswirtschaftsdirektion des Kantons Bern, Kantonales Amt für Industrie, Gewerbe und Arbeit (Hg.), 1992: Massnahmenplan zur Luftreinhaltung in der Region Bern. Schlussbericht Massnahmenprogramme. Bern.

WABER B., 1992: Von der Auto- zur Ökostadt? Städtebauliche Leitbilder und ihr Wandel in der Schweiz der Nachkriegszeit. Lizentiatsarbeit am Soziologischen Institut der Universität Zürich.

WABER B., 1996: Stadtanalyse auf der Grundalge von Gesellschaftsanalyse. Am Beispiel städtebaulicher Leitbilder der Nachkriegszeit. In: DISP 125/1996:3-9.

WALTHER A., LEIBBRAND K., JAUSSI W., 1954: Gutachten über die Strassenverkehrsplanung erstattet im Hinblick auf den Bahnhofneubau und Stellungnahme des Gemeinderates zu den im Gutachten enthaltenen Vorschlägen. Bern: Stadt Bern.

WÄLTI T., 1998: Neue Wohnstrassen? Situation und Perspektiven der Verkehrsberuhigung in Wohnquartieren. Diplomarbeit am Geografischen Institut der Universität Bern.

WARDMANN M., HATFIELD R., PAGE M., 1997. The UK national cycling strategy: can improved facilities meet the targests? In: Transport Policy, 4(2)/97:123-133.

WEHAP W., 1997: Gehkultur – Mobilität und Fortschritt seit der Industrialisierung aus fussläufiger Sicht. Grazer Beiträge zur Europäischen Ethnologie 7. Frankfurt a. M.: Verlag Peter Lang.

WEHRLI-SCHINDLER B., 1996: Die Zürcher Innenstadt aus der Sicht ihrer Besucherinnen und Besucher. Bericht über eine Passantenbefragung, durchgeführt im Juni 1996. Zürich: Vereinigung Zürcher Bahnhofstrasse, Präsidialdepartement der Stadt Zürich.

WEMF, AG für Werbemedienforschung (Hg.), 1996: WEMF Auflagen-Bulletin 1996. Zürich.

WENIGER VERKEHR, MEHR BERN 1983: Mehr Bern, weniger Verkehr, Informationsschrift der Stadt Bern zum Thema Verkehr und Umwelt. Bern: Stadt Bern.

WERLEN B., 1987: Gesellschaft, Handlung und Raum: Grundlagen handlungstheoretischer Sozialgeografie. Erdkundliches Wissen: Schriftenreihe für Forschung und Praxis 89. Stuttgart: Steiner.

WERZ T., 1994: Zusammenstellung ausgewählter Aussagen verschiedener Gutachten zur „Fussgängerfreundlichen Innenstadt Aachen". Manuskript.

WERZ T., 1995: Auswirkungen von KFZ-Beschränkungsmassnahmen auf den Einzelhandel: Kaufkraft Verlagerung auf die „Grüne Wiese"? In: INSTITUT FÜR STÄDTEBAU BERLIN, 1995.

WERZ T., 1997: Die Ergebnisse der BAG-Untersuchungen Kundenverkehr 1988, 1992 und 1994 in Aachen. In: MONHEIM 1997a: A49-55.

WILLEKE R., HEINEMANN R., 1989: Die Stadt und das Auto, Entwicklung und Lösung eines Problems. Reihe: Schriftenreihe des Verbandes der Automobilindustrie e. V. (VDA). Frankfurt/M.: VDA.

WWW.AACHEN.DE, 1997: Informationen zur Stadt Aachen im Internet.

ZU FUSS IN ZÜRICH, 1993: Zu Fuss in Zürich 1988 - 1992, Gesamtbericht. Zürich: Stadtplanungsamt.

ZWICKY H., 1993: Umwelt als Aktivierungsgrund. Politische Aktivierungsereignisse zu Umwelt-, Verkehrs- und Wohnfragen in der Schweiz, 1945 - 1989. Reihe: NFP Stadt und Verkehr Bericht 12. Zürich: NFP 25.

7.5 Abbildungsverzeichnis

ABBILDUNG 1: CHARAKTERISIERUNG STÄDTEBAULICHER LEITBILDER (OBEN) UND STÄDTISCHER
    VERKEHRSLEITBILDER (UNTEN) IN DER SCHWEIZ SEIT 1945 22
ABBILDUNG 2: DER AUFBAU DER LANGSAMVERKEHRSSTADT 23
ABBILDUNG 3: AUSWIRKUNGEN BEI DER EINFÜHRUNG EINES FUSSGÄNGERBEREICHS 28
ABBILDUNG 4: STUFEN UND LINIEN DES WANDELS IM PLANUNGSVERSTÄNDNIS 37
ABBILDUNG 5: KOOPERATIONSARTEN 39
ABBILDUNG 6: GEWICHTUNG DER EINZELNEN ELEMENTE DES ERKENNTNISPROZESSES 42
ABBILDUNG 7: DIE STADT ZÜRICH 51
ABBILDUNG 8: VERKEHRSLEISTUNG IN ZÜRICH NACH VERKEHRSART UND WOHNORT (IN%) 51
ABBILDUNG 9: DIE ZÜRCHER INNENSTADT 64
ABBILDUNG 10: DER DETAILHANDEL IN DER ZÜRCHER INNENSTADT IN ZAHLEN 1988 68
ABBILDUNG 11: BAUSTEINE DER ERSTEN ERWEITERUNGSETAPPE 84
ABBILDUNG 12: VERKEHRSMITTELWAHL IN BERN NACH WEGEN UND DISTANZ 1989 IN PROZENT 108
ABBILDUNG 13: DIE BERNER FUSSGÄNGERZONE AB 1968/1970 111
ABBILDUNG 14: INSERAT DER GEGNER DER INITIATIVE „BÄRN ZUM LÄBE" 116
ABBILDUNG 15: DIE CITYSCHIENE BERN 118
ABBILDUNG 16: EINTEILUNG DER BERNER INNENSTADT NACH STEK 122
ABBILDUNG 17: DIE NUTZUNGSSTRUKTUR DER BERNER INNENSTADT 1989 122
ABBILDUNG 18: TAGESGANG DES FUSSGÄNGERAUFKOMMENS IN DER BERNER MARKTGASSE AM 25. APRIL 1991
    (NORDSEITE IN RICHTUNG ZYTGLOGGE) 124
ABBILDUNG 19: DIE BESUCHERINNEN UND BESUCHER WÜNSCHEN EINE GRÖSSERE FUSSGÄNGERZONE 126
ABBILDUNG 20: DIE FUSSGÄNGERZONE NACH DEM VERKEHRSKOMPROMISS 131
ABBILDUNG 21: DER GROSSRAUM AACHEN MIT WICHTIGEN VERKEHRSVERBINDUNGEN 156
ABBILDUNG 22: DIE STADT AACHEN 157
ABBILDUNG 23: DIE AACHENER INNENSTADT 162
ABBILDUNG 24: DIE AACHENER FUSSGÄNGERZONE 165
ABBILDUNG 25: BETRIEBSSTRUKTUR IN DER AACHENER INNENSTADT IN PROZENT 1992 168
ABBILDUNG 26: „O HAPPY DAY", INFORMATIONSBROSCHÜRE ZUR „FUSSGÄNGERFREUNDLICHEN INNENSTADT"172
ABBILDUNG 27: DAS ÜBERGEORDNETE NÜRNBERGER VERKEHRSNETZ 221
ABBILDUNG 28: DIE NÜRNBERGER ALTSTADT 231
ABBILDUNG 29: ALTSTADT-STRASSENNETZ: STUFE 6, 1992 234
ABBILDUNG 30: VERKEHRSERSCHLIESSUNG DER NÜRNBERGER INNENSTADT 235
ABBILDUNG 31: FUSSGÄNGERVERKEHR IN NÜRNBERGER HAUPTGESCHÄFTSSTRASSEN AM DRITTEN SAMSTAG VOR
    WEIHNACHTEN 1963 BIS 1990 237
ABBILDUNG 32: DIE SITZVERTEILUNG IM NÜRNBERGER STADTRAT 1990 UND 1996 249
ABBILDUNG 33: KONSENSEBENE FÜR DIE VERKEHRSPLANUNG EINER INNENSTADT 283
ABBILDUNG 34: OFFENE FORSCHUNGSFRAGEN 288

7.6 Tabellenverzeichnis

TABELLE 1: DISKUSSION UND DEFINITION: FUSSGÄNGERZONE UND FUSSGÄNGERBEREICH 25
TABELLE 2: DER BEGRIFF „POLITIK" 33
TABELLE 3: DER BEGRIFF AKTEUR 33
TABELLE 4: DER BEGRIFF NETZWERK 35
TABELLE 5: DER WANDEL DES PLANUNGSVERSTÄNDNISSES 36
TABELLE 6: BEISPIEL - AUSWERTUNG DER PRESSEARTIKEL DER NÜRNBERGER NACHRICHTEN (NN) 44
TABELLE 7: ÜBERSICHT ÜBER DIE AUSGEWERTETEN TAGESZEITUNGEN 46
TABELLE 8: BEVÖLKERUNG UND WIRTSCHAFT IN DER ZÜRCHER INNENSTADT ENDE DER ACHTZIGERJAHRE 65
TABELLE 9: VERFÜGBARE ÖFFENTLICHE PARKPLÄTZE IM INNENSTADTBEREICH 1991 66
TABELLE 10: VERKEHRSMITTELWAHL AUF DEM WEG ZUR ZÜRCHER INNENSTADT 67
TABELLE 11: ZIELE DER ERWEITERUNG DER FUSSGÄNGERZONE 1991 74
TABELLE 12: VERBESSERUNGEN FÜR DEN INNERSTÄDTISCHEN DETAILHANDEL (AUSWAHL) 75
TABELLE 13: KONZEPT DES STADTRATES FÜR EINE FUSSGÄNGERZONE IN DER INNENSTADT 77
TABELLE 14: DIE SIEBEN BAUSTEINE FÜR DIE ERWEITERUNG DER FUSSGÄNGERZONE STAND 3.2.93 79

TABELLE 15: VISION DER ZUKÜNFTIGEN INNENSTADT 85
TABELLE 16: ZÜRICHS WICHTIGSTE VERKEHRSPROBLEME AUS SICHT DER INTERVIEPARTNER 100
TABELLE 17: ERWARTUNGEN DER INTERVIEWPARTNER AN EINE FUSSGÄNGERZONE 100
TABELLE 18: DIE ZIELE DES STEK VERKEHRSKONZEPT, KONKRETE PROJEKTE (AUSWAHL) 120
TABELLE 19: KOMMENTAR ZUR ABSTIMMUNG ÜBER DEN VERKEHRSKOMPROMISS 134
TABELLE 20: GEMEINDERAT BERN: VERKEHRSRELEVANTE DIREKTIONEN 136
TABELLE 21: VERKEHRSRELEVANTE AMTSSTELLEN IN DER BERNER STADTVERWALTUNG 140
TABELLE 22: VERKEHRSMITTELWAHL NACH WEGEN IN AACHEN 1990 158
TABELLE 23: WIRTSCHAFTSSTRUKTUR IN DER AACHENER INNENSTADT 1995 163
TABELLE 24: VERKEHRSMITTELWAHL AUF DEM WEG ZUR AACHENER INNENSTADT 166
TABELLE 25: DIE EINZELHANDELSBRANCHEN IN DER AACHENER INNENSTADT 1992 168
TABELLE 26: DER AACHENER FRIEDEN 181
TABELLE 27: STUDIEN ZUR „FUSSGÄNGERFREUNDLICHEN INNENSTADT" 205
TABELLE 28: AACHENS WICHTIGSTE VERKEHRSPROBLEME AUS SICHT DER INTERVIEWPARTNER 207
TABELLE 29: MEINUNGEN DER INTERVIEWPARTNER ZU FUSSGÄNGERZONEN 208
TABELLE 30: VERKEHRSMITTELWAHL IN NÜTRNBERG 1976 UND 1989 (NACH WEGEN) 222
TABELLE 31: ARGUMENTE FÜR UND GEGEN DIE UNTERBRECHUNG THERESIENSTRASSE MAXPLATZ 227
TABELLE 32: VERTEILUNG DER ARBEITSPLÄTZE AUF DIE WIRTSCHAFTSZWEIGE 1987 232
TABELLE 33: DAS PARKFLÄCHENANGGEBOT IN DER NÜRNBERGER ALTSTADT 1990 234
TABELLE 34: MODALSPLIT NÜRNBERGER ALTSTADT 236
TABELLE 35: EIN- UND AUSFAHRTEN IN DIE NÜRNBERGER ALTSTADT ZWISCHEN 6 UND 22 UHR 237
TABELLE 36: DIE SITZVERTEILUNG IM NÜRNBERGER STADTRAT 1984 UND 1990 239
TABELLE 37: STELLUNGNAHME DES LBE ZU DEN PLÄNEN DER STADT VOM 5.9.1991 241
TABELLE 38: ERFAHRUNGSBERICHT VERKEHRSSYSTEM ALTSTADT, STUFE 6 245
TABELLE 39: TEILNHEMER AM DISKUSSIONSFORUM „FORTSCHREIBUNG DES ENTWICKLUNGSKONZEPTS
ALTSTADT" 246
TABELLE 40: HANDLUNGSBEDARF UND PROGRAMMSCHWERPUNKTE ALTSTADT (VERKEHR) 248
TABELLE 41: NÜRNBERGS WICHTIGSTE VERKEHRSPROBLEME AUS SICHT DER INTERVIEWPARTNER 267
TABELLE 42: ERWARTUNGEN DER INTERVIEWPARTNER AN EINE FUSSGÄNGERZONE 267
TABELLE 43: WICHTIGSTE ETAPPEN IN DER VERKEHRSPLANUNG SEIT 1945 276
TABELLE 44: ÜBERBLICK – DIE FALLBEISPIELE IM VERGLEICH 279
TABELLE 45: AKTEURE UND NETZWERKE IN DEN FALLBEISPIELEN 281

GEOGRAPHICA BERNENSIA

Verlag des Geographischen Institutes der Universität Bern

Hallerstrasse 12
CH – 3012 Bern   Tel. +41 31 631 88 16
e-mail: gb@giub.unibe.ch   FAX +41 31 631 85 11
http://www.giub.unibe.ch/library/GB/

A	AFRICAN STUDIES SERIES	Sfr.
A 1	Mount Kenya Area. Contributions to ecology and socio-economy. Ed. by M. Winiger. 1986. ISBN 3-906290-14-X	20.—
A 2	SPECK, H., 1983: Mount Kenya Area. Ecological and agricultural significance of the soils - with 2 maps. ISBN 3-906290-01-8	20.—
A 3	LEIBUNDGUT, Chr., 1986: Hydrological map of Mount Kenya Area. 1: 50'000. Map and explanatory text. ISBN 3-906290-22-0	28.—
A 4	WEIGEL, G., 1986: The soils of the Maybar / Wello Area. Their potential and constraints for agricultural development. ISBN 3-906290-29-8	18.—
A 5	KOHLER, T., 1987: Land use in transition. Aspects and problems of small scale farming in a new environment: the example of Laikipia District, Kenya. ISBN 3-906290-23-9	28.—
A 6	FLURY, M., 1987: Rain-fed agriculture in Central Division (Laikipia District, Kenya). Suitability, constraints and potential for providing food. ISBN 3-906290-38-7	20.—
A 7	BERGER, P., 1989: Rainfall and agroclimatology of the Laikipia Plateau, Kenya. ISBN 3-906290-46-8	25.—
A 8	Mount Kenya Area. Differentiation and dynamics of a tropical mountain ecosystem. Ed. by M. Winiger, U. Wiesmann, J.R. Rheker. 1990. ISBN 3-906290-64-6	25.—
A 9	TEGENE, B., 1992: Erosion: its effects on properties and productivity of eutric nitosols in Gununo Area, Southern Ethiopia, and some techniques of its control. ISBN 3-906290-74-3	20.—
A 10	DECURTINS, S., 1992: Hydrogeographical investigations in the Mount Kenya subcatchment of the river Ewaso Ng'iro. ISBN 3-906290-78-6	25.—
A 11	VOGEL, H., 1993: Conservation tillage in Zimbabwe. Evaluation of several techniques for the development of sustainable crop production systems in smallholder farming. ISBN 3-906290-91-3	25.—
A 12	MASELLI, D., GEELHAAR, M., 1994: L'écosystème montagnard agro-sylvo-pastoral de Tagoundaft (Haut-Atlas, Maroc). Teil 1: Ressources, processus, et problèmes d'une utilisation durable. Teil 2: Mutations socio-économiques dans Le Bassin de Tagoundaft, Haut-Atlas, Maroc. ISBN 3-906290-89-1	48.—
A 13	ABATE, S., 1994: Land use dynamics, soil degradation and potential for sustainable use in Metu Area, Illubabor Region, Ethiopia. ISBN 3-906290-95-6	30.—
A 14	WIESMANN, U., 1998: Sustainable Regional Development in Rural Africa: Conceptual Framework and Case Studies from Kenya. ISBN 3-906151-28-X	40.—
A 15	GUINAND, Y., 1998: Target Group and Development Oriented Participatory Approach for Agricultural Research. The Case of Agroforestry in the East and Central African Highlands. ISBN 3-906151-29-8	45.—
A 16	GETE ZELEKE, 2000: Landscape Dynamics and Soil Erosion Process Modelling in the North-western Ethiopia Highlands. ISBN 3-906151-47-6	40.—

B	**BERICHTE UEBER EXKURSIONEN, STUDIENLAGER UND SEMINARVERANSTALTUNGEN**	Sfr.
B 9	Feldstudienlager Niederlande 1989. 1990. ISBN 3-906290-63-8	22.—
B 10	Tschechoslowakei im Wandel – Umbruch und Tradition. Bericht zur Exkursion in Böhmen 1992. 1993. ISBN 3-906290-67-0	30.—
B 11	Tschechien zwischen marktwirtschaftlicher Herausforderung und planwirtschaftlichem Erbe. 1994. ISBN 3-906290-93-X	35.—
B 12	Toronto, Calgary and Banff. Bericht der Grossen Kanada-Exkursion vom 30. Juli – 18. August 1995. 1996. ISBN 3-906151-13-1	35.—
B 13	EUGSTER, W., PIOT, M., 2000: Exkursion Grimsel und Oberhasli. Natur- und Kraftwerklandschaft im Spannungsfeld zwischen Ökonomie und Ökologie. ISBN 3-906151-38-7	29.80
E	**BERICHTE ZU ENTWICKLUNG UND UMWELT**	Sfr.
Nr. 12	LINIGER, H., 1995: Endangered Water – a global overview of degradation, conflicts and approaches for improvements. ISBN 3-906290-96-4	25.—
Nr. 13	WIESMANN, U., 1995: Nachhaltige Ressourcennutzung im regionalen Entwicklungskontext: Konzeptionelle Grundlagen zu deren Definition und Erfassung. ISBN 3-906151-01-8	10.—
Nr. 14	Natürliche Ressourcen – Nachhaltige Nutzung. Eine Orientierungshilfe für die nachhaltige Nutzung natürlicher Ressourcen in der Entwicklungszusammenarbeit. ISBN 3-906290-98-0 Gestion durable des ressources naturelles. ISBN 3-906290-99-9. Sustainable use of natural ressources ISBN 3-906290-00-X	12.—
Nr. 15	WACHTER, D., 1996: Land tenure and sustainable management of agricultural soils. ISBN 3-906151-08-5	15.—
Nr. 16	ZWEIFEL, H., 1998: The Realities of Gender in Sustainable Land Management. ISBN 3-906151-26-3	15.—
Nr. 17	GIGER, M., 1999: Avoiding the Shortcut: Moving Beyond the Use of Direct Incentives. ISBN 3-906151-32-8	15.—
G	**GRUNDLAGENFORSCHUNG**	Sfr.
G 17	KUENZLE, T. u. NEU, U., 1994: Experimentelle Studien zur räumlichen Struktur und Dynamik des Sommersmogs über dem Schweizer Mittelland. ISBN 3-906290-92-1	36.—
G 34	ZIMMERMANN, M., 1989: Geschiebeaufkommen und Geschiebe-Bewirtschaftung. Grundlagen zur Abschätzung des Geschiebehaushaltes im Emmental. ISBN-3-906290-56-5	25.—
G 37	EUGSTER, W., 1994: Mikrometeorologische Bestimmung des NO_2-Flusses an der Grenzfläche Boden/Luft. ISBN 3-906290-90-5	25.—
G 38	Himalayan Envionment. Pressure – Problems – Processes. Twelve years of research. Ed. by B. Messerli, T. Hofer, S. Wymann. 1993. ISBN 3-906290-68-9	35.—
G 39	SGmG Jahrestagung. Geographische Informationssysteme in der Geomorphologie. 1992. ISBN 3-906290-72-7	15.—
G 40	SCHORER, M., 1992: Extreme Trockensommer in der Schweiz und ihre Folgen für Natur und Wirtschaft. ISBN 3-906290-73-5	38.—
G 42	LEHMANN, Chr., 1993: Zur Abschätzung der Feststofffracht in Wildbächen. ISBN 3-906290-82-4	35.—

		Sfr.
G 43	NINCK, A., 1994: Wissensbasierter und objektorientierter Ansatz zur Simulation von Mensch-Umwelt-Systemen. ISBN 3-906290-94-8	27.—
G 44	DUESTER, H., 1994: Modellierung der räumlichen Variabilität seltener Hochwasser in der Schweiz. ISBN 3-906290-97-2	27.—
G 45	VUILLE, M., 1996: Zur raumzeitlichen Dynamik von Schneefall und Ausaperung im Bereich des südlichen Altiplano, Südamerika. ISBN 3-906151-02-6	32.—
G 46	AMMANN, C., JENNY, B., KAMMER, K., 1996: Climate Change in den trockenen Anden. Jungquartäre Vergletscherung – aktuelle Niederschlagsmuster. ISBN 3-906151-03-4	32.—
G 47	PEREGO, S., 1996: Ein Computermodell zur Simulation des Sommersmogs. ISBN 3-906151-05-0	30.—
G 48	HOFER, T., 1998: Floods in Bangladesh: A Highland-Lowland Interaction? ISBN 3-906151-09-3	36.—
G 49	BRÜGGER, R., 1998: Die phänologische Entwicklung von Buche und Fichte. Beobachtung, Variabilität, Darstellung und deren Nachvollzug in einem Modell. ISBN 3-906151-10-7	35.—
G 50	KLINGL, T., 1996: GIS-gestützte Generierung synthetischer Bodenkarten und landschaftsökologische Bewertung der Risiken von Bodenwasser- und Bodenverlusten in Laikipia, Kenya. ISBN 3-906151-12-3	40.—
G 51	SALVISBERG, E., 1996: Wetterlagenklimatologie – Möglichkeiten und Grenzen ihres Beitrages zur Klimawirkungsforschung im Alpenraum. ISBN 3-906151-14-X	32.—
G 52	HEGG, Chr., 1997: Zur Erfassung und Modellierung von gefährlichen Prozessen in steilen Wildbacheinzugsgebieten. ISBN 3-906151-17-4	30.—
G 54	SIEGENTHALER, R., 1997: Bestimmung und Analyse troposphärischer Strahlungseffekte während Sommersmogphasen im Schweizer Mittelland mit Methoden der Fernerkundung. ISBN 3-906151-20-4	35.—
G 55	MDAGHRI ALAOUI, A., 1998: Transferts d'eau et de substances (bromures, chlorures et bactériophages) dans des milieux non saturés à porosité bimodale: Expérimentation et modélisation. ISBN 3-906151-23-9	32.—
G 56	TREINA, M., 1998: Die Innovations- und Wettbewerbsfähigkeit der kommerziellen Dienstleistungen im Espace Mittelland. ISBN 3-906151-27-1	38.—
G 57	MEIER, B., 1998: Regionale Beziehungsnetze im Dienste der Innovationsförderung - eine milieutheoretisch fundierte Analyse des Verwaltungs- und Dienstleistungsstandortes Bern. ISBN 3-906151-30-1	35.—
G 59	ZANIS, P., 1999: In-situ photochemical control of ozone at Jungfraujoch in the Swiss Alps. ISBN 3-906151-34-4	27.—
G 60	BANNWART, P., 1999: Siedlungsentwicklung im Gebiet der nordalpinen Streusiedlung am Beispiel des Obersimmentals. ISBN 3-906151-37-9	32.—
G 61	GEISSBÜHLER, P., 2000: Feedbacks on the CO_2, H_2O and Heat Fluxes caused by Land-Use Change. ISBN 3-906151-40-9	25.—
G 62	SCHEIDEGGER, Y., 2000: Effects of Land-Use Change on the Variation of Stable Isotopes in Mountainous Grassland Species. ISBN 3-906151-41-7	20.—
G 63	Kulturlandschaft und Tourismus. Hrsg. H.-R. Egli. 2000. ISBN 3-906151-43-3	vergriffen
G 65	SEEWER, U., 2000: Fussgängerbereiche im Trend? Strategien zur Einführung grossflächiger Fussgängerbereiche in der Schweiz und in Deutschland im Vergleich in den Innenstädten von Zürich, Bern, Aachen und Nürnberg. ISBN 3-906151-51-4	

		Sfr.
P	**GEOGRAPHIE FUER DIE PRAXIS**	
P 22	BAETZING, W. u.a., 1991: Die Alpen im Europa der neunziger Jahre. Ein ökologisch gefährdeter Raum im Zentrum Europas zwischen Eigenständigkeit und Abhängigkeit. ISBN 3-906290-61-1	38.—
P 25	MEESSEN, H., 1992: Anspruch und Wirklichkeit von Naturschutz und Landschaftspflege in der Sowjetunion. ISBN 3-906290-76-x	30.—
P 26	BÄTZING, W., 1993: Der sozio-ökonomische Strukturwandel des Alpenraumes im 20. Jahrhundert. Eine Analyse von „Entwicklungstypen" auf Gemeindeebene. ISBN 3-906290-80-8	40.—
P 28	AERNI, K. u.a., 1993: Fussgängerverkehr. Berner Innenstadt. Schlussbericht Fussgängerforschung Uni Bern. ISBN 3-906290-84-0	20.—
P 30	BÄTZING, W., WANNER, H. (Hrsg.), 1994: Nachhaltige Naturnutzung im Spannungsfeld zwischen komplexer Naturdynamik und gesellschaftlicher Komplexität. ISBN 3-906290-86-7	20.—
P 31	PFANDER, M., 1995: Der Verkehr im Berner Fussgängerbereich. Situationsanalyse und Vorschläge zur Verringerung der Verkehrsbelastung. ISBN 3-906151-00-X	40.—
P 32	JEANNERET, F., 1998: Internationale phänologische Bibliographie. ISBN 3-906151-04-2	18.—
P 33	von ROHR, G., 1996: Auswirkungen des Rohrleitungsbaus auf bodenphysikalische Kenngrössen. ISBN 3-906151-06-9	27.—
P 34	In der Stadt Bern zu Hause. Fünf empirische Beiträge zum Wohnen in Bern. 1997 B. Meier, P. Messerli, a. Schindler (Hrsg.). ISBN 3-906151-21-2	25.—
P 35	MARTINEC, J., RANGO, A., ROBERTS, R., 1998: Snowmelt Runoff Model (SRM). User's Manual. Updated Ed. 1998., Version 4.0. ISBN 3-906151-24-7	20.—
P 36	Perlik, M., Bätzing, W. (Hrsg.), 1999: L'avenir des villes des Alpes en Europe / Die Zukunft der Alpenstädte in Europa. ISBN 3-906151-35-2	25.—
P 37	HOFER, K., STALDER, U., 2000: Regionale Produktorganisationen als Transformatoren des Bedürfnisfeldes Ernährung in Richtung Nachhaltigkeit? Potenziale - Effekte - Strategien. ISBN 3-906151-39-5	28.—
S	**GEOGRAPHIE FUER DIE SCHULE**	Sfr.
S 6.1	AERNI, K., ENZEN, P., KAUFMANN, U., 1993: Landschaften der Schweiz. Teil I: Didaktische Grundlagen. ISBN 3-906290-24-7	20.—
	AERNI, K., ENZEN, P., KAUFMANN, U., 1993: Paysages Suisses. Tome I: Réflexions didactiques. ISBN 3-906290-87-5	20.—
S 6.2	AERNI, K., ENZEN, P., KAUFMANN, U., 1993: Landschaften der Schweiz / Paysages Suisses. Teil II: 15 kommentierte Arbeitsblätter für die Geographie. / Tome II: 15 fiches de géographie avec commentaires. ISBN 3-906290-88-3	60.—
S 16	JEANNERET, F., 1999: Alpes d'Europe et de Nouvelle-Zélande - une géographie comparative des paysages. ISBN 3-906151-25-5	25.—
U	**SKRIPTEN FUER DEN UNIVERSITAETSUNTERRICHT**	Sfr.
U 8	GROSJEAN, G., 1996: Geschichte der Kartographie. 3. neubearb. Aufl. ISBN 3-906151-15-8	35.—
U 22	MAEDER, Ch., 1996: Kartographie für Geographen. 2. neubearb. Aufl. ISBN 3-906290-16-6	30.—
U 23	WANNER, H. u.a., 1998: Dynamik der Atmosphäre. ISBN 3-906151-22-0	25.—